山东大学重点学科建设基金资助

东方考古

第 6 集

山东大学东方考古研究中心 编

科学出版社
北京

内 容 简 介

《东方考古》是山东大学东方考古研究中心编辑的关于考古学和古代东方文明研究的系列丛书，分集陆续出版。本系列丛书以中国东方地区和东亚地区考古学为重点，广泛吸收国内外学者的最新研究成果，体现考古学研究的新思路、新理论和新方法。

第6集收录22篇研究论文和1篇发掘报告。内容涉及中国东方及中原地区旧石器时代以来考古学文化谱系、文化交流和社会发展等方面的研究，另有数篇植物、动物考古方面的文章。

本书可供从事人类学、考古学及史学研究的工作者和相关专业院校师生阅读、参考。

图书在版编目(CIP)数据

东方考古. 第6集/山东大学东方考古研究中心编. —北京：科学出版社，2009

ISBN 978-7-03-026190-8

Ⅰ. 东… Ⅱ. 山… Ⅲ. 考古学-研究-亚洲-文集 Ⅳ. K883-53

中国版本图书馆CIP数据核字（2009）第224833号

责任编辑：刘 能／责任校对：钟 洋

责任印制：赵德静／封面设计：陈 敬

科学出版社 出版

北京东黄城根北街16号

邮政编码：100717

http://www.sciencep.com

中国科学院印刷厂 印刷

科学出版社发行 各地新华书店经销

*

2009年12月第 一 版 开本：787×1092 1/16

2009年12月第一次印刷 印张：28 插页：13

印数：1—1 600 字数：645 000

定价：150.00元

（如有印装质量问题，我社负责调换）

序

以田野考古为标志的中国考古学自20世纪初诞生以来，已经走过了80多个年头。经过几代学者的不懈努力，到20世纪结束之前，基本建立起中国主要地区新石器时代和历史时期的考古学文化发展谱系和时空框架。目前，中国考古学研究的重心正处于由原来的建构文化谱系、描述文化过程为主的文化史研究，向人、社会、资源和环境及其相互关系为主的社会考古学研究方向转移。所以，许多人认为中国考古学正处在一个历史发展的转型时期。在这一新的形势下，考古学研究的多样化已经成为一个不可逆转的历史趋势，中国考古学呼唤理论和方法的创新，渴望能够提供更多信息的新方法和新技术，诉求在世界考古学的平台上来进行中国考古学研究。于是，各种理论和方法不断地被介绍到国内，现代科学技术越来越多地介入从调查、勘探、发掘到分析、整理和研究的考古学全过程，中国考古学与世界考古学的结合日趋紧密，这些已成为当今中国考古学发展的显著特点。

基于上述认识，为了推动考古学研究的发展，加强与国内外考古学者的联系和合作，并体现今后的研究重点和优势，山东大学于2002年春正式组建了东方考古研究中心。中心下设史前考古、历史考古和环境考古三个研究室，建立了以植物考古和动物考古为主的环境考古实验室。在今后的考古研究中，东方考古研究中心将最大限度地运用山东大学综合性大学学科门类齐全的优势，在学校的支持下，整合各种可利用资源，切实开展多学科综合研究，为中国考古学的发展贡献一份力量。

所谓东方，其中包含着两重含义。一是指中国的东方。以海岱、燕辽、太湖地区为主导并包括东北北部和闽台在内的东方地区，不仅地域上占有中国的半壁江山，而且在中国古代历史和文化的发展中也具有同样重要的地位。所以，究明这些地区古代社会和文化的产生、发展以及与中西部地区的文化联系和融合，是中国考古学的重要任务和长远目标。二是指世界的东方。不仅包括中国，在分布地域上也涵盖了东亚、东北亚和东南亚的广大地区。这些地区与中国内地地域相连，文化上的联系源远流长，在人类的产生和迁徙、农业的出现和扩散、国家的起源和形成等重大社会历史变革和进步方面，相互之间是深深地交织在一起的。进一步加强这些地区的考古学研究，开展并深化不同区域之间的比较研究，应该是今后考古学发展的一个方向。

《东方考古》是山东大学东方考古研究中心的学术文集，也是有志于东方考古研究的学者们开展学术交流的园地，我们热忱欢迎来自海内外的考古学及其相关学科的研究成果。同时，在《东方考古》的成长过程中，期盼着学界同仁的关心、呵护和扶持，以为中国考古学的繁荣和发展尽到绵薄之力。

栾丰实

目　　录

CONTENTS

中国旧石器时代的遗址群聚形态研究

裴安平

（南京师范大学，南京）

旧石器时代是人类发展史的第一个阶段，也是人类历史上延续时间最长的历史阶段。

中国的旧石器考古证明，从这一历史阶段开始，在人类的生活与居住遗址中就存在明显的群聚现象，而且既有因各种优越自然条件促成的自然群落形态，也有因各种人为社会关系促成的组织形态：遗址群与遗址群团。

壹　旧石器时代的遗址群聚现象与特点

20 世纪 80 年代以来，随着中国考古学的迅速发展，各地旧石器时代露天遗址的群聚现象大量显现，比比皆是。

一、各地旧石器遗址的群聚现象

下面将选择不同省区遗址共时性关系比较清楚的例据予以简要介绍。

（一）广西百色盆地

截至 2004 年底，广西右江两岸高阶地上前后发现了 45 处文化面貌相似的旧石器时代早期遗址[1]。

根据各自的具体位置，这些遗址不仅共同构成了一个大型的遗址自然群落，而且在这个群落之中还可见遗址相互之间拥有明显的人为组织形态（图一）。

1. 遗址的群落形态

岭南广西是一个多山的地区，海拔 250 米以上的山丘约占全区总面积的 65%，故山间盆地也相对较多。其中，百色盆地就是广西西部右江流域最大的盆地，也是广西四大盆地之一。该盆地地处热带与亚热带交界地带，并与宽 7 ~ 14 公里呈狭长形的右江两岸连为一体，总长约 109 公里。

由于地势开阔宽敞，气候宜人，因而岭南地区中更新世及更早的旧石器时代遗址都集中发现于此，成为当时岭南地区旧石器时代遗址最密集规模最大的自然群落。

由图一可见，整个群落主要是沿江分布。其中，上游因阶地地势开阔，因而与河流呈垂直方向分布的遗址较多，遗址的总量也多，共 30 处，占整个盆地全部遗址的 2/3，明显是整个群落的主体所在。盆地的中部与下游部分，阶地面狭窄，能容纳的遗址数量也少，密度也小，而且所有的遗址都沿河与河床呈平行分布态势。

2. 遗址的组织形态

除自然群落以外，整个盆地的遗址还呈现出了十分明显的人为组织状态。其中，有2个由遗址群相互近距离相聚而成的遗址群团，位于盆地的上游，并共同构成遗址群落的主体。盆地的中、下游，主要分布的是由遗址相互近距离相聚而成的小型遗址群。另外，还有5个目前呈独立状态的遗址。

（1） Ⅰ号遗址群团

位于盆地的西北端，离百色最近，由5个遗址群共17个遗址组成。

一号遗址群：3个遗址，即横浪、上宋、那达（图一，1～3），隔河相望，相互距离1公里左右。

二号遗址群：2个遗址，即六怀山、东增（图一，4、5），皆位于右江右岸，相互距离1公里左右。

三号遗址群：5个遗址，即沙州、丘屋、杨屋、平迈、大湾（图一，6～10），隔河相望，相互距离1公里左右。

四号遗址群：3个遗址，即社幕、南山坡、大同，（图一，11～13），全部位于右江左岸，相互距离2公里以内。

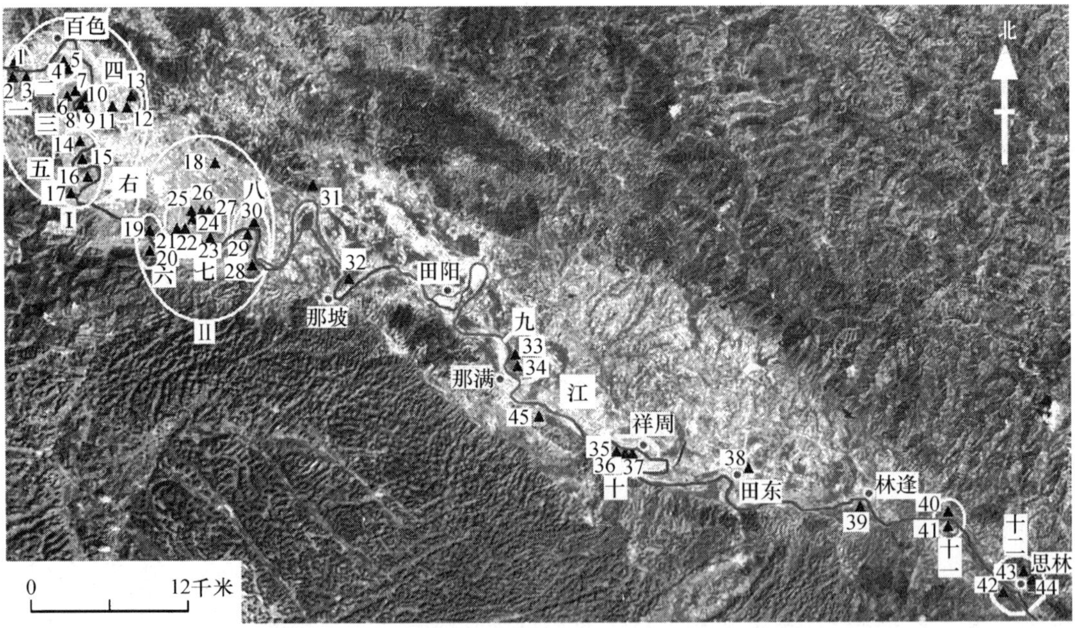

图一 广西百色盆地右江两岸旧石器时代遗址分布位置图（改自王幼平，2005）

1. 横浪 2. 上宋 3. 那达 4. 六怀山 5. 东增 6. 沙州 7. 丘屋 8. 杨屋 9. 平迈 10. 大湾 11. 社幕 12. 南山坡 13. 大同 14. 江风 15. 百谷 16. 大法 17. 平铺 18. 六匿 19. 高山林 20. 公篓 21. 那塘 22. 小梅 23. 大梅 24. 那练 25. 六级 26. 下国 27. 那力 28. 那音 29. 濑奎 30. 那照 31. 那更 32. 囊黎 33. 那生 34. 长蛇岭 35. 祥群 36. 六林岭 37. 把达 38. 马安山 39. 檀河 40. 下铺 41. 邑怀 42. 檀乐 43. 坡西岭 44. 坡那立 45. 治塘

五号遗址群：4 个遗址，即江风、百谷、大法、平铺（图一，14 ~ 17），沿河而居，3 个位于右岸，1 个在左岸，相互距离 1.5 ~ 2.5 公里。

以上 5 个遗址群相互之间的最大间距在一、二号之间，约 3 公里，其他的都在 2 公里左右。

（2）Ⅱ号遗址群团

位于Ⅰ号群团下游，二者遗址最近间距约 8 公里，由 3 个遗址群共 13 个遗址组成。

六号遗址群：2 个遗址，即高山林、公篓（图一，19、20），隔河相望，距离不超过 2 公里。

七号遗址群：7 个遗址点，即那塘、小梅、大梅、那练、六级、下国、那力（图一，21 ~ 27），全部位于右江左岸，相互距离除 23 号较大约 2.5 公里外，其余的均在 1 公里以内。

八号遗址群：3 个地点，即那音、濑奎、那照（图一，28 ~ 30）。其中，前二者隔河相望，距离约 1.5 公里，唯那照距离较远，约 3 公里。

另外，18 号遗址点六匿虽然附近未发现同期遗址群的其他地点，但考虑到它距离Ⅱ号遗址群团最近，仅约 2.5 公里，且明显小于各群团之间的距离，故将其归属于二号群团（图一，18）。

（3）其他遗址群

由于下游的阶地面比较狭窄，Ⅱ号群团以下的右江两岸就不见大型的遗址群团，而只有小规模的遗址群。

九号遗址群：2 个遗址，位于右江左岸，即那生、长蛇岭（图一，33、34），相距仅 1 公里左右。

十号遗址群：3 个遗址，全部位于右江右岸，即祥群、六林岭、把达（图一，35 ~ 37），相互距离 1 公里以内。

十一号遗址群：2 个遗址，隔河相望，即下铺、岜怀（图一，40、41），相距约 1.5 公里。

十二号遗址群：3 个遗址，隔河相望，即檀乐、坡西岭、坡那立（图一，42 ~ 44），相互距离 1.5 公里左右。

值得注意的是，虽然沿河而下还有 31、32、45、38、39 号 5 个遗址目前尚未发现同一群体中的其他成员，但它们的所在位置已经显示它们不应该是孤立存在的，很可能附近还有未被发现的遗址个体，因为它们与已有的遗址群共同形成了很强的分布规律，并表明每隔一定距离（多数都在 8 公里左右），就必有一个遗址群（图一，31、32、45、38、39）。

（二）重庆丰都长江沿岸

截至 2008 年，重庆丰都从县城到下游高家镇约 25 公里的长江两岸，一共发现沿江分布的旧石器时代中期遗址 8 处，并显示那里存在一个小型的由 3 ~ 4 个遗址群构成的遗址群落[2]（图二）。

一号遗址群：由枣子坪、井水湾二遗址构成，相距约 400 米（图二，1、2）。

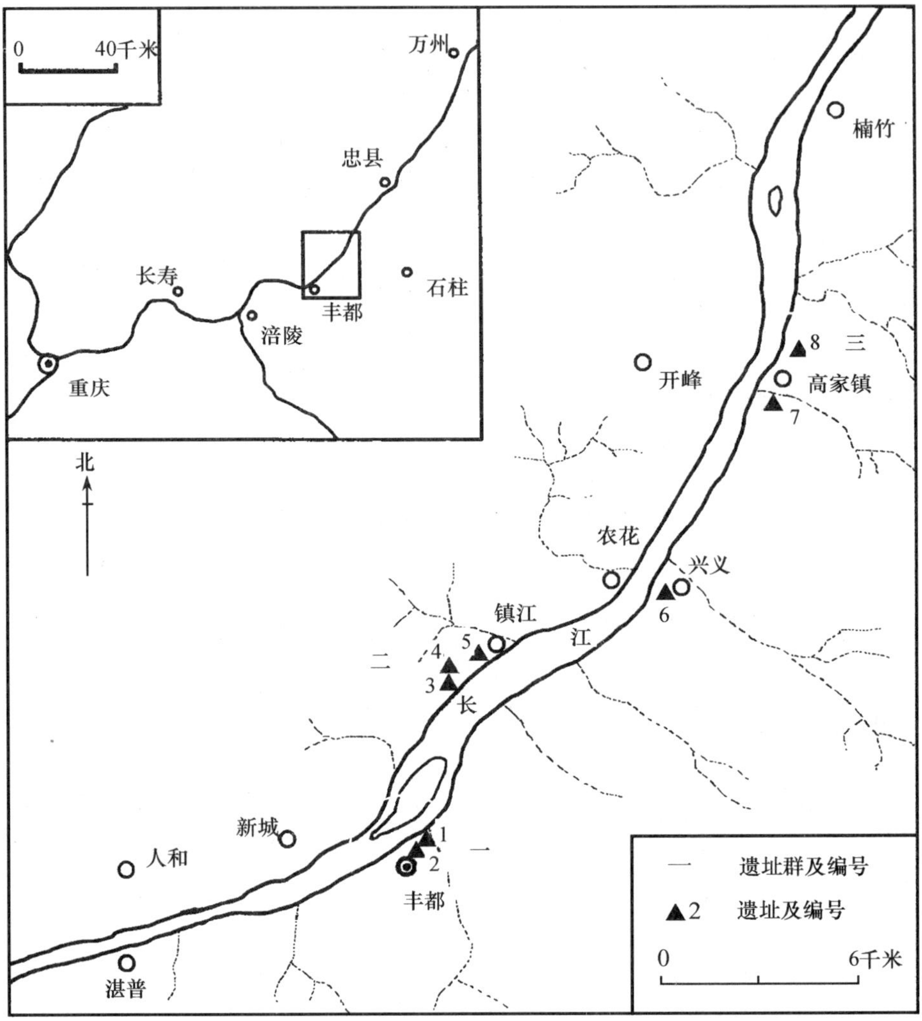

图二 重庆丰都及高家镇江段旧石器地点位置图（改自裴树文等，2004）

1. 枣子坪 2. 井水湾 3. 和平村 4. 池坝岭 5. 冉家路口 6. 老鹰嘴 7. 高家镇 8. 范家河

二号遗址群：由和平村、池坝岭、冉家路口三者构成。其中，池坝岭、和平村均位于冉家路口西侧，相互距离不足1公里（图二，3～5）。

三号遗址群：由高家镇、范家河二遗址构成，相距不足2公里（图二，7、8）。

值得注意的是，如将第6号遗址老鹰嘴也视为一个遗址群，那这些沿江的遗址群就如同广西右江，同样呈现出一种明显的规律性，即每隔一定距离就有一个遗址群（图一，6）。其中，相互直线距离都在4.5～6公里。

（三）湘西北澧阳平原

20世纪90年代中期以前，湖南在西北澧水流域、西部沅水流域发现了大量旧石器时代地点，由图三可见这些地点形成了7大遗址群落，并以澧水下游的群落规模最大。据已发表的资料，截至2000年，这个群落一共发现遗址38处[3]，并分布在澧阳平原及周边低山丘陵区。

由于澧阳平原及周边低山丘陵区地处武陵山余脉与洞庭湖盆地的交界范围，属典型的山前地带，气候温暖湿润，物产丰富，汇集了山区、平原与水网地区的各种资源优势，所以这里的遗址群落有一个十分鲜明的特点，那就是从旧石器早期一直延续到旧石器晚期。此外，这里的遗址，无论时代是否明确，近总数70%的都显成群相聚之势。

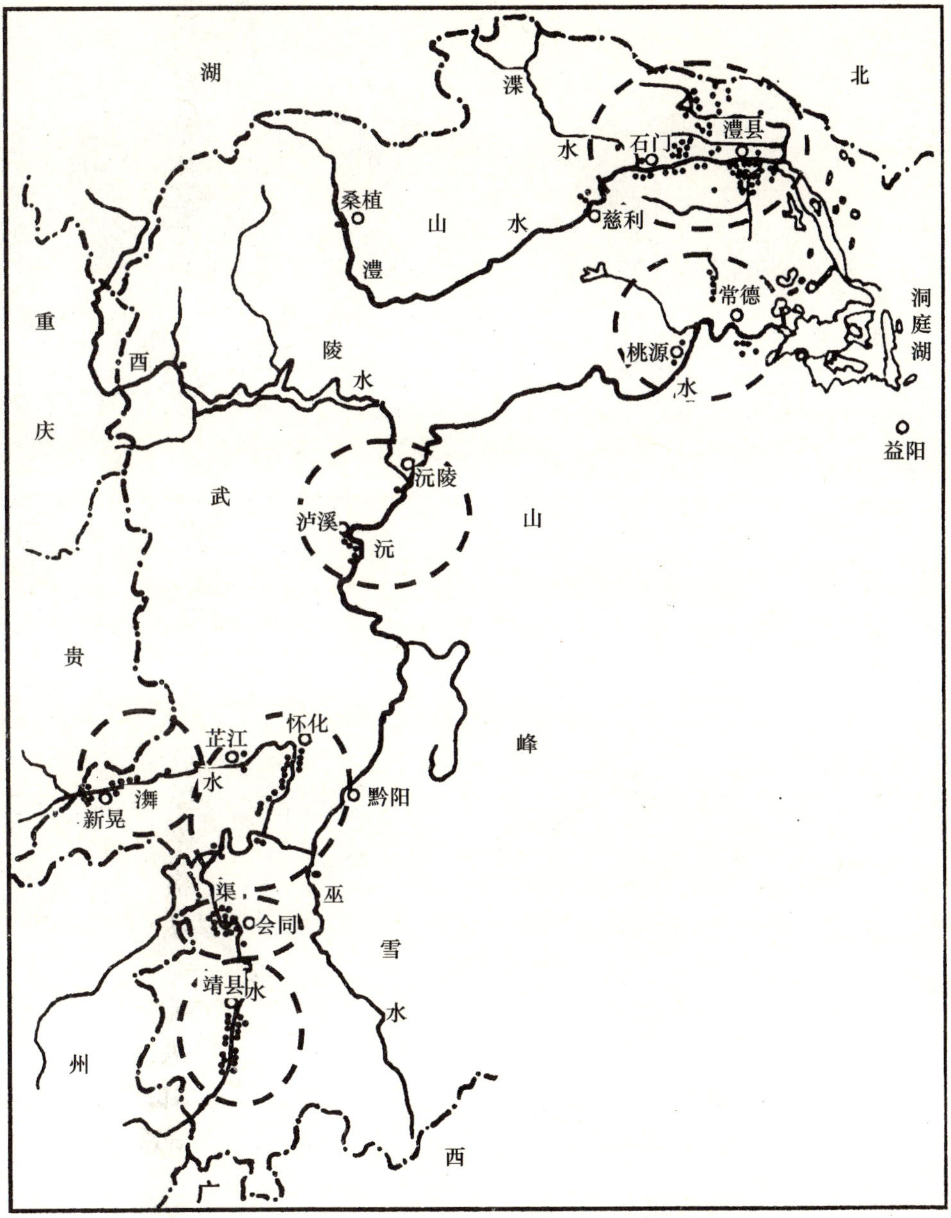

图三 湖南西部澧水、沅水流域旧石器遗址群落分布示意图（摘自袁家荣，1996）

1. 旧石器时代早期

发现遗址4处，皆位于澧水以南道河下游冲积平原边缘与丘陵间的过渡地带。其中，1～3号，即澧西乡钵鱼山、龙山及澧南乡乔家河3个遗址紧密地聚成一群[4]，相互距离1～2公里，编为一号遗址群（图四，1～3）。

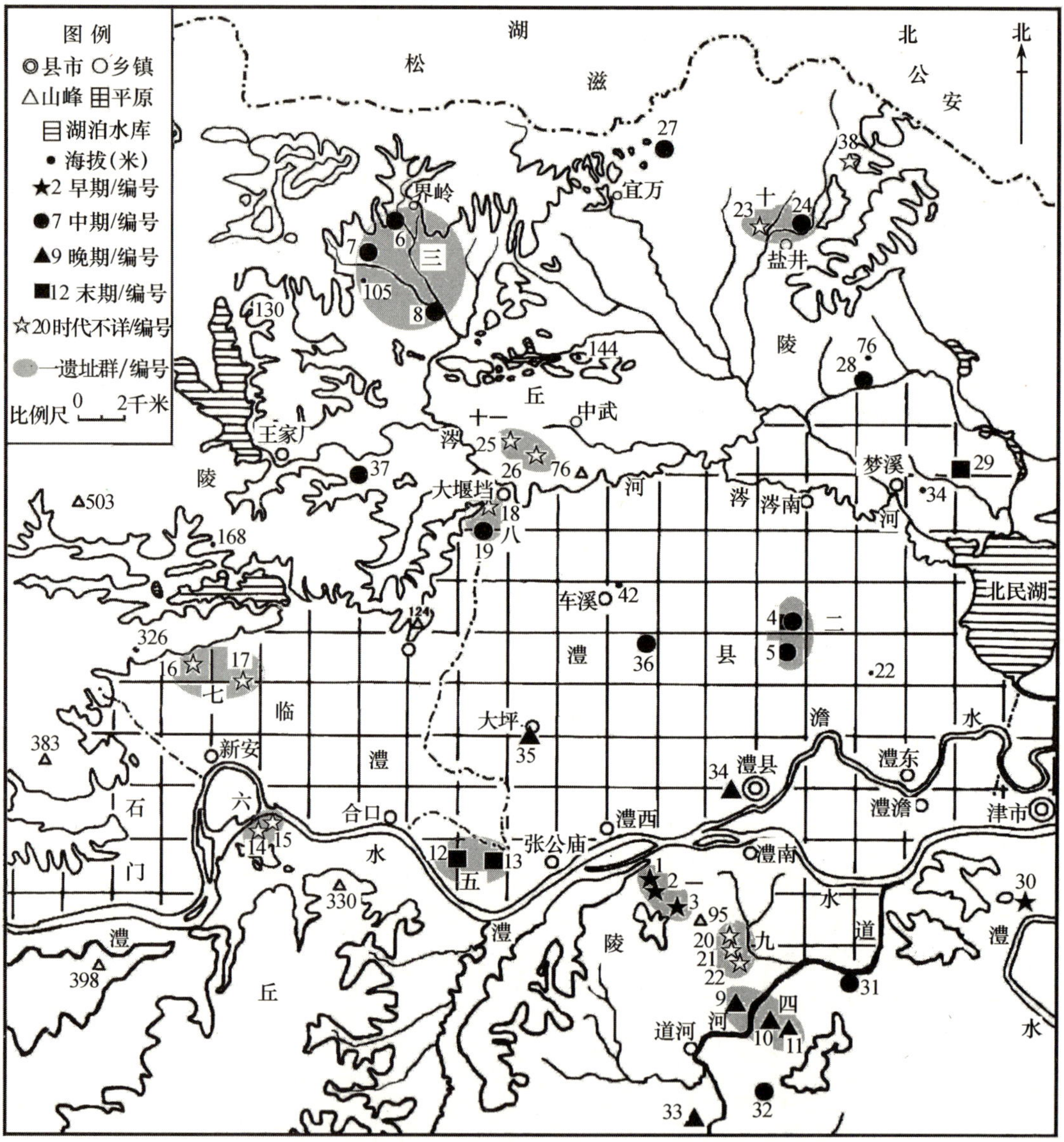

图四　湖南澧阳平原及周边旧石器遗存分布图

1. 钵鱼山　2. 龙山　3. 乔家河　4. 十里岗　5. 皇山　6. 顺桥　7. 金鸡岭　8. 万红岭　9. 乌鸦山　10. 虎山　11. 金鸭　12. 黄家岗　13. 宋家溪　14. 蓑衣湾　15. 朱家堡　16. 化垱　17. 潘台　18. 大山洼　19. 多宝寺　20. 双荷　21. 鸡公垱　22. 云盘　23. 炮台山　24. 土里山　25. 玉甫　26. 楠竹　27. 白莲山　28. 樊家铺　29. 八十垱　30. 虎爪山　31. 张家滩　32. 仙公　33. 朱家山　34. 护城　35. 周家坡　36. 余牯岭　37. 猴儿坡

2. 旧石器时代中期

发现遗址14个，分布较广。其中，有5个地点相聚为两群，分别是图四第二、三号遗址群。

二号遗址群：2个遗址，即澧东乡十里岗和澧阳乡皇山（图四，4、5），相距约1.5公里。

三号遗址群：3个遗址，即界岭乡顺桥、金鸡岭、万红岭（图四，6~8）。其中，前二者的间距约2公里，而第8号遗址距离它们较远，约6公里。考虑到它们三者共处同一地理单元即小盆地这一背景，故将它们都视为同一遗址群。

3. 旧石器时代晚期

发现遗址6处，有3处明显聚为一群，即第四号遗址群，它们是道河乡乌鸦山、虎山、金鸭（图四，9~11），相互距离1~2公里。

4. 旧石器时代末期

这是一种距今2万年左右，并以大量使用黑色细小燧石器和白色细小石英石器为特点的一类遗存。一共发现4个地点，其中张公庙乡的黄家岗、宋家溪二者聚为一群，即五号遗址群（图四，12、13），间距约1.5公里。

5. 其他遗址

除了上述时代关系明确的遗址群以外，当地还有一些时代暂时并不明确的遗址与时代明确的遗址相聚为群的现象，共5群11个遗址，分别是第六至十一号遗址群。

六号遗址群：2个遗址，即临澧杉板乡蓑衣湾、朱家堡，均时代不明，相距约1公里（图四，14、15）。

七号遗址群：2个遗址，即临澧县新安乡化垱、潘台，均时代不明，相距约3公里（图四，16、17）。

八号遗址群：2个遗址，即澧县大堰垱乡大山洼、多宝寺，相距约1.5公里。其中，多宝寺属旧石器中期，而大山洼时代不详（图四，18、19）。

九号遗址群：3个遗址，即澧县道河乡双荷、鸡公垱、云盘，均时代不明，相互距离约1公里（图四，20~22）。

十号遗址群：2个遗址，即澧县盐井乡炮台山、土里山。其中，土里山遗址时代属旧石器时代中期，而炮台山时代不明，二者相距约2公里（图四，23、24）。

十一号遗址群：2个遗址，即澧县中武乡玉甫、楠竹，相距约1.5公里，均时代不详（图四，十一，25、26）。

（四）皖东南水阳江流域

水阳江是长江南岸的一条支流，位于苏皖浙三省交界处。20世纪80年代以后，从皖东南宁国至宣州长约70公里最宽约20公里的江段两岸，发现一个包含了19处旧石器时代早期遗址的群落[5]，并明确显示由2个遗址群团共同构成。

1. Ⅰ号遗址群团

位于宁国县城周围，一共8个遗址，分属2个遗址群。

一号遗址群：5个遗址，分别是英雄岭、县百货公司仓库、县砖瓦厂、竹峰安冲、河沥溪镇砖瓦厂。其中，英雄岭距县百货公司仓库仅500米，其他的相距1～1.5公里（图五，1～5）。

二号遗址群：3个遗址，分别是官山、毛竹山、罗溪砖瓦厂（图五，6～8）。其中，毛竹山距宁国市4.5公里，距官山遗址500米。

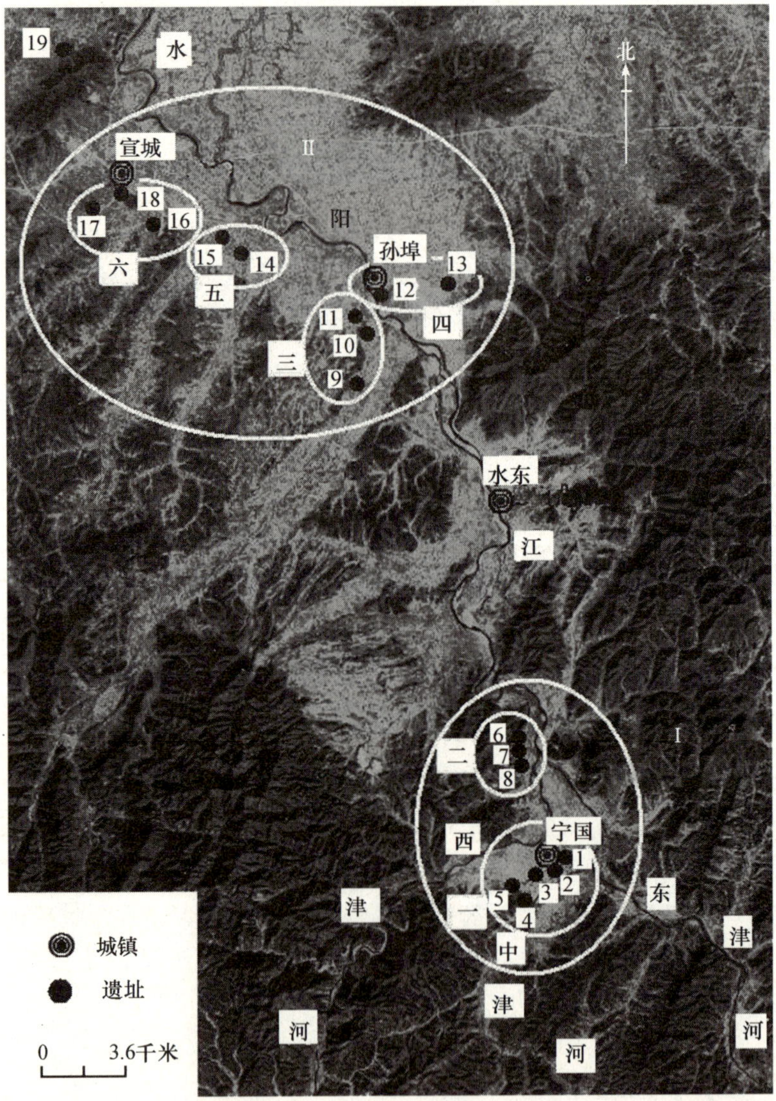

图五　安徽水阳江旧石器遗址位置图（改自房迎三等，1992）

1. 英雄岭　2. 县百货公司仓库　3. 县砖瓦厂　4. 竹峰安冲　5. 河沥溪镇砖瓦厂　6. 官山　7. 毛竹山　8. 罗溪砖瓦厂　9. 黄渡砖瓦厂　10. 鲁溪黄土坡　11. 陈山（向阳砖瓦厂）　12. 洋山　13. 邱林砖瓦厂　14. 双河第一砖瓦厂　15. 夏渡第二砖瓦厂　16. 夏渡砖瓦厂　17. 原市司法局砖瓦厂　18. 敬亭砖瓦厂　19. 团山乡第二砖瓦厂

2. Ⅱ号遗址群团

南距Ⅰ号群团最近约22公里，从宣城往下，沿水阳江两岸一共有10个遗址，分属4个遗址群。

三号遗址群：3个遗址，分别是黄渡砖瓦厂、鲁溪黄土坡、陈山（原名：向阳砖瓦厂）。其中，陈山距宣州市15公里，距水阳江1000米，距黄土坡约1公里，距黄渡砖瓦厂约4公里（图五，9~11）。

四号遗址群：2个遗址，分别是孙埠镇洋山、邱林砖瓦厂，相距约3公里（图五，12、13）。

五号遗址群：2个遗址，分别是双河第一砖瓦厂与夏渡第二砖瓦厂，相互距离约1公里（图五，14、15）。

六号遗址群：3个遗址，分别是夏渡砖瓦厂、原市司法局砖瓦厂、敬亭砖瓦厂，相互距离1.5~3公里（图五，16~18）。

（五）宁夏水洞沟

水洞沟位于银川市区东南约28公里的鄂尔多斯台地西南缘的水洞沟盆地，西距黄河约11公里，东北为内蒙古毛乌素沙漠，西南为马鞍山山地。截至2003年4月，考古工作者先后在水洞沟及附近发现了20处旧石器时代晚期的遗址。它们一方面全部相聚为三群，分别是一号水洞沟（SDG）、二号施家窑（SJY）、三号张家窑（ZJY）遗址群；另一方面由于距离很近这3个遗址群的相互关系又明显属于同一个遗址群落，同一个遗址群团（图六）[6]。

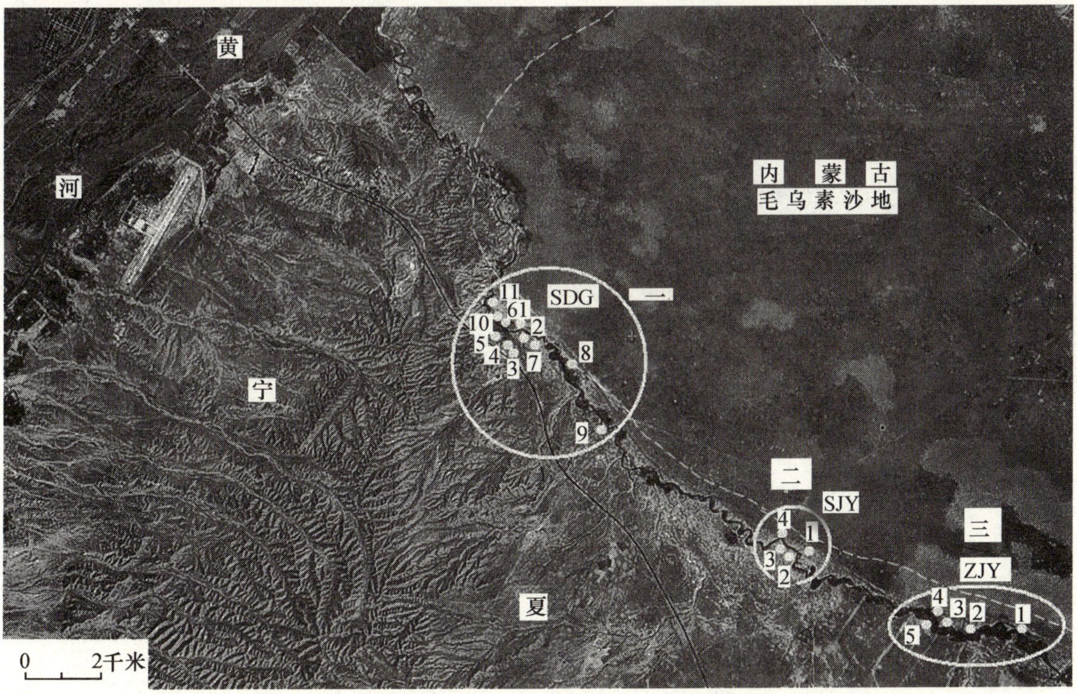

图六 宁夏灵武水洞沟及邻近地区旧石器遗址点分布位置图（改自高星等，2004）
SDG：水洞沟，SJY：施家窑，ZJY：张家窑

1. 一号水洞沟遗址群（SDG）

最早是1923年法国古生物学家德日进（P. Teilhard de Chardin）与桑志华（E. Licent）发现的，目前一共发现遗址点11处（图六，1~11）。

F3、F4、F5位于水洞沟盆地的西南部，自东南向西北一字排开，分布在宽200多米、长约700米的范围内。其中，F3和F4之间被一条西南东北向的自然冲沟隔开，F4与F5的偏北处也有一条宽30米左右的南北向低洼沙沟，又形成两个地点的自然分界。

大约在F 3、F4、F5东北和西北600~700米处分别是遗址群的F1、F2、F7与F6、F10，常年流水的水洞沟（边沟的一段）就由东南向西北从这些遗址点旁边流过，著名的明长城也建在边沟的北岸，走向大体与边沟，与遗址的分布平行。

F8、F9虽然距离遗址群的主体较远，如F8距离F7就超过1公里，F9距F8则达到2公里；但它们都明显距离第二号施家窑遗址群更远，故完全可归入水洞沟遗址群之中。

2. 二号施家窑遗址群（SJY）

该遗址群距离水洞沟遗址群东南约6公里，最早发现于2002年，共4个遗址，分列在沟的南北两岸，相互距离很近，即使距离最大者1、4号遗址之间也仅1公里左右（图六，1~4）。

3. 三号张家窑遗址群（ZJY）

该遗址群位于施家窑遗址群东南约4公里处，最早发现也是2002年，共5个遗址，4个位列沟的北岸。相互距离最远的属于1、2号遗址，约1.5公里，其余的皆在1公里以内（图六，1~5）。

（六）陕西洛南盆地

洛南盆地位于秦岭东部主脊太华（华山）山脉与蟒岭山脉之间，西北距西安市约150公里，盆地东西长约70公里，南北宽20~30公里，南洛河中贯其间。该河是秦岭以南唯一一条属黄河水系的一级支流，它发源于秦岭山脉箭峪岭东南部的洛南和蓝田两县交界的木岔沟，由西北略偏东南流经洛南盆地，在汇集了众多的发源于南北两侧山地的大小支流后，在洛南盆地构成一个以南洛河为主干的树枝状的河流水系。

自1995年春夏之交至2004年2月，在南洛河及其支流两侧阶地共发现旷野类型旧石器地点268处，其中有旧石器时代早期遗址50处，洞穴遗址1处（图七，上）[7]。

如此众多的遗址云集于此，特征突出，为人类早期居住与组织模式的研究提供了不可多得的例据。

1. 自然群落特征突出

由于洛南盆地背靠大山，资源丰富，地域宽广，水系发达，便于交流，故从旧石器

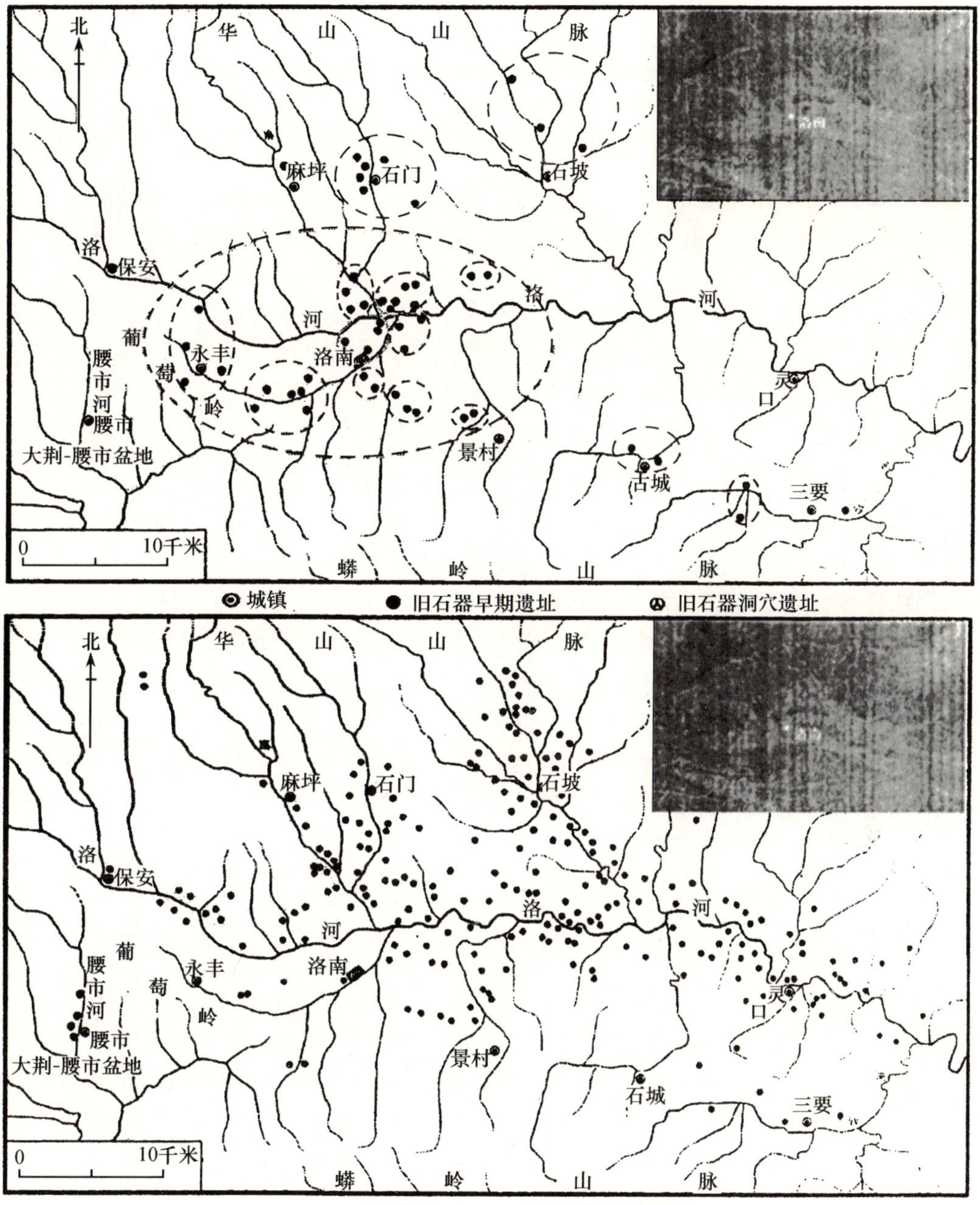

图七　陕西洛南盆地旧石器早期遗址（上）与其他时期遗址分布图（下）（改自王社江等，2005）

时代早期开始就吸引了大量的人类群体在此繁衍生息。首先是在盆地最开阔的洛南上下游地段形成了群落的中心，早期 72.5% 的遗址都集中在这里；随后，217 处遗址沿着树枝状的水系布满了整个盆地，其遗址数量之多，分布之密，乃全国旧石器时代罕见。

2. 组织形态明显

尽管晚一阶段的遗址大多数由于分布过密而模糊了各自组织形态的界限，但是在整个群落的边远地区，遗址之间近距离相距为群的现象还是比较清楚（图七，下）。尤其是旧石器时代早期，遗址群与群团的态势均清晰可辨。首先，在盆地最开阔的洛南上下游地段形成了约10个遗址群构成的遗址群团，其中在每个遗址群中，遗址相互之间的距离大多数都不超过2公里，而群与群之间则相对较大。其次，在群团外围还零星分布有4个遗址群（图七，上）。

值得注意的是，在早期的遗址群落中，遗址群团本身也是群落的主体。

（七）河南西峡

西峡位于河南西南部、南阳盆地西缘，地处河南、湖北和陕西三省的交界处。境内地形复杂，河流发育，汉水支流遍及西北部山间和东南部丘陵—平原地带。该地区所处的汉水流域是南北方古人类迁徙和文化交流的关键地带，自然环境属暖温带—亚热带气候类型，更新世期间动植物繁盛，适合于古人类的生存和繁衍。

2005年6月中下旬，为配合高速公路建设，河南省文物考古研究所和中国科学院古脊椎动物与古人类研究所联合对西峡境内进行了旧石器遗址的考古调查工作，并在老鹳河及其支流沿岸的河流阶地内新发现并确认了8处旧石器早期地点，其中7处集中分布在县城以南及封店、北葛营附近[8]，相聚成2个遗址群。

一号遗址群：共4个遗址，分别是龙湾、南寺、小沟、火沟，相互距离很近，皆500米以内（图八，1～4）。

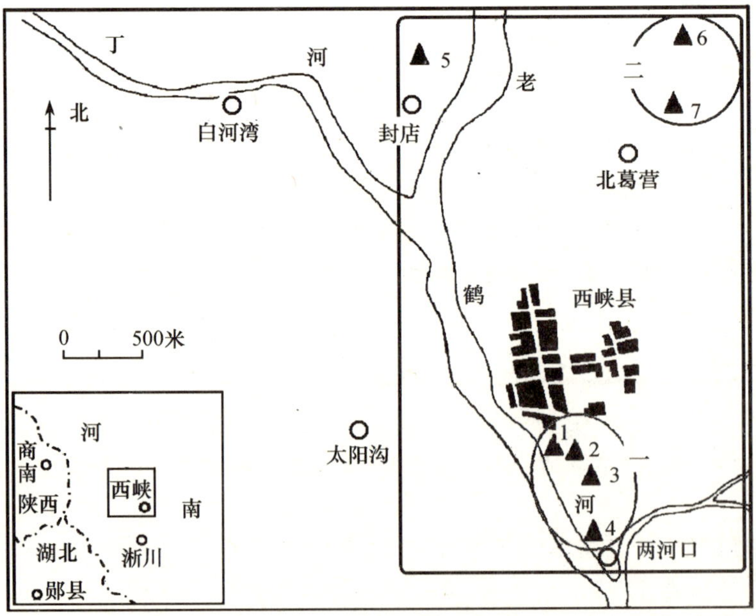

图八　河南西峡县旧石器遗址分布图（改自裴树文等，2006）

1. 龙湾　2. 南寺　3. 小沟　4. 火沟　5. 杨岗　6. 赵营　7. 五眼泉

二号遗址群：共2个遗址，分别是赵营、五眼泉，相互距离约500米（图八，6、7）。

由于2个遗址群也距离很近，相距约1800米；而且封店北部的杨岗遗址（图八，5）距二号遗址群也仅有1500米；因此，这7个遗址应该还共同构成为一个遗址群团。

（八）山西襄汾丁村

襄汾县丁村附近的汾河两岸，自1953年发现旧石器时代遗址以后，截至90年代初，一共发现旧石器时代遗址22处，而且早、中期的遗址点还存在明显群聚现象（图九）[9]。

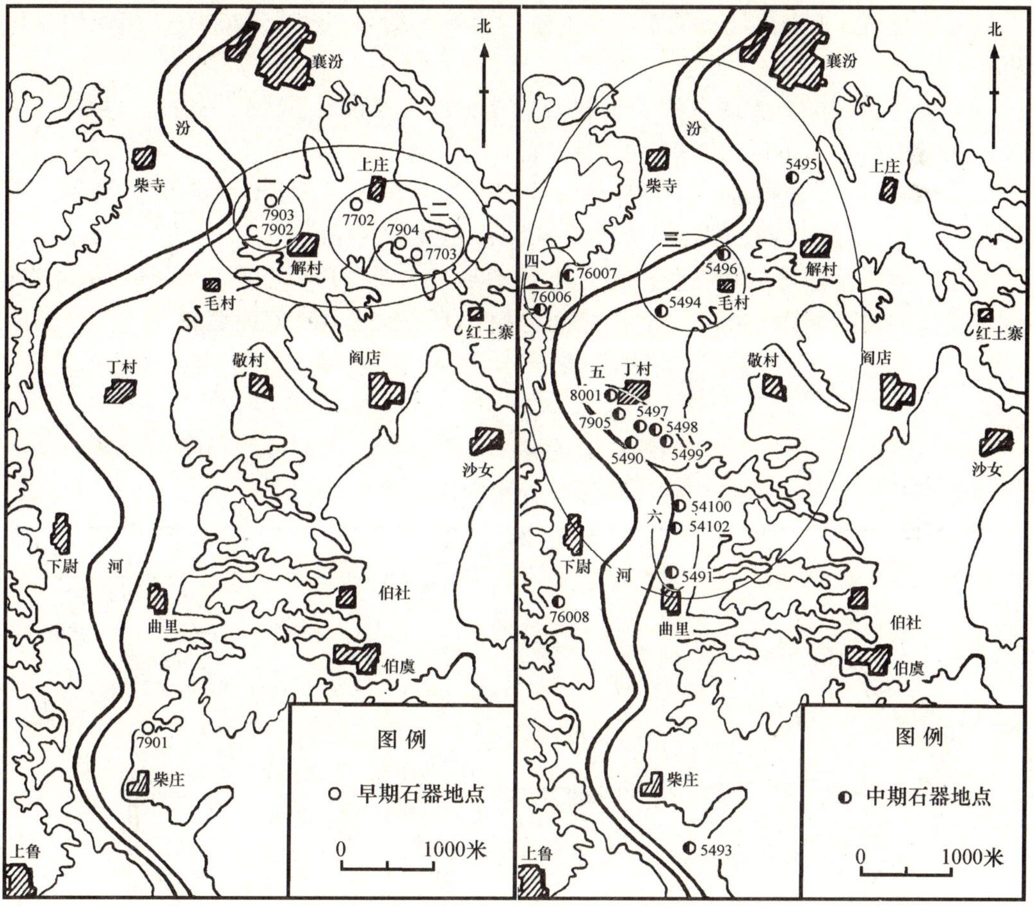

图九　山西襄汾旧石器遗址分布图（改自山西省考古研究所，1994）
左：旧石器早期遗址分布图；右：旧石器中期遗址分布图

1. 旧石器时代早期

一共6个遗址，多数位于汾河东岸解村附近，并相聚为由2个遗址群构成的遗址群团。

一号遗址群：2个遗址，编号7902、7903，相距约500米（图九，左）。

二号遗址群：2或3个遗址，编号7702、7703、7904，相互最大间距约700米（图九，左）。

由于上述 2 个遗址群明显近距离靠拢，南部距离同时代遗址 7901 又超过 5 公里，故一、二号遗址群的关系理应属于遗址群团。

2. 旧石器时代中期

与早期相比，这一时期不仅遗址的数量大为增加，而且所有遗址皆沿河分布，相距成群成团的态势也十分明显（图九，右）。

三号遗址群：2 个遗址，位于毛村附近，编号 5494、5496，相距不足 1 公里（图九，右）。

四号遗址群：2 个遗址，位于三号遗址群对岸，编号 76006、76007，相距约 700 米（图九，右）。

五号遗址群：6 个遗址，位于丁村及以南，编号 5490、5497、5498、5499、7905、8001，相互距离最多不过 300 米（图九，右）。

六号遗址群：3 个遗址，位于曲里的北部，编号 5491、54100、54102。其中，后二者相距约 300 米，唯 5491 相距较远，约 600 米（图九，右）。

由于上述 4 个遗址群相互距离很近，均不超过 1.5 公里，而且河旁阶地南北贯通，中间又无任何自然阻隔，所以，它们之间的相互关系也非遗址群团莫属。

（九）山东的细石器遗存

山东发现的旧石器时代末期细石器遗存大部都位于沂沭河流域与泰山南麓的汶泗流域，数量多达数百处，以群相聚的现象也特别突出（图一〇）[10]。

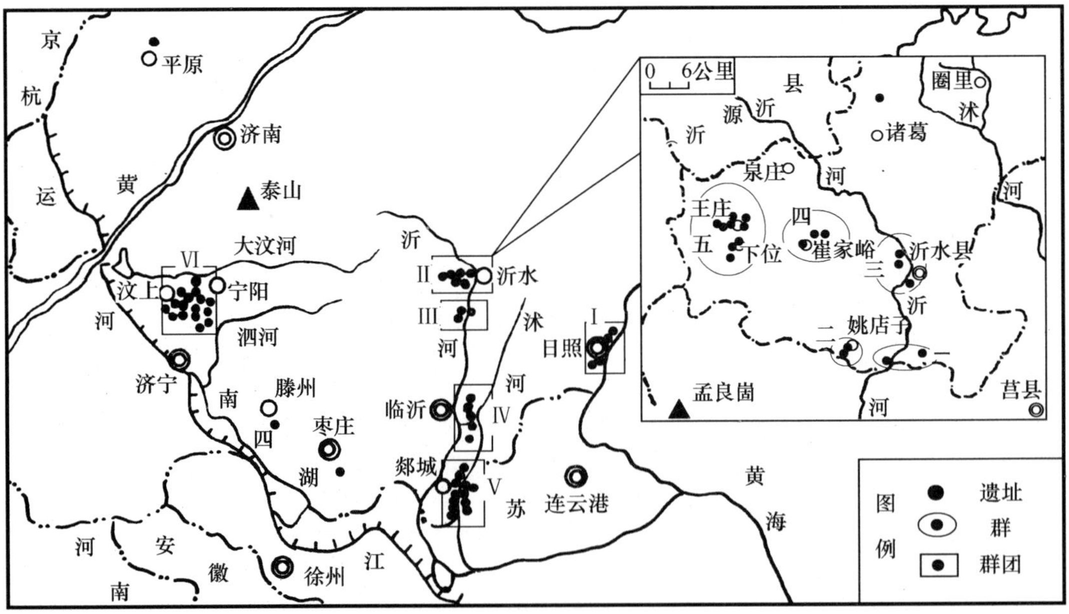

图一〇　山东细石器遗址分布图（改自山东省文物考古研究所，2005；临沂地区文物管理委员会，1986）

第一，根据有关调查资料的介绍以及相互距离的远近，20 世纪以前那些地区所发现的细石器遗存至少可明显的区分为 6 大群团。Ⅰ号群团位于日照市的东部，Ⅱ、Ⅲ号群团分别位于沂水县城的西部与南部，Ⅳ号群团位于临沂市的东部，Ⅴ号群团位于郯城以东，Ⅵ号群团位于汶上与宁阳之间。

第二，每一个群团内部都包含了数量众多的遗址点，如Ⅱ号群团就有近 20 处地点，Ⅴ号群团 40 处[11]，Ⅵ号群团 43 处[12]。

第三，所有的群团都应该是由内部若干小型的遗址群所构成，如Ⅱ号群团，其内部就有 5 个相互独立的群体。

（十）河北泥河湾盆地

河北阳原泥河湾盆地的旧石器考古，自 20 世纪 20 年代开始，持续不断，硕果累累，被学界誉为“中国乃至世界相关科学研究的经典地区”[13]。

2006 年，谢飞、李珺、刘连强三人合著的《泥河湾旧石器文化》出版了，这是泥河湾考古第一部资料最丰富、最权威的综合性研究专著。

根据书中提供的资料，那里旧石器早期的遗址也存在明显的群聚现象（图一一）。其中，十几个遗址密集地聚集在一个三角形地带里，东西长不足 2 公里，南北宽不足 1.2 公里，成群成团之势一目了然，以致书作者也认为“旧石器时代早期遗址均集中分布于此，构成了一个较为庞大的遗址群”。

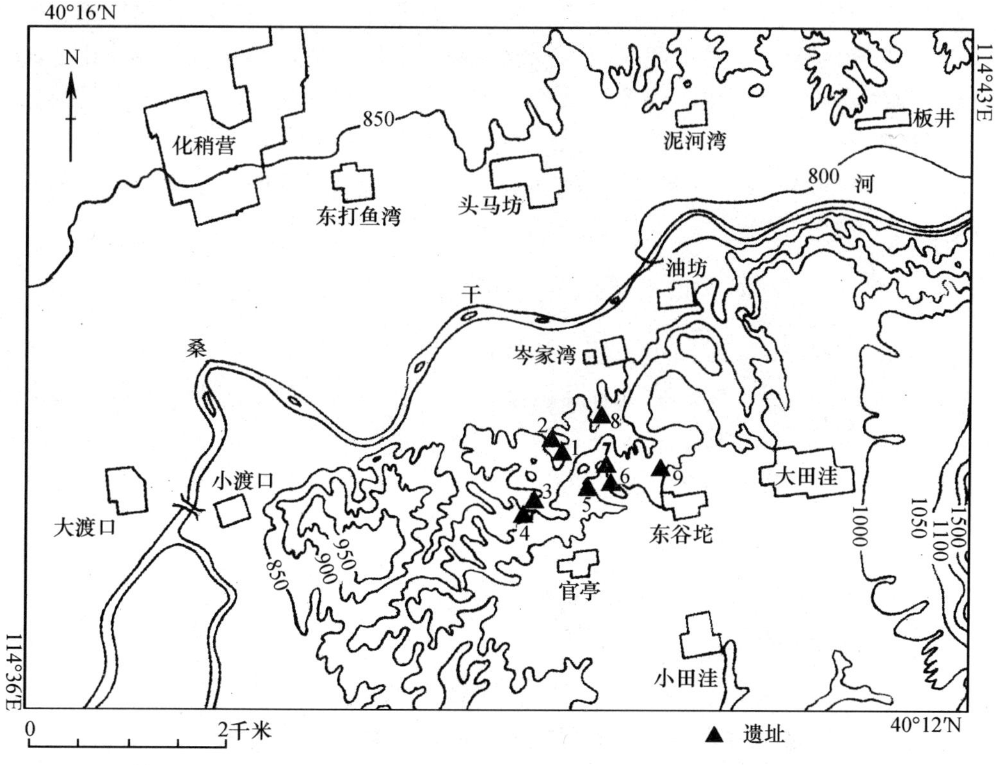

图一一　泥河湾旧石器早期主要遗址分布图（改自谢飞等，2006）

1. 马圈沟　2. 半山　3. 小长梁　4. 大长梁　5. 飞梁　6. 东谷坨　7. 霍家地　8. 岑家湾　9. 马梁

值得关注的是，在这些遗址中还有2群遗址不仅空间距离近，而且相关的绝对年代数据也很接近。

一号遗址群：2个遗址，即半山与小长梁（图一一，2、3），相距约600米。经古地磁最新研究，半山距今约132万年，小长梁约136万年。

二号遗址群：3个遗址，即飞梁、东谷坨、岑家湾（图一一，5、6、8）。其中，飞梁与东谷坨相距最近，约百米左右；岑家湾较远，距前二者也不过1千米。古地磁资料显示，东谷坨的年代距今约107万年，飞梁、岑家湾与其大致相当。

二、旧石器时代遗址群聚现象的基本特点

根据前文的例据与论述，我国旧石器时代的遗址群聚现象有如下鲜明特点。

（一）群聚现象在时间上纵贯整个旧石器时代

就宏观而言，我国旧石器时代的遗址群聚现象历史久远，纵贯整个时代的始末，从亘古的早期到细石器广为流行的晚期都一直存在；尤其是河北阳原泥河湾盆地遗址群有关的年代测定数据更显示，类似的群聚现象可能早在一百万年以前就已存在，似乎是人类与生俱来的特点。

就微观而言，已有的发现还显示，在各地的群聚现象当中，大量同时期的遗址相聚为群也的确是一种绵延不绝的历史现象，如广西百色盆地的右江两岸、重庆丰都长江沿岸、皖南水阳江沿岸、宁夏灵武水洞沟、河南西峡、河北泥河湾盆地，以及山东的细石器遗址，无一不是这种现象历史发展链条中的一环。尽管它们各自所处的时间段落与群体规模不尽相同，但它们却承前启后始终在默默地保持并延续着这一传统。尤其是湖南澧阳平原、陕西洛南盆地、河北泥河湾盆地，除了旧石器早期的遗址以外，还有更多的晚期遗址。

（二）群聚现象在空间上横跨东西南北

就已有的发现而言，我国旧石器时代的遗址群聚现象从旧石器早期开始实际就已遍及全国，无论东西南北，只要有人居住的地方，就一定存在群聚现象。群聚现象始终跟随着人类的脚步，无论山区、平原、盆地、河流阶地，只要有人的生活，有人居住的地方，那里就会出现并存在群聚现象。群聚既是一种人类的一种生活方式，也是人类的一种居住模式。

（三）自然群落的分布与形态特点明显

所谓“自然群落”就是同时期同一文化的遗址，因各种优越的自然条件，在一定的自然地理单元范围内集中相聚而形成的一种遗存形态。

根据已有的发现，我国旧石器时代遗址的自然群落形态存在明显的规律性。

1）群落完全是一种集中相聚的相互关系模糊不清的遗址群体的自然集合体，优越的自然环境与生存条件是维系它们的唯一纽带。即使在当时遗址总量非常稀少的前提

下，也会有数量众多的同时期同一文化的遗址集中相聚在一起，如百色盆地，就是整个广西境内旧石器早期遗址分布最多最密集的地区；再如河北泥河湾盆地、陕西洛南盆地、山东临沂地区，也无一不是旧石器各时期遗址的密集分布地区。其中，来源各异，相互关系模糊不清的遗址群与遗址群团则是集合体的组成单位。

2）多数遗址群落都位于相对独立的自然地理单元范围之内，如广西百色盆地、陕西洛南盆地等，就是这方面的典型代表。这一类的地理单元除了具有近水、邻近石器原料地、自然食物资源丰富等一般性宜人居住条件以外，还具有地势比较开阔，适合遗址群体居住，适合相互联络与交往等特点。

关于环境与遗址群落之间的关系，目前还可见三种不同的组合模式。

Ⅰ. 沿河模式

它以两岸狭长形的阶地面为基础，整个遗址群落往往由小型的遗址群构成，且整体呈带状分布，而小型的遗址群则沿河呈串珠形分布。

重庆丰都至高家镇江段（图二）、湖南澧水与沅水两岸（图三）就是这种模式的典型形态。此外，山西汾河丁村两岸旧石器中期的遗址群（图九，右）、广西百色盆地那坡至思林段遗址群（图一）的分布也都属于这一模式。

由于在这种模式中，遗址群与群之间的相互间距一般都比较大，因而群与群之间的关系比较模糊，各自究竟是独立存在？抑或同属一个群团？要准确解读还比较困难。

Ⅱ. 盆地与江河汇流地模式

这种模式以地势开阔，地表起伏平缓的山间盆地及江河汇流处的三角形地带为基础，适合规模较大的遗址群落存在。其中，山间盆地群落的整体形态往往呈片状，而江河汇流处则多呈树枝状。

在遗址呈片状分布的盆地里，那里的遗址群落往往以遗址群团为主体，如广西百色盆地Ⅰ、Ⅱ号遗址群团（图一），安徽水阳江宁国、宣城遗址群团（图五）等即属此类。

在江河汇流处的三角形地带，一般而言主要是阶地发育较好的地带，由于数量较多的阶地集中在一起，因而既适合遗址群的出现，也适合遗址群团的存在。如陕西洛南盆地的洛南群团（图七），就正好位于树枝状河流的交汇处；而河南西峡遗址群团虽然规模偏小，但也正好位于两个两江汇流处（图八）。

Ⅲ. 平原模式

这种模式主要发生在旧石器时代晚期，以开阔平坦的山前平原为基础，适合遗址高密度分布。山东汶上县城东南发现的细石器遗址群团不仅是这方面的最佳实例（图一二），而且还同时见证了遗址群落由早期多位于山间盆地、河谷向山前平原地带移动的历史新趋势。

汶上县地处鲁中低山丘陵与鲁西平原交接地带，东北部为残丘低岭，西南部属古大野泽，梁山泊东畔，中部地势平坦，属黄河冲积平原。有关的调查显示，在已经发现的山东细石器遗址中，汶上与宁阳之间的遗址数量不仅多于其他各地，而且汶上县城周边平原地区遗址的分布密度还最大。

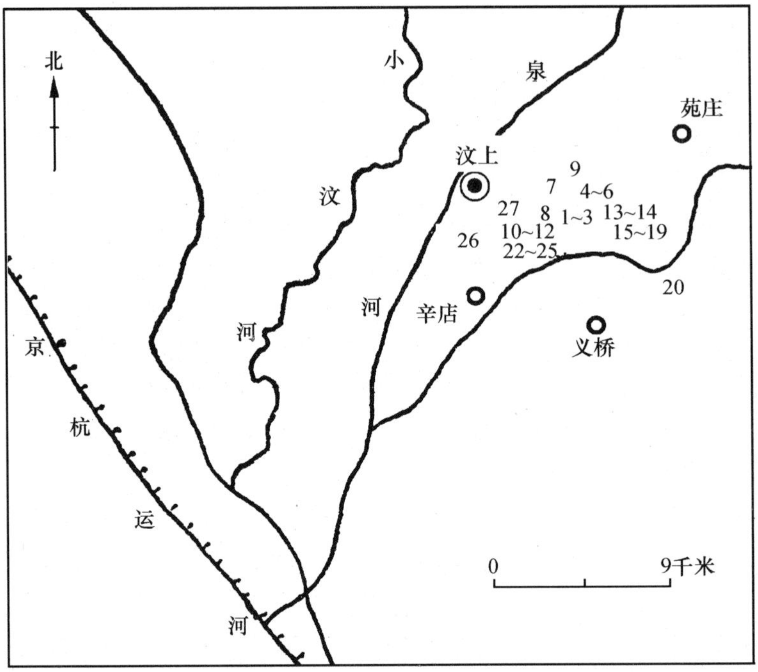

图一二　山东汶上县细石器遗址分布图（改自中国社科院考古所山东队，1993）

3）遗址群落的规模晚期普遍放大。在陕西洛南盆地，早期的遗址只发现50余处，而比它晚的却多达217处；在山西丁村，早期的也只发现6处，而中期的却多达13处；尤其是在山东，数量多达数百处的旧石器晚期细石器遗址集中分布在沂沭河流域与泰山南麓的汶泗流域，更是充分地显示了时代越晚，遗址群落规模越大的基本规律。

（四）人为组织的分布与形态特点也很明显

所谓“人为组织”就是同时期同一文化的遗址，因一定的社会组织原则，相互近距离相聚而成的一种空间分布与遗存形态。因组织方式不同，这种遗存形态又可细分为两种不同的形式，即遗址群与遗址群团。

1. 遗址群的主要特点

一般而言，遗址群就是同时期同一文化的遗址近距离相聚而成的一种遗存形态。根据前文的论述，这种遗存形态有如下主要特点。

1）以单个遗址为最小组织单位，群体规模小，通常只由2～5个遗址。

2）内部各遗址之间的空间距离都很近。根据前文的讨论，大约超过82%的遗址都只相距500～2000米，而1000米以内的更高达44.66%（表一）。

3）内部各遗址之间常见埋藏状况的明显差别。

一般而言，这些差异主要表现在遗址的规模大小、堆积状况、出土物数量与种类等方面。

表一　各地遗址群内有关成员间距统计*

距离 群聚址数/% 地区遗址总数	≤500	≤1000	≤1500	≤2000	≤2500	≤3000	>3000	群聚址数/所占比例
广西百色盆地（45）		21/52.5	10/25	4/10	3/7.5	2/5		40/88
重庆丰都沿江（8）	2/28.57	3/42.85		2/28.57				7/87.5
湘西北澧阳平原（38）		9/33	9/33	6/22		2/7.4	1/3.7	27/71
皖南水阳江流域（19）	3/16.6	8/44.4	3/16.6			4/22.2		18/94.7
宁夏水洞沟（20）	17/85	1/5	2/10					20/100
陕西洛南盆地早期（50）				45/90		5/10		48/96
河南西峡（6）	6/100							6/100
山西襄汾丁村（22）	12/66.66	6/33.33						18/81.81
河北泥河湾盆地（9）	7/77.77	2/22.22						9/100
合计 遗址数：217	47/21.66	50/23	24/11.1	57/26.27	3/1.38	8/3.69	1/0.46	
合计 群聚址数：190	178/82.03							

* 由于资料本身的原因，山东细石器遗址的间距未予统计。

现以重庆丰都沿江遗址为例说明如下。

一号遗址群：该遗址群由枣子坪、井水湾二者构成（图二）。其中，井水湾遗址1998～2002年，前后经历5次发掘，揭露面积2121平方米，出土石制品910件，动物化石58件[14]；枣子坪遗址2000和2002年两次发掘，揭露而积1000平方米，只出土石制品101件[15]。

二号遗址群：该遗址群由冉家路口、和平村、池坝岭三者构成（图二）。其中，冉家路口2000～2006年三次发掘，共揭露1800平方米，出土各类石制品1023件[16]。石制品不仅类型和技术颇具特色，而且其种类组合还表明，该遗址属于古人类采集石料、打片和加工石器的多功能综合性遗址；出土的动物骨骼化石也表明遗址上还可能发生过猎食和屠宰的活动。对此，专家们认为，该遗址面积大，地层完整，是目前三峡地区最具考古价值的旧石器时代遗址。

三号遗址群：该遗址群由高家镇、范家河二遗址构成（图二）。其中，高家镇遗址，现有面积1万余平方米，1995、1998年两次发掘，揭露面积456平方米，出土各种石制品2500余件[17]。

应该指出的是，即使在一些正式发掘工作还十分有限的地区，关于遗址之间的这种差异，专家们也早有察觉。

1993年，房迎三先生曾指出："各地点产出石制品的数量差别很大，似乎有主次之别。如蓝田地点群许多地点只产出几件石制品；丁村地点群至少有6处地点各产出石制品100件以上；水阳江地点群的向阳地点发现1000多件石制品"[18]（图五，11号遗址，又名"陈山"；表二）。

表二　水阳江旧石器遗址统计表（摘自房迎三等，1992）

序号	群体		位置／遗址	面积	海拔	时代	石器数量（件）
1	群团	群1	宁国县河沥溪镇英雄岭		80	早	2
2			宁国县砖瓦厂		80	早	15
3			宁国县百货公司纺织品仓库		80	早	1
4			宁国竹峰安冲		60	早	4
5			宁国河沥溪镇砖瓦厂		100	早	2
6		群2	宁国罗溪村官山			早	未见报道
7			宁国罗溪村毛竹山	3000	65	早	154
8			宁国县罗溪砖瓦厂		60	早—中	约200
9	群团	群3	宣州市黄渡砖瓦厂（五里棚）		82	早	约200
10			宣州市鲁溪黄土坡		49	早	5
11			宣州市向阳砖瓦厂（陈山）		45	早—中	87年调查，约1500件；88年发掘，128件
12		群4	宣州市孙埠镇洋山	100		早	04年发掘，172件
13			宣州市孙埠镇邱林砖瓦厂		63	早	2
14		群5	宣州市双河第一砖瓦厂		45	早	4
15			宣州市夏渡第二砖瓦厂		30	早	3
16		群6	宣州市夏渡砖瓦厂		30	早	1
17			原市司法局砖瓦厂		50	早	1
18			宣州市敬亭砖瓦厂		50	早	7
19			团山乡第二砖瓦厂		30	早	1

2005年，王幼平先生在讨论各地的发现时也表达了同样的看法。关于皖南水阳江流域的遗址群（图五），他说："在已经发现的16个地点中，有四分之三的地点发现的石制品数量不足10件，而宣城陈山砖瓦厂一地即发现上千件。"[19]关于广西百色盆地的遗址群（图一），他又说："在长达90公里的右江两岸的高阶地面上，石制品的分布几乎连绵不断，但也有相对集中的一些地点。"[20]

4）群体规模早晚变化不大。

根据已有的发现和资料，旧石器时代的遗址群虽然因地理条件不同，群体的规模会有大小之别，但总体上早晚无大变，群体内部的遗址数一般不过2～5个，在广西百色盆地类似规模的旧石器早期遗址群即占总数的10/12（图一），而山东汶上的旧石器晚期细石器遗址群几乎全部都属类似规模（图一二）。

2. 遗址群团的主要特点

一般而言，遗址群团就是同时期同一文化的遗址群近距离相聚而成的一种遗存形态。根据前文的论述，这种遗存形态有如下主要特点。

1）它以单个遗址群为最小组织单位，由多个遗址群近距离相聚而成。通常，群团内部群与群之间的距离明显小于群团以外群与群之间的距离。如广西百色盆地的Ⅰ、Ⅱ号群团内的遗址群，其相互距离最多就只有3公里，而距离群团外的遗址群最少也有8公里（图一）。

2）群体的规模往往与地理环境密切相关。

一般而言，地势开阔的山间盆地与树枝状的江河汇流处最适合遗址群团的存在，如广西百色盆地的Ⅰ、Ⅱ号群团，安徽水阳江宣城、宁国群团，陕西洛南盆地洛南群团的所在之地就属于这类地貌环境；而阶地面狭窄的河谷则显示不太适合遗址群团的存在，即使存在也显示内部遗址群之间的间距过大。如重庆丰都至高家镇，那里的旧石器中期遗址可能就属于同一个群团（图二），但相对广西百色与安徽水阳江，它的遗址数量不仅嫌少，而且遗址群与群之间也相距较远，整体的分布态势似与百色盆地那坡至思林江段遗址群的分布更为接近（图一）。

3）旧石器时代晚期群团的规模明显扩大。

与遗址群规模长期稳定无大变的特点相反，遗址群团的规模则随着时代晚近在不断扩大，山东发现的细石器遗址群体就是最好的代表，并突出表现在三个方面：一是遗址群团的数量增加了，如沂水至郯城南北约140公里的沂河两岸，就有4个遗址群团呈串珠形分布；二是各群团的遗址数量较多，在上述4个群团中，遗址数最少的都发现了20个（图一○，Ⅱ），最多的达43个（图一○，Ⅳ）；三是分布密度空前，如汶上县城东南，在东西约11、南北约5公里，面积约28平方公里的三角形范围内，一共就发现了25个地点（图一二）。

贰 旧石器时代遗址群聚形态的基本属性

基于已有的发现，旧石器时代遗址的群聚现象及其形态的存在都是不争的事实。然而，对于考古来说，发现了这种事实仅只是获得了一种物态的可供科学研究的对象与资料，人们还需要去揭示它的历史内涵及其演变规律。否则，这些资料就只是人类物质文化史研究的元素与内容，而不是历史研究的资料与结果。

一、以往研究的简要回顾

1923年，法国古生物学家德日进（P. Teilhard de Chardin）与桑志华（E. Licent）在宁夏水洞沟附近约1平方公里的范围内一连发现4个旧石器遗址，以此标志中国第一个旧石器遗址群的诞生。

1971年，英国著名的古人类学家玛丽·利基根据东非奥杜韦峡谷的发现，开始对那里早期人类的遗址群体进行功能分类，营地、屠宰地、垃圾堆、石器加工场各有归属[21]。

70年代末至80年代初，美国哈佛大学的格林·艾萨克（G. Isaac）也提出了用“中心营地”学说来解释早期人类行为的理论模式，并认为东非奥杜威等早期人类的遗址均可用这种中心营地模式来解释。按照这种模式，早期人类是围绕一个中心营地生活，并在营地的周围从事各种活动[22]。

受国外理论与思想方法的影响，20世纪80年代中后期，中国考古学家们也开始意识到了这种遗址群与“中心营地”的存在，“地点群”、“遗址群”、“中心遗址”等称谓也不断见诸有关的调查与发掘报告。

20世纪90年代初期，有关“地点群”、“遗址群”性质的讨论开始出现在少数国内学者的论著之中。其中，房迎三先生的论文《水阳江旧石器地点群埋藏学的初步研究》（1992）和《中国的旧石器地点群》（1993）、王幼平先生的专著《更新世环境与中国南方旧石器文化发展》（1997）、《中国远古文化的源流》（2005）、杜水生的论文《泥河湾盆地旧石器时代晚期社会组织结构分析》（2007）[23]，就都是这方面的代表作。

房迎三在安徽工作期间，曾是皖南水阳江流域旧石器遗址群的调查者、发现者与发掘者；在此工作基础上，他还对中国旧石器遗址群的基本特点进行了最早的综合研究与概括。在《中国的旧石器地点群》中，他认为：“旧石器地点群是一种遗存形态（remain formation）。它由集中分布在一定地区内，具有相同文化特征，属于同一时代和同一石器工业的多个石器地点组成。”关于这种遗存形态的基本性质，在《水阳江旧石器地点群埋藏学的初步研究》中，他明确指出：“根据水阳江旧石器地点群的埋藏特点和民族学的材料，我们有理由相信，当时的人类可能主要居住在露天，沿河活动，需要时就地取材，打制适用的石器，用后即弃之他去，形成今天见到的众多的旧石器地点。水阳江旧石器地点群很可能是一群原始人的生活圈（living complex）。”

1988年，房迎三主持发掘水阳江流域的宣州陈山（向阳）遗址，面积100平方米，获得各种石制品79件。该遗址面积很大，虽历年制砖已取土数万平方米，但现存的面积仍达数十万平方之巨。调查时，该地点还发现各类石制品千余件。为此，在《中国的旧石器地点群》中，他认为：“根据石器地点和文化遗物的分布情况、埋藏情况、各石器地点的面积和文化层的厚度分析，水阳江旧石器地点群可能是一个以向阳地点为中心，半径约30公里的古人类生活圈（living district）。”

1997年，房迎三与北京大学等单位合作，发掘了宁国毛竹山。由于窑场取土破坏等原因，遗址现存面积仅3000平方米，但当年的发掘却发现了一处人类旧石器早期的生活遗迹（图一三）。该遗迹长轴约10米，短轴约6米，整体由1167件砾石与石制品组成的环带构成，轮廓略呈半圆形；中间现存的是空白区，面积4.7米×4米。值得注意的是，在宽约2米的环带内，还发现了20个由砾石与石制品构成的小圈，直径20～40厘米。根据遗迹环带内砾石与石制品的埋藏学和类型学研究，并综合考虑到遗迹的形态特征，最后推测它更可能是一种人类的生活遗迹，而且毛竹山遗址的属性也应该与陈山相同。

宁国官山也是房迎三先生发掘，并与陈山、毛竹山一道被誉为水阳江流域旧石器早期人类三大营地，东南距宁国城区约5公里，南距毛竹山仅500米。1993年，发掘了遗址东区，面积200平方米[24]；在清理遗址文化层时，曾在25平方米范围内发现一石制品数量稀少的古人类生活面[25]。

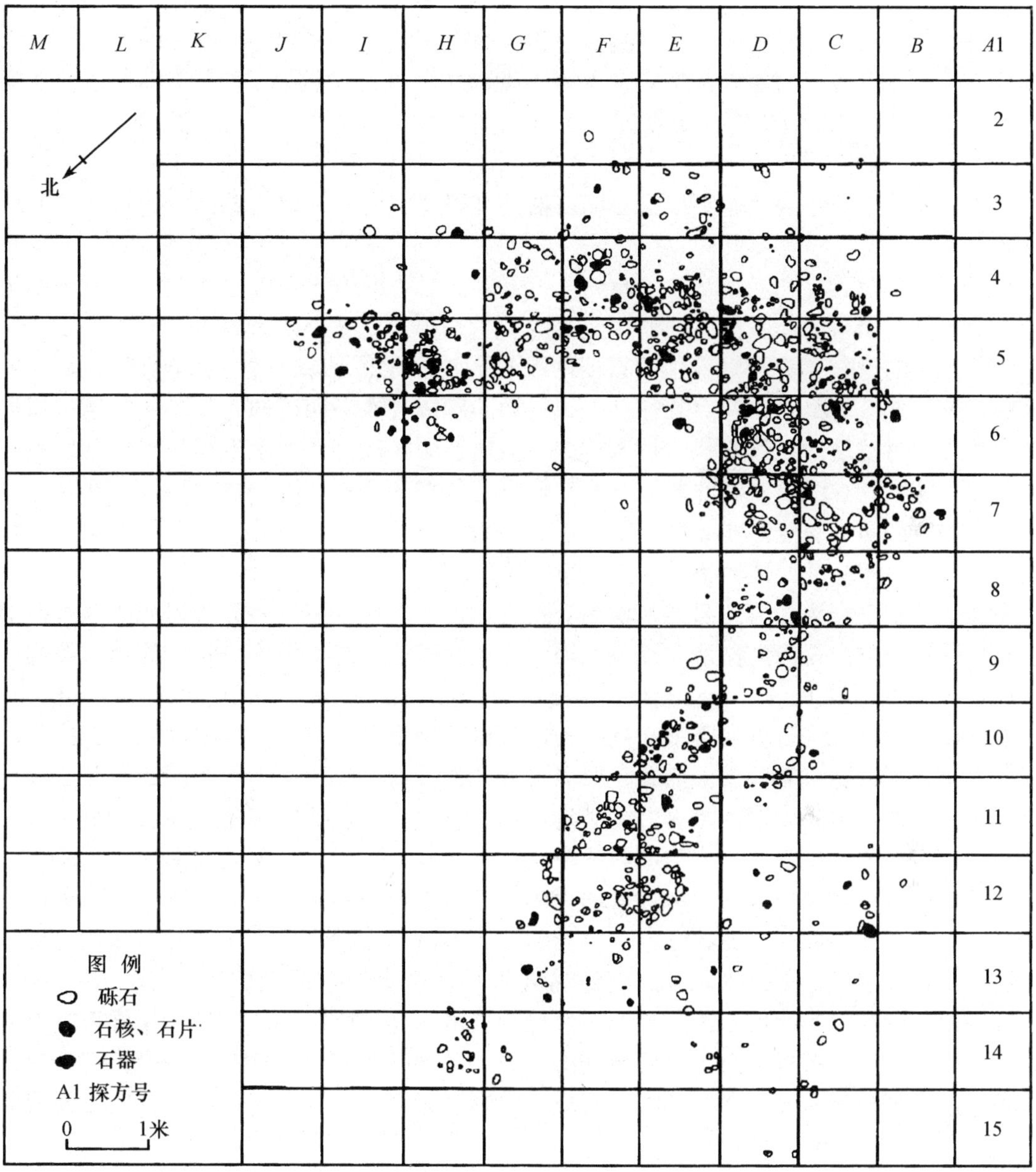

图一三 安徽宁国毛竹山遗址遗迹平面图（改自房迎三等，2001）

房迎三既有先进的思想，又能在发掘的实践中不懈努力、孜孜以求，堪称中国旧石器遗址群研究第一人。

王幼平关于旧石器遗址群的系统研究始见于《更新世环境与中国南方旧石器文化发展》（1997）。在这本书中，它不仅对遗址群的分布、各遗址点的距离与遗物方面存在的一些规律性现象进行了总结，而且在综合国内外已有研究的基础上，还在国内首次明确地表达了对遗址群属性认识与研判的基本原则。他说："遗物数量众多，各种石器类型齐全的地点，应是原始人类的居住地点；而某一类型工具集中的地点则可能代表某种专门的生产活动；数量更多的地点往往只有零星的发现，这样地点的遗物只能是当时人类各类临时性的活动所留下。这种具有不同功能的地点分布在山区或丘陵间的盆地内，或是平原上相对独立的地方，构成了当时人类的居住系统。”他将遗址点的性质分成居住点、生产地、临时活动地三种类型，并认为遗址群就是包含了这三种类型地点在内的“人类的居住系统”。

应该说，王幼平的论述不仅是对旧石器遗址群研究的一种理论总结，而且还具有明显的方法论意义。

在《中国远古文化的源流》（2005）一书中，王幼平仍然秉持他在前一本书中的理念，对不同时期不同地区以遗址群所代表的“栖居形式”进行了梳理与分析。

杜水生的论文《泥河湾盆地旧石器时代晚期社会组织结构分析》（2007），是目前国内以某一地区为个案，并对其社会组织结构问题进行专门探讨的力作。文章通过泥河湾盆地细石器遗址的石器原料、技术传统、栖居系统的综合考察发现，泥河湾盆地在旧石器时代晚期存在两个不同的原始群，他们具有各自的领地范围、技术特征，同时也进行一定程度的贸易交流。在族群内部，还可以划分为若干最基本的消费单位，他们或单独从事某种生产活动，或聚集在一起从事大型的狩猎活动。

他认为：迄今为止，泥河湾盆地细石器文化遗址按地域可以划分为泥河湾盆地西部二和尚沟地点群、泥河湾盆地中部桑干河南岸籍箕滩地点群，桑干河北岸的虎头梁西水地地点群（图一四）、泥河湾盆地东部油坊地点群（图一一）。经出土细石器的研究，他发现泥河湾盆地细石器的类型与制作技术可以划分为两个传统：一个以楔型石核为代表；一个以锥形石核为代表。前者主要分布在泥河湾盆地中西部，代表性遗址与遗址群有虎头梁、西水地底、籍箕滩、二和尚沟等；后者分布在盆地的东部，油坊遗址为其代表。之所以形成如此状况，皆与原料的产地有关。其中，泥河湾盆地东部油坊至东谷坨一带的隐晶硅质岩、中部马主部一带的火山角砾岩以及西部灰泉堡一带的碧玉、玛瑙等都是细石器文化中原始人类选择的主要石料，其中以虎头梁为代表的细石器文化主要选择泥河湾盆地中部的火山角砾岩，而隐晶硅质岩则主要为东部人群所采用（图一五）。这种现象表明泥河湾盆地石器原料的选择也表现出明显的族群特征，某一族群很难获取其他族群地的原料石料。至于油坊遗址出土的一件楔型石核，以及在虎头梁类型的遗址中也曾经发现少量品质非常好的隐晶硅质岩，则说明两个族群之间存在一定的石器或原料贸易。

通过对各遗址点堆积状况与面积大小、遗迹与遗物反映的遗址功能、栖居系统所显示的中心栖居地与临时栖居地的区别的分析，他还认为无论是中心栖居地还是临时栖居地，它们都是一个完整的栖居系统的组成部分，“一起构成一个完整的栖居系统，也构成一个族群完整的生活内容”。

由于杜水生的论文已不再拘泥于石器数量、形态与具体功能的旧有研究模式，而是将石器、技术、原料产地、人类组织形态联系起来综合思考，从而将旧石器时代遗址群的研究又提升到了一个新的层次。

应该指出的是，以上专家的论述不仅代表了这方面探索的不断深入和进步，而且还为今后同一课题的研究提供了很好的启发与基础。

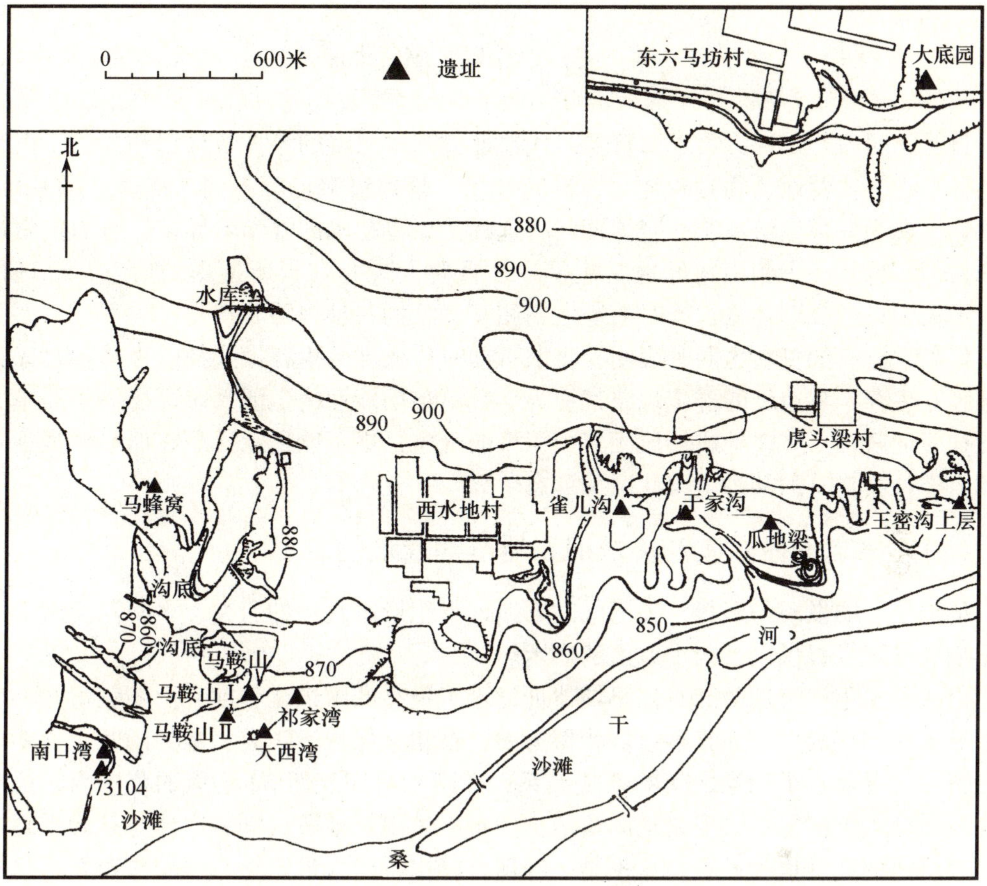

图一四 泥河湾虎头梁、西水地细石器遗址分布图（改自谢飞，2006）

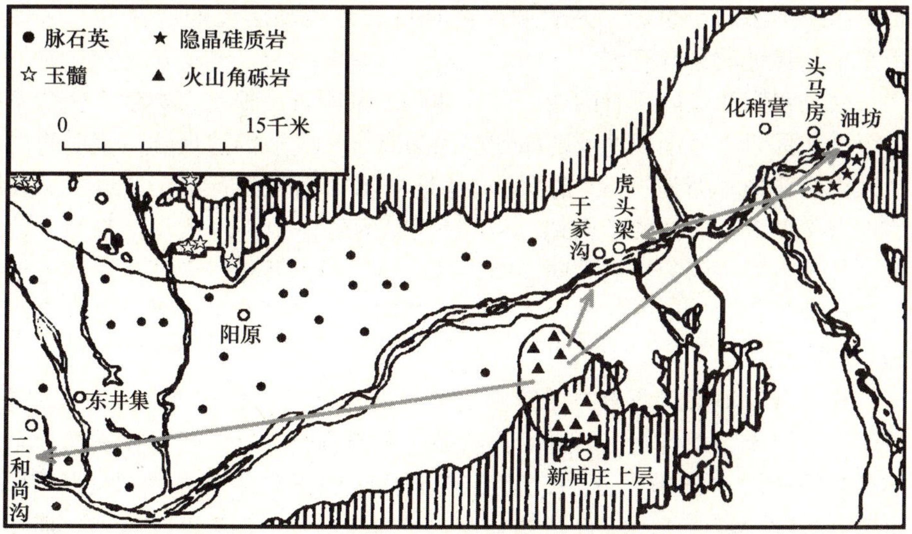

图一五 泥河湾盆地有关遗址与细石器原料分布图（改自杜水生，2007）

二、有关问题的讨论

目前，国内外学术界关于旧石器时代遗址群基本属性的考古学认识和探讨，大都是在区分中心居住营地、临时营地、石器制作场、野兽屠宰场等不同功能遗址的基础上，再将它们视为一种生活系统。毫无疑问，这种认识也是国内外学术界多年努力探索的结果和共识，也从一个侧面很好地反映了许多重要发现与资料所透露的信息，合理性明显，不失为科学合理地认识当时遗址之间相互关系的一种思路和视角。

但是，已有的资料也同时表明，将旧石器时代人类的生存模式都以为是各自毫无联系地独立生存，将遗址的群聚现象都视为一种单纯功能性的生活系统可能过于简单，也不能很好地解释众多遗址成群成团集中相聚的现象，更不能揭示深藏在那些群聚现象背后的人类社会自身的某种组织状况与形态。

（一）来自安徽水阳江流域旧石器早期遗址的启示

根据已有的发现与资料，关于同时期遗址组织形态属性的研究，水阳江流域的旧石器早期遗址可以提供以下四个方面的启示。

第一，水阳江流域的旧石器早期遗址显示了很高的组织化程度。由图五可知，所有的遗址不仅相聚成群，而且还以群相聚为团；在相互保持近距离相聚的同时，又明显通过距离的远近显示了相互之间的亲疏关系；在两个群团相距22公里的范围内，虽有许多地段适合人类栖息，如卫星地图所示宁国水东镇附近地段，其右岸地势开阔平坦，但是一个当时的遗址也未发现，这不是一种巧合，也不是那里缺乏石器制作原料、没有野兽出没、没有水源地、没有适合栖居场所的结果，而应该是当时有关人类群体的组织原则，以及群体与群体之间的共存原则使然。正因此，同时期遗址明显的组织化现象完全是人类自身组织形态的正投影，并表明人类对自然环境和居址的选择也是一种集体行为，而不是个别遗址的独自意愿。

第二，假如水阳江流域所有的遗址群，如同专家所言，都是人类生产生活不同功能遗址的组合体，那么Ⅰ号宁国遗址群团就会因为有2个类似的遗址群而表明它的内部至少有2个人类居住的“营地”，而Ⅱ号宣城遗址群团则会因为有4个遗址群而表明它的内部至少拥有4个人类居住的“营地”。尽管当时的居住中心可能规模都很小，但它们存在的意义却很重要，因为它们共同表明，从旧石器早期开始，即使小型的遗址群都是不同功能遗址的组合体，也不能排除大型遗址群团是一种纯粹的人类自身社会组织方式与组织形态的可能性。

第三，宣城孙埠镇对岸西南方的陈山遗址，面积巨大，虽遭现代砖瓦厂严重破坏，仍幸存数十万平方米，而且出土石制品数量多，种类齐全，其属性不仅被誉为是水阳江旧石器遗址群的三大“营地”之一，而且还是整个水阳江群体的“中心”[26]。对此，王幼平也曾认为它“反映人类在此活动复杂，时间长”[27]。如果此说不误，那就说明它是一种功能齐全的可就地进行许多“复杂”活动的遗址，是不再需要附加其他独立的石器制作场与野兽屠宰场的遗址，那么其与同一个遗址群其他遗址的关系就不完全是功能分区，而应还有其他。事实上，同一群体的黄渡砖瓦厂遗址（图五，9）就证明了其他可能属于社会性关系的存在。因为，陈山与黄渡砖瓦厂相距约4公里，即使后者参与功能分区，也会给相互的物流带来诸多不便。

第四，属于Ⅰ号宁国遗址群团二号遗址群的毛竹山遗址，曾发现人类生活遗迹（图一三），同属一个遗址群的官山遗址也曾出土数量较多的石制品（表二），并显示了某种人类生活遗迹的存在，二者同被誉为水阳江流域旧石器遗址群的三大“营地”之一。然而，两大“营地”的相互距离却仅只有500余米。显然，这二者的关系绝不是一种功能分区，而是一种人群与人群的关系，它们的近距离相聚也应该是建立在关系亲密基础上的人类社会组织形态。

总之，安徽水阳江流域的遗址及其群聚形态带给人们最大的启示就是，早在旧石器时代早期，人类社会就已经是一种以栖息地或营地为单位的有组织的社会，并在人与自然和人与人的相互关系中起着主导性的作用；对早期遗址相互关系的认识绝不能只单纯从生产生活功能区分的角度出发，还应该更多地同步考察人与人及社会组织等问题。

（二）来自河北泥河湾盆地旧石器早期遗址的启示

如果说其他地区的讨论在遗址共时性的把握方面还比较宽泛，那么河北阳原泥河湾盆地的早期旧石器地点就较好地弥补了这种不足，因为那里发现的9个遗址中有5个经过了年代测试。其中，古地磁最新研究，马圈沟（图一一，1）第Ⅲ文化层距今约166万年，第Ⅱ文化层距今约164万年，第Ⅰ文化层距今约155万年；小长梁（图一一，3）距今约136万年，半山（图一一，2）距今约132万年，东谷坨（图一一，5）距今约107万年，马梁（图一一，9）距今约78万年[28]；另外，相关的研究还认为飞梁与岑家湾二地点（图一一，6、8）的年代与东谷坨很接近[29]。

由于泥河湾的旧石器早期遗址全部都密集地聚集在一个三角形地带里，东西长不足2公里，南北宽不足1.2公里；所以那些遗址的测年结果就十分清楚地表明，当时人类在当地的栖息与居住拥有五个重要的特点：①时间长；②状态稳定；③是一种有组织的群聚，而非单个遗址的生活圈；④规模逐渐有所扩大；⑤一点都没有显示出流动和居无定所的迹象。

显然，总是从流动和居无定所的角度来理解旧石器时代的人类居住模式与事实是不相符的。除了泥河湾以外，全国各地旧石器时代遗址成群成团相聚，并有规律地相互间隔，这些现象实际早已清楚地表明，大体稳定的生活状态才是当时人类居住模式的主流。遗址的群聚不仅需要以稳定的生活状态作为基础，而且也是那种生活状态最为直观的一种反映。

还值得关注的是，在那些遗址中，多数都经过了试掘与正式发掘，为遗址及其群聚性质的进一步认识又提供了重要的资料和线索。

1. 东谷坨遗址

1981年发现并随即进行了试掘，截至2001年，遗址总发掘面积达120平方米。据谢飞等介绍[30]，遗址面积较大，文化层最厚达3米多，遗物发现也很丰富。虽然“遗址中没有发现明显的遗迹现象，但是大量碎屑和碎骨片的存在，说明在这里曾经有过打片活动和餐食活动，并且，由于作用于遗址的水动力比较平缓，没有对遗址造成大的扰动”。遗址石器的制作水平也名列泥河湾旧石器早期遗址之冠，“除技术改进外，应与遗址性质及所占用的时间有密切关系。据分析，遗址处在当时泥河湾湖滨的河流入口处的河漫滩环境下，这里往往是人类或其他动物活动的最频繁地段，巨厚的文化层显示，人类在这里持续的时间长，众多的石制品证实，这里绝不是人类短暂的活动留下的遗物，而是长时期的占据或多年反复光顾的结果”。

2. 飞梁遗址

位于东谷坨西北，两地相距仅200米，1990、1996年先后两次发掘，总发掘面积近100平方米。“文化遗物分布上存在4个相对集中区域……造成这种现象往往是人为的，与当时占有者生产、生活行为息息相关。”这里石器的拼合率高达17.59%，这一方面与石制品集中分区有关，同时另一方面也与遗物的快速埋藏有缘。由于该遗址距离东谷坨很近，因而谢飞等还认为，它们关系密切，“如果从大的环境背景分析，可以说同是一个遗址的不同部位”[31]。

3. 岑家湾遗址

距离东谷坨与飞梁都不足1公里，1984年发现，1986～1994年先后三次发掘，总发掘面积144平方米，基本没有受到后期的扰动，属于原地埋藏。虽然“在发掘中没有发现明显的遗迹现象，但根据遗物的分布规律，可以将遗址划分为遗物密集分布区和零星分布区……参照1986年遗物的出土情况来判断，在这里存在着一个长宽5米左右、呈不规则形状的遗物密集分布区，这可能是当时遗址占有者进行生产和生活活动的主要场所”。“根据实验推断，在岑家湾遗址这个主要活动区内，最多能容纳5～7个个体进行上述活动，因此可知遗址的占有者是一支较小的人类群体。”[32]

由于以上3处遗址时代接近，距离接近，又同属一个遗址群，且都有一定的人类生产生活的迹象存在，说明即使东谷坨与飞梁二地点是同一个人类群体，它们与岑家湾的相互关系也不是一种单纯的功能分区，而是不同人群与人群的关系。此外，由于东谷坨加飞梁合成的遗址规模完全与岑家湾不是同一等级，从而又明确地显示，在同一个遗址群中，遗址之间还有规模大小之别。

（三）来自河北泥河湾旧石器晚期细石器遗址的启示

经过多年调查，河北泥河湾盆地桑干河北岸西水地村附近发现了许多旧石器末期的细石器遗址，尽管部分遗址点的准确位置尚未公布，但已有的资料还是显示，那些遗址皆明显聚为两个遗址群团（图一六）。其中，西水村东部的群团至少由3个遗址群构成，西部的群团也显示不止一个遗址群。

目前，已经发掘又特别值得关注的遗址有大底园、苇地坡、梅沟、于家沟、马鞍山、八十亩地六个地点。

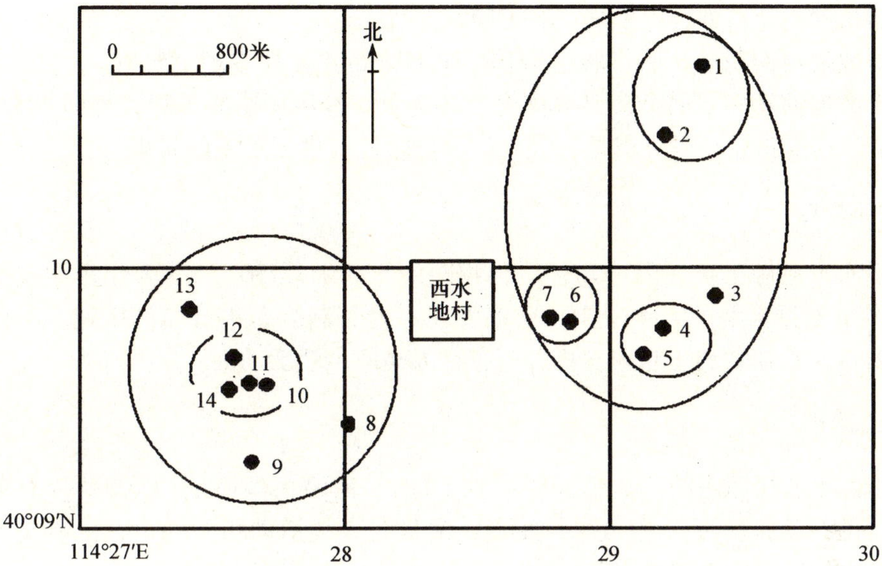

图一六　泥河湾西水地村周围部分细石器遗址分布示意图

（1、3～5、7～9、12、13据遗址经纬度定位；其他据谢飞等，2006）

1. 八十亩地（73101）　2. 大底园　3. 72117　4. 王密沟（65040）　5. 苇地坡　6. 瓜地梁　7. 于家沟（65039）　8. 大西湾（73102）　9. 梅沟　10. 祁家湾　11. 马鞍山　12. 马蜂窝（73105）　13. 鬼门关（73103）　14. 果树地（73104）

1. 大底园遗址

位于阳原县西水地村东北约2200米处（图一六，2），1999年发掘，面积30平方米。由于流水的作用，发掘区的堆积均非原始堆积，而属次生堆积。但是，这里出土的文化遗物却种类与品质俱佳。石器的原料主要是燧石。石核类型仍以楔形石核占主导地位，并显示出成熟的剥片技术。石器数量虽然不多，却有刮削器、凹缺刮器、石矛头，从而显示出多样的石器组合类型。石器的加工也非常精细，修理疤控制准确，大小一致，既有单层修理疤，又有多层重叠修理疤；刃缘或直或凸，完全可以随制作意图而控制。第四纪的动物遗骨也发现101件，除了哺乳动物、鸟类以外，还有鱼类。此外，遗址还发现1件人头盖骨化石残片，属于晚期智人。

由于遗址不仅显示了制作认真细致、种类齐全的精美石器以及将捕食的各种动物——甚至水生动物鱼类——都集中在一起的状态，而且还有人头骨化石出土，因此，按照有关专家识别旧石器人类居住营地的标准，那些出土物实际就共同表明它们曾经属于一个人类的生活遗址。

2. 梅沟与苇地坡遗址

梅沟位于西水地村西南（图一六，9），苇地坡位于东南（图一六，5），二者相距约2200米，1998、1999年，两地先后小面积发掘[33]。

根据发掘报告，两地除主要出土了石器以外，还发现了灰烬、红烧土、炭屑。如梅沟第8层，厚15厘米，富含石制品，并发现灰烬与红烧土；第10层，厚40～50厘米，除石制品与动物化石外，也发现了灰烬层与红烧土。

苇地坡发掘面积仅6平方米，并于厚30厘米的第4层发现了炭屑。

由于两地的发掘面积小，那些灰烬、红烧土、炭屑的全貌不详，性质也非常难辨，但已有的发现应该说还是为就地寻找人类居住营地提供了重要的线索。

3. 于家沟遗址

位于西水地村正东（图一六，7），相距约530米，1965～1998年多次发掘。在厚65厘米的旧石器末期的第4层中，还曾发现一处石制品密集分布的区域。对此，有专家称“若从文化遗物出土状况分析，当存在人类的生活活动面”[34]。

4. 马鞍山遗址

位于西水地村西南约750米（图一六，11），南距梅沟遗址约500米。1997、1998年二次发掘，总面积约50平方米，发现了大量与人类活动相关的遗存，被誉为“虎头梁遗址群中最重要的遗址之一”[35]。

遗址揭露了多层人类活动面，还发现了当时打片、制作石器遗迹与火塘、火堆、灶等用火遗迹，多达30多处。火塘用大的砾石或石块围摆成圆形或近圆形，底面烧结较硬。火堆多不规则，长、宽多在20～70厘米，内部可见烧过的残骨和灰烬。灶只发现一座，保存较好，为原地挖成，平面近椭圆形，圜底，南北长84、东西宽67、深15～18厘米，壁及底部较硬，灶内上部堆积为炭屑，下部为灰烬。另外，用火遗迹的周围还散布有较多与人类餐食活动有关的被砸、砍、刮、烧过的残骨[36]。

这些石器制作与用火遗迹的发现表明，人类曾长时间在此居住和生活。

5. 八十亩地遗址

八十亩地（图一六，1），1973年发现并发掘。一共发现3个“炉灶坑”，并呈“品”字形分布（图一七）。

$\text{Ⅱ}_{5\text{-}6}$炉灶坑，长椭圆形，长170、宽80、厚5～16厘米，其中含大量木炭粒、烧骨和烧过的鸵鸟蛋皮以及少量的石器，土质呈黄褐色至黄黑色，与周围的砂质黄土界限分明。在这个炉灶坑的边缘上发现四块较大的砾石，砾石周围有很多破碎的动物肢骨、下颌骨和少量石器（图一七，1）。

$\text{Ⅱ}_{7\text{-}8}$炉灶坑，与$\text{Ⅱ}_{5\text{-}6}$相连，连接处很窄（图一七，2）。

$\text{VI}_{7\text{-}8}$炉灶坑，坑内也发现了木炭粒、烧骨和烧过的鸵鸟蛋皮，在炉灶坑的边缘上还发现有穿孔贝壳和赤铁矿（图一七，3）。

此外，在3个炉灶坑之间还散布着大量的石片和石屑，时而密集，时而稀疏，其中也发现有处于不同剥片阶段的石核和加工细致的石器。

对此，调查与发掘者认为，遗址的这种平面布局可以说明这里曾是居址兼石器加工场所，并在某种程度上反映了遗址主人的生活情景[37]。

由于以上6个相同时代的含有人类居住信息的地点不仅分属于2个遗址群团，而且在各自群团内的相互距离也比较近，如八十亩地与大底园之间仅约600米，苇地坡与于

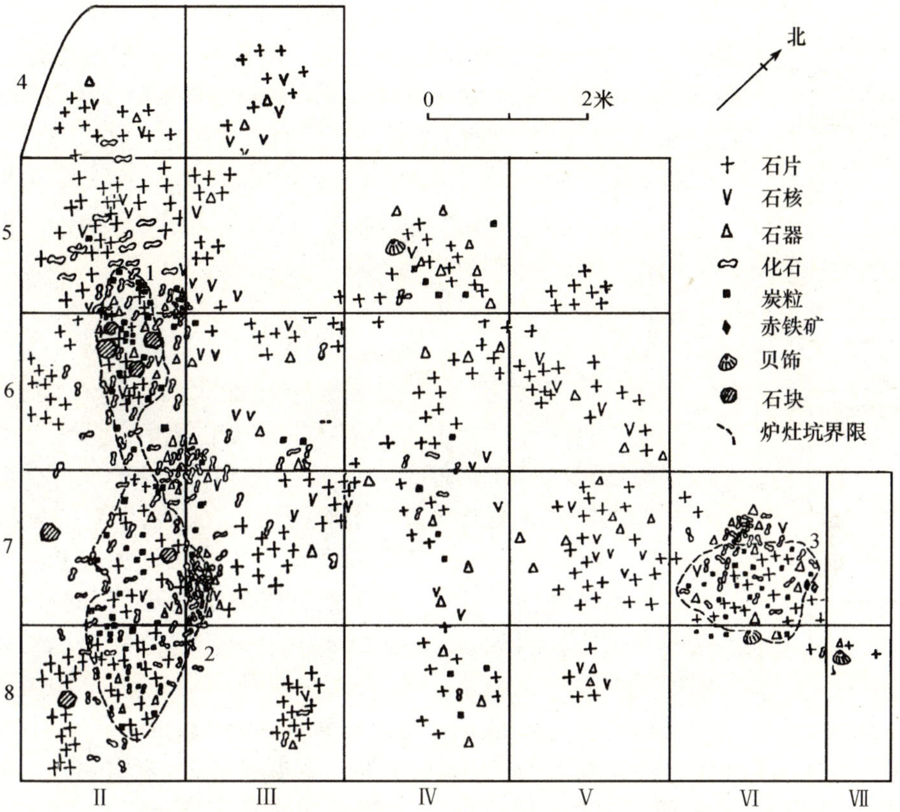

图一七 泥河湾八十亩地遗址遗迹与出土物平面位置分布图（改自盖培等，1977）

家沟之间不足800米，马鞍山与梅沟之间也不足800米。因此，这些遗址的发现与发掘就给人们提供了两个方面的重要启示。

第一，随着历史的晚近与发展，人类的居住状态日趋稳定与改善，各遗址中明显拥有生活遗迹、火塘、灶坑的数量日益增多。

第二，明显拥有生活遗迹、火塘、灶坑的遗址数量的日益增多，实际也表明越来越多的遗址是属于生活居住遗址，而不是单纯的石器制作场与野兽屠宰场。

（四）来自宁夏水洞沟旧石器晚期细石器遗址的启示

根据已有的发现，水洞沟一号遗址群由11个地点组成，经过发掘的有5个，即F1～F5。下面将重点介绍F1、F2、F5几个地点调查与发掘的主要收获。

1. F1

1923年由法国古生物学家德日进和桑志华首次发掘，面积80平方米。发掘发现“遗址‘正像欧洲典型的炉灶遗址’，居住层厚约50厘米，除成百件石器碎片外，还‘混合着碎骨及炭屑’。石制品非常丰富，这次发掘所得便有300公斤以上”[38]。1960、1963、1980年，遗址又先后三次发掘。其中，1980年，发掘面积52平方米。在旧石器晚期的地层中不仅出土了大、小型石器5500余件，以及部分动物骨骼，而

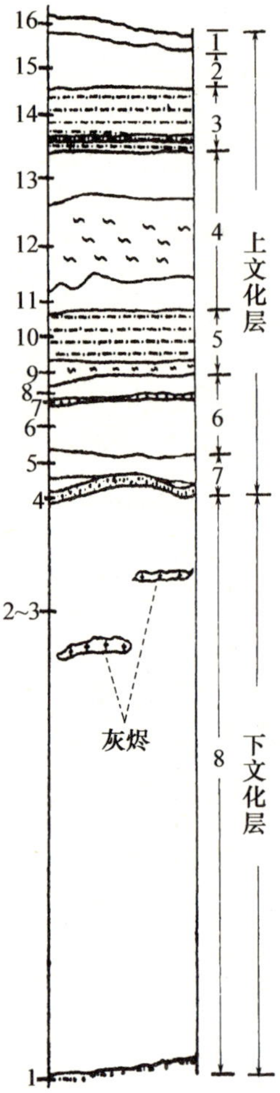

图一八　水洞沟F1 1980年发掘探方北壁地层剖面图（改自《水洞沟——1980年发掘报告》）

且“当发掘到深6米处时，于发掘坑的东北角（坐标0.9米×0.9米）1.5米×1.5米范围内的同一层位中，发现石制品，如刮削器、石核、磨石、石叶、砍斫器等呈密集分布，还有面积为0.5米×0.5米，厚5厘米的灰烬和骨屑、动物牙齿等混在一起，可能是人类的露天活动营地，即当年德日进、桑志华在报告中称的‘炉灶’”[39]。事实上，根据发掘的剖面图可知，类似的“炉灶”，当年一共发现2个（图一八）[40]。

2. F2

1923年由法国古生物学家德日进和桑志华在调查时发现，“尽管没有F1丰富，但混合着人工打击的石片及石器、骨、牙及炭屑的堆积却可以延伸100米远”[41]。1999、2000年夏，中美两国的考古学家和地质学家对水洞沟遗址又进行了新的勘察，在F2地点约10000平方米的范围内发现了7处火塘遗迹和5处与火塘相关的遗迹（图一九）。这7处可以确定的火塘都较小，直接坐落在地面上，直径30～80厘米，未有任何挖坑处理的迹象；火塘底部为发红的烧土，其上为木炭和灰烬，间或有烧裂的河卵石分布其间。其他5处遗迹，都存在木炭、灰烬、动物化石和石制品等，但没有明显的边界，分布较散乱，可能是被破坏了的火塘，或是火塘中的灰炭的再次堆积。在这些火塘中还取其木炭进行了AMS测年，时代为距今29000～24000年。对于上述收获，调查者认为“此次调查对水洞沟遗址的性质和文化内涵取得了新的认识。12处火塘遗迹和与火塘相关的遗物的发现表明水洞沟遗址蕴藏着丰富的旧石器时代文化信息。古人类选择此地作为生产、生活的场所，制造石器、骨器等工具，加工食物等生活资源，升起熊熊的篝火熟食、御寒和驱赶猛兽，而其遗留物则被原地埋藏起来，成为今天的考古研究素材。这些遗迹与堆积并非发生在一个时期，表明古人类对该遗址的利用或连续或间断地持续了一定时期”[42]。

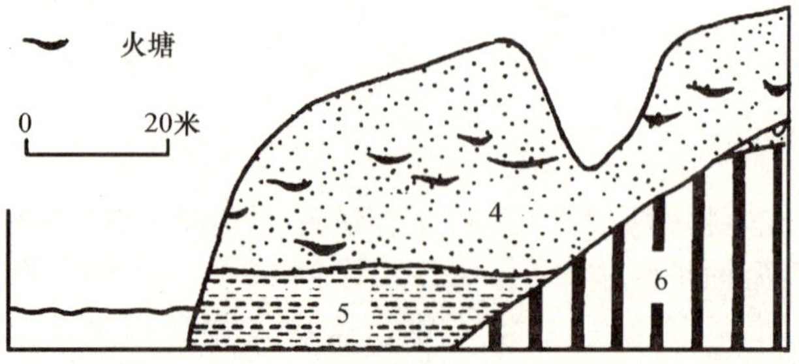

图一九　水洞沟F2地层剖面图（改自高星等，2002）

3. F5

这也是德日进和桑志华1923年调查发现的。遗址保存完好，石制品含量丰富，程度超过F1～F4等几个地点；同时发现的灰烬层，呈黑色条带状分布，长4～5米[43]。为此，调查者当时就认为，该遗址“具有特殊意义”[44]。

由于以上3个地点，时代接近，相互距离很近，F1与F2仅距离100多米；而且3个地点还不约而同地出土了大量的石器，以及动物骨骼化石，尤其重要的是还都发现了人类用火的灰烬层，或为数较多的火塘，或数米长带状的灰烬层。因此，尽管有专家认为F1与F2，从二者的堆积比较看，其时代和文化有可能是同一个整体[45]，但这也依然不妨碍将它们与F5都视为同一群体的成员。

事实上，到了旧石器时代的末期，在遗址中发现生活类遗迹越来越多的前提下，再强调并继续维持以功能组合来认识遗址群属性的思维模式的确已显不合时宜。

叁 结 语

根据本文的讨论，大致可以对我国旧石器时代大量同时期遗址的群聚现象获得如下认识。

第一，从旧石器时代早期到晚期，从东、南到西、北，群聚一直是当时遗址存在的一种基本形式。

第二，群聚的基本类型有两种：一种系各种优越的且便于人们交往的自然条件而促成，谓之“群落”；一种系人类自身的社会原因而促成，谓之“组织”。其中，“组织”又有两种不同的类型：一种是“遗址群”，由各遗址近距离相聚而成；另一种是“遗址群团”，由遗址群近距离相聚而成。

第三，群落的3个基本特点是：①群落本身完全是一种集中相聚的相互关系模糊不清的遗址群体的自然集合体，优越的自然环境与生存条件是维系它们的唯一纽带；②齐聚之地通常是地势开阔，自然食物资源丰富，便于相互交流的独立的自然地理单元，早期多见于山间盆地、河谷，晚期开始向山前平原移动；③群体规模存在不断扩大的趋势。

第四，遗址群的4个基本特点是：①它以单个居住生活类遗址为最小组织单位，群体规模小，通常只有2～5个遗址；②各遗址的间距都很小，一般2000米以内；③各遗址之间的埋藏状况存在明显差别；④群体规模早晚变化不大。

第五，遗址群团的3个基本特点是：①以单个遗址群为最小组织单位，由多个遗址群近距离相聚而成；②群体的规模往往与地理环境密切相关；③群体规模在时间上存在不断扩大的趋势，尤其是旧石器时代晚期规模扩大明显。

第六，关于遗址群与群团的基本属性，一方面可能与人类居住营地及石器制作、野兽屠宰场等生活、生产的功能分区有一定的关系，但另一方面更应该是人类自身的一种社会组织形态。

应该指出的是，由于各种主客观的原因，旧石器时代考古的发掘绝大多数至今还是

“显微外科手术式”的模式，主要的课题也还在于遗物的堆积层位、堆积的成因、时代、文化属性、制作技术、人类的起源等方面的研究。因此，要深入细致地讨论人类群体与群体之间的相互关系与属性，讨论遗址与遗址之间的社会关系，就宏观而言，还不具备必要的充分条件。

但是，值得庆幸的是，依然有不少“显微外科手术式”的发掘还是为相关问题的讨论提供了许多重要的有益的线索，从中不仅可以窥探到，从旧石器早期开始，人类的社会就是一个有组织的社会；而且还不断地提醒人们，今天研究的根本问题并不是资料的问题，而是观念的问题。长期以来，人们总以为旧石器时代的人类群体一是独立生存，二是逐水草而居，三是相互之间没有任何关系，故此人们对旧石器时代遗址的关注重点就只在于各遗址的功能区分，而从根本上就忽视了人类群体之间关系的探索和研究。

本文的研究，尽管存在一些明显的不足和缺憾，尤其是基于材料本身的局限，对遗址分群分团的研究未能都建立在生活居住类遗址的基础上，从而直接影响了研究的科学性与合理性；但即便如此，所揭示的旧石器时代人类群体明显成规律的群聚现象，对今后的同类研究仍不失为一种新的理念，新的视角，一种新的、有益的启示。

遗址的空间分布不仅是人类生活方式也同样是人类组织方式的体现，探讨有组织的人类社会形态也应适时提升为旧石器考古最主要的课题之一。

注　　释

[1] 王幼平：《中国远古人类文化的源流》，科学出版社，2005年，122页。

[2] a. 李毅等：《三峡工程淹没区旧石器时代文化遗址调查报告》，《史前考古学新进展》，科学出版社，1999年；
b. 裴树文等：《三峡地区枣子坪旧石器遗址》，《人类学学报》2004年3期。

[3] 国家文物局主编：《中国文物地图集·湖南分册》，湖南地图出版社，1997年。

[4] 湖南省澧县文物管理所：《湖南澧县彭山东麓旧石器地点调查报告》，《江汉考古》1992年1期。

[5] a. 房迎三：《水阳江旧石器地点群埋藏学的初步研究》，《人类学学报》1992年2期；
b. 房迎三：《皖南水阳江旧石器地点群调查简报》，《文物研究·3》，黄山书社，1988年。

[6] 高星等：《宁夏旧石器考古调查报告》，《人类学学报》2004年4期。

[7] 王社江等：《洛南盆地1995～1999年野外地点发现的石制品》，《人类学学报》2005年2期。

[8] 裴树文等：《西峡旧石器考古调查简报》，《人类学学报》2006年4期。

[9] 山西省考古研究所编：《山西考古四十年》，山西人民出版社，1994年，14页。

[10] a. 山东省文物考古研究所：《山东20世纪的考古发现和研究》，科学出版社，2005年，27页；
b. 临沂地区文物管理委员会：《山东临沂县晚期旧石器、细石器调查》，《考古》1986年11期。

[11] 山东省文物考古研究所：《山东郯城马陵山细石器调查报告》，《史前研究》1987年1期。

[12] 中国社会科学院考古研究所山东工作队：《山东汶泗流域发现的一批细石器》，《考古》1993年8期。

[13] 刘东生：《泥河湾旧石器文化·序言》，花山文艺出版社，2006 年，1 页。
[14] 裴树文等：《井水湾旧石器遗址初步研究》，《人类学学报》2003 年 4 期。
[15] 同注 [2] b。
[16] a. 高星等：《丰都冉家路口遗址第一次发掘报告》，《重庆库区考古报告集·1999》，科学出版社，2007 年；
b. 高星等：《冉家路口旧石器遗址 2005 发掘报告》，《人类学学报》2008 年 1 期。
[17] 裴树文等：《高家镇旧石器遗址 1998 年出土的石制品》，《人类学学报》2005 年 2 期。
[18] 房迎三：《中国的旧石器地点群》，《华夏考古》1993 年 3 期。
[19] 同注 [1]，120 页。
[20] 同注 [1]。
[21] 同注 [1]，43 页。
[22] 同注 [1]，138 页。
[23] 杜水生：《泥河湾盆地旧石器时代晚期社会组织结构分析》，《山西大学学报（哲学社会科学版）》2007 年 5 期。
[24] 房迎三：《水阳江旧石器地点群的发掘与研究》，《文物研究·11》，黄山书社，1998 年，3 页。
[25] 房迎三等：《安徽宁国毛竹山发现的旧石器早期遗存》，《人类学学报》2001 年 2 期，123 页。
[26] 同注 [18]。
[27] 同注 [1]，120 页。
[28] 谢飞等：《泥河湾旧石器文化》，花山文艺出版社，2006 年，5 页。
[29] 同注 [28]，28 页。
[30] 同注 [28]，58 ~ 66 页。
[31] 同注 [28]，67 ~ 80 页。
[32] 同注 [28]，67 ~ 80 页。
[33] 梅惠杰：《泥河湾盆地梅沟和苇地坡旧石器时代晚期地点》，《人类学学报》2006 年 4 期。
[34] 同注 [28]，165 页。
[35] 同注 [28]，170 页。
[36] 同注 [28]，170 页。
[37] 盖培等：《虎头梁旧石器时代晚期遗址的发现》，《古脊椎动物与古人类》1977 年 4 期。
[38] 宁夏文物考古研究所：《水洞沟——1980 年发掘报告》，科学出版社，2003 年，1 页。
[39] 同注 [38]，6、7 页。
[40] 宁夏博物馆等：《1980 年水洞沟遗址发掘报告》，《考古学报》1987 年 4 期。
[41] 同注 [38]。
[42] 高星等：《水洞沟的新年代测定及相关问题讨论》，《人类学学报》2002 年 3 期。
[43] 张森水：《水洞沟史前遗址研究史略与思考》，《岭南考古研究·6》，中国评论学术出版社，2007 年。
[44] 同注 [38]。
[45] 王惠民等：《水洞沟遗址第 3、4、5 地点发掘简报》，《人类学学报》2007 年 3 期。

Study on Site Cluster Distribution of the Paleolithic Period in China

Pei Anping
(Nanjing Normal University, Nanjing)

The paper examined distribution patterns of Paleolithic sites of the early, middle and late phases all over China, and revealed a clustering-sites phenomenon which was common during each phase. The dots of close sites could be recognized as a "site-group", and groups of close range could be recognized as a "site-cluster" . The clustering-sites phenomenon not only indicated different function of different group and cluster, but also strongly suggested that the distribution pattern might be reflection of social organization based on kinship and marriage among different group of people.

中国北方旧石器时代骨器的一些问题

李占扬

（河南省文物考古研究所，郑州）

一、引　　言

骨器是指用动物的骨骼（主要是长骨）制作的工具，广义的骨器应包括角器和牙器，骨器是古代人类生产工具的一部分。在以往，许多旧石器考古学者对骨器的研究不如石器得心应手。一方面，可能是因为骨器受材料性质制约，不如石器所遗留的痕迹清晰明了，不便于对其进行观察和分类。同时，骨器认知中缺乏共同遵循的原则，即使费劲得出了认识，也会被人很轻易地否定掉，或各执一词，成为无休止的争议，否定其存在要比肯定显得更为保险或容易。另一方面，在研究手段上难出石器观察的窠臼，实验手段和借助设备如显微镜观察标本的技术等还未被广泛运用。本文结合许昌灵井遗址出土的骨器，对我国北方地区旧石器遗址中出土的骨器，以及骨器在旧石器考古研究中的一些有关问题作以检索和探讨。南方地区的骨器发现及研究情况不在本文的讨论范围。

二、骨器的发现与研究概况

中国北方经发掘研究的旧石器时代遗址达100多处，据不完全统计，有骨、角器材料记述的24处，它们分别是：河北阳原东谷坨[1]、泥河湾下沙沟[2]、迁安爪村[3]、北京周口店第1地点（中国猿人遗址）[4]、第4地点[5]、山顶洞[6]、山西芮城西侯度[7]、阳高许家窑[8]、襄汾丁村[9]、朔县峙峪[10]、辽宁营口金牛山A地点和C地点[11]、本溪庙后山[12]、海城小孤山[13]、大连古龙山[14]、榆树周家油房[15]、吉林桦甸寿山仙人洞[16]、黑龙江五常学田[17]、哈尔滨阎家岗[18]、昂昂溪大兴屯[19]、甘肃庆阳巨家塬[20]、宁夏灵武水洞沟[21]、安徽繁昌人字洞[22]、北京王府井东方广场[23]和河南许昌灵井[24]。

在东谷坨遗址里，发现了“一些和石器一样的修理痕迹”的骨器[25]，而且出土的骨骼都很破碎，骨器的类型有尖状器1件，双刃刮削器1件。泥河湾下沙沟出土尖状器16件，角器1件。迁安爪村发现尖状器3件。北京周口店第1地点的骨器问题最早由法国史前学家步日耶研究[26]，后来一些人对此进行了大量的记述和讨论[27]，认为遗址中存在骨制品是不成问题的；骨制品中有一部分是敲骨取髓所为，尽管存在骨器，但只能称其为骨制品；张森水观察了周口店第1地点500件碎骨，并将这些碎骨分为七类，仅分类中的第六类侧边有疤的8件标本，可确定为打击骨器，张森水认为北京猿人遗址里确实存在有骨器，但为数不多[28]。周口店第4地点仅发现尖状器1件。周口店山顶洞遗址的骨器比较进步，主要是使用了成熟的磨制骨器技术，类别有骨针、尖状器和角器各1件，骨管4件，此外还有1件磨光鹿下颌骨。山西芮城西侯度早期人类遗址发现角器2件，也和出土的石器一样，标本经水搬运后，造成很严重的冲磨痕迹，使之不易观察。阳高许家窑遗址出土了2万件碎骨，这是一批很重要的材料，但基本上未对碎骨做研究。襄汾丁村遗址出土的碎骨也很多，仅对少量标本进行分类和描述，有尖状器4件，三棱尖状器6件；长期以来，人们对丁村的骨器不太了解，远不及石器给人们的概念清晰。朔县峙峪遗址，发现动物骨骼数量多，同时对此做过较深入的研究；发掘报告列有尖状器、单刃刮削器和雕刻器各1件，另有刻条痕骨片4件。辽宁营口金牛山A地点曾出土1万多件碎骨，发掘者一开始就认为“金牛山下部地层出土的碎骨中有一小部分可能被当时人作了一些加工，而拿来作工具用”，研究时，列出工具20件，其中多边刃刮削器2件，双刃刮削器1件，单刃刮削器11件，雕刻器2件；金牛山C地点发现尖状器5件，三棱尖状器6件，双刃刮削器2件，雕刻器3件，穿孔骨器和骨锥各1件。本溪庙后山发现的骨器有3件，其中尖状器2件，雕刻器1件。海城小孤山出土了一批精美的骨制品和装饰品，包括1件鱼叉，1件标枪头和3件骨针，制作技术比较进步，已熟练掌握了磨制技术，可能时代已到旧石器时代的较晚阶段。大连古龙山发现的骨器较多，包括尖状器54件，刮削器48件，另有雕刻器10件。榆树周家油坊出土尖状器5件，刮削器、雕刻器和骨矛头各1件。华甸寿山仙人洞发现尖状器2件。黑龙江五常学田出土尖状器和刮削器各1件。阎家岗出土尖状器18件，刮削器5件，角器4件。此外，黑龙江昂昂溪大兴屯、甘肃庆阳巨家塬、宁夏灵武水洞沟各发现1件。

1991年记述山西峙峪遗址骨器39件；2004年北京市东方广场报道骨器38件；2000年描述安徽繁昌骨器2件；近年，河南许昌灵井发现并报道的骨器113件。

据初步统计，到目前为止，我国北方地区旧石器时代遗址经研究或记述的骨器320件。据不完全统计，全国目前研究的旧石器时代遗址的石器约有1万件，按此统计，骨器数量仅占石器数量的3%左右。

骨器器形以刮削器最多（也有像北京王府井东方广场以尖状器最多），其次为尖状器和雕刻器等。磨制骨器是旧石器时代晚期才出现的，其代表遗址为辽宁海城小孤山和北京周口店山顶洞遗址，二者的时代估计已接近全新世。

骨器中还应包括使用的骨片。骨片（包括骨器）使用痕迹的甄别，需借助显微技术和实验考古的手段，以往这两项工作开展得较少，相关的报道更少。许昌灵井遗址首先使用显微技术观察骨器，并通过近年探索、完善和发展，已在骨器的微痕研究方面有所收获。

张俊山于1991年对山西峙峪遗址的700件碎骨进行研究[29]，顺利分出人工打击和动物啃咬等类型，并在人工打击痕迹的骨片中，确定了一批打击骨器，同时将少数碎骨上的磨光现象，推测为人类使用的结果。

峙峪遗址是一处重要的旧石器时代河湖相沉积类型的古文化遗址，它不仅出土2万件石制品，还出土有5000余枚动物的牙齿，另有大量的碎骨。在上述对打击骨器的研究中，主要采用形态观察，并将人工打击骨片分为单疤、双疤和多疤三类，根据同试验标本的对比，最终将双疤类的少部分和三疤类的大部分确定为打击骨器。共确定了39件骨器，骨器占全部石化前破碎骨骼的0.67%。这些骨器大多是用锤击法制作的。

张俊山以石器制作为参照，对峙峪遗址打击骨器的分类和研究，是一次系统的尝试，但类似的观察方法并没有得到后来的完善和补充，或者说，这种研究方式没有能继续下去。

从骨器的线图上，也不难看到一些较清晰的由连续打击而形成的疤痕（若使用线图，应尽可能地摒弃主观因素）。在图示中，尽管有些标本有连续的疤痕，但数量非常少，如将这少量标本借以微痕观察的话，可称为工具的数量肯定更少。总之，在这次对动物骨骼整理研究后，人们对峙峪遗址打击骨器的认识，并未因此而清晰。

北京王府井东方广场的骨器研究和峙峪遗址所不同的是，东方广场骨器的研究贯穿于发掘的始终，并开始注意碎骨的平面布局和埋藏关系、骨骼破碎原因等方面，开始采用骨骼拼合技术，是较为进步的发掘理念。

在对材料的处理上，研究者采用更贴近石器的分类方式，将骨制品分为骨核、人工骨块、骨片、骨屑和骨器五类，骨片约占骨制品总数的一半。骨器分为刮削器、尖头器、雕刻器和骨铲四类。在石器制作中，从石核上生产石片，石片用于直接使用或加工石器，如果和骨核、骨片进行套用，便容易产生歧义。另外，骨壁较薄，由骨核产生骨片用以制作骨器，似难以得到试验结果的支持。

骨器综述性研究开展得也不多，本文以安家瑗文[30]为例作一说明。安文对华北地区旧石器时代遗址或地点出土的骨、角器做了初步研究，对以往文献中介绍过的遗物进行跟踪统计，归纳出了骨、角器加工的一些特点，是一项很重要的基础性工作（本文使用的材料基本未超出其范围）。但过去发掘者对于骨器的研究，由于分类标准、尺度、口径上宽严不一，对于骨器的认识水平参差不齐，今后如能有专文对以往文献中的材料进行考订，仍实有必要。

20世纪80年代，吕遵谔、黄蕴平通过现代动物骨骼的试验，归纳了人工与非人工骨骼破碎的鉴别标准[31]。这项尝试固然重要，但由于操作性不强，目前还不能说对骨器的研究有较大借鉴。

三、许昌灵井遗址骨器的初步观察

许昌灵井遗址由河南省文物考古研究所于2005～2008年进行发掘，出土石器、骨器和动物化石（碎骨）3万余件，是河南省境内最为重要旧石器时代文化遗址之一，目前已有一批初步的研究成果发表[32]（这些成果均是对灵井旧石器时代遗址下文化层研究的初步结果，上文化层的细石器、牙器等未曾涉及）。

出土的哺乳动物化石有：宽吻灵猫（相似种）*Viverra* cf. *zibetha*；熊（未定种）*Ursus* sp.；中国硕鬣狗（相似种）*Pachycrocuta* cf. *sinensis*；古菱齿象（未定种）*Palaeoloxodon* sp.；披毛犀 *Coelodonta antiquitatis*；梅氏犀 *Dicerorhinus mercki*；普通马 *Equus caballus*；蒙古野驴 *Equus hemionus*；李氏野猪 *Sus lydekkeri*；更新獐 *Hydropotes pleistocenica*；

河套大角鹿 *Megaloceros ordosianus*；马鹿 *Cervus*（*Elaphus*）*elaphus*；普氏原羚 *Procapra przewalskii* 和原始牛 *Bos primigenius*。此外还有两个鹿科化石新种类：灵井轴鹿（新种）*Axis lingjingensis* sp. nov.；许昌三叉角鹿（新属、新种）*Trifurcatoceros xuchangensis* gen. et sp. nov.。综上所述，从灵井遗址出土的食肉目、长鼻目和奇蹄目化石共有8个种，加上偶蹄目8个种，还有两种啮齿目的门齿，灵井遗址出土的已鉴定出的哺乳动物化石共有18个种。

出土的骨骼都很破碎，完整的非常少，破碎的原因，主要是由于制作骨器而形成的，敲骨取髓的标本应占较少比例。

（一）埋藏前对动物骨骼影响的因素

1. 打制和使用的骨器对骨骼的改变

为制作骨器而准备的骨器原料（一般为完整的动物骨骼经选择带入遗址，这些骨骼多为马、牛、鹿等遗址中优势种群的动物的长骨）；在制作骨器过程中所产生的废片、碎屑和制作环节的半成品；使用骨器所遗留的痕迹和使用中对工具再加工等。一般遗址中典型的骨器所占比例较少，主要原因是制作骨器的难度大于制作石制工具，也不排除有些典型的骨器被带到别处使用，同时，作为制作骨器的废料是大量存在的。

2. 敲骨取髓对骨骼的改变

旧石器时代早期，由于食物匮乏，工具类型趋于简单，制作或使用骨器频率不高，相应敲骨取髓对遗址的骨骼的改变占主导因素，灵井遗址下文化层所代表的旧石器时代中期，石制和骨制工具已初步定型，从遗址中存在大量碎屑判断，制作工具的行为应为主要的。但同时，大部分场合对于残损或破碎的骨头要说清楚是制造工具或敲骨取髓所为是十分困难的，这种情况在骨器中就容易辨别，比如骨器有比较连续的加工痕迹，有若干个连续的打击痕，这些痕迹可以重新形成有效的尖或刃。

另外，即使是由敲骨取髓而形成的废料，或未经加工的骨料（肢骨或牙齿），如经过使用，分类时也应将此类视为工具，但对待这类标本的处理需格外小心，必须借助显微镜观察标本上遗留的微痕，并运用实验手段，解释这些痕迹为作用于何种工作对象所遗留。

3. 骨骼改变类型的示例

灵井遗址骨骼上常见的人工痕迹有砍砸、切割、擦磨、火烧、使用等。

砍砸痕：一般集中在动物骨骼关节附近，用石制砍砸器、厚石片或石块将骨料截断劈开。通常表现为制作骨器截取骨料留下的砍痕，特点是骨面上有砍痕，骨壁部分有折断痕。

切割痕：灵井的骨骼有切割痕迹的标本数量不多，多为剔取骨头上的肉所遗留，也有少量意图不明（彩版一，1）。

擦磨痕：在低倍镜下可观察到为制作骨器而留下擦磨痕迹，擦磨痕呈交错排列。可能是制作骨器的一个程序，为清理骨面上的残渍，将表面平整以利使用（彩版一，3）。

火烧痕：烧后呈黑色或棕红色。一般是被肉包着时颜色不会有什么变化，有变黄、黑等颜色改变，一般认为是直接烧骨头所致。在观察灵井下文化层上部的化石标本时，应区分地层中的铁锰等矿物浸染对化石颜色的改变（彩版一，4）。

使用痕：按沈辰所做的微痕观察，在很多骨片（器）的某些部位分布有十分规律的使用痕迹，以钻、锥刺、捆绑等所遗留的痕迹居多（彩版一，2、5、6）。

此外，肉食类动物对骨骼改变的情况也很普遍，尤其是犬科动物牙齿健壮，也有磨研的功能，把骨头咬碎获取营养。鬣狗更是吃骨头的能手，牙齿非常适应咬骨头。遗址中被食肉类动物等啃咬的骨骼标本数量较少，啃咬一般集中在关节骨松质或凸出部分骨松质等部位。

啮齿目动物对于骨骼的改变也较常见，有些和砍痕难以区分，在低倍镜下可看到有门齿的刮痕。遗址中被昆虫啃咬的标本很多，主要发生在骨表皮，较浅，呈鳞片状分布，有些啃咬也可达到骨密质。改变后骨表面粗糙，边缘清楚，呈灰白色。

骨头的表面多分布有一些凹坑和条形痕迹，究竟是人为或动物践踏所造成，现在还不清楚，需进一步通过试验加以甄别。

Behrensmeyer 曾将骨骼风化分为 6 个级别（即 0 ~ 5 级）[33]。参考这一标准，灵井遗址下文化层 2006 年出土的 7000 多件动物骨骼的风化级别 87% 为 0 ~ 1 级，即埋藏前系新鲜骨头，或有小裂纹；11% 为 2 级，即风化扩大，表面有掉皮现象；3 级以上仅占 2%。这一初步统计结果是湖相和滨湖相出土骨骼合在一起的比例，如果分开来看，则是湖相沉积的风化级别低于滨湖相。

（二）2006 年出土的骨器

本文以 2006 年下文化层发现的 113 件骨器为例，通过初步观察，以展示灵井遗址下文化层骨工业的基本面貌。骨器包括刮削器、尖状器、尖刃两用器和雕刻器。一般用动物长骨的片状骨制作，骨骼风化程度较轻，多数标本棱角锐利。大致有三种情况：类似石器的加工方法，制成可以利用的刃口；经过多次使用形成的刃口；制作工具形成的半成品。本文记述的标本主要是加工和使用过的工具。

刮削器　63 件，占骨器总量的 56%。分单刃、双刃和端刃三种。其中单刃刮削器 34 件，是骨制刮削器中最多的一类，占骨器总量的一半以上（图一；图二，3、6）。

尖状器　25 件，占骨器总量的 22%。一般为正尖尖状器，角尖尖状器几乎不见（图二，1、2、4、5）。

尖刃两用器　9 件，占骨器总量的 8%。这是有鲜明特点的一类骨制工具，包括修理尖刃和使用尖刃两类（图三，1、2）。

雕刻器　16 件。占骨器总量的 14%。类似石器雕刻器的制作方法，有的选用适用的骨料，直接在边缘上加工，有些除刃部的加工之外，对其他部位也进行了适当的修整，以提高器物的实用性。分单边刃和双边刃两种类型（图三，3 ~ 5）。

灵井骨器显示如下特点：

1）骨器的类型初步分为刮削器、尖状器、尖刃两用器和雕刻器四类，其中以刮削器最多，有 63 件，占骨器总量的 56%，其他依次为尖状器、雕刻器和尖刃两用器。和

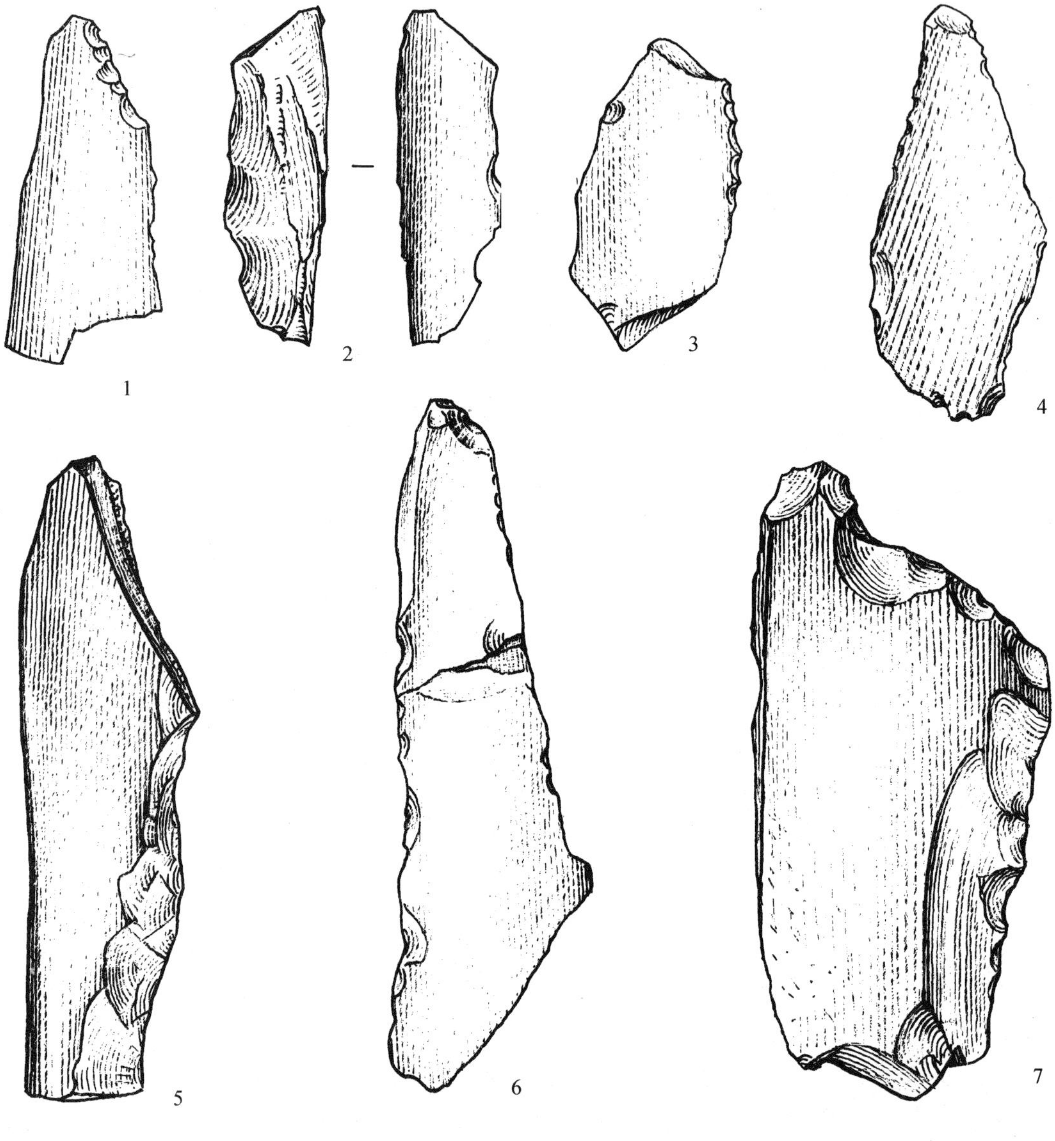

图一　骨刮削器

国内其他旧石器时代遗址相比，灵井遗址出土骨器在数量上是最多的，而且制作技术成熟，出现了非常细致的修理工艺。

2）一般采取大型食草动物长骨打制的骨料制作骨器。

3）骨器的加工方法以锤击法为主，这和遗址中石器的打制方法较为一致，但在一些尖状器的制作上采取了多个方向修尖的方法，表现了较多的灵活性。

4）普遍使用裁尾技术。

5）遗址中除发现大量的打制骨器外，也发现为数不少的使用骨器，骨器制作和使用是否意味着工具模式的转变，将成为今后研究工作的一个侧面。

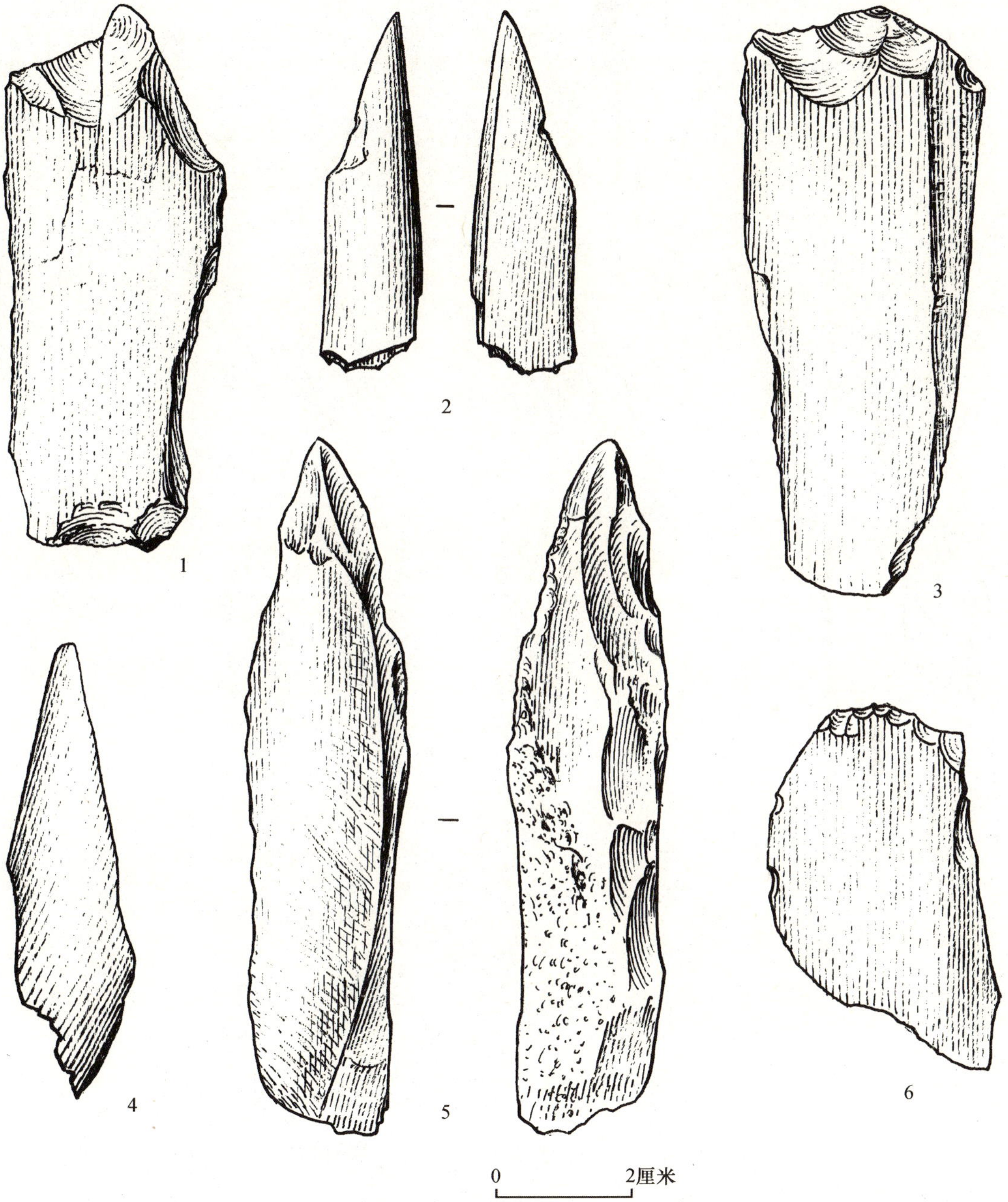

图二 骨器

1、2、4、5. 尖状器 3、6. 刮削器

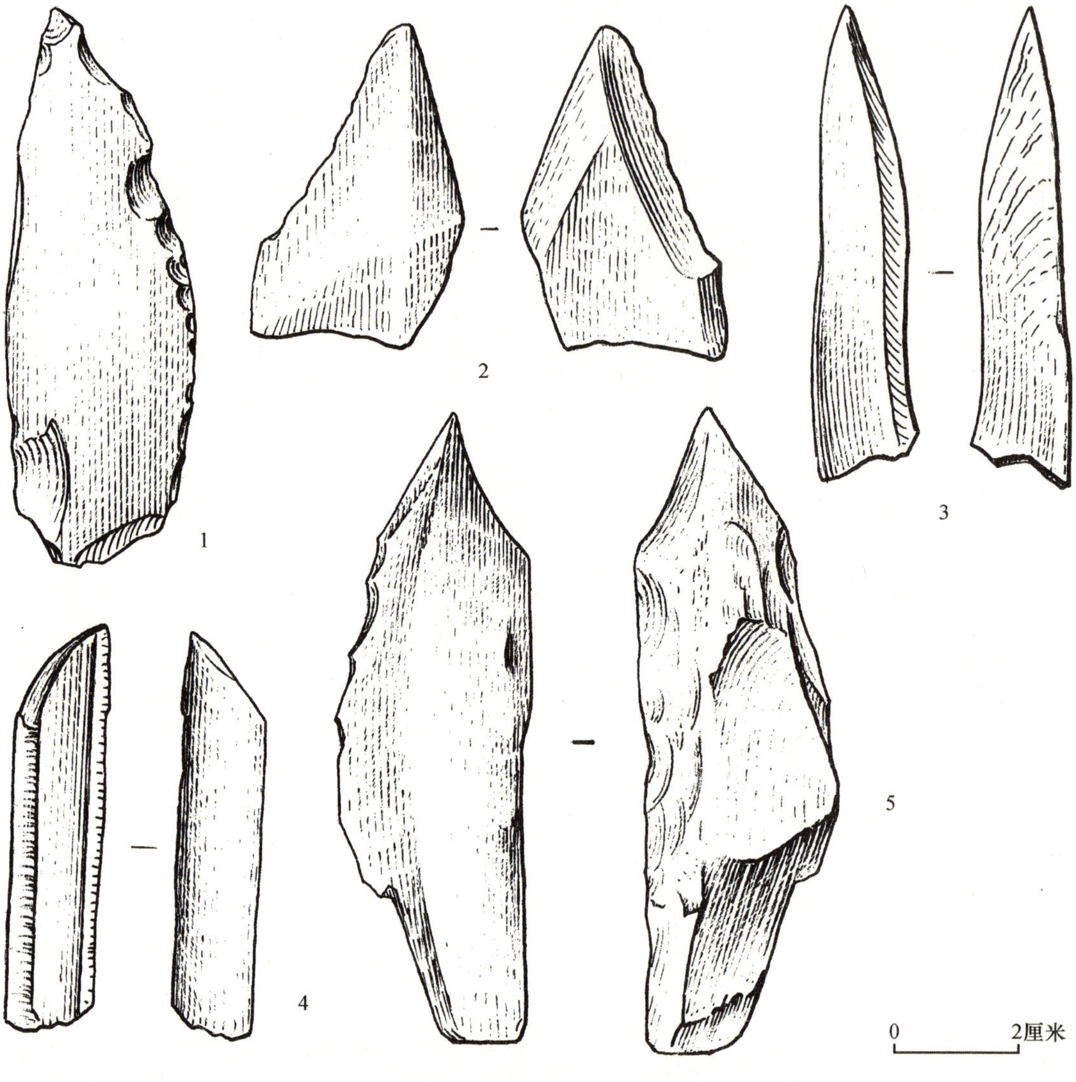

图三　骨器

1、2. 尖刃两用器　3 ~ 5. 雕刻器

四、对我国旧石器遗址中骨器的基本认识

如前所述，我国华北地区已报道的骨器经初步统计有 320 件，石器约有 1 万件，骨器约占石器的 3%，仅从数字对比，骨器显得微不足道，但它毕竟是漫长旧石器时代人们生产力一部分，是人类同大自然抗争并发展自身的物质基础，理应得到史前考古学高度重视。

按时代，以安徽繁昌人字洞骨器为最早。人字洞地层中出土有 67 种哺乳动物，灭绝属种的比例，高于我国其他早更新世典型地点的动物群[34]，属更新世早期应无疑义。目前已对出土的 59 件石制品进行了分类记述，石器类型主要是刮削器，且加工粗糙，方式多样，推测年代应在距今200万年前。人字洞出土的石器、骨器目前还存在争议[35]。记述的骨器有两件，一件用哺乳动物的肱骨做的刮削器（人字洞骨器的名称为笔者所加），另一件是用犀牛下颌骨做的尖状器，从报告插图看，人工痕迹比较清楚。

时代最晚目前应是山顶洞和小孤山两处遗址。山顶洞口遗址于1933～1934年发掘，出土动物化石非常丰富，除发现晚期智人化石以外，共有47种哺乳动物化石。动物化石^{14}C测定结果有两个数据：距今约10470年和距今18 340年。石制品出土数量很少。骨器以磨制为主，有骨针、骨管和尖状器等，工艺技术相当进步。小孤山位于辽东半岛北部，是一处保存较为完好的洞穴遗址，石制品有1万多件，几乎全用脉石英砾石或岩块制作，以边刮器和端刮器最多。骨器主要为磨制，有鱼叉、骨针和装饰品。

记述骨器最多的遗址有山西峙峪、北京王府井东方广场和许昌灵井三处。峙峪遗址出土碎骨非常丰富，但从记述的材料看，成形的骨制工具并不多。东方广场骨器人工痕迹在图片上也并不清晰。这两处遗址是华北地区很重要的旧石器时代晚期遗址，骨骼标本中还应有不少的使用工具，否则，排除了敲骨取髓仍有大量人工碎骨就不好理解了。

许昌灵井遗址是我国北方地区出土骨器最多的遗址，类型包括刮削器、尖状器、尖刃两用器和雕刻器四类。2006年出土的骨器中以刮削器最多，有63件，占骨器总量的56%，其他依次为尖状器、雕刻器和尖刃两用器。和国内其他旧石器时代遗址相比，灵井遗址出土骨器数量最多，而且制作工艺高超，出现了类似细石器的压制法修理的技术，这为今后骨工业的系统研究提供了良好的条件。

在骨器的制作上，遗址主人似采用一套固定的生产程序：选料以食草动物马、牛、鹿等为主；骨骼以肢骨为主，头骨、肋骨、脊椎骨、趾骨、指骨等不适合做骨器的骨骼数量很少，这说明，遗址的主人将适合于制作骨器的动物骨骼有选择地带到泉水附近；截取骨料很常见，在骨骼的关节端用锐器截断，形成骨管，再劈成可用的骨料；在骨料的边缘制成刃口。在制作上采用类似石器制作的锤击法。

器类除以上种类外，动物的牙齿也被广泛利用。一种是食草动物牙面脊被直接利用，遗址出土的骨骼中，约近200件牙齿牙面脊存在破损，破损一般分布在舌侧，具体的用途不详。另一种取牙齿珐琅质制成牙器，这类工具经观察的有小刀和牙锥。

除此之外，还有大量标本系直接使用骨片的刃或尖，用低倍镜可以清楚地观察到使用后的光亮和擦痕。

关于灵井遗址骨器大量存在的原因，可能是这里石料短缺，在调查中找到了制作石器的原料场地位于遗址西北约7公里的地下河砾石层，这里的脉石英等石料不属制作石器的优质原料，优质石料的短缺可能是利用骨器的主要原因。

在我国，骨器制作和使用几乎与石器同步，从旧石器时代早期就开始了，到了旧石器时代中期，在一些石器原料短缺的遗址（如许昌灵井遗址），骨器一度被广泛使用。在旧石器时代之末，骨器进入了磨制的阶段，和磨制石器代替打制石器的规律一样，打制骨器逐渐被磨制骨器所代替。磨制骨器的出现可能略早于磨制石器，这从旧石器时代晚期遗址，如山顶洞和小孤山出现磨制骨器而不见磨制石器可以说明。

注　释

[1] 卫奇：《东谷坨旧石器初步观察》，《泥河湾研究论文选编》，文物出版社，1989年，125～126页。

[2] 贾兰坡：《关于中国猿人骨器问题》，《考古学报》1959年3期，1～9页。

[3] 金牛山联合发掘队：《辽宁营口金牛山旧石器文化的研究》，《古脊椎动物与古人类》1978年2期，13～135页。

[4] Breuil H.. Bone and antler industry of Choukoutien *Sinanthropus* Site. *Pal Sin New Ser* No. 6，1939：1～41.

[5] 张森水：《环渤海地区旧石器时代考古回顾》，《环渤海考古中际学术讨论会论文集》，知识出版社，1996年，4～49页。

[6] Pei W. C.. The upper cave industry of Choukoutien. *Pal Sin New Ser*，No. 9，1939：1～58.

[7] 贾兰坡、王建：《西侯度——山西更新世早期古文化遗址》，文物出版社，1978年，67～68页。

[8] 贾兰坡、卫奇、李超荣：《许家窑旧石器时代文化遗址1976年发掘报告》，《古脊椎动物与古人类》1979年4期，283～284页。

[9] 陶富海、王向前：《丁村遗址打击骨片的观察》，《山西旧石器时代考古论文集》，经济出版社，1993年，141～144页。

[10] 贾兰坡、盖培、尤玉柱：《山西峙峪旧石器时代遗址发掘报告》，《考古学报》1972年1期，39～58页。

[11] a. 张森水、韩德芬、郑绍华：《金牛山（1978年发掘）旧石器遗址综合研究》，《中国科学院古脊椎动物与古人类研究所集刊》19号，科学出版社，1992年，21～26页；
b. 同注［3］。

[12] 辽宁博物馆等：《庙后山——辽宁本溪市旧石器文化遗址》，文物出版社，1986年，30～31页。

[13] 黄慰文、张镇洪、傅仁义等：《海城小孤山的骨制品和装饰品》，《人类学学报》1986年3期，259～264页。

[14] 周信学、孙玉峰、王志彦等：《大连古龙山遗址研究》，科学出版社，1990年，7～12页。

[15] 孙建中、王雨灼、姜鹏：《吉林榆树周家油坊旧石器文化遗址》，《古脊椎动物与古人类》1981年3期，259～260页。

[16] 陈全家、李其泰：《吉林桦甸寿山仙人洞旧石器遗址试掘报告》，《人类学学报》1994年1期，17～18页。

[17] 于汇历：《黑龙江五常学田旧石器文化遗址的初步研究》，《人类学学报》1988年3期，259～260页。

[18] 黑龙江省文物管理委员会等：《阎家岗旧石器时代晚期古营地遗址》，文物出版社，1987年，70～74页。

[19] 高星：《昂昂溪新发现的旧石器》，《人类学学报》1988年2期，84～85页。

[20] 谢骏义、张鲁章：《甘肃庆阳地区的旧石器》，《古脊椎动物与古人类》1977年3期，219页。

[21] 邱中郎、李炎贤：《二十六年来的中国旧石器时代考古》，《古人类论文集》，科学出版社，1978年，57～58页。

[22] 张森水、韩立刚、金昌柱等：《繁昌人字洞旧石器遗址1998年发掘的人工制品》，《人类学学报》2000年3期，169～183页。

[23] 李超荣、冯兴无、郁金城等：《王府井东方广场遗址骨制品研究》，《人类学学报》2004 年 1 期，13～31 页。

[24] 李占扬：《许昌灵井遗址 2006 年发掘报告》，《考古学报》，待刊。

[25] 吴汝康、吴新智、张森水：《中国远古人类》，科学出版社，1989 年，95 页。

[26] Breuil, H.. Le feu et I, industries et osseuse a Choukoutien. *Bull. Geol. soc. China*, 1931 (11): 147～154.

[27] a. Pei, W. C.. Preliminary note of some ineised, cut and broken bones found in association with Sinanthropus remains and lithic artifacts from Choukoutien. *Bull Geol. Soc. China*, 1932 (12): 105～112.

b. 贾兰坡：《中国猿人》，龙门联合书局，1950 年。

c. 贾兰坡：《关于中国猿人骨器问题》，《考古学报》1959 年 3 期，1～5 页。

d. 裴文中：《关于中国猿人骨器问题的说明和意见》，《考古学报》1960 年 2 期，1～9 页。

[28] 同注 [25]，107 页。

[29] 张俊山：《峙峪遗址碎骨的研究》，《人类学学报》1991 年 4 期，333～344 页。

[30] 安家瑗：《华北地区旧石器时代的骨、角器》，《人类学学报》2001 年 4 期，319～330 页。

[31] 吕遵谔、黄蕴平：《大型肉食哺乳动物啃咬骨骼和敲骨取髓破碎骨片的特征》，《纪念北京大学考古专业三十周年论文集》，文物出版社，1990 年，4～39 页。

[32] a. 李占扬：《许昌灵井旧石器时代遗址 2005 年出土石制品初步研究》，《人类学学报》2007 年 2 期；

b. 李占扬、董为：《河南许昌灵井旧石器时代遗址哺乳动物群的性质及时代探讨》，《人类学学报》2007 年 4 期；

c. 李占扬：《中国河南省许昌市灵井旧石器遗址生成论初步研究》，《旧石器考古学》，日本旧石器谈话会，2007 年；

d. 李占扬、陈文利：《许昌灵井旧石器时代遗址埋藏学观察》，《华夏考古》2007 年 4 期；

e. 董为、李占扬：《河南许昌灵井旧石器时代遗址的晚更新世偶蹄类》，《古脊椎动物学报》2008 年 1 期；

f. 李占扬：《灵井遗址与"许昌人"》，《寻根》2008 年 3 期；

g. 李占扬：《灵井许昌人遗址考古最新发现》，《寻根》2008 年 4 期；

h. 李占扬、张双权：《灵井遗址动物群埋藏学研究方法与思路》，《中原文物》2008 年 5 期；

i. 李占扬：《河南许昌灵井旧石器时代晚期遗址首次发掘》，《2005 年中国重要考古发现》，文物出版社，2006 年；

j. 李占扬：《关于中原地区新旧石器时代文化过渡问题的思考——以灵井遗址为例》，《考古学研究（七）》，科学出版社，2008 年；

k. 李占扬，张双权：《灵井遗址新材料及初步研究》，《第十一届中国古脊椎动物学学术年会论文集》，海洋出版社，2008 年；

l. 李占扬：《中原文化大典·古人类旧石器》（第七章），中原出版传媒集团、中州古籍出版社，2008 年。

[33] Behrensmeyer. Anna K.. Taphonomic and ecologic information from bone weatherig. *Paleobiology*, 1978 (4): 150～162.

[34] 金昌柱、郑龙亭、董为等：《安徽繁昌早更新世人字洞古人类活动遗址及其哺乳动物群》，《人类学学报》2000 年 3 期，184～198 页。

[35] 吕遵谔：《中国考古学研究的世纪回顾·旧石器时代考古卷》，科学出版社，2004 年。

Issues on Paleolithic Bone Artifacts in North China

Li Zhanyang
(Henan Provincial Institute of Cultural Relics and Archaeology, Zhengzhou)

As we know, bone implements are part of ancient production instruments. This paper discusses Paleolithic bone implements in North China and relevant issues on such tools in the research of Paleolithic Archaeology based on the materials from Linjing Site, Xuchang. The number of the bone implements unearthed here is the largest in North China, including flakes, scrapers, scraper-edges dual tools and gravers. The outstanding craftwork contributes greatly to the systematically researches on the stone industry in the future, especially the appearance of the modification technique similar to the microlithic-making. The shortage of high quality raw materials probably is the main course of utilizing stone artifacts.

试论裴李岗文化的分期和类型

靳松安

（郑州大学历史学院考古系，郑州）

裴李岗文化，主要是指河南新郑裴李岗及其同类遗址发现的具有鲜明特征的以小口双耳壶、三足钵、筒形深腹罐、锯齿石镰、带足石磨盘、舌形石铲等为基本器物组合的分布于河洛地区[1]的一种新石器时代文化遗存。关于这类遗存的文化性质和年代，学术界一般认为它是早于仰韶文化的一支独立的考古学文化。不过，对于它与河北武安磁山一类遗存[2]的关系及其在文化定名问题上，却曾存在不同的看法。第一种意见认为，两者文化面貌相似应视为一种文化，或称之为“磁山文化”[3]，或称之为“裴李岗文化”[4]，或称之为“裴李岗文化”的“裴李岗类型”和“磁山类型”[5]，还有的称之为“磁山·裴李岗文化”[6]；第二种意见则认为，两者文化面貌差异较大，属于两个不同的文化，应分别命名为“裴李岗文化”和“磁山文化”[7]。目前的考古材料已清楚表明，以裴李岗和磁山遗址为代表的两类遗存，文化面貌存在明显差异，又都有着各自明确的分布地域，因此将它们视为不同的考古学文化是合适的。两者之间存在的某些共性，说明其年代大体相当，均处于新石器时代中期阶段[8]。关于裴李岗文化的分期问题，已有学者做过有益的探讨，主要有四期说[9]和三期说[10]之分；而对于其类型划分问题，学术界则未进行深入研究。本文拟在既往研究的基础上，运用层位学和类型学的研究方法，探讨裴李岗文化的分期、年代及其类型划分问题。不当之处，敬请方家斧正。

一、分　　期

（一）典型遗址的分组（期）

在已发掘的裴李岗文化遗址中，以新郑裴李岗[11]、长葛石固[12]、郏县水泉[13]、舞阳贾湖[14]、密县莪沟北岗[15]、新郑沙窝李[16]6处遗址较为典型，出土材料比较丰富，层位关系也较为清楚。

1. 裴李岗遗址

1977年调查发现。1977～1979年，开封地区文管会、郑州大学考古专业和中国社会科学院考古研究所河南一队，分别在此进行了试掘和正式发掘，3次发掘揭露面积总计2600多平方米，共发现灰坑20个、陶窑1座、墓葬114座，获得一大批陶、石器等文化遗物。这里的文化层可分两层，灰坑和多数墓葬均开口于表土层下，第2层下开口的墓葬数量较少。1979 年的发掘报告，将第三次发掘所获 82 座墓葬按开口层位区分为上、下两层墓葬，其中上层墓 70 座，下层墓仅 12 座。从报告列举的上下两层墓出土器物之间的诸多差别来看，这种划分实际上即是代表了发掘者所认识的早晚两期墓葬。

据发掘报告可知，上、下层墓中均有少数相互叠压或打破的现象，说明即使见于同一层位之下的墓葬并非都是同时的，仍有先后之分。属下层墓葬的只有 M115→M116（“→”表示叠压或打破，下同）一组，但由于两者出土器物不属于同类，无法进行比较分析，故暂且将所有下层墓葬均视为同期遗存。属上层墓葬的有 M82→M87、M37→M43、M51→M52、M66→M68、M89→M80[17]共五组。依据这五组层位关系，结合出土器物发展演变的阶段性，并参考墓葬登记表所公布随葬器物的型式，可将上层墓葬再细分为 3 个不同的年代组。就是说，这里的裴李岗文化遗存实际上共可分为四组。

第一组，以 M38、M101、M111、M113、M116 为代表，包括 M93 ~ M95、M99、M100、M109、M115 等下层墓葬。第一、二次发掘的 M6、M7、M17 可归入本组。

第二组，以 M56、M63、M67、M92 为代表，包括 M35 ~ M37、M40、M42、M43、M45、M47 ~ M51、M54、M55、M58、M59、M64、M65、M69、M71 ~ M78、M80、M81、M84 ~ M86、M90、M97、M98、M107、M108、M110、M112 等。第一、二次发掘的 M2、M5、M12、M14、M23、M27、M33 可划归本组。

第三组，以 M87、M89 为代表，包括 M66、M83、M88、M105、M114 等。第二次发掘的 M15、M16、M18 可归入本组。

第四组，仅有 M82 一座墓葬。究其原因可能是，该组墓葬层位靠上，其大部遗存可能已被后期遗迹所破坏。

因第二、三、四组墓葬均位于上层，年代自然都比位于下层的第一组墓葬要晚。又据 M89→M80 与 M82→M87 两组层位关系可知，第三组晚于第二组，第四组又晚于第三组。从陶器形态上看，一、二、三、四组之间衔接得比较紧密，基本不存在缺环，它们代表了该遗址裴李岗文化发展的前后 4 个阶段。

2. 石固遗址

1972 年发现。1978 ~ 1980 年，河南省文物考古研究所先后在此进行了 4 次发掘，揭露面积 2145 平方米。石固遗址的新石器时代文化遗存主要属于裴李岗文化和仰韶文化，前者往往被后者所叠压或打破，从而为确立两者的相对年代关系提供了可靠的层位学依据。4 次发掘共发现裴李岗文化灰坑 189 个、房基 3 座、墓葬 69 座，出土了相当丰富的陶、石器等文化遗物。发掘者依据层位堆积、遗迹间的打破关系及出土器物的演变规律，将这里的裴李岗文化遗存分为四期。从出土器物的组合、特征来看，笔者以为报告所分第三期墓葬和灰坑似又可分为早晚两组。如是，该遗址裴李岗文化遗存共可分为五组。

第一组，即报告所分第一期遗存，以 M25、M45、H108、H167 等为代表。

第二组，即报告所分第二期遗存（H133 除外，详后），以 M26、M44、M46、M54、H90 等为代表。

第三组，即报告所分第三期遗存中年代稍早的单位，包括 M11 ~ M15、M17、M75 和不出折肩双耳壶的灰坑以及原属第三期的一些地层单位，可以 M12、M14、H106、

BT5②、T64②等为代表。

第四组，即报告所分第三期遗存中出土有折肩双耳壶的年代稍晚的单位，可以M6、M23、M65、H130、H143、H171、H238等为代表。H133的年代原报告定为第二期，该坑出土器物较多，有钵3件、罐1件及一些钵和壶的残片等，报告仅发表了H133:2钵的线图，为圆唇、敛口、弧肩、斜腹、平底，形制与第二组M54:12钵差异显著。从报告公布的灰坑统计表来看，H133:2这种敛口弧肩平底钵多是与折肩双耳壶伴出，故H133的年代应归入第四组。

第五组，即报告所分第四期遗存，以M4、M5、M42、F1、F7、H45、H67、H125、H183为代表。

以上五组遗存，依层位关系可知，第一组年代最早，其次是第二、三、四组，第五组年代最晚。由陶器形态观察，一、二、三组之间以及四、五组之间衔接较紧密；而三、四组之间变化稍大，似存在一定缺环。这五组遗存基本代表了该遗址裴李岗文化发展的5个阶段。

3. 水泉遗址

1976年发现[18]。自1986～1989年，中国社会科学院考古研究所河南一队在以往调查的基础上，先后5次对遗址进行了小规模的发掘，揭露面积总计1980平方米，发现裴李岗文化灰坑83个、陶窑2座、墓葬120座，出土了大批文化遗物。水泉遗址的地层堆积比较简单，各部位基本相同，耕土层下为文化层，遗迹和遗物均出于此层，该层下即为次生土。发掘者依据遗迹间的打破关系以及出土器物的发展变化，将这些遗迹单位分为三期：第一期，包括以H6、H18、H30、H60为代表的灰坑17座；第二期，包括120座墓葬和以H14、H73、H78为代表的27座灰坑；第三期，包括以H16、H29、H32、H62、H63、H72为代表的39座灰坑以及2座陶窑。据笔者观察和分析，120座墓葬并非均属同一时期，实际上是有早晚之别的；报告所分第三期的灰坑亦非同一时期的遗存，似可划分为3个不同的年代组；另外，报告所分第一、二期的灰坑也需作个别调整。依据报告公布的典型层位关系和出土器物的演变规律，并参考墓葬登记表中随葬器物的型式，可将该遗址裴李岗文化遗存分为四组。

第一组，以H18、H30为代表，包括H6、H22等单位。

第二组，以M2、M20、M71以及H35为代表，包括M4、M10～M15、M17、M18、M21、M24、M27、M28、M32～M35、M38、M39、M43、M51、M52、M55、M57、M66、M80、M81、M85～M87、M89、M91、M99、M100、M109、M115、M116、M118、M120和H10、H33、H39、H41、H49、H60、H64、H73、H78等单位。

第三组，以M29、M40、M49、M72、M98以及H14为代表，包括M1、M3、M5、M6、M9、M23、M25、M26、M31、M36、M44、M47、M53、M54、M58～M60、M63、M64、M78、M82、M84、M90、M91、M96、M103、M108、M114和H7、H9、H16、H32、H47、H54、H58等单位。

第四组，以H63、H72为代表，包括H1～H3、H29、H62、H67、H77、H80等单位。

由M20→H18、M72→M71、H72→M103等层位关系可知，第一组早于第二组，第二组早于第三组，第三组又早于第四组。以上四组遗存，代表了该遗址裴李岗文化发展的4个阶段。

4. 贾湖遗址

1961年发现。1983～1987年，河南省文物考古研究所先后在此进行了6次发掘，揭露面积近2360平方米，清理出裴李岗文化房基45座、陶窑9座、灰坑370个、墓葬381座（其中竖穴土坑墓349座、瓮棺葬32座）、埋狗坑10座，以及一些小沟、柱洞等遗迹，出土文化遗物数千件。发掘者依据层位关系与出土器物的组合、特征及其变化规律，将该遗址裴李岗文化遗存统分为三期。从出土陶器的形态观察，一、二、三期之间存在明显的阶段性变化，即是说这里的裴李岗文化遗存可分为三组。第一、二、三组分别与原报告所划分的第一、二、三期相当。

5. 莪沟北岗遗址

1975年发现。1977～1978年，河南省博物馆会同密县文化馆在此进行了2次发掘，揭露面积近2750平方米，发现裴李岗文化房基6座、灰坑44个、墓葬68座，出土陶、石器等文化遗物370余件。发掘者认为68座墓葬基本同时，并早于本遗址发现的房基和灰坑等遗迹；又据北岗和裴李岗两遗址诸类遗存显现出来的某些共性和差异性，在判定两者文化性质及其年代大体相当的同时，进而推测前者可能比后者稍早。

北岗遗址诸遗存的年代关系，并非像发掘者所推定的那样简单。关于这一问题过去已有学者予以指出[19]。从报告公布的层位关系来看，M31早于H6、M68早于H41无疑，但不能由此推导出H6与H41同时、M31与M68同时，也不能推导出所有的灰坑和房基年代相同以及所有的墓葬年代一致，更不能据此推定所有墓葬均早于所有灰坑和房基。6座房基和其他42个灰坑，是否都与H6、H41一样，露口于表土或扰土层下而打破文化层，因报告未做详细说明不得而知，不过即使是均处同一层位，其年代也未必全部同时。68座墓葬的层位，诚如报告所言，既有露口于表土或扰土层下的，亦有开口于文化层之下的（如M31），一些墓葬之间还有叠压或打破关系，如M5→M3、M40→M43→M44、M46→M47及M52→M53等，这些层位关系已清楚表明这批墓葬所处的时间层面并不都是相同的。四组有叠压或打破关系的墓葬中，除M44空无一物外，余皆有陶器随葬。检索报告的墓葬登记表并对照相应的陶器图例进行考察后，可以发现报告所划分的陶器型式，有些恐怕还需要再做进一步的斟酌和推敲。如三足钵，M3、M5、M40、M47和M52中共出6件，报告均视之与M34∶12、M61∶13及M45∶3同式。从陶器线图看，这3件标本虽皆呈敞口、浅弧腹，不过M61∶13与M45∶3系圆锥形矮足，M34∶12却为圆锥形高足，其间差别相当明显，将它们视为同式似不恰当。再如筒形深腹罐，M40和M46各出1件，报告认为其同于M17∶4、M34∶3或M12∶4。由线图观察，M17∶4作侈沿微卷、腹中部稍外鼓，M34∶3作卷沿、深腹微鼓，M12∶4作斜沿微折、上腹较直下腹缓收，前两者似为同型的不同式别，后者与前两者差别较大当不同型。如此，根据报告所提供的层位关系以及墓葬登记表所显示的陶器组合情况，来考察墓葬的年代显然是比较困难的。本文主要依据对报告公布陶器的类型学研究，并结合层位关系，试将该遗址裴李岗文化遗存分为6个不同的年代组。

第一组，以H22为代表。

第二组，以H17、F3为代表。

第三组，以M15、M17、M40、M61为代表，包括M3、M6、M31、M43、M45、M52～M55等。

第四组，以M12、M29、M34为代表，包括M13、M30、M42、M68以及H16、H27等。

第五组，以H6、H12、H41为代表。

第六组，以H34、H42为代表。

以上六组遗存中，由H41→M68、H6→③→M31两组层位关系可知，第五组晚于第四组，也晚于第三组。经与前述4个遗址分组情况对比，这六组遗存的相对年代关系似应是第一组最早，其次是第二组，再次是第三、四、五组，第六组最晚，它们可能代表了该遗址裴李岗文化发展的6个阶段。

6. 沙窝李遗址

1972年发现。中国社会科学院考古研究所河南一队于1981年和1982年在此进行了试掘和正式发掘，揭露面积约850平方米，发现裴李岗文化灰坑20个、墓葬32座。该遗址文化层共分两层，20个灰坑均开口于耕土层下，32座墓葬中开口于耕土层下和第2层下的墓葬分别有15座和17座，发掘者称之为上、下层墓葬，并认为这里裴李岗文化遗存的年代要比裴李岗遗址的稍晚。不过，参考裴李岗、水泉、石固等遗址的分组情况，笔者认为简报所称的下层墓葬实可细分为早晚两组。若此，该遗址裴李岗文化遗存大体上可分为三组。

第一组，以M13、M24为代表，M10、M12、M25亦可归入本组。

第二组，以M3、M16、M30为代表，M6、M21、M29似可归入本组。

第三组，以M1、M7、M19、H13、H18为代表，其他上层墓葬和灰坑均可划归本组。

依据层位关系及其与其他遗址的对比可知，第一组最早，其次是第二组，第三组最晚。从出土陶器形态上看，三组之间衔接紧密，基本不存在缺环，它们代表了该遗址裴李岗文化发展的3个阶段。

以上是6处遗址裴李岗文化遗存的分组概况。廓清各个遗址不同组别的年代对应关系，对于研究裴李岗文化陶器的综合分期，无疑是十分必要的。

属于莪沟北岗第一组遗存的材料很少，可用于与其他遗址对比的器类仅有双耳壶一种。如北岗H22:1，为侈口、束颈、长圆腹、平底，形制与石固第一组M37:1双耳壶几乎完全相同。由此推测北岗第一组与石固第一组大体同时。从已发表的材料来看，石固第一组与第二组出土陶器的形态存在一定差别，而层位关系又显示前者早于后者。因此石固第一组以及北岗第一组，当是目前已发现的裴李岗文化遗存中年代较早者。

石固第二组遗存出土材料较为丰富，可用于与其他遗址对比的器类也比较多。前者所见三足钵主要有两种：一种为敞口、浅弧腹、矮锥足且外撇（M39:3），同形制的三足钵见于裴李岗第一组遗存中（M38:11），也存在于水泉第一组遗存中（H30:2）；另一种为敛口、深腹、矮锥足且外撇（M54:11），与其形制相近的同类器在裴李岗第一组遗存中亦有发现（M38:13）。前者所见筒形深腹罐，为侈口、侈沿微卷、中腹微鼓、平底，形制相似的同类器既存在于裴李岗第一组遗存中（M38:7），也见于水泉第一组遗存中（H18:2）。此外，北岗第二组H17:5双耳壶与水泉第一组H6:6双耳壶形制相近，均作侈口、束颈、长腹、圜底，整体形态风格与石固第二组M44:1较为近似。由此可见，石固第二组与裴李岗第一组、水泉第一组以及北岗第二组的年代大体相当。

裴李岗第二组、水泉第二组与石固第三组、北岗第三组以及沙窝李第一组遗存的年代约略同时，这一点可以得到多项类型学方面的证明。裴李岗第二组所见浅腹三足钵，为敞口、矮锥足较直（M92:1），形制相同的三足钵见于水泉第二组遗存中（M20:2、M109:2），亦见于北岗第三组遗存中（M61:13）。裴李岗第二组所见深腹三足钵，为直口、矮锥足较直（M72:4），此种形制的三足钵在水泉第二组（M33:2）、石固第三组（T63③:2）以及北岗第三组（M54:3）遗存中均可见到。裴李岗第二组所见筒形深腹罐，为侈口、卷沿、上腹较直下腹内收成平底，相同或相近形制的器物见于水泉第二组（M2:1、M13:5）、石固第三组（M12:3）、北岗第三组（M17:4）以及沙窝李第一组（M24:1）遗存中。水泉第二组所见敞口深腹平底钵，在北岗第三组（M15:3）和沙窝李第一组（M10:5）遗存中也有发现。裴李岗和水泉第二组遗存中所出不同形制的双耳壶，大多都能在对方当中找到相同与相似的器形，如前者的M98:1、M59:2、M55:1、M63:1、M56:1分别与后者的M12:2、M85:1、M81:2、H35:2、M71:4相同或相似。而石固、北岗和沙窝李遗址所出双耳壶，或与裴李岗的同类器相似，或与水泉的同类器近同。如石固第三组T64②:2双耳壶，与裴李岗第二组M63:1双耳壶基本相同；北岗第三组M31:1、M40:3、M15:6双耳壶，分别与裴李岗第二组M67:6、水泉第二组M43:2和M86:2同类器近似；沙窝李第一组M13:1、M12:1双耳壶，分别与裴李岗第二组M67:6、M73:1同类器相近。贾湖第一组所出大口罐形壶在其他遗址极为少见，无法进行比较，不过依据该组所见直口角把罐（H278:1）也存在于水泉第二组遗存中（H64:1）的事实，将贾湖第一组的年代推定为与水泉第二组大体同时，恐怕不至于大错。

水泉第三组与裴李岗第三组、北岗第四组及沙窝李第二组遗存有许多相同之处，表明它们的年代应大体相当。水泉第三组的一种双耳壶（M29:31）作直口、短颈、溜肩、椭圆形腹、圜底，相同或相近形制的双耳壶也见于裴李岗第三组（M16）、北岗第四组（M29:2）遗存中。水泉第三组所见敞口浅腹高足三足钵（M29:6），在裴李岗第三组（M87:7、M88:3）、北岗第四组（M34:12）和沙窝李第二组（M3:7）遗存中均可见到。水泉第三组的筒形深腹罐（M96:5），作侈口、卷沿微折、上腹较直下腹缓收、平底，与其形制相同或相似的同类器在裴李岗第三组（M18）、北岗第四组（M34:3）和沙窝李第二组（M16:4）遗存中亦有所发现。此外，北岗第四组的敛口浅腹平底钵（H27:1）、宽肩壶（M42:6）和圆肩壶（M30:1）的形制，分别与水泉第三组（M26:5、M84:1）和沙窝李第二组（M30:2）的同类器相同或相似；沙窝李第二组的小口长颈扁腹圜底双耳壶（M30:1），则与裴李岗第三组的同类器（M87:2）几乎完全相同。

水泉第四组、石固第四组、贾湖第二组、沙窝李第三组及北岗第五组遗存之间，同样存在不少共同之处，说明其年代应大体同时。水泉第四组的直口粗颈折肩壶（H63:2），形制与石固第四组同类器（M65:1）完全一致；而其侈口束颈折肩壶(H72:3、H63:3)的形制，则分别与石固第四组（M23:1、M6:1）和贾湖第二组（M112:2、M326:1）同类器近同。水泉第四组的敛口弧肩浅腹平底钵（H3:1、H80:2）和敛口深腹平底钵（H67:3），也分别见于石固第四组（H143:2）和沙窝李第三组（H18）遗存中。北岗第五组所见圜底钵（H6:5）作直口微敛、浅腹，罐（H12:3）作侈口、鼓腹，其形制分别与水泉第四组所出同类器（H72:1、H72:5）相同或相似。属于裴李岗第四组的遗存发现很少（因其层位靠上大部分遗存可能已被后期遗迹所破坏），报告仅发表了 M82:1 一件双耳壶的线图，整体形态作直口、短颈、溜肩、球形腹、圜底，层位关系显示此种形制的双耳壶晚于与 M87 同时的 M63 所出的直口短颈椭圆形腹圜底壶（M63:1）。不过，从器物发展的逻辑序列来看，M82:1 与 M63:1 双耳壶之间似有一定缺环，而裴李岗 M16 所出的同类双耳壶恰好能弥补两者之间的缺环。裴李岗 M16 的年代已于前述，即与水泉第三组约略同时。如此，将稍晚于 M16 的裴李岗第四组遗存的年代，推定为与水泉第四组大体同时，是比较合适的。与裴李岗第四组 M82:1 双耳壶形制相似的器物，亦存在于沙窝李第三组遗存中（M19:1）。

石固第五组、贾湖第三组和北岗第六组遗存的年代约略相当，这一点也可以得到多项类型学上的证明。石固第五组所出敛口深腹三足钵（M4:2），形制与北岗第六组同类器（H42:2）几乎完全相同；敞口浅腹三足钵（H229:5）的形制，则与北岗第六组同类器（H34:2）相近。石固第五组所出敛口深腹平底钵（F7:2），形制与贾湖第三组同类器（H203:1）相同。贾湖第三组所出的一种筒形深腹罐（H174:3）作侈口、折沿微卷、最大腹径在上腹部，同形制的筒形深腹罐亦见于石固第五组遗存中（M42:4）。此外，石固第五组所见敛口深腹平底钵（F7:2）和敛口浅腹平底钵（H45:1）的形制，分别与郑州大河村仰韶文化前三期（T38㉑A:91）及前二期（T56⑱:26）同类器[20]比较接近，其间似已不存在什么缺环；再者贾湖第三组部分三足钵外表多涂有红衣，石固第五组个别敛口深腹钵（F7:2）呈上红下灰现象，此种风格的陶器多见于仰韶时代早期。这些情况表明，该期遗存的年代已去仰韶时期不远，显然应属裴李岗文化最晚阶段的遗存。

据此，上述 6 处遗址不同组别的年代对应关系可用表一来表示。

表中 1 ~6 段，代表了目前所发现的裴李岗文化发展过程中的 6 个阶段。

表一　典型遗址分段、分组对应关系表

综合分段	石　固	裴李岗	水　泉	贾　湖	北　岗	沙窝李
第 6 段	第五组			第三组	第六组	
第 5 段	第四组	第四组	第四组	第二组	第五组	第三组
第 4 段		第三组	第三组		第四组	第二组
第 3 段	第三组	第二组	第二组	第一组	第三组	第一组
第 2 段	第二组	第一组	第一组		第二组	
第 1 段	第一组				第一组	

（二）主要陶器的演变

裴李岗文化陶器群中，以双耳壶、三足钵、深腹罐、钵四种器物最为重要，它们构成了裴李岗文化陶器的基本组合。下面对其中出土数量较多、演化规律比较清楚的类别进行排比分析。

1. 双耳壶

是裴李岗文化最有代表性的器类，不仅出土数量最多，而且种类也很复杂，有竖耳、横耳、三足、圈足、假圈足等多种形制。其中竖耳壶的变化规律尤为清楚，可分为五型。

A型 侈口，束颈，长圆腹，平底。可分为五式。

Ⅰ式：细颈较高，溜肩，垂腹较深，最大腹径在下腹部，小平底。石固M37:1（图一，20）。

Ⅱ式：矮颈稍粗，溜肩，鼓腹较深，最大腹径在中腹部，小平底。石固M44:1（图一，15）。

Ⅲ式：矮颈较粗，垂肩，鼓腹稍深，最大腹径较Ⅱ式稍稍上移，平底较大。水泉H41:3（图一，11）。

Ⅳ式：粗颈较矮，垂肩，鼓腹稍深，最大腹径在上腹部，平底较大。沙窝李M30:2（图一，7）。

Ⅴ式：矮颈甚粗，斜肩，鼓腹较浅，最大腹径在上腹部，大平底。沙窝李M7:1（图一，3）。

A型双耳壶的演化规律是：颈部由细高到粗矮；肩部由溜肩、垂肩到斜肩；腹部由深变浅，最大腹径由下腹部上移至上腹部；底部由小到大；双耳由肩部逐渐下移至上腹部。

B型 侈口，矮颈，球形腹，平底。可分三式。

Ⅰ式：细颈微束，溜肩，垂腹稍深，最大腹径在下腹部，平底较小。石固H108:1（图一，21）。

Ⅱ式：粗颈较直，溜肩，腹较浅，最大腹径在中腹部，底较小。石固M46:1（图一，16）。

Ⅲ式：颈较直，斜肩，浅腹，最大腹径在中腹部，大平底。沙窝李M1:5（图一，4）。

B型双耳壶的变化规律是：颈部由细颈微束到粗颈较直；肩部由溜肩到斜肩；腹部由深到浅，最大腹径由下腹部上移到中腹部；底部由小到大。

C型 直颈，圜底，最大腹径皆在中腹部。依腹形态可分三亚型。

Ca型 长圆腹。可分五式。

Ⅰ式：直口，细颈稍矮，圆肩。石固M26:1（图一，17）。

Ⅱ式：直口微敛，粗颈较矮，溜肩。裴李岗M63:1（图一，12）。

Ⅲ式：直口微侈，矮颈，溜肩。水泉M29:31（图一，8）。

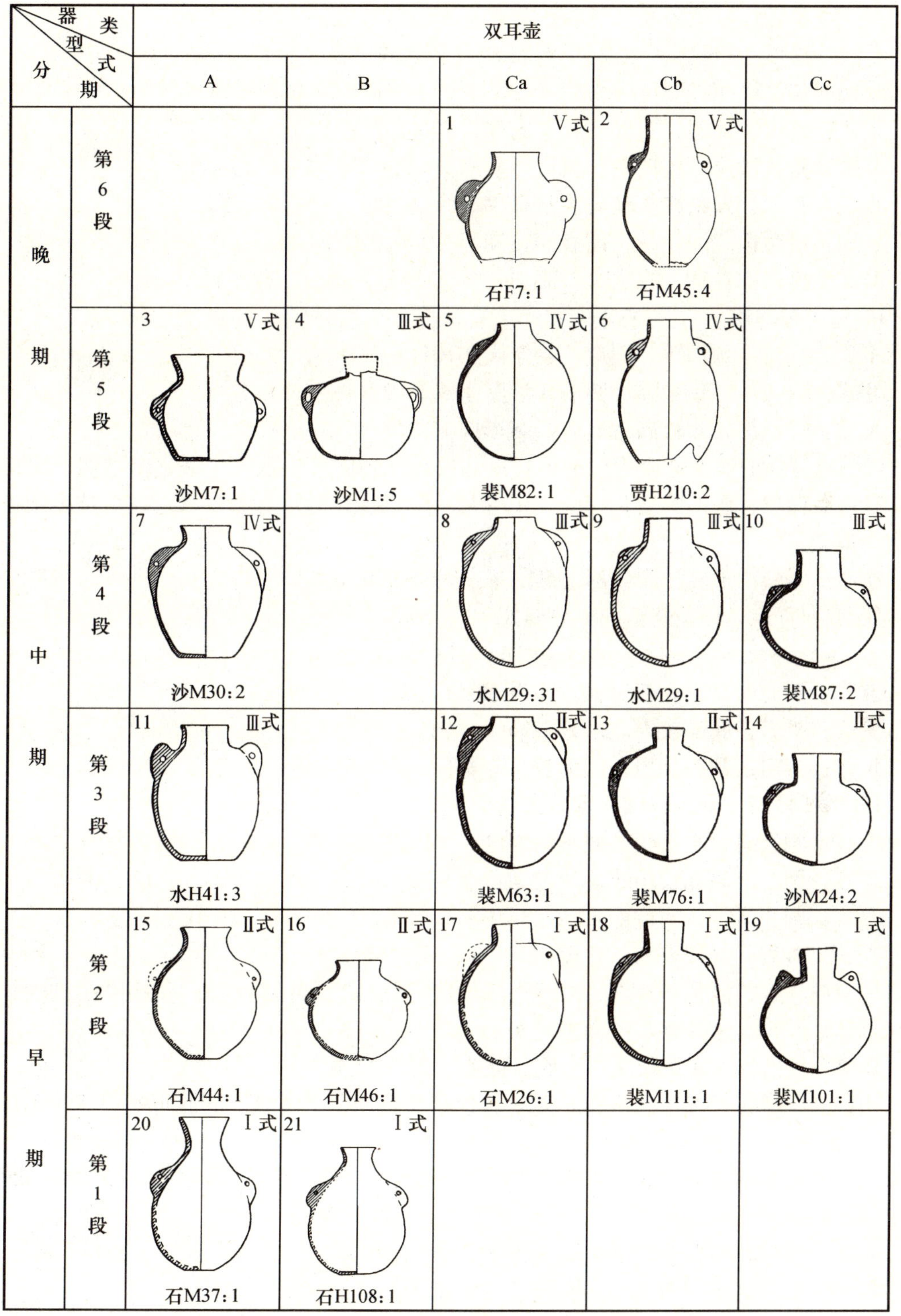

图一　裴李岗文化陶器分期图之一

石：石固　沙：沙窝李　裴：裴李岗　贾：贾湖　水：水泉

Ⅳ式：口微侈，颈稍高，溜肩。裴李岗 M82∶1（图一，5）。

Ⅴ式：侈口，颈较高，溜肩。石固 F7∶1，底残（图一，1）。

Cb 型　鼓腹。可分为五式。

Ⅰ式：直口，矮颈，圆肩。裴李岗 M111∶1（图一，18）。

Ⅱ式：直口微侈，颈稍高，圆肩。裴李岗 M76∶1（图一，13）。

Ⅲ式：直口，颈稍高，溜肩。水泉 M29∶1（图一，9）。

Ⅳ式：口微侈，颈较高，溜肩。贾湖 H210∶2，底残（图一，6）。

Ⅴ式：侈口，高颈，溜肩。石固 H45∶4，底残（图一，2）。

Cc 型　球形腹。可分三式。

Ⅰ式：直口，颈稍矮，圆肩。裴李岗 M101∶1（图一，19）。

Ⅱ式：口微侈，颈稍高，圆肩。沙窝李 M24∶2（图一，14）。

Ⅲ式：口微侈，颈较高，溜肩。裴李岗 M87∶2（图一，10）。

C 型双耳壶的演变规律可概括为：口部由直口到侈口；颈部由矮逐渐增高；肩部由圆肩发展为溜肩；腹部的变化，Ca、Cb 型大体上是由圆鼓到弧鼓，Cc 型则是由圆鼓逐步变为扁圆。

D 型　高颈，平底。依口部、颈部形态可分二亚型。

Da 型　直口，直颈较粗。可分四式。

Ⅰ式：圆肩，底部较小。裴李岗 M98∶1（图二，14）。

Ⅱ式：圆肩微折，底部稍大。水泉 M6∶3（图二，8）。

Ⅲ式：折肩，底部较大。水泉 H63∶2（图二，5）。

Ⅳ式：折肩，颈部甚粗，底部较大。石固 H125∶6（图二，1）。

Db 型　侈口，束颈较细。可分四式。

Ⅰ式：圆鼓肩，小平底。裴李岗 M6∶1、M116∶1（图二，20、21）。

Ⅱ式：圆肩，底部较Ⅰ式有所增大。水泉 M32∶2、M85∶1（图二，15、16）。

Ⅲ式：圆肩微折，底部稍大。水泉 M3∶1、M84∶1（图二，9、10）。

Ⅳ式：折肩，底部较大。贾湖 M326∶1、M112∶2（图二，6、7）。

D 型双耳壶的演化规律是：肩部由圆肩到圆肩微折再到折肩；底部由小到大；此外，颈部似乎也有从矮逐步变高的趋势。

E 型　口微侈，矮颈较粗，扁腹，圜底。可分四式。

Ⅰ式：颈微束稍细，圆肩，垂腹较深，最大腹径在下腹部，圜底近平。水泉 H18∶3（图二，22）。

Ⅱ式：束颈稍粗，圆肩，腹部扁圆较浅，最大腹径在中腹部，大圜底。裴李岗 M56∶1（图二，17）。

Ⅲ式：直颈较粗，余同Ⅱ式。水泉 M72∶2（图二，11）。

Ⅳ式：直颈甚粗，溜肩，扁腹较浅。贾湖 M251∶2（图二，2）。

E 型双耳壶的发展规律为：颈部由微束稍细到直颈较粗；肩部由圆肩到溜肩；腹部由深到浅；底部由圜底近平到大圜底。

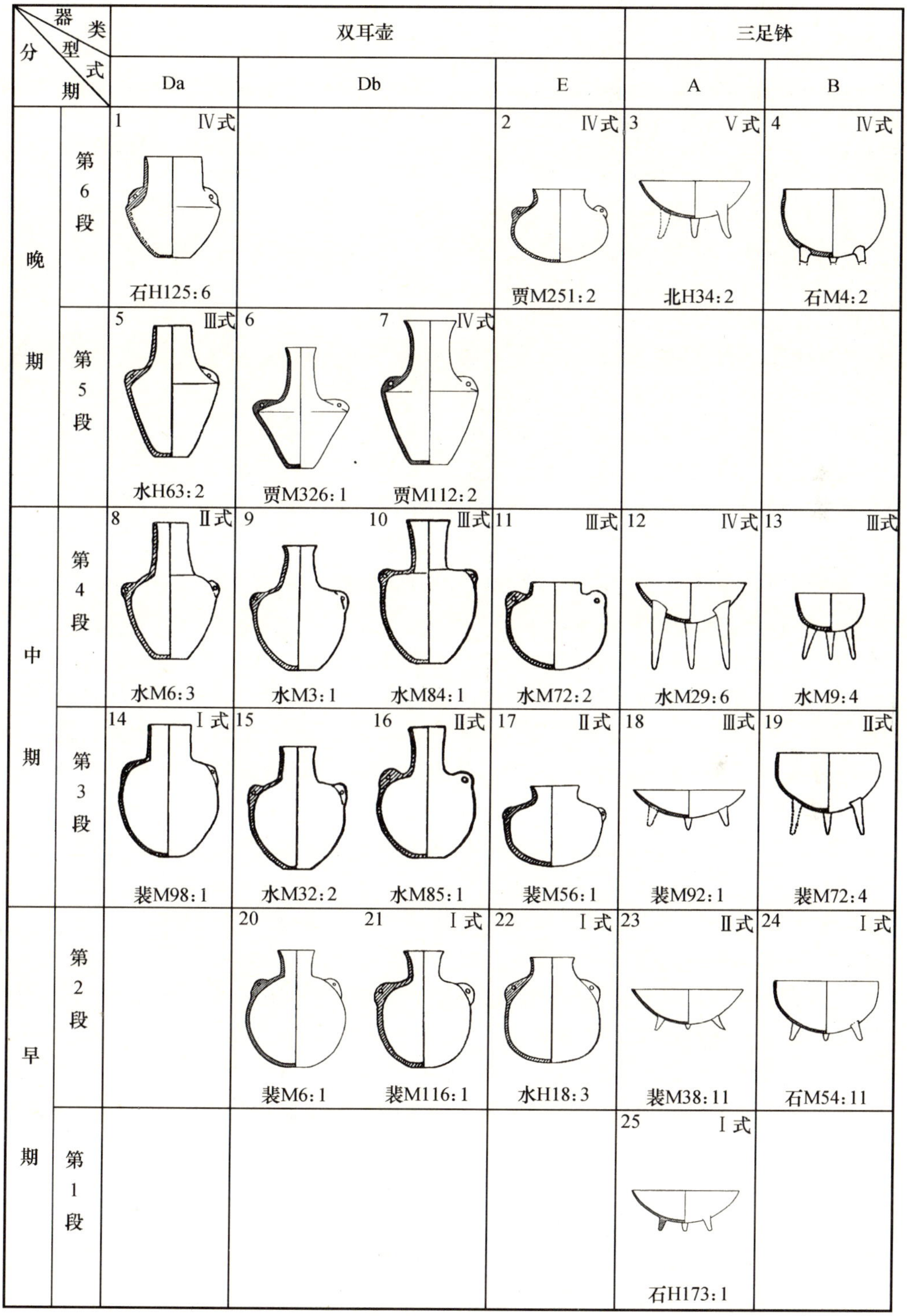

图二　裴李岗文化陶器分期图之二

石：石固　贾：贾湖　北：北岗　水：水泉　裴：裴李岗

2. 三足钵

亦是裴李岗文化最具代表性的器类之一，出土数量也比较多，可分为二型。

A型　敞口，弧腹，大圜底。可分五式。

Ⅰ式：浅腹，矮足外撇。石固 H173:1（图二，25）。

Ⅱ式：基本形态同于Ⅰ式，唯三足外撇较甚。裴李岗 M38:11（图二，23）。

Ⅲ式：腹较浅，矮足较直。裴李岗 M92:1（图二，18）。

Ⅳ式：腹稍深，高足较直。水泉 M29:6（图二，12）。

Ⅴ式：腹较深，高足较直，足尖外撇。北岗 H34:2（图二，3）。

A型三足钵的演变规律可概括为：腹部由浅到深；足部由矮到高、由外撇到直立。

B型　半球形腹，圜底。可分四式。

Ⅰ式：直口，腹稍浅，矮足外撇。石固 M54:11（图二，24）。

Ⅱ式：直口，腹稍深，三足稍高而斜直。裴李岗 M72:4（图二，19）。

Ⅲ式：直口微侈，腹较深，高足斜直。水泉 M9:4（图二，13）。

Ⅳ式：敛口，深腹，足部形态同Ⅲ式。石固 M4:2，足残（图二，4）。

B型三足钵的变化规律是：口部由直口到敛口；腹部由浅变深；足部由矮足外撇到高足斜直。

3. 深腹罐

系裴李岗文化的典型器物之一，出土数量较为丰富，种类也较多，可分为四型。

A型　筒形罐。侈口，平底。可分六式。

Ⅰ式：侈沿，上腹较直，下腹斜收，底部较小。石固 H167:1（图三，25）。

Ⅱ式：侈沿微卷，上腹稍直，中腹微鼓，下腹缓收，底部稍大。石固 M26:3（图三，21）。

Ⅲ式：卷沿，腹部弧鼓，底部较大。水泉 M2:1（图三，16）。

Ⅳ式：卷沿微折，腹部形态与Ⅲ式相似。水泉 M96:5（图三，12）。

Ⅴ式：折沿，中腹微鼓。贾湖 W16:1（图三，6）。

Ⅵ式：折沿微卷，中腹外鼓稍甚，大平底。石固 M42:4（图三，1）。

A型深腹罐的演化规律是：沿部由侈沿到卷沿再到折沿；腹部由较直到微鼓再到外鼓稍甚；底部似由小增大。

B型　腰鼓形罐。侈口，平底。可分四式。

Ⅰ式：侈沿，垂腹，最大腹径在下腹部。裴李岗 M38:10（图三，22）。

Ⅱ式：侈沿微折，近垂腹，最大腹径在中腹偏下部位。裴李岗 M2（图三，17）。

Ⅲ式：折沿，鼓腹，最大腹径在中腹部。水泉 M40:6（图三，13）。

Ⅳ式：折沿，鼓腹，最大腹径在上腹部。沙窝李 M1:3（图三，7）。

B型深腹罐的变化规律是：沿部由侈沿到折沿；腹部由垂腹而鼓腹，最大腹径由下腹部逐渐移至上腹部。

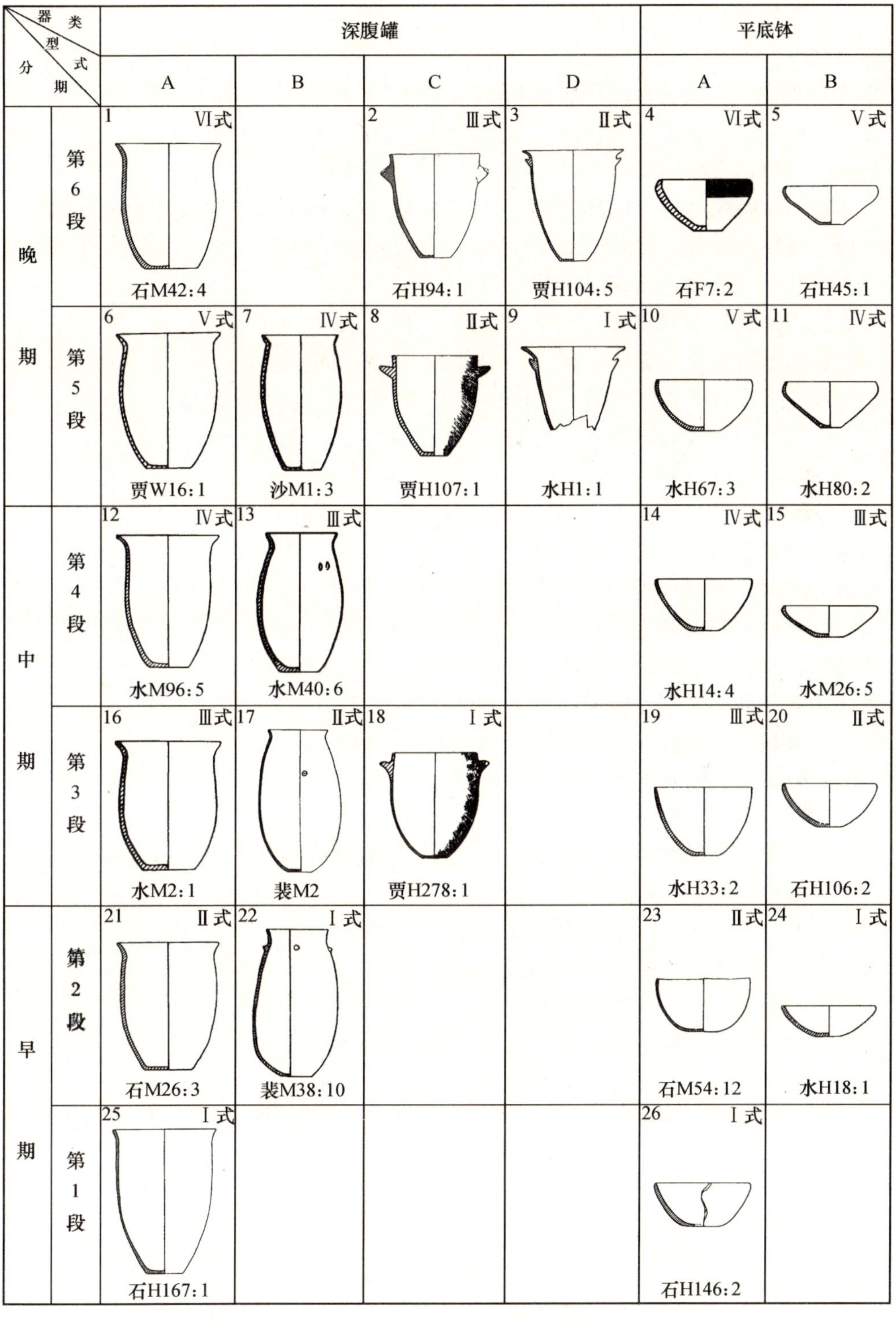

图三 裴李岗文化陶器分期图之三

石：石固 贾：贾湖 沙：沙窝李 水：水泉 裴：裴李岗

C型　无沿角把罐。此类罐多见于贾湖遗址，在水泉与石固遗址也有少量发现。器表多施有绳纹，平底。可分三式。

Ⅰ式：直口，上腹较直，下腹弧收。贾湖 H278∶1（图三，18）。

Ⅱ式：侈口，上腹稍直微外敞，下腹斜收。贾湖 H107∶1（图三，8）。

Ⅲ式：敞口，上腹斜直外敞，下腹斜收。石固 H94∶1（图三，2）。

C型罐的发展规律为：口部由直口而侈口到敞口；腹部由上腹较直变为外敞。

D型　卷沿角把罐。此种形制的罐出土数量较少，多存在于贾湖和汝州中山寨[21]遗址，水泉遗址也有少量发现。可分二式。

Ⅰ式：沿面较宽，斜直腹。水泉 H1∶1，底残（图三，9）。

Ⅱ式：沿面较窄，斜弧腹，平底。贾湖 H104∶5（图三，3）。

D型罐的变化规律大体上是：沿面由宽变窄；腹部由斜直到微弧。

4. 钵

是裴李岗文化的基本器类之一，出土数量较多，分圜底和平底两大类。其中以平底钵的演变规律较为清楚，可分为二型。

A型　深腹。可分六式。

Ⅰ式：敞口，斜腹稍浅。石固 H146∶2（图三，26）。

Ⅱ式：直口，弧腹稍深。石固 M54∶12（图三，23）。

Ⅲ式：直口微侈，弧腹较深。水泉 H33∶2（图三，19）。

Ⅳ式：直口，弧腹较深。水泉 H14∶4（图三，14）。

Ⅴ式：口微敛，深弧腹。水泉 H67∶3（图三，10）。

Ⅵ式：敛口，深弧腹。石固 F7∶2（图三，4）。

A型平底钵的发展规律为：口部由敞口而直口到敛口；腹部由稍浅逐渐变深。

B型　浅腹。可分五式。

Ⅰ式：敞口，腹极浅。水泉 H18∶1（图三，24）。

Ⅱ式：直口，腹较浅。石固 H106∶2（图三，20）。

Ⅲ式：口微敛，微显肩部，浅腹。水泉 M26∶5（图三，15）。

Ⅳ式：敛口，弧肩微鼓，腹稍深。水泉 H80∶2（图三，11）。

Ⅴ式：敛口，鼓肩，腹较深。石固 H45∶1（图三，5）。

B型平底钵的演变规律可概括为：口部由敞口而直口到敛口；肩部从无到有、再由弧肩到鼓肩；腹部由浅变深。

（三）分期

上述典型陶器的不同型式之间，具有相对稳定的共存关系，这种共存关系应是时代特征的具体表现。现将裴李岗文化各期、段典型陶器型式的共存关系列如表二。

从典型器物的演变关系来看，第1段与第2段、第3段与第4段、第5段与第6段的联系分别比较紧密，共性也更大一些。如A型双耳壶主要存在于第1～5段，第1、2段束颈明显，均溜肩，小平底；第3、4段颈微束，垂肩，平底较大；第5段粗斜颈，

表二　裴李岗文化各期段典型陶器型式共存关系表

器类 型 式 期 段		双耳壶								三足钵		深腹罐				平底钵	
		A	B	Ca	Cb	Cc	Da	Db	E	A	B	A	B	C	D	A	B
晚期	第6段			Ⅴ	Ⅴ		Ⅳ		Ⅳ	Ⅴ	Ⅳ	Ⅵ		Ⅲ	Ⅱ	Ⅵ	Ⅴ
	第5段	Ⅴ	Ⅲ	Ⅳ	Ⅳ		Ⅲ	Ⅳ				Ⅴ	Ⅳ	Ⅱ	Ⅰ	Ⅴ	Ⅳ
中期	第4段	Ⅳ		Ⅲ	Ⅲ	Ⅲ	Ⅱ	Ⅲ	Ⅲ	Ⅳ	Ⅲ	Ⅳ	Ⅲ			Ⅳ	Ⅲ
	第3段	Ⅲ		Ⅱ	Ⅱ	Ⅱ	Ⅰ	Ⅱ	Ⅱ	Ⅲ	Ⅱ	Ⅲ	Ⅱ	Ⅰ		Ⅲ	Ⅱ
早期	第2段	Ⅱ	Ⅱ	Ⅰ	Ⅰ	Ⅰ		Ⅰ	Ⅰ	Ⅱ	Ⅰ	Ⅱ	Ⅰ			Ⅱ	Ⅰ
	第1段	Ⅰ	Ⅰ							Ⅰ		Ⅰ				Ⅰ	

斜肩，大平底。Da型双耳壶主要存在于第3～6段，第3、4段为圆肩或微折，底部较小；第5、6段则为折肩，底部较大。A型三足钵主要存在于第1～4段及第6段中，第1、2段浅腹，矮三足外撇；第3、4段腹变深，三足较直较高；第6段深腹，三足较直高、足尖外撇。A型深腹罐存在于第1～6段，第1、2段为侈沿或微卷，上腹稍直，底较小；第3、4段卷沿或微折，腹部弧鼓，底部较大；第5、6段折沿或微卷，中腹外鼓稍甚，大平底。此外，C型深腹罐始见于第3段，而D型深腹罐则始见于第5段。再者，裴李岗文化的鼎尽管数量不多，但形制较为特殊，对后世文化的影响也很大，其出现亦始自第3段。如此，我们可以把第1、2段归并为早期，第3、4段归并为中期，第5、6段归并为晚期，以适应不同层次研究的需要。早、中、晚三期6段基本上能代表目前所发现的裴李岗文化的各个不同发展阶段。

以上我们主要利用豫中地区几处典型遗址的材料，对裴李岗文化进行了综合分期。检验这一分期是否具有普遍意义、或者说分期结论成立与否的有效途径，关键是看其他地区的裴李岗文化遗存能否在上述分期系统中找到各自的位置。下面我们来分析一下其他地区一些遗址的裴李岗文化遗存的分期。

花窝遗址位于豫北淇县的淇河西岸，1979年进行了试掘[22]。据简报公布的资料来看，其文化性质应属裴李岗文化。但因其与冀南地区磁山文化分布地域相距较近，因而曾受到了后者的一些影响，如褐色陶比重较大、篦点纹稍多以及相当数量的直口陶盂等都应是受磁山文化影响的产物。属裴李岗文化的陶器种类主要有小口双耳壶、深腹罐和三足钵等。T1①∶2双耳壶为侈口、束颈、垂肩、最大腹径在上腹部，形制与沙窝李第二组M30∶2同类器相近；H3∶32深腹罐为侈口、圆唇、卷沿微折、腹部微鼓，形同水泉第三组M96∶5深腹罐；H3∶4、H3∶12系两件三足钵的足部残段，均为圆锥形高足，与裴李岗第三组M87∶7及水泉第三组M29∶6三足钵的足部类同。因此，花窝遗址新石器遗存的时代属于裴李岗文化中期，大约在第4段的范围之内，时间跨度较短。

孟庄遗址位于豫北辉县孟庄镇东，地处卫河流域，这里发现的裴李岗文化遗存主要分布于遗址的西南部[23]。出土的陶器种类主要有深腹罐、三足钵、双耳壶和碗等。其中ⅫT69H132∶9深腹罐为侈口、折沿微卷、鼓腹、平底，形制与石固第五组M42∶4同类器近同；ⅫT69H132∶11、ⅫT69H132∶7分别为三足钵的腹部和足部，由线图观察其腹部较深，足部较直高且足尖微外撇，特征与北岗第六组 H34∶2 同类器基本一致；ⅧT173H282∶1 系折肩双耳壶腹部残片，折肩作风常见于贾湖第二组、水泉第四组及石固第五组遗存中。而ⅫT69H134∶2 双耳壶、ⅫT69H134∶9 深腹罐的形制则分别与水泉第三组 M3∶1、M98∶1 同类器较为接近。因此，孟庄遗址以ⅫT69H132 和ⅧT173H282 为代表的遗存的时代属于裴李岗文化晚期，大约在第 6 段范围之内；而ⅫT69H134 的时代似可早到裴李岗文化第 4 段之时。

瓦窑嘴遗址位于巩义市区西南的伊洛河东岸，发掘表明这是一处文化性质比较单一的裴李岗文化遗址[24]。出土陶器主要有深腹罐、钵、双耳壶、三足钵、鼎、碗、豆等。以下器类可资比较：T4H1∶6、T4H1∶9 钵与水泉第三组 H14∶4 同类器相近；T3H1∶11、T4H4∶8、T4H4∶9、WT2H4∶5、WT4H8∶9 平底钵与水泉第二组 H33∶2 同类器基本相同；WT1H2∶24、WT2H4∶2 小口双耳壶（原报告称双耳罐）与北岗第三组 M15∶4 同类器近同；WT1H2∶10 深腹罐与裴李岗第二组 M67∶2 同类器近似；WT1H2∶9 罐形鼎的器身与水泉第二组 M2∶1 深腹罐基本相同；WT2H4∶8、WT2H4∶11 三足钵及 WT2H4∶6、WT2H4∶9 和 WT2H2∶5 钵形甑的形制与裴李岗第二组 M92∶1 三足钵比较近似；WT1H3∶2、T1H2∶57、T2H2∶4 三足钵与石固第二组 M54∶11 同类器相近。因此，瓦窑嘴新石器遗存的时代大多属于裴李岗文化中期，少数可到早期后段，大体在第 2 ~ 4 段范围之内。

下西坡（铁生沟）遗址位于巩义市区东南坞罗河（伊洛河支流）上游地区，是一处单纯的裴李岗文化遗址[25]。出土陶器主要有三足钵、平底钵、双耳壶、深腹罐、鼎等。H1∶1 平底钵为敞口、弧腹、平底，通身饰篦点纹，形制与水泉第二组 H33∶2 同类器相同；此外，还出有个别折肩双耳壶。因此，下西坡的新石器遗存大体属于裴李岗文化中晚期，时间跨度比较大。

高崖遗址位于偃师县西南伊河南岸，地处伊洛平原腹地，这里的裴李岗文化遗存集中分布于遗址的北部[26]。出土陶器较为破碎，可辨器形主要有三足钵、双耳壶、深腹罐、角把罐、钵和碗等。其中以下器类可资比较：H12∶6 深腹罐为侈口、折沿微卷、上腹稍直，形制与石固第五组 M42∶4 同类器相同；H6∶3 系双耳壶腹部残片，从线图观察应为粗长颈、长圆腹，与石固第五组 H45∶4 双耳壶较为接近；H12∶18、H12∶19 与 H9∶2、H9∶17 四件三足钵形态相若，弧腹稍深、圜底、三足直立较高，形制与北岗第六组 H34∶2 同类器近同；H6∶8、H6∶9 与 H8∶6、H12∶22 四件钵均为敛口、深弧腹、底残，与石固第五组 F7∶2 平底钵类同；H6∶14 钵为敛口、弧肩，形制与石固第五组 H45∶1 同类器相近。此外，这里还发现了明显具有仰韶文化早期特征的红顶碗（H9∶1）与三足钵共存的现象，也说明其年代较晚，已与仰韶早期相去不远。因此，该遗址裴李岗文化遗存的年代属于裴李岗文化晚期，大约在第 6 段范围之内。

马良沟遗址位于新密市区东面双洎河上游地区，也是一处单纯的裴李岗文化遗址[27]。出土陶器主要有钵形甑、深腹罐、钵、双耳壶等。H1 出土的 4 件钵形甑，形态基本一致，均为敞口、浅弧腹、三足斜直较矮，整体特征与裴李岗第二组 M92∶1 三足钵较为接近；H1 所出深腹罐为侈口、卷沿、腹微鼓，形制与水泉第二组 M2∶1 同类器相近。因此，马良沟以 H1 为代表的遗存的时代应属裴李岗文化中期，大约在第 3 段的范围之内，时间跨度较短。

王城岗遗址位于登封告成镇西北颍河支流五渡河西岸，这里的裴李岗文化遗存仅在遗址西部有少量发现[28]。出土陶器主要有三足钵、平底钵、双耳壶、深腹罐、圈足碗等。WT131H341:4、WT131H341:412 和 WT131H341:6 三足钵的形制分别与裴李岗第二组 M92:1 和 M72:4 同类器相同或相似；WT131H341:9 平底钵与水泉第二组 H33:2 平底钵近同；WT131H341:13 深腹罐为侈口、卷沿、上腹较直，与裴李岗第二组 M37:3 同类器相近。因此，王城岗以 WT131H341 为代表的遗存的时代当属裴李岗文化中期，大体在第 3 段范围之内。

中山寨遗址位于汝州市区东面汝河北岸，发掘表明这里的裴李岗文化遗存直接迭压于仰韶文化庙底沟类型文化层之下[29]。陶器种类主要有三足钵、平底钵、圜底钵、三足壶、双耳壶、侈口罐、角把罐、鼎等。以下器类可资比较：H36:6 三足钵为敞口、深腹、三足较高且足尖外撇，形制与石固第五组 H229:5 及北岗第六组 H34:2 同类器相似；T101④:25 三足钵为直口、半球形腹、三足较直高，形制与石固第五组 M4:2 同类器近同；H19:11 钵（原报告称盆）为敛口、浅腹、平底，与石固第五组 H45:1 平底钵相近；H19:15 深腹罐为侈口、折沿微卷、鼓腹，与石固第五组 M42:4 同类器近似；H17:7、T101④:28 角把罐为侈口、卷沿、沿下有羊角状把手、上腹较直，形制与贾湖第三组 H104:5 同类器基本相同。此外，T101④:23 鼎足的根部饰有捺窝纹，作风与大河村仰韶文化前二期所发现的鼎足（如 T38⑱:21）类似[30]，表明二者年代已相距不远；再者，T102④:24 黑彩菱形纹彩陶片的发现，也说明其时代较晚。因此，该遗址裴李岗文化遗存的时代当属裴李岗文化晚期，大体在第 6 段的范围之内。

由以上分析可知，上述对裴李岗文化的综合分期还是具有一定普遍意义的，分期结论也是经得起检验的。现将各期陶器的主要特征概括如下。

1. 早期

陶质可分为夹砂和泥质两大类，前者多于后者；器表均为红色，颜色多不纯正，往往夹杂有褐色、灰色斑块。素面陶居多。有纹饰者少见，且多施于夹砂陶器上。纹饰以篦点纹常见，另有刺点纹和划纹等。篦点纹排列一般较为密集，纹饰多见直行篦点纹和“之”字形篦点纹两种。陶器均手制，以泥条盘筑为主，有的器物内壁尚保留有泥条盘筑的痕迹，烧制火候较低，表皮多有剥落现象。器形主要有双耳壶、深腹罐、三足钵、平底钵、圜底钵、钵形甑等。双耳壶可分竖耳和横耳两类，前者又有平底、圜底和三足之分。钵形甑是早期后段新出现的一种器类。

2. 中期

陶质仍分夹砂和泥质两大类，前者稍多于后者，与早期相比泥质陶的数量有所增加；陶色以红陶为大宗，出现了少量灰陶和黑陶，红陶器表颜色多不纯正，仍见有褐色斑块现象。素面陶较多，有些器物表面磨光。有纹饰者仍较少，也是多施于夹砂陶上。纹饰除继续沿用早期的篦点纹、刺点纹和划纹外，还见有绳纹、指甲纹、放射状刻划纹等，另有一定比例的乳钉，纹饰种类有明显增加。陶器制法与早期相同，但烧制火候已有了提高，表皮剥落现象较为少见。器形以双耳壶、深腹罐、三足钵、平底钵最为常见，圜底钵、钵形甑等也有一定数量，另出现了鼎、无沿角把罐、三足罐、圈足碗等新器形。此外，双耳壶（主要是竖耳壶）的形制更趋复杂，除沿用早期的形制以外，还见有圈足、假圈足及大口罐形双耳壶。

3. 晚期

陶质主要有泥质和夹砂两大类，与前两期相比，泥质陶的数量明显多于夹砂陶，另见有少量夹蚌、夹滑石粉、夹云母片和夹炭陶；陶色以红陶为大宗，灰陶比例有所增加，还有少量黑陶。素面陶仍占多数，有一定数量的磨光陶。纹饰以篦点纹为主，绳纹、划纹、指甲纹、坑点纹、附加堆纹数量较少，还有少量乳钉。少数平底钵和三足钵口沿外侧施有红色陶衣，形似宽带纹。在中山寨遗址还发现了一片绘黑彩菱形纹的彩陶片，可见彩陶在此期后段已经出现。陶器制法仍以泥条盘筑为主，但制作技术有了明显进步，烧制火候较高，陶质较硬，表皮剥落现象少见。此外，由于套烧的缘故，还出现了一定数量的上红下灰陶，即所谓“红顶”陶器。器形基本同于中期，新出现的器类主要有卷沿角把罐等，折肩双耳壶是本期的标志性器物。

二、年　　代

裴李岗文化的绝对年代，可以由已测定的^{14}C 年代数据分析确定。迄今为止，经过测定的裴李岗文化的^{14}C 年代数据已达41个[31]，兹列如表三。

表三　裴李岗文化^{14}C 测年数据一览表

实验室编号	出土地点	标本编号	材 料	测定年代（距今）	校正年代（BC.）
ZK-0434	新郑裴李岗	T1H1、T2H2	木炭	7885±480	
ZK-0571		H11、未编号H	木炭	7145±300	6090～5540
ZK-0572		T31①、T34①②	木炭	9300±1000	
ZK-0751		T102H18	木炭	6435±200	5380～4940
ZK-0753		T106H17	木炭	7185±200	6077～5640
ZK-0754		T111②	木炭	7445±200	6230～5589
ZK-1130	新郑沙窝李	T9②H17	木炭	7170±105	5970～5720
ZK-0747	密县马良沟	T1H1	木炭	6855±110	5640～5480
WB78-17	密县莪沟北岗	T79H27	木炭	7290±120	6080～5800
WB78-38		T1H1	木炭	6975±100	5740～5560
WB78-39		T24	木炭	7265±160	6090～5740
ZK-0580		T79H27	木炭	7240±80	5985～5797
ZK-1367	汝州中山寨	T101④H16	木炭	7390±100	6110～5970
ZK-1368		T103④H20	木炭	6955±90	5730～5550
WB79-60	长葛石固	A区T41H159	木炭	7450±90	6170～5988

续表

实验室编号	出土地点	标本编号	材 料	测定年代（距今）	校正年代（BC.）
WB80-15		A 区 T56H238	木炭	7295 ± 85	6077 ~ 5837
WB80-17		A 区 T52H197	木炭	7010 ± 85	5743 ~ 5624
ZK-2344	郏县水泉	T108H43	木炭	7100 ± 110	5953 ~ 5640
ZK-2345		T205AH80	木炭	7270 ± 120	6077 ~ 5760
ZK-0748	巩县铁生沟	T2	木炭	7265 ± 200	6100 ~ 5720
ZK-0755	淇县花窝	T1①	木炭	7130 ± 120	5960 ~ 5650
BA94087	渑池班村	H2013	果核	6930 ± 140	
WB83-60	舞阳贾湖	H1	木炭	7920 ± 150	6620 ~ 6360
DY-K0185		H82	草木灰	7561 ± 125	6280 ~ 6020
DY-K0186		H29	草木灰	7105 ± 120	5840 ~ 5630
DY-K0188		H55	草木灰	7017 ± 130	5750 ~ 5520
DY-K0189		H39	草木灰	7137 ± 130	5930 ~ 5650
BK-91007		H76	果核	7960 ± 60	6530 ~ 6430
BK-94126	舞阳贾湖	H187	木炭	8285 ± 100	7060 ~ 6990
BK-94127		H174	木炭	7450 ± 80	6160 ~ 5980
BK-94172		H84	草木灰	7415 ± 80	6120 ~ 5970
BK-94173		H37	木炭	8190 ± 75	7040 ~ 6650
BK-94174		H105	木炭	7825 ± 80	6460 ~ 6350
BK-94175		H102	木炭	7510 ± 90	6180 ~ 5990
BK-94176		H339	木炭	7650 ± 70	6320 ~ 6180
BK-94177		H229	木炭	8090 ± 110	7000 ~ 6500
BK-94178		H112	木炭	8225 ± 70	7040 ~ 6800
BK-95013		M341	人骨	7050 ± 80	5750 ~ 5620
BK-95014		M375	人骨	7240 ± 70	5940 ~ 5760
BK-95017		M282 甲	人骨	7035 ± 70	5720 ~ 5620
BK-95018		M344	人骨	8000 ± 100	6630 ~ 6440

说明：实验室代号 ZK 系中国社会科学院考古研究所^{14}C 实验室，WB 系国家文物局文物保护科学技术研究所^{14}C 实验室，DY 系中国地震局地壳应力研究所^{14}C 实验室，BK 系北京大学考古系^{14}C 实验室。测定年代取^{14}C 半衰期 5730 年计算得出，距今年代以 1950 年为起点。校正年代，除贾湖遗址以外，一律按 1986 年高精度校正表使用微机程序计出。贾湖遗址的校正年代则是根据①M. Stuiver and G. W. Pearson. 1993. High-precision bidecadal calibration of the radiocarbon time scale, 500BC. ~1950AD. and 6000 ~ 2500BC. *Radiocarbon*, 35 (1): 1 ~ 23; ②G. W. Pearson, B. Backer and F. Qua.. 1993. High-precision ^{14}C measurment of German and Irish oaks to show the natural ^{14}C variations from 7890 to 5000BC. *Radiocarbon*, 35 (1): 104 ~ 193。校正年代系公元前年代，均以 1950 年为起点计出。

从表三可以看出，目前已测定标本的材料以木炭为主，其他还有果核、草木灰、人骨等。测年数据显示，人骨、草木灰、果核样品的^{14}C 年龄明显低于同层位木炭样品的测年数据，这可能与这些样品受到了后期污染，或是其中含碳量不高且腐殖酸未能彻底清除有关[32]，其测年数据似乎并不能较为真实地反映所属遗存的年代，因此下面分析时将不予考虑。木炭样品的^{14}C年龄，尽管会出现偏早的问题而存在一定误差，但基本上还是能反映其真实年代的。已有学者就^{14}C年代的偏早问题做过分析，指出诸如木炭的树龄、木炭出自心材而非边材等因素，都可能使测定年代出现偏老的情况[33]。表三所列木炭样品测年数据中，裴李岗ZK-0572的年代为距今9300年±1000年，明显偏早，可弃之不用；贾湖BK-94126、BK-94173、BK-94177、BK-94178的年代，分别为距今8285年±100年、8190年±75年、8090年±110年和8225年±70年，高精度树轮校正值分别为距今9010～8940年、8990～8600年、8950～8450年和8990～8750年，似乎也显偏早，可暂且存疑。其余25个木炭标本，年代较早的有贾湖WB83-60为距今7920年±150年，最晚的裴李岗ZK-0751为距今6435年±200年，高精度树轮校正值分别为距今8570～8310年和距今7330～6890年，若各取其中间值则分别为距今8440年和7110年。如果考虑到河洛地区仰韶文化最早遗存——以大河村仰韶前三期为代表的年代为距今6800年左右[34]以及裴李岗文化晚期后段的年代已与之相去不远的事实，我们可将裴李岗文化的绝对年代大体推定在距今8500～7000年，前后大约延续了1500年的时间。

进一步分析的话，上述25个木炭标本中，能比较准确判定期别的共有17个。其中属于早期的仅有石固WB79-60一个，高精度树轮校正值（取其上、下限中间值，下同）为距今8029年，该标本采自H159，属于石固第二组，即早期后段，因此其年代可作为早期的下限。如是，早期的年代在距今8500～8000年前后。属于中期的有马良沟ZK-0747，北岗WB78-17、ZK-0580和花窝ZK-0755共4个，高精度树轮校正值落在距今7890～7510年，则中期的年代在距今8000～7500年。属于晚期的有裴李岗ZK-0751[35]，沙窝李ZK-1130，中山寨ZK-1367、ZK-1368，石固WB80-15、WB80-17，水泉ZK-2345和贾湖WB83-60、BK-94127、BK-94174、BK-94175、BK-94176共12个，高精度树轮校正值在距今8440～7110年，其上限明显有些偏早，原因待查。若参考中期的年代，则晚期年代大体可以定在距今7500～7000年，下限当与仰韶文化早期相衔接。

三、分布与类型

目前发现的裴李岗文化遗址，据不完全统计已达110余处，主要分布于以下四个区域，即豫中嵩山周围地区及沙河、澧河和洪河流域、豫北卫河流域和豫西黄河沿岸地区。

嵩山周围地区主要包括郑州、许昌、平顶山、洛阳四市，即所谓的“郑洛地区”，另外从文化特征上看，焦作西部和周口西北部一带亦应属于此区。该区地处颍河上游、双洎河、贾鲁河、北汝河、伊洛河下游及其支流坞罗河、沁河流域，这里裴李岗文化遗址分布相当密集，已发现数十处。例如郑州宋庄[36]、岳寨、南阳寨，荥阳牛口峪[37]，新郑裴李岗、沙窝李、岗时、岭西、洪府、店张、西土桥[38]、唐户[39]，密县莪沟北岗、马良沟、东关高岗、青石河、张湾、县城东北角[40]、杨家、王嘴，登封王城岗、东岗岭[41]、袁村、杨村[42]、双庙[43]、阎湾，巩义下西坡（铁生沟）、水地河[44]、瓦窑嘴、赵城[45]、东山原、北营、坞罗西坡[46]、滩小关[47]，中牟业王、冯庄[48]，偃师高崖、马涧河[49]、宫家窑[50]，洛阳杨窑、朱寨，伊川古城南、官庄，嵩县乌稍岭，栾川窑场，卢氏薛家岭、袁家岭、祁村湾[51]，孟津寨根，新安盐东[52]，孟县子昌，长葛石固、西杨庄、南张庄、夹岗[53]，郏县水泉，汝州中山寨、安沟[54]、辛庄、槐树荫南、槐树荫北、后户、前户西、湾张，禹县枣王，许昌丁庄[55]、丁集[56]、灵井[57]、崔庄，鄢陵古城、南关、蝎子岗、刘庄[58]，扶沟前闸[59]等遗址。其中经过发掘或试掘的遗址有裴李岗、沙窝李、唐户、北岗、马良沟、下西坡、瓦窑嘴、王城岗、双庙、高崖、石固、水泉、中山寨、丁庄14处。我们对裴李岗文化基本特征的认识，即有赖于上述遗址的考古发现与研究。

沙澧河、洪河流域地区主要包括漯河、驻马店及周口南部一带，另外地处淮河上游的信阳地区似也可包括在本区之内。这里的裴李岗文化遗址分布也较密集，已发现20余处。例如舞阳贾湖、孙庄、长村赵[60]、大岗、郭庄、阿岗寺、张王庄，漯河翟庄，叶县文集[61]，驻马店郭楼、刘楼、刘阁杨庄，上蔡高岳集、航寨、尹庄，正阳凉马台、老母洼、李楼[62]，新蔡郭冢，项城后高老家[63]，信阳平桥车站，潢川陈岗、霸王台等遗址。其中贾湖、大岗两处遗址经过发掘，只是后者仅发表了细石器遗存的材料，而裴李岗文化遗存的资料至今未见公布。

豫北卫河流域地区主要包括新乡北部、焦作东部、鹤壁、安阳中南部及濮阳西部一带。这里发现的裴李岗文化遗址较少，且多分布于太行山东麓、南麓的山前平原地带，主要有新乡骆驼湾、辉县孟庄、淇县花窝、浚县凌湖、安阳洪岩、汤阴程岗、濮阳戚城[64]等遗址。其中经过发掘的有孟庄、花窝、戚城三处遗址，戚城的材料尚未发表。

豫西黄河沿岸地区主要包括渑池、三门峡、灵宝、济源西部等地。此区的裴李岗文化遗址是20世纪90年代新发现的，主要有渑池班村、鹿寺[65]、任村、陵上[66]、关家[67]，灵宝西横涧、荆山[68]，济源长泉[69]等遗址。其中班村、关家、长泉遗址经过发掘，仅长泉遗址的资料已公开发表。

从已发表的材料来看，分布于上述四个相对独立小地理单元的裴李岗文化，在文化面貌基本一致的前提下，又分别具有较为明显的自身特色。据此，我们可以将河洛地区的裴李岗文化划分为四个类型，即豫中嵩山周围地区的裴李岗类型、沙澧河洪河流域的贾湖类型、豫北地区卫河流域的花窝类型和豫西黄河沿岸地区的班村类型（图四）。有学者认为以花窝为代表的一类遗存的文化性质属于磁山文化范畴[70]。对此我们不敢苟同。从这类遗存陶器的基本组合仍为小口双耳壶、三足钵、侈口筒形深腹罐的情况来看，其文化性质仍应属裴李岗文化。

花窝类型发表的材料较少，文化面貌还不十分清晰，但和豫中地区裴李岗文化存在一定差别则是可以肯定的，如这里的夹砂红褐陶较多，存在相当数量的篦点纹和直口陶盂等。这种文化现象的出现似乎应是其分布地域与磁山文化分布地域毗邻，受了后者影响所致。班村类型的资料虽多未正式发表，不过从有关论文透露的信息[71]以及长泉遗址的材料可知，其文化面貌的个性特征还是比较突出的，如夹砂褐陶稍多、纹饰常见细绳纹、存在大量腹饰竖向粗绳纹筒形带把罐等，器表饰绳纹的钵形釜也为这里所仅见。因此，将其作为裴李岗文化的一个地域类型应当是可以成立的。鉴于目前花窝类型和班村类型的材料较少，文化内涵与特征尚难以作出清楚、完整的归纳，因而下面对比不同类型的异同时，仅就裴李岗类型和贾湖类型进行分析。

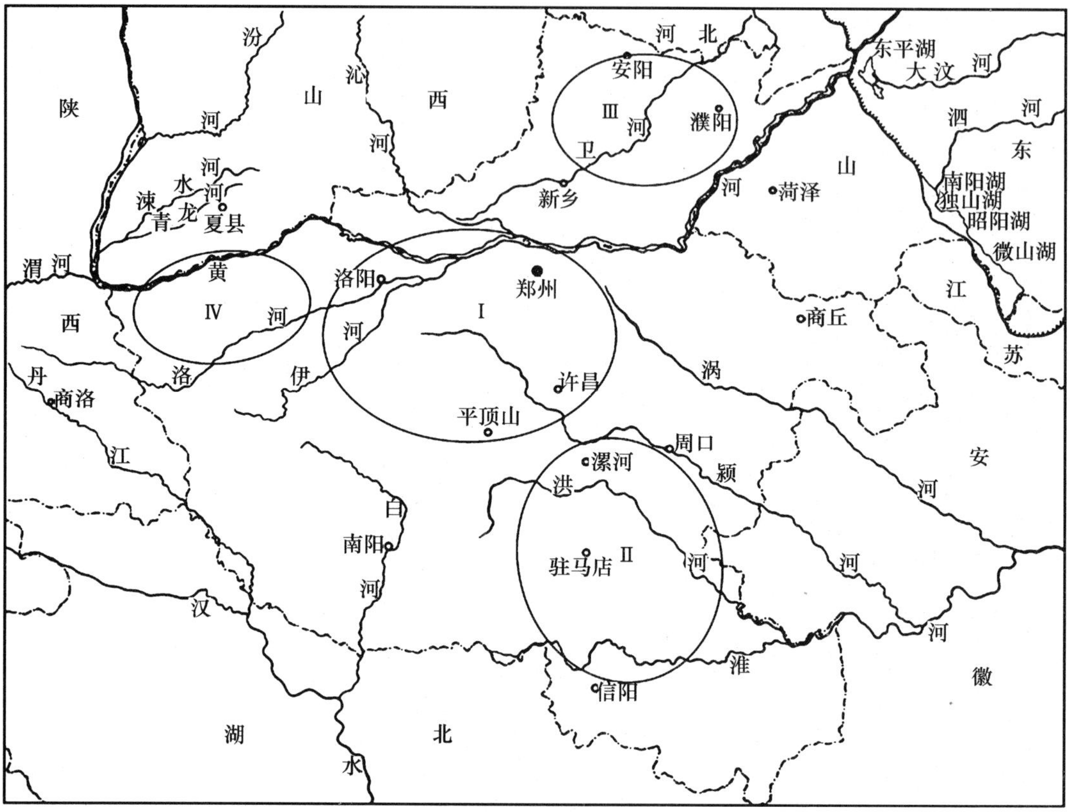

图四 裴李岗文化诸类型空间分布图

Ⅰ. 裴李岗类型 Ⅱ. 贾湖类型 Ⅲ. 花窝类型 Ⅳ. 班村类型

在生产工具方面，两类型石质工具的组合均是以石斧、石铲、石镰、石磨盘、石磨棒为主，另见有石锛、石凿、石刀、石球、石弹丸等。但差别也比较突出。例如裴李岗类型带足石磨盘的数量远较贾湖类型为多，而后者有肩石铲的数量则多于前者；此外，裴李岗类型骨器少见，种类简单，有针、锥、镞等；而贾湖类型却有大量骨器存在，种类较多，除了针、锥、镞以外，还有鱼镖、骨耜、凿等。

在陶器方面，两类型共性是主要的。例如陶系以夹砂和泥质红陶为主；素面陶占多数，并有一定数量磨光陶；纹饰有篦点纹、划纹、指甲纹、绳纹、附加堆纹以及乳钉纹等；制法均以泥条盘筑为主；器物种类以小口双耳壶、筒形深腹罐、三足钵、平底钵等为基本组合。

两类型的差别亦比较明显。例如贾湖类型陶系中存在一定数量的夹蚌、夹骨屑、夹滑石粉、夹云母和夹炭陶，而裴李岗类型只是在个别遗址（中山寨）见有少量夹蚌、夹滑石粉、夹云母陶；裴李岗类型篦点纹比较发达、绳纹少见，贾湖类型则反之；裴李岗类型一定数量的腰鼓形罐、篦点纹罐、三足双耳壶、钵形甑等不见或少见于贾湖类型，而后者常见的大口罐形壶、无沿直口角把罐、方口盆、罐形甑等也不见或少见于前者；裴李岗类型鼎的种类只见有罐形和盆形两种，数量也较少；而贾湖类型除存在数量较多的罐形鼎、盆形鼎以外，还有少量釜形鼎和钵形鼎。

埋葬习俗上两类型的共性较大，均是以单人仰身一次葬为主，大多数墓葬都有数量不等的随随葬品，墓向以向西或西南者多见。也存在一定差别。例如裴李岗类型少数双人一次合葬墓不见于贾湖类型，而后者所见少量多人二次葬、单人二次葬、多人一次葬与二次葬的合葬以及个别多人一次合葬墓等亦不见于前者；随葬品组合中，裴李岗类型以大量成组陶、石器为主，而贾湖类型则以骨器为主，且见不少用成组龟甲随葬的现象，陶、石器相对较少。

两类型经济形态均是农业经济占主导地位，且以旱作农业为主，主要农作物有粟、黍等。但由于所处自然环境不同，二者的经济类型也有一定差异。裴李岗类型主要位于浅山区和山前平原地带，除旱作农业经济外，采集与狩猎经济也占相当重要地位，渔猎经济很不发达；贾湖类型主要位于河网密布的平原地区，旱作、稻作农业并重，渔猎经济远较狩猎经济发达，这里发现的距今8000年前水稻遗存[72]以及大量骨制渔猎工具即是其证。

上述四个类型的划分，可以大体上勾勒出裴李岗文化的分布范围，即东到涡河沿岸，西至洛河上游，南越淮河，北抵卫河支流洹河南岸。从前文分期结果来看，其分布地域从早至晚逐步扩大的趋势比较明显。早期遗存集中分布于豫中嵩山周围地区，中、晚期向四周扩展至豫中南部、豫北南部和豫西黄河沿岸地区。早、中期以嵩山周围区域为中心分布区，到晚期中心分布区似已移至豫中南部地区。需要一提的是，裴李岗类型分布区内的嵩山以西地区与嵩山以东、以南地区的文化面貌，从目前发表资料来看也存在一些差别，如前者发现有一定数量的黑陶，后者则少见，前者那种腹饰放射状刻划纹的黑陶圈足碗也不见于后者等。但据此将嵩山以西地区即伊洛河中下游及其支流坞罗河流域地区的裴李岗文化遗存命名为一个新的地域类型[73]，尚嫌证据不足。这一问题只有留待今后材料丰富以后来加以解决。

关于裴李岗文化类型划分以及贾湖一类遗存的性质问题，学术界曾有人提出“中山寨类型”[74]和“贾湖文化”[75]的命名，对此我们想谈谈自己的看法。

中山寨遗址的裴李岗文化遗存与以裴李岗遗址为代表的一类遗存，的确存在一定的差异，如前者出土陶器陶质较硬，有一定数量磨光陶和少量口外饰红衣（形似宽带纹）陶，另外还见有一片绘黑彩菱形纹的彩陶片等。不过，无论是其生产工具种类，还是日用陶器组合都与后者基本一致，表明它们的文化性质是相同的。从我们对裴李岗文化的综合分期来看，二者之间的这种差别应是由于时代不同造成的，而非地域不同所致。因此，所谓“中山寨类型”是不能成立的。

贾湖一类遗存与裴李岗一类遗存的差异已于前述，但这种差异是否能到将二者命名为不同考古学文化的程度，是值得认真研究的。首先二者的陶系、纹饰、器物组合基本相同，这是判定它们属于同一考古学文化的本质所在。其次，在裴李岗一类遗存有成组石器随葬的墓葬中，随葬石斧、石铲、石镰、石锛等生产工具的墓葬，一般都不出石磨盘、石磨棒一类的加工工具，反之亦然，二者共出的情况仅属个别现象[76]；另从石固遗址墓葬人骨的鉴定结果来看，随葬前者的多属男性，而随葬后者的则多属女性。贾湖遗址349座土坑竖穴墓中随葬有石器的墓葬共计42座[77]，随葬石斧、石锛、石铲、石凿、石镰、石钻等生产工具的有28座，其中男性17座、占60.72%，女性5座、占

17.85%，性别不明者6座、占21.43%；随葬石磨盘、石磨棒等加工工具的有12座，其中女性8座、占66.66%，男性2座、占16.67%，性别不明者2座、占16.67%；二者共出的只有2座，一座为男性，另一座性别不明[78]。可见贾湖随葬有石器的墓葬同样存在着与裴李岗一类遗存类似的情况。据此，我们认为贾湖一类遗存的文化性质与裴李岗一类遗存相同，均属裴李岗文化范畴。至于它们之间的差异，应是所处地域不同以及自然环境不一样所造成的。因此贾湖一类遗存不宜成为独立的考古学文化——“贾湖文化”，将其作为裴李岗文化的一个地方类型则是比较符合考古实际的。

注　释

[1] 河洛地区主要是指黄河中游及洛水流域的广大地区，也就是狭义的中原地区，即现今河南省的大部分地区。见拙作《论自然环境对河洛地区史前文化发展的影响》，《中原文物》2004年4期。

[2] 河北省文物管理处等：《河北武安磁山遗址》，《考古学报》1981年3期。

[3] 严文明：《黄河流域新石器时代早期文化的新发现》，《考古》1979年1期。

[4] a. 许顺湛：《论裴李岗文化》，《河南文博通讯》1981年1期；
b. 唐云明：《略论“磁山”和“裴李岗”的有关问题》，《考古与文物》1981年1期；
c. 魏京武：《李家村、老官台、裴李岗——关于黄河中游地区新石器时代早期文化的几个问题》，《考古与文物》1981年4期。

[5] a. 陈旭：《仰韶文化渊源探索》，《郑州大学学报（哲社版）》1978年4期；
b. 李绍连：《关于磁山、裴李岗文化的几个问题——从莪沟北岗遗址谈起》，《文物》1980年5期。

[6] 夏鼐：《三十年来的中国考古学》，《考古》1979年5期。

[7] a. 李友谋、陈旭：《试论裴李岗文化》，《考古》1979年4期；
b. 安志敏：《裴李岗、磁山和仰韶——试论中原新石器文化渊源及发展》，《考古》1979年4期。

[8] 20世纪90年代中期，严文明先生对新石器时代的起止时间进行了重新界定：距今12000～9000年属早期，距今9000～7000年属中期，距今7000～5000年属晚期；而传统上认为的距今5000～4000年新石器时代晚期，则应属新石器时代向青铜时代过渡的铜石并用时代，在考古学上又可称为龙山时代。见其《中国文明起源的探索》，《中原文物》1996年1期。本文对新石器时代不同时期的划分，即采用严文明先生的观点。

[9] 方孝廉：《裴李岗文化陶器分期和年代分析》，《论仰韶文化》，《中原文物》1986年特刊。

[10] a. 缪雅娟：《沙窝李遗址分析——试论裴李岗文化分期》，《考古》1993年9期；
b. 张江凯：《裴李岗文化陶器的谱系研究》，《考古与文物》1997年5期。

[11] a. 开封地区文管会等：《河南新郑裴李岗新石器时代遗址》，《考古》1978年2期；
b. 开封地区文管会等：《裴李岗遗址一九七八年发掘简报》，《考古》1979年3期；
c. 中国社会科学院考古研究所河南一队：《1979年裴李岗遗址发掘报告》，《考古学报》1984年1期。

[12] 河南省文物研究所：《长葛石固遗址发掘报告》，《华夏考古》1987年1期。

[13] a. 中国社会科学院考古研究所河南一队：《河南郏县水泉新石器时代遗址发掘简报》，《考古》1992年10期；
b. 中国社会科学院考古研究所河南一队：《河南郏县水泉裴李岗文化遗址》，《考古学报》

1995年1期。

[14] 河南省文物考古研究所：《舞阳贾湖》，科学出版社，1999年。

[15] 河南省博物馆等：《河南密县莪沟北岗新石器时代遗址》，《考古学集刊·1》，中国社会科学出版社，1981年。

[16] a. 中国社会科学院考古研究所河南一队：《河南新郑沙窝李新石器时代遗址》，《考古》1983年12期；

b. 同注［10］a。

[17] 《1979年裴李岗遗址发掘报告》（《考古学报》1984年1期）中文字叙述为M80叠压在M89上面，不过查其墓葬分布平面图发现，两者关系却正相反，故依分布图改正。

[18] 郏县文化馆：《河南郏县水泉发现的新石器时代遗址》，《考古》1979年6期。

[19] 同注［10］b。

[20] 郑州市文物考古研究所：《郑州大河村》，科学出版社，2001年。

[21] 中国社会科学院考古研究所河南一队：《河南汝州中山寨遗址》，《考古学报》1991年1期。

[22] 安阳地区文管会等：《河南淇县花窝遗址试掘》，《考古》1981年3期。

[23] 河南省文物考古研究所：《辉县孟庄》，中州古籍出版社，2003年。

[24] a. 巩义市文物管理所：《河南巩义市瓦窑嘴新石器时代遗址试掘简报》，《考古》1996年7期；

b. 巩义市文物保护管理所：《巩义市瓦窑嘴遗址第三次发掘报告》，《中原文物》1997年1期；

c. 郑州市文物工作队等：《河南巩义市瓦窑嘴新石器时代遗址的发掘》，《考古》1999年11期。瓦窑嘴遗址虽经过三次发掘，但发掘资料迄今尚未进行统一的系统整理，公布的资料显得较为零乱。本文对瓦窑嘴裴李岗文化遗存的分析，主要依据后两篇较为正式的报告所公布的材料。

[25] a. 开封地区文管会等：《河南巩县铁生沟新石器早期遗址试掘简报》，《文物》1980年5期；

b. 中国社会科学院考古研究所河南一队：《1984年河南巩县考古调查与试掘》，《考古》1986年3期。

[26] 洛阳市第二文物工作队等：《洛阳市偃师县高崖遗址发掘报告》，《华夏考古》1996年4期。

[27] 开封地区文管会等：《河南密县马良沟遗址调查和试掘》，《考古》1981年3期。

[28] 河南省文物研究所等：《登封王城岗与阳城》，文物出版社，1992年。

[29] a. 中国社会科学院考古研究所河南一队：《河南临汝中山寨遗址试掘》，《考古》1986年7期；

b. 同注［21］。

[30] 同注［20］。

[31] 除贾湖、班村遗址^{14}C测年数据采自《舞阳贾湖》（河南省文物考古研究所，科学出版社，1999年）一书外，余皆采自《中国考古学中碳十四年代数据集（1965～1991）》（中国社会科学院考古研究所，文物出版社，1991年）。

[32] 同注［14］，516页。

[33] 仇士华等：《有关所谓“夏文化”的碳十四年代测定的初步报告》，《考古》1983年10期。

[34] 同注［20］。前三期虽然没有^{14}C测年数据，但依据前二期的^{14}C测年为距今5920年±185年、树轮校正距今约6580年±200年，将前三期的绝对年代估定为距今6800年左右，还是比较可信的。

[35] 该样品采自T102H18，据报告可知H18开口于耕土层下，打破第2层，时代似不早于裴李岗第四组。参阅《1979年裴李岗遗址发掘报告》，《考古学报》1984年1期。

[36] 赵清：《郑州宋庄出土的石磨盘》，《考古》1982年3期。

［37］ 国家文物局主编：《中国文物地图集 · 河南分册》，中国地图出版社，1991 年。以下未注明出处者均见此书，恕不另注。
［38］ 开封地区文物管理委员会：《河南开封地区新石器时代遗址调查简报》，《考古》1979 年 3 期。
［39］ 中国社科院考古所河南一队：《河南新郑唐户新石器时代遗址试掘简报》，《考古》1984 年 3 期。
［40］ 同注［38］。
［41］ 同注［38］。
［42］ 郑州市文物工作队：《河南登封县几处新石器时代遗址的调查》，《考古》1995 年 6 期。
［43］ 河南省文物研究所：《登封双庙新石器时代早期文化遗存的调查与试掘》，《华夏考古》1989 年 4 期。
［44］ 廖永民等：《河南巩县水地河新石器遗址调查》，《考古》1990 年 11 期。
［45］ 同注［38］。
［46］ 巩义市文管所：《巩义市坞罗河流域裴李岗文化遗存调查》，《中原文物》1992 年 4 期。
［47］ 河南省社科院河洛文化研究所等：《河南巩义市洛汭地带古代遗址调查》，《考古学集刊 · 9》，科学出版社，1995 年。
［48］ 同注［38］。
［49］ 赵世纲：《裴李岗文化的几个问题》，《史前研究》1985 年 2 期。
［50］ 方孝廉：《洛阳市一九八四年古文化遗址调查简报》，《中原文物》1987 年 3 期。
［51］ 赵春青：《郑洛地区新石器时代聚落的演变》，北京大学出版社，2001 年。
［52］ 河南省文物管理局等：《黄河小浪底水库文物考古报告集》，黄河水利出版社，1998 年。
［53］ 长葛县文化馆：《长葛县裴李岗文化遗址调查简报》，《中原文物》1982 年 1 期。
［54］ 临汝县汝瓷博物馆：《临汝县裴李岗文化遗址调查简报》，《中原文物》1985 年 4 期。
［55］ 中国社会科学院考古研究所河南一队：《河南许昌丁庄遗址试掘》，《考古》1986 年 3 期。
［56］ 朱帜：《许昌地区的新石器时代早期遗存》，《论仰韶文化》，《中原文物》1986 年特刊。
［57］ 同注［49］。
［58］ 杨育彬、袁广阔主编：《20 世纪河南考古发现与研究》，中州古籍出版社，1997 年。
［59］ 韩维龙、秦永军：《周口地区的裴李岗、仰韶和大汶口文化》，《论仰韶文化》，《中原文物》1986 年特刊。
［60］ 同注［56］。
［61］ 同注［58］。
［62］ 张居中：《试论河南省前仰韶时代文化》，《河南文物考古论集》，河南人民出版社，1996 年。
［63］ 同注［59］。
［64］ 同注［14］，529 页。
［65］ 同注［62］。
［66］ 同注［52］。
［67］ 樊温泉：《关家遗址发掘获重要成果》，《中国文物报》2000 年 2 月 13 日。
［68］ 河南省文物考古研究所等：《河南灵宝铸鼎塬及其周围考古调查报告》，《华夏考古》1999 年 3 期。
［69］ 河南省文物考古研究所：《黄河小浪底水库考古报告（一）》，中州古籍出版社，1999 年，4 ~ 94 页。
［70］ 同注［14］，529 页。
［71］ 同注［62］。

［72］ 孔昭宸等：《河南舞阳县贾湖遗址八千年前水稻遗存的发现及其在环境考古学上的意义》，《考古》1996年12期。
［73］ 同注［24］b。
［74］ 郑乃武：《略论裴李岗文化类型与仰韶文化的关系》，《中国考古学研究》，文物出版社，1986年。
［75］ 同注［14］。
［76］ 二者共出的情况仅见于裴李岗M1、M38，沙窝李M3，水泉M60、M110这5座墓葬。见注［11］a和c、注［16］a、注［13］b。
［77］ 同注［14］。
［78］ 我们统计贾湖遗址随葬有石器的墓葬总数时，凡是仅出石弹丸、石球、砺石、刮削器者均未作统计。此外统计随葬有石器的多人二次合葬的性别时，若是出有石磨盘、石磨棒的墓葬，不论其男女比例如何，均按女性统计；若是出有石斧、石铲、石锛、石凿、石镰、石钻的墓葬，也不论男女比例如何，则均按男性统计。

Preliminary Discussion on Types and Periods of Peiligang Culture

Jin Song'an
(Archaeology Department, School History of Zhengzhou University, Zhengzhou)

Peiligang Culture in the Mid-Neolithic distributes in the He-Luo Area. Based on the materials of the 6 typical sites in the Central Plains, it's divided into 3 periods, 6 phases by means of stratigraphy and typology, which basically represent the newly found various stages of development. The absolute chronology should be 8500 – 7000 BP after analyzing the ^{14}C-datings of different sites published before. And the culture can be separated into 4 types according to the appearances of diverse regional cultures, they're types of Peiligang, Jiahu, Huawo and Bancun.

中华文明超五千年论

徐　基

（山东大学考古系，济南）

中华文明因素何时产生？中华文明是何时出现的？文明进程又是怎样的？这是国民关心的根本性大事，却又是学术界长期争鸣而至今未能达成共识的老问题了。新世纪初，国家下大力气组织各方专家攻关，取得了《夏商周断代工程》的阶段性成果，随后启动的《文明探源工程》也已进入第二阶段，并取得喜人成果（如提出、并有望确认中原龙山文化晚期即为早夏文化等）。我相信，夏商周三代断代也好，文明探源也好，有考古工作者的不断进取，有多学科协作攻关，用不了几年它就会向世人郑重宣告：中华文明史是超五千年的！

关于中华文明起源问题，考古学界于20世纪后20年和21世纪初有过两次大讨论[1]。我的认识是，在文明社会形成即为阶级对立产生、国家诞生的大前提下，当前，我们不必细抠概念，非得为早期文明统一出一个四海皆准的几大要素，为各大洲、大小国家的文明立几杆标尺。因为世界之大，各国（部族、地区）自然环境不同、文化传统各异，它们的文明进程是很复杂的，难有为各国（地区）都适合的、同一的标准。在这种情况下，讨论中国文明社会之初始期，一个行之有效的办法，就是针对我国相对独立的自然地理环境和历史形成过程中前后承接、绵延发展的特点，以大家认知的、已经具备较高国家形态的商王朝为讨论的基点，为立论的支撑点，找出商代社会的国家特点、文明元素，向前寻绎推导，研究比较，用已知求未知的方法，必获正果。用著名人类学、考古学家李济先生的话说，就是利用殷墟的发现，“把历史和史前史联系起来”研究。他在城子崖遗址发掘后也曾指出：“（龙山）黑陶文化研究，……是由史前到历史期间最扼要的一道桥梁。”[2]再者，认真考察那几个已为权威专家推崇的地区（古国）文明产生在何时？它们的生存环境、生产力状况乃至聚落形态又是怎样的？相同时间段，经济类型大体相同的、上古时代的中华大地又处在怎样的社会背景下？二者也是可以比较借鉴的。换句话说，我们从比较中认知，运用由甲及乙再及丙的间接推理法，也不失为一种可行的研究途径。本文重点在前一个，即用考古资料，从商代文明出发，考察我国早期文明的形成过程和特点，对于后者拟列简表比较。

对于商代社会的国家特征，已有学者做过论述[3]。这里还要强调以下几点，即除了商王朝有完备的国家机器、都城、宫殿、金属冶铸、甲骨金文和贫富分化外，从整个社会形态和社会结构复杂化方面看，商王朝有稳定的“都—邑—聚”多层次的聚落结构。近20年来，考古新发现了十来座方国城，甲骨卜辞更记录方国、侯、伯等304个与国、封国（已查知）[4]。这情形与《古尚书·汤誓》中，商初“三千诸侯大会”，和《逸周书·世俘解》中，（商末）“武王……憝国九十有九……凡服国六百五十有二”的记载，诸侯林立的局面，也算是大体同义了。也就是说，有商一代，商王朝是一个拥有众多与国、方、邦和封国的大帝国。从上层建筑领域考察，突出表现在贫富分化基础上形成的贵族—平民—奴隶阶级对立，及其维护统治秩序的等级制度——礼乐制；商代的宗教迷信无处不在，社会上存在着大大小小的贞（巫）人集团，他们参与政事、左右政局，构成商王朝统治集团的重要一翼，而商王又是最大的巫。而分门别类的、技艺高超的青铜冶铸、攻玉和高级制陶工艺及其产品，自然为上层贵族掌控，并用之于礼乐活动和娱乐消遣。以上所举，相关的古文献多有记述。

大家知道，正是因为商代社会生产力发展，奴隶制经济繁荣，才为上述几方面文明元素的发展和完善，提供了物质基础。在此我们要强调，商殷社会已经不是通常所说的奴隶社会初级阶段，而是高度发达的奴隶社会。而在此之前必有一个漫长的生长过程。我们以为，从目前考古发现的物质遗存，能够大体观察出古代社会文明因素的发生及其发展概况。

下面即从上述几个方面，依照考古学发现的文化时间序列逐步考察“史前社会”的文明进程及社会形态，重点自然放在考古学上的龙山时代，即历史学家常说的“原始社会晚期”——如今我们要重新考量它的社会性质了。

我们先就近看一下与夏王朝大致同时期的二里头文化。从地层学上看，它刚好早于以二里冈下层文化——偃师商城为代表的早商文化。半个多世纪前，因为夏代没有发现“乌龟壳”（甲骨文，引自毛泽东1965年春对毛远新的谈话——本人在参加北京顺义“四清”运动时，一次大会传达了这个讲话），也没有发现城址这两个文明“要素”，而为一些学者划入“史前社会”。但自1959年秋季以来，考古学家在偃师二里头遗址苦苦追索，于发现规模宏大的宫殿址、高规格的墓葬、龙纹陶器（片）、青铜礼器、玉器之外，又相继发现了夯土城垣和双轮车辙，彻底破解了使人们大惑不解近半个世纪的夏代尚无城防的悬念。不仅如此，近年继登封古阳城之大城（很可能即为传说中的“禹都阳城”——早夏之都）、新密新砦古城和晋南东下冯环壕发现后，郑州附近又发现大师姑、古城寨两座古城。而后者可能是与汤灭之“葛伯”同级别的、夏的附庸韦、顾二国的都城。孟子在记述商汤伐桀的历程时说，“韦、顾既伐，昆吾夏桀”。如此，考古发现不但证实了夏时期是“执玉帛者万国”、城邦林立的时代——佟柱臣先生称之为“王国文明”[5]，也证实《史记·夏本纪》确为信史。至此，考古学确认战国时期的阳城为传说中的早夏之都“阳城”，二里头城址为晚夏都城——“斟鄩”，也只有一步之遥了。这里人们苛求的，还是夏代的文字记述。其实，早在20世纪60年代，就已在二里头发现24种（今知为40种）陶器刻划字符，最近有人识出其中的13种为夏朝文字[6]。顺便说及，在殷墟发现的陶器上刻写、墨书文字的多达百余件。看来，类似商代甲骨文的夏代文书及其载体的发现，只是迟早的事情了。为此，我们坚信，不是夏朝无“文书”，而是机缘未尽，工作尚未到位。总之，有夏一代，起始于考古学上的龙山时代末期，是中国历史上早于商代、并为后期史家言之凿凿、世系清楚、实行中央集权的奴隶制王国朝代。

文章至此，也附带说一句，夏时期的海岱地区，在城子崖、丁公、桐林等遗址，也相继发现了超10万平方米的夯土城垣；从滨海的胶东到内地的豫东，已发现青铜器地点 6 处。由之可知，夏时期的东夷人也创造了青铜文化（岳石文化）和城市（邦）文明。

在我国，从考古学的角度，可以收集、观察到龙山时代诸文化关乎文明进程方面的重要材料和信息，与之相关的文献记载，也给出了极有参考价值的启示。

龙山时代，亦称铜石并用时代，时间大体指距今五千二三百年（一说 5600 年）至四千一百年间，与我国历史上的“五帝时期”大体相当。这首先得到考古地层学的支持。如在中原地区，商文化—（夏）二里头文化—龙山·仰韶晚期（五帝时期）文化层位（堆积）是依次叠压的。龙山时代的考古学文化，包括仰韶文化晚期—中原龙山文化、（黄河中上游的）马家窑—齐家文化、（河套地带的）白泥窑子—老虎山文化、（长江上游的）宝墩文化、（长江中游的）屈家岭文化—石家河文化、（长江下游的）良渚文化、薛家岗晚期、珠江流域的石峡文化、大汶口晚期—龙山文化，西辽河流域的红山晚期诸文化，以及完达山麓的新开流文化等。除上述珠江流域和完达山脉外，这正是传说中“五帝”的活动范围。纵观上述地区诸文化，自然地理条件与主要经济类型不同，文化面貌差异亦大，但它们却有许多相似或相同的文化因素，为此也构成了共同的时代特征，而其中许多文化因素与后来的夏商周三代文明有着共通之处。如在中原龙山文化（含早夏文化段），与二里头文化和先商、早商文化中，就可以看出这种传承与演化关系[7]。这，又是从考古类型学（器物形态学）具体的观察、比较中得出的结论，自然有助于我们就此考察它们与三代文明的关系及其社会属性。

今从 6 个方面择要言之。

1. 城壕

城市向被看做文明诸元素之首要，不论古代还是近现代城市都是一个地区政治、经济、文化中心，基本上反映着一个时代的生产、生活及其管理的最高水平，这里就先从城市说起。目前已发现龙山时代大小城池 60 余座，燕山山脉一线多垒石块为城，黄河中下游用夹板夯土城，长江流域多堆土筑城。这些城址规模大小、出现和延续使用时间多有不同，但它们出现的动因、功能却是一致的，那就是“筑城以卫君”。果然在这些城内的高爽地带发现了宫殿基址，有的可复原为长达 60 多米的廊庑建筑（密县古城寨），有的为土坯连间式建筑并于城门特设警卫室（淮阳平粮台），还有祭坛（杭州良渚古城）和观象台（陶寺古城），等等。很显然，这些大场面的建筑群址，与同期伴存的小房址比，只能是统治者的殿堂、衙署、宗庙和祭坛了。

就目前所知，较早的龙山城为仰韶晚期的郑州西山城、大汶口晚期的丹徒城（面积分别超 3 万、8 万平方米，均距今 5300 年左右）；规模最大的城为湖北石家河、浙江良渚和山西陶寺城，面积均超百万平方米。稍晚些的古城址，河南有 10 座，山东有 14 座，面积多在 5 ~ 20 万平方米。这里值得我们注意的有两点：第一，这些城址的周围集聚着一群群大小不等的聚落，而城是所在地区最大的聚居地。如著名的城子崖城，周围分布着 40 多个村落；良渚莫角山城外有 60 多个村落。从宏观考察，各遗址群内聚落的大小及其内涵并不相同，但大都具备类似三代社会“都、邑、聚”金字塔式的三、四级聚落形态或社会结构。现在看，《史记》卷一所记，“（舜）一年所居成聚，二年成邑，三年成都”，虽有些夸张，总还是有根据的。第二，上述城址，间隔距离大多在百八十里之内。如山东北半部的几座龙山城，西起阳谷景阳冈，迤逦而东，有聊城校场铺—章丘城子崖—邹平丁公—临淄桐林—潍坊边线王等古城址，其与古书记载中三代时期的方国间距大体相符。如《墨子·非运篇》云：“古有汤封于亳，绝长继短，地方百里”；孟子亦云：“以德行仁者王，王不待大，汤以七十里，文王以百里”，又曰：“天子之制，地方千里，公侯皆方百里，伯七十里，子、男五十里，凡四等。”（《万章·章句下》）有些城址或中心性遗址特大，规格特高（如山东的大汶口、豫西铸鼎原、陕西杨官寨、湖北石家河、晋南陶寺等遗址），占地面积多在40至百多万平方米，则可能与多个城邦小国联合结盟的宗主国“都会”有关了。

2. 军队与刑律

龙山时代的军队与刑律，当前尚缺乏直接资料。但从大汶口—龙山文化、良渚文化等的大中型墓葬中，超常量的随葬品里少则一两件、多则几十件穿孔大石钺（斧）等推测，墓主人生前为军职人员。其中大者为军事统帅、元首（如良渚的汇观山M4随葬石、玉钺49件，陶寺M3015随葬石镞110枚），小者为族兵头目，则是大家一致的看法；而于废弃的窖穴或墓穴中见到的无尸头颅、无头尸骨，于城墙或房基中掩埋的尸骨看，可能都与触犯刑律的罪犯或战俘、奴隶有关。据《史记》载：“象以典刑，流宥五刑，……怙终贼刑，惟之静哉”，则至少说明尧舜时代（龙山晚期）代表贵族统治者利益的根本大法已经具备。

3. 铜器冶铸

各地发现的青铜小刀（马家窑文化）、镜（齐家文化），黄铜三棱锥（大汶口晚期），容器青铜鬶（片，中原龙山），铜铃（陶寺）和铜环（准格尔旗二里半M1），以及多处发现的铜炼渣、坩埚等，则宣告龙山时代的冶铜业已经起步了。

4. 文字

龙山时代的文字符号，线索已有许多。良渚文化、大汶口—龙山文化、中原龙山和陶寺文化等都发现了或刻或写在陶器（片）上的文字。如早已为大家熟知的山东丁公的5行11字陶书，已连字成篇；而陶寺的墨书“文尭”二字，结体特像商代甲骨文的写法，有学者认为是对“尧帝”文治武功的溢美词。大学者、古文字学家郭沫若先生曾经断言：中国文字“到了甲骨文时代，毫无疑问是经过了至少两三千年的发展的”[8]。据此推测，上述一系列发现中，有更为原始的文字当无大争议了。考古发现的古文字资料，有学者视之为研究历史的“第三重证据”，这无疑是对的[9]。问题是，欲破译、释读不同系统的史前文字，我们真的是任重道远，对今人而言，是远水不解近渴啊！

5. 严格的等级制和为之服务的礼制

在一座座公墓地内，贫富分区，墓葬形制、规格大小以及随葬品中成套礼器的种类、数量、质量差异都很大，是最能反映墓主人生前家族贫富和个人身份低贱与高贵的。

我国素以礼仪之邦著称于世，可见礼节仪态是中华文明的突出内容和一大特色，自然成为我们打通中华早期文明社会的必由之路。关于龙山时代的“礼制”，我们要多说几句。

在考察龙山时代的丧葬习俗前，让我们先看一下，相关的古文献对反映贫富分化、阶级分化及为之服务的礼制规定情况。我们知道，礼是在私有制形成过程中或在其基础上形成的，一种集中体现贵贱和宗法等级观念的载体。它成为约束行为规范的礼仪定式，就是为调节统治阶级内部权力和财产分配、区别等级、维护社会秩序服务的。礼制包括身份等级、权限义务、名分、礼仪、行为姿态和相关器物（礼器）的种类、规格、数量等多种维护统治阶级利益的规则。先秦时期，有文可查、有章可循的礼仪记载，主要见于“三礼”，也散见于《孟子》、《荀子》等古文献中。大家熟知的西周棺椁制度，见于《庄子·杂篇》的条文为：“天子棺椁七重，诸侯五重，大夫三重，士再重”；用鼎之制见于《公羊传》（何休注）：“天子九鼎，卿七鼎，大夫五鼎，士三鼎或一鼎”，其中棺椁三、用鼎五（以上）者，当为孔子重视的“大葬”了《论语·子罕篇》；我国向有崇玉、礼玉习俗，《礼记·玉藻》篇云：“君子贵玉而贱碈”，“君子无故，玉不去身”，等等。以上三大项均为周代考古发现所证实，而周礼是“因于殷礼”、“夏礼”的。但早于三代的礼制内容，尤其是相关的文字记述，当前是不得而知了。值得我们重视和高兴的是，“地不爱宝”，她把与原主人身份地位相关的器物（遗存），陆续奉还给他们的后裔子孙。而这些器物的形貌、质量、出土环境（位置），能为我们比较具体地指点迷津，以探索和认识中华早期文明的真谛。下面依据“器以藏礼”（《左传·成公二年》）、“名位不同，礼亦异数”（《左传·庄公十八年》）和孔子说“惟器与名，不可以假人”的原则，谈以下几点。

（1）与生活资料占有制和贫富分化，乃至身份等级、阶级构成相关者

仰韶时代前期（距今6000年左右），一般而言，各地遗存反映的聚落规模尚小，墓葬形制简约，随葬品少且多为日常生活、生产用品，可能当时尚处在相对平等的原始共产阶段。但此期已出现中心性大聚落和城壕，个别墓葬已显富有，随葬品多达四五十件（如大汶口M1018），说明社会开始分层，而少数人对财富的聚敛已在行动，私有制在萌生孕育之中。到中期（距今5700年左右），带壕沟的中心性大聚落（遗址）和成片（组）大型墓（墓区）出现了，墓葬形制复杂化，随葬品多寡分化趋于明显，反映出社会上出现了有剥削行为的富有家族，贫富分化加剧了。如大汶口墓地有一组4座墓葬，随葬品多者超百件（M2005）；新沂花厅一组大墓10座，分别随葬陶器20～89件，其中更有8座墓共殉葬18人[10]；湖南大溪文化二期至屈家岭早期的划城岗大墓一组三座，分别随葬陶器77、50、65件，出朱绘石钺2件[11]。在仰韶文化中也出现了相比邻的、带脚坑的大型墓葬（西坡M27、M29）[12]，而同期的大量小墓坑却仅能容身，大多无随葬品。由此可见，到仰韶时代中晚期，原来属于公共财产的资料和集体（他人）创造的财富，已向少数家族转移，贫富分化、社会结构复杂化已成时代趋势，以富有大家庭为代表的私有制，向朴素的原始公有制发起了猛烈冲击。由此推测，我们的祖先即

将走过“野蛮”阶段，开始向“文明”社会过渡，或行将跨过“文明”社会的门槛了。

目前最能反映龙山社会成员身份级差、阶级分化的，莫过于鲁东南的莒县凌阳河与晋南陶寺文化古城的早、晚两处大型墓地。

较早的凌阳河墓地属大汶口文化晚期（距今约5200年），已发现的60多座墓，分为大、中、小三型，分处四区（组），大、中型的均在北区，小型墓则在中南区。大型墓使用木椁，如79M6面积超17平方米，随葬各类陶器、石璧、骨琮和石钺共206件，内中仅酒器高柄杯即有93件，象征财富的猪下颌骨21个，均大大超出了个人乃至家庭正常使用数量；而小型墓仅一二平方米，无棺，或有陶器数件。同时期的鲁北广饶付家遗址，201座墓中竟有2／3无随葬品[13]。很显然，龙山社会早期，贫富分化已是普遍的社会现象，而平民和赤贫者奴隶是社会的大多数。

晚者如陶寺墓地（距今约4400年），已发现1000多座排列齐整、成排、成组（片）的墓葬，也可分大、中、小三型（分别占总墓数1%强、11%强和88%）。墓圹大小，依次为3米×2.5米、2.2米×1.5米、2米×0.6米。大中型墓有木棺，小者无棺。大型墓常有随葬品一二百件，除一般陶器外，更有朱绘龙纹盘、扁壶、陶鼓、鼍鼓和玉钺、琮、瑗等为后世称为重器的礼乐器者。中型墓最多十余件，多为玉器，位居大墓旁侧的当属大墓主人的家属或妻妾。小型墓绝大多数无随葬品，或仅有一陶罐，一骨簪。

上述两个大墓地，分属于龙山时代一早一晚两个社会发展阶段。这种墓葬分级反映的贫富分化、对立的现象，几乎遍见于各地的考古发现——从这里我们理解了恩格斯“文明社会的基础是一个阶级对另一个阶级的剥削”的论断[14]。有学者将山东已知的龙山文化墓葬分为六级、七级（类）；又有人把已发现的1500个龙山遗址分为大小不同的四到六等。二者并非巧合，可以这样说，这种金字塔式的社会结构，从内涵到形式，从地下到人间都是一致的。处在塔顶的墓主人身份，是社会最高首脑（国王）级人物和宗教领袖，他们拥有至高无上的权力和最多的财富；处在中间位置的是追随他们的臣僚和贵族是少数；最底层的只能是氏族中的平民大众和失去人身自由的奴隶，却是社会上的大多数。

（2）与政治权力、行政管理机关和最高行政首脑、精神领袖相关者

仰韶晚期开始的龙山时代，除城址内有宫殿与宗教大型建筑遗迹外，更有集庙、坛、冢三位一体的祖先与神灵拜祭圣地的刻意规划（辽西凌源牛河梁遗迹群）；良渚文化瑶山、反山，含山凌家滩，屈家岭城头山的高台式或金字塔形祭坛（如寺墩遗迹，直径100多米，高达20米）及其上的大型墓葬（王陵）的有序排列，集中反映了凌驾于公社部落之上、行施最高统治权的王者和宗教主的神圣不可侵犯。而凌家滩87 M4、07 M23分别以巨型石钺、玉猪镇墓（M23随葬玉器200余件），山东临朐带有一棺、两椁、边箱、足箱，并随葬50多件成套陶礼器和石钺的大墓，自应是龙山时代晚期、王气十足的大贵族统治者的墓穴。类似的良渚反山祭坛上的两座棺椁大墓（M12、M22），即被认为是葬于王陵的国王与王后[15]。此种墓制也开创了后世棺椁制度的先河。这里值得注意的是，寺墩、反山、瑶山等祭坛大墓除随葬陶器外，又采用“玉殓葬”形式，随葬各式玉器多达数百件。其中用玉冠饰、玉琮、玉璧等各十数件（组）覆尸，为我

国古代“崇玉”之最。尤其是伴出多件大玉、石钺者，不会是单一职务的宗教大巫，而应该是集政、教于一身的国家元首——传说颛顼即是“绝地天通”的大帝，三代时期的商纣王也常常自行占卜，周文王更亲引八卦而演《周易》，他们都是集政、教大权于一身的例证。由此我认为，政教合一是中华早期文明的一大特点。

（3）与礼仪制度化直接相关的陶、玉石、木质礼器

龙山时代成套陶、玉石礼器的普遍出现，是礼仪制度化的物象表现并开启了三代文物制度的先河。如良渚文化中的刻纹陶鼎、豆、壶、罐，玉琮、璧、钺和冠饰；红山文化中的筒形器座、镂孔塔形器，玉人、玉龙、玉勾云形佩等；陶寺文化中的彩绘木容器，陶尊、龙盘、扁壶与鼓等组合。特别值得一提的是，湖北屈家岭文化城头山M425近百件随葬品中，有同形的陶壶23件、豆24件、小鼎和罐各15件、器盖14件；划城岗遗址西头并列3墓，M63有陶鼎、簋、杯、甑各8件，M88也随葬陶鼎、簋、杯、壶各8件[16]；山东龙山文化朱封3座大墓，随葬陶鼎、鬶、罐、尊、罍和蛋壳陶杯等多以奇数出现；桐林龙山城祭坑（H5）内有列甗、列盆各3件，大中小均有，（盆形）鼎一式7件，鬶一式4件。似此种大小成列，数目相等、相近或递减的器物排列形式，反映的只能是阶级社会才有的、彰显等级差别的礼器组合定式，而且是在高级贵族阶层中；中、小贵族墓中虽出，但多不成系列，质量和数量也相差甚远。“名位不同，礼亦异数”，说的正是这种阶级、阶层间的差别。此类礼器不见于平民小墓，是所谓“礼不下庶人”了；而像良渚、红山文化的大中型墓竟以玉覆尸，或出成套玉器、玉饰件，说明当时已有较完备的用玉礼俗，这又是三代时期“君子必佩玉”的礼玉制度（习尚）的滥觞了。

6. 手工业

专业手工业门类众多，分工极细，门门不乏顶尖作品。龙山时代的工业产品及其制作技艺，有许多已达到手工做器的最高水平，而有些物件实为宫廷、职官控制的礼制用品，与使用者身份等级、权力和神灵信仰密切相关。如著名的凌家滩精雕玉人、八角纹玉版和环形玉龙，良渚文化刻有神徽的玉钺、玉琮、玉冠饰，大汶口—龙山文化的嵌玉骨琮、神徽玉锛和蛋壳陶器，红山文化的女神像、勾云形玉佩和塔形镂孔祭器，甘肃大地湾仰韶晚期的一组异型陶器，等等，都是高级贵族专用的礼器或神器。各地出土的小件玉、骨、牙、蚌质璜、环、管、珠、坠等装饰品构成的组佩饰，也大多制作精美，无不反映出当时既有较系统的管理，协作，又有掌握传统技艺的工匠。这正是马克思讲的，“简单的协作也能产生出伟大的结果”[17]。对此，古文献也捕捉到许多这个时代的史影。如黄帝“采首山之铜”铸鼎，“蚩尤受卢山之金而作王兵”，说嫘祖养蚕制丝，舜“陶河滨，作什器于寿丘”，仪狄作酒；又有，尧舜时期出现“北用禺氏之玉，南贵江海之珠”的南北贸易局面（《管子·楔度》）。似这样的传说，如有考古材料佐证，不会全是捕风捉影的无稽之谈。譬如铜器，作为新材料被开发使用，只有龙山时代几百年的实践经验积累，才能取得三代青铜文化的辉煌。而冶铜业的出现，也着实推动了这个时代的工业革命。值得提及的还有湖北石家河文化，一次出土数以百千计的陶塑动物，个个或憨态可掬，或惟妙惟肖，显然属于商品化的游戏娱乐

"玩偶"了。

这里要特别提出的是，陶寺遗址发现了与多个方、邦古国联盟相关的人员辐辏与文物聚集的资料。关于早期社会的人群流动，文化播迁，是个很复杂的社会现象和研究课题。值得关注的是，纪元前第四个千年后段，气候温润、物产丰美，古代社会经过近1000来年的交往联络，相关文化共同体之间已有些直接或间接的了解，交往方式自然是不同的。当争夺财富、掠夺人口为奴的贪欲成为社会发展的主动力的时候，社会便达到了野蛮的顶级阶段，而向文明社会急速过渡、跃进。社会动荡不安，上下行为无序，制衡社会的王权与国家便呼之欲出，应运而生了。这大约就是从伟大的"黄帝"时代开始的。他先率部战胜炎帝，后与炎帝部联合打败蚩尤，并扶持少皞清统治东方[18]。因此，我以为传说中的炎帝、黄帝、西陵、蜀山、蚩尤、少昊和太昊、共工、风伯、应龙和魃等，都是当时著名的、有影响力的城邦小国（国族）或国君及其代言人；黄帝历经"凡五十二战而天下咸服"，成为诸国联盟名副其实的王中之"帝"。从此，"天下有不顺者，黄帝从而征之"。当国家出现，尤其是从"黄帝"开始当上各个方、邦古国联盟的元首以后，各地、各国间的人际往来（包括战争）、贸易交换便趋于频繁，文化的交流传播与渗透也在潜移默化中进行着。而对于强者、王者的朝觐、献纳，国与国间求断诉讼、决狱的行为，自然也是顺理成章的。这，大约便是我们在陶寺古城内看到的迹象（遗迹）了。据权威报道，陶寺古城发现了来自江淮屈家岭—石家河文化、良渚、薛家岗文化，内蒙古小河沿，甘青齐家文化，大汶口—龙山文化的陶器和玉石器（其中见大汶口文化陶器10多种）[19]。我们不禁要问，在距今四千三、四百年前，是在什么样的社会背景下，谁有这种需求，有这种能力、权力和威望，能够使远在江淮、海东、燕山南北和黄土高原的、属于不同文化共同体的部落和国家的"使者"及其文物精华集合到汾河湾来呢？陶唐氏！只有陶唐氏——国家的元首"尧帝"执掌两大河流域诸国联盟之牛耳时才能做到。当时当地没有血腥的屠杀和横蛮的掠夺，只有各古国方、邦元首或其使臣，率团晋见结盟国大元首尧帝时进献的方（礼）物，当然，也会有他们随身使用的器物。陶寺国王级别的大型墓葬里出现了颇有王者气度的斧钺、鼍鼓、琮璧和龙纹盘；都城内有宏伟建筑基址和观象台。试想，浩大高耸的城墙有了，繁琐而严格的等级限制起作用了，铜器（铃）有了，类似甲骨文的文字也出现了，那么，明确"尧帝"的宫殿、"设官分职"的署衙和成篇的文书出露并为之定性，离我们还会很远吗？

由考古发现的众多城址联系到墓葬资料反映的贫富分化、等级分层，该如何解读这些现象以正确认识龙山时代的社会性质呢？我们以为，我国的古文献和传说给出了破解这些现象的最有价值的启示。从文献记载看，黄帝时代战争频仍，各城邦小国或部落间冲突不断升级，纯安全、防御性的城壕，已经升级为维护最高统治集团利益安全和城市或都城的象征。这就是古书所云"筑城以卫君"的本意所在，而"这个时代便是文明时代的初期"[20]。不然，很难设想，在诸侯相侵伐、暴虐百姓的时代，在黄帝"凡五十二战而天下咸服"的严酷时期，"列城林立"、"万国"竞争之际，中华大地还是原始的、部落冲突式的军事民主时期！战争一度从中原（"炎黄"板泉之战）打到山东，再战到河北（黄帝蚩尤涿鹿之战）；征伐三苗的战争更是历经尧、舜、禹几"代"、上百或数百年，由黄河边一直打到长江中游地区，这些会发生在原始部落或部落联盟时期，是不可想象的。它只能是若干个方、邦多国的联合对顽敌“数为乱”（《史记·五帝本纪》）的长期战争。“新的稳固的城市周围都围以高峻的墙壁，它们的广阔的壕沟成为氏族制度的坟墓，而它们的尖塔已经耸入文明了。”在此，恩格斯的这段名言值得再深思！面对着丰富的、重磅级的考古新材料，我们该重新考量五帝时期，即龙山时代的社会性质与文明高度了！

总之，我们认为从黄帝到尧、舜、禹的五帝时期，已不是所谓的原始社会末期或军事民主的部落联盟阶段，而是许多个方、邦的古国为利益驱使相互结盟的“联合国时代”了。传说中的黄帝、颛顼、帝喾、尧、舜、禹夏便是这个长达千余年的绵长时代中涌现出的最著名的盟主和领袖——帝（“帝族”）。这里我们理解的“黄帝”等是一个个强大的国族或族系（传“黄帝传十世”），只不过黄帝的盟主地位是打出来的；尧、舜、禹主要是延续了黄帝、颛顼等的事业与职能，或因治水、决讼狱等办事能力，或因仁德、孝行服众，被推选出来的；夏商周三代鼎革更替相继，则是通过“革命”方式完成的。所以，孟子说“唐虞禅、禹夏殷周继”。准此，五帝时代可分前后两大期。前期以黄帝（族系）为代表，需武力“统一”，联合各方、邦或部落，树立威信，属中华早期文明时代前期。一代宗师苏秉琦先生称之为“古国时代”[21]。究其实，从多处人工以土堆筑的高大王陵—祭坛和城堡林立的形势看，这与埃及古王朝众多的小国“塞普”(40 个)、金字塔式王陵和西亚的奴隶制城邦[22]，从内涵到形式，是大同小异的，时代大体相当，国体及其内部运行机制也应一致。后期以尧舜禹为代表，在我国两大河流域已经大体相安有序的各方、邦古国间，宗主国元首以推选盟主并考察接班人的方式，让贤退位，是谓禅让。这应该是我国早期文明社会的一段真实历史，自然会成为日后臣僚百姓世代相传的美好回忆和理想的“和谐社会”。苏秉琦先生称之为“方国时代”，我们信从之。至于国家的性质，各方、邦小国是相对独立、自治的政治实体；结成联盟后，共推一盟主——帝，构成幅员广阔的、相属松散的共主政体，方、邦之于盟主，尚无后世的君臣、贡纳名分。

综上，我国上古时期的五帝时期大体相当于考古学上的龙山时代，“筑城以卫君，造郭以守民”（徐坚：《初学记》引《吴越春秋》），首先是保卫国君及其贵族臣僚，其次是安排平民百姓于宫城之外、郭城以内安家、守城。君与臣，臣与民，贵族与平民及其与奴隶的关系，在龙山时代已然很清楚了。

细心的读者，大约能从本文以上的叙述中看出，被视为社会文明的诸多重要元素，如城壕、铜器冶炼、行业分工、阶级对立、礼仪制度，宫殿署衙、宗庙祭坛和文字，以及整体社会分层，等等，在一地区或一个考古学文化（系列）中，已赫然凸显。这就是说，我们要探索的中华早期文明社会，再也不必像十几二十年前那样，从若干个文化，不同地区的遗址中搜寻、凑集文明元素了。即我们使用的研究材料，大体上可以不再是“散在的、不系统的”了，其说服力、公信度是昭昭然的！

最后，为便于大家进一步了解和判别中华早期文明诸元素及其社会属性，我们将之与“世界公认”的三大文明地区（国）的文明元素择要列表比照于下。

中华早期文明与北非、西亚、南亚地区古文明元素之比照简表[23]

距今年代（约）		6000 年前	5600～5100 年	5100～4100 年	4100～3600 年	3600～3050 年
地区或国家/考古学文化	尼罗河流域（埃及）	先王朝时代上埃及之拜达里、下埃及之麦里姆文化等	上埃及之格尔赛文化，下埃及之马阿特文化等	早王朝（上、下埃及统一）古王国—金字塔时代	中王国时代	新王国时代
		农业经济（麦）、细石器、红褐陶、小铜件	细石器、石容器、彩陶、小铜工具、城（小国“塞普”40 个）	锻造、冶炼红铜器、细石器、石容器；城、金字塔，象形文字	开始冶炼青铜器、金字塔衰，岩窟王陵兴	城堡遍地的帝国时代、青铜器普及
	两河流域（西亚）	北部哈拉夫文化 南部欧贝德文化	乌鲁克文化	那色文化，苏美尔文明。特洛伊城早期（1～5 层）	乌尔第一、二王朝，巴比伦第一王朝统一，特洛伊城中晚期	巴比伦第二、三王朝，亚述帝国，特洛伊城（7A 层），含特洛伊战争时期
		农业（麦）、城、神殿、磨制石器、小铜件、彩陶、文字、印章	轮制陶器、铜武器、向城市发展、文字	青铜早期、城市渐次繁荣、文书、印章	城邦林立、王陵、奴隶制、文书库、法典	城、神殿、宫殿
	印度河流域（阿富汗东南部、印度）	新石器文化第一期——无陶农业文化	新石器文化第二期出现陶器	新石器第三至五期、古利文化，后为哈拉巴文化—印度河文明	印度河文明第二期，巴纳斯文化	后哈拉巴文化（“黑暗时代”），窖藏铜器文化、甘达拉墓葬文化
		农业（麦、稻）	继而出轮制红地黑彩陶器	灌溉农业、彩陶发达、后期出现城，小件青铜器，印章	卫城、船坞（?）红铜工具、青铜剑	青铜时代，但多纯铜器，少量青铜器
	长江—黄河流域—燕山南北（中国）	仰韶文化前期 大汶口文化早期 大溪文化早期等	龙山时代（传说之五帝时代）前段、仰韶晚期、大汶口中晚期、良渚文化早期等	龙山时代（五帝时代）后段。仰韶晚期—中原龙山，红山、良渚晚期、陶寺文化等	夏王朝——统一的（中原）集权王朝出现，方、邦，及九夷、蛮等，青铜时代始	商王朝——扩大的（中原）中央集权王朝，方、邦、侯、伯，方国众多，繁荣的青铜文化
		农业（粟、稻田）磨制石器、慢轮制陶、城、壕、祭坛、小件铜制品、龟甲刻文	快轮制陶、小件铜器、城、祭坛、玉、陶礼器、字符，贫富分化、家族出现	青铜容器、铜铃、墨书文字、陶书，“万国和”一方、邦联盟。“古国时代”	二里头文化及东下冯诸类型，岳石文化早期、马桥文化等之“方国时代，”城、陶文	商文化及台西、盘龙城诸类型，（海岱）岳石文化中晚期，（燕辽）夏家店下层文化中晚期等

在阅读、查看此表时，尚有三点思考和说明：①要知道我国的考古事业比其他三地晚起步 50～100 年。因为晚起，有些事关社会早期文明的材料尚未出露，或尚未被认识。比如城址和礼制方面的资料，只是近 20 年来才陆续发现和渐次丰富起来的；又比如丁公陶书、良渚陶文等，我们尚无能力释读，而史前文书，甚至包括商朝的“正规”记

事文书及其书写材料我们尚未发现，这都是有待时日和幸运之神惠顾的。②表中四地区均为早期农业发生和发达地带，但自然地理不同，经济发展不平衡，文化交往与影响有先后，文明因素出现或有早晚。但可以看出，它们的文明进程，阶段性大体是同步的。准此，我们现在还没有理由怀疑，中华文明五千年的“传统”提法，更无需谦虚地退出“四大文明古国”的行列。与之相反，应该响亮而郑重地申明：中华文明超五千年！“中国是世界四大文明古国之一”![24]③有表内三地区古文明进程为参照，必须正视和思索有关五帝时代这段历史和传说了。大家都认同“传说是历史的影子”，都知道中国历史有绵延不断发展的特点，而且又都清楚中华文明不会是从商代或夏代才起步的。那么，类别众多的“史前”考古资料，尤其是以城址为龙头的“都、邑、聚”三级社会分层的聚落结构形成，遍地开花式的铜器地点，工业专门化，以及反映贫富分化和阶级对立的礼仪制度等材料，该如何解释？我的看法是：把传说时代的记载看做是上述出土资料的催生剂。只有这样才能复活这些被圈入“史前社会”的实（死）物，为这个沉寂了太久的圈子照进一缕文明曙光。这些传说资料自然是引导我们历史考古研究者的指路航标。我们既不能不负责任地安插或解释出土资料，也不能虚无地对待世代相传的历史传说，好在它们的时空关系已经明确了。可以负责任地说，现在已经有了良好的语境来解决我们的困惑。这就是把二者结合起来，让发掘出来的坛坛罐罐站在它的历程史上、立场上说话；也把相应的历史传说落到实处，找到它们的家园和属于它们的物件。总之，根据马克思主义的认识论，由已有的且将会更加丰富的考古资料说话，结合古文献和传说资料，并参考三大地区古文明的发生和进程，我们会认识到，四大地区古国文明的诞生和行程大体是同步的，而中华文明是超五千年的！

2009-1-23 初稿
2009-5-4 完稿

注　释

[1] a.《考古》编辑部：《中国文明起源座谈纪要》，《考古》1989年12期、1992年6期；
b.《“古代文明研究论坛·2007”纪要》，《考古》2008年2期。

[2] 李济：《中国上古史之重建工作及其问题》，《李济考古学论文集》，文物出版社，1990年，66页。

[3] 夏鼐：《中国文明的起源》，文物出版社，1985年。

[4] a. 杨升南：《商代经济史》，贵州人民出版社，1992年，44~49页；
b. 宋镇豪《夏商社会生活史》（上），中国社会科学出版，2005年，58~65页。

[5] 佟柱臣：《中国文明的诸问题》，《纪念城子崖遗址发掘60周年国际学术讨论会文集》，齐鲁书社，1993年，60页。

[6] 曹定云：《夏代文字求证》，《考古》2004年12期。

[7] 邹衡：《夏商周考古论文集·夏商文化研究》，文物出版社，1980年。

[8] 郭沫若：《古代文字辩证的发展》，《考古学报》1972年1期，3页。

[9] 李学勤引自饶宗颐说，文见《走出疑古时代》，辽宁大学出版社，1994年，3页。

[10] 徐湖平主编：《东方文明之光·1989江苏新沂花厅遗址的发掘》，海南国际新闻出版中心，

1996 年。
[11] 何介钧:《长江中游史前古城古国研究》,《苏秉琦与当代中国考古学》,科学出版社,2001 年,696~697、693 页。
[12] 中国社科院考古所河南一队等:《河南灵宝市西坡遗址 2006 年发现的仰韶文化中期大型墓葬》,《考古》2007 年 2 期。
[13] 《张学海考古论集》,学苑出版社,1999 年,173 页。
[14] 《马克思恩格斯选集》第四卷,人民出版社,1972 年,173 页。
[15] 严文明:《良渚随笔》,《文物》1996 年 3 期。
[16] 同注 [11]。
[17] 马克思:《资本论》第一卷,人民出版社,1965 年,353 页。
[18] 徐旭生:《中国古史的传说时代》,科学出版社,1960 年,50 页。
[19] 高炜、张岱海:《汾河湾旁磬和鼓》,《苏秉琦与当代中国考古学》,科学出版社,2001 年,644~688 页。
[20] 俞伟超:《先秦两汉考古学论集》,文物出版社,1985 年,34 页。
[21] 苏秉琦:《华人·龙的传人·中国人——考古寻根记》,辽宁大学出版社,1994 年,112、243 页;又见《中国文明起源新探》,生活·读书·新知三联书店,1999 年,130~151 页。
[22] a. 齐思和主编:《世界通史·上古部分》,人民出版社,1973 年;
b. 刘家和主编:《世界上古史》,吉林人民出版社,1984 年。
[23] 此表中有关尼罗河、两河、印度河流域的社会文明资料,主要参考了本文注 [22] 的两部著作及李连等编著的《世界考古学概论》(江苏教育出版社,1989 年)。
[24] 苏秉琦:《中国文明起源新探》,生活·读书·新知三联书店,1999 年,170 页。

Chinese Culture over 5000 Years

Xu Ji
(Department of Archeology, Shandong University, Jinan)

The origin and progress of Chinese culture is one of the focuses for historian and archeologists, as well as the common people. It also attracts global historians, which adds more brilliance to the academy of Chinese history. The paper intends to trace to the source of the age based on the Culture of Shang, by means of technology of radio-carbon-dating. The latest prehistorical discoveries, hierarchy in social condition and wealth-poverty comparison, the development of bronze vessels and jade vessels, especially the typical Chinese social and ethical etiquettes, as well as the comparison with the culture of Egyptian and West Asian, show that the Chinese culture has a history of more than 5000 years!

江淮东部地区史前文化研究

崔英杰

（山东大学考古系，济南）

现代考古学在中国诞生后，80 余年的考古发现和研究，使我们初步廓清了中国史前时期的文化区系，对不同时期各区域文化内涵的认识也越来越充分。期间，在确立了几个主要文化区域的同时，也认识到一定时期内大文化区之间有小文化区的存在，而江淮东部地区就是其中一个。对此，苏秉琦先生曾指出："不能把黄河流域、长江流域的范围扩大到淮河流域来，很可能在这个地区存在着一个或多个重要的原始文化。"[1]

在 20 世纪 90 年代以前，由于江淮东部地区考古工作开展得不充分，致使我们对该区域的文化内涵认识不清，文化性质有较大争议。进入 90 年代以来，随着一批新资料的面世，江淮东部地区史前文化的特征和性质逐渐明晰。同时，由于自然科学技术和一些新的理论和研究方法不断应用到考古实践和研究中，使我们从史前遗存中获取的信息越来越多，进而更加注重对各类遗存所蕴含的自然、经济和社会及人文信息的研究。

鉴于此，本文在现有考古材料的基础上，结合周边地区关于考古学文化的年代及发展序列的研究成果，对江淮东部地区史前文化的发展序列、文化性质提出个人意见，并探讨江淮东部地区史前自然、经济、社会及思想文化，以期有助于加深我们对该区域史前文化的认识和理解。

文中的"江淮东部地区"，西以京杭运河（古邗沟）为界，东濒黄海，南至长江，北抵废黄河，区域内不同时期北、中、南部都有史前遗址的分布，且遗址的文化面貌不尽相同。由于本区受自然环境变迁尤其是频繁的海侵影响较大，因此使得史前遗址的持续时间较短，遗址规模不大，数量也不多。对于"史前时期"的年代范围学术界还存在一定的争议，传统意义上的史前时期是指文字产生以前的原始社会时期，本文中"史前时期"的绝对年代是距今 7000～3600 年，距今约 7000 年前和距今约 3600 年前后发生的海侵，使得该地区新石器时代早期乃至更早的遗存没有发现，而后期有文化发展的断环。这个时间段内，相邻的海岱地区经历了从北辛文化到岳石文化的发展过程，而太湖地区则是从马家浜文化发展到马桥文化。

随着考古学的不断发展，考古学理论与方法的研究成果也日趋丰富。对于考古文化及遗存的研究往往需要不同的理论方法的综合运用，针对本文所要论述及研究的不同对象，文章采用了不同研究方法，如考古类型学及文化因素分析方法、聚落考古分析方法、统计分析法等。由于江淮东部地区不同时期考古发掘的遗址数量存在较大差异，各遗址之间发现的遗迹现象存在着不平衡性，即使在同一个遗址内部，不同遗迹现象也存在数量上的不均衡。正是这种不平衡性使得在对考古遗存进行分析的时候不能自始至终用一种模式。同时，虽然文章涉及的遗存数量不多，但却涉及许多的层面，因此有必要对文章的写作思路略作阐述。

自然环境是人类活动的基础和背景，在一定程度上制约着文化演变和社会发展，文章进行了必要的论述，但是在没有明确文化序列及年代之前，没有使用遗址中反映自然环境的材料，更多的是利用自然科学关于江淮东部地区的研究结果，进而对江淮东部史前时期的地理地貌及成因、自然气候以及海岸线等方面进行了论述。而遗址中反映出的自然环境在后文中叙及并与较大时空范围环境变迁趋势作比照，这同时也是对前文排定的文化年代序列的验证。行文如此也考虑到起始对环境的论述是作为人类社会和文化产生发展的大背景，而遗址中的环境信息则更多地反映了遗址的微观环境，后者与人类的经济活动有着更为直接的关系。

对江淮东部史前社会的研究，主要是通过已有的考古材料，分析在一定的自然资源环境条件下，人们所从事的经济活动、形成的社会关系和组织结构，以及在此基础上产生的思想和文化等更高层面的内容。对社会组织及社会发展阶段的探讨，多借助于墓葬材料与居址材料，但具体到对不同遗址不同材料的应用上则有所不同。其中对龙虬庄遗址和青墩遗址的墓葬材料分析较多，对后期的陆庄、南荡遗址以及周邶墩遗址涉及较少，这主要是基于发掘材料的丰富程度不同采取的一种方法。

本文所涉及的内容不仅是江淮东部地区史前文化的年代序列，而且对史前社会也倾注较多的笔墨。文章分析论述的主要内容是：在史前时期江淮东部发现了哪些考古遗存，这些遗存的年代与性质是什么，透过这些考古遗存反映出的信息，我们所能了解到的当时的社会是什么样的一种情况。因此从大的方面讲，所论述的内容可以统一到“江淮东部史前文化”这一大主题之下。

一、江淮东部地区的自然地理环境

一定的自然地理环境是人类生产、生活和发展的先决条件与基础。人类发展的初期阶段，自然环境及地理位置的优劣，在很大程度上影响着人类社会发展的进程，也在一定程度上促使人类去不断发明创造各种工具与设施、形成一定的生活方式或者不断地迁徙以适应自然地理环境，而一些突发性的短期事件诸如地质灾难、水涝灾害和气候的异常等，往往成为文化变迁、社会发展的催化剂。从而也就使得地理上相对独立的区域形成具有自己特色的文化，自然地理环境相对优越的地区也就很大程度上容易成为文化的汇合地，而一些中间地带则变成了文化交流的过渡带。当然，人与自然地理环境的这种关系并不是单纯被动地去适应，人类也通过自己的活动对自然地理环境的变化造成一定的影响，两者之间是一种互动的关系。本文将要探讨的龙虬庄地区及整个江淮东部地区，也毫无例外地受到自然地理环境的较大影响，因此有必要对江淮东部地区的自然地理环境作简单的论述。

（一）地理地貌及成因

江淮东部地区主要表现为平原地貌，又称为里下河平原。从地理地势上看，里下河平原以北是苏北滨海平原，以西是运西湖区平原，西南面是宁镇丘陵地带，南部则是太湖沼泽平原。从文化区的分布看，北面为海岱文化区，西部为中原文化区，西南为宁镇地区，南部为太湖文化区（图一，左[2]）。正是由于这种与周边地区没有大的地理障碍却又相对独立的特殊位置，使得江淮东部新石器时代文化，在有着自己的特色的同时，又程度不一地存在着来自周围地区的文化因素。

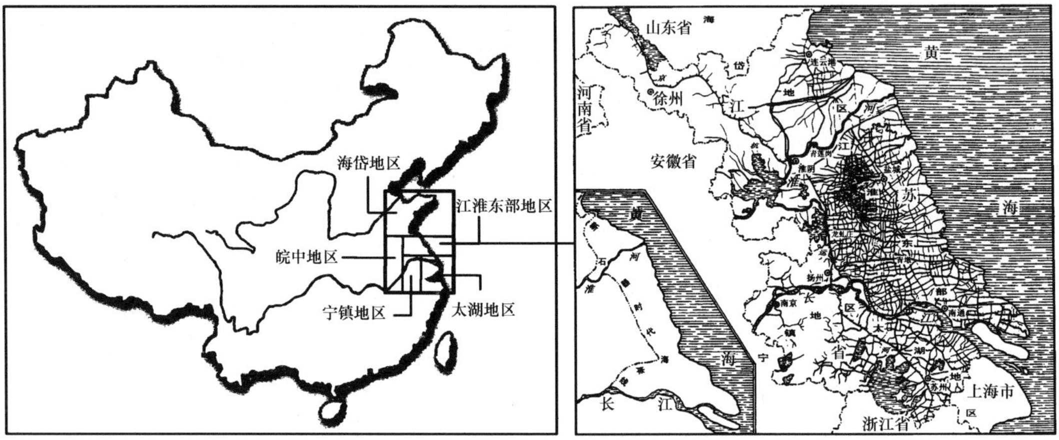

图一　江淮东部地区空间位置及地理地貌示意图

（左：改自高蒙河《长江下游考古时代遗址群的空间分析》图一

右：采自《龙虬庄——江淮东部新石器时代遗址发掘报告》图一）

江淮平原是燕山运动以来长期和缓沉陷的苏北拗陷带的一个组成部分，现在仍在沉陷中。第四纪最后一次海侵时，曾变成浅水湾。拗陷带的西缘，受到西侧低山丘陵和缓隆升的影响，逐渐露出海面形成陆地，只有一些残留的洼地积水成湖。在运西湖区平原的成陆过程中，东部的里下河平原在长江、淮河的合力冲积下，搬运的河沙逐渐沉积，形成沙嘴形三角洲并逐渐向东延伸；同时其东面受到海流的回旋作用和海浪的横向冲击，逐渐形成南北向的沙堤，随着长江、淮河三角洲的不断向东推进和沙堤的成长，三者相连，里下河平原发育成为澙湖地貌。而后继续的泥沙沉积，加之澙湖的逐渐淤积，使得里下河平原形成了河流密布的湖荡沼泽区，并最终发育成低洼的平原地貌[3]（图一，右）。里下河平原四周地面高程3～5米，中部射阳湖、大纵湖及周围的湖滩地海拔不足2米，最低处仅1.1米，呈周高中低的浅碟状地貌，整个区域地势低洼，河网密布，湖荡沼泽星罗棋布，水域占总面积的1/3。

（二）自然环境与气候

气候是影响古代文化发展变化的一个重要环境因素，温暖湿润且稳定的气候适合人类的生存和发展，而气候的突变可能会直接影响到文化的兴衰。江淮东部地区地处淮河下游，秦岭—淮河线以南，属亚热带季风气候，具有寒暑变化显著、四季分明的气候特征，冬干冷，夏湿热；且降水丰沛，无霜期长，日照充足。现在的统计为年平均气温14.6℃，年降水量1022毫米，无霜期平均220天，日照率平均50%。本区植被为北亚热带落叶阔叶与常绿阔叶混交林，又因本区的气候是暖温带向中亚热带的过渡带，因此植被类型呈现出暖温带落叶阔叶林向中亚热带常绿阔叶林过渡的特征。

当然，现代气候与古代气候还是存在差异的，对此竺可桢先生曾指出“在近五千年中的最初两千年，即从仰韶文化到安阳殷墟，大部分时间的年平均温度高出现在2℃左右，1月温度大约比现在高3～5℃”[4]。有的学者认为，距今8500～3000年为中国全新世大暖期，其中稳定暖湿的鼎盛阶段在距今7200～6000年，其时华南温度比现今高1℃，长江流域高2℃，华北、东北及西北可能高3℃，冬季升温幅度更大于年平均气温，季风降水几乎波及全国，十分有利于新石器时代农业和文化的发展[5]。寒潮、东南亚夏季风在纬度上的进退影响着江淮地区的降水量，对光照和地貌也产生了影响[6]（图二）。

对古气候的重建，现代学者多通过对冰岩心、古土壤、古湖泊、动物组合及孢粉所蕴含的古代植被组合的分析进行研究。在江淮地区东部，通过对建湖地区的庆丰、三岔口等全新世地层剖面的研究，使我们对江淮地区古气候与古环境有了更为具体的认识[7]，进而有学者通过各剖面间孢粉的对比分析，将江淮东部地区全新世以来的植被更替与环境变迁自下而上划分为六个阶段[8]。其中第三阶段为常绿落叶阔叶混交林—盐水沼泽植被，代表植物有栎、栲、落叶栎、栗等木本植物；滨藜、盐蒿等盐沼植物；大量

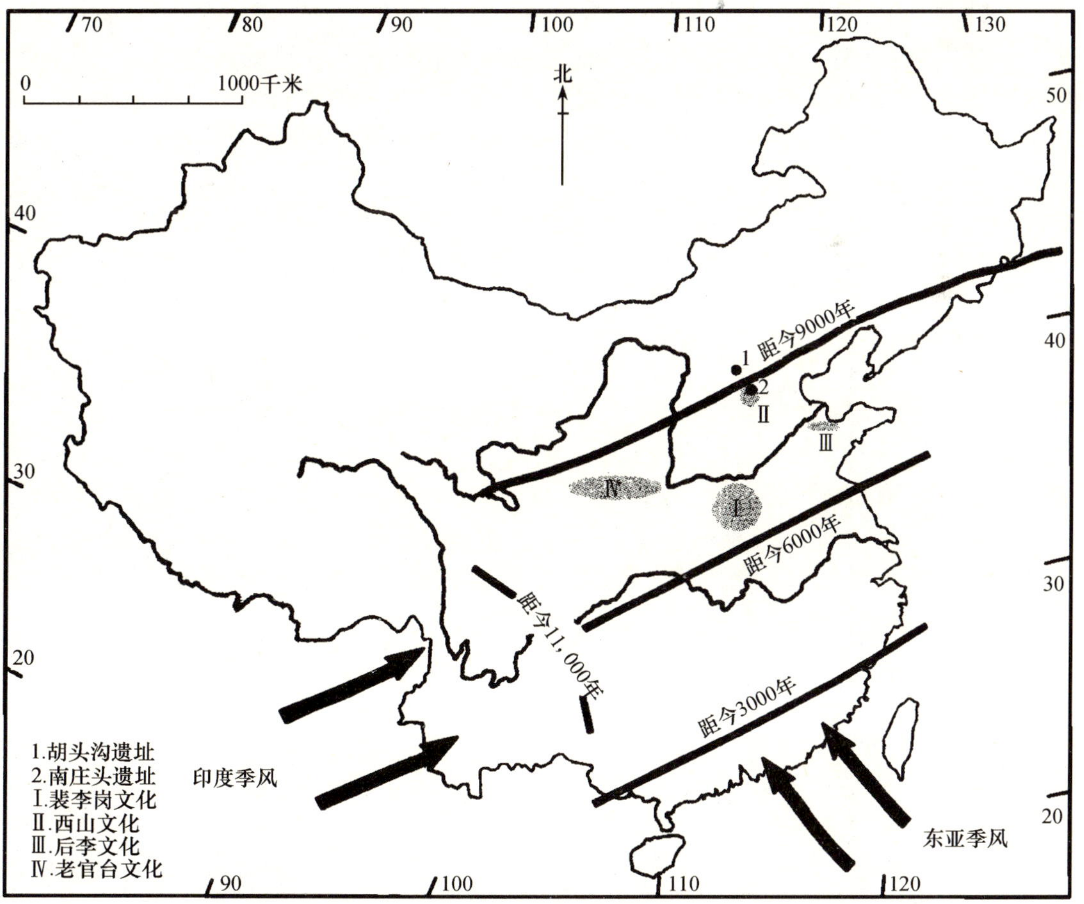

图二　距今9000～3000年中国境内东亚季风最前锋位置示意图

（采自王芬《海岱地区和太湖地区史前社会复杂化进程的比较研究》图1.1）

海相刺球藻。反映本区为 i 潟湖至海湾环境，气候温暖湿润，相当于全新世最适宜期。根据对此阶段各剖面采集样品的测年结果分析，年代为距今 7000 ~ 5000 年；参照各剖面其余^{14}C 测年结果，六个孢粉带所代表的阶段可相应划归为早、中、晚全新世的五个不同时期[9]。同时，根据各剖面孢粉带的对应情况，将建湖地区全新世地层进行对比后，我们可以看出，江淮东部地区在冰后期以来，气温不断回升，在距今 7000 年左右气候温暖湿润，此后气候在不同时期有一定的波动，这种气候的变化与距今 8500 ~ 3000 年出现的中国全新世大暖期及期间的多次寒冷事件[10]相耦合，也与周边地区尤其是海岱和太湖地区不同时期的遗址中的孢粉分析反映的自然气候的变化趋势相一致。

（三）海岸线变迁

苏北地区东部有着绵长的海岸线，全新世以来气候的多次变化引起海平面的频繁升降，导致沿海地区发生海侵，海岸线多次往复变迁。而里下河平原地势低洼，海拔高度低，因此对海面的变化尤为敏感（图三），进而对区域内史前遗址的分布与文化的发展延续产生了重大影响。

关于苏北地区全新世以来的数次海侵、海岸线的变迁等，不少学者通过自然科学手段，结合不同时期考古遗址的分布及对局部地区全新世自然地层的解剖，从全新世沙坝—潟湖体系的发育、沉积环境、动物植物遗存的分布、孢粉反映的气候变迁等多方面予以分析研究[11]。截至目前，大体可认为，江淮东部地区史前时期的海岸线大致在阜宁、东台、经海安西折至泰州、扬州一线，不同时期略有进退，在距今约 6500 年前最

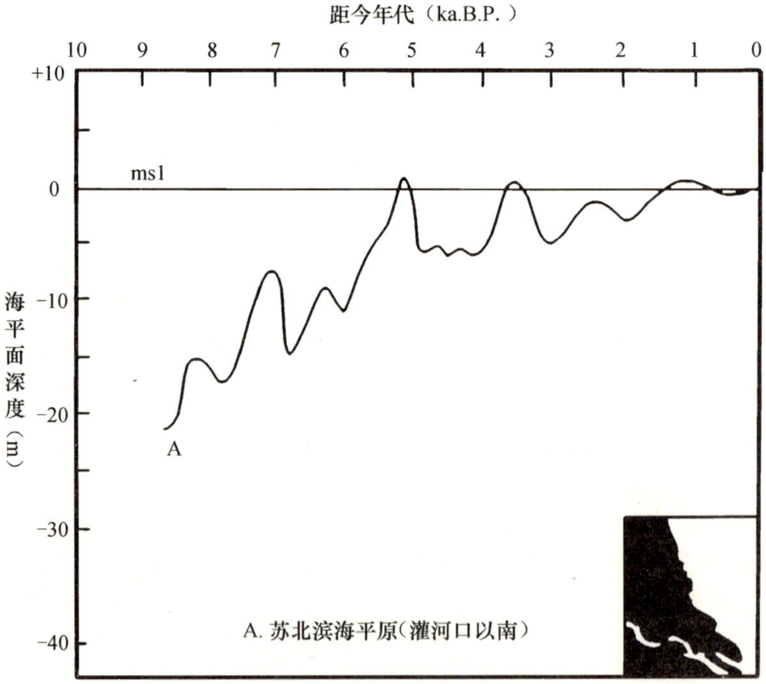

图三　江淮东部 10000 年来海平面变化曲线图

（改自杨怀仁等《中国东部近 20000 年来的气候波动与海平面升降运动》）

西达建湖，后逐渐东移，至距今约3800年前最东至盐城（图四）。期间，海侵时有发生，而苏北平原几道砂冈的形成则表明海平面在距今7000～5000年、距今4610年前后以及距今3900～3300年前后相对稳定[12]。总之，江淮东部地区在距今约7000年前，经历全新世最大海侵之后发生海退，此后至距今约2800年又经历数次海侵，使得江淮东部地区自全新世以来处于潟湖—海湾—潟湖—滨海低地的沉积环境，因此也就造成了江淮地区文化的间歇性存在与不连续发展，尤其是在海平面的上升时期，由于海陆变迁而造成文化的缺失。

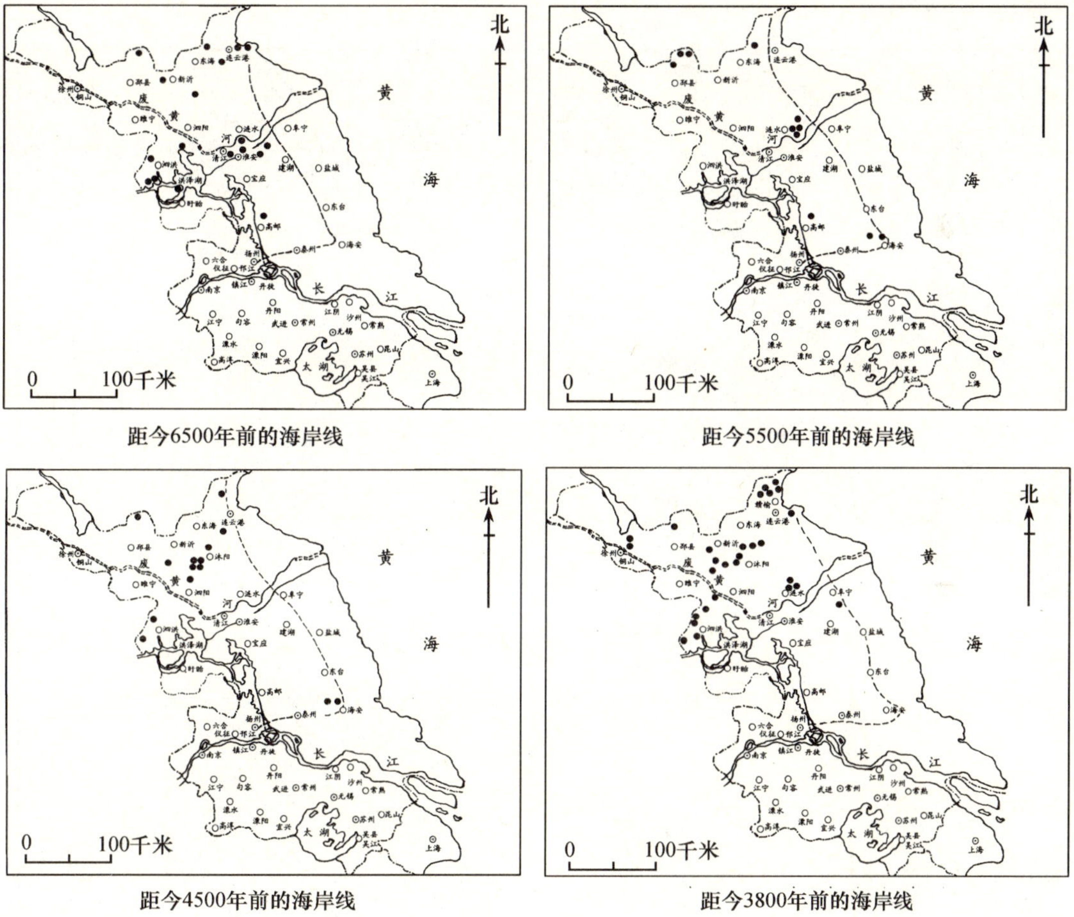

距今6500年前的海岸线

距今5500年前的海岸线

距今4500年前的海岸线

距今3800年前的海岸线

图四 江淮东部地区史前时期海岸线

（改自邹厚本主编《江苏考古五十年》图四十一至图四十四）

总之，江淮东部地区曾经是气候温暖湿润、河网密布的亚热带景观，易于不同类型动、植物的生存，从而为古人类的劳动、生息提供了潜在的资源，进而使得江淮东部地区史前时期的经济生产呈现出多样性。特殊的自然地理环境，一方面造就了江淮东部地区有自身特色的物质、精神文化；另一方面，受自然环境的变化尤其是频繁的海侵影响，使这种文化难以持续发展，进而使其极易受到周围考古学文化的影响。

二、江淮东部地区史前考古工作与研究历程

江淮东部地区的史前考古工作开展较早，但是迄今为止发现和发掘的史前遗址数量不多（图五），这一方面与考古调查、发掘工作仍未充分展开有关，另一方面上文所述的自然环境的变化也是一个重要的影响因素，即史前时期的海侵限制了遗址的数量，而后期河水泛滥则使得遗址深埋于地下不易被发现。同时，考古发现的局限性也限制了相应研究工作的开展。

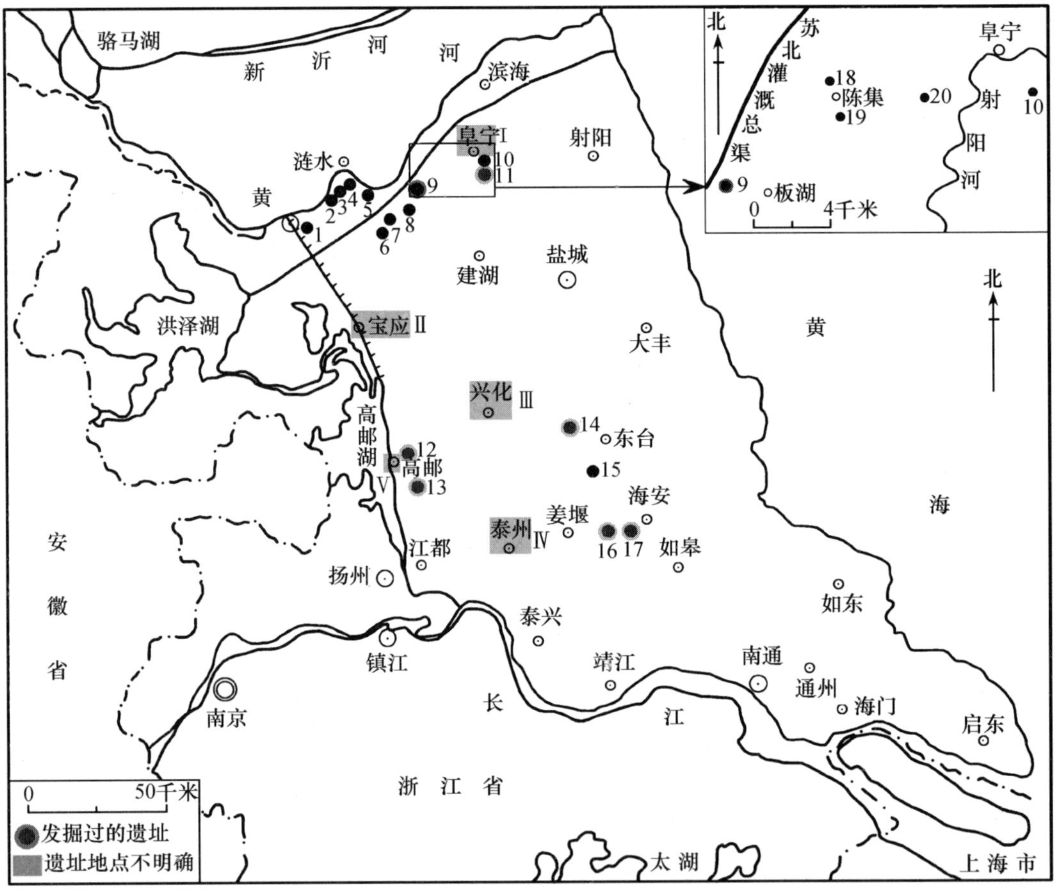

图五　江淮东部地区史前遗址分布图

1. 山头　2. 西韩庄　3. 颜家码头　4. 青莲岗　5. 茭菱集　6. 南塘　7. 许庄（乙）　8. 梨园　9. 陆庄　10. 施庄　11. 东园　12. 龙虬庄　13. 周邶墩　14. 南荡　15. 开庄　16. 青墩　17. 吉家屯　18. 陈集 I　19. 陈集 II　20. 新沟　I. 胡庄、停翅港　II. 水泗　III. 王家舍　IV. 天目山、单塘河　V. 唐王墩

（一）江淮东部地区史前考古调查与发掘工作

江淮东部地区的史前考古工作开始于 1951 年淮安青莲岗遗址的发现，并以 1991 年为界划分为前后两个时期。前期的考古工作主要以田野调查为主，有少量的发掘工作，仅在

海安青墩进行过一次规模较大的考古发掘，并发表了部分资料；1991 年开始，为解决江淮东部考古学文化区系类型的课题，南京博物院等单位制定了江淮东部地区考古的工作规划，开展了多次考古调查，发现一批新的史前遗址，并对部分遗址进行了系统发掘。

1. 前期（1951～1991 年）

1951 年 12 月，治淮文物工作队苏北组在淮安县境内调查时发现了青莲岗遗址，并于 1951～1953 年，先后对该遗址进行了四次考古调查，采集了石器、陶器、红烧土块、兽骨等标本[13]。这是第一次在江淮东部发现的新石器时代遗存，1956 年提出青莲岗文化的命名后，江淮东部的考古工作逐渐引起人们的注意。

1958 年，南京博物院组织发掘了青莲岗遗址，地层堆积自上而下分别是耕土层、扰乱层、文化层，其中文化层又可分为灰土层、黄灰土层和黑灰土层，并在文化层中发掘出土陶器和石器等遗物[14]。此次发掘初步了解了青莲岗遗址的堆积情况，但是由于系抢救性发掘且时间短、水位高，从总体上看收效不大。

1961 年，为了进一步了解江苏境内的青莲岗文化，南京博物院在淮阴地区展开考古调查工作，在废黄河南岸青莲岗遗址附近发现了山头、颜家码头、茭菱集、西韩庄、南塘、许庄（乙）等遗址。调查中采集的遗物以陶片为主，有少量石器与装饰品[15]。

1962 年，南京博物院对之前极少开展工作的射阳湖周围地区进行调查，在阜宁县发现了梨园新石器时代遗址。采集的遗物以陶片为主[16]。

1975 年，在阜宁县板湖西南发现陆庄遗址。遗址掩埋于深 2 米多的黄土之下，并在其西南部发现 4 座墓葬。后来南京博物院在这里征集到一部分具有良渚文化风格的玉石器[17]。

1976 年，南通博物馆调查了海安青墩遗址，并于 1977 年 11 月进行小规模试掘。1978 年 4～5 月和 1979 年 4～5 月，南京博物院先后对青墩遗址进行了两次发掘，合计发掘 490 平方米，发现有木桩、红烧土堆积等居住遗迹和 102 座墓葬，出土了大量文化遗物和自然遗物[18]。这是在江淮东部地区开展的首次系统的考古发掘工作。

此后，在海安县境内还清理了吉家屯遗址[19]，发现有“干栏式”建筑和墓葬等遗迹，遗物有陶器、石器和骨器等。

2. 后期（1991 年至今）

1992 年 10～12 月，南京博物院等单位在多次调查的基础上，对南荡遗址进行了考古发掘。发掘面积 175 平方米，发现的遗迹有灰坑、灰沟和房屋等，遗物主要是陶器，另有少量的石器和骨器[20]。

1993 年 9～10 月，南京博物院等对周邶墩遗址进行了考古发掘，发掘面积 134 平方米。发现的文化遗存可以分为三类，遗迹主要是灰坑，遗物以陶器为主，有少量的石器和骨器[21]。

1993～1995 年，龙虬庄遗址考古队先后对龙虬庄遗址进行了四次考古发掘，共计发掘面积 1335 平方米，清理了新石器时代的居住遗迹 4 处，灰坑 34 个，墓葬 402 座，出土了陶器、玉石器、骨角器等各类文化遗物 2000 余件，采集了大量的人骨和动植物标本[22]。

龙虬庄遗址的发掘工作对于江淮地区史前考古研究有着极为重要的价值和意义。

自 1992 年起，南京博物院等单位先后多次调查陆庄遗址。在此基础上，1995 年 4 ~ 5 月对陆庄遗址进行了考古发掘。发现了灰坑等遗迹和陶器、石器、玉器等遗物[23]。

1998 年 10 月 ~ 1999 年 1 月，南京博物院等单位对东园遗址进行了抢救性发掘，发掘面积达 810 平方米。发现房址、柱洞、灰坑、墓葬等遗迹；出土遗物则以陶器为主，也有一定数量的石器[24]。

除上述几个经过系统发掘的遗址外，自 1991 年起，南京博物院等单位在江淮东部地区进行了多次考古调查，发现一批新的史前遗址[25]，主要有阜宁胡庄、停翅港，宝应水泗，兴化王家舍，高邮唐王墩，东台开庄，泰县天目山、单塘河等。

（二）江淮东部地区史前考古的研究历程

与江淮东部的史前田野考古工作相对应，江淮地区史前文化的研究工作也可以相应地分为两个阶段，而且两个阶段研究的侧重点有所不同。

1. 第一阶段

江淮东部地区在这一时期开展的考古工作不多，因此，针对江淮东部地区史前文化的研究工作也相对较少，尤其缺乏对江淮东部地区社会结构、经济生产、思想文化等方面的综合研究，仅仅就区内发现的史前文化遗址进行归类分析。

20 世纪 50 年代初，青莲岗文化的提出，打破了中国史前考古学“仰韶—龙山文化”的二元格局。但是，由于对文化特征的归纳过于宽泛[26]，因而使青莲岗文化的内涵相当庞杂。结合周边地区的考古发现，考古学界对这一新文化的特征、分布与分期等问题进行了广泛讨论[27]，众说纷纭，莫衷一是[28]。至 70 年代末，青莲岗文化的时间和空间范围都明显缩小，但涉及的区域仍远远超出江淮东部地区。可以说江淮东部地区开启了青莲岗文化讨论的序幕，却不是这场讨论的主角。

80 年代初，随着一批新的考古材料的发表，青莲岗文化的年代被限定在距今 7000 ~ 6000 年，部分学者将文化分布范围限定在淮河下游地区或江淮之间，代表这一小区系的早期阶段[29]。但仍有学者认为江淮地区只是青莲岗文化的一个类型[30]。数十年间除海安青墩遗址外，在江淮地区没有做过系统的考古工作，上述讨论都是利用淮北和江南的考古资料来论证江淮地区的青莲岗文化，这不能不说是个怪圈[31]。这一时期，江淮东部地区发现发掘的海安青墩、阜宁陆庄等遗址一起被归入了良渚文化系统[32]。

2. 第二阶段

进入 20 世纪 90 年代之后，江淮东部地区陆续发掘了史前不同时期的几个遗址，加上周边地区史前文化研究工作的深入开展，尤其在海岱地区和太湖地区建立起较为完备的史前文化发展序列，使得区域内史前文化序列的构建工作得以开展，进而对不同时期文化遗存的属性包括之前的青莲岗文化进行重新审视与定位。同时，通过对考古材料多学科、多角度的分析，不少学者对江淮东部地区的自然环境、社会经济进行了研究。

迄今为止区域内发现的史前遗址，文化面貌及性质、年代都存在差异。有学者将其文化遗存划分为四类：有浓厚地方特征的原始文化遗存、与良渚文化相类似的文化遗存、与龙山文化相类似的文化遗存、与岳石文化相类似的文化遗存[33]；也有学者将其划分为五个类型，即青莲岗类型、龙虬庄类型、青墩类型、陆庄类型和周邶墩类型[34]。有学者认为江淮东部地区的文化发展经历了文化空白→龙虬庄文化→文化空白→文化走廊这样一个过程，并在文化走廊期间先后留下了良渚文化、龙山文化和岳石文化遗存[35]。有学者通过对各类遗存的分析和梳理，进一步将江淮东部地区的文化序列排定为：龙虬庄第一期→龙虬庄第二期→龙虬庄第三期→陆庄新石器遗存→南荡和周邶墩龙山遗存→周邶墩岳石遗存，并指出最早的龙虬庄一、二期时期，江淮东部地区为自身文化因素为主的独立文化区，龙虬庄三期和陆庄一类遗存时期为太湖文化区的一部分，最后阶段则归属于海岱文化区[36]。同时，有学者以淮系文化为研究内容给江淮东部地区的文化进行了定位，认为江淮东部地区以龙虬庄为代表的文化是以裴李岗文化为主源所形成的史前淮系文化群的一个组成部分[37]。

90年代初，龙虬庄遗址的发掘成果使学术界对青莲岗文化与江淮东部地区的关系的认识渐趋统一，主要有以下几种观点：一种认为江淮东部地区距今7000～5000年的原始文化可命名为龙虬庄文化，进而取代之前的青莲岗文化[38]；另一种观点仍坚持将江淮东部地区看做是青莲岗文化一个类型的分布区，认为龙虬庄二期内涵与青莲岗文化并无明显差别，仍属青莲岗文化范畴，但如果江淮地区的原始文化要单独命名的话，龙虬庄遗址是首选[39]；一种则以青墩文化命名江淮地区的早期的原始文化[40]。无论哪一种观点，在江淮东部地区早期阶段的文化具有自身特点这一方面的认识是一致的，对此张敏曾多次撰文予以论述[41]，并对当时的社会经济进行了研究。

在这一阶段，中国考古学开始注意多学科间的合作，研究的手段及方法趋于多样化。在注重文化遗存的同时十分关切自然遗存，江淮东部地区尤以龙虬庄遗址的考古工作为代表：其工作注重对环境考古学的综合研究，在力求重建古环境的基础上，重点探讨了古人类谱系与史前文化交流的关系、动植物群与人类经济生活的关系等。另外，在这一阶段，对一些史前遗址的自然环境状况、人口状况[42]、经济尤其是农业发展状况[43]、史前文字[44]等也有不少学者进行了大量的研究，从而比较全面地揭示了江淮东部地区的古代社会与经济状况。

通过以上对江淮东部地区史前考古文化发现与研究历程的回顾可以看出，虽然江淮东部地区经过系统发掘的遗址数量相对较少，但是基本包含了不同时期的遗存，而且位于其南、北的太湖文化区和海岱文化区的史前考古研究工作充分，并建立起较为完整的文化发展谱系和年代序列，从而为江淮地区史前文化序列的探讨以及对文化遗存年代、性质的研究创造了有利条件。同时大量史前遗迹的发现以及对各类自然、文化遗存的收集及研究分析，使得对江淮地区史前自然、经济、社会的初步研究成为可能。

三、江淮东部地区的史前文化

江淮东部地区经过系统发掘的史前遗址数量较少，进而影响了本区域考古学文化的综合研究；而自然环境的变迁尤其是数次海侵严重影响着江淮东部地区史前遗址的分布与文化的持续发展，较难形成长期稳定发展的聚落。因此，迄今为止还没有发现在同一个遗址再现本地区史前文化发展完整过程的现象。对此，我们拟综合分析几个经过系统发掘并且在年代上具有先后关系的遗址，进而梳理出江淮东部地区各遗址之间的相互关系。与此同时，将本区域不同时期的文化遗存与周围地区进行比较研究，以便更好地了解本区史前文化的性质、年代及发展脉络。

当然，在绝对年代的判定上，多个遗址中的^{14}C测年标本为我们提供了有利条件。但是由于本区地下水位高、文化层距地表浅等原因，所采集的测试标本极易受到芦根、麦根和稻根等污染源的污染，测年结果可能会产生较大误差[45]。因此，本文在讨论文化绝对年代时，只是将^{14}C测年数据作为参考，更多的是根据文化遗物的特征结合其层位关系，并借助于与周围年代清楚的文化进行比较来加以确定。

（一）江淮东部史前文化的年代框架

江淮东部地区各遗址出土的文化遗物较多，但各类遗迹的发现则表现出较大的不平衡性[46]。因此，在采用类型学方法对各遗址文化遗存进行分期研究时，我们主要借助于遗物资料中类别丰富、器形变化快的陶器，而对各类遗迹现象以及时代变化不敏感的石器、骨角器等涉及得相对较少。通过对已发掘诸遗址的比较分析，我们选择经过系统发掘、研究相对充分的龙虬庄、陆庄和周邶墩遗址作为重点分析对象。需要注意的是，文化的分期与遗址的分期是不同的概念，遗址的分期是文化分期的基础；而本文所研究的江淮东部史前时期，在不同的时间、空间上，可能存在着一支或多支考古学文化，本部分旨在通过对不同遗址文化遗存的综合分析，确定各期遗存的年代，从而建立起本区文化发展的时空框架，以利于后文从整体上对不同阶段考古遗存文化性质的考察。

1. 典型遗址的分期

（1）龙虬庄遗址

龙虬庄遗址的第4～8层为新石器时代堆积，发掘报告对其进行了详细的分期研究[47]，认为遗址的第8层、第7层为第一期；第6层、第5层和第4层，包括33个灰坑遗迹及3处居住遗迹为第二期；T4525、T4526、T4527的第06、05、04层及04层下H10、F4为第三期，其结论比较可信。但笔者认为，报告中的第二期后段，在器物上表现出一定的变化，根据层位关系，遗址的第二期可以细化为三段，即4、5、6层墓葬分别代表着这一时期的早、中、晚三段[48]。

纵观龙虬庄遗址出土的陶片，以夹砂陶为主，泥质陶数量较少；灰陶为主，红陶次之，并有少量的黑陶。在夹砂陶中，灰陶多为釜、鼎、盖、盉一类器物，红陶多为钵、三足钵、碗、豆；泥质陶中，灰陶多为壶、罐、盆、豆类，红陶多为钵、碗、钵形匜等，黑陶则多为盉、盆、深腹筒形匜。具体到遗址发展的不同时期，各类器物的形制及组合又表现出一定的差异（图六）。

第一期，陶器种类主要有各类圜底釜、三足侧把盉、三足钵、三足罐、器座、器盖、杯、碗、盆、豆、钵等。

第二期，陶器的器形和种类与第一期相比产生了一定的变化，不但同类器物的形制趋于丰富，而且出现了新的器形。具体而言，早段，一期中的各类器形基本存在，各类

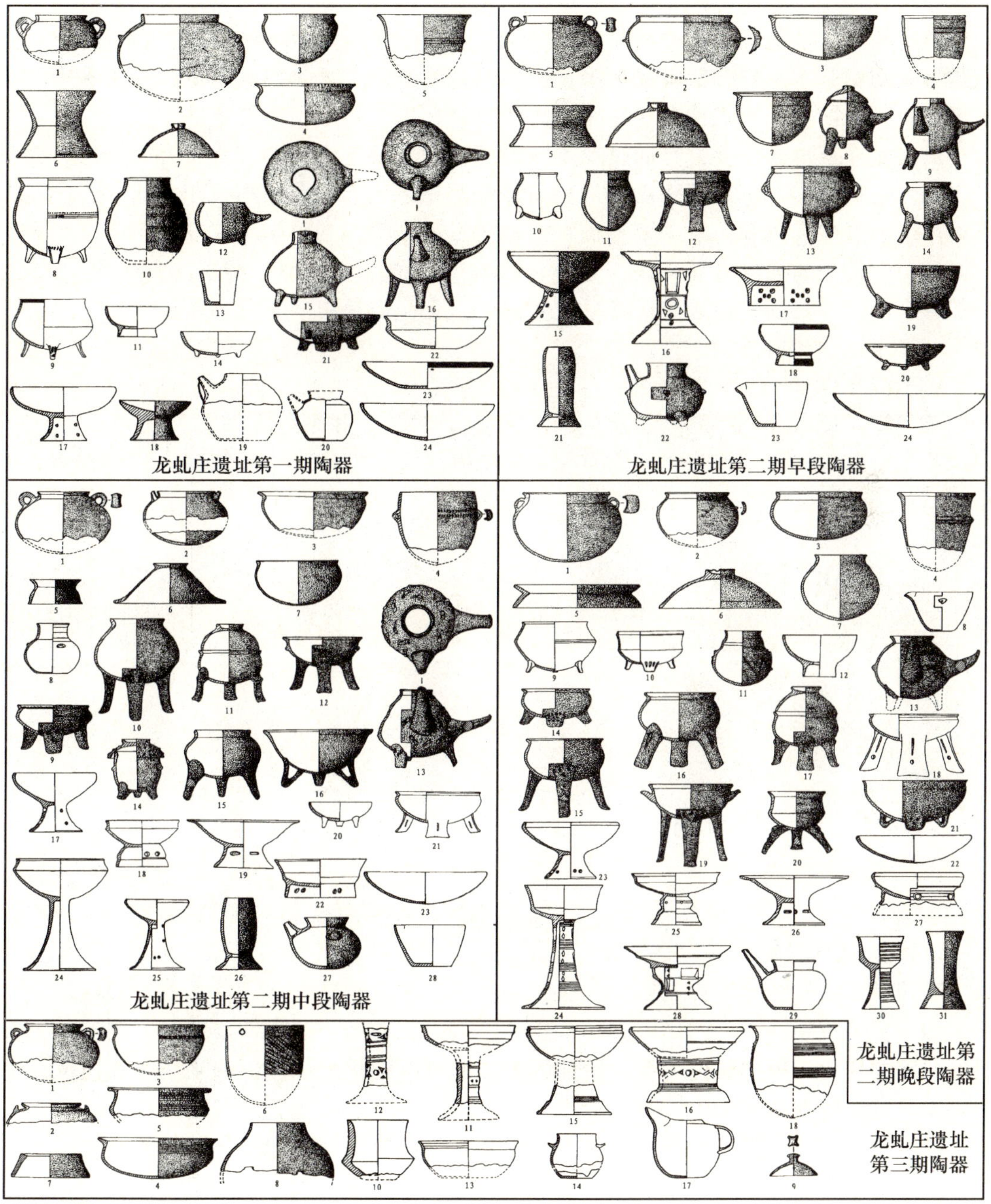

图六　龙虬庄遗址各期陶器

圜底釜与三足侧把盉仍多见，但三足侧把盉中不见口部捏流的现象；杯、豆和三足钵的种类有所增多；新出现的器形有鼎和匜以及猪形陶壶。中段，沿袭早段的各类器形，出现了带管状流的罐形釜和附双耳的筒形釜，器座束腰位置上移；豆、鼎和匜的种类更加丰富；出现足宽扁的三足盘。晚段，圜底釜与三足侧把盉仍然存在，但数量明显减少，器座变矮；高柄豆大量出现；出现高柄杯；陶鼎中出现折腹鼎；前段出现的三足盘中，三足较矮的形制不见。

第三期，陶器的种类和数量减少且与第二期相比产生较大变化。圜底釜仍然多见，但腰檐筒形釜基本不见，器座呈矮圈足形而不是束腰；三足侧把盉不见；鼎出现明显的子母口；豆的圈足镂空装饰富于变化；匜作宽把杯形，新出现大口尊。

对龙虬庄遗址的分期，是通过对不同时期的陶器及其组合的分析，并结合层位关系做出的。可以看出，第二期陶器种类和数量都明显多于第一期和第三期，这一方面符合事物产生、发展、繁荣后衰退以至消亡的一般发展规律，同时与没有发现与第一期和第三期相对应的同时期的墓葬有关，但可以明确的是第二期和第三期之间有较大的差别。当然，在第三期之后，遗址中还有更晚阶段的遗存，但是由于其分布零星且出土遗物极少[49]，在此不做深入分析。

（2）陆庄遗址

陆庄遗址的第8～6层为史前时期的文化层，第7层和第6层为局部堆积。

三个文化层的形成，在时间上有相对的早晚关系，然从文化遗物的分析结果看，很难将其截然分开。换言之，遗址的第8～6层相距时间不远，应为同一个发展阶段，因此可以归为一期。

陆庄遗址出土的遗物主要为陶器，且多为残片，可复原者仅数件。陶片中夹砂陶与泥质陶数量基本持平，分别占46%和54%；红陶为主，灰陶次之，有少量的黑陶。器形主要有鼎、鬶、盉、瓮、罐、盆、豆、缸、盘、器盖、纺轮等（图七）。

（3）周邶墩遗址

周邶墩遗址的堆积较为复杂，在发掘的几个探方中地层堆积不尽一致。发掘者将周

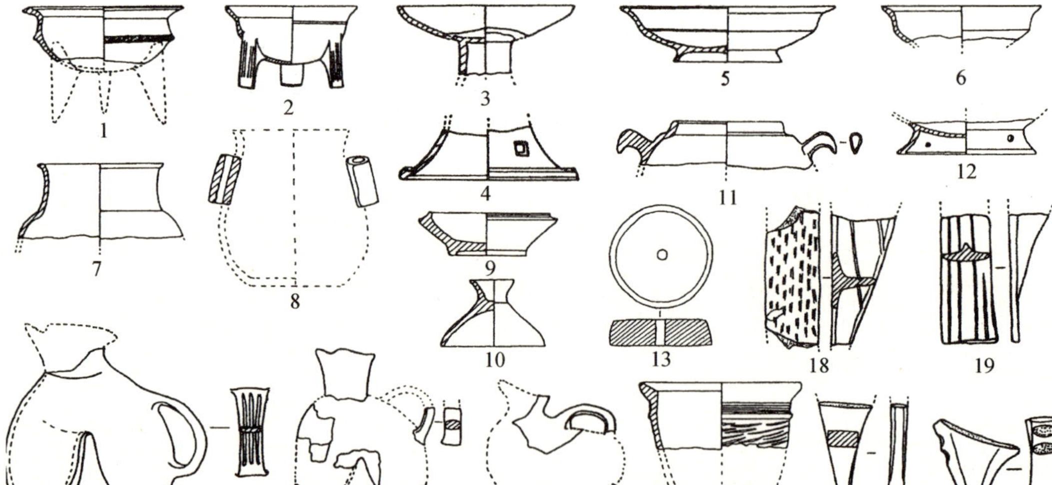

图七 陆庄遗址出土陶器

1、2. 鼎（H3:8、T0609⑧:22） 3. 豆盘（T0509⑥:5） 4. 豆圈足（H3:1） 5. 盘（T0609⑦:15） 6. 盆（T0509⑥:3） 7. 瓮（T0509⑧:12） 8. 贯耳壶（T0509⑧:15） 9. 小盂（T0609⑦:14） 10. 盖（T0609⑥:4） 11. 罐（H3:6） 12. 圈足（T0509⑦:7） 13. 纺轮（T0509⑧:19） 14、15. 陶鬶（T0609⑦:7、T0309⑦:8） 16. 盉残片（T0409⑥:2） 17. 缸（T0309⑦:7） 18～21. 鼎足（T0609⑥:3、T0309⑥:3、T0709⑧:6、T0509⑥:1）

邦墩遗址的文化遗存分为三类，其中第三类遗存包含有大量的夹砂红陶、泥质红陶、黑皮陶和印纹硬陶残片，表现出与宁镇地区西周至春秋时期的青铜文化相一致的特征，其年代已进入历史时期，超出了本文研究的范围。综合分析各层及遗迹出土的文化遗物，我们可以将遗址中的史前文化遗存分为两期：第一类遗存为早期，第二类遗存为晚期（表一）。诚然，在晚期阶段存在着遗迹间的打破关系，早期阶段也存在相对年代的早晚，但是由于发掘面积小、出土资料有限，故不能做进一步细化的分期。

表一　周邦墩遗址史前遗存分期表

	T0911、T1011、T1212		T0421、T0521		报告中性质的归属
年代	地层堆积	遗迹	遗迹	地层堆积	
岳石时期	②	H10 H12	H3、H4	③	第二类遗存
龙山中期	③	H5、H6、H7、H9、H11、H19		④	第一类遗存
				⑤	
				⑥	
			H13、H14、H15、H16	⑦	
			H17、H18、H20	⑧	

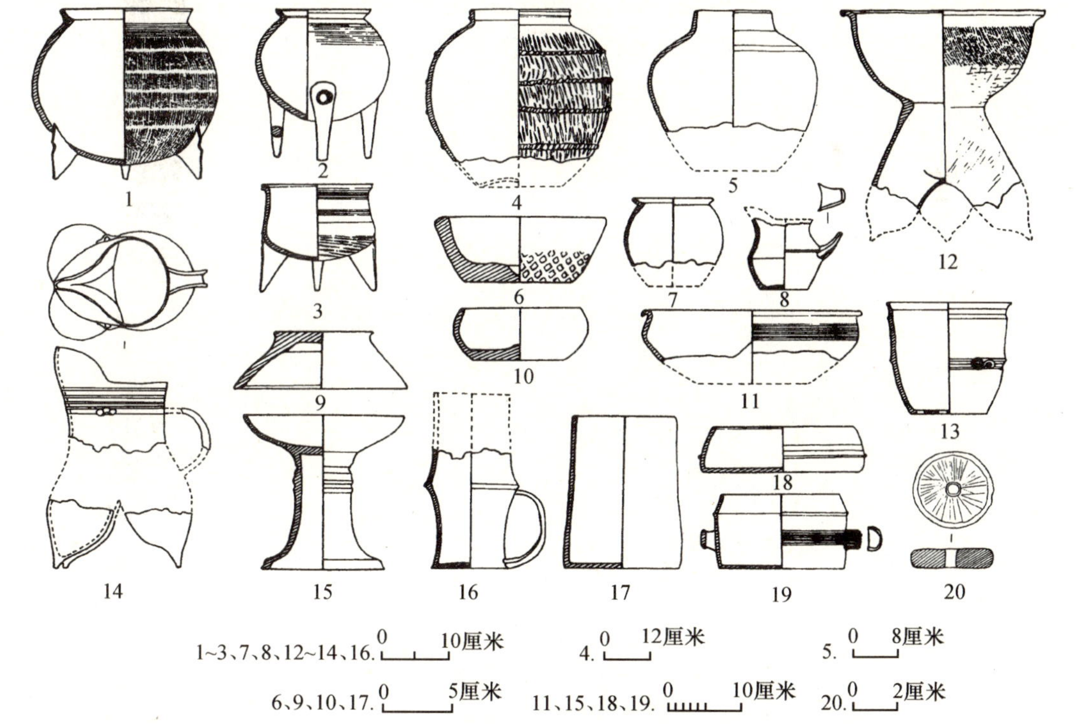

图八　周邦墩第一类文化遗存陶器

1～3. 陶鼎（T0421⑥:12、H6:1、H5:2）　4. 瓮（T0521⑥:14）　5、7. 罐（T0421⑥:15、H13:5）　6. 钵（H9:2）　8. 宽把带流罐（T0421⑥:13）　9. 盖（T0421⑤:7）　10. 盂（T0421⑥:17）　11. 盆（T0421⑥:22）　12. 甗（T1212③:12）　13. 甑（H19:1）　14. 鬶（H6:6）　15. 豆（H17:2）　16、17. 杯（T0421⑦:23、H11:2）　18. 盘（H14:1）　19. 盒（H13:3）　20. 纺轮（T0421⑥:16）

早期遗存中，陶片以夹砂灰陶和夹砂黑陶为主，夹砂红陶和泥质黑陶次之，并有少量的夹砂白陶和泥质灰陶。器类主要有鼎、甗、甑、瓮、罐、盒、盘、盆、豆、杯、碗、钵、器盖和纺轮等（图八）。晚期遗存的陶片以夹砂灰陶和夹砂红褐陶为主，泥质灰陶次之，有一定数量的夹砂、泥质黑陶和泥质红陶。器类主要有鼎、甗、鬲、罐、盆、碗、尊、盒、豆、器盖和纺轮网坠等（图九）。

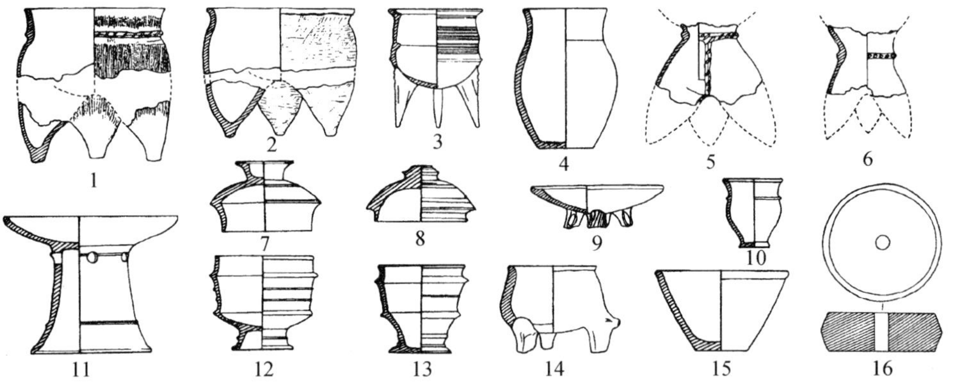

1~3、5、6、9、14. 无比例 4、10. 0 6厘米 7、8、11~13、15. 0 10厘米 16. 0 5厘米

图九 周邶墩第二类文化遗存陶器

1、2. 鬲（H10:23、H3:1） 3. 甑（T1212②:7） 4. 中口罐（H10:3） 5、6. 甗（采:9、采:8） 7、8. 盖（H10:4、H10:13） 9. 三足钵（T1212②:10） 10. 大口罐（采:03） 11. 豆（T1011②:5） 12、13. 尊（H10:22、H4:1） 14. 鼎（H10:6） 15. 碗（H10:17） 16. 纺轮（T1011②:2）

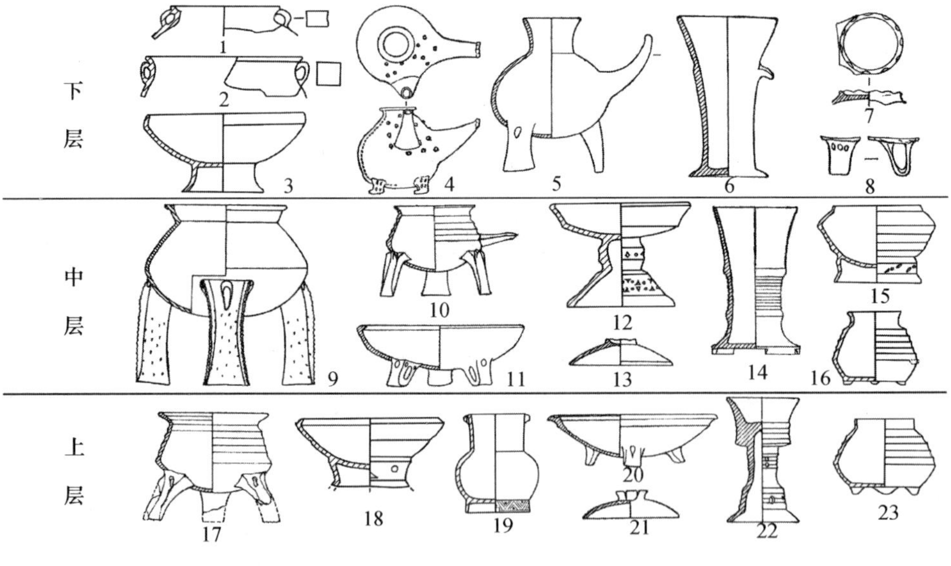

1、2、4、7、8. 0 10厘米 3、12、18. 0 10厘米 5、9~11、13、15~17、19~21、23. 0 7厘米 6、14、22. 0 5厘米

图一〇 青墩遗址出土陶器（器物均采自《江苏海安青墩遗址》）

1、2、4、7、8.（下文化层） 3. 豆（M91:4） 5. 鬶形器（M82:1） 6. 筒形杯（M71:1） 9、10、17. 鼎（M16:5、M91:4、M92:11） 11、20. 三足盘（M75:3、M30:1） 12、18. 豆（M9:1、M17:2） 13、21. 盖（53C:1、M33:9） 14. 筒形杯（M46:3） 15. 圈足罐（M46:18） 16、23. 三足罐（M8:1、M14:4） 19. 壶（M18:3） 22. 圈足杯（M44:21）

2. 区域内的其他遗址

除以上列举的几个遗址外，江淮东部地区还发掘了青墩、吉家屯、东园和南荡遗址。调查发现了青莲岗、梨园、山头、颜家码头、唐王墩等遗址。

青墩遗址新石器时代的文化层分为上、中、下三层，代表文化发展的不同时期[50]，从出土遗物分析（图一〇），遗址的上、中、下文化层代表的时期分别与龙虬庄遗址的三期、二期晚段和二期早段相对应。吉家屯遗址虽未发表正式的资料，但是“就文化遗存考察，大体与青墩遗存相似”，也可以分为三期，与青墩遗址的“上限和下限基本一致”，只是中期的墓葬与青墩遗址中期墓葬相比可能稍早[51]。阜宁东园遗址出土器物种类较多，同一类器物无明显的差别，年代相近，通过出土器物的横向比较可知，东园遗址出土的器物与青墩遗址中上层墓葬出土的一些器物相似（图一一），年代应该大体同时或稍晚[52]。而南荡遗址的文化遗存与周邶墩遗址中第一类遗存的文化面貌相同（图一二）。

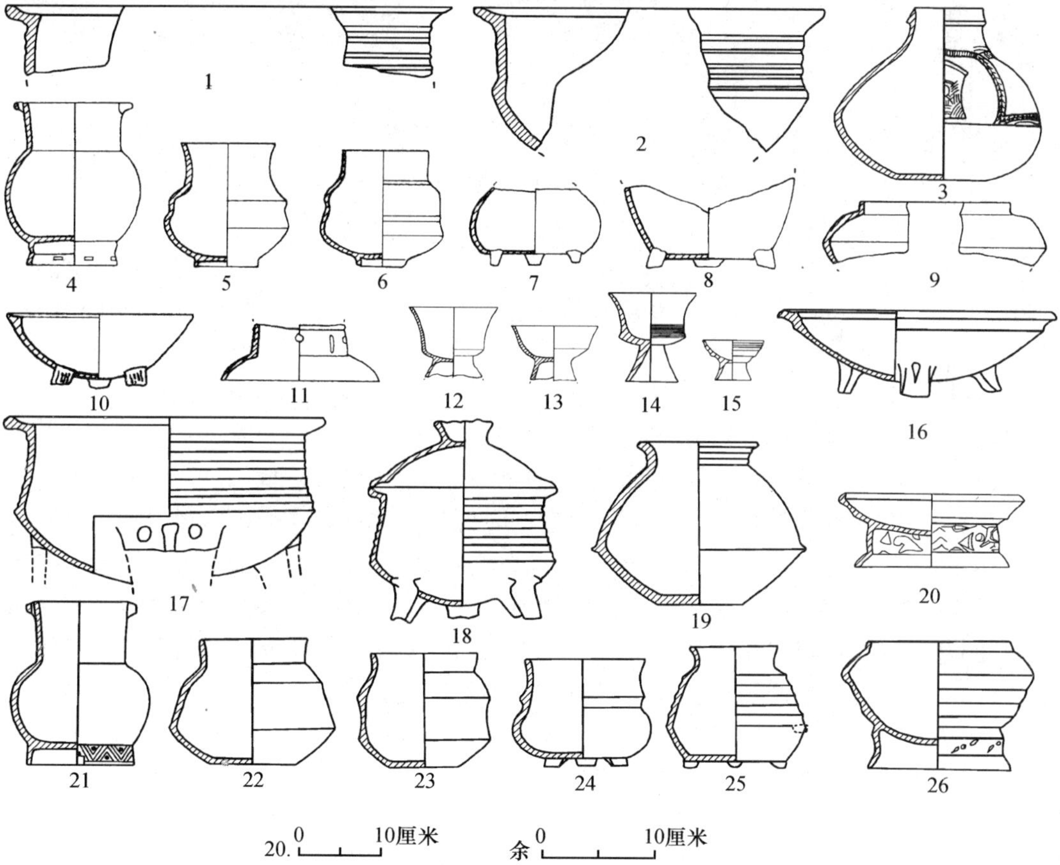

图一一　东园遗址与青墩中上层陶器对比

东园遗址：1、2. 鼎（T406⑨:13、T506⑤:9）　3. 小口壶（M2:4）　4. 贯耳壶（M8:1）　5、6. 曲腹壶（M3:4、M5:2）　7、8. 三足罐（T405⑨:17、T406⑨:11）　9. 罐（T406⑤:4）　10. 盖碗（M2:11）　11. 圈足（T405⑨:10）　12. 圈足杯（T405⑨:5）

青墩遗址：13～15. 圈足杯（T305⑨:3、M43:6、M43:7）　16. 三足盘（M30:1）　17、18. 鼎（M30:1、M44:17）　19、22、23. 罐（M11:1、M41:3、M64:6）　20. 豆（M48:2）　21. 壶（M18:3）　24、25. 三足罐（M92:12、M8:1）　26. 圈足罐（M46:18）

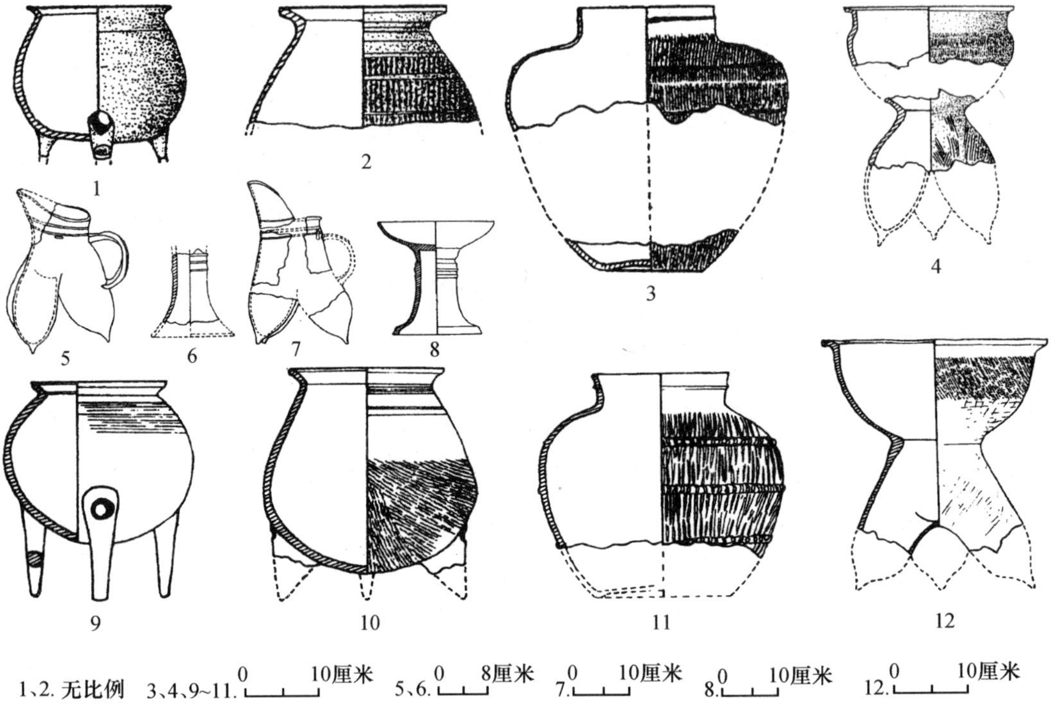

图一二 南荡遗址与周邶墩第一类遗存陶器对比

南荡：1、2. 鼎（F1:2、T1②:5） 3. 罐（T6②:20） 4. 甗（T7②:6） 5. 鬶（H1:9） 6. 豆柄（H1:14）
周邶墩：7. 鬶（H5:3） 8. 豆（H17:2） 9、10. 鼎（H6:1、H20:1） 11. 瓮（T0521⑥:21） 12. 甗（T1212③:12）

调查发现的遗址，通过发现的遗物将其归入某一大的时间段还是可以的，但其持续年代及对应关系，则不能准确获得[53]。青莲岗、梨园、山头、颜家码头以及唐王墩等遗址大体都在龙虬庄遗址存续年代范围内。其中在青莲岗遗址的最近的一次调查中，通过清理的一个剖面发现遗址的第 4 层为新石器时代的文化层，依据发现的遗物可与龙虬庄的二期后段相对应[54]，但是需要提及的是在之前的调查中还发现了更早阶段的相当于大墩子下层的遗存；唐王墩的情况与之类似，调查发现其最下层年代可能早于龙虬庄一期。因此在没有经过发掘获取明确层位关系而遗物又不是很丰富的情况下，各遗址的年代大体如上，而遗址间更为详细的对应关系不便讨论。

综上所述，龙虬庄、陆庄和周邶墩三处遗址的存续年代，基本包括了江淮东部地区目前发现的史前遗址的年代。

3. 年代与序列

对于单个遗址的分期以及区域内各遗址之间的年代对应关系学界基本无大的争议。但是在具体年代的断定上，则存在一定分歧。由于江淮东部地区的测年数据多不可用（表二），因此，对于不同时期遗存年代的确定，只能利用海岱地区与太湖地区既定的年代序列，采用比较分析的方法来判定其大体年代。运用此方法的前提就是首先将海岱与太湖地区的年代序列对应清楚，不然因参照的标准不同就可能产生错位，而上述分歧

表二　江淮东部地区的自然技术测年标本

文化阶段		遗址名称	标本单位	标本	测定结果（a B. P.）	校正结果（B. C.）	校正方式	与文化年代相对应情况
第一阶段	前期	龙虬庄遗址	T3830⑦	木炭	4614±104	3353～2925	树轮校正	相差悬殊
	后期	龙虬庄遗址	T3729⑥	木炭	4374±95	2919～2695	树轮校正	相差悬殊
		龙虬庄遗址	T1727⑤	木炭	4954±114	3701～3383	树轮校正	基本一致
		龙虬庄遗址	T0929⑤	木炭	4451±113	3003～2785	树轮校正	相差悬殊
		龙虬庄遗址	T1728④	木炭	4351±120	2919～2619	树轮校正	相差悬殊
		龙虬庄遗址	T0926④	木炭	4663±102	3368～3039	树轮校正	相差悬殊
		青墩遗址	下文化层	木桩	5035±80	5645±110	树轮校正	一致
		青墩遗址	中文化层	木炭	5015±85	6525±110	树轮校正	相差悬殊
		吉家墩遗址	中层	木炭	5415±105			
第二阶段	前期	东园遗址	第9层D10	木柱	4648±60	3349～3049	树轮校正	一致
		东园遗址	第9层D65	木柱	4744±60	3496～3349	树轮校正	一致
第三阶段	前期	南荡遗址	F1	木头	3485±69	1815±103	达曼表校正	相差不大
		南荡遗址	T9②	木头	3562±79	1907±63	达曼表校正	相差不大
		周邶墩第一类遗存	T0421⑧	木炭	3310±99	1695±105	达曼表校正	相差较大
		周邶墩第一类遗存	T0421⑥	木炭	2097±178			
	后期	周邶墩第二类遗存	H4	木炭	3182±80	1432±125	达曼表校正	相差不大

注：①以比较的测年数据为经过校正的数据；②相差在500年以上表述为“相差悬殊”，相差在500～100年的表述为“相差较大”，相差在100年以下但没有重合部分的表述为“相差不大”，虽有重合部分但不是全部表述为“基本一致”，数据包括在文化年代之内表述为“一致”。

产生的原因也大致缘于此。

目前而言，海岱地区史前文化的序列清楚，年代无大分歧，一般认为，后李文化为距今8500～7500年，北辛文化为距今7300～6100年，大汶口文化为距今6100～4600年（又以距今5500年和距今5000年为界分为早、中、晚三期），龙山文化为距今4600～4000年，岳石文化为距今4000～3500年[55]。太湖地区的文化发展序列也比较清楚，但各文化的具体年代仍有一定的分歧，尤其是对崧泽、良渚文化的年代学术界颇有争议，为了避免论述时对比和参照体系不统一，本文采用栾丰实先生的观点[56]。因此，太湖地区各文化的年代可相应表述为：马家浜文化为距今7000～6000年，崧泽文化为距今6000～5500年，良渚文化为距今5500～4500年，广富林类型为距今4500～4000年，之后为马桥文化，年代与岳石文化大致相当。

周邶墩遗址中第一类遗存呈现浓厚的龙山文化中晚期的文化面貌，时代特征比较明确，基本不出龙山文化中晚期范围；第二类遗存则与岳石文化早期风格一致，年代应大体同时。结合遗址中的测年数据，笔者较认同发掘报告中的年代判断，第一类遗存的年代为距今 4300 ~ 4000 年，第二类遗存的年代约为距今 3700 年稍后。

对于陆庄遗址新石器时代遗存的年代，有学者进行了详细研究。遗存中包含有大量的良渚文化中期偏晚到晚期[57]和大汶口文化中晚期的遗物，同时良渚文化的堆积平均厚度接近 1. 5 米，如不是特殊原因不会在短时间内形成，综合分析后，其绝对年代“上限当距今 5000 年，下限为距今 4600 年”[58]。这一时期恰为苏北平原几道砂冈中的中冈的形成期（即距今 4610 年前后）[59]，说明陆庄遗存是在当时海面稳定时形成的。笔者认同其对下限的推断，但考虑陆庄剖面的底层是海相砂层，根据与相邻的阜宁西园剖面对比，可判明陆庄遗址 12 层顶部为距今 5000 年后的沉积，文化层形成之前，陆庄地区有几次陆地和浅海沉积的往复，从而形成了 12 ~ 9 层堆积，厚度在 1. 4 ~ 2 米，时间也不可能太短；发现的遗迹现象无相互打破关系，通过遗物分析“遗址第八层至第六层相距的时间不远”[60]，因此上限可定为距今 4800 年。陆庄新石器遗存的年代在距今 4800 ~ 4600 年，上限也可能更早一点。

龙虬庄遗址一、二、三期遗存代表的文化遗存的年代，在龙虬庄遗址发掘报告中有较为详尽的论述[61]，张敏先生也多次撰文予以重申[62]。笔者认同其通过与海岱地区及太湖地区的文化因素对比得出的文化间的相互关系，在遗存的绝对年代上，也赞成其对第一期和第二期遗存年代的判断，其缘由此不赘述。但就第三期而言，笔者认为仍有可商榷之处：

1）虽然认定第三期遗存有崧泽晚、良渚早的因素，但报告在对第三期年代进行判断时参考的良渚文化年代的上限为 5200 a B. P. 左右[63]，本文认为良渚文化的上限为 5500 a B. P. 左右。

2）无论龙虬庄遗址第三期还是青墩遗址的上层，文化遗存的数量都较上一阶段有大幅度的减少，故其文化的存续时间不至于能达到 500 年。

3）东园遗址年代相当于青墩中上层，且包含有青墩中上层偏晚阶段的遗存，东园遗址用以测年的“标本均为木柱，测年可信，大致为距今 5400 ~ 5200 年”[64]。

4）东园遗址发现的几座墓葬与花厅墓地南区墓葬有着强烈的一致性，南区墓葬处于墓地的第一期，年代为距今 5400 ~ 5200 年[65]。

综合以上几点，笔者认为龙虬庄遗址第三期遗存为代表的时期，其年代下限可定于 5200 a B. P. 左右。由此，龙虬庄第一到三期时期的遗存的年代可以这样认为：龙虬庄一期为 7000 ~ 6300 a B. P. ，龙虬庄二期为 6300 ~ 5500 a B. P. （以 6100 a B. P. 为界分前后两段[66]），龙虬庄三期为 5500 ~ 5200 a B. P. 。

综上所述，江淮东部地区的史前文化序列基本可以表述为：唐王墩下层、龙虬庄一期（7000 ~ 6300 a B. P. ）—龙虬庄二期（6300 ~ 5500 a B. P. ）—龙虬庄三期（5500 ~ 5200 a B. P. ）—陆庄遗存（4800 ~ 4600 a B. P. ）—周邶墩一类遗存（4300 ~ 4000 a B. P. ）—周邶墩二类遗存（约 3700 a B. P. 稍后）。在陆庄遗存前后以及周邶墩第一类遗存和第二类遗存之间不完全衔接，出现这种现象可能与工作开展得不充分有关，更主要的可能是受环境变迁的影响。

（二）江淮东部史前遗存的文化性质

任何考古学文化都不是孤立发展的，文化间彼此接触并发生影响是常见的现象，但不同文化间一些共同因素的产生原因是多方面的，文化间的相互影响是原因之一，也有可能是基于对相近的自然环境的适应，或者是有着相同的族源。文化因素分析方法在确定考古遗存的文化性质以及研究不同谱系考古学诸文化之间的异同及其相互关系方面有着独特作用，但在进行文化因素分析时，需要虑及的一个问题就是不同文化间相同或相似器物的文化归属问题。对于一些在一个文化中大量存在而且具有明显地域特征的器物，其文化归属比较容易确定，如良渚文化的贯耳壶、大汶口文化的背壶等。但是，也有不少器物的归属，不同学者间会有分歧，难免有着仁者见仁、智者见智的因素在里面，如大汶口文化、江淮东部地区以及宁镇地区的带管状流的盉。本文在分析不同区域文化之间的关系时，着眼于江淮东部地区，有些文化因素在江淮东部地区可能没有完整的发展序列，也没有形成规模，但是可能周边地区的此类文化因素是在江淮东部地区的影响下产生的，江淮东部地区是传播过程中的中转站，对于此类文化因素我们将江淮东部地区看做是它的一个次级的源头。这是笔者一家之言，由于此类文化因素数量不多，其并不影响遗存主体性质的归属。

1. 龙虬庄第一期到第三期

对于江淮东部地区距今 7000 ~ 5200 年（龙虬庄遗址第一期到第三期时间范围内）文化遗存的性质，学术界主要有以下几种看法[67]：

1）这一时期的江淮东部地区是一个相对独立的考古学文化区，其文化遗存有着浓郁的地方特色，可以单独命名为一支考古学文化[68]。

2）龙虬庄第一、二期（包括青墩中、下层）时期，江淮东部地区是一个以自身文化因素为主的独立文化区，可以单独命名；而龙虬庄第三期（包括青墩上层）和陆庄一类遗存时期，江淮东部为良渚文化所占据，是太湖文化区的一部分[69]。

3）着眼于整体性，将淮河中下游作为一个整体看待，而龙虬庄一类遗存是青莲岗文化中青莲岗类型的一部分，江淮东部是青莲岗类型的分布区之一[70]。

以上是从整体上对江淮东部地区文化遗存性质的几种观点，当然具体到单个遗址，又会产生一些分歧，像针对龙虬庄遗址，有学者认为第一期和第二期间有较大变化[71]；针对青墩遗址，有学者认为青墩一期为龙虬庄文化、二期属崧泽文化范畴、三期属良渚文化早中期[72]，并认为江淮东部在良渚文化时期属良渚文化分布区[73]。可以看出，对龙虬庄第一、二期文化遗存的认识基本一致，分歧主要产生在第三期。

龙虬庄第一、二期这段时间范围内，江淮东部地区自身特有的文化因素相当多。如多见双耳罐形釜和盆形釜、水器数量多形态复杂、陶器多圈足器、彩陶流行内彩、有高度发达的骨角器等。当然具体到不同时期和不同遗址可能会有一定差异。龙虬庄一期时，偶见的腰檐筒形釜可能受马家浜文化的影响，而少量的石器则可能是来自宁镇地区。龙虬庄二期前段来自宁镇地区的文化因素开始增多，并在后段中大量存在，在青墩遗址中表现得尤为明显；同时在后段中，也出现了海岱地区大汶口文化早期的文化因素，主要有高柄杯、钵形鼎、陶鬶等。太湖地区崧泽文化因素在后段开始出现，并有取代宁镇地区原始文化因素的趋势[74]。青墩遗址的骨角器明显不如龙虬庄遗址发达等。但从总体上看，这段时间是以自身文化因素为主体的时期，学术界多无异议，因此可以单独命名为一支考古学文化。学术界在文化命名上存在的不同意见[75]，主要集中于淮安青莲岗、海安青墩和高邮龙虬庄等江淮东部较有代表性的遗址。现在看来，无论是北部的青莲岗遗址，还是南部的青墩遗址，都带有明显的过渡色彩，还是命名为龙虬庄文化较为合适[76]。

问题是第三期阶段遗存可否归入龙虬庄文化？由于文化间交流的影响，江淮东部地区的文化面貌呈现出由单一到多元，由简单到复杂的变化过程。不同时期内涉及的文化因素以宁镇地区和太湖地区的居多，也有海岱地区的文化因素，而其量的多少与遗址所处的年代和地理位置有关。

龙虬庄第三期阶段遗存主要有三处遗址，即龙虬庄遗址的第三期、青墩上层和阜宁东园新石器时代遗存。在龙虬庄遗址的第三期中，发现的遗物数量不多，其中仍有前期原始文化因素的存留，但作为江淮东部原始文化特点之一的骨角器，种类和数量明显大幅度减少，第二期中盛极一时的彩陶突然消失。与此同时，陶器呈现出更多的晚期崧泽文化和早期良渚文化的因素，“从文化特征分析，第一、二两个阶段的地方性特征较强，而第三阶段则含有较多的太湖地区同时期文化因素”[77]。青墩遗址第三期墓葬中没有骨角器，而有段石锛开始大量出现，陶器方面也明显显现出良渚文化早期以及中期偏早的风格，龙虬庄文化第一、二期的遗存基本不见。关于东园遗址的文化性质，发掘报告认为“主要因素与太湖地区的良渚文化早期相当一致”，但“与典型良渚文化有一定的差异，表现在器物组合及器形方面有一些差异”[78]。综合分析东园遗址出土的器物，与花厅遗址的南区墓葬表现出了相当一致性，有浓厚的大汶口中期的特点（图一三），而且这类器物数量占有绝对优势；可以确指的良渚文化因素不多，而且有少量的因素有着崧泽文化的遗风，江淮东部龙虬庄第一、二期的文化因素基本没有。因此，东园遗址新石器时代遗存的性质应为大汶口文化，但是存在少量崧泽文化晚期及良渚早期的因素。

可以看出，这一阶段可以说是上一阶段大汶口文化早期和崧泽文化影响的继续和扩大化，而且明显取代了之前江淮东部的原始文化因素，江淮东部地区原始文化的特色已经消失殆尽。当然我们不能完全依靠陶器、玉石器等遗存的特征作为判定某一考古学文化属性的主要因素，应该对生活方式、埋葬习俗等综合考虑。从第三期发现的墓葬情况看，青墩遗址的墓葬埋葬方式及头向有别于宁镇和太湖地区，而与本地前一阶段相同。对于这个问题，笔者认为文化的侵入，最难改变的是当地的习俗，可以说墓葬的头向是龙虬庄文化因素的最后残留，而且太湖地区的墓葬的头向也有部分是偏东的；东园遗址的墓葬则毫无疑问是大汶口墓葬的特点。因此江淮东部地区在龙虬庄第三期这一阶段，广泛分布于中南部的诸多文化遗存，其性质应该属于良渚文化早期，可以说当时整个江淮东部大部分已经成为太湖良渚文化区的一部分；而地处江淮东部最北端的东园遗址，受到大汶口文化的影响，使北部近淮河的一定区域变成了大汶口文化的分布区。

综上所述，江淮东部地区 7000 ~ 5200 a B. P. 之间的文化遗存，在距今 7000 ~ 5500 年，即龙虬庄第一期和第二期阶段，虽有一定数量的太湖地区、宁镇地区和海岱地区的文化

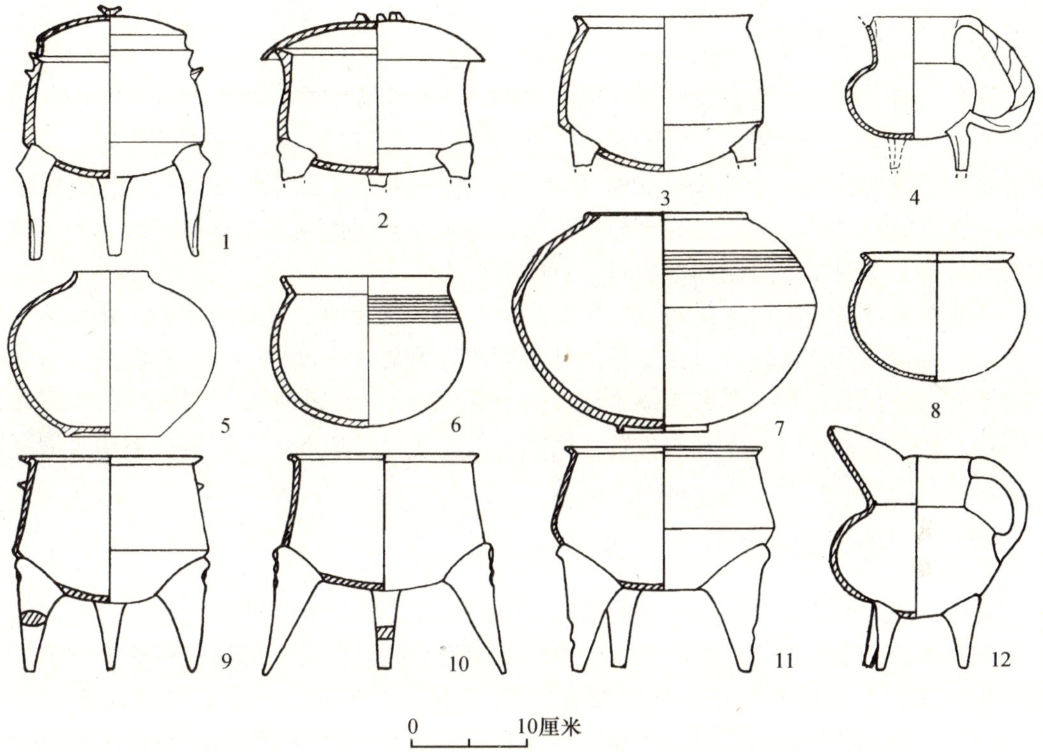

图一三　东园遗址与花厅墓地南区出土陶器对比

东园遗址：1～3. 鼎（M3:6、M5:1、M8:2）　4. 鬶（M3:7）　5. 罐（M6:4）　6. 釜（M1:6）
花厅墓地南区：7. 罐（M115:4）　8. 釜（M122:14）　9～11. 鼎（M110:2、M106:9、M105:23）
12. 鬶（M115:21）

因素，不同阶段呈此消彼长的趋势，但总体上是以自身文化因素为主，其性质是江淮东部地区新石器时代早期的原始文化，可以命名为龙虬庄文化；距今5500～5200年，亦即龙虬庄第三期阶段，虽然有少量本地传统因素的存留，但更多的是晚期崧泽文化、早期良渚文化和大汶口中期的文化因素，江淮东部原始文化的独立性丧失殆尽，开始融入海岱文化区和太湖文化区，除北部的小区域外的绝大部分应该归入良渚文化的范畴，可以说当时江淮东部地区基本成为太湖文化区的一部分。

2. 关于陆庄新石器遗存

陆庄新石器时代遗存的性质，学界多有争议，在20世纪70年代陆庄遗址发现之初，被定为良渚文化遗址[79]；但在1995年的发掘之后，发掘者认为其遗物与良渚文化相同，但不应划入良渚文化区的范围，可以称为陆庄文化遗存[80]。最近，有学者经过对出土文化遗物进行文化因素分析后发现，遗址出土的文化遗物，属于良渚文化的居多，居于主要地位；属于大汶口文化的相对较少，居次要地位。因此陆庄新石器时代遗存的性质，可以作出这样的判断："其文化要素的主体与太湖地区的良渚文化相同，故陆庄新石器遗存应属于良渚文化。而大汶口文化因素的存在，至少可以说明两个问题：一是陆庄良渚文化遗存和大汶口文化是同时并存的，在年代上都应该早于龙山文化；二是陆庄遗址的良渚文化，曾经受到来自北方大汶口文化一定程度的影响。"[81]

3. 周邶墩遗存的文化性质

周邶墩遗址第一、二类遗存的文化面貌较为单纯。其中第一类遗存与南荡遗存均表现出龙山文化中晚期的风格，关于此类遗存的性质，发掘报告认为是王油坊类型龙山文化居民南迁留下的遗存，并有学者对此做了研究[82]。据现有材料看，虽不能确定是否为王油坊居民的遗存，但其表现出与王油坊类型相近的文化面貌则是肯定的，而且其并不是孤立和个别现象，因此其性质属于龙山文化。

江淮东部最晚的史前文化是周邶墩第二类遗存，其表现出浓厚的岳石文化风格。发掘报告认为是岳石文化尹家城类型的一支在南迁宁镇地区的过程中，于江淮地区短期居住留下的遗存，之后有学者也大致表达了同样的看法[83]。因为文化面貌与岳石文化甚为一致，其文化创造的主体应为岳石文化的居民。这一时期的江淮东部与南荡及周邶墩遗存为代表的龙山时期一样，是海岱系文化的分布区之一。

（三）江淮东部与海岱、太湖文化区的关系

论述至此，虽然江淮东部史前时期的文化发展序列已经初步明确，诸多遗存的年代和性质也都给出了笔者的观点，而且与第二节中列举的对江淮东部地区看法中的第二种意见基本一致[84]。但本文在年代的判定上将龙虬庄第三期阶段的年代下限提到距今5200年，而将陆庄新石器时代遗存的年代上限降至距今4800年左右，看似有不妥之处。同时在第三期把东园遗址划入大汶口文化之后，与上述的第二种观点就存在一定程度的不一致之处，故在此作为问题提出，并结合龙虬庄文化的消失原因略作论述，以期将来学界有更好的解释。

关于龙虬庄文化的来源，龙虬庄遗址发掘报告认为可能来源于淮河上游的舞阳贾湖文化。由于掌握的材料有限，难以形成自己的观点，在此只是针对龙虬庄文化消失的问题稍作讨论。由文化性质分析可知，龙虬庄文化在前期有强烈的独立性，后期开始较多受到周边地区文化因素的影响，随着良渚文化的大规模北渐，逐渐丧失其独立性并最终消失。龙虬庄文化的消失可以说是一种历史的必然。因为江淮东部地区虽然生活资源丰富，但生产资源却匮乏，这种资源状况决定了在生存资源丰富、各区域文化彼此影响较弱的时候可能会创造出绚烂而有自身特色的文化。但是持续地从自然界中索取以及环境的变化，使可直接利用的动植物资源也开始变少，而产生的直接影响就是其文化中颇具特点的骨角器制作的停滞；本地生产资源中玉石材料匮乏，但人们对玉石器的喜爱却有增无减，因此对宁镇及太湖地区不但不以敌对文化看待，反倒成为居民的向往之地，这使得后期文化的侵入变得相对容易，速度惊人却不会基于文化的不同产生大规模的冲突。藉以创造自身文化特色的骨角器的后续资源补给缺乏，而偏爱的玉石器材料本地又极为匮乏，并由此所产生一系列后果，因此这种文化最终也只能是昙花一现。良渚文化的消失，可能也与当地的资源状况有一定关系。

一种考古学文化可能没有明确的边界，即使龙虬庄文化在其存续时期也可能并不是一直占据整个江淮东部地区的，其主要阵地还是在中部地区，龙虬庄遗址是主要的影响源，只是在其文化的鼎盛时期影响力遍及整个江淮东部。而像长江以北、淮河以南等与

太湖和海岱文化区较为接近的地方，就受到了对方不同程度的影响。这种影响不是以骤变形式出现的，大汶口文化的因素自早期就开始影响到江淮东部地区，而来自太湖地区的影响在马家浜文化时期就初露端倪，崧泽文化时期全面扩展，并最终由良渚文化的侵入而造成了龙虬庄文化的消失。

龙虬庄文化之后，一方面江淮东部地区受到良渚文化的侵入，一方面大汶口文化也在前期南进的基础上缓慢推进。相比较而言，良渚文化的推进速度更快，影响程度更大，在淮河南岸相遇（东园遗址）之后继续北上，从而导致了花厅墓地出现了所谓的“文化两合”现象。花厅墓地大量的良渚文化特征器的出现，表明良渚文化的影响是巨大的。花厅墓地文化两合现象的产生的原因看法不一致[85]，虽然不能确定哪一种观点更符合实际，但良渚文化北渐的这种侵入性影响带有移民性质是可以肯定的，加上当时的江淮东部地区长时期受到海侵的影响，自然环境不是特别适合居住，因此在江淮东部地区留下的良渚遗存尤其是典型器相对较少。由于江淮东部地区的环境变迁使得良渚文化的北渐过程不能一直有着强势的后援，另外毕竟淮河以北由来是大汶口文化的分布区，底蕴深厚，所以良渚文化的这种影响不能一直得到持续。陆庄遗存可能是“良渚文化在由南向北的迁徙过程中的文化遗留”[86]，但至少应该是二次北渐的产物[87]；而更大的可能是陆庄新石器时代文化遗存是在良渚文化势头减弱之后，在大汶口文化影响下整体回撤过程中产生的。于是也就产生了花厅墓地中有良渚文化早期及中期偏早遗存，而陆庄遗址则是中晚遗存这样一种现象，陆庄遗址没有发现早期的遗存可能与发掘面积有关系[88]，也可能是本身就没有。

虽然龙虬庄文化受到外来文化因素的影响经历了由弱到强，独立性逐渐消失的过程，但是在龙虬庄文化时期与周边地区的文化交往并非完全是单向的。龙虬庄文化对海岱地区、宁镇地区的文化都产生了影响，海岱地区与太湖地区的文化交流在一定程度上也是通过龙虬庄文化的中介实现的。

有学者对花厅墓地进行分析，将器物分为甲乙丙三组，甲组广泛存在于鲁南苏北的大汶口文化中，乙组器物是对典型的大汶口文化器物改造所形成的，丙组是良渚文化北渐的结果[89]。乙组的不少器物包括甲组中的一些器物在龙虬庄第二期都存在，有些器物可以说是明显受到江淮东部地区的影响，像猪形罐（壶）、高颈盉、三足罐、鼓腹盆、三足钵、盆和部分豆等（图一四）。尤其是猪形壶和大汶口文化晚期时出现、较之此前的无颈和矮颈盉风格变化较大的高颈盉，虽不能说都来自江淮东部地区，但受到其影响是可以肯定的。这说明在龙虬庄文化的第二期阶段曾经一度影响了海岱南部地区，并与良渚文化的北上几乎同时或稍早。江淮东部对宁镇地区的影响主要是龙虬庄文化的第二期，且主要体现在陶器上面[90]；而江淮东部对太湖地区的影响则相当少。

笔者认为良渚文化向北的扩展是客观存在的，但也经历了一个变化的过程。早期阶段，海岱地区的大汶口文化也试图越过淮河向南扩展，一度使得江淮东部出现两种文化共存的现象。但是终因势头不如良渚早期文化，导致江淮东部最终成为良渚文化的分布区。此后良渚文化衰落，而海岱地区龙山文化和岳石文化又越过了淮河。中原与东部沿海地区有夷夏东西的历程，而江淮东部地区在史前时期，可以说也经历了一个海岱、太湖系文化南来北往的过程。

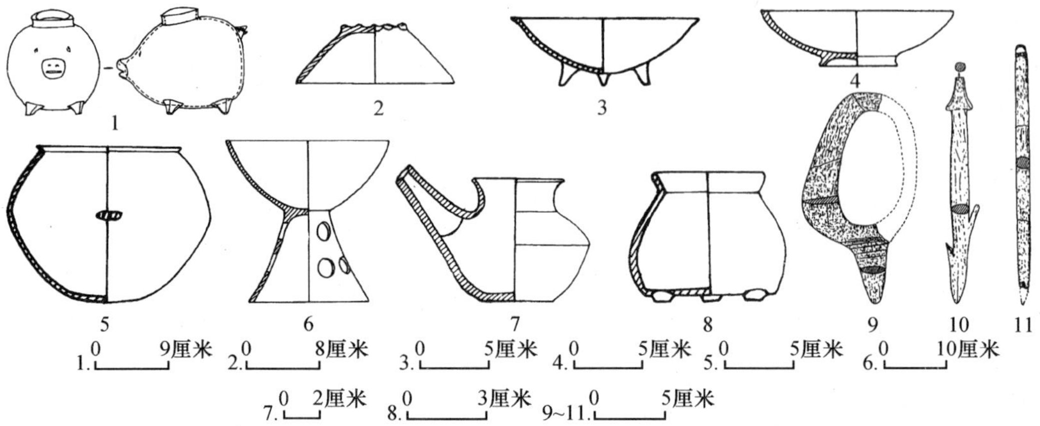

图一四　花厅墓地中江淮东部地区的文化因素

1、5. 陶罐（M21∶14、M105∶3）　2. 器盖（M60∶139）　3. 三足钵（M56∶22）　4. 陶碗（M4∶28）　6. 豆（M121∶7）　7. 陶盉（M34∶47）　8. 三足罐（M4∶21）　9. 骨匕首（T201∶22）　10. 骨镖（M105∶30）　11. 骨锥（M106∶15）

（四）小结

江淮东部地区不同阶段的文化面貌和性质存在着质的差异，总体看来主要可以分为三个大的阶段。第一阶段是龙虬庄文化时期，江淮东部是当地原始文化的分布区，但在文化发展的后期阶段受到太湖地区文化的强烈影响；第二阶段江淮东部地区原始文化的独立性丧失殆尽，并主要成为太湖文化区的组成部分；第三阶段江淮东部成为海岱文化的分布范围。结合上文对史前文化年代和性质的分析，我们可以将江淮东部地区史前文化的发展序列及其与海岱、太湖文化区的对应关系列如表三。

考古调查和发掘工作在江淮东部地区史前时期的不同阶段发现了丰富的文化遗存，同时也采集了大量自然标本，但各阶段发现的遗址数量和文化遗存的数量都存在明显的不平衡性。第一阶段发现的遗址数量较多，文化遗存数量多、种类丰富。其中遗物包括陶器、玉石器、骨角器以及各种动植物遗骸，遗迹现象中以墓葬发现数量最多，其次为灰坑，居住遗迹也有发现，但数量不多也不系统。第二阶段发现的遗址少，以陆庄遗址较为典型，遗迹和遗物也少。第三阶段遗址也较少，遗物以陶器居多，另有石器和骨器，遗迹以灰坑居多，有少量居住遗迹。

通过对各种实物资料的分类对比研究，使我们对江淮东部史前文化的年代和性质有了一定的认识，并初步建立起文化发展的序列。但考古学的基本任务是“根据古代人类通过各种活动遗留下来的实物，以研究人类古代社会的历史”[91]，建立过去文化发展的时空框架只是其中的一项基本内容，要完整的复原古代社会，我们还需要对考古发现的材料进行多层面的阐释，因为“阐释已经被许多人看做是考古学研究的一个中心目标”[92]。

表三 江淮东部史前不同文化遗存属性及年代对应

<table>
<tr><th colspan="2" rowspan="2">史前文化发展阶段</th><th rowspan="2">江淮东部史前文化遗存</th><th rowspan="2">年 代</th><th rowspan="2">文化属性</th><th colspan="4">周边地区文化发展序列</th></tr>
<tr><th colspan="2">海岱地区</th><th colspan="2">太湖地区</th></tr>
<tr><td rowspan="3">第一阶段</td><td rowspan="2">前期</td><td>?</td><td rowspan="2">距今7000～6300年</td><td rowspan="3">龙虬庄文化遗存</td><td colspan="2" rowspan="2">北辛文化</td><td colspan="2" rowspan="2">马家浜文化</td></tr>
<tr><td>龙虬庄遗址一期</td></tr>
<tr><td>后期</td><td>龙虬庄遗址二期、青墩中下层、吉家墩中下层</td><td>距今6300～5500年</td><td rowspan="4">大汶口文化</td><td>早期</td><td colspan="2">崧泽文化</td></tr>
<tr><td rowspan="3">第二阶段</td><td>前期</td><td>龙虬庄遗址三期、青墩上层、吉家墩上层、东园新石器时代文化遗存</td><td>距今5500～5200年</td><td rowspan="3">北部小区域内是大汶口文化遗存，主要为良渚文化遗存</td><td rowspan="2">中期</td><td rowspan="3">良渚文化</td><td rowspan="2">早期</td></tr>
<tr><td colspan="3"></td></tr>
<tr><td>后期</td><td>陆庄新石器时代遗存</td><td>距今4800～4600年</td><td>晚期</td><td>后期</td></tr>
<tr><td rowspan="4">第三阶段</td><td colspan="4"></td><td colspan="2" rowspan="2">龙山文化</td><td colspan="2" rowspan="2">广富林类型</td></tr>
<tr><td>前期</td><td>南荡遗存
周邶墩第一类遗存</td><td>距今4300～4000年</td><td>龙山文化晚期遗存</td></tr>
<tr><td colspan="4"></td><td colspan="2" rowspan="2">岳石文化</td><td colspan="2" rowspan="2">马桥文化</td></tr>
<tr><td>后期</td><td>周邶墩第二类遗存</td><td>距今3700年稍后</td><td>岳石偏早阶段遗存</td></tr>
</table>

四、江淮东部地区的史前社会

一个社会系统是由相互关联的不同部分组成的，“从最简单的层面而言”，一个社会可以被视为拥有社会、环境、文化演变、生存、技术、接触与交换、人口、信仰与思想等几个相互关联的部分[93]（图一五），随着时间的推移，环境、经济、人口、信仰等各要素之间互相作用，其合力便促使了文化的演变和人类社会的发展。人类社会是复杂的，凝结着社会各方面信息的考古遗存也是相当丰富的，在没有文字记载的史前时期，考古发现的各种遗物及遗迹现象，就成了史前社会的最好的代言。

对于江淮东部地区而言，其史前文化的属性及发展框架前文已做论述，下文着重就环境资源、经济、社会和文化艺术等几个部分进行阐释。可以肯定的是，这只是当时社会的几个主要方面，并不是社会系统内容的全部。社会是一个丰富而复杂的系统，其各个组成部分渗透于各种物质文化之中，因此反映到考古遗存上，单个的遗存现象可能会反映出多种社会信息。本文讨论的各部分内容，所依赖与侧重分析的考古遗存有所不同，但是它们之间还是有机联系在一起的，并表现出一定程度的交融。由于时间跨度大，考古遗存发现的数量在不同时期呈现出不均衡的现象，其所能揭示出的社会信息的程度及侧重也有所不同。有鉴于此，下文在对江淮东部地区史前社会的阐释过程中，有

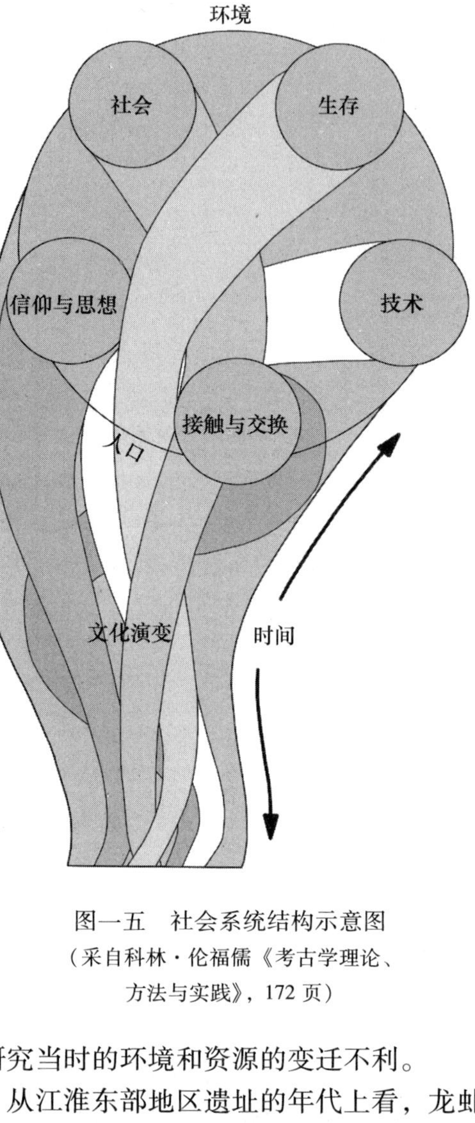

图一五　社会系统结构示意图
（采自科林·伦福儒《考古学理论、方法与实践》，172页）

的是在文化的分期的基础上对考古遗存进行的分类论述，有的则是概括性的总结。

（一）江淮东部地区史前环境资源

环境变迁及资源状况影响着人类的生存发展，部分学者利用自然科学手段重建了史前时代的环境、资源状况，为我们研究史前时期的文化提供了一个大背景[94]。在考古学上，遗址中有大量的遗存可以用以研究遗址形成和使用时期的古环境，如动物骨骼、大植物化石、树轮样品等。值得注意的是这类材料有不少是人类活动的结果，“其中的一些环境信息不能真实地反映自然环境变化的事实”[95]；同时这类遗存虽然在反映气候变化上有明显的优势，但是环境资源所包含的内容远不止于此，地貌、土壤、矿物组成乃至于降水、光照等都是其组成部分。此外，由于在不同时期，我们从遗址中获取的反映自然信息的遗存种类和数量又存在着较大差异，如龙虬庄文化时期种类丰富、数量多，而其后良渚文化晚期以及龙山、岳石文化时期的遗址数量少，而且反映自然环境的遗存相对匮乏，多集中于对孢粉的分析，这对研究当时的环境和资源的变迁不利。

从江淮东部地区遗址的年代上看，龙虬庄文化之前少有人类活动，而在龙虬庄文化与陆庄遗存，以及陆庄遗存与南荡及周邶墩遗存之间存在时间上的缺环，可能与海平面的变化有关，这与第一章中述及江淮东部在距今7000年前的海侵、距今5000年左右出现的最高海面以及距今5000～3600年间的数次海侵情况是吻合的。而江淮东部地区不同时期内遗址的分布情况，则明显与当时的贝壳沙堤等显示的海岸线变迁的情况一致。具体到遗址所处的不同时期，由于遗址数量不同而且从遗址中获取的反映自然信息的遗存种类和数量存在较大差异，其反映的环境信息也有所不同。

龙虬庄文化时期，自然环境材料主要在龙虬庄和海安青墩等遗址中发现，包括土壤以及采集的大植物化石和动物骨骼等。土壤中含有大量的环境信息，通过孢粉分析、植物蛋白石分析、粒度分析和磁化率分析，可以有效地了解当时的植被、气候、温度以及当时周围的地理环境等信息。龙虬庄遗址采集土样的孢粉分析结果显示，在聚落遗址形成之前，本地区是以栲属、青冈属、栎属、枫杨属、松、蒿属、香蒲、禾本科、蓼科为主的常绿阔叶和落叶阔叶混交林与暖湿草地水沼景观，气候温暖湿润；遗址形成期，栎属、青冈属、栲属、枫香、栗属、禾本科、香蒲、莎草科、蒿属、单缝孢、蓼科以及常见树种松的孢粉组合，反映的是暖湿的草地与水沼景观，值得注意的是草本花粉中发现较多的禾本科大型花粉，植物蛋白石中存在数量较多的稻属扇型、哑铃型植硅石，可能与稻作农业有关[96]。这与青墩遗址的孢粉分析反映的情况基本一致[97]。粒度分析则显示，在遗址形成之前的全新世初期，江淮东部地区发生过一次大规模的风暴而形成了风砂沉积，其与阜宁西园的全新世风暴沉积相一致[98]；而在第8层下部时期遗址为浅水沼泽或有水浸过程，到第7层上部，遗址周围形成了小的河沟流水系统[99]。磁化率的分析则揭示了遗址形成时期生态环境的细节变化，其显示在龙虬庄二期前段气候更加湿热，后段开始气候呈转向干凉的趋势[100]。在龙虬庄遗址中发现的植物种类主要有芡、菱和稻[101]，青墩遗址中则发现有桃和芡[102]。龙虬庄遗址新石器时代文化层中，发现大量的水生、陆生动物遗骸[103]，青墩遗址中有失衡丽蚌和蓝蚬存在[104]，其中各种鱼类、爬行类和丽蚌、瓣腮纲、楔蚌、蓝蚬等软体动物均为淡水河湖的产物，反映出遗址周围有较大的水域分布；而麋鹿、梅花鹿、獐、獾等陆生动物的发现，则反映出遗址周围有混交林、草地、灌木丛、沼泽、芦苇塘等，这与植物孢粉反映的遗址周围的环境是一致的。综合以上信息，结合周围同时期万北、崧泽等遗址反映的自然环境信息，可以认为：江淮东部地区在相当于地质年代上全新世大西洋期的龙虬庄文化时期，是森林—草原—湖沼景观，动植物种类丰富；气候较现今温暖湿润，年平均气温较现在高2～5℃，年降水量比现今高出200～300毫米，前期更加湿热，后期气候呈转向干凉的趋势。这一特征与同一时期遗址周围自然沉积中反映的环境变化的信息是一致的。

江淮东部良渚文化后期自然环境材料主要出自陆庄遗址，主要为孢粉分析，另外遗存中发现有稻壳。陆庄遗址的孢粉分析显示，在遗址形成之前陆庄地区可能有三次为出露海面的陆地，三次为近海浅海沉积环境过程。在文化层形成的早、中期，蒿属仍是孢粉组合中的优势成分，乔木花粉开始增多，且多为亚热带的青冈、栲、栎、枫香、杨梅以及松等，水生植物花粉与水蕨开始连续出现，反映了陆庄及周围地区已部分成陆，较高的陆地有森林分布，但淡水沼泽和湖塘仍有较大面积，为陆地—湖沼景观。晚期，出现大量的蒿，而木本类花粉较少，可能表明海水又影响到陆庄地区，植被向盐生草甸转化。之后，陆庄地区为近岸浅海沉积。孢粉分析结果显示，陆庄遗址的形成与消亡是受海侵海退制约的[105]，其前期和后期均受到海侵的影响。

江淮东部龙山、岳石文化时期的自然环境材料出自南荡和周邶墩遗址，主要是孢粉分析。南荡遗址的孢粉分析显示，当时乔木种类为亚热带地区的植被类型，主要有青冈、栎、栲、榆、松等，是亚热带常绿阔叶林或常绿—落叶混交林常见种属。该遗址孢粉组合反映的气候与现今相似，温度变化不大。草本植物花粉，基本上是江苏北部目前湖荡沼泽、滨海潟湖地区的种类，如藜科、禾本科、香蒲、莎草科等，表明整个剖面的沉积时期都比较湿润。但各层孢粉有所差异，尤其是草本植物，反映出的环境变迁过程是，①滨海潟湖→②淡水沼泽→③水位下降，部分高地成陆→④水位增高，湖沼大面积发育四个阶段。先民只能在第二、三阶段在南荡地区生存，南荡遗址可能是在距今4000～3500年，一次不长的海面下降的波动中，人类活动留下的遗址[106]。周邶墩遗址中孢粉不丰富，其中地方性水生植物孢粉的存在，可以推断周邶墩的第一、二类文化遗存时期，可能一度存在水域扩大的阶段[107]。

可以看出，不同时期各遗址中自然环境材料的丰富程度是不同的：龙虬庄文化时期的材料较多，后期较少；具体遗址微观环境较多，而全面反映整个江淮东部地区的材料较少。单个具体遗址的资源环境状况，可能与整个江淮东部地区的资源环境有一定的差异，并不能完全反映整个江淮东部地区史前的环境状况。但是具体遗址的资源环境对人类的活动影响却更为直接，对当时人们的生产活动影响更大，因此上述对单个遗址的资源环境状况的分析，还是有必要的。总体而言，江淮东部史前时期的气候、地貌、自然景观与今日不同，气候更温暖湿润，而动植物等自然环境资源也更为丰富，但由于没有山脉的存在，玉石资源匮乏，使当时的经济生产方式呈现出多样性。而频繁发生的海侵，则在很大程度上影响了人类活动的延续。

（二）江淮东部地区史前社会经济

自然环境为人类提供生产活动所必需的物质资料，进而影响人类生产活动的发展进程，人类活动又对自然环境产生反作用。自然环境对人类的这种制约和限制，在早期阶段，表现得更为明显，自然环境资源的情况，对当时的经济活动会产生直接的影响。经济为社会的进步和发展以及文明的起源和形成提供物质基础，其本身是一个十分复杂的综合体，所包括的内容较为广泛，从大的方面可以分为两大类：一类是为维系人的生存和发展而获取食物的经济活动，可以称为生业经济；一类是手工业经济。

要了解史前人类所从事的经济生产活动，只能通过一些考古遗存（包括生产工具和劳动对象）进行分析，其详细过程已无从考察。江淮东部史前时期发现有一定数量与生产有关的考古遗存，而且不同时期的丰富程度不同。本文从此类考古遗存出发，对当时的经济活动做一些管窥。

1. 龙虬庄文化时期

（1）生业经济

江淮东部地区的生业经济主要包括狩猎、捕捞、采集、家畜饲养、农作物种植等。考虑到劳动对象的性质，又可以分为纯粹从自然界获取食物的攫取经济和生产经济，前者如狩猎、捕捞、采集，后者如家畜饲养和农作物种植。随着自然资源状况的变化、人口数量的增加以及人类适应自然能力的提高，在人类发展的不同阶段，各种经济方式在经济生活中所处的地位是不同的。农作物种植和家畜饲养等生产经济经历了一个由无到有的过程，而在此前，以渔猎和采集为代表的攫取经济是获取食物资源的主要手段。

龙虬庄文化时期江淮东部，自然资源丰富，各种类型的攫取经济一直占据着重要地位。当时人们狩猎的主要对象是麋鹿，其次为梅花鹿，偶有小鹿、獐、猪獾等；捕捞的对象是鱼、鳖、龟、蚌、蚬等；采集的主要对象是芡实和菱角，核桃一类的野生果子也可能是采集的对象之一。当时的渔猎工具主要是镞、角叉、骨镖等，而从彩陶上出现的斜方格网纹看，也可能出现了渔网。以龙虬庄为例，遗址地层中发现大量动物骨骼、蚌壳等，墓葬中也随葬有大量的骨角器和猪獠牙等，而且与狩猎有关的镞、角叉等工具数量甚多，说明当时狩猎活动占有相当重要的地位；芡实等野生植物的果实在龙虬庄遗址和青墩遗址中都有发现，青墩遗址还鉴定出核桃的果实。

这一时期的生产经济主要指家畜饲养和农作物种植，而家畜饲养的主要对象是家猪和家犬，农作物主要是水稻。仍以龙虬庄遗址为例，遗址出土的猪骨数量仅次于麋鹿，而且猪骨带有明显的人工痕迹。同时根据对猪死亡年龄的考察，发现大部分死亡年龄为1~2岁，属非正常死亡，结合墓葬中出土的猪形陶壶考虑，虽然存在少量的野猪，但当时的家猪已经被大量的人工饲养。家犬是人类最早驯养的动物之一，龙虬庄遗址发现大量家犬用以奠基、殉葬。在青墩遗址的中下层也发现大量的猪骨和狗骨，另外还有水牛的角，因为数量不多，是否被驯化没有定论。龙虬庄遗址第8~4层都存在大量的炭化稻粒，而且第4层的稻米在粒长和粒宽上有一个显著的变长、变宽的过程[108]，与现代农家栽培稻相似。水稻的植物蛋白石也在各层中广泛存在且数量有上升的趋势；青墩遗址发现少量的炭化稻谷，在一些硬结了的人畜粪便中也发现没有被消化掉的稻壳。在龙虬庄遗址还发现有石锄、鹿角镐等与作物种植有关的工具。

综上所述，我们可以认为龙虬庄文化时期的生业经济是兼有狩猎、捕捞、采集、家畜饲养和水稻种植在内的综合经济类型，各种类型经济的比重在不同时期有所不同。通过对龙虬庄遗址T3830各层中的芡实、菱角、鱼鳖、水稻，T3629、T3729等6个探方内的麋鹿等野生动物骨骼和遗址中各层家猪数量统计及对比分析可以看出（图一六），龙虬庄文化不同时期，通过狩猎和捕鱼方式获取的肉食资源的数量没有大的变动，而家猪的数量则产生一定的波动。可见虽然家畜饲养业出现较早，但主要是起着调剂和补充作用，并未能取代捕鱼和狩猎，与有关学者研究所得出的长江下游地区新石器时代稳定的“依赖渔猎，以一定比例的猪的圈养为补充的肉食资源”构成模式相一致[109]（图一七）。但是变化明显的是植物类食物，水稻呈现逐层增多的趋势，而作为采集对象的

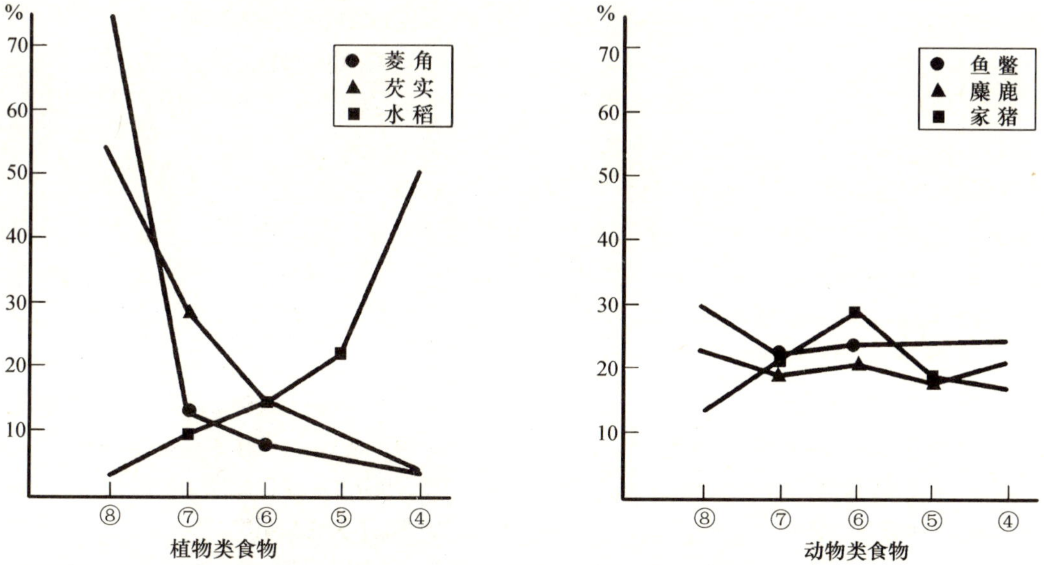

图一六　龙虬庄遗址生业经济发展趋势曲线图

（改自《龙虬庄——江淮东部新石器时代遗址发掘报告》图五五四）

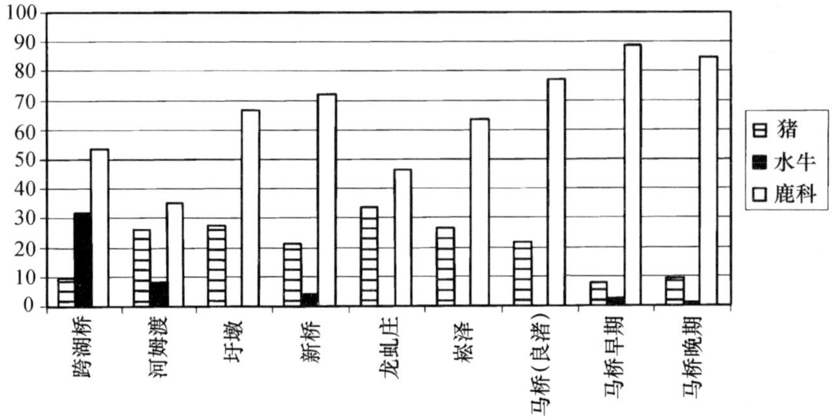

图一七　长江下游遗址主要哺乳动物的构成

（采自秦岭、傅稻镰等《河姆渡遗址的生计模式——兼谈稻作农业研究中的若干问题》图七）

芡实和菱角则逐层减少。水稻种植的劳动力支出要比采集类攫取经济大得多，而且是预付性劳动，它在发展和传播的初期会受到采集经济一定程度的抵制。但随着人口的增加、可利用自然资源数量的相对减少，而水稻由于驯化过程的累积作用以及稻生长环境的改善，至龙虬庄文化后期稻的种质产生了一次质的变换，稻米产量提高[110]。因此，在龙虬庄文化后期稻作种植的发展呈取代采集经济的趋势。

讨论各种经济形态在社会经济中的比重，学术界通常用遗址出土的不同类型工具的数量对比情况做参考。通过对龙虬庄和青墩遗址的分析对比，镞、骨叉、骨镖等渔猎类工具占有明显优势，而石锄、石刀、骨铲、角镐、角斧等与农业有关的工具数量明显较少[111]（图一八、图一九），反映出当时渔猎等攫取类经济可能占优。当然，也应该看

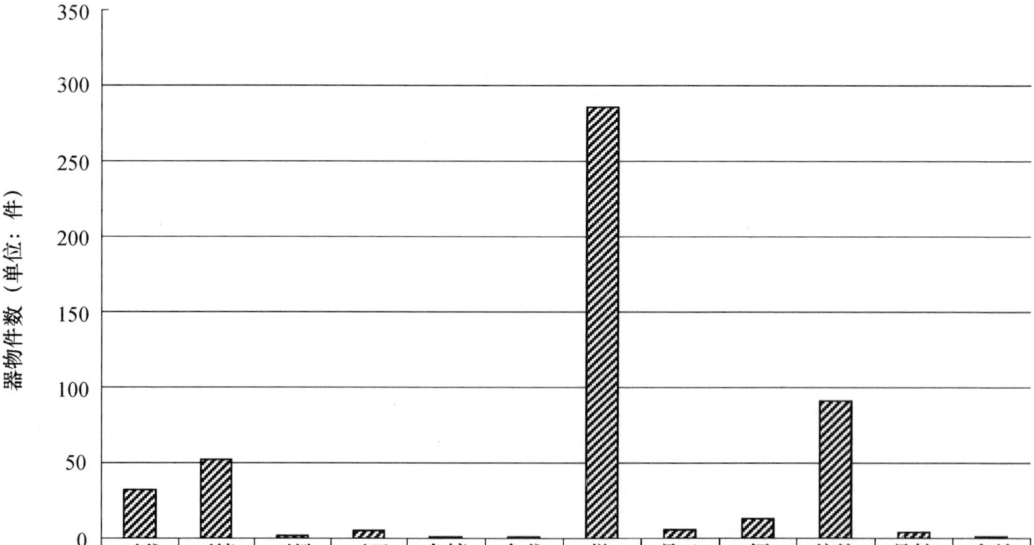

	石斧	石锛	石锄	石刀	角镐	角斧	镞	骨叉	镖	纺轮	骨针	角梭
件数	32	52	2	5	1	1	286	6	13	91	4	1

图一八　龙虬庄遗址墓葬出土工具类器物数量统计

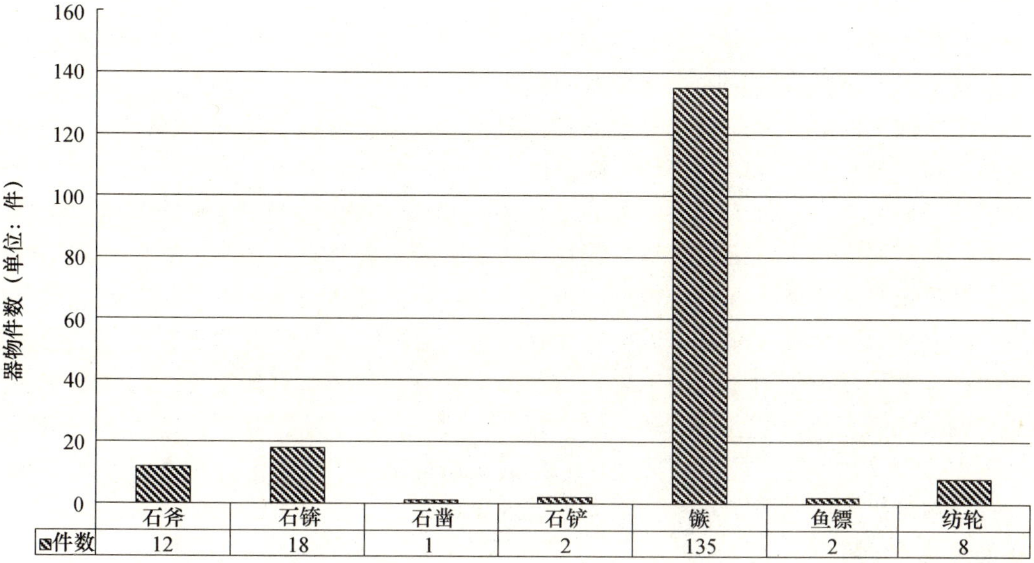

图一九 青墩遗址中、下层墓葬出土工具类器物数量统计

到，因为不同经济类型需要的工具的数量以及使用工具的频率不同，而有些工具则可能具有不同的用途（如石斧）。因此，可能单纯依靠工具数量的对比并不能反映当时的实际情况。这也让我们注意到一个现象的存在：龙虬庄文化时期虽然稻作遗存大量存在，但是与稻作相关的耕作、收割以及加工工具数量却极度匮乏，同时农田、粮食加工和储藏场所也没有发现。这可能需要我们从其他更多的角度去考虑，例如：或者当时木制工具数量也相当多只是没有保存下来；或者水稻的收割采用整体拔取的方式。这可能需要我们转变已有的思维模式，尤其在稻作农业起源方面[112]。农业起源研究需要对一个和几个区域的大批遗址和文化群综合分析，以求从时空上来探索经济整体演变的轨迹。这种研究已不再满足于从个别遗址中辨认和发现炭化种子和加工植物的器物工具来轻率地对农业起源下结论，而是要了解经济社会演变的过程。因为有时炭化的种子可能是野生的，而加工植物的工具在采集社会中也十分流行[113]。

目前对农业起源的理论大致分为两类：一是人口压力说，二是宴享说[114]。张光直先生也认为“以选择的方式改进植物以对人类更为有用是只能由饥馑水平之上有相当大的余地来生活的人们来达到的”，并认为“从东南海岸已经出土的最早的农业遗址中的遗物来看，我们可以推测在这个区域的最初的向农业生活推动的试验是发生在居住在富有陆生和水生动植物资源的环境中的狩猎、渔捞和采集文化中的”[115]。江淮东部地区稻作农业的产生，可能就是采取了第二种模式。结合江淮东部当时的自然资源状况，以及遗址中各类工具的数量和各类遗存的变化趋势，我们基本可以看出，在整个龙虬庄时期，渔猎经济始终占有重要的地位，家畜饲养处于补充调剂的地位；采集类经济的比重逐渐下降，农业经济呈取代采集经济的趋势。可以说生产经济的比重逐渐增加，但是生产经济在社会经济中并没有占据绝对优势，攫取类经济依然占有相当的地位。

（2）手工业经济

龙虬庄文化时期江淮东部的手工业经济，主要包括制陶、骨角器制作、建筑、纺织、木材加工等。其中以制陶和骨角器制作业最为发达，与之相关的考古材料也最多。

江淮东部的制陶业在龙虬庄文化时期已经脱离了原始的阶段，轮制技术广泛应用，所制作的陶器更是有着鲜明的特色。陶器以夹砂陶为主，泥质陶数量较少，夹砂陶多以夹骨屑和蚌屑为主；灰陶为主，红陶次之，并有少量的黑陶。陶器种类多样，炊器有釜、鼎，水器有盉、三足带把罐、直腹杯、钵形匜等，食器有豆、碗、钵等，其中炊器中的双耳罐形釜和盆形釜具自身特色，陶器水器多，而且器物多有流、带把、加圈足的现象。陶器装饰上，夹砂陶器中以按捺纹和指压纹常见，另外还有用手在陶器口沿上捏出花边；泥质陶器上则用专门的工具进行装饰，镂空、镂刻、刻划常见，此外还用两头尖的小泥条或圆形小泥丁进行贴塑；彩陶流行内彩，多施于钵、钵形匜的内壁，最常见的是斜方格网纹；陶塑也颇具地方特色，龙虬庄遗址出土的猪形壶，神态各异、栩栩如生，青墩遗址出土的陶斧，与实物无异，另外青墩遗址还出土了堆塑的陶片，表面有动物形象的半浮雕堆塑。

由于地质、地貌方面的原因，江淮东部地区的玉石器多为周边地区输入，在遗址中极少发现石料，故我们推测是输入成品。因此，龙虬庄文化时期的玉石器制作业不发达，不少器形用骨角器代替。由于动物资源丰富，高度发达的骨角器制作成为江淮东部原始文化的又一显著特征。骨角器多用麋鹿的骨角制成，器形种类繁多，包罗生产生活的各个层面。主要有斧、镐、镞、叉、镖、凿、锥等生产工具；刀、匕首、勺、箸、栖、等生活用品；纺轮、梭、针等纺织缝纫用具；笄、坠、管、环、指环等装饰品，并出现了复合型生产工具鹿角镐。制作工艺上采用切割、磨割、钻孔、打磨、刻划等工艺，还出现剜空的技术。与同时期的海岱、太湖、宁镇等地区相比，在骨角器制作方面，江淮东部地区远远走在了前面。在龙虬庄遗址出土的5103件骨角碎块中，就有666件标本上保留有人工砍砸、锯割、磨削、钻孔等痕迹，占13.1%。值得注意的是骨角器中，同类器极具相似性。龙虬庄第5层的M357发现13件骨镖和2件角料，同时有石刀和砺石出土；M181中出土有7件角叉，3件骨笄，1件角料。第4层的M330，随葬的叉形鹿角料5件；M348出土骨角器达26件，其中有5件角料，9件骨凿，2件骨环，1件骨刀，1件骨管[116]。诸多现象显示，当时可能已经出现了专门制作骨角器的工匠。

除上面介绍的手工业经济门类，其他诸如纺织业、建筑业等也有不少考古遗存。在龙虬庄遗址和青墩遗址的地层及墓葬中都发现了不少的纺轮、骨梭、骨针，尤其是纺轮的数量在第6~4层墓葬中呈现出由少到多的趋势[117]，大致反映了纺织业的发展态势；当时的房屋建筑主要有地面式和干栏式两种，木作多采用榫卯构造，诸多居住遗迹在龙虬庄遗址、吉家屯遗址和青墩遗址都有发现。总之，手工业经济在龙虬庄文化时期有着很高的水平，可能存在着专业化的生产，甚至可能存在着原始的商品交换。

2. 大汶口文化和良渚文化时期

江淮东部地区这一时期大体可以分为两个阶段。前期江淮东部的北部有大汶口文化的东园遗址和南部的良渚文化的青墩、龙虬庄遗址；后期主要是指陆庄良渚文化遗存。

总体来说，这一时期与经济有关的考古遗存不丰富。

前期与生业经济有关的主要是数量不多的各种动物骨骼，植物遗存没有发现，石器和骨角器的数量也很少；后期在陆庄遗址中发现了尚未完全炭化的稻壳。龙虬庄遗址有不少动物骨骼尤其是麋鹿的骨骼、楔蚌壳；而植物类遗存则没有发现，可能与发掘面积有关系。发现的石器、骨角器数量都很少，据发表的材料看一共不足10件，其中狩猎工具仍占有一定数量。青墩遗址地层中的遗物可能极少，故在报告中未予介绍，同时上层墓葬中完全没有骨角器，石器仍以斧、锛为主。东园遗址出土了49件石器，但以斧、锛、凿类的木作工具为主。考虑到上一阶段稻作农业的发展情况，这一阶段应该仍是各种类型经济并行发展的时期。

手工业经济门类与上一阶段没有大的变化，建筑、纺织、制陶、骨角器制作等都存在。龙虬庄遗址发现此阶段的居住遗迹，由柱洞、烧土面等遗迹现象组成，与遗址第二期发现的居住遗迹基本一样，东园遗址发现了地面式和干栏式两种建筑；在龙虬庄遗址、青墩遗址和东园遗址中都有纺轮一类的纺织工具发现；但是制陶业中陶器的风格有较大的改变，彩陶突然消失，骨角器制作明显地衰落，一些遗址中出土了制作精美的玉器。这些现象可能与文化的更替有关系，也可能缺乏制作骨角器的原材料。

总体而言，这一时期江淮东部地区的经济中，农业经济并没有在前一时期发展的基础上突飞猛进，手工业经济中的一些门类也不如龙虬庄文化时期发达。造成这种情况的原因，可能是发掘面积过小而影响了我们的认识，也可能是环境的变化影响了各种经济尤其是稻作农业的持续发展。

3. 龙山文化和岳石文化时期

关于龙山文化的经济状况，60多年前梁思永先生曾推测是以农业为基础，并有家畜、狩猎和捕捞作为补充[118]。随着发掘材料的增多，证明了这一论述的正确性，同时也有了详尽的总结性论述，对龙山文化的社会经济进行了比较全面的探讨[119]。岳石文化时期由于资料较少，其经济形态也多只能通过对农业工具、陶器制作等方面做初步的分析[120]。江淮东部地区龙山及岳石文化的遗存主要集中于兴化南荡遗址和周邶墩遗址，但两个遗址出土可以反映经济状况的遗存数量都不多。因此对于当时的社会经济状况参考以往研究，应当是以农业为基础，并由家畜、狩猎和捕捞为补充，手工业经济在龙山时期获得长足的发展。

江淮东部地区龙山文化时期各遗址经济状况应不出当时大的时代特征，而且经济的发展程度应与龙山中期大致相当。这一时期，各遗址发现不少动物的骨骼，同时狩猎工具也较多地被发现，但农业生产工具和农作物遗存则基本没有发现。可能因为江淮地区特殊的自然环境，而各遗址又具有“临时营地”的性质，因此可能狩猎的比重要略高。在建筑上也有着自身特色，像南荡遗址的房屋建筑，既不是纯粹的半地穴建筑，也与干栏式建筑有所差异，而是在“半地穴式坑内构建的干栏式房屋”。发现的木桩端部有榫卯结构，坑近底部及方木上有数层叠在一起的芦席，编制与现代的无异[121]。各遗址均出土不少的纺轮，表明当时包括建筑、纺织、编制以及制陶等在内的手工业经济比较发达。

江淮东部岳石时期发现的经济类遗存更少，只有为数不多的石器、纺轮等。与整个岳石文化的发现状况一样，对当时的社会经济状况综合分析还有很多困难。

4. 小结

江淮东部地区的经济与当时的自然资源、环境有密切关系，尤其是在龙虬庄文化时期，可以说渔猎和采集类的攫取经济在获取食物资源中占有重要地位，甚至于以家畜饲养和水稻种植为代表的生产经济开始之初并没有占据绝对优势。但“基于坚果采集经济的社会也同样有复杂化的过程和相当的手工业生产水平”[122]。科恩也认为，复杂渔猎采集社会中首领地位的确立在协调群体力量和推迟资源消耗中起着重要的作用[123]，况且在龙虬庄文化时期就已经产生了原始的稻作农业。各种经济活动促进了社会的进步与发展；同时由于在狩猎、采集、耕作中的作用不同，不同的人在群体中的威望也不尽相同，进而影响到人们的社会地位，日常从事生产劳动的群体单位也可能有变化，使社会关系变得复杂。自然资源与人类的食物结构、居住形态是环环相扣的：自然环境、自然资源决定了人类的食物结构，人类的食物结构、生活方式又决定了其居住形态、社会组织等[124]。通过对居住形态（墓是人死后埋葬的场所，而墓地可看做是相同的人群死后“居住”的聚落[125]）的分析，我们可以更深入地了解当时的社会。

（三）江淮东部地区史前社会状况

生产力的发展是人类社会不断进步的物质前提，而社会的发展则使生产力水平的进一步提高成为可能，两者间相互影响、彼此促进。在史前社会，随着人类适应、改造自然能力的提高，使得长期定居某地生活成为可能，进而产生了聚落。聚落是各种社会关系集结的基本场所，其内部的遗迹有许多种，比较常见的有房屋、灰坑、手工业作坊、墓葬等，当然不同聚落内部的遗迹也会有较大差别。社会的发展，表现为社会组织的构成及社会关系也日趋复杂，而社会组织的形态在一定程度上影响甚至决定聚落布局，反过来说，聚落布局反映当时的社会组织和结构。

现在，运用考古材料研究社会复杂化进程，聚落形态分析是一个行之有效的方法，对此学术界已基本达成共识。针对考察对象的不同，聚落分析又可分为不同的层次[126]。就江淮东部地区而言，虽然也可以用聚落考古的方法对当时社会进行研究，但由于发现的同时期的遗址数量较少，多数遗址发掘面积不大，遗迹现象不丰富，不利于从整体上对区域内聚落分布格局和聚落之间的关系做研究，也对单个聚落内部结构布局方面的研究产生不利影响。本文将通过典型遗址内部的重点遗迹现象（主要是居址和墓葬）的分析，以窥探当时的社会状况。

1. 江淮东部史前居址分析

据初步统计，江淮东部地区现已发现的史前遗址20余处，系统发掘的有6处，分属不同的发展时期。其中居住遗迹现象主要发现在龙虬庄文化时期，在随后的良渚文化早期（大汶口文化中期）以及龙山文化中也有发现。根据发掘材料，无论哪一时期都不具备进行全面的聚落形态研究的条件，下文多属对不同时期的居址资料的介绍，同时就其中的一些现象阐述自己的理解。

（1）龙虬庄文化时期

龙虬庄文化时期的居住遗迹既有干栏式建筑，又有地面式建筑，但发现数量比较少，而且不系统，主要分布在龙虬庄遗址和青墩遗址，在吉家屯遗址中也有发现。

在龙虬庄遗址中，共发现3处居住遗迹，多无法复原，其中F1、F2包含遗迹现象最丰富，相距较近，但无法判断其是否共时。各处房址保存情况不同，从F1和F2的情况看龙虬庄遗址的居住遗迹主要由柱洞、硬土墙、居住面和红烧土面构成，居住面上多堆积坍塌的烧土墙块，烧土墙均为草拌泥。居住面铺垫一层黄色粉砂土，其周围多有锤碎的蚌壳铺成的蚌壳面。有的房址的居住面下面有完整的狗骨架，当是房屋建筑之前奠基之用。从F1的两处“丁”字形硬土墙遗迹F2的柱洞打破关系看，至少有两次移位建房，同一地点存在重复建房的现象[127]（图二〇）。

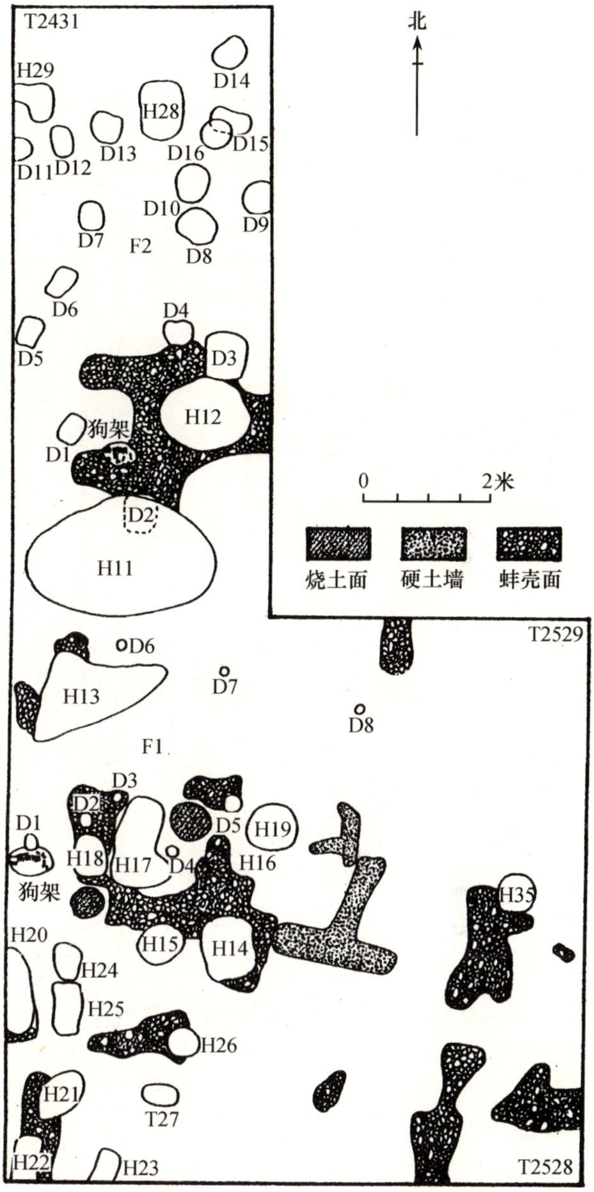

图二〇　龙虬庄遗址部分居住遗迹与灰坑分布图

（采自《龙虬庄——江淮东部新石器时代遗址发掘报告》图一一）

房子几经重建，而且保存情况不好，虽能看出当时人们应当分居于不同房屋，但不能以此分析各房屋之间的关系甚至单个建筑面积。房子周围的灰坑及蚌壳面则与某一时期的房子存在共存关系。从发掘资料看，F1和F2周围的几个灰坑可能与其有着共存关系。其中F1周围可以明确判定为后期打破F1的遗迹是H14、H15、H18，而H17、H19则不能辨明是否与其中某一时段的房屋同时；F2周围的H28、H29与F2没有打破关系，可能在一定时期内有共存关系。对于房屋周围的像H17、H28、H29一类的阶梯形灰坑（图二一），包含物少，填土灰黑色且多夹有绿色斑块和黄绿色黏土块，报告认为可能是用来临时养鱼或放养蚌、螺用的坑[128]，但坑底不见淤沙等水环境的沉积，亦不见螺蚌的残余，笔者认为这类灰坑可能与家畜饲养有关，其形状有利于人们上下而又不至于让家畜跑出。而蚌壳面的形成，报告认为是

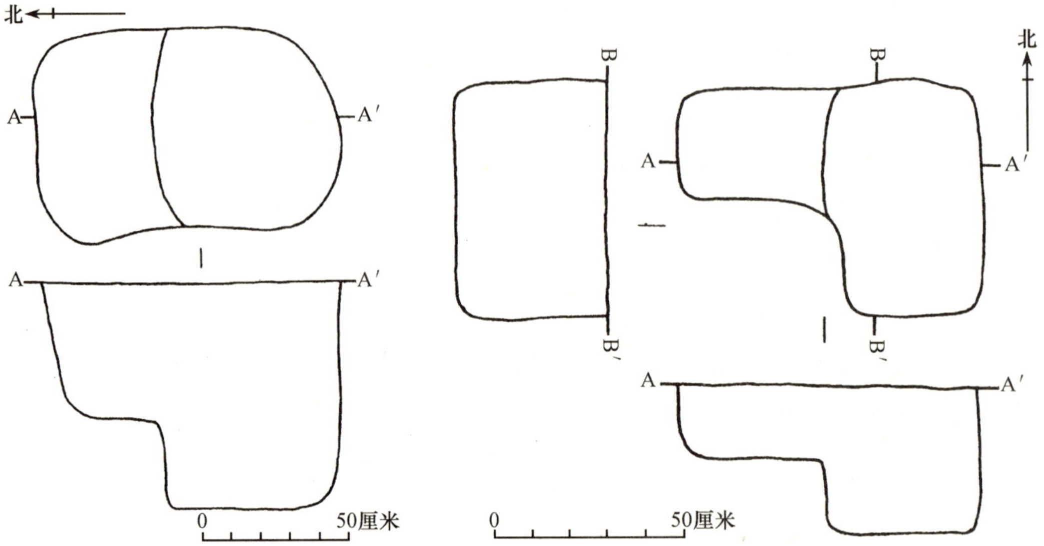

H28平、剖面图　　H29平、剖面图

图二一　龙虬庄遗址发现的阶梯状灰坑

（采自《龙虬庄——江淮东部新石器时代遗址发掘报告》图四一、图四三）

基于隔离潮湿地面和防滑便于行走。Lewis Binford 根据对阿拉斯加现生爱斯基摩人的观察得出了露天火塘骨骼处理区的这样一种模式[129]（图二二）。可以看出，围坐在一起就餐之后动物骨骼可能会在身后形成一个弧形的分布区。从公布的几个与房址较近的蚌壳面的情况看，都存在几个弧形的外轮廓（图二三），因此有可能是采取了与露天火塘类似的围聚在一块食用后对蚌壳的处理模式。从现存的两个红烧土面看，有可能就是进餐的地方，而 H12 中有大量的炭灰，可能就是就近倾倒炭灰的地方。房子周围的蚌壳有可能是当贝壳堆积到一定程度之后换地方就餐所形成，也有可能是将在房屋内食用后的贝壳运出后的堆积。因为公布的资料不多，是不是蚌壳面上有其他动物骨骼的存在，蚌壳堆积呈一种什么样的状态，等等，都不得而知，这只是结合民族学的观察及从图中观察到的信息做的一种推测。

青墩发现的居住遗迹主要有木桩、圆木条和红烧土堆积两种。木桩多呈一定形状排列（图二四），分布范围之内发现有若干鱼骨、菱角、兽骨和硬化了的粪便等遗物，陶片相对较少。从木桩、圆木条的形状、排列的分布范围等情况来看，可能是干栏式建筑下部木架结构的组成部分。其中 T12 第 6 层偏东部发现的情况看，分布范围为 7.5 平方米，略呈长方形[130]。不知其是否为一个独体建筑，若是则可能预示当时已经产生了个体小家庭。红烧土多是小面积零星分布，面积较大的也只有 1～2 平方米，均有大小不等的烧土块构成，形状无一定规则。由于不知道其他信息，不能做出判断，但不排除可能与龙虬庄发现的红烧土一样，是聚集烧烤进食的地方。但仅从现有的材料，我们并不能看出当时的社会组织结构等方面的信息。

吉家屯遗址发现干栏式建筑两处，形状布局不详，值得注意的是发现了用树皮做屋面的现象。

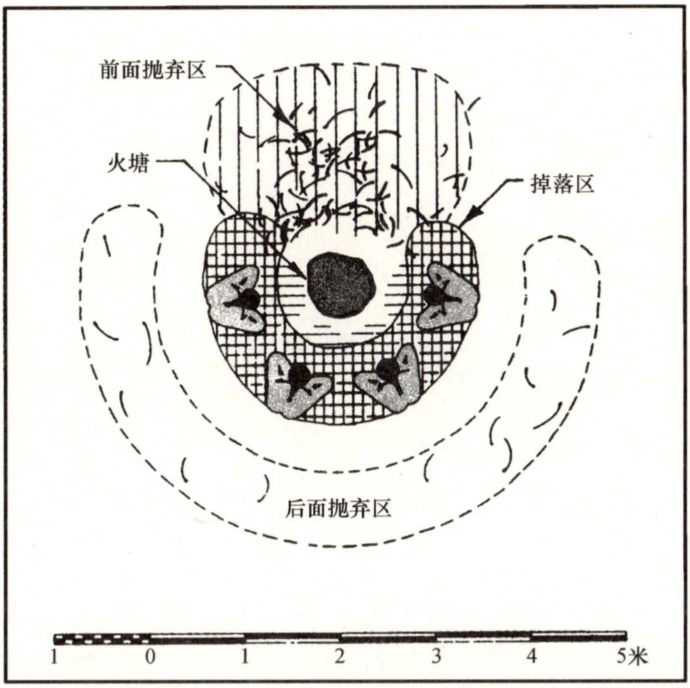

图二二　男人的露天火塘模式

（采自科林·伦福儒《考古学理论、方法与实践》，187 页）

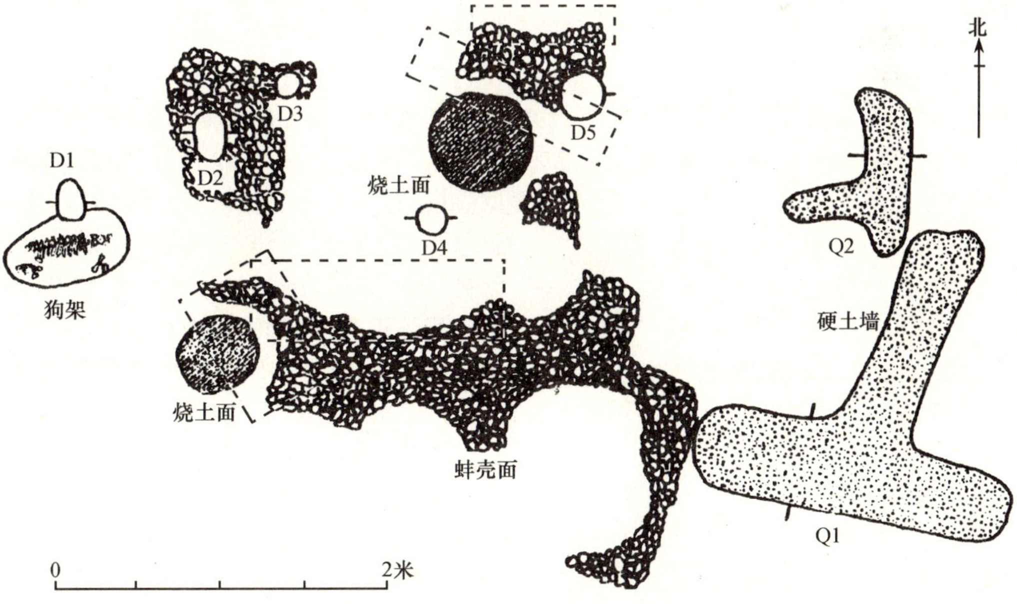

图二三　龙虬庄遗址 F1 中的烧土面和蚌壳面

（改自《龙虬庄——江淮东部新石器时代遗址发掘报告》图一二）

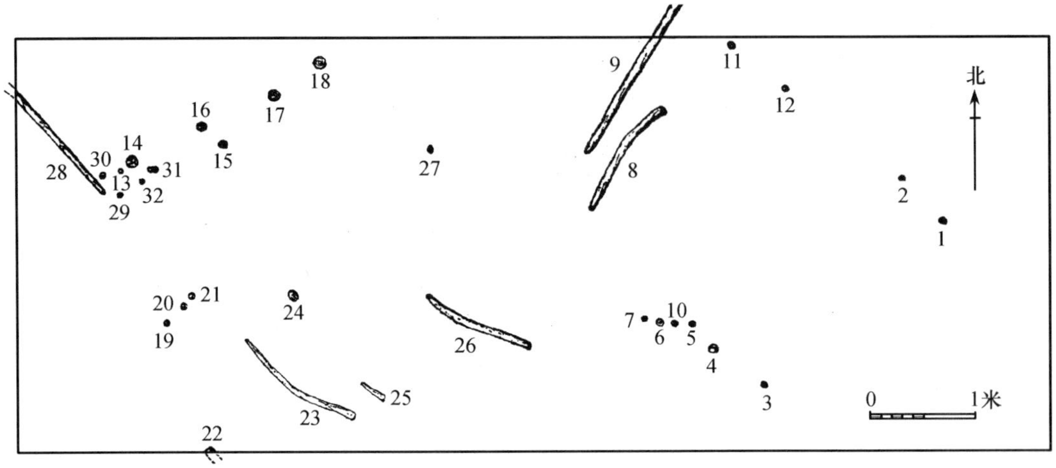

图二四　青墩遗址T15下文化层木桩平面分布图
（采自《江苏海安青墩遗址》图三）

（2）良渚文化早期和大汶口文化中期

这一时期江淮东部分布着两种考古学文化，分属太湖和海岱两大文化区。

良渚文化早期的居住遗迹主要发现于龙虬庄遗址，房屋的形制和结构与龙虬庄文化时期大体相同，主要由烧土面和柱洞构成，不见蚌壳面。由于发掘面积小，对房屋建筑形式无法复原，也不能以此来分析当时的社会状况。

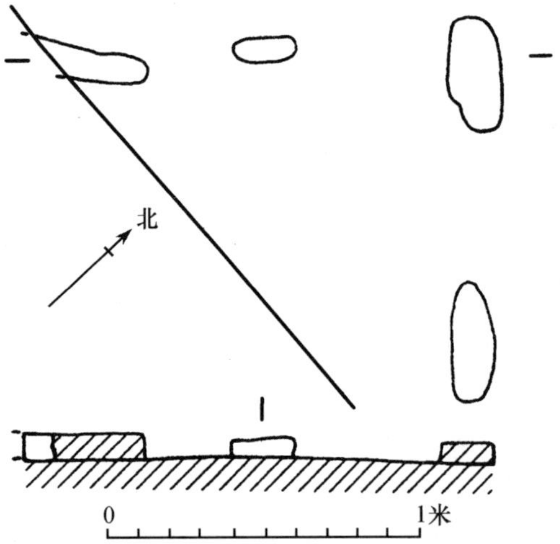

图二五　东园遗址F1平、剖面图
（采自《江苏阜宁县东园新石器时代遗址》图五）

大汶口文化中期在东园遗址发现了大量柱洞和一座房址。其中柱洞分属不同的层位，代表着不同时段的建筑。同时，这里也发现了与龙虬庄文化时期形制相同的阶梯形灰坑，无包含物，可能也是用于饲养家畜的。房屋为地面式建筑，墙基破坏严重，为青色硬油泥，房内铺灰色油泥沙，未发现包含物[131]（图二五）。由于没有完全发掘，其面积不得而知，又因为只有一例，故不能得知更多信息。

（3）海岱龙山文化时期

龙山时期的房屋建筑发现于南荡遗址，但不成规模。主要有两处，其中H1坑口呈不规则椭圆形，偏东南有一条向南延伸的斜坡通道。坑底偏南处修整光滑，上铺数层苇席，苇席上有较完整的器物和2个大鳖甲，可能原为半地穴房屋，因潮湿不宜居住而废弃。F1为半地穴式，坑口呈不规则椭圆形，南北宽3.64米，清理部分东西3.85米，深1.4米（图二六）。坑底发现木桩和方木11根，木桩末端有榫卯结构，在坑的近底部及方木上有数层叠在一起的芦席。坑底部及周围多鼎、甗、罐、豆等器物，以及麋鹿和猪的骨骼。报告推测可能为在半地穴式坑内构

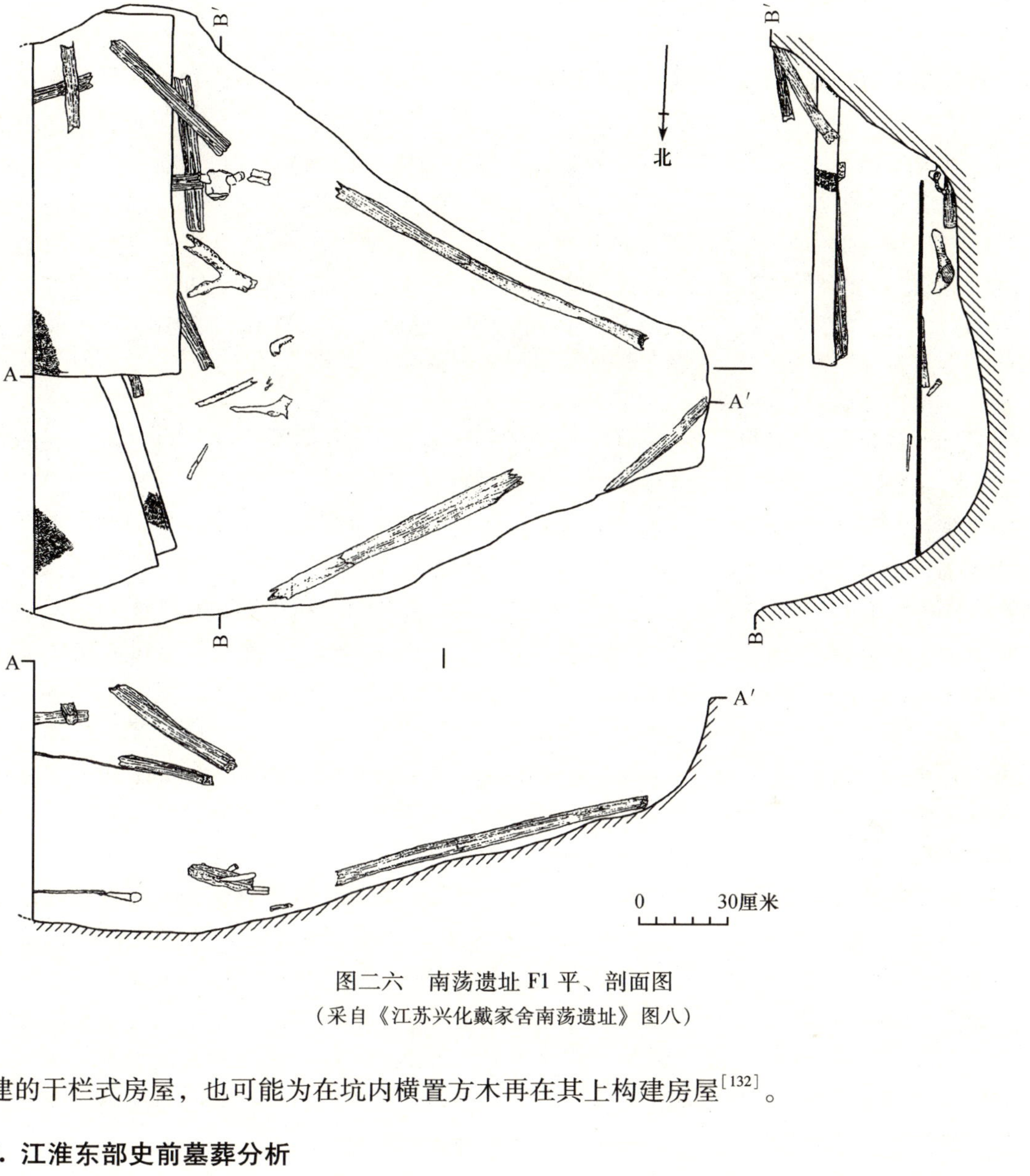

图二六 南荡遗址 F1 平、剖面图
（采自《江苏兴化戴家舍南荡遗址》图八）

建的干栏式房屋，也可能为在坑内横置方木再在其上构建房屋[132]。

2. 江淮东部史前墓葬分析

墓葬体现了人们埋葬死者的一种有意识行为，《中国大百科全书·考古卷》中解释为“人类将死者的尸体或尸体的残余按一定的方式放置在特定的场所，称为‘葬’。用以放置尸体或其残余的固定设施，称为‘墓’。在中国考古学上，两者常合称为‘墓葬’。在墓葬中，往往还包含着各类随葬的器物”[133]。将其拆解开来，墓葬大体包含了四个方面的内容：死者、墓、葬、随葬品（包括殉葬的动物等），其中前三个方面为必备内容。当埋葬的死者由单一的个体变成一段时间内的活动群体的时候，墓葬的数量增多，单个的墓葬可能就会相应的变成墓地，埋葬死者的统一方式就可能昭示着群体共同的信仰或理念，而相比较随葬品就可能会产生差异。我们今天可以通过对墓葬材料的分析，来了解古代社会的诸多信息。

在对墓葬的分析过程中，人骨是一个重要的材料，对其进行体质人类学和种族人类学的测量、分析和研究，可以从中获取性别、年龄、族属等方面的信息，并可能知道任何营养不良或者其他病理学状况。本文所涉及的人骨体质特征，已经有学者做过详细研究，在此基础上，本文更多的是对各遗址的男女性别、死亡年龄进行考察。

死者生前的社会关系反映在墓葬材料中，主要体现在两个方面，也可以说是两个层次上：一是墓地中墓葬之间的相对位置关系，二是合葬墓中体现出的人与人之间的关系。葬俗是一个群体共同思维方式的体现，而对死者的一些特殊处理方式的出现可能表明当时发生了特殊事件，抑或昭示一种新的理念形成，像二次葬、有别于其他人的头向、多人集体下葬等。因此对合葬墓、二次葬和墓葬布局进行分析，对了解当时的一些社会信息还是颇有益处的。

随葬品对研究当时的社会状况和墓主的身份地位具有重要意义，尤其是随葬品的数量和质量表现出的差异，在分析社会成员之间的身份、地位、财富集中、社会分层、等级出现等方面有重要作用。尤其对于随葬品数量的量化分析极具可操作性而被广大学者所采用，也有学者采用了根据财产要素来划分等级的方法[134]，具体可参考青墩墓地的研究[135]。可以明确的是，因为墓葬是由活着的人建造的，和墓主埋在一起的东西并不一定完全对应他的地位或是他生前所使用的，但个人一生的成就及其赢得的崇高地位（比如在狩猎中），往往会有所反映。因此，随葬品在研究个体的社会地位方面具有重要作用，而且随葬品的数量也是比较客观的。应该注意的是，不同的随葬品其价值是不同的，英国考古学家 Susan Shennan 对斯洛伐克一墓地墓葬的研究，发现存在占主导地位的一个或数个家庭，地位倾向于通过男性的谱系继承，妇女可能通过婚姻获得丰富的器物。这一结论的得出，便得益于其将注意力放到了财富单位的尺度上，并设定有价值的东西是那些需要花费很长时间来制作，或用从很远的地方或很难得到的材料制作的物品[136]。这种分析无疑是正确的，具体到江淮东部，远道而来的石器在随葬品中的地位可能不仅仅限于是生前使用的生产工具这么简单。青墩遗址中发现的有柄穿孔陶斧（应该是钺，前面也曾提到），可能说明了斧一类的石器在当时人们心目中是占有重要地位的，所以才加以仿制；龙虬庄遗址地层中发现的石器数量极少，且多为残件，而墓葬中的情形则完全不同，不仅数量多且完整器多，这种现象表明石器在当时可能具有财富和地位方面的象征意义。

本文对江淮东部地区史前墓葬的分析将沿循以上几个方面，大致从墓葬形制、埋葬习俗、死者的性别及年龄、随葬品及墓葬的分布情况等方面入手，当然具体到不同的遗址墓地，可能会有所不同。如二次葬及合葬墓的分析主要集中于龙虬庄遗址，性别和年龄的分析在东园遗址中则没有采用，这与各遗址的具体情况和材料状况有关。

目前而言，江淮东部史前时期墓葬材料主要出自龙虬庄遗址、青墩遗址、吉家屯遗址和东园遗址，分属龙虬庄文化和良渚文化早期（大汶口文化中期）。在海岱龙山与岳石文化时期，经过发掘的几个遗址中均没有墓葬资料。现在对龙山及岳石文化时期的社会情况已多有研究，基于江淮东部此段时期墓葬考古材料的缺乏，下文对这一部分不做论述。良渚文化晚期的陆庄新石器时代遗存，也有相同的情况，一并不做论述。由于总体上江淮东部史前时期发现墓葬的遗址不多，而一些遗址中的墓葬又涉及前后相继的两个时期，像青墩墓地，因此，文章在对墓葬材料分析的过程中，打破按文化分期讨论的模式，分别对几个遗址中的墓葬做总体考察。

（1）龙虬庄遗址的墓葬

龙虬庄遗址发现的402座墓葬，全部属于龙虬庄文化时期，分布于3个墓层中，均属于第二期。其中第6层有32座，第5层有95座，第4层有275座[137]。对比各层墓葬的数量及分布情况，可以看出龙虬庄墓地的范围及墓葬数量都有逐渐扩大的趋势，因已发掘的墓地面积约占整个聚落墓地面积的1/3，所以不能反映出当时绝对人口数量的变化情况。

龙虬庄遗址的墓葬分布集中，相互间打破关系较多，头向绝大多数向东，应该是当时的一个公共墓地。墓葬多未发现墓圹，可能是由于浅穴埋葬、同一地区频繁埋葬以及地下水位较高等原因所致。从发现的几座有墓圹的墓分析，墓葬形制不是很规则。埋葬方式以单人仰身直肢一次葬为主，共有319座，有少量的二次葬，合葬墓则有双人同性合葬墓、双人异性合葬墓和多人异性合葬墓。另外，还有少量的侧身直肢葬、侧身屈肢葬和俯身直肢葬。随葬品的数量和种类存在一定的差异。下面分别针对各层的性别年龄构成比例、合葬墓和二次葬的情况以及随葬品和墓葬布局等方面略做分析。

A. 性别构成与年龄构成

在发掘的402座墓葬中共发现497个个体，其中6层35个，5层141个，4层321个。通过对龙虬庄遗址各层墓葬死者性别及年龄的统计分析（表四、表五，图二七～图二九），可以看出有以下几个现象。

表四　龙虬庄墓地人口性别比例及年龄构成情况

	男女性别比例（男：女）	年龄构成中不同年龄阶段人口数量所占比重			
		未成年	成年	老年	不可辨
第6层	1.62∶1	5.71%	91.43%	2.86%	0
第5层	1.60∶1	9.22%	80.14%	2.84%	7.80%
第4层	1.45∶1	9.04%	74.14%	2.18%	14.64%
整个遗址	1.51∶1	8.85%	77.06%	2.42%	11.67%

表五　龙虬庄墓地成年男女性别构成情况

	成年男	成年女	无法鉴定性别的成年人	成年男女比例
第6层	21	11	0	1.91∶1
第5层	71	41	1	1.73∶1
第4层	139	94	5	1.48∶1
整个遗址	231	146	6	1.58∶1

a）男女比例逐渐下降，但总体偏高，仍然高于第二性别比即没有人为因素干扰情况下新生婴儿的性别比（1.05±0.02∶1）[138]。

b）大量的个体死于成年阶段[139]，未成年人和老年人占的比重很小。

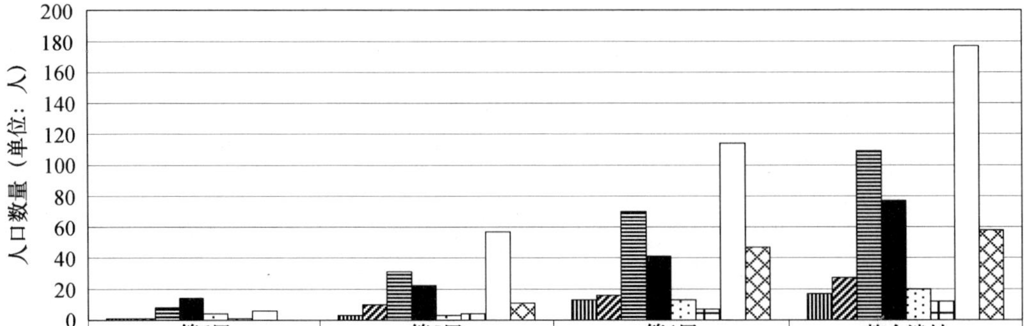

	第6层	第5层	第4层	整个遗址
幼儿	1	3	13	17
少年	1	10	16	27
青年	8	31	70	109
壮年	14	22	41	77
中年	4	3	13	20
老年	1	4	7	12
成年	6	57	114	177
不详	0	11	47	58

图二七　龙虬庄墓地人口年龄构成图（1）

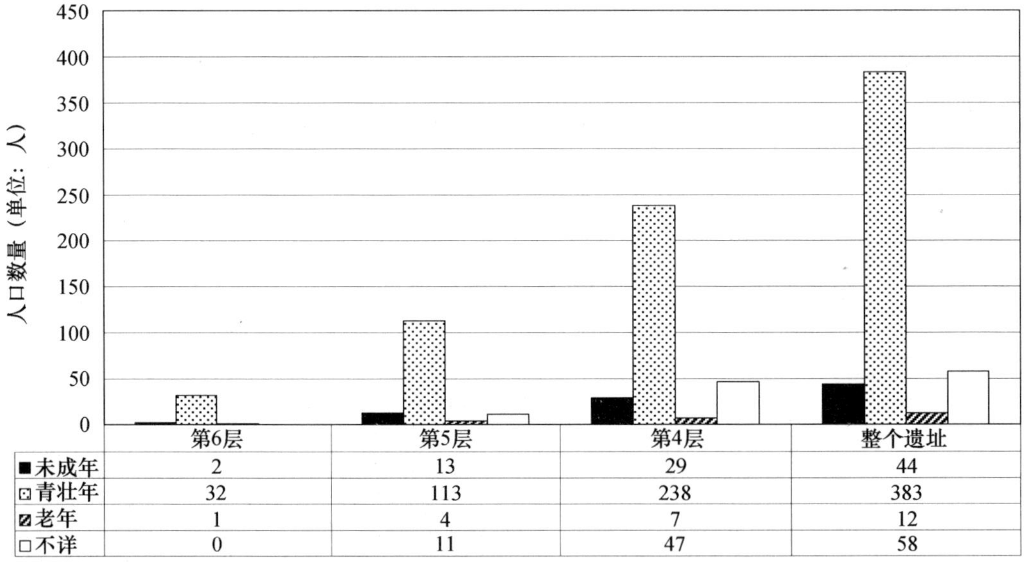

	第6层	第5层	第4层	整个遗址
未成年	2	13	29	44
青壮年	32	113	238	383
老年	1	4	7	12
不详	0	11	47	58

图二八　龙虬庄墓地人口年龄（年龄段扩大后）构成图（2）

c）成年人中男女性别比例也呈下降趋势，其中第 4 层中成年男女的比例与整个墓地的男女性别比相近；整个遗址中的成年男女比例也与男性别比相近[140]。

在社会没有大规模战争的时候，社会中男女的数量应大致相等。纵观整个史前时期的人口性别比，基本都呈现出异常的状态，且是男性所占比例远高于女性。如渭南史家的 1.97∶1、王因的 2.35∶1 等[141]。对于这种异常现象出现的原因，过去许多学者曾经做过相应的分析，可能与原始人通过溺女婴来控制人口过速增长有关[142]；也有鉴定的误差及男性骨架更容易保存方面的因素[143]；有学者综合分析后从埋藏原因、技术原因、

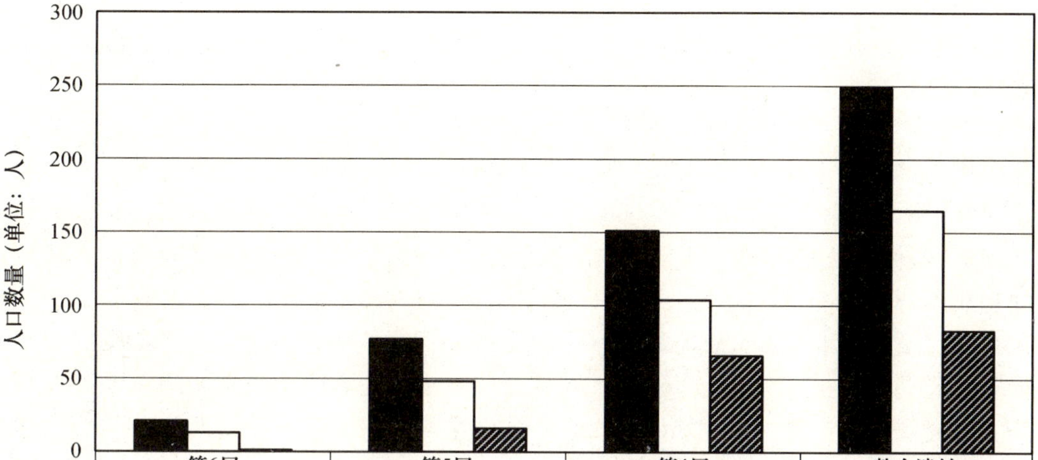

	第6层	第5层	第4层	整个遗址
■男性	21	78	151	249
□女性	13	48	104	165
▨不详	1	16	166	83

图二九　龙虬庄墓地人口性别构成图

自然原因、经济原因、社会原因五个方面对做出解释[144]。性比的高低与婚姻形态有密切联系，史前社会性别的不均衡是原始婚姻制度形成的重要基础之一。在一个社会，一个群体，作为婚姻生活自然分派的两性对象非常不均衡，完全不可能出现稳固的一夫一妻制婚姻形式。婚姻对象之间保持的只可能是较为短暂的、松散的关系，这恐怕应当是一夫一妻制以外的那些婚姻制度存在的最根本的物质基础[145]。

就江淮东部地区而言，性别异常现象的出现可能与自然条件对男女骨架存留的影响有较大关系，但也与当时生产力水平低下，男性对于自然环境的适应能力以及在生活维系方面起的作用显然要高于女性有关系。因此，即使排除自然、埋藏、鉴定等因素的影响，这种男性性比较高的现象仍然会存在，也就是说低下的生产力需要更多的男性存在。后期性别比例的降低，一方面缘于生产力水平的提高，另一方面与稻作种植的发展有关系，让更多的女性可以参加到生产经济活动中。同时这种性别比例会影响当时的婚姻形态，从而可能使得社会组织单位产生变化。

人口的年龄偏低，多死于成年阶段。有学者考察了龙虬庄遗址可估计年龄的247个个体，发现死于未成年的高达10.5%，全体的平均死亡年龄25.73岁。这会造成一种结果，就是社会上只有两代人在维持，出现三代同时的情况非常少。这种年龄结构是与当时自然环境和生产力发展水平相适应的，同时也对社会组织形态和社会活动单位的构成造成一定的影响。

B. 合葬墓及二次葬

龙虬庄遗址共发掘合葬墓48座，包括多人合葬墓和二人合葬墓两种，其中二人合葬墓中又可以分为同性合葬和异性合葬。其中根据下葬的时间，可分为一次葬和二次葬，而合葬墓中包含的个体，也存在一次葬和二次葬两种情况。龙虬庄遗址合葬墓中存在二次葬的个体74个，涉及35座墓葬，其中第6层有2个人（2座墓），第5层32个人（16 座墓），第 4 层 40 个人（17 座墓）。龙虬庄遗址无论是合葬墓还是二次葬的墓葬数量都不多，在整个墓地中所占的比重不大，但作为一种有意识的埋葬现象，其出现有着特定的意义。

在新石器时代，合葬墓现象本身，无疑表明合葬中的死者相互间有密切的关系。新石器时代的多人合葬墓[146]，有学者做了不少论述，对民族地区的多人合葬也有学者进行了研究[147]，提出了好的见解和一些值得思考的问题。其中的同性合葬，有学者认为“以性别为集团的分别埋葬，则是氏族制度原则的体现”[148]；还有的认为“同一氏族的姐妹和兄弟分别埋葬在一起的葬式，反映了母系氏族社会的特点”[149]；有的则把同性多人合葬以及男女混合多人葬都不加区分地认为是同一氏族内血缘关系更亲密的“母系家族”或“母系大家族”的墓葬[150]。同性埋葬习俗与婚姻形态可能也有关系，是母系氏族实行对偶婚的产物[151]。这说明当时人们的血族相当强烈，而且原始宗教观念也很强烈，可以说这种原始宗教观念对加强人们的血缘联系和维护氏族、家族组织的内部团结也是有一定作用的。总之，同性合葬产生的原因是多方面的，与血缘、婚姻有关，可能与同龄或同辈也有关系[152]。对存在同性合葬的社会及婚姻形态要结合其他的埋葬方式整体考虑，如其中的成年男女二人合葬等，这些墓葬反映了一夫一妻的个体家庭的出现，而个体家庭的出现是家族观念的进一步强化。

在合葬墓中不少个体是同时下葬的，其产生原因也是多方面的。主要分两种：一种是虽然不是同时死亡，但是其中较早死亡的人的尸体可能存在过一段停尸时间[153]；另一种是相同或者相近时间内死亡。而相同或相近时间死亡的原因是多方面的：或是陪葬的行为[154]；或是因为疾病或瘟疫死后集体埋葬；或是由于妇女产后的体质衰弱导致的母子同时死去；或与战争有关。需要针对不同的情况具体分析。

对于二次葬，王仁湘先生认为“二次合葬是古老氏族内部分化出更小的集体——家庭和家族的反映。原始共产制发生了裂痕，整个社会逐渐向父系公社过渡，在这样的社会变革中，二次葬正是一个明显的标志。他标志着父系家庭公社的出现”。当然，也有相当多的学者对元君庙、横阵村的典型二次合葬进行了分析，认为它们所反映的是母系氏族社会[155]。有学者则指出，实行二次葬的氏族有父系也有母系，主要是受当时宗教观念的支配。结合我国古代氏族社会二次葬的情况，当时人们进行二次安葬的目的主要有：因为居地的迁徙，出于血缘亲情，不忍心抛弃故人，便将其带到新住地二次埋葬；为了达到本氏族或家族的人死后团聚在一起，永远不分离；为了送死者到他该去的地方——祖先安息的地方、阴间等，让死者能够和死去的先人在一起，或等待再生；出于对死者的恐惧，实行二次葬以防死者对生者的祸害[156]。单就龙虬庄墓地来说，大量的是正常埋葬，正常的死亡是无需恐惧的，恐惧可能是针对一些非正常死亡而产生的，在龙虬庄遗址这种恐惧往往在一次下葬的时候就有表现。总言之，二次葬的实行是出于对灵魂不灭思想或对死者位置感的考虑，让死者死后与本氏族或者本家族的人团聚。说明当时或者分裂出了更小的聚落，或者是在氏族内部家族观念有所增强。

表六 ~ 表九[157]是对龙虬庄遗址合葬墓及二次葬的统计，总体观察可以看出：第 6 层只有二人同性合葬；第 5 层二人同性合葬依然存在，但出现了异性合葬的二人墓和多人墓；第 4 层同性合葬墓依然存在，但异性合葬墓数量明显变多，而且异性合葬中的多人

表六　龙虬庄墓地合葬墓统计

	合葬墓数量	二人合葬墓（3\8\17）				多人合葬（0\12\8）		
		同性合葬		异性合葬	不详	存在二次埋葬	纯二次葬	一次同时埋入的墓
		男男	女女					
第6层	3	2	1					
第5层	20	4		2	2	9		3
第4层	25	4	2	7	4	5	2	1
总数	48	13		9	6	14	2	4

表七　龙虬庄墓地存在同时下葬个体的合葬墓统计

	存在同时埋人墓的数量	二人合葬墓				多人合葬墓				
		同性合葬		异性合葬	不详	同时埋入者为两人			同时埋入者为多人	
		男男	女女			男男	女女	男女	存在异性	同性
第6层	1	1								
第5层	13	3		1	1			4	4	
第4层	16	4	1	6	4				1	

表八　龙虬庄墓地不存在同时下葬个体的合葬墓统计

	不同时埋葬的墓葬的数量	二人合葬墓				男女多人合葬		
		同性合葬		异性合葬	不详	纯粹的二次葬	有一个不是二次	
		男男	女女				随男性	随女性
第6层	2	1	1					
第5层	7	1		1	1		4	
第4层	9		1	1		2	2	3

表九　龙虬庄墓地二次葬情况统计

	二次墓葬及个体	单人墓中二次葬个体			双人墓中二次葬个体			多人墓中二次葬个体		
		男	女	不详	男	女	不详	男	女	不详
第6层	2				1	1				
第5层	32		4		3	1	1	9	10	4
第4层	40	4	1	3	1	2		10	6	13
总数	74	4	5	3	5	4	1	19	16	17
	74	12			10			52		

合葬墓锐减。第6层时二次埋葬的个体数量很少；第5层急剧增加，第4层时持续增长。合葬墓数量少，但情形比较复杂，结合报告中各墓的信息，仔细分析可以发现以下几个现象：

a）从同时下葬上看：存在同时下葬个体的墓葬在早期[158]只有1座，中期开始变多但集中于多人合葬墓，晚期继续增加，但多集中于二人合葬墓，尤其是异性合葬墓；同时埋入的多人合葬墓数量少，集中于中期，共3座，埋葬死者都是4人。

b）从二次葬上看：二次葬在早期就存在，数量少且集中于同性合葬；中期，二次葬个体数量猛增，晚期，继续增加；但纯粹的二次葬的合葬墓只在晚期存在。

c）从性别上看：同性合葬墓自始至终存在，但考虑到各期墓葬的数量，其在墓葬中的比重应该是逐渐缩小；异性合葬早期没有，中期开始出现，晚期数量增多。

d）从年龄上看：三个时期合葬墓中的个体年龄大致相当；但是中期有1座成年女性和幼儿的二人合葬墓，其中1座四人合葬墓中也存在成年女性与幼儿同时下葬的情形；晚期则存在2座成年女性与幼儿的二人合葬墓，而且墓葬中的个体都是同时下葬的。

e）从埋葬死者的数量上看：早期仅有3座二人合葬墓，中期多人合葬墓出现且数量上略多于2人合葬墓；晚期二人合葬墓明显多于多人合葬墓。

中期出现多人合葬墓是血缘纽带强化的表现，预示当时群体的氏族内部可能有了更小的社会活动单位——家族，中期开始而后数量逐渐增多的二人男女合葬墓和成年男女跟一个幼儿的合葬墓，说明个体小家庭的出现。考虑到当时生产力状况，家庭可能仍然不能作为单独的经济实体存在，而且同性合葬与多人合葬仍然存在，也说明单个的家庭仍不足以成为当时社会组织的主体结构，但在人们的思想上已经意识到它的存在，可能作为消费单位存在。

大量的单人墓葬以及较多的二次葬个体的存在说明当时对待死者可能并没有一个"停尸待葬"的阶段，而大量的同时下葬的个体可能是在较短时间内死亡。一些成年女子与幼儿的合葬是这种情况，而较多的成年人合葬则可能是非正常死亡（如疾病、瘟疫等），成年男女的同时埋葬，其中的某一方可能是有着殉葬的意思在里面，结合当时男性在社会经济生产活动中的优势地位，妇从夫葬的可能性更大一些。

综合分析各种现象，当时人们的思想受到较强的宗教意识的影响，因此出现了死后求合葬的现象。在龙虬庄早期，当时的社会可能处于氏族社会时期，所以墓葬中以单人葬为主存在少量的同性合葬；中期血缘纽带强化，氏族内部出现了更小的社会组织单位——家族，同时作为生活消费单位的家庭也开始出现，整个社会处于由氏族公有到家族私有的过渡阶段，因此出现大量的合葬墓，同时出现了男女二人合葬墓；晚期作为社会组织单位的家族的地位进一步确立，家庭作为一种新的生活单位获得发展，迫于生产力状况，个体家庭更多的是作为消费单位而不是生产单位存在，整个社会处于家族私有阶段，因此在墓葬中出现较多的男女二人合葬墓，同时二次葬的数量也持续增加。婚姻模式中的一夫一妻制出现并逐渐确立，在性别年龄上则表现出成年男女性别比的逐步下降。

C. 随葬品方面

第6层的32座墓葬中，无随葬品的有2座，有1～8件随葬品的有26座，随葬品10件以上的有4座且均为男性墓，墓均5.09件（图三〇）。随葬品中陶器的数量差异不明显，多在7件以下，平均为3.09件。石器发现不多，4座墓中共发现5件，多发现于青壮年男性墓葬中。骨角器多为饰品。纺轮共5件，分布于4座女性墓和1座男性墓葬中。镞均存在于男性墓葬中，在5座墓葬中共出土35件，其中在M173中竟达13件。

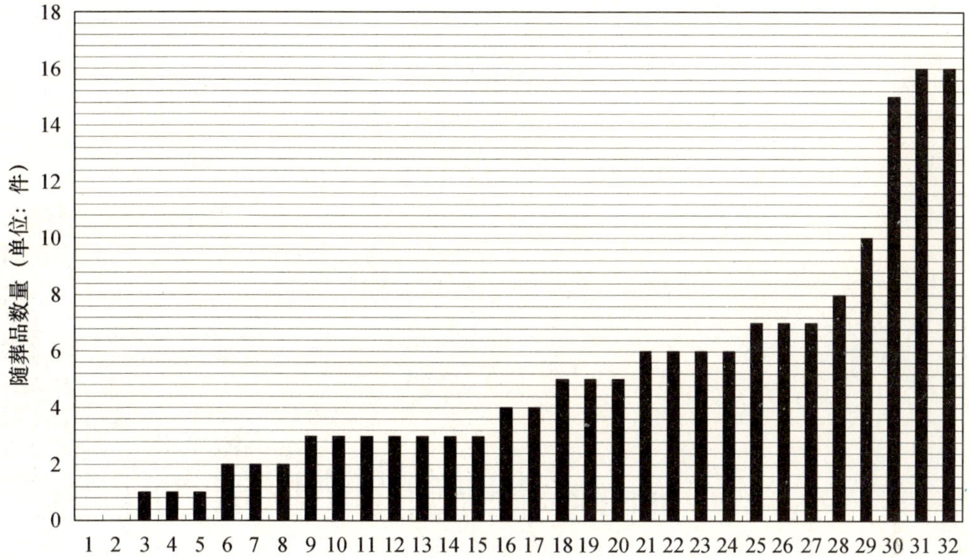

图三〇　龙虬庄遗址第6层墓葬随葬品数量情况

如果进一步分析随葬品较多的4座墓葬就会发现，随葬品数量的差异多由于骨镞数量的不同而产生[159]。单个墓葬中存在如此多的骨镞，其可能并不完全是死者生前所用，而可能是氏族成员表达崇拜心理的一种表现，所以不能将其作为社会财富集中与等级差别的出现来对待。纺轮多发现于女性墓葬，骨镞全发现于男性墓葬，说明当时存在着基于性别的社会分工。由于男性先天的身体优势，使其在以狩猎为主的经济形态中相应地获得较多、较高的尊敬。因此不只是骨镞，骨角器以及远道而来的石器也仅出自成年男性的墓葬之中。

第5层的95座墓葬中，无随葬品的有11座，随葬品1~8件的有74座，随葬品10件以上的有10座（包括2座多人合葬墓）。墓中仅有1座女性墓，全部墓葬人均4.58件（图三一）。石器和骨角器的数量较多，分布集中。陶器的数量差异不大，多在10件以下（两座合葬墓超过10件），墓均2.5件。石器在15座墓葬中出土，每座墓中有1~2件，共19件。骨角器出自19座墓葬，多数为男性墓葬，最多的达到15件，种类较前增多，但仍以饰品为主。镞仍大量存在，20座墓葬出土了86件，多数为男性墓葬。出纺轮的墓葬11座，男女性墓葬都有。玉器少见，仅在1座女性墓葬中发现5件，这座墓中同时出有2件骨镞。

这一时期，随葬品中石器、骨角器以及镞、纺轮的数量明显增多，当与生产力的进步有关系，同时说明狩猎业的发达。随葬品的数量存在差异，数量较多的绝大多数为男性墓葬，差异的原因源自石器、骨角器和镞的数量不一（表一〇），而石器、骨角器和镞多集中于男性墓葬中，纺轮多集中于女性墓葬中。但是有的女性墓葬中也出土镞，有的男性墓中有纺轮出土，说明当时的男女分工并没有明确的界限，一些身体强壮的女性可能也参加了狩猎活动。

第4层的275墓葬中，随葬品的数量差异明显增大。无随葬品的有43座；1~5件的有174座；6~9件的有34座；10件及其以上的24座，其中超过20件的有4座，

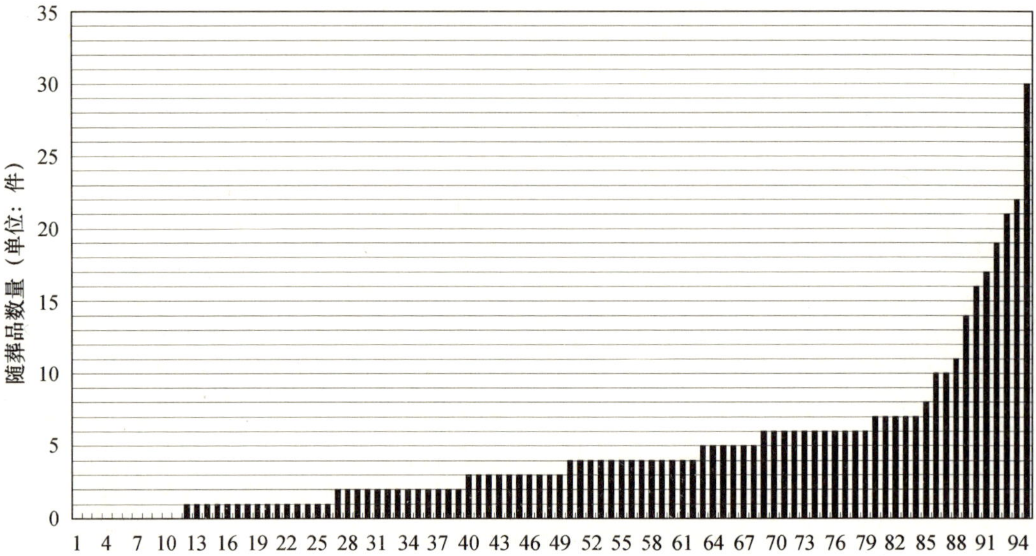

图三一　龙虬庄遗址第 5 层墓葬随葬品数量情况

表一〇　龙虬庄墓地各层墓葬部分种类随葬品数量统计　　（单位：件）

	第 6 层				第 5 层				第 4 层				整个遗址			
	男性墓	女性墓	合葬墓	不详	男性墓	女性墓	合葬墓	不详	男性墓	女性墓	合葬墓	不详	男性墓	女性墓	合葬墓	不详
石器	8				15	1	3		43	8	5	9	66	9	8	9
骨角器	15			1	57	6	4		77	17	10	15	149	23	14	16
镞	35				58	7	13	8	83	22	36	24	176	29	49	32
纺轮	1	4			4	4	2	4	14	29	14	15	19	37	16	19

注：①因镞、纺轮单列，故所列石器、骨角器数量不包括镞和纺轮，纺轮及镞则包括各种材质；②石器中将砺石算入，但鹅卵石未列入统计；③同性合葬或归入男性墓或归入女性墓，未归入合葬墓之列；④成年男性与不辨性别的幼儿和成年女性与不辨性别幼儿的二人合葬分列入男性墓和女性墓。

1 座为女性（图三二）。43 座墓葬共出土 65 件石器，多数为男性墓。46 座墓葬共发现 119 件骨角器。35 座墓葬中有镞，共 165 件，多数为男性墓。纺轮在 43 座墓葬中出土，男性、女性及合葬墓中都有。

石器、骨角器及镞的数量呈增长的趋势。随葬品数量较多的多为男性的墓葬，与上一个时期相同，也主要是由于随葬骨角器和镞的数量差异引起的。

关于龙虬庄墓地的随葬品，有学者认为性别与随葬品的数量没有明显的对应关系，而是存在年龄方面的差异，即成年人的数量较多，“基于性别的社会分化在龙虬庄社会中并不显著”，进而说明当时社会处于母系氏族阶段[160]。虽然随葬品数量在平均数上性别差别不明显，但还是可以看出，数量较多的墓葬绝大多数为男性墓。同时石器、骨角器和镞等多分布于男性墓中，纺轮则多见于女性墓葬。可以说当时男性在社会上的地位高于女性，这是基于在经济活动中形成的权威或贡献，权威不等同于权力，但是却表

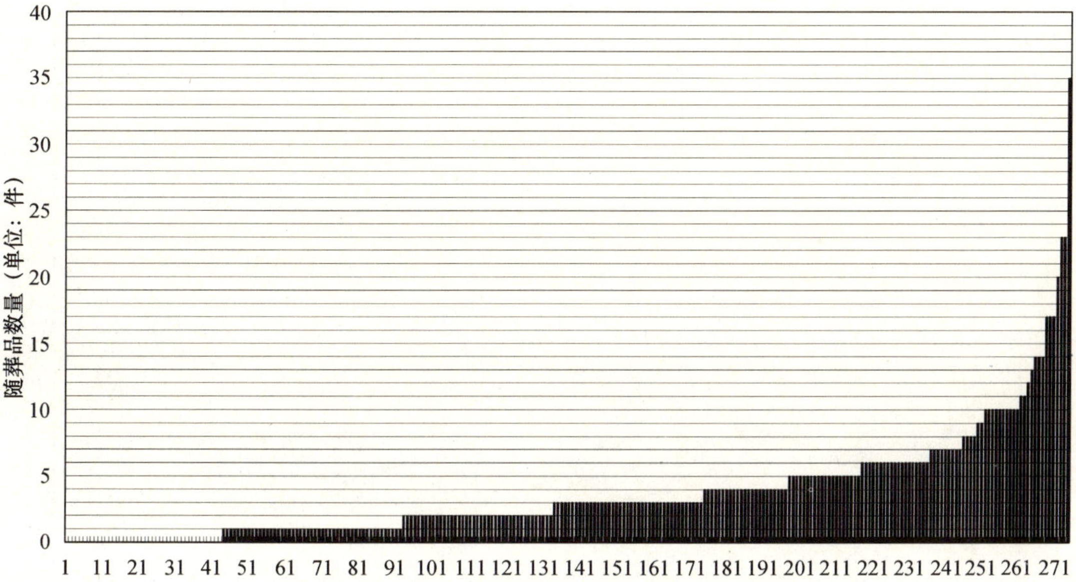

图三二　龙虬庄遗址第4层墓葬随葬品数量情况

明当时社会活动中男性的领导地位，假如承认有母系父系的差别，那么龙虬庄墓地反映的社会不应当是母系的。

男女随葬品类别的不同显示了基于性别的劳动分工的存在。值得注意的现象是，第4层墓葬中幼儿墓多有随葬品，而且有的还较多。如M31有6件随葬品，M142有5件随葬品。幼儿没有参加社会生产活动的能力，不可能有自用的劳动工具，也不可能获得群体的尊重。结合当时合葬墓的情况，他们墓葬中的随葬品进一步佐证了个体家庭的存在，而且在一些劳动工具的分配上个体家庭有着自主决定权。

D. 墓葬的分布

龙虬庄遗址发现的墓葬数量很多，埋葬也有一定的规律性，大多成排分布，但是墓葬群之间的界限并不十分明显，故难以用分群的方法来讨论社会组织或组群之间的差异。但是在不同的发展阶段，墓葬在许多方面仍呈现出一定的规律性，本文拟就此对当时的社会状况予以分析。

第6层的墓葬，单纯从墓葬分布上看，在一定区域内呈现出一定的方向性，且随葬品数量超过10件的4座墓葬散布于各区域[161]。若考虑性别因素，则会发现墓葬有按性别分区埋葬的现象。女性墓葬多发现于A、B两区，男性的墓葬则散布于周围（图三三）。这种男、女分区埋葬的现象，结合当时的合葬墓均为二人的同性合葬，随葬品的数量没有明显的差异，说明当时社会应处于氏族公有制阶段。当时的婚姻形态不是一夫一妻制，社会生产活动的组织单位不是家庭，可能是整个氏族，狩猎或采集活动能力强的人会获得较高的声誉，在死后会得到较多的随葬品，随葬品在数量及质量上的差异并不是社会财富集中与等级差别的表现。

第5层，这一阶段单纯从墓葬分布上可以看出有几个呈一定方向排列的区域（可定为B、C、D、E、F、G区），没有发现明显的按性别分区埋葬的情况。但是存在一个相

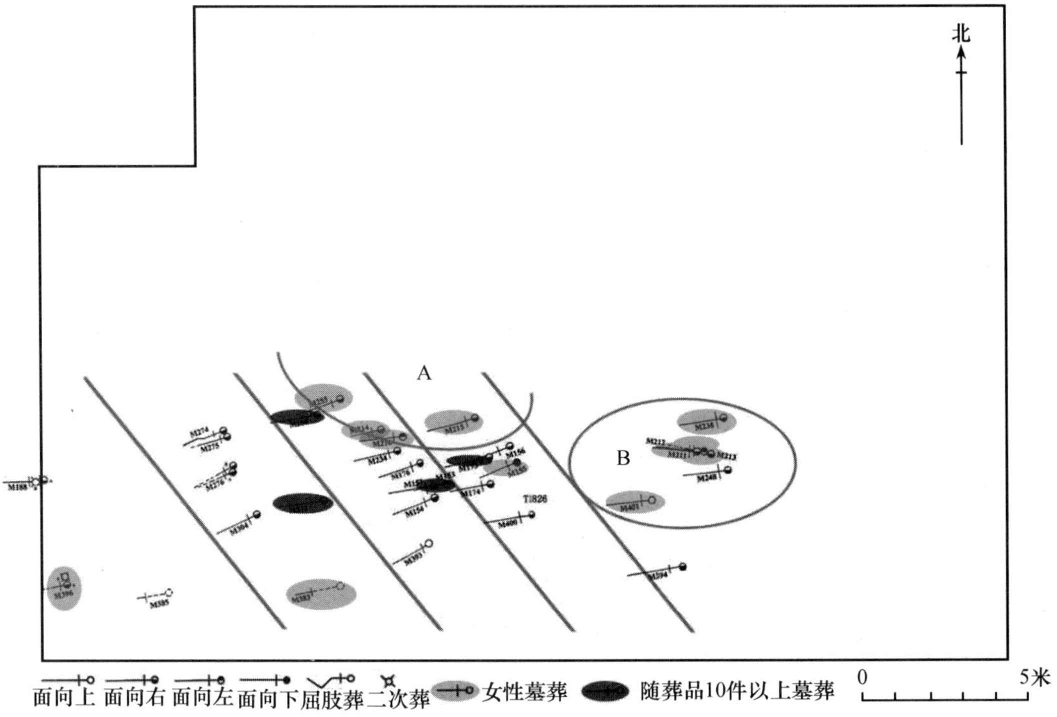

图三三　龙虬庄遗址第 6 层墓葬分布图

（改自《龙虬庄——江淮东部新石器时代遗址发掘报告》图四九）

对集中的二次葬的区域——A 区；这一时期同时下葬的合葬墓，如 M314、M218、M316、M340、M344、M341，则主要集中于几个墓区的外围——H 区（图三四）。

比较成规模的二次葬墓区的存在，说明当时人有一种回归的情绪。对于二次葬，有学者认为是随着聚落的扩大，分化迁出聚落的人，为了和死去的先人在一起，死后迁回原聚落来埋葬[162]。因为他们认为同一氏族的人，都是一个根子生出来的，有共同的祖先，有着骨肉关系，活着在一起，死了也要在一起。因此，每个氏族的成员，死后必须葬到本氏族的公共墓地[163]。当然可能与家族的出现有关系，通过二次葬使得属于一个家族的人能埋葬到一起。

外围一些同时下葬的死者，可能是由于瘟疫、疾病之类特殊情况在短时间内一起死亡，由于人们对异常死亡的恐惧，故将其葬于家族墓地之外，以防死者对生者的祸害。M201 所葬死者，身体蜷缩，与其他的屈肢葬明显不同；M314、M340、M316、M341 这几个墓中存在头部向西埋葬的死者，与习惯的头向完全相反；随葬品数量普遍较少，多只有 1 ~ 2 件，6 件的 M341 已属最多的墓，而随葬品较多的墓葬多分布在西部及西南部的几个区内。可能是出于对非正常死亡的恐惧，因此将因瘟疫或疾病等意外死亡的人，或集体或单个埋葬在家族墓地的边缘地带。

这一阶段开始出现合葬墓，同时打破了原来按性别分区埋葬的传统，或可认为社会在氏族之下分化出了家族，并成为了当时社会活动的主体，少量的异性合葬以及母子合

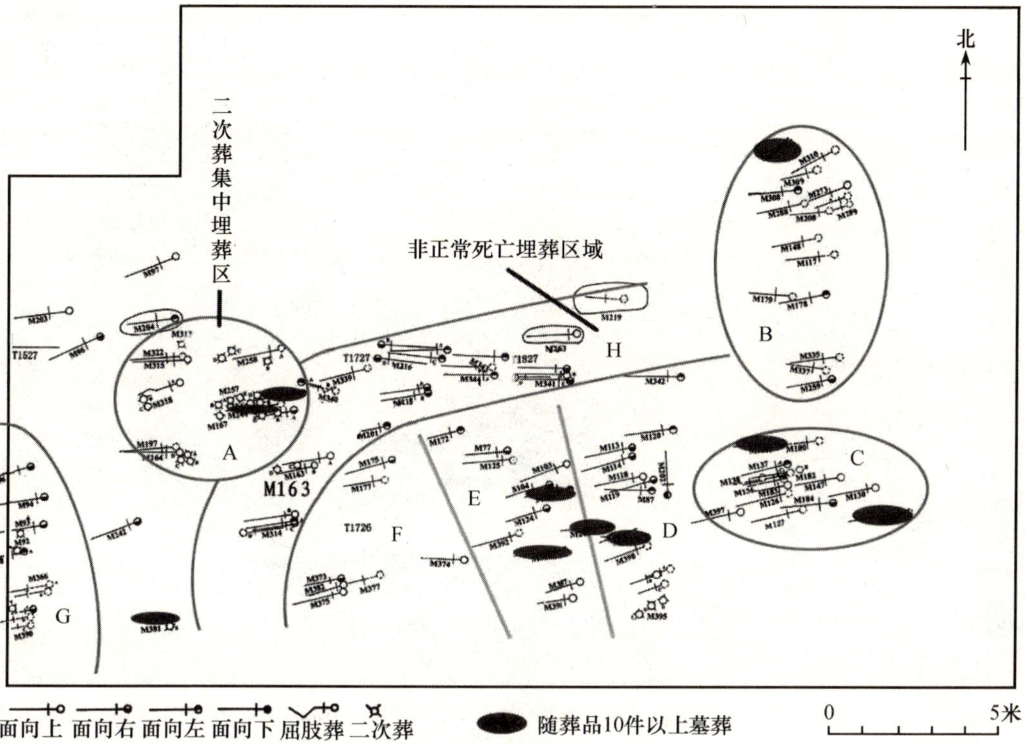

图三四　龙虬庄遗址第 5 层墓葬分布图

（改自《龙虬庄——江淮东部新石器时代遗址发掘报告》图五〇）

葬现象的出现，说明作为生活单位的小家庭已经存在。

社会组织可以分为三级，整个墓地可以看做是一个氏族，其下存在若干的家族，单体的家庭已经出现。墓地的排列可以用墓地、墓区来划分，因此，当时至少存在着二级的社会组织，整个墓地可能为一个氏族，而不同的墓区代表不同的家族，其下有作为单体家庭的存在，但单体家庭并不是社会的主流组织。

第 4 层的墓葬数量太多，排列上有成排的趋势，至于其分布则根本没有明确的界限可言。结合随葬品考虑，可以看出，在西北方及东北方向的两个区域内（A 区和 E 区），少有墓葬的随葬品超过 10 件。除此之外，第 4 层墓葬还存在以下几个现象（图三五）。

a）中部地区有少数几座墓分别集中埋葬的现象。

b）在南部二次葬的现象比较集中。

c）东部无头的墓葬比较多，即 A、B 两区。

d）有石器的墓葬多集中于南部。

有学者通过统计还发现，未成年人的墓葬较成年人墓葬更接近居住区[164]。对于以上现象限于材料原因，不能一一给出解释，只是将几个现象列出以供参考。

结合墓葬中合葬墓以及一起下葬的墓葬情况分析，这一时期多人合葬墓数量锐减，取而代之的是二人合葬墓。二人合葬墓尤其是异性合葬墓的增多，结合随葬品的情况分

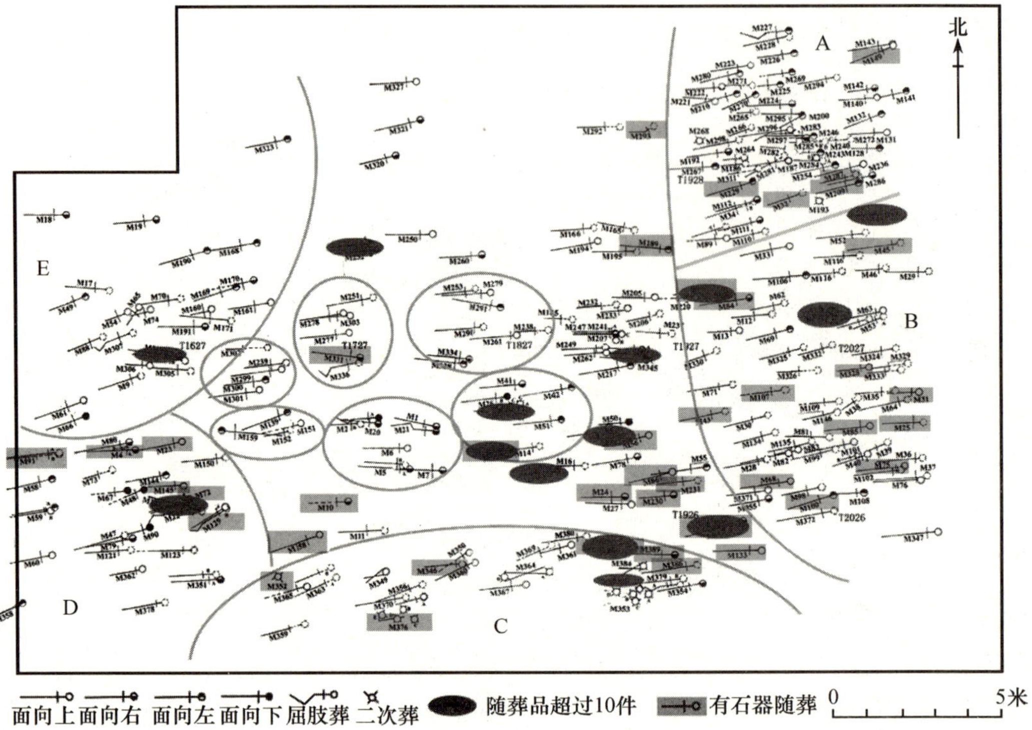

图三五　龙虬庄遗址第4层墓葬分布图

（改自《龙虬庄——江淮东部新石器时代遗址发掘报告》图五一）

析，当时社会个体家庭已经较多出现，但仍多是作为消费单位存在的。同时随葬品较多的墓多为男性的墓葬，女性墓存在骨镞应当是女性中的身体强壮者也参与了狩猎活动，从而获得相应的社会地位。以上列举的墓葬分布上的几个现象，有些可能是偶然的，并不能代表什么，现在还没有更多的与之比证的材料，因此不好做更多的推测。这一时期的社会组织结构当与前期相同，至少分为三级，即整个墓地代表的氏族、家族和单体家庭或者是扩大型家庭。由于墓地经历的时间太长，相互之间的打破现象严重而使家族间的界限也变得不明显。当然在此之上可能还有代表整个聚落的胞族或者说部落的存在。

现在研究史前时期的社会结构和社会发展阶段是一个比较复杂的问题，在理论上也存在不同意见。我们大体赞同按所有制形式来划分社会发展阶段，社会可以分为部落公有、氏族公有、家族私有和家庭私有几个层次[165]；社会组织单位在不同阶段会有部落、氏族、家族、家庭。综合对龙虬庄墓地上述几个方面的考虑，可以看出龙虬庄墓地反映出的信息预示了社会组织与婚姻形态经历了一定的变化。在早期，龙虬庄的社会应处于氏族公有时期，社会的基层单位当是母系大家族，可能实行的是对偶婚。中期，龙虬庄社会中作为生活单位的家庭已经出现，原先的婚姻制度受到一夫一妻制的挑战，就社会发展的整体水平而言，处于氏族公有制向家族私有制的过渡时期，家族逐渐取代原先的氏族成为当时社会活动的基层单位，社会组织主要包括氏族—家族两个层次，家族下已经有家庭开始出现。晚期，龙虬庄社会中作为生活单位的家庭的数量增多，但是并不是社会经济活动的主体，社会经济活动的基本单位仍是家族，婚姻制度中一夫一妻制得到发展与巩固，社会总体上处于家族私有制阶段。

墓葬在性别、埋葬方式、随葬品以及墓葬的分布方面表现出的一些特点，应该是有规律的，当然这种规律也可能偶然的，但毕竟是客观存在的。因此，文章在论述这种客观现象时，并未过多加入自己的主观意见，只是在其后表达了自己的一些认识。我们无法详尽地了解古代社会的细节，尤其是在缺乏相互比证的材料的时候，现在的一些解释也可能与当时的实际大相径庭，对古代社会更为详细的认识，需要更多的材料和更为仔细、详尽的研究。

（2）青墩遗址的墓葬

青墩遗址共发现新石器时代墓葬 98 座，分属下、中、上三个墓层，下层墓葬 17 座、中层墓 52 座、上层墓 29 座，年代分别与遗址早、中、晚三期相对应，亦即中、下层墓属于龙虬庄文化时期，而上层墓属于良渚文化时期。墓葬集中分布于 T5、T7 ~ T15 十个探方内。其中，发掘报告给出了 T5、T7 ~ T12 七个探方中 83 座墓的分布示意图[166]，其中下层 7 座、中层 47 座、上层 29 座。从各层墓葬的分布情况可以看出，早期的墓葬多集中于南部，中期时原墓地上仍有少量墓葬，但整体开始向北扩展，北部成为埋葬的主要区域；到晚期墓葬则相对集中地分布于几个小区域。

青墩遗址的墓葬分布较为密集、相互间叠压打破关系较多，头向绝大多数向东，应该是当时的一个公共墓地。墓葬多未发现墓圹，从中层发现的 15 座长方形浅穴墓以及后来龙虬庄遗址墓葬的情况看，受地下水位较高的影响，墓葬可能采取了较浅的长方形土坑竖穴的掩埋方式。

发现的 98 座墓葬中，单人葬有 95 座，合葬墓 2 座，还有一座是乱葬坑。合葬墓出现在中期阶段，可能昭示当时社会结构出现了某种变化。随葬品方面的差异明显，大部分墓葬有随葬品，数量从 1 ~ 40 件不等，无随葬品的有 23 座，其中 1 座墓（M96）中有一具狗骨架。随葬品的种类主要有陶器、石器、骨角器以及一些玉石饰品。

由于发掘资料的限制，我们无法详细了解当时墓葬与居住区的相互关系，也不能估计所发掘墓葬数量在当时整个墓地中所占的比重，这对复原当时的社会会有较大影响。但通过墓主性别、年龄构成，尤其是墓葬中随葬品情况以及墓葬的分布状况，我们仍能对当时的社会状况有一定的了解。

A. 性比构成和年龄构成

青墩遗址 98 座墓葬共有 105 具人骨，墓葬的性比及年龄关系，已有学者做过分析[167]，但并不系统。

通过对青墩墓地人骨的性别、年龄构成[168]情况的详细统计（图三六、图三七；表一一），可以归纳出以下特点：

a）青墩遗址性别构成存在异常现象，早期阶段男女比值异常高，中后期逐渐下降，但仍然高于第二性别比即没有人为因素干扰情况下新生婴儿的性别比（1.05 ±0.02∶1）。

b）青墩遗址三期墓葬中，未成年人所占比例呈下降趋势，青壮年所占比例较为稳定，而老年人所占比例则呈持续上升态势，这种变化或许反映了人类寿命的延长。

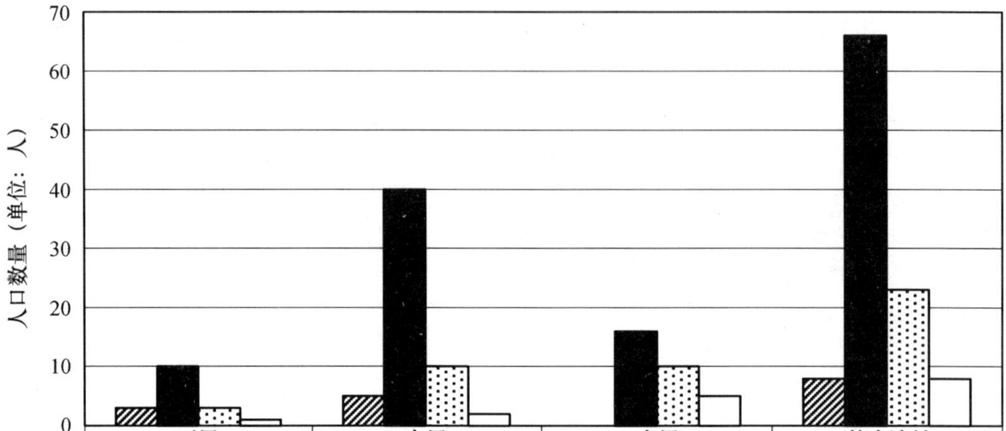

	下层	中层	上层	整个遗址
未成年	3	5	0	8
青壮年	10	40	16	66
老年	3	10	10	23
不详	1	2	5	8

图三六　青墩墓地人口年龄构成图

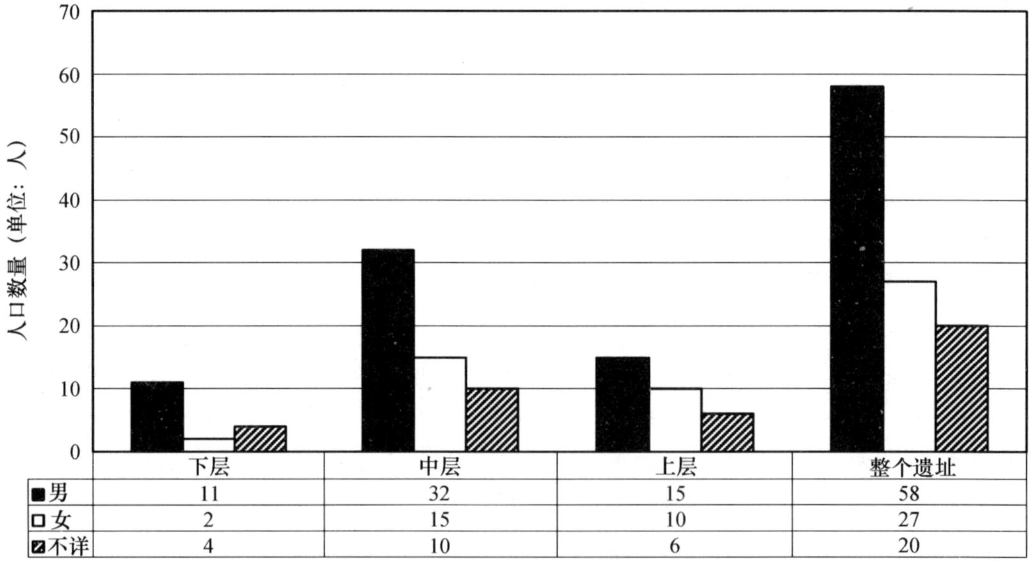

	下层	中层	上层	整个遗址
男	11	32	15	58
女	2	15	10	27
不详	4	10	6	20

图三七　青墩墓地人口性别构成图

表一一　青墩墓地人口性别比例及年龄构成情况

	男女性别比例（男：女）	年龄构成中不同年龄阶段人口数量所占比重			
		未成年	成年	老年	不可辨
下层	5. 5∶1	17. 65%	58. 82%	17. 65%	5. 88%
中层	2. 13∶1	8. 77%	70. 18%	17. 54%	3. 51%
上层	1. 5∶1	0	51. 61%	32. 26%	16. 13%
整个遗址	2. 15∶1	7. 62%	62. 85%	21. 91%	7. 62%

B. 随葬品及墓葬分布

随葬品与墓葬的分布放到一块儿似有内容杂糅之感，之所以将这两部分内容放到一起，是因为随葬品的数量及性质反映了墓葬之间的差别，而存在差别的诸多墓葬在整个墓地中分布状况呈现出一定的规律性，这也是本文对墓地进行分区的一个重要依据。当然在分区的过程中，墓葬的空间分布状况也是应着重考虑的因素。下文正是通过对这两个要素的综合分析来研究当时的社会形态。

（A）下层墓葬

青墩遗址下层的17座墓中，没有随葬品的共有7座；随葬5件以上的3座，以下的14座（图三八）。随葬品绝大多数为陶器，骨角器只有8件骨镞和1件角匕首，均为狩猎工具，不见玉石器和猪獠牙、獐牙等物品。上述情况显示了当时社会生产力水平较低，人们之间的地位比较平等。而男女墓葬随葬品的种类及数量差异多基于当时的劳动分工的不同。由于以狩猎为主的经济形态，使得男子在经济生产中的作用较女性更大，因此不仅仅是随葬品方面男性墓占优势，骨镞也多见于男性墓葬，女性墓葬较少（表一二）。

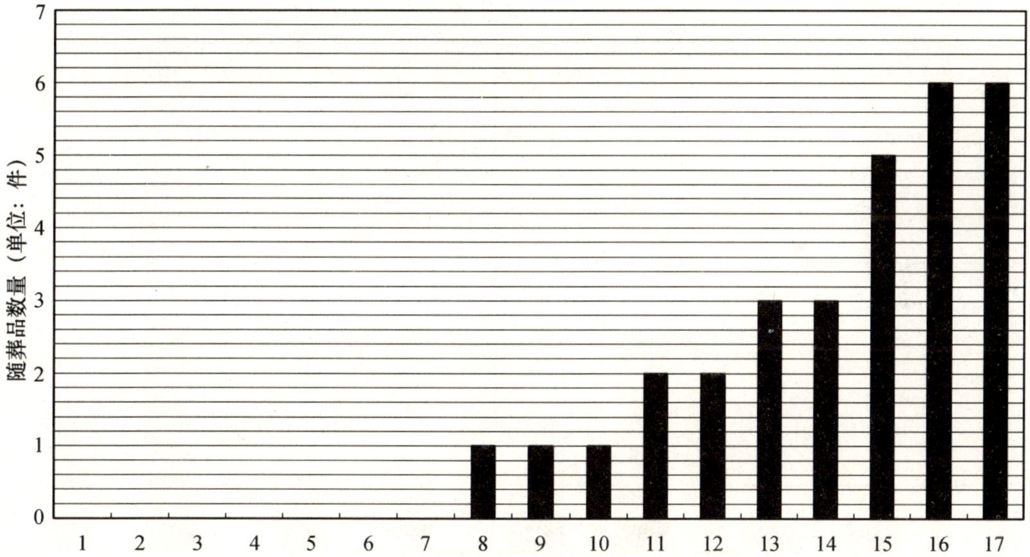

图三八　青墩遗址下层墓葬随葬品数量情况

表一二　青墩墓地各层墓葬部分种类随葬品数量统计[169]

	下层			中层			上层			全部墓葬		
	男性	女性	不详	男性	女性	不详	男性	女性	不详	男性	女性	不详
陶制品	16		3	80	23	15	16	46	6	112	69	24
骨角制品	1			21			4			26		
石制品				32		1	19	6	2	51	6	3
玉制品				9	1		11	1	2	20	2	2
镞	7	1		111	10	6	1	2		119	13	6
纺轮				3	5			8		3	13	
小结	24	1	3	256	39	22	51	63	10	331	103	35

下层墓葬主要分布在T11～T15五个探方内，发掘报告仅给出了T11、T12中7座墓的分布情况。仅凭这7座墓寻找其分布规律有一定难度，但是从平面布局看，有成排埋葬的特点（图三九）。至于其反映的社会组织不敢妄加揣测，从随葬品来看当时的社会发展阶段可能处于氏族公有阶段。

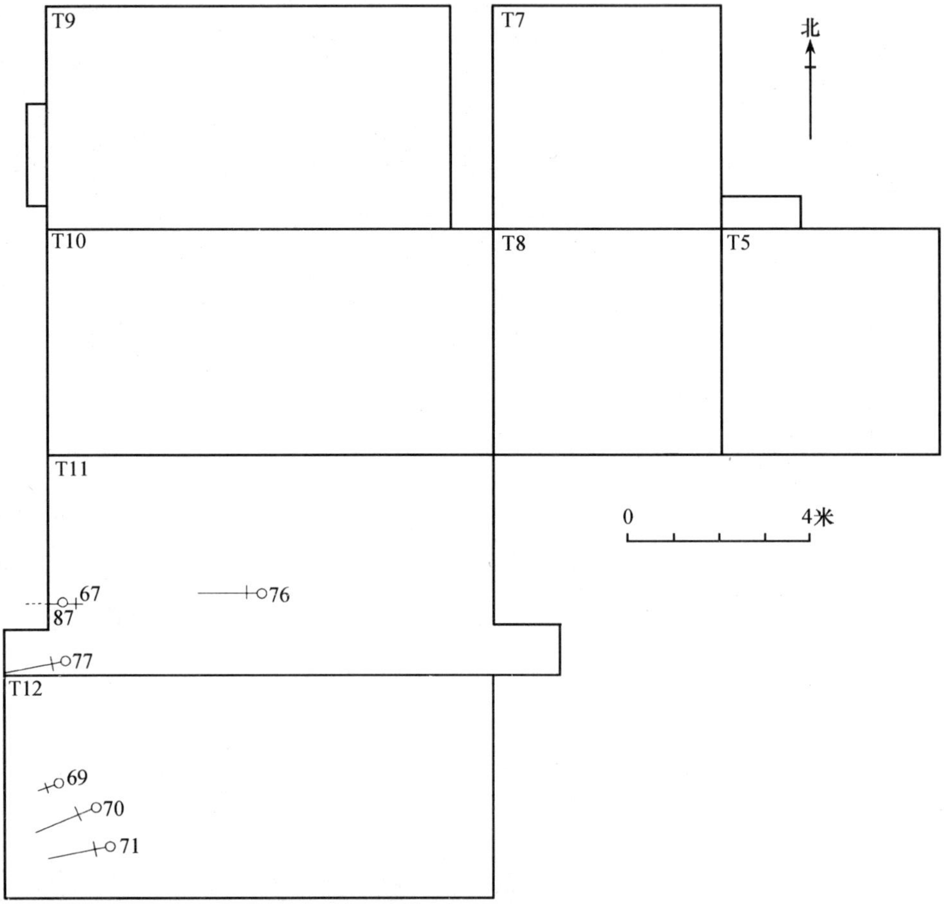

图三九　青墩遗址下层墓葬分布图

（B）中层墓葬

中层墓葬的随葬品数量呈现出较大的差异，没有随葬品的有12座；1～5件的23座；7件以上的17座，最多者可达46件（图四〇）。随葬品的种类有所增加，陶器仍然多见，出现了石器、玉器和猪獠牙等随葬品。镞的数量较多，分布广，在20座墓中有发现（15座男性墓葬，5座女性墓葬，1座儿童墓葬），占有随葬品墓葬的1/2。5座墓葬发现纺轮。

以上信息并结合青墩遗址男女性比及年龄构成的分析，可以认为这一时期的社会经济仍以狩猎为主，而且大量的女性也参与其中；纺轮的出现表明纺织业的发展。玉石器多出自随葬品较多的墓葬，并且与镞共存的概率很高，说明当时社会仍然是基于分工的不同产生了随葬品数量的多寡。但是使用玉石器等非本地出产的稀有物品来随葬，说明

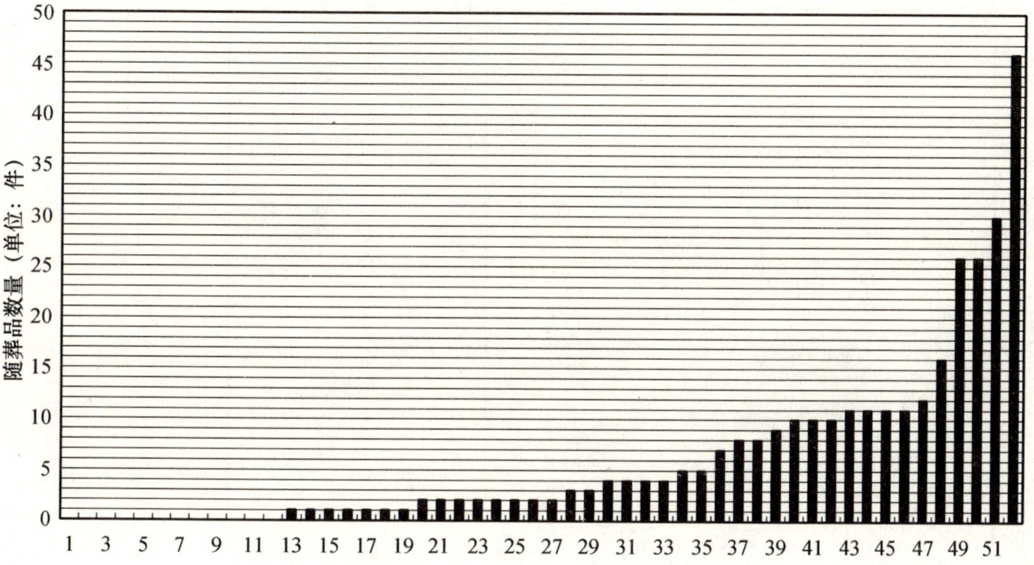

图四〇　青墩遗址中层墓葬随葬品数量情况

当时人们之间由于在生产分工中产生的差别影响到人们在群体中的威望，在经济活动尤其是狩猎活动中作用较大的人，社会地位较高，从而获得更多的随葬品，特别是玉石器等稀有物品随葬。随葬品数量较多的墓葬仍多为男性，女性中仅有1座墓葬有10件随葬品。玉石器、猪獠牙等也多见于男性墓葬，女性仅发现1件玉璜。

随葬品较多的墓葬比较集中分布与中层墓葬的中间部位，可定为A组墓葬，A组中多数墓葬随葬品的数量较多，且绝大多数为男性墓[170]（图四一）。随葬品集中于男性的墓葬中，说明当时生产活动中占主体的男性有较高威望，而出现的这种分区埋葬并不代表阶级差别的存在，更多的是对男性在经济生产中表现出的绝对影响力的承认。

除此之外，其余墓葬的排列仍显示出一定的规律性，围绕A组周围的其他墓葬大体可以分为5组，而且每组中多有一座随葬品数量较多的墓葬，如B组中的M83、C组中的M78、D组中的M11、E组中的M10、F组中的M41。而零散分布于T12及T11南部的几座墓葬我们可以定为H组[171]（其中随品较多的M73分布于T13中）。

因此，可以认为当时的社会并没有产生严重的分化，有的只是基于劳动分工不同造成的威信方面的差异，男子在狩猎等经济活动中的优势地位使得随葬品的数量及种类方面远远高于女性。但是将威信高的几个人集中埋葬，而少数的墓葬有较多的随葬品，又多少显示出等级观念的萌芽。当时的社会组织可能以氏族为主体，而其内部有家族的存在，社会处于由氏族共有向家族私有过渡的阶段。

（C）上层墓葬

上层墓葬的随葬品较前一阶段有所变化，数量上甚至不如前一阶段多。全部墓葬中没有随葬品的有4座，1~5件的有9座，6件以上的10座（图四二）。随葬陶器的数量呈下降趋势，而玉石器却明显增多，其中随葬石器的有15座（包括有2座各出1件石镯的女性墓），随葬玉器的有10座，而玉器和石器共出的有9座。随葬骨角器数量减

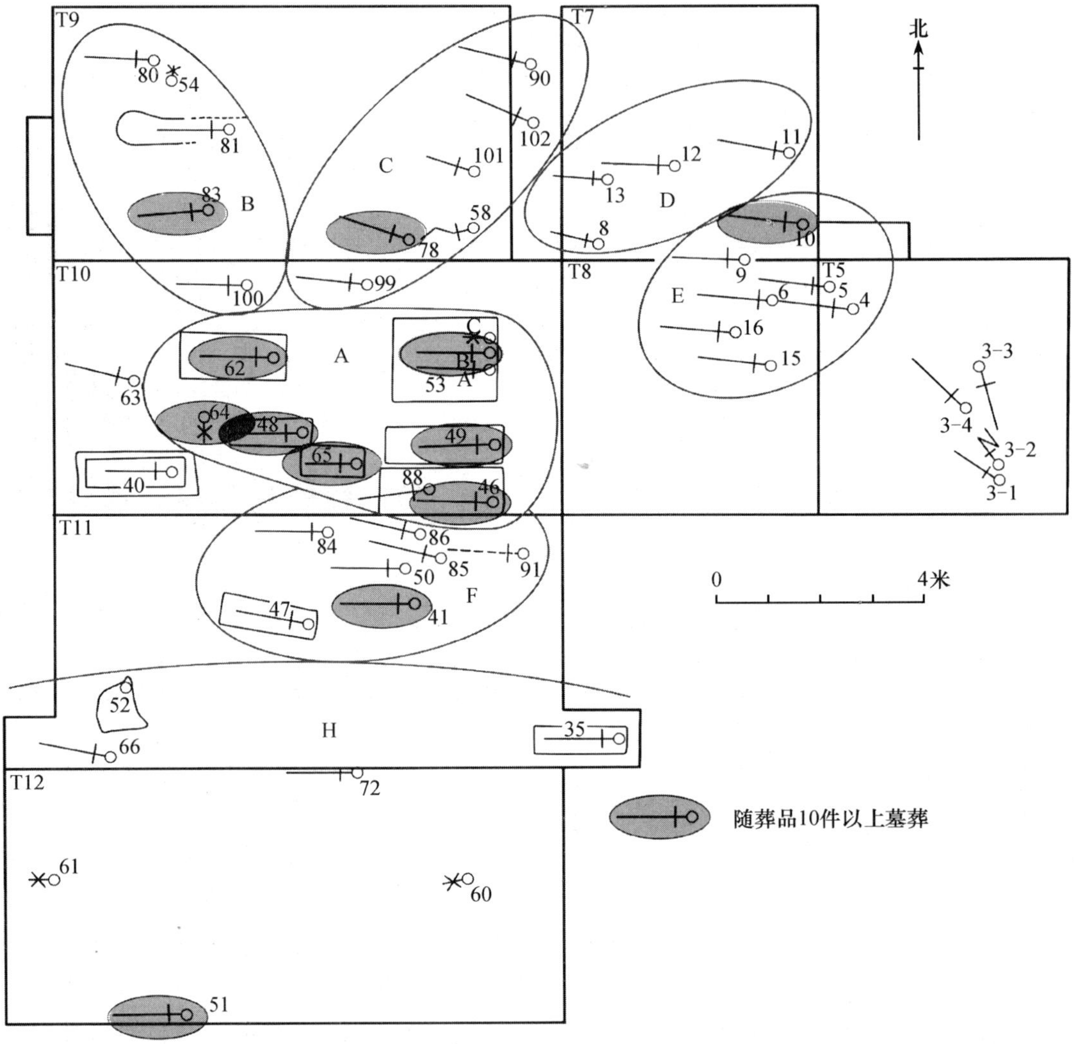

图四一　青墩遗址中层墓葬分布图

少，仅 1 座随葬有獐牙；随葬镞的墓葬数量为 4 座，且均为 1 件；6 座随葬纺轮，全部为女性墓。

从随葬品数量的多少去判断当时的社会财富集中程度及社会等级的分化虽然有一定的意义，并且极具可操作性，但是单纯从数量上判断是明显不够的，应该注意随葬品类别和质量方面的差异。上层墓葬中出土随葬品的数量无论是单座墓葬的出土数量还是人均数量都不如上一阶段，但是玉器和石器的数量明显增多，骨角器几乎不见。

随葬品的变化也预示着社会经济形态有了较大改变，镞以及骨角器数量的减少，说明狩猎在经济活动中所占的比重下降。而逐渐发展起来的农业经济，女性也可以较多地参与其中，经济上活动力的加强使得随葬的物品相应地增多。社会产生分化，墓葬中以埋葬玉石器为荣，这与良渚文化的影响以及与宁镇地区交流的加强有关系，同时这也使得石器与玉器的数量增加。

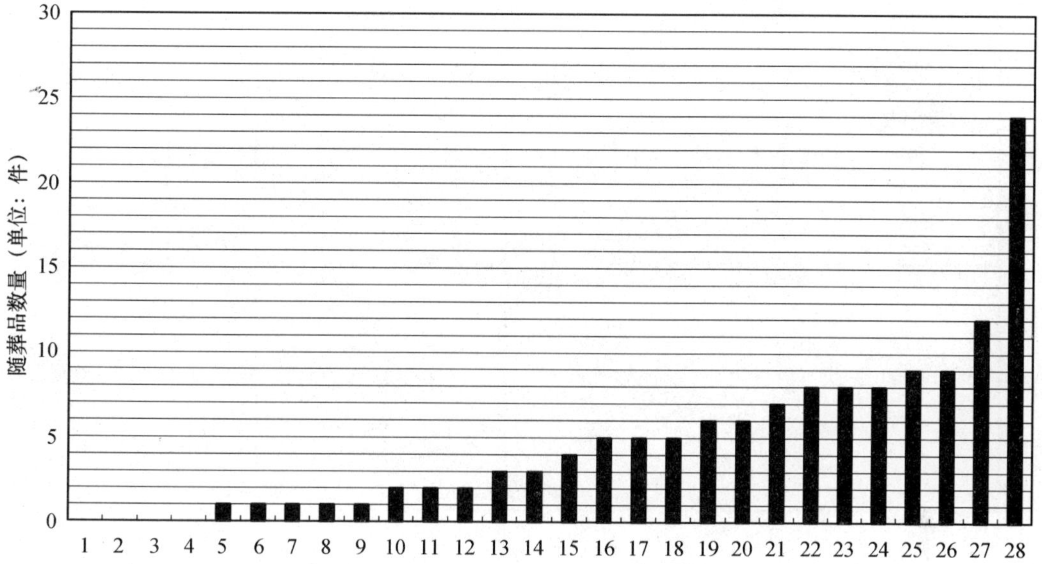

图四二　青墩遗址上层墓葬随葬品数量情况

墓葬呈现出分区埋葬的特点，主要集中在三个区域（图四三），可暂定为A、B、C三区（可能存在更多的区域，而远离三个分布区的M18与M2应属于其他墓区，C区亦可能存在更多的墓葬，只是由于其周围地区没有发掘，故分析仅能限于此）。我们推测当时的社会组织单位的规模变小，这显然与经济类型的转变有一定关系，同时也是上一期分区埋葬的遗留。每一个区域相当于上阶段的一个区，但人口数量明显增加，至于其中是不是有更小的单位，如个体家庭，依靠现有材料不敢妄加判断。但我们认为当时的社会至少存在两级组织，即整个墓地代表的氏族和墓区对应的家族（也可能是较大的家庭），其下可能存在核心家庭。

另外要提及的是，在A区中有大量的大汶口文化圈足杯集中出现的现象（图四四）。M43随葬有不少大汶口文化的陶器，有学者指出“这一多人二次合葬墓之墓主人，或许就是来自北方的大汶口文化居民”[172]。如这一推断不错，那么A区中各墓葬出土的陶器有很大程度上的一致性，尤其是墓葬中出土的13件圈足杯皆出自A区的3座墓葬中。那么A区极有可能是当时南下的大汶口居民的集体埋葬之地。至于与大汶口早期相比，其年代上表现出的滞后性可能是长距离迁徙造成的。

总之，从青墩墓葬各项材料反映出的信息看，社会早期生产力水平较低，随葬品较少；男女之间随葬品的数量差别是基于分工的不同造成的；当时社会没有出现财富分化和等级差异；社会组织以氏族为单位，在社会发展阶段上处于氏族公有制阶段。中期，经济活动仍以狩猎等攫取经济为主，男性在经济活动中处于绝对的领导地位，在群体中有一定的权威，随葬品数量差距变大，多集中于男性墓葬；等级和私有制观念开始萌芽；社会组织仍以群体—氏族的形式出现，但其中开始分化低一级的组织——家族，所以在社会发展阶段上属于氏族公有制到家族私有的过渡阶段。晚期，经济活动中农作物种植等生产经济开始占据重要地位，女性在经济活动中的作用加强，随葬品一定程度上

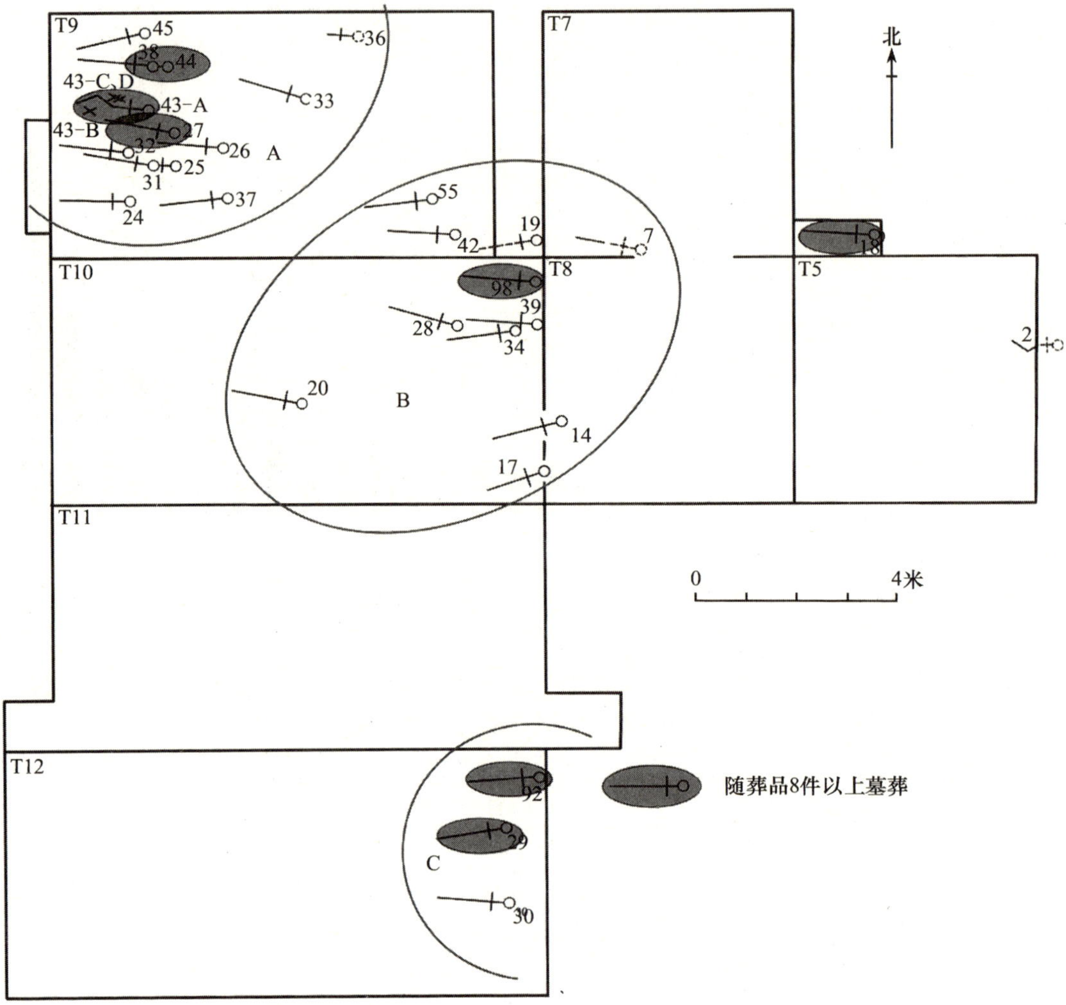

图四三　青墩遗址上层墓葬分布图

开始向女性墓葬倾斜；社会组织活动的基本单位为家族，其下可能有作为消费单位的家庭存在，社会处于家族私有制阶段。

（3）东园遗址的墓葬

东园遗址共发现墓葬 8 座，均属于大汶口文化中期阶段。从地层上看可以分为三个阶段，M4 ~ M7 为早期，M8 为中期，M1 ~ M3 为晚期，但是通过各墓葬出土器物与花厅墓地南区墓葬的比较可知，8 座墓葬延续的时间不长。

墓葬形制为长方形土坑竖穴墓，均为单人葬，人骨架保存不好，不可辨其性别及年龄，死者头向均向东，个别的略偏南[173]。随葬品数量存在一定的差异，但差别不大。其中大体同时的 M4 ~ M7 成排分布（图四五），说明当时的血缘关系仍然存在，但社会组织单位可能是家庭，结合其他大汶口文化中期的遗址情况看，当时东园遗址所代表的社会发展阶段应该处于家族私有阶段。

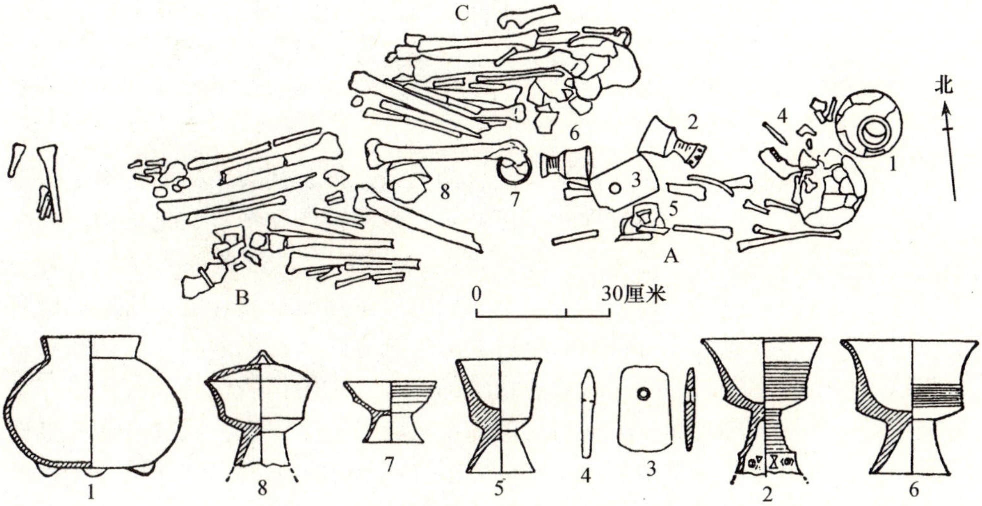

图四四 青墩遗址 M43 平面图和随葬器物
（采自《江苏海安青墩遗址》图一九）
1. 陶罐 2、5～8. 陶杯 3. 穿孔石斧 4. 石骨镞

(4) 吉家屯遗址的墓葬

吉家屯的墓葬材料并没有详细发表，从公布的材料看遗址发现的墓葬分布密集，排列整齐，头向一律向东，葬式为单人仰身直肢，有长方形浅穴，一般都有树皮葬具。墓葬中一般都有少量随葬品，少则一两件，多者十余件，不见随葬品的墓葬亦有一定的数量。随葬陶器放置在葬具之外，生产工具放在葬具之内，装饰品石环、石璜放在贴身部位，仅在个别墓中见到一两件。随葬的陶器都是日用器皿，主要是鼎、豆、壶、钵、罐、盆、杯等。需要指出的是用树皮做葬具是石器时代罕见的文化现象[174]。总体看，吉家屯的墓葬与青墩遗址中、下层的墓葬表现出相同的特点，其社会组织、社会关系及所处的社会发展阶段应该大体相似。

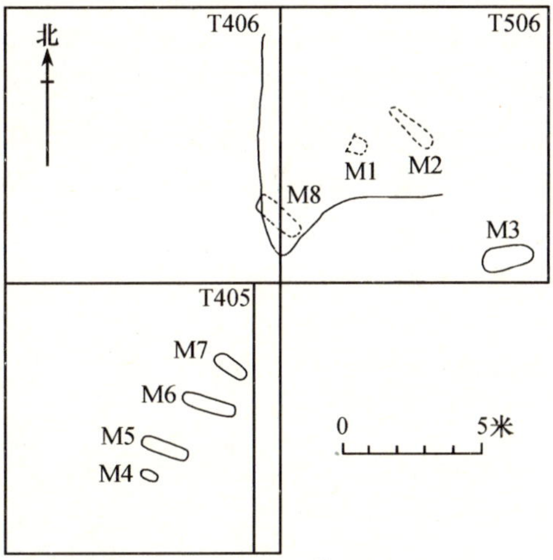

图四五 东园遗址墓葬分布图

(5) 小结

江淮东部发掘的史前墓葬数量较多且较为集中。这一方面有利于对单个遗址社会情况的考察，另一方面也影响了从总体上对江淮东部史前社会的认识。从以上对四个遗址的墓葬情况的分析可以看出，虽然有些遗址所处的时间大体相同，但社会发展阶段却略有差异。

总体上说，龙虬庄文化时期，各遗址呈现出由氏族公有向家族私有的过渡，有的遗址在龙虬庄文化的后期已经确立了家族私有制，如龙虬庄遗址；随后的青墩上层墓葬和东园遗址墓葬所代表的良渚文化早期和大汶口文化中期阶段，就社会发展阶段看，家族私有制已经确立，个体家庭的作用凸显。不同遗址表现出的差异，与其生产力发展水平相适应，同时新的生产关系的出现也与生产力的发展息息相关。

（四）江淮东部地区史前思想文化

社会是人们在实践活动中形成的交叉复合的关系总体，社会结构则指这一关系总体的组合方式。社会结构包括三个方面：经济结构、政治结构和精神文化结构。而精神文化结构主要包括思想、道德、艺术、宗教等方面的内容[175]。因此要完整地了解一个社会，不仅要分析当时的经济与社会状况以及人们赖以生存的自然环境，还应该研究当时人们的思想意识形态。通过考古材料研究古人的思维方式和意识形态，是认知考古学的任务，并越来越受到学界的关注。认知考古学的代表人物伦福儒认为：古代遗存是在人们的思想和意志支配下形成的，任何时代的人都有自己的宇宙观，通过对外界事物的观察和判断，从而在自己的头脑中形成一幅认知图（cognitive map），属于同一个社区的人们会形成大致相同的认知图[176]。

无论哪种考古遗存都蕴涵着创造者或使用者的目的性。简言之，就是制作东西、将东西怎么样处理肯定基于一定目的，当然这种目的不排除突发奇想的偶然行为。这种目的可以分为不同的层次，如就陶器而言，增加圈足、流和把手等，可能是出于实用的考虑，而在陶器外表绘彩和施纹，则包含着审美的情趣在里面。人的思维是复杂的，不同个体之间在考虑问题时有着不同的思维。但是，在意识形态方面，整个群体可能有着强烈的一致性，可以称之为习俗或者习惯，类似于认知考古学中属于一个社区的人们的大致相同的认知图。

就江淮东部地区而言，几乎所有的考古遗存，都可以用现代人的思维附加以思想性的东西上去，像彩陶、居址、刻划符号以及墓葬。凝聚当时人的思想的物品及现象可以说无处不在，但这其中文字及刻划符号是人类思想的直接代言，墓葬则对当时意识形态有强烈的体现。对于彩陶及居址，前面略有所述，本部分着重对文字及刻划符号和墓葬进行分析，墓葬在前文也有所论述，此处更多的是对考古发现的现象的一种陈述。

1. 文字及刻划符号

江淮东部在史前不同时期发现有一定数量的刻划纹（图四六），比较有代表性的是龙虬庄文化时期青墩遗址骨角器上的刻划纹及锥点纹和龙山文化时期龙虬庄遗址陶片的刻划图文。

（1）青墩遗址的刻划符号

青墩遗址在发掘时出土了5件带有刻划的骨角器，南通博物苑也在青墩采集到5件有刻划纹和锥点纹的麋鹿角枝[177]，当均属龙虬庄文化时期的遗物。

青墩遗址出土的簪中“一件后端刻有五周平行弦纹。另二件在一面或两面刻划许多直线，其中一部分可能是某种记事意义的符号”（图四六，1、2、5）。出土的二件刻纹鹿角，其中一件“表面刻有十一组平行细刻纹，每组三、五、六、九划不等”（图四六，3）。另外一件“刻划有五组平行线纹，每组四至五划，每两组平行线之间刻有两组顶端相对的复道人字纹，每组也由四至五划组成”[178]（图四六，4）。对于青墩遗址出土的鹿角上面的刻划，张政烺先生认为是易卦刻纹，代表了易卦的早期发展形式[179]。

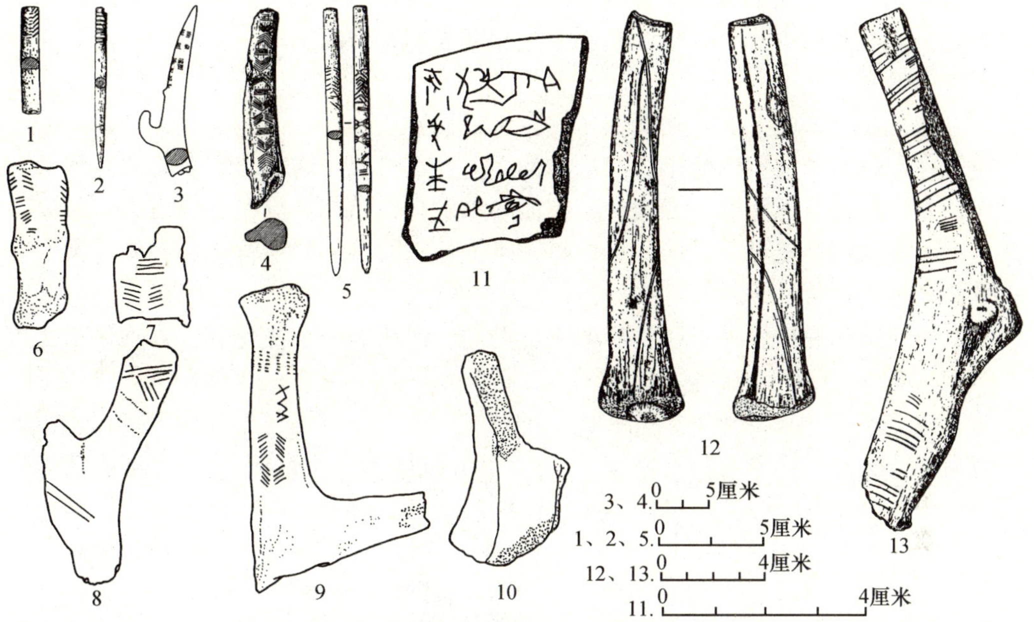

图四六　江淮东部史前文字及刻划符号

（1～5 采自《江苏海安青墩遗址》图一二，6～10 采自徐冬昌《青墩出土麋鹿角上刻划纹之文化涵义探析》图一，11～13 采自《龙虬庄——江淮东部新石器时代遗址发掘报告》图三二三、图三二一）

青墩遗址发掘：1. 刻纹骨簪（T10⑥: 38）　2. 刻纹骨簪（T15④C: 45）　3. 刻纹鹿角（T6⑥: 31）　4. 刻纹鹿角（T15: 41）　5. 刻纹骨簪（T15⑥: 35）

青墩遗址采集：6. 刻划纹角枝（采: 1）　7. 刻划纹角枝（采: 2）　8. 刻划纹角枝残段（采: 4）　9. 刻划纹角枝（采: 3）　10. 锥点纹角枝（采: 5）

龙虬庄遗址发掘：11. 陶盆口沿残片　12. 刻划鹿骨（T4029⑥: 30）　13. 刻划鹿角（T3929⑥: 2）

南通博物苑采集的刻划纹角枝中，一件“有六组刻划纹，分为两行排列在主干近节部处，或横刻，或竖刻，或斜刻，似在避免和别组的线条混杂，起了既分割又关联的作用。右排两组都是四条线。左上方是一组四重八字纹，共八条线，看来它就是 8 的数码。自此以下，为三道、四道和二道线”（图四六，6）。另一件“角枝的残段纵剖为二，取其用半，呈半圆筒形，剖面整齐，可见它是特意制作的。上下两段严重残损，仅剩两组刻划纹：一组四条线，应为 4；一组为五重八字纹，计有 10 条线，应是 10 数”（图四六，7）。第 3 件“刻划纹分三层见于前枝干部之外侧，上层有疏疏朗朗的六七层锥点似的短平线环绕一周；其下方是七条斜线组成的表意图像，先是两线交叉，接着是依次向左右方斜出的五条折线。下层是多重菱形体。每边的线条数不均，分别为六、五、六、四道”（图四六，9）。第 4 件“右枝上留有一道和两道相交的斜线，右方大夹角内藏着双重八字文，形成尖角形的图案。角面左方中间有长长的两道刻线”（图四六，8）。第 5 件“有两组锥点图案，呈现于上下两端”（图四六，10）。

第一、二段鹿角的刻纹，可能是古代筮法“数卜法”的卦画。第 3 和第 4 件鹿角刻划的涵义不很明确，而第 5 件可能有祖先崇拜的意味，“也许可以说明彼时的青墩，业已进入父系氏族社会”[180]。青墩发现的刻划纹，在某种程度上反映了古青墩人的观念形态和精神文化，是观察自然认识自然的结果。这些刻划可能不仅仅是随意刻划那么简单，当是人们有意识的行为，是龙虬庄文化时期人们思想的体现，要揭示其内涵还需要更加深入的研究。

（2）龙虬庄遗址的龙山文化陶文

龙虬庄遗址的带文字陶片采自河边的剖面上，其时代与南荡遗址新石器时代遗存相同。陶片是泥质磨光黑陶盆口沿残片，表面乌黑发亮，胎亦呈黑色，烧成火候较高，陶片的内壁有8个刻划符号，纵向两行，每行4个，左行4个刻划符号类似甲骨文，右行4个类似动物图形[181]（图四六，11）。

龙虬庄陶文的发现，曾引起学界的广泛关注。或认为是“生息在江淮地区的水族先民，借用7500～5000年前的古夷（彝）文，来书写的一版祭祀水族祖先的祭文”[182]。或认为“这是人类生命的颂歌、先民繁衍的礼赞……干支确认，生育内容确认，它们的构字有象形、会意、指事……与后来的殷商甲骨文属于一个系统”[183]。饶宗颐先生也对其中的一些字进行了辨认，同时指出龙虬庄陶文与甲骨文是同一系统的文字，和山东龙山文化的丁公村黑陶上的刻文，亦正一脉相承[184]。有学者则认为这是由山东龙山文化部族的一支在迁移过程中与江淮地区土著文化部族共同书写的属于“盟书”性质的东西，双方用自己部族的文字表达相同的意思[185]。有学者则根据龙虬庄遗址的陶文推测“殷商甲骨文可能来源于王油坊类型龙山文化，虽然目前还缺乏直接的证明，然两者之间有着千丝万缕的联系却是显而易见的”[186]。

对龙虬庄陶文的阐述众说纷纭，也许某一种正确，也许都不正确。过程考古学认为“图像和物体本身不会直接向我们表达它们的含义，尤其是在没有文献证据的情况下。其含义的解释则正需要观察者，即研究者来阐述，这也正是科学研究的基础。而且科学家很清楚，解释不必单一，如果必要，几种解释需要相互验证，特别是通过明晰的求证过程或以新材料来重新评估”[187]。不管龙虬庄陶文的真实含义是什么，它的存在证实在龙山文化时期，江淮东部地区的先民试图用刻划的文字（或符号）记录自己的思想或者表述自己的意图。这是基于生产力达到一定的发展水平后，人们所寻求的更高程度的发展。

2. 思想与宗教观念

在生产力水平较低的远古时代，由于人们无力对抗自然灾害，同时受到梦中景象的影响[188]，易于产生万物有灵的自然崇拜以及灵魂不死的观念。受这种灵魂不死观念的影响，在对死者进行埋葬时，往往会采取一定的埋葬方式。江淮东部地区的墓葬材料集中于前期，而前文对葬俗、埋葬方式中透露出的人的思想意识形态也多有涉及，但是仍有几个能反映出当时人们的共同信念而前文又论述不多的现象，在此列出。

首先是墓葬的头向问题。史前居民对墓葬头向的选择应是受某种信仰的支配，头向是因民族、地区和信仰而定的，“因此对墓向不能作单一的解释”[189]。有学者通过对新石器时代各地的墓葬材料，总结出墓葬定向的10个原则，同时对于一些逆向墓发表了看法[190]。

龙虬庄文化时期墓葬的头向多是向东的，而只有少数向西或者向南。以龙虬庄遗址为例，402座墓葬多数头向向东，只有5座头向不一致，其中4座的头向截然相反——向西。龙虬庄报告将墓葬的头向解释为“一种一旦坐起身来便可以望见西方的望乡心态”[191]，而民族学材料对此也有所反映，如新中国成立前“云南宁蒗县的纳西族举行火葬时，头向东北，认为他们的祖先是从东北方向的四川木里迁来的；贵州赫章县海角寨的苗族，埋葬死者头东足西，足西的意思是原来的祖先在西方”[192]。对于头向截然相反的墓葬，笔者认为是基于一种对于非正常死亡的恐惧而产生的特殊埋葬。第4层中的头向相反的个体，多为成年，笔者认为其属于不正常死亡。而第5层头向相反的墓葬埋葬的为一老者，其时年龄超过了当时平均的死亡年龄太多，也可能认为是属于一种不正常的死亡，因为一旦变老，在日常狩猎中的地位明显下降。对于老者的崇拜，多属于那种至死仍能在日常活动中提供经验或者身体力行的人。而年老体弱的老者与新生婴儿无异，如若之前没有获得一定的权威，而年老时又不能给下辈以经验的指导，是不能使人们产生尊敬抑或是崇拜的心情的。这一点在随葬品上也有体现，如M159的随葬品只有2件器盖。

同时，墓葬的头向在原始的思想意识里面，有着根深蒂固的渊源。所以龙虬庄文化之后，虽然江淮东部地区已经纳入到良渚文化的范围，但是墓葬的头向没有改变，这可以说是龙虬庄文化在人们的意识中难以消失的文化遗留。

第二，龙虬庄遗址还存在两个比较特殊的现象：其一是相当数量的墓葬人骨架缺少头骨（图四七）；其二是不少墓葬用钵、碗、豆、钵形匜、器盖等器物覆盖面部、口部或头部[193]（图四八）。其中，器物覆面这一现象在新石器时代东部沿海地区发现较多，集中于苏北地区的大汶口文化遗址中，如二涧村遗址、大伊山遗址、万北遗址等；而在长江下游马家浜文化的圩墩、草鞋山等遗址也有这一现象的发现。

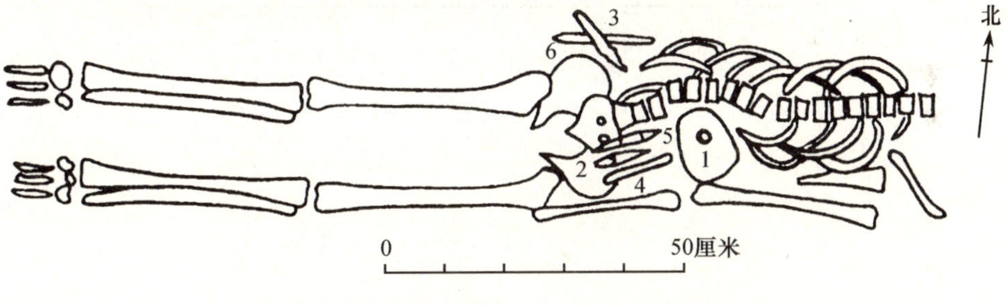

图四七　缺少头骨墓葬：龙虬庄遗址M386平面图

（改自《龙虬庄——江淮东部新石器时代遗址发掘报告》图一八七）

1. 石斧　2、5. 骨镞　3. 骨坠　4. 骨凿　6. 骨箸

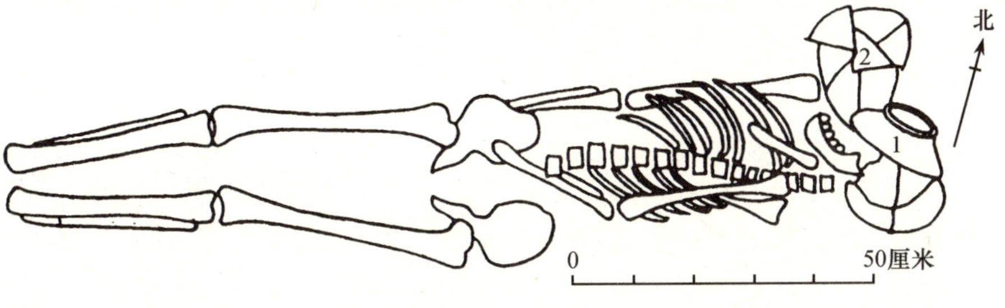

图四八　器物覆面墓葬：龙虬庄遗址M174平面图

（改自《龙虬庄——江淮东部新石器时代遗址发掘报告》图一七二）

1. 陶碗　2. 陶釜

龙虬庄遗址中，没有头骨的个体见于各个时期（表一三）：第 6 层有 2 座，在该层墓葬中所占比例为 5. 71%[194]；第 5 层约有 42 座[195]，所占比例为 29. 79%；第 4 层约有 118 座[196]，占 36. 76%。

表一三　龙虬庄墓地无头埋葬个体数量统计

	无头埋葬的个体数				埋葬的个体数				无头埋葬所占比重[201]（百分比）			
	男	女	不详	总数	男	女	不详	总数	男	女	不详	总数
第 6 层	2			2	21	13	1	35	9. 25			5. 71
第 5 层	25	9	7	42	77	48	16	141	32. 47	18. 75	43. 75	29. 79
第 4 层	51	34	34	118	151	104	66	321	33. 77	32. 70	51. 52	36. 76
全部	78	43	41	162	249	165	83	497	31. 33	26. 06	49. 40	32. 60

从总体上看，除了第 6 层，其他各层约有 1/3 强的男性个体是无头埋葬，女性也存在大量的无头埋葬，不存在以何者为主体的问题。若不考虑男女差别，整体上也是有约 1/3 的人实行了无头埋葬；无头葬个体中可辨年龄者，以成年人为主，同时还有一定数量的未成年人和老年人[197]，说明当时实行无头葬的现象多集中于成年人。这可能是导致龙虬庄居民的寿命普遍偏低的原因[198]。同时，无头埋葬个体所占的比重呈上升的趋势。

从埋葬的区域看，无头葬个体的密度在墓地的东部偏大。在第 5 层 B 区中，16 个

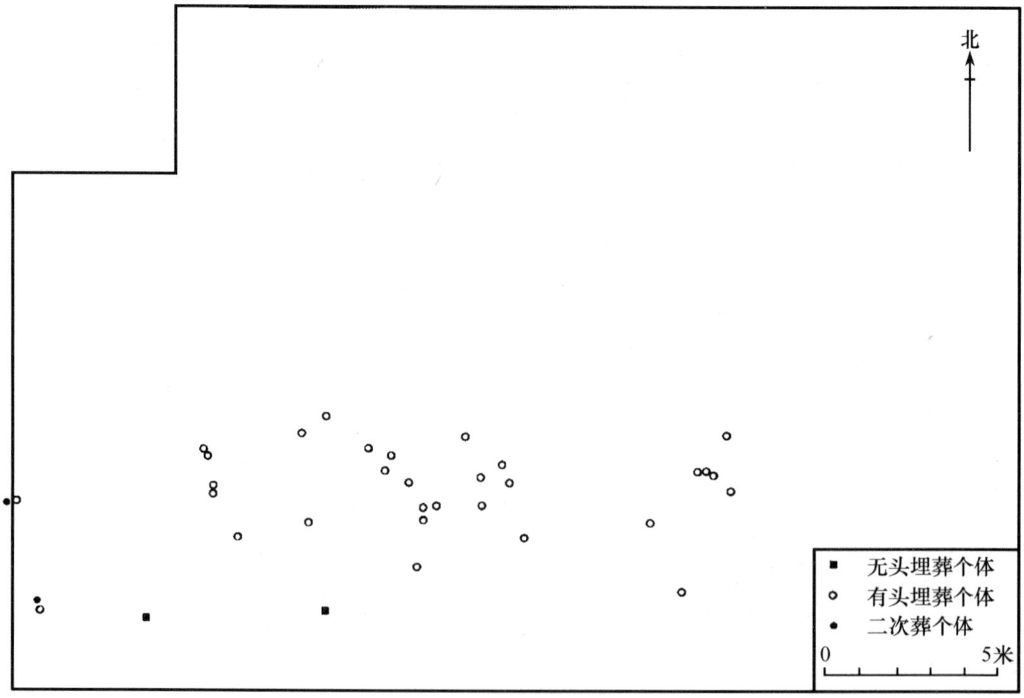

图四九　龙虬庄遗址第 6 层墓葬无头埋葬个体分布图
（改自《龙虬庄——江淮东部新石器时代遗址发掘报告》图四九）

埋葬个体有12个实行了无头葬，比例高达75%；C区的比例也达到53.3%，远远高于其他各区平均的20%[199]；在第4层偏东的A、B两区中，A区约有个体59个，其中个体是无头葬21个，占35.6%；尤其是B区，有67个个体，有43个是无头葬，比例为64.2%。整个东部地区无头埋葬的比例为50.8%，而东部区域外，无头葬个体在墓葬中占的比例为27.7%[200]。可以看出，除第6层因个体太少不便讨论外，第5层和第4层的无头葬有集中埋葬的趋向（图四九~图五一）。

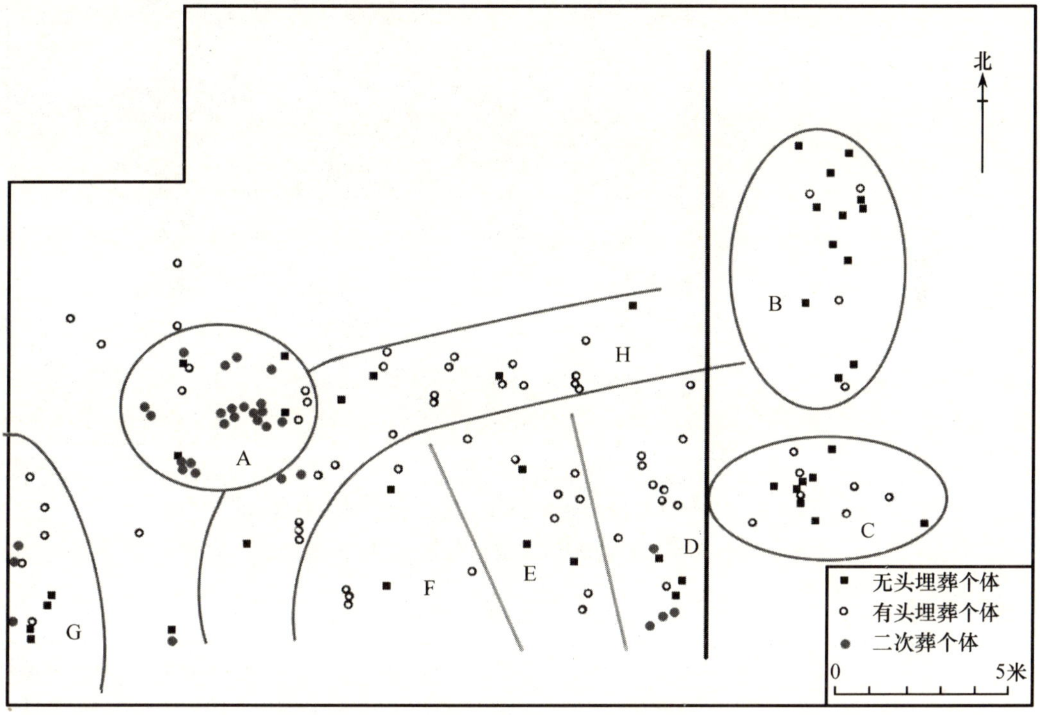

图五〇 龙虬庄遗址第5层墓葬无头埋葬个体分布图

（改自《龙虬庄——江淮东部新石器时代遗址发掘报告》图五〇）

墓葬中用器物覆盖面部、口部或头部的现象，大约为47个个体（数量应该还多一些，此处仅从报告中获得的资料）。其中第6层14个，占埋葬个体的40%；第5层15个，占埋葬个体的10.64%；第4层18个，占埋葬个体的5.61%（表一四）。用以覆盖面部的器物组合在不同的时期有所变化，第6层主要为碗、三足钵和钵，以碗为主，三足钵为本层独有；第5层为碗、钵、豆、钵形匜，以碗和钵为主，钵形匜为本层独有；第4层有碗、钵、豆和器盖，以钵和豆为主，器盖为本层独有。器物底部有凿孔的现象主要见于第6层中（表一五）。

用碗、钵等器物覆盖面部、口部或头部的个体以成年男女居多，有少量的未成年人和老人[202]。可以说，这一现象仍多集中于成年人的墓葬，男性墓略多于女性墓。从在墓地中的分布看，第4层和第5层时期多分布于中西部，无头葬较多的东部没有发现（图五二~图五四）。与无头埋葬不同的是，在第6层时，器物覆面的现象就已经较多存在，且比例高达40%；但随着时间的发展，其所占比重逐渐下降，到第4层时已降至5.61%。

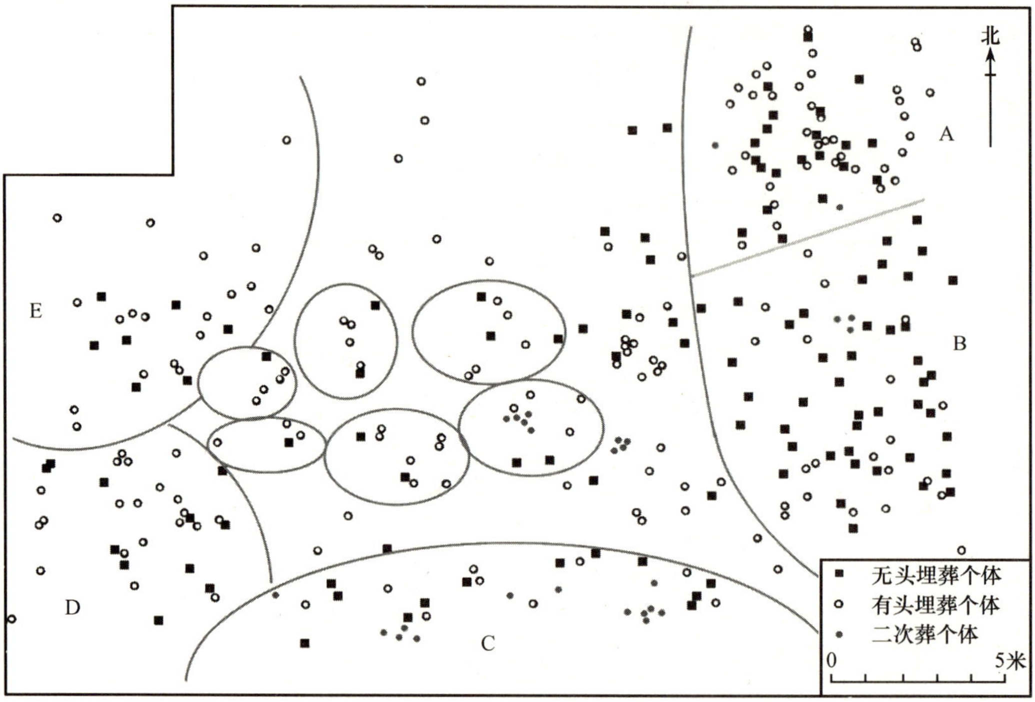

图五一　龙虬庄遗址第 4 层墓葬无头埋葬个体分布图
（改自《龙虬庄——江淮东部新石器时代遗址发掘报告》图五一）

表一四　龙虬庄墓地器物覆面埋葬个体数量统计

	器物覆面个体数				埋葬的个体数				器物覆面个体所占比重（百分比）			
	男	女	不详	总数	男	女	不详	总数	男	女	不详	总数
第 6 层	10	3	1	14	21	13	1	35	47. 62	23. 08	100	40
第 5 层	9	5	1	15	77	48	16	141	11. 69	10. 42	6. 25	10. 64
第 4 层	13	5		18	151	104	66	321	8. 61	7. 58		5. 61
全部	32	13	2	47	249	165	83	497	12. 85	7. 89	2. 41	9. 46

表一五　龙虬庄墓地覆面器物种类及数量统计

	碗	三足钵	钵	豆	钵形匜	器盖	备注
第 6 层	11	2	1				器物中有在底部凿孔的现象，共有 7 例。其中第 6 层最多，有 4 陶碗，1 三足钵；第 5 层有 1 陶碗；第 4 层有 1 陶豆
第 5 层	7		5	2	1		
第 4 层	2		7	7		2	
全部	20	2	13	9	1	2	

无头埋葬和用器物覆面这两种现象，是可以联系在一起考虑的，它反映了当时人们对头颅的重视。在灵魂观念产生之后，头颅多被视为灵魂寓居的场所，并由此产生两种现象，一是对头颅的崇拜，一是对灵魂的恐惧。对于头颅的崇拜，进而导致了猎头习

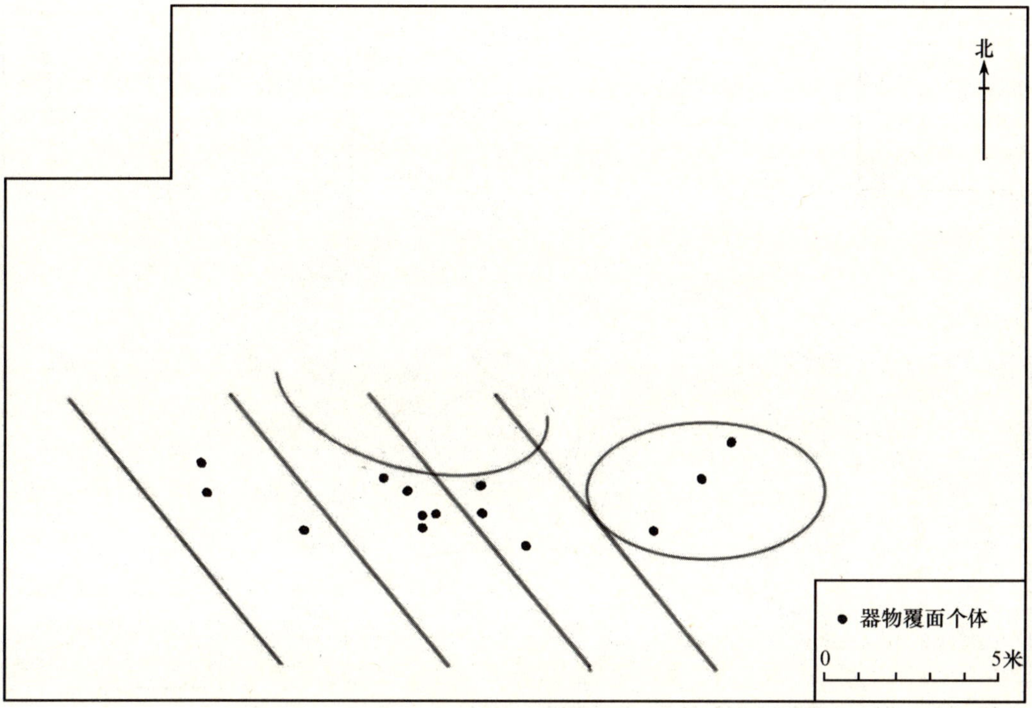

图五二　龙虬庄遗址第6层墓葬器物覆面个体分布图
（改自《龙虬庄——江淮东部新石器时代遗址发掘报告》图四九）

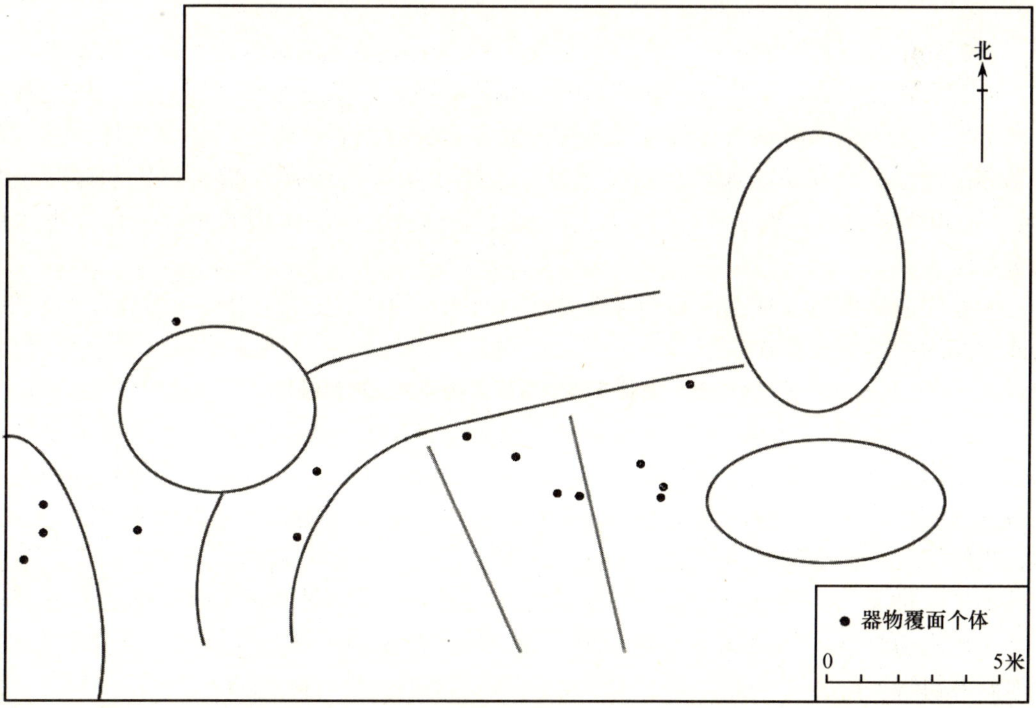

图五三　龙虬庄遗址第5层墓葬器物覆面个体分布图
（改自《龙虬庄——江淮东部新石器时代遗址发掘报告》图五〇）

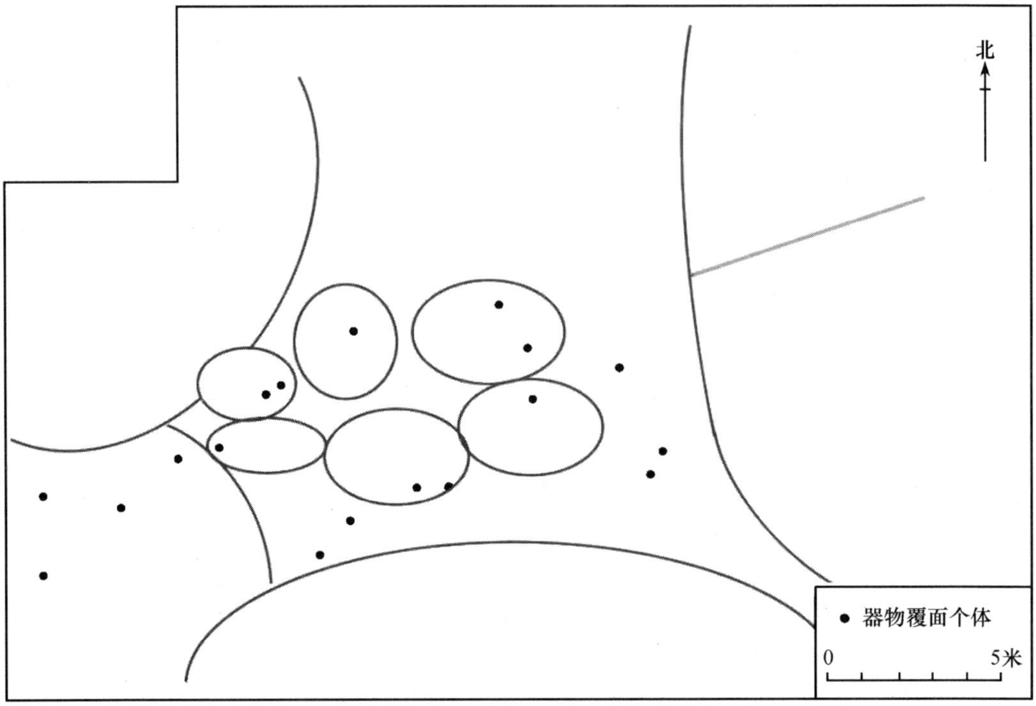

图五四 龙虬庄遗址第 4 层墓葬器物覆面个体分布图
（改自《龙虬庄——江淮东部新石器时代遗址发掘报告》图五一）

俗、人头祭祀和各种覆面的产生；而对于灵魂的恐惧则使先民对于死者采取的特殊的葬式，如石块盖住死者、俯身葬、捆缚葬等，而器物覆面的墓葬当中，亦可能含有此种意义在里面。关于史前时期对人头骨的特殊处理方式，有学者曾经作过分类统计，并从考古学和民族学上对其功能和社会意义进行了总结：头颅的崇拜（猎头习俗的体现、由“灵魂”观念导致的人头崇拜）、战争、殉葬和祭祀功能；从实用的角度考虑，也可用人头骨做容器[203]。

龙虬庄遗址虽然发现了大量的无头葬个体，却没有发现一件用头颅做容器的实例。因此，实用的解释至少在这里并不成立。龙虬庄遗址也没有发现能确指为战争的遗存，同时无头葬中有不少是幼儿和妇女以及老年人，因此基本上可以否定是战争的原因。

龙虬庄遗址的墓葬中存在一定数量的二次葬，其中有少数墓葬的人头数量多于肢骨的数量，因此可能存在用头颅作为整个身体象征的处理方式，但这种情况所涉及的人头骨数量远不能与无头墓葬的数量相比。无头墓葬的形成应该还有其他方面的原因。一方面，当时居民可能受到灵魂观念的影响，认为头颅是神灵和灵魂的居所，所以人死后头应该归还于神灵，如果不归还就需要用器物加以覆盖，以防被神灵发现，但亦有学者对江苏东部沿海地区陶钵盖头现象分析后认为，该葬俗反映了原始先民对“天”的信仰，而原始人相信头骨是“灵魂的座位”，因此用陶钵保护头骨有魂气归于天的用意[204]。另一方面，可能与人头祭祀有关系。因此，无头墓可能是群体内部将其砍掉用以祭祀或其他功用所致。当然，血缘关系相当强的氏族社会，血族的复仇也可能会产生一些无头墓葬。

一些相关的民族学材料对于我们理解龙虬庄遗址的无头墓葬或许有些启示。“我国古代生活在云南境内的‘滇族’，每年都要举行隆重的祖先头颅崇拜仪式，目的是为了请求祖先的神灵恢复土地的孕育力。”[205]在云南佤族的猎头习俗中，人头的来源有四种，其中一种就是所谓的鬼头，即掘墓所砍的头[206]。同时民族学调查也发现，佤族信奉万物有灵的原始宗教，他们最崇拜的鬼神是“木依吉”，他们认为木依吉是创造万物的神灵，掌管刮风、下雨、打雷，甚至谷子长得好坏、人的生死都归他管。他们的砍人头祭谷等较大的宗教活动，都是按照所谓木依吉的指示和为了祭祀木依吉而举行的。每个村寨附近都有一个“鬼林”（或称“神林”），是存放供过的人头骨的地方。他们认为只有人头祭谷，谷子才能长得好，村寨才安全。每年猎头祭谷的时间，一是在春播前后，一是在秋收之前，其他时间有机会也可以猎头。猎取人头后，便开始举行隆重的宗教仪式，进行祭祀活动[207]。

从民族学材料看，以“人头祭谷”是基于万物有灵的原始宗教信仰而产生的，同时也显示了头颅的重要性；而这种现象的存在与农业经济产生与发展息息相关。就江淮东部地区而言，龙虬庄墓地从第6～4层，无头墓葬呈现出逐渐增长的趋势，而器物覆面的墓葬则呈现出逐渐下降的趋势；其中无头墓葬在第4层与第5层中存在一个急剧增长的过程。结合佤族的民族学材料，我们可以有以下认识：受到原始宗教灵魂不灭的影响，头颅被看做是神明和灵魂的居所，是人身体中最重要的部分，人死后应该归还于神明，因此便有了以人头代替整个人进行二次葬以及用器物覆面现象的存在；同时，在第6层到第5层期间，无头墓葬从基本没有到大量出现，可能预示以人头祭祀现象（可能祭谷）的出现，这从另一个侧面反映了这一时期农业的产生与发展。

需要说明的是，超过半数墓葬的人头骨还是存在的，也没有采取特殊的处理方式，怎样理解两种现象共存于一个墓地，这不能不说是一个问题。龙虬庄遗址没有发现大规模的人头埋葬地点，而青墩遗址甚至没有这种现象的存在（据发表材料看），在没有大批考古材料相佐证，同时又缺乏相应的民族学材料的前提下，对于其任何的解释都不能很充分，只能算是一种假说。因此也不能排除，在太湖地区的居民向北扩展的时候与生活在龙虬庄地区的居民发生了战争，因此导致大量的人头被砍掉。总之，无头墓葬中埋葬的个体，多数可能不是自然死亡导致的，这也是龙虬庄居民的寿命普遍偏低的原因之一。

五、结　　语

以上我们主要讨论了江淮东部史前文化发展的年代序列及其文化性质，同时通过对考古遗存分析，对江淮东部史前时期的环境资源、经济状况、社会组织关系以及思想文化的状况做了阐释。研究一个地区的史前时期的文化，可着手的层面很多，不是简单地介绍发现、构建文化序列以及对遗存的分类阐释所能涵盖，但这是最基本的分析切入点。

史前时期由于没有文字记载，因此对于史前社会和文化归属的认识，只能通过对考古遗存进行解释获得。但是在对考古材料进行分析的时候，不同的学者由于思想、观点、方法和视角的不同，会对同一文化遗存或者文化现象有着不同的理解，其实这是一种正常的现象。我们本身对考古遗存的认识，究竟能在多大程度上正确地阐释也是需要考虑的，即使有民族学材料的支持，并且从多方面予以考虑所进行的阐释，可能也只是一部分内容是正确的，甚至存在很大的偏差，因为我们是以现代人的思维辅以后进的现象做出的解释。考古发现的一些现象可能是带有规律性的，也可能是偶然行为的结果，本文对一些特殊的考古现象给出了一定的解释，只能说是一家之言。因为这些解释带有一定的推论性质，有的则纯粹是假说，或只是作为发现的一种现象做了陈述，并没有过多的分析。但是，在列举社会文化现象的时候，则多未掺入个人感情色彩在里面，藉以有更多的相比证材料发现后，再开展更为深入的研究。

注　释

[1] 苏秉琦：《略谈我国东南沿海地区的新石器时代考古》，《文物》1978年3期，41页。

[2] 对于文章的插图需要做一下说明：①图的来源：若直接引用其他文章中的图而未加修改，则用“采自”字样表示；若以其他文章的插图为蓝本，进行了一定程度的修改或者是添加辅助性标记，则用“改自”字样表示；若图是自己首次运用，则未加任何标示。②图的比例：所用插图尽量给出比例，但是比例实属难以统一，或者原图（或器物）没有比例，而对我们的认识又不会产生根本性影响的前提下，部分图上则未标注比例尺。③图的大小：文中插图不论来源为何，限于文章的篇幅，多进行按比例的缩放，因此可能会影响到图的清晰程度，在此说明。

[3] 单树模、王维屏、王庭槐：《江苏地理》，江苏人民出版社，1980年，25页。

[4] 竺可桢：《中国近五千年来气候变迁的初步研究》，《考古学报》1972年1期，15～18页。

[5] 施雅风、孔昭宸等：《中国全新世大暖期气候与环境的基本特征》，《中国全新世大暖期气候与环境》，海洋出版社，1992年，1～18页。

[6] a. An，Z，S. C. Porter，J. E. Kutzbach，X. Wu，S. Wang，X. Liu，X. Li，and W. Zhou. Asynchronous holocene optimum of the east monsoon. *Quaternary Science Reviews*，2000，19：743～762.

b. Li Xiaoqiang，Zhou Weijian，An Zhisheng and J. Dodson. The vegetation and monsoon variations at the desert-loess transition belt at Midiwan in northern China for the last 13ka. *The Holocene*，2003，13（5）：779～784.

[7] a. 赵希涛、鲁刚毅等：《江苏建湖庆丰剖面全新世地层及其对环境变迁与海面变化的反映》，《中国科学》B辑，1991年，992～999页；

b. 吴学忠、赵希涛：《江苏建湖庆丰剖面的孢粉分析及其所反映的古植被与古环境》，《中国气候与海面变化研究进展》（一），海洋出版社，1990年，53～54页；

c. 王绍鸿、吴学中、赵希涛：《江苏建湖三岔口剖面全新世有空虫与孢粉组合及古环境》，《中国气候与海面变化研究进展》（二），海洋出版社，1992年，55～57页。

[8] 吴学中、王绍鸿、赵希涛：《江苏建湖地区全新世孢粉组合及其地质、古地理意义》，《地理科学》1996年3期，252～259页。

[9] 图中全新世地层划分采用布利特—色尔南德尔气候分期方案，并以反映暖湿气候的大西洋期作为全新世地层划分的标志带。

[10] 同注［5］。

[11] 关于这方面的研究文章较多，主要有：

a. 赵希涛、耿秀山等：《中国东部20000年来的海平面变化》，《海洋学报》1979年2期；

b. 杨怀仁、谢志仁：《中国东部近20000年来的气候波动与海面升降运动》，《海洋与湖沼》1984年1期；

c. 吴建民：《苏北史前遗址的分布和海岸线变迁》，《东南文化》1990年5期；

d. 赵希涛、王绍鸿：《中国全新世海面变化及其与气候变迁和海岸演化的关系》，《中国全新世大暖期气候与环境》，海洋出版社，1992年；

e. 顾家裕等：《苏北中部滨海平原贝壳沙堤》，《长江三角洲现在沉积研究》，华东师范大学出版社，1987年；

f. 赵希涛、李波等：《苏北全新世海岸沙丘的发现及意义》，《科学通报》1991年22期；

g. 李波、赵希涛：《江苏阜宁西园剖面全新世风暴控制相的沉积构造与沉积构造相》，《中国科学院研究生院学报》1991年2期；

h. ［7］a；

i. 赵希涛等：《江苏建湖庆丰剖面全新世地层及环境变迁与海面变化的初步研究》，《科学通报》1990年4期；

j. 吴建民：《江苏新石器时代遗址分布与环境演变》，《东南文化》1991年增刊《第四纪沉积与环境变迁》等。

[12] 转引自萧家仪、张敏在《江苏阜宁陆庄遗址孢粉分析与古环境》（载《东方文明之光——良渚文化发现60周年纪念文集》，海南国际新闻出版中心，1996年，150页）一文中对《苏北全新世海进与古砂堤研究》及《江苏海岸带和海涂资源综合调查报告》两文的总结。

[13] 华东文物工作队：《淮安县青莲岗新石器时代遗址调查报告》，《考古学报》1955年9期，13~24页。

[14] 南京博物院：《江苏淮安青莲岗古遗址古墓葬清理简报》，《考古通讯》1958年10期，45~50页。

[15] 尹焕章、赵青芳：《淮阴地区考古调查》，《考古》1963年1期，1~8页。

[16] 南京博物院：《江苏射阳湖周围考古调查》，《考古》1964年1期，6~28页转18页。

[17] 蒋素华：《江苏阜宁陆庄出土的良渚文化遗物》，《东方文明之光——良渚文化发现60周年纪念文集》，海南国际新闻出版中心，1996年，151~153页。

[18] 南京博物院：《江苏海安青墩遗址》，《考古学报》1983年2期，147~190页。

[19] 徐治亚：《略谈吉家屯新石器时代文化遗址》，《东南文化》1990年5期，297~298页。

[20] 南京考古研究所等：《江苏兴化戴家舍南荡遗址》，《文物》1995年4期，16~30页。

[21] 南京博物院考古研究所等：《江苏高邮周邶墩遗址发掘报告》，《考古学报》1997年4期，481~513页。

[22] 龙虬庄遗址考古队：《龙虬庄——江淮东部新石器时代遗址发掘报告》，科学出版社，1999年，4~7页。

[23] 南京博物馆考古研究所等：《江苏阜宁陆庄遗址》，《东方文明之光——良渚文化发现60周年纪念文集》，海南国际新闻出版中心，1996年，130~146页。

[24] 南京博物院等：《江苏阜宁县东园新石器时代遗址》，《考古》2004年6期，7~21页。

[25] 以下所列出的遗址，是近年南京博物院考古调查和发掘资料，见于：

a. 张敏、韩明芳：《江淮东部地区古文化的初步认识》，《中国考古学会第九次年会论文集》，文物出版社，1993年，108页；

b. 邹厚本主编：《江苏考古五十年》，南京出版社，2000年，74页。

［26］ 南京博物院：《江苏省出土文物选集》代序，文物出版社，1963年。

［27］ 关于青莲岗文化20世纪50年代初～90年代初的研究历程，已有学者进行过相应的整理，详见栾丰实：《东夷考古》，山东大学出版社，1996年，93～97页。

［28］ 关于青莲岗文化的几种观点，已有学者进行相应的整理，此不赘述，详见张敏：《从青莲岗文化的命名谈淮河流域和长江流域原始文化的相互关系》，《郑州大学学报》（哲学社会科学版），2005年2期，12～13页。

［29］ a. 石兴邦：《山东史前考古方面的有关问题》，《山东史前文化论文集》，齐鲁书社，1986年，23～24页；

b. 郑笑梅：《试论北辛文化与大汶口文化的关系》，《山东史前文化论文集》，齐鲁书社，1986年，212页；

c. 徐基：《试说青莲岗文化与北辛—大汶口文化的关系》，《山东大学学报》（哲学社会科学版）1991年1期，86～97页。

［30］ 邹厚本、谷建祥：《青莲岗文化再研究》，《东南文化》1992第1期，58～71页。

［31］ 张敏：《从青莲岗文化的命名谈淮河流域和长江流域原始文化的相互关系》，《郑州大学学报》（哲学社会科学版）2005年2期，13页。

［32］ 南京博物院：《江苏文物考古工作三十年（1949～1979）》，《文物考古工作三十年》，文物出版社，1979年，201页。

［33］ 同注［25］a，108～124页。

［34］ 同注［25］b，71～75页。

［35］ 同注［22］，519～520页。

［36］ 栾丰实先生在“龙虬庄遗址与江淮地区古文化学术座谈会”上的发言，载于《东南文化》1999年3期，10～12页。

［37］ 高广仁、邵望平：《析中国文明主源之一——淮系文化》，《东方考古》第1集，科学出版社，2004年，36～63页。

［38］ 同注［22］，517～519页。

［39］ 同注［25］b，83～84页。

［40］ 王其银：《江淮东部原始文化的命名与青墩文化的内涵》，《东南文化》2005年5期，22～24页。

［41］ a. 同注［25］a，108～124页；

b. 张敏：《江淮东部原始文化初论》，《南京大学历史系考古专业成立三十周年纪念文集》，天津人民出版社，2002年，24～43页。

［42］ a. 夏寒：《江苏青墩史前墓葬研究》，《南方文物》2005年1期，54～60页转34页；

b. 夏寒：《江苏高邮龙虬庄史前墓葬人口状况分析》，《江汉考古》2006年2期，40～46页，等等。

［43］ a. 郭雁冰：《江淮东部地区新石器时代农业经济浅析》，《中国农史》2000年1期，3～8页；

b. 汤陵华、张敏等：《高邮龙虬庄遗址的原始稻作》，《作物学报》1996年5期，608～612页；

c. 张敏、汤陵华：《江淮东部的原始稻作农业及相关问题的讨论》，《农业考古》1996年3期，106～121页；

d. 任重：《淮河下游流域史前农业探述》，《农业考古》1996年3期，71～77页；

e. 任重、马绍林等：《淮河流域稻作起源再探》，《农业考古》1998年1期，183～187页；

f. 王才林、张敏：《高邮龙虬庄遗址原始稻作遗存的再研究》，《农业考古》1998年1期，

172～181 页转 187 页，等等。

［44］ a. 饶宗颐：《谈高邮龙虬庄陶片的刻划图文》，《东南文化》1996 年 4 期，11～12 页；
b. 张敏：《从史前陶文谈中国文字的起源与发展》，《东南文化》1998 年 1 期，46～52 页；
c. 周晓陆：《生命的颂歌——关于释读龙虬庄陶文的一封信》，《东南文化》1998 年 1 期，53～56 页；
d. 刘志一：《龙虬庄陶文破译》，《东南文化》1998 年第 1 期，57～62 页，等等

［45］ 同注［22］，190 页。

［46］ 一方面，因发掘规模的原因使得不同遗址中发现的遗迹现象存在不平衡性，其中以青墩、龙虬庄遗址发现的遗迹现象最为丰富；另一方面，因为发掘区域的原因使得单个遗址中发现的遗迹现象也存在不平衡性，如在龙虬庄与青墩遗址中，遗迹以灰坑和墓葬为主，其他遗迹现象相对较少。

［47］ 同注［22］，190 页。

［48］ 此处将第三期分为三段仅就龙虬庄遗址而言，因为第 5 层墓葬和第 4 层墓葬中的一些器物客观存在不同的演变关系，但综合考虑随葬品组合等情况，报告中将第 4 层和第 5 层墓葬合为一段是可取的。后文在讨论区域内遗存相互关系及绝对年代时，即采用将第二期分前后两段的分期方法。

［49］ 此类遗存在遗址东部 3 个探方（T3629、T4029、T4129 的 3B 层）内小片零星分布，发现的遗存仅数十片陶片。

［50］ 同注［18］。

［51］ 同注［19］。

［52］ 同注［24］。

［53］ 由于调查发现的诸多史前遗址，其详细信息并未有公布，故在此对于此类遗址的年代不予细究。

［54］ 同注［22］，498～499 页。

［55］ 栾丰实：《东夷考古》，山东大学出版社，1996 年。

［56］ 栾丰实：《良渚文化的分期与年代》，《中原文物》1992 年 3 期，79～87 页。此外，张忠培先生在其文章《良渚文化的年代和其所处社会阶段——五千年前中国进入文明的一个例证》（载《文物》1995 年 5 期，47～58 页）中认为良渚文化的起始年代为距今五千二三百年，延续到距今 4600 年，与栾丰实先生的观点相近。

［57］ 主要是栾丰实先生四期五段分法中的第 3 期第 4 段时的遗存，少量的第 2 期第 3 段遗存。

［58］ 栾丰实：《论陆庄新石器时代遗存的文化性质和年代》，《考古》2000 年 2 期，89～96 页。

［59］ 转引自萧家仪、张敏：《江苏阜宁陆庄遗址孢粉分析与古环境》，《东方文明之光——良渚文化发现 60 周年纪念文集》，海南国际新闻出版中心，1996 年，150 页。

［60］ 同注［59］。

［61］ 同注［22］，203～204 页。

［62］ a. 同注［25］a，108～124 页；
b. 张敏：《高邮龙虬庄遗址的发掘及其意义》，《东南文化》1995 年 4 期，95～98 页。

［63］ 同注［22］，204 页。

［64］ 同注［24］，20 页。

［65］ 南京博物院：《花厅——新石器时代墓地发掘报告》，文物出版社，2003 年，194 页。

［66］ 由于本文将龙虬庄遗址的第二期分为三段，笔者认为单就龙虬庄遗址而言，其年代可以 6100 a B. P. 和 5800 a B. P. 作为分界点。

[67] 观点较多，所列举的仅为较有代表性的看法，各观点详见《淮河下游新石器时代的绚丽画卷——龙虬庄遗址与江淮地区古文化学术座谈会专家发言纪要》，《东南文化》1999年3期，6～16页。

[68] 主要以张敏先生为代表，且多有文章进行论述，《龙虬庄——江淮东部新石器时代遗址发掘报告》中即为此观点，详见报告493～531页。

[69] 同注［36］。

[70] 主要以邹厚本、谷建祥先生为代表，观点可见于注［25］b，83～84页；谷建祥先生在“龙虬庄遗址与江淮地区古文化学术座谈会”中的发言，载于《东南文化》1999年3期，16页。

[71] 见王永波先生在“龙虬庄遗址与江淮地区古文化学术座谈会”中的发言，载于《东南文化》1999年3期，12～13页。

[72] 此处青墩遗址的分期是作者研究后所做的重新划分。

[73] 燕生东：《海安青墩遗存再分析——江淮东部地区考古学文化研究之一》，《东南文化》2004年4期，25～33页。

[74] 郝明华：《苏皖江北地区的崧泽文化因素》，《东南文化》2001年5期，18～23页。

[75] 主要有三：①继续沿用青莲岗文化的命名，但对于其时空范围予以限定，江淮东部地区是青莲岗文化的一个类型；②“以青墩文化作为江淮东部地区原始文化的代表来命名”；③分布于江淮东部的原始文化可命名为龙虬庄文化。

[76] 对于用龙虬庄文化命名此类遗存的缘由，在龙虬庄发掘报告中有详细的论述，此不赘述。详见注［22］，517～519页。

[77] 同注［25］a，113页。

[78] 同注［24］，21页。

[79] 同注［32］，201页。

[80] 同注［23］，142页。

[81] 同注［58］。

[82] 谷建祥、申宪：《王油坊类型龙山文化去向初探》，《南京大学历史系考古专业成立三十周年纪念文集》，天津人民出版社，2002年，44～48页。

[83] 田名利：《试论宁镇地区的岳石文化因素》，《东南文化》1996年1期，33～40页。

[84] 上文列举的第二种观点并不单对龙虬庄第一到三期之间有论述，对此后的陆庄遗存以及南荡、周邶墩遗存时期的江淮东部地区也有论述，并初步认为：江淮东部地区在距今5500年以前为独立的文化区，距今5500～4600年为太湖文化区的一部分，距今4300～3500年为海岱文化区的一部分。具体年代及性质的判定可参见注［36］、［58］。

[85] 主要有两大部族间的婚姻关系、良渚文化北渐、文化碰撞与征服战争和良渚古国派遣到大汶口文化南部某个邦国的友好使团的遗留等几种观点。

[86] 南京博物馆考古研究所等：《江苏阜宁陆庄遗址》，《东方文明之光——良渚文化发现60周年纪念文集》，海南国际新闻出版中心，1996年，144～145页。

[87] 如果这种观点成立，那么陆庄遗址中的良渚文化因素与花厅墓地中的良渚文化因素形成并不是缘于同一次的迁徙，陆庄遗存或可说是良渚文化二次北渐的产物，其过程并不像报告图中所展示的北迁路线。

[88] 同注［58］，96页注释11。

[89] 栾丰实：《花厅墓地初论》，《东南文化》1992年1期，71～78页。

[90] 同注［22］，499～507页。

[91] 夏鼐、王仲殊：《考古学》，《中国大百科全书·考古学》，中国大百科全书出版社，1986年，1页。

[92] 科林·伦福儒、包罗·巴恩著，中国社会科学院考古研究所译：《考古学理论、方法与实践》，文物出版社，2004年，172页。
[93] 同注［92］。
[94] a. 施雅风主编：《中国全新世大暖期气候与环境》，海洋出版社，1992年；
b. 张丕远主编：《中国气候与海面变化及其趋势和影响①〈中国历史气候变化〉》，山东科学技术出版社，1996年。
[95] 栾丰实、方辉、靳桂云：《考古学理论·方法·技术》，文物出版社，2002年，243～244页。
[96] 萧家仪：《龙虬庄遗址古生态环境研究》；黄翡、王伟铭：《龙虬庄遗址的孢粉与植硅石分析》；朱诚：《龙虬庄遗址新石器时代环境研究》，均见于注［22］，397～417页。
[97] 张嘉尔：《江苏海安青墩遗址孢粉鉴定报告》，《考古学报》1983年2期，188～189页。
[98] 赵希涛、李波等：《江苏阜宁西园全新世风暴沉积与海岸丘的发现及其意义》，《中国科学》B辑，1992年9期，999页。
[99] 朱诚：《龙虬庄遗址新石器时代环境研究》，《龙虬庄——江淮东部新石器时代遗址发掘报告》，科学出版社，1999年，409～417页。
[100] 同注［99］。
[101] 汤陵华：《龙虬庄遗址稻作遗存的鉴定与分析》；王才林：《龙虬庄遗址水稻植物蛋白石的分析》；李晨等：《龙虬庄遗址单粒炭化稻DNA片断的提取与RAPD扩增》，均见于注［22］，441～460页。
[102] 何泽瑛：《青墩遗址出土种子鉴定》，《考古学报》1983年2期，190页。
[103] 李民昌：《龙虬庄遗址动物遗存的鉴定与研究》，《龙虬庄——江淮东部新石器时代遗址发掘报告》，科学出版社，1999年，465～490页。
[104] 中国科学院南京地质古生物研究所瓣鳃类组：《化石鉴定》，《考古学报》1983年2期，189页。
[105] 同注［59］，147～150页。
[106] 萧家仪：《江苏兴化南荡遗址孢粉分析报告》，《文物》1995年4期，92～94页。
[107] 韩辉友、朱诚：《江苏高邮周邶墩遗址孢粉分析》，《考古学报》1994年4期，511～512页。
[108] 同注［43］c，108～110页。
[109] 秦岭、傅稻镰等：《河姆渡遗址的生计模式——兼谈稻作农业研究中的若干问题》，《东方考古》第3集，科学出版社，2006年，320页。
[110] 同注［22］，456～457页。
[111] ①此处数量因为龙虬庄遗址中的各类工具的数量不明确，而青墩遗址地层出土的工具虽有明确数量，但是其层位不明确，因此此处讨论比较的是用龙虬庄全部墓葬和青墩中、下层墓葬中出土的。需要指出的是，像石锄、鹿角镐等在地层中没有发现；②石斧是一种多用途工具，新石器时代的石斧、石锛固然也用于“垦荒”意义上的伐木，但主体上还是作为加工和生活方面的砍伐用具较为合理，本文虽将其列入各类工具的数量比较图中，但未纳入农具范畴考虑。对于石斧、石锛等各类石器的用途分析可参阅栾丰实：《试论新石器时代石器的定名及其用途》，《纪念山东大学考古专业创建20周年文集》，山东大学出版社，1992年，83～93页。
同时需要指出的是，在龙虬庄报告中对墓葬中出土的石斧、石锛的统计数量存在前后不一致的情况，在对随葬器物分类介绍时，石斧数量为39件，石锛数量为83件；但是对报告最后的墓葬登记表中，石斧的数量为32件，石锛的数量为52件。产生差异的原因可能在于前面

介绍的时候，将一部分的地层中的石器作为随葬用品进行介绍。考虑到在遗址地层中出土的石器数量，在作为生活用品进行介绍时，并没有详细的数量统计，因此此处在墓葬出土器物分析图表中的石锛、石刀等各类器物的数量均以报告后的墓葬登记表内的数量为准。详细情况见注［22］，178～181、307、318、534～552 页。

［112］ 同注［109］，307～350 页。

［113］ 陈淳：《中石器时代与农业起源》，《考古学的理论与研究》，学林出版社，2003 年，461 页。

［114］ 第一种观点认为动植物的驯化是对人口压力和粮食短缺的一种反应。并经由最佳觅食理论的实例探讨，证实有相当程度的合理性。第二种观点认为农业开始初期，驯化动植物在减缓和消弭人类饥荒中不可能起决定性作用，因为这些物种在数量有限和收获不稳定的条件下，它们在当时人类食谱结构上不可能占很大的比重。详可参阅陈淳：《稻作、旱地农业与中华远古文明发展轨迹》，《考古学的理论与研究》，学林出版社，2003 年，482 页。

［115］ 张光直：《中国东南海岸的“富裕的食物采集文化”》，《中国考古学论文集》，生活·读书·新知三联书店，1999 年，190～205。

［116］ 同注［22］。

［117］ 第 6 层墓葬中发现 5 件，第 5 层墓葬中发现 14 件，第 4 层墓葬中发现 72 件；青墩下层墓中没有发现，中层墓中发现有 8 件。

［118］ 梁思永：《龙山文化——中国文明的史前期之一》，《考古学报》第七册，1954 年，9 页。

［119］ a. 栾丰实：《山东龙山文化社会经济初探》，《山东龙山文化研究文集》，齐鲁书社，1992 年，247～266 页；

b. 山东省文物考古研究所编：《山东 20 世纪的考古发现和研究》，科学出版社，2005 年，264～270 页。

［120］ 同注［119］b。

［121］ 同注［20］，16～30 页。

［122］ 同注［109］，318 页。

［123］ 转引自陈淳：《中石器时代与农业起源》，《考古学的理论与研究》，学林出版社，2003 年，458 页。

［124］ 贾学德、郑建明：《人地关系简论——以环太湖史前的食物结构变化为例》，《农业考古》2006 年 1 期，18～24 页。

［125］ 王芬：《史前墓地研究述评》，《东南文化》2004 年 5 期，19 页。

［126］ 严文明：《聚落考古与史前社会研究》，《文物》1997 年 6 期，27～35 页。

［127］ 同注［22］，18～23 页。

［128］ 同注［22］，491 页。

［129］ 同注［92］，186～187 页。

［130］ 同注［18］，149～151 页。

［131］ 同注［24］，9～11 页。

［132］ 同注［20］，18～19 页。

［133］ 《中国大百科全书·考古卷》，中国大百科全书出版社，1986 年，665 页。

［134］ 根据器类的相伴共存程度，将共存度高的器类合并到一起，作为一个整体看待，只要墓中出现了某一财产要素所包含的任何一个或数个，都被认为是该墓具备了这一财产要素。而墓葬中所具备的要素越多，等级就相应的越高。并有学者用因子分析和聚类分析得出财产要素划分基本上和随葬品质地和功能的分类接近。详可参阅：

a. 西村正雄：《华南战国时期两个墓地的分析》，《南方民族考古》第二辑，1989 年，83 页；

b. 同注［92］，197 页。

［135］ 详见注［42］a，59～60 页。文中作者将随葬品分为陶器、纺轮、石器、骨角器、装饰品五个财产要素，进而将诸层的墓葬分为了四个等级。但若从青墩上层的墓葬看，除在一座墓葬中有几个獠牙外，其余墓葬均不见随葬骨角器，也就是说其中的一个要素在上层墓中根本不具备可实施性，财产要素划分等级的方法有优势，其操作性可能会较难以掌握。

［136］ 同注［92］，196 页。

［137］ 需要注意的是在龙虬庄发掘报告中的墓葬统计表中，M358 的层位归错，属于 4 层的墓却标示为 5 层；在介绍随葬品组合情况的时候将 M158 误放入 5 层介绍，应属于 4 层墓葬。详细情况可见注［22］，549、357～358 页。

［138］ 刘长茂等：《人口结构学》，中国人口出版社，1991 年，第 17 页。

［139］ 在龙虬庄遗址的发掘报告中，将墓葬中人口的年龄分为幼年、少年、青年、壮年、中年、老年六个年龄组，并把无法准确鉴定年龄的 18～45 岁人群的列为成年组，其中成年组人数在整个墓地人数中所占比重高达 39.6%，而成年组的年龄跨度又涵盖了青年组、壮年组和中年组。因此笔者认为在讨论年龄段构成时候，再分为前面几个年龄组用以讨论其年龄构成，其意义不大。鉴于此，本文在讨论年龄构成时，将其分为三组：未成年组、成年组和老年组，其中未成年组包括原幼年组和少年组，成年组包括原青年组、壮年组、中年组和成年组，老年组即原老年组。

［140］ 此处统计的成年人性别比较与有学者已有的统计有出入，主要源自无法鉴定性别的成年人一项。据笔者对墓葬统计表的仔细统计，无法鉴定性别的成年人只有 6 例，远达不到 38 例。已有学者的研究见注［42］b，41 页。

［141］ 同注［42］b，41 页。

［142］ 王仁湘：《原始社会人口控制之谜》，《化石》1980 年 4 期，19～20 页。

［143］ 陈铁梅：《中国新石器墓葬成年人骨性比异常的问题》，《考古学报》1990 年 4 期，511～522 页。

［144］ 王建华：《黄河中下游地区史前人口研究》，山东大学博士学位论文，2005 年，156～160 页。

［145］ 王仁湘：《中国新石器时代人口性别构成再研究》，《中国史前考古论文集》，科学出版社，2003 年，217～232 页。

［146］ 汪宁生：《仰韶文化葬俗和社会组织的研究～对仰韶母系社会说及其方法论的商榷》，《文物》1987 年 4 期，36～43 页。

［147］ 夏之乾：《谈谈我国民族地区的多人合葬》，《黑龙江民族丛刊》1994 年 2 期，83～89 页。

［148］ 王仁湘：《我国新石器时代的二次合葬及其社会性质》，《考古与文物》1982 年 3 期，43～50 页。

［149］ 陕西省西安半坡博物馆编：《中国原始社会》，文物出版社，1977 年，54 页。

［150］ 夏之乾：《谈谈同性埋葬习俗》，《史前研究》1984 年 4 期，98～103 页。

［151］ a. 西安半坡博物馆：《从仰韶文化半坡类型遗存看母系氏族公社》，《文物》1975 年 12 期，72～78 页；

b. 南京博物院：《青莲岗文化的经济形态和社会发展阶段》，《文物集刊》1980 年 1 期，43 页。

［152］ 同注［150］。

［153］ 《中国大百科全书·考古学》中以停尸作为二次葬形成的原因之一，亦即洗骨葬；民族学材料上，在贵州的黎平县三龙乡等地的侗族中有被称为“停棺待葬”的习俗，可见，停尸也可以用来解释同时下葬的现象。相关论述见注［133］，599 页；［150］，102 页。

［154］ 同龄男女间的同时下葬，可能是夫妻中的一方因为对方的死亡而自杀陪葬或者是殉葬；同龄同性别的男性或女性的同时下葬，可能是出于某种宗教信念方面的考虑，以为某些性别相同的兄弟或姐妹既然在同一年内由另一个世界投身到人世间的同一氏族或家族中来，那么他们也应当在同一年内又一同再返回到另一个世界中去。相关论述见：

a. 单达、史兵：《从大汶口文化遗存看我国古代私有制的孕育和萌芽》，《大汶口文化讨论文集》，齐鲁书社，1981 年，73 页；

b. 同注［150］，102 页。

［155］ a. 李仰松：《佤族的葬俗对研究我国远古人类葬俗的一些启发》，《考古》1961 年 7 期，371～374 页；

b. 吴汝祚：《从墓葬发掘来看仰韶文化的社会性质》，《考古》1961 年 12 期，691～692 页；

c. 夏之乾：《对仰韶文化多人合葬墓的一点看法》，《考古》1976 年 6 期，361～364 页转 394 页；

d. 邵望平：《横阵仰韶文化墓地的性质与葬俗》，《考古》1976 年 3 期，168～172 页；

e. 李文杰：《华阴横阵母系氏族墓地剖析》，《考古》1976 年 3 期，173～174 页。

［156］ 张锴生：《我国古代氏族社会二次葬》，《中原文物》1999 年 1 期，47～48 页。

［157］ 不存在同时下葬的墓葬一表中，随男性是指多人合葬中一次葬是男性，二次下葬的时间契合于他的埋葬时间。

［158］ 论述龙虬庄墓葬时，“早期”、“中期”、“晚期”的表述分别与第 6 层墓葬、第 5 层墓葬和第 4 层墓葬相对应。同时，后文分析青墩墓葬时，在总结部分也用了“早期”、“中期”、“晚期”的表述，其分别与青墩下层墓葬、中层墓葬和上层墓葬相对应。

［159］ M256 有 3 件陶器、9 件骨镞、2 件牙饰；M312 有 5 件陶器、4 件骨镞、1 件纺轮；M153 有 5 件陶器、6 件骨镞、2 件骨料和 1 件石斧；M173 有 3 件陶器和 13 件骨镞。

［160］ 王奇志：《龙虬庄遗址墓葬统计学分析尝试》，《东南文化》2003 年 1 期，19～22 页。

［161］ 第六层墓葬中随葬品较多的墓葬是 M312 有 10 件，M153 有 15 件，M173 有 16 件，M256 有 16 件。

［162］ 同注［126］，33 页。

［163］ 同注［156］，47 页。

［164］ 同注［157］，22 页。

［165］ 栾丰实：《海岱地区史前文化的发现和研究》，《21 世纪中国考古学与世界考古学》，中国社会科学出版社，2002 年，153～154 页。

［166］ 在分布示意图中有几处错误，在此略做说明：①原图中将 T7、T8 两个探方的位置标颠倒；②出现两座 M9，其中左边位于 T8 西南方向的一座应为 M19；③在 T9 中西部，有一座头向偏西南的墓未有编号，结合报告中的文字叙述“墓葬的头向除一座（M96）为南偏西（240°）和 M3 是一座乱葬坑外，其余的墓葬都向东或偏南或偏北（40°～112°）”以及 M43（四人合葬墓）的描述情况，笔者认为，未有编号的墓可能为左侧的二次葬者。对于上述错误，在文章后面的各层墓的分期图中都予以改正，同时根据 M43 的平面图及文字描述，标出了三具二次葬的大体位置，不妥之处还请见谅。

［167］ 同注［42］a，54～60 页转 34 页。

［168］ 青墩遗址发掘报告中，对于人骨年龄的判断有的用具体年龄表示，有的用婴儿、儿童、少年、青年、壮年、中年、成年、老年等词语表示。为便于讨论期间，结合龙虬庄遗址年龄组段的划分，本文将其合并为三组：婴儿、儿童、少年以及年龄在 18 岁以下的归入未成年组；青年、壮年、中年、成年以及 18～45 岁的归入成年组，老年及 45 岁以上的归入老年组。

[169] ①下层中 M95（男性）中出土两个小环，但不知其材质，故在分类统计中未统计；②中层有两座合葬墓，其中一座没有随葬品，另一座的器物分别埋葬，对分别埋葬的墓葬统计入内；③上层有一四人合葬墓随葬品未统计入内，出土陶器 7 件、石器 1 件、镞 1 件；④镞和纺轮不包括于各类材质器物中，单独列出。

[170] A 组中共有 8 座墓葬，其中 7 座随葬品数量较多。其中 M46 有 30 件，M48 有 11 件，M49 有 26 件，M53 有 26 件，M62 有 10 件，M64 有 9 件，M65 有 10 件，M88 没有随葬品。而除无随葬品的 M88 为女性墓、M53 为男女合葬墓、M65 为不辨性别的儿童墓葬外，其余均为成年男性的墓葬。

[171] 分组后，有几座墓葬不包括在上述几个组中，如 M3、M40、M63。其中 M3 是一座乱葬坑，而 M40 和 M63 其左边可能有其他墓葬的存在而共同构成另外的一组。

[172] 同注［55］，199 页。

[173] 同注［24］。

[174] 同注［19］。

[175] 叶敦平主编：《马克思主义哲学原理》，高等教育出版社，1999 年，165 页。

[176] 同注［95］，186～187 页。

[177] 徐东昌：《青墩出土麋鹿角上刻划纹之文化涵义探析》，《东南文化》1990 年 5 期，299～301 页。

[178] 同注［18］，157～158 页。

[179] 张政烺：《试释周初青铜器铭文中的易卦》，《考古学报》1980 年 4 期，414 页。

[180] 第五件角枝的一端，“有密集的锥点，围成一头尖一头圆的长条，纵贯于分枝之中，外廓如倒‘且’字；内部的锥点，大都外大内小，外密内疏，隐约联成几个椭圆圈。查且字乃男性生殖器的象形，兼有祖先崇拜的意味”。上述有关材料及解释，可参阅注［177］。

[181] 同注［22］，204～205 页。

[182] 同注［44］d，57～62 页。

[183] 同注［44］c，53～56 页。

[184] 同注［44］a，11～12 页。

[185] 杨振彬：《长江下游史前刻划符号》，《东南文化》2001 年 3 期，20 页。

[186] 同注［44］b，46～52 页。

[187] 同注［92］，390 页。

[188] 中共中央马克思恩格斯列宁斯大林著作编译局编：《马克思恩格斯选集》第四卷，人民出版社，1972 年，219 页。

[189] 宋兆麟等：《中国原始社会史》，文物出版社，1983 年，479 页。

[190] 王仁湘：《我国新石器时代墓葬方向研究》，《中国史前考古论集》，科学出版社，2003 年，259～271 页。

[191] 同注［22］，522 页。

[192] 转引自山东省文物考古研究所编：《山东 20 世纪的考古发现和研究》，科学出版社，2005 年，192 页。

[193] 下文时简称作“器物覆面”。

[194] 此处的比例，系无头墓葬的数量与当层墓葬数量的总和相比较的结果。

[195] 对无头墓葬的统计，所举例的墓葬又不是全部。此处的数据是根据各层的墓葬分布图统计出的，可能难免与实际情况有所出入，譬如可能墓葬中头骨移位的也算入无头墓的行列，但是相差的绝对数量不会太大，不影响我们的讨论。因此在此，无头墓葬的数量用“约为”多少

座这样的字眼。同时在后面的对有碗、钵、豆等覆住脸或头的墓葬统计中，所依据的是报告中对墓葬的举例介绍，数量可能偏少，即使如此可能也没有完全毫无遗漏的统计，但反映的总体趋势可能受影响不大，在此一并指出。

[196] 报告中在T2028内，M116出现了两次，在统计过程中，亦作为两个个体予以统计。

[197] 第4层中有10个未成年人，1个老年人；第5层中有5个未成年人，无老年人；第6层中均为成年人。

[198] 龙虬庄墓地人口的年龄较青墩墓地人口的年龄要低，可能与龙虬庄墓地中大量的无头墓葬的存在有关系。

[199] 其他区共有埋葬个体110个，其中约有22个属无头埋葬。

[200] 其他区共有埋葬个体195个，其中约有54个属无头埋葬。

[201] 此处的比重，男性与同层的男性个体总数相比，不是与同层的个体总数比；女性与不详也是单独比较。后文中器物覆面表中的比重算法与此同。

[202] 第6层有两个未成年人，无老年人；第5层中有一个未成年人，一个老年人；第4层中有1个未成年人，两个老年人。

[203] 金汉波：《史前至商周时期的人头崇拜及其相关问题》，《民俗研究》2005年4期，89~111页。

[204] 丁义珍、刘凤桂：《江苏沿海原始墓地红陶钵盖头葬俗初探——兼谈头向朝东的仰身直肢葬的含义》，《东南文化》1988年2期，79页。

[205] 钱耀鹏：《试论我国史前时代的猎头习俗》，《考古与文物》1994年4期，41~47页。

[206] 王胜华：《西盟佤族的猎头习俗与头颅崇拜》，《中国文化》1994年9期。

[207] 田继周、罗之基：《西盟佤族的自然宗教》，《世界宗教研究》1981年4期，114~123页。

[208] 杨晓燕、王涛等：《全新世气候变化的尺度及其在环境考古中的应用程度》，《东方考古》第3集，科学出版社，2006年，239~245页。

The Research on Civilization in the Prehistoric Eastern Jiang-Huai Region

Cui Yingjie

(Shan Dong University, Jinan)

The Huaihe River valley has played an important role in the formation and development of ancient civilization in China. Until recently, most archaeologists have focused on the Yellow River valley and the Changjiang River valley. The Eastern Jiang-Huai region, which has been seriously influenced by the environmental changes, has received relatively little attention both in terms of archaeological works and researches.

Since the 90's, the Nanjing museum has conducted a series of archaeological survey and excavation, which has greatly improved our understanding of the area. In the meantime, related researches on the nearby Haidai region and Lake tai region have greatly increased, and the theories and methods regarding the archaeology of these regions have become more and more mature. Building on this foundation, the thesis offers a detailed analysis of the culture relics and remains, describes the prehistoric cultures' properties including the ages of the cultures and the development of this local cultural sequence, and finally discusses the prehistoric society of the Eastern Jiang-Huai region.

First, The thesis introduces the environment background of the Eastern Jiang-Huai region and the background of archaeological survey and excavation in this region and reviews the history of archaeologically researches on this area. Then focuses on the area's prehistoric culture. Through an analysis of prehistoric typical sites' culture remains, I divided them into several phases and compared them with the chronology of other sites in this region in order to establish the culture development of sequence. At the same time, through comparison to other districts, I determined the absolute ages and properties of the cultures from different periods. At last, through the exposition of large amounts of culture relics, culture remains and nature remains from different periods, I discuss the natural environment resources, the economy and social condition, the ideology and cultures of the prehistoric period. Due to the large amount of archaeological remains, the nature of different types of remains, I have chosen to focus particularly on a few categories and discuss them within the wider context of other finds.

辽东半岛地区小珠山下层文化陶器比较研究

张翠敏　王　宇

（大连市文物考古研究所，大连）

1978 年辽宁省博物馆、旅顺博物馆和长海县文化馆联合对辽宁省长海县广鹿岛、大长山岛等多处贝丘遗址进行了发掘[1]，取得了丰硕成果，确立了小珠山下、中、上层文化序列。通过发掘，我们在广鹿岛的小珠山遗址、柳条沟东山遗址以及大长山岛的上马石遗址发现了小珠山下层文化。吴家村遗址未发现小珠山下层文化层，但采集到小珠山下层文化陶片。1999 年发掘的海洋岛亮子沟遗址也发现了小珠山下层文化[2]，出土了一些陶片和石器。1994 年发掘的旅顺北海镇王家村东岗遗址发现了小珠山下层文化[3]。1990 年辽宁省文物考古研究所等对庄河黑岛镇北吴屯遗址进行了发掘[4]，发现小珠山下层文化，发现房址 5 座，出土大量陶器、石器等。丹东地区后洼遗址[5]、大岗遗址[6]的发掘，也发现了属于小珠山下层的文化层和遗物。大连地区和丹东地区的一些调查材料也有助于小珠山下层文化的深入研究。2006、2008 年中国社会科学院考古研究所、辽宁省文物考古研究所、大连市文物考古研究所联合对小珠山遗址进行了第二、三次考古发掘，取得重大考古发现，特别是发现了小珠山下层文化的房址和骨器加工作坊[7]，使我们对小珠山下层文化有了更深刻的认识。本文以上述地点的发掘成果为主要依据，增加了一些新材料，针对辽东半岛地区小珠山下层文化陶器进行对比研究，并就器物标本进行了重新细化和分析，从而得出辽东半岛黄海诸岛屿和黄海沿岸含小珠山下层文化的遗址早晚关系以及各自陶器特征，特别是筒形罐演变规律。不当之处，敬请批评。

一、辽东半岛南部岛屿发现的小珠山下层文化陶器

辽东半岛岛屿上发现的小珠山下层文化遗址主要集中在半岛南部的黄海岛屿，即长海县诸岛，以广鹿岛、大长山岛、獐子岛、海洋岛等最为集中，而且多为贝丘遗址。

1. 柳条沟东山遗址

柳条沟东山遗址位于广鹿岛东部海岸，1978 年发掘报告[8]发表的材料比较简单，仅做了情况介绍。得益于近水楼台之便，笔者对出土陶片进行了重新整理，除了报告中已发表 2 片陶片拓本[9]外，余皆未发表。

柳条沟东山遗址文化层较薄，厚 70 厘米，分 3 层，各层均出压印纹陶片，未发现完整陶器。经过重新整理，发现主要为 1、2 层出土陶片和部分采集陶片。第 2 层共出土 20 片陶片，以夹少量滑石粉、云母和石棉的红褐陶为主，有 12 片，占 60%；其他夹

滑石红褐陶4片，夹滑石黑褐陶、夹砂黄褐陶各1片，夹砂和云母红褐陶2片。夹滑石陶分为两种，一是夹滑石粉，另一是夹滑石颗粒。夹滑石颗粒陶胎质比较紧密，火候高，而夹滑石粉、云母和石棉的陶片比较轻，胎质松，空隙大，吸水性强，内壁一般呈灰白色。纹饰均压印，主要为之字纹，为横排竖压，极个别的有横竖交错排列，发现1件席纹陶片（图一，1～15）。之字纹排列比较紧密、规则，宽度一般在1.2～1.5厘米，两排之字纹间的空隙为0.3～0.75厘米，最宽的达0.9厘米。之字纹一般都是两端深，形成三角形或圆形凹坑。有的压得比较深，之字纹凸起明显，也有的上端深，下端略浅，施纹过程中有的留下较深的划痕。器形均为筒形罐，胎壁往往口沿略厚，向下渐

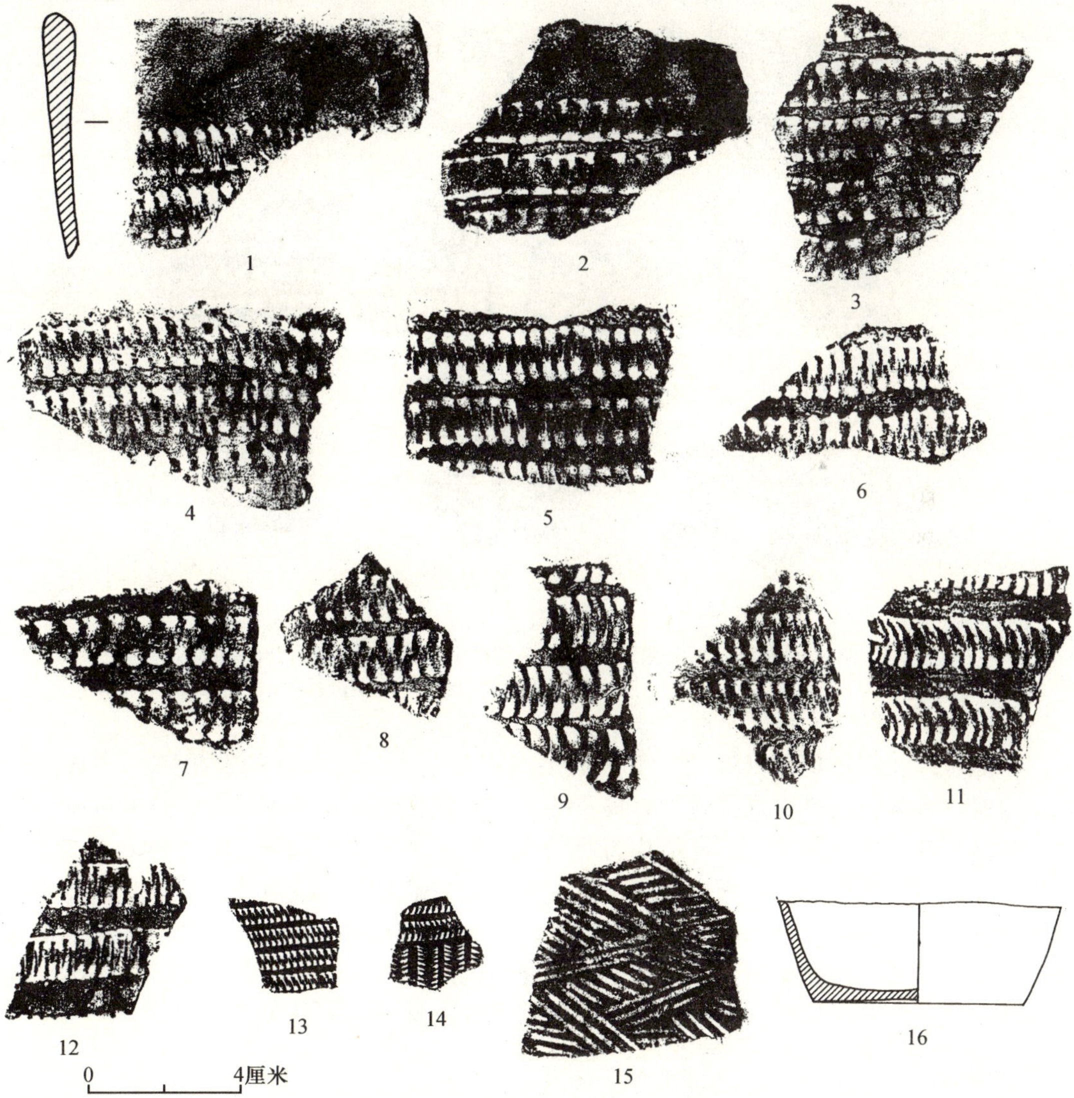

图一　柳条沟东山遗址第2层出土陶片纹饰拓本和器底

1～14. 压印之字纹（G2②:1、G2②:2、T2②:1、G2②:5、G2②:6、G2②:4、G2②:3、T2②:3、T2②:2、G2②:7、T2②:1、T2②:4、T1②:1、T1②:2）　15. 压印席纹（G2②:8）　16. 器底（T3②:1）

薄，厚度为0.4～1厘米，大多厚0.6～0.8厘米。一般为直口或微侈口，口沿内向下圆抹或斜抹，圆唇，平底，口径比较大，施压的纹饰一般距口沿有2.2～3厘米的空白带。仅发现1件器底，器壁较薄，底略凹（图一，16）。

第1层发现9片陶片，采集5片，均以夹滑石粉、云母和石棉的红褐陶为主，与第2层陶片基本一致，夹滑石的仅有4片。除了G1①:1饰压印列点纹外，余皆饰压印之字纹（图二）。之字纹一般横排竖压，有2片交错排列（柳采:5、T1①:2）（图二，5、10）。之字纹排列紧密、规则，有的压印很深，使之字纹明显凸起。胎壁如第2层出土陶片，最薄的陶片厚度仅为0.3厘米。虽然没有发现完整器物，但从出土的口沿看，均为筒形罐，陶器特征与第2层相同。

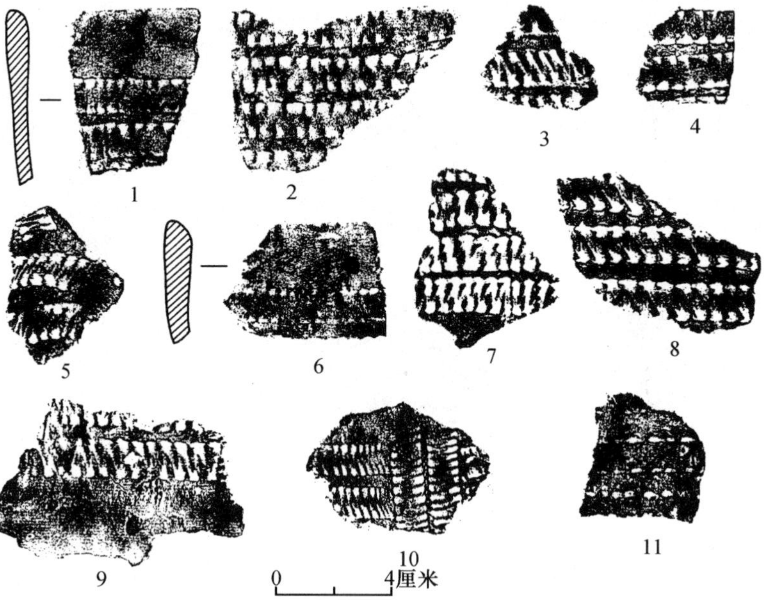

图二　柳条沟东山遗址采集陶片和第1层出土陶片纹饰拓本

1～5. 采集陶片　6～10. 压印之字纹（T3①:1、T1①:1、G3①:2、T3①:2、T1①:2）　11. 压印列点纹（G1①:1）

该遗址文化层堆积比较单纯，出土的夹滑石粉、云母、石棉的红褐陶具有典型特征，占绝大多数，这是发掘报告没有提及的，与夹滑石颗粒陶的陶质有明显的区别，体轻，吸水率高。夹砂陶较少。器形均为筒形罐，绝大多数饰压印横排之字纹，仅发现1片压印席纹。之字纹比较紧密、规则，宽度窄，饰交错之字纹或横竖排的极少。器表一般打磨光滑，仅夹滑石的陶器内壁经过打磨，并非所有陶器内外均打磨光滑，在一定程度上反映了该遗址的原始性。柳条沟东山遗址堆积仅为单纯的小珠山下层文化，出土陶片也比较单纯，其年代至少应与小珠山下层相当或更早一些。

2. 吴家村遗址

吴家村遗址位于广鹿岛中部、小珠山遗址东北200米台地上，1978年和2008年的发掘都没有发现小珠山下层文化，仅发现小珠山中层和上层文化。我们在整理陶片时发现6片属于小珠山下层的陶片，除1片为地层出土外，其余均采集，在此一并介绍。均为夹滑石陶片，同样也分为夹滑石粉和夹滑石颗粒两种，有的还夹云母，红褐和黑褐陶各占一半，器形仅有筒形罐一种，器表打磨光滑，均饰压印纹，有之字纹、之字纹和人字纹复合纹饰、席纹与之字纹复合纹饰、弦纹、三角纹（图三，18～23）。标本吴ⅠT2②（图三，18）为红褐陶，腹部残片，施压的之字纹排列紧密规则，凸起明显，两排之字纹之间仅有0.2厘米的空隙。

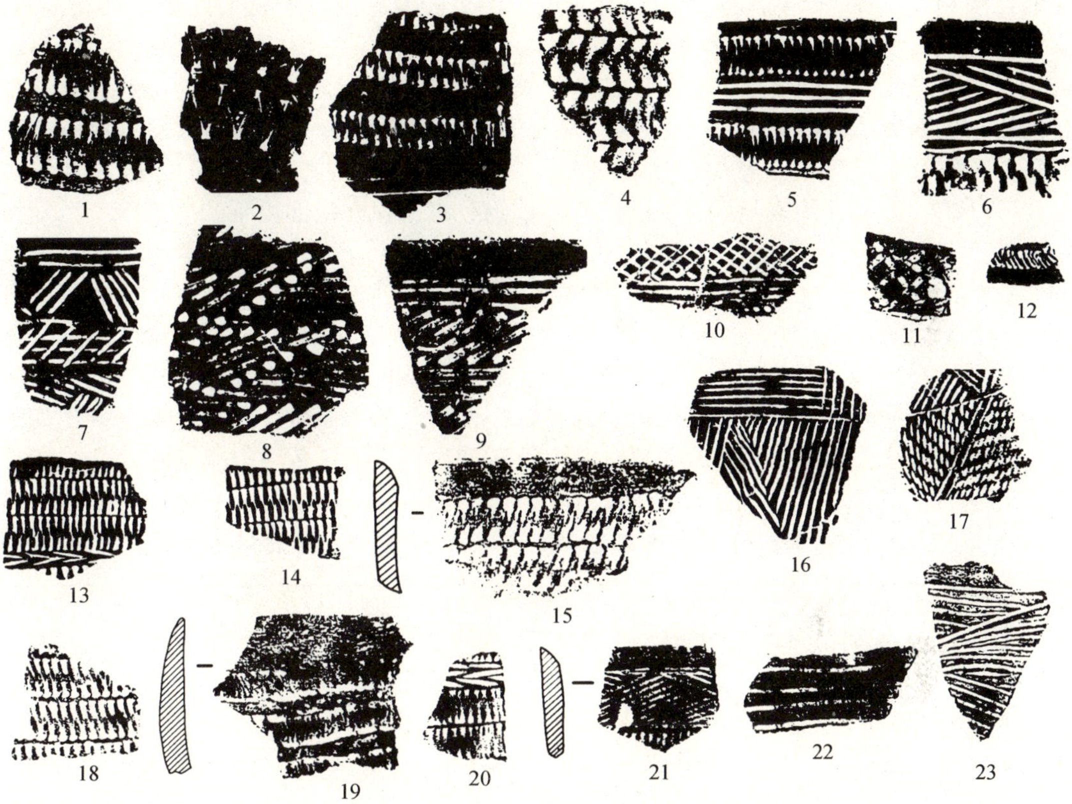

图三 小珠山下层、上马石下层、吴家村陶片纹饰拓本

（1～14、16、17见《考古学报》1981年1期，68页图五）

1～4、12、14、15、18、19. 压印之字纹（T2⑤、T2⑤、T1⑤、T5⑤、T3⑤、T4⑤、ⅢT1④、吴ⅠT2②、吴采：1） 5. 压印之字纹、弦纹（T2⑤） 6、21. 压印席纹、之字纹（T3⑤、吴采：3） 7～9. 压印席纹（T4⑤、T4⑤、T4⑤） 10、11. 压印网纹（T5⑤、T1⑤） 13、20. 压印之字纹与人字纹（ⅢT1④、吴采：2） 16. 刻划三角纹（ⅢT1④） 17. 压印斜线三角锥刺纹（ⅢT1④） 22. 压印横线纹（吴采：4） 23. 压印三角纹（吴采：5） （1～12、小珠山 13～17. 上马石 18～23. 吴家村）

筒形罐 分二型。

Ⅰ型：标本吴采：3，黑褐陶，直口，沿内斜抹，形成尖唇，口沿下饰压印席纹带，再往下为之字纹，席纹带距口沿仅0.7厘米，口径较大，席纹带上穿一孔（图三，21）。

Ⅱ型：标本吴采：1，夹粗砂、云母红褐陶，微敛口，圆唇，腹微鼓，饰横排压印之字纹，之字纹细密，但不规则，也不清晰，两排之字纹间的空隙较宽，胎壁较厚（图三，19）。

3. 小珠山遗址

小珠山遗址位于广鹿岛中部小珠山的东坡，遗址面积1500平方米。以1978年发掘报告为例，发现了小珠山下、中、上层文化。下层陶器以夹滑石陶为主，占92.9%，分为夹滑石粉和夹滑石颗粒两种，其中黑褐陶占65.8%，红褐陶占27.1%，还有少量夹砂红陶和红褐陶、黑褐陶。陶器均为手制，胎壁较厚，内外均打磨光滑，火候较高，质密。纹饰以压印纹为主，占95%，其余为刻划纹。压印纹的种类较多，有之字纹、席纹、斜线三角纹、网纹、横线纹以及这些纹饰组成的复合纹饰。其中之字纹主要是横排竖压，宽度最小的有0.8~0.9厘米，最宽的有2~2.2厘米，两排之字纹间距一般为0.4~0.6厘米。之字纹还有少量横、竖施压的，也有与其他纹饰组成的复合纹饰（图三，1~12）。饰复合纹饰陶片有的通体饰满纹饰，有的仅在口部以下和底部以上两端留空白带，其余部分均有纹饰。器形均为筒形罐（图四，1、3~10）。根据地层叠压关系和器物特征分析，这些筒形罐存在早晚之分。笔者将已发掘报告发表的筒形罐重新分型，Ⅰ~Ⅴ型的排列顺序（图四，1、3~10），基本代表了筒形罐从早到晚的演变规律：器形从直筒到倒三角形，口部从敛、直、敞到准备出沿，从大平底到小平底，口与底的比值从小到大，纹饰特征从通体满饰纹饰到两端余留空白带，从复合纹饰到压划纹饰、再到刻划纹，变化规律比较明显。之字纹和席纹、斜线三角纹以及复合纹饰成为最主要的纹饰。小珠山下层出土的筒形罐已经成为其他遗址参考、对比的指示性器物。筒形罐T4⑤:55（图四，5）有对称的瘤状耳，虽然数量极少，但北吴屯下层、后洼下层

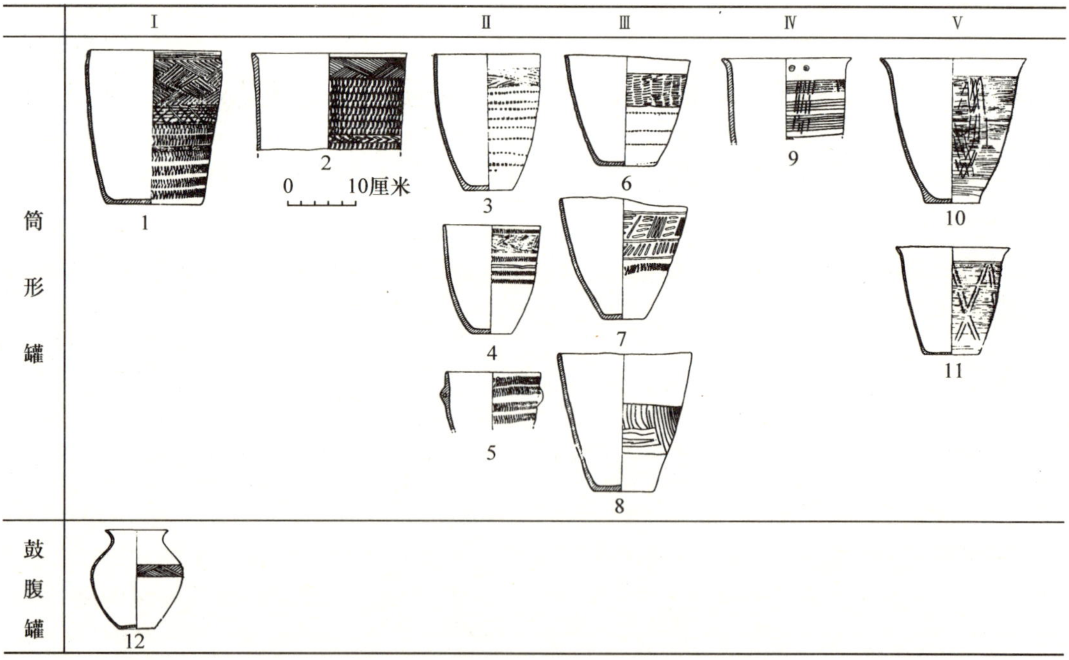

图四 小珠山、上马石、王家村东岗下层出土陶器

1、3~10. 小珠山（T3⑤:23、T3⑤:24、T1⑤:20、T4⑤:55、T2⑤:15、T5⑤:12、T4⑤:54、T1⑤:28、T1⑤:27） 2. 王家村东岗（LDT1:1） 11、12. 上马石（ⅢT1④:11、ⅢF1:8）

却出现了更多的同类器。刻划纹筒形罐（图四，10）与小珠山中层出土的筒形罐已经相当接近了，口和底的比值逐渐增大。2006、2008 年发掘资料也验证了筒形罐的演变规律。

2006 年和 2008 年对该遗址的两次发掘，共发现小珠山下层文化房址 5 座[10]，出土器物也比较丰富，为研究小珠山下层文化提供了难得的材料。关于小珠山下层的年代，1978 年发掘没有测年数据，仅依靠新乐下层^{14}C 测年数据推测[11]，显然不够准确。根据小珠山中层的^{14}C 测年数据，距今 6470 年 ±195 年（树轮校正值）[12]，那么小珠山下层年代应该为距今 6500 年左右或更早。2006 年发掘资料做过^{14}C 测年，基本接近这个数据。

4. 上马石遗址

上马石遗址位于大长山岛东部，只有Ⅲ区发现小珠山下层文化[13]。根据发掘报告介绍，陶器以含滑石粉的红褐陶为主，其次是黑褐陶，也有夹砂陶。以压印之字纹为主，其次是压印斜线三角纹和组合纹，还有刻划斜线三角纹、刺点纹、不规则平行线加竖斜线划纹等（图三，13～17），器形只有罐类。发掘报告介绍了 3 件陶器，我们看到两件，筒形罐（ⅢT1④:11）和鼓腹罐（ⅢF1:8）（图四，11、12）。其中刻划纹筒形罐已是小珠山下层文化较晚的类型，小口鼓腹罐是新出现类型，仅在腹部饰一条压印席纹带，是比较特殊的形式。标本ⅢT1④（图三，13），是筒形罐的口沿部分，满饰压印之字纹和人字纹复合纹饰，直到口部，直口，圆唇，胎壁较薄，之字纹规则、细密、突出，之字纹的宽度为 1.4 厘米，两排之字纹之间几乎不留间距。未发表的筒形罐口部残片ⅢT1④（图三，15）为夹滑石红褐陶，直口，圆唇，沿内向下斜抹，饰规则之字纹，宽度为 1.2 厘米，纹饰与口沿之间有 1 厘米的空白带。其他还有刻划三角纹和压印斜线三角锥刺纹（图三，16、17）。

上马石下层与小珠山下层陶器在陶质上基本相同，前者虽以筒形罐为主，但出现了新器形——小口鼓腹罐，说明陶器已有发展变化。刻划纹筒形罐（图四，11）敞口较大，已准备出沿，是小珠山下层筒形罐比较晚的类型，因此上马石下层应该略晚于小珠山下层。

5. 亮子沟遗址

亮子沟遗址位于海洋岛亮子沟，1999 年发掘，遗址分 3 层，其中第 2 层无遗物，只有第 3 层出土小珠山下层文化的器物。陶器未有完整器物，以夹滑石红褐陶为主，其次是夹滑石黑褐陶，有少量夹砂红褐陶。器形只有筒形罐一种。纹饰以压印之字纹为主，还有压印列点和之字纹组成的复合纹饰（图五）。发掘报告[14]将筒形罐口部分为四型，其中 A 型口沿内斜抹，B 型胎壁由上至下渐薄，纹饰与口沿之间留有空白带，特别是压印之字纹比较单一，横排之字纹留有一定间距，复合纹饰较少，这些特征与柳条沟东山相同（图六）。至于 C、D 两型通体是否为素面，仅依据口沿很难确定。另外遗址出土较多打制石器，表明该遗址比较原始。亮子沟遗址文化堆积单纯，在文化面貌和陶器特征上与柳条沟东山最为接近，二者的年代应该相当。

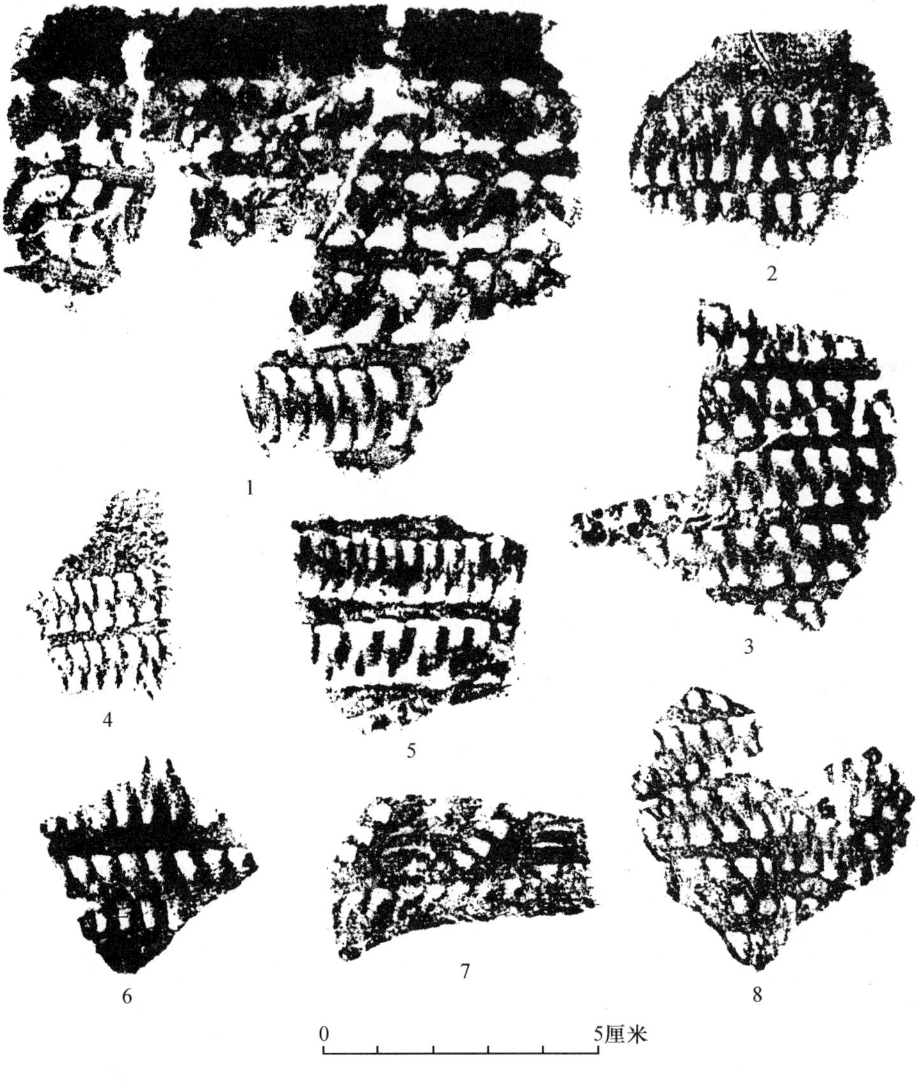

图五　亮子沟遗址出土陶片纹饰拓本

1. 压印列点和之字纹组成的复合纹（CHLT1③: 15）　2 ~ 5、8. 压印之字纹（CHLT1③: 16、CHLT1③: 19、CHLT1③、CHLT1③、CHLT1③、CHLT1③）　7. 压印列点和之字纹、刻划纹组成的复合纹（CHLT1③）

6. 沙包子遗址

沙包子（又称沙泡子）遗址位于獐子岛东部海岸，1960 年调查时采集陶片主要为小珠山下层[15]，还有少量小珠山上层。属于小珠山下层的陶片以夹滑石红褐陶为主，夹滑石黑褐陶较少，还有极少量夹砂红陶，也有个别的夹粗砂和云母。夹滑石陶片多数是夹滑石颗粒，少量夹滑石粉。器形均为筒形罐，口部略侈，上腹腹壁比较直，有尖唇和圆唇两种（图七），口沿内多数斜抹，胎壁有的很厚，达 1 厘米；有的很薄，仅 0.35 厘米。纹饰主要饰压印之字纹（图七，1 ~ 5），也有压印席纹（图七，7、8），还有席

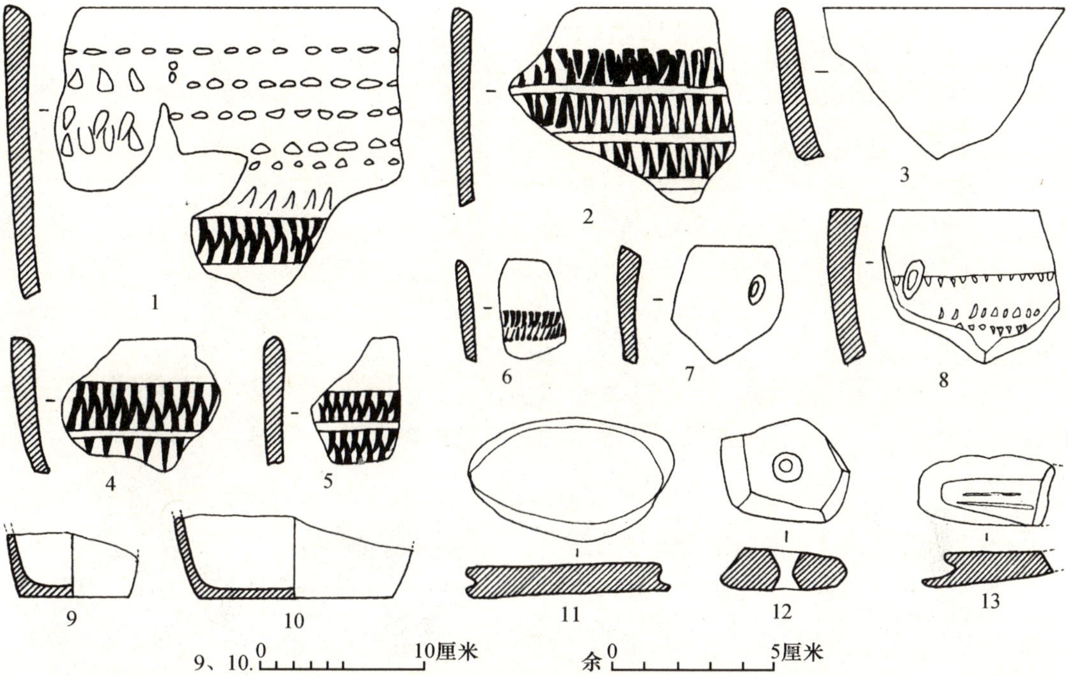

图六　亮子沟遗址出土陶器

1、2、4、6. A 型筒形罐（CHLT1③: 15、16、17、18）　3. D 型筒形罐（CHLT1③: 22）　5、8. B 型筒形罐（CHLT1③: 19、20）　7. C 型筒形罐（CHLT1③: 21）　9、10. 器底（CHLT1③: 23、24）　11 ~ 13. 纺轮（CHLT1③: 25、26、27）

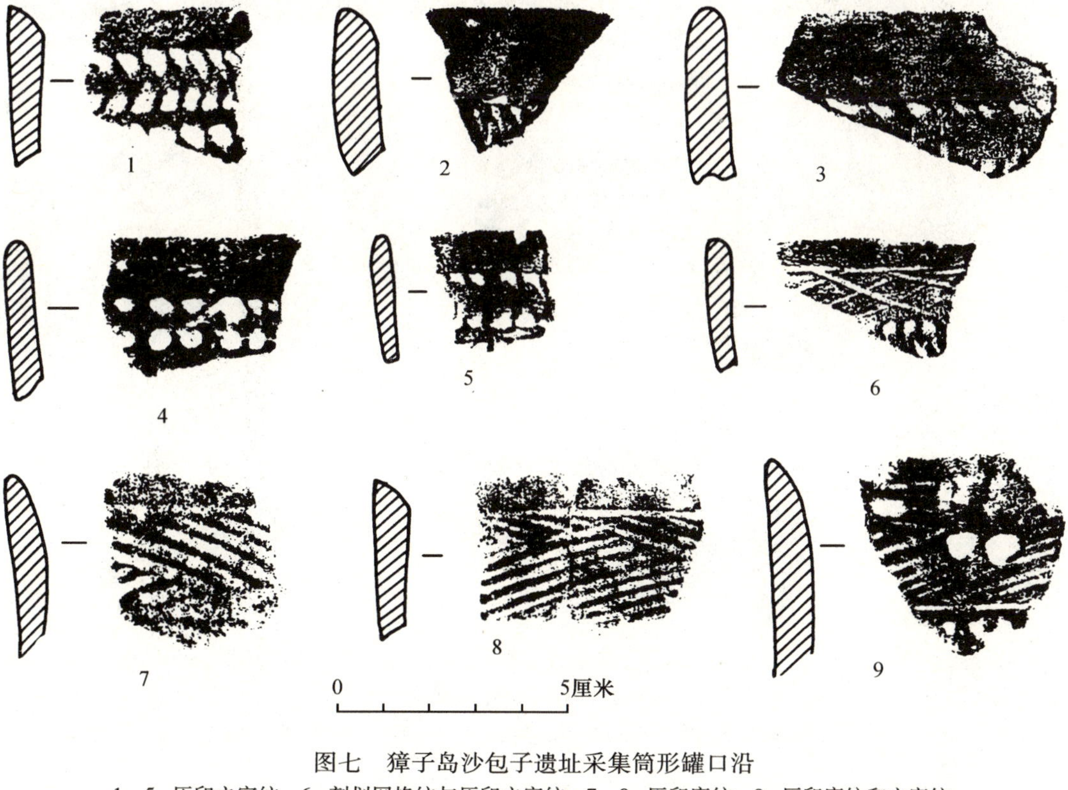

图七　獐子岛沙包子遗址采集筒形罐口沿

1 ~ 5. 压印之字纹　6. 刻划网格纹与压印之字纹　7、8. 压印席纹　9. 压印席纹和之字纹纹与之字纹（图七，9）、刻划网格纹与之字纹（图七，6）等复合纹饰，纹饰一般距口沿仅有0.8厘米左右，少数略宽，约2厘米。有的还在口沿上穿两孔，但未穿透（图七，9）。筒形罐腹部纹饰主要是压印之字纹（图八，1～12），有少量席纹（图八，13、14），还有1片压印列点纹（图八，15）。压印之字纹一般都是横排竖压，个别的交错压印（图八，11、12）。之字纹排列有的规则、细密，宽度约1.8厘米（图八，2～4、7）；有的粗放，宽度在2.5厘米左右（图八，9）；还有的排列特别紧密，挤在一起（图八，1、6）；也有个别的之字纹施压得比较宽、短，宽度1.3厘米（图八，8）。两排之字纹都有一定间距。席纹压印的比较规则，一端有三角形凹坑（图八，13、14）。所见筒形罐器底均为平底，器壁较薄（图八，16）。

沙包子遗址是长海县诸岛发现小珠山下层文化最南的地点，陶质和纹饰与小珠山下层出土陶器相近，与亮子沟遗址出土陶片相近。纹饰以之字纹为主，复合纹饰较少。筒

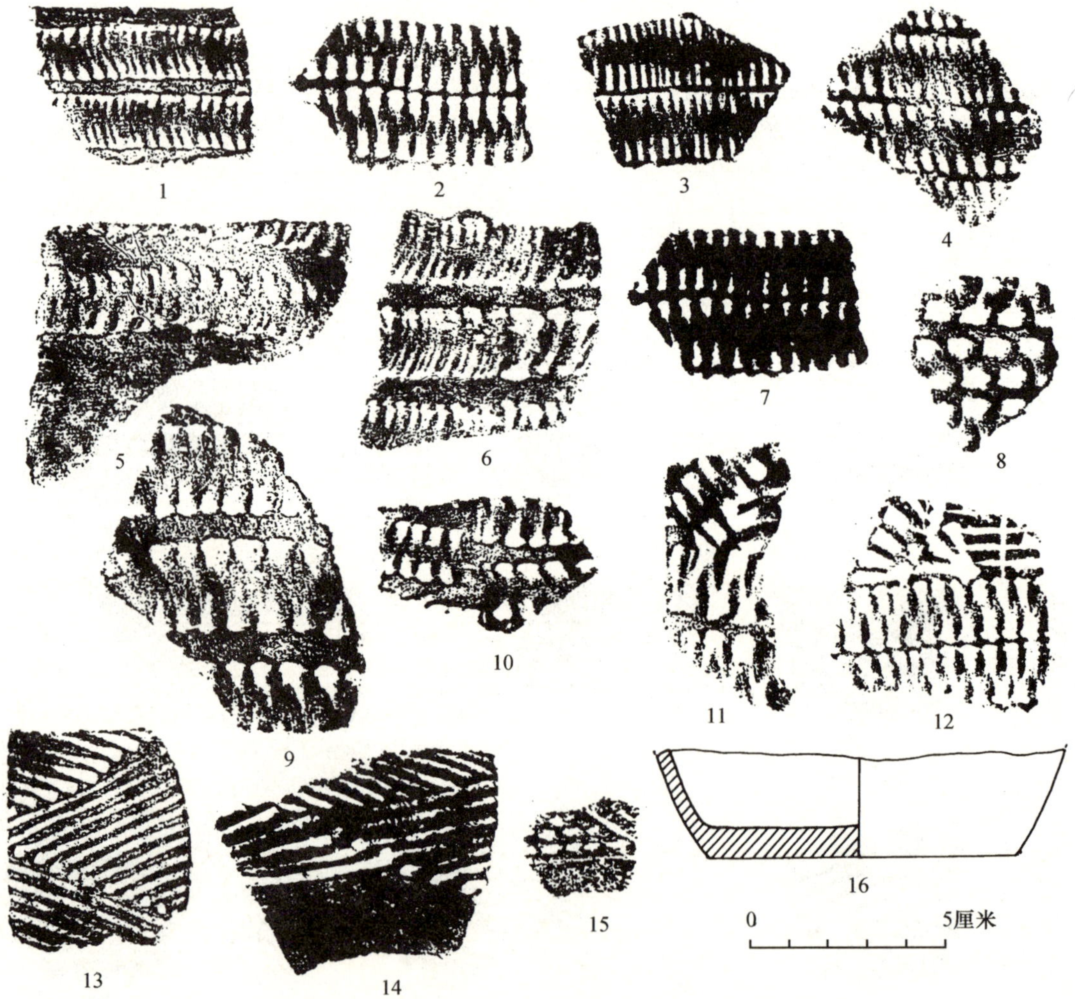

图八　獐子岛沙包子遗址采集陶片纹饰

1～12. 压印之字纹　13、14. 压印席纹　15. 压印列点纹　16. 器底

形罐口部多为直口，很少有像小珠山下层器壁比较斜的筒形罐，因此沙包子遗址下层应与小珠山下层相当或略早于小珠山下层，与柳条沟东山更为接近。

另据长海县一些调查材料表明，含小珠山下层文化的遗址还有獐子岛的李墙屯、海洋岛的南玉屯、大长山岛清化宫[16]等，这三处遗址文化面貌与柳条沟东山比较接近，应属于同一类型。1957～1960年，旅顺博物馆在长海县调查了大长山岛、小长山岛、獐子岛和海洋岛，共发现了15处新石器时代遗址，其中含小珠山下层文化的就有7处，说明新石器早期遗址在长海县诸岛屿有广泛的分布。

二、辽东半岛沿海地区发现的小珠山下层文化陶器

1. 旅顺北海王家村东岗遗址

1994年，北京大学考古系和旅顺博物馆联合对位于渤海沿岸的旅顺王家村东岗遗址进行发掘，发掘报告尚未发表，但据发掘者介绍，王家村遗址发现了小珠山下层，堆积较薄，厚10多厘米，出土器物很少，仅见饰压印之字纹的筒形罐残片。由于出土的陶器藏于大连市文物考古研究所，便于我们对器物仔细观察。陶器以夹滑石红褐陶为主，以压印之字纹和席纹、人字纹组成的复合纹饰为主，器形主要为筒形罐。标本LDT1∶1（图四，2），只保存上半部，原为筒形罐，底部残损后略加打磨，改为器座或保存火种的灶圈，与北吴屯筒形器用途一致。夹滑石红褐陶，直口，圆唇，沿内向下斜抹，上口稍大，腹部略向内收，满饰压印纹，从上到下分别饰席纹带、之字纹带、人字纹加刻划纹带、之字纹带等，纹饰饰至口沿部分，之字纹施压规则，宽度在1.9厘米左右，之字纹带之间几乎不留空隙。胎壁厚0.6～0.8厘米，口沿略厚，与北吴屯下层出土的筒形器（图九，19）相似，应该属于小珠山下层文化比较早的类型。

2. 北吴屯遗址

北吴屯遗址位于黄海沿岸庄河黑岛镇北吴屯，1990年辽宁省文物考古研究所、大连市文物管理委员会办公室等联合对该遗址进行发掘，笔者参与了发掘，遗址出土器物非常丰富。北吴屯下层陶器以含滑石粉陶为主，占97%，其次为夹砂陶。夹滑石陶又以黑褐陶居多，其次为黑陶和红褐陶。陶器内外抹光，胎壁较厚，但很均匀，质地较硬，火候高。纹饰以压印纹为主，占99%，只有极少量刻划纹。压印纹包括之字纹、席纹、横线纹、网纹、人字纹以及组合纹（图一〇），之字纹最多，占62%，其次为席纹，占27%。饰单一纹饰的一般口沿和底部以上留有一定间距的空白，饰复合纹饰的口沿下不留空白。之字纹的宽度一般较宽，约3厘米，稍窄一些的宽度在1.5厘米以上。器形比较丰富，有罐、壶、碗、钵、杯、筒形器等，以罐居多，占复原陶器的70%，罐又可分为筒形罐、侈口罐、敛口罐、鼓腹罐等，其中筒形罐最多，而且形式多样。根据筒形罐特征，我们把1990年发表资料进行了重新排列，将筒形罐分为Ⅷ式，Ⅰ～Ⅷ基本代表筒形罐发展变化趋势（图九）。北吴屯下层还发现一些刻划着人面纹或太阳纹的陶片，这些陶片上多有之字纹，是用废弃陶片做成。北吴屯下层出土陶器比较丰富，与小珠山下层单一筒形罐相比，增加了不少新器形，特别是出现了较多的瘤状耳筒

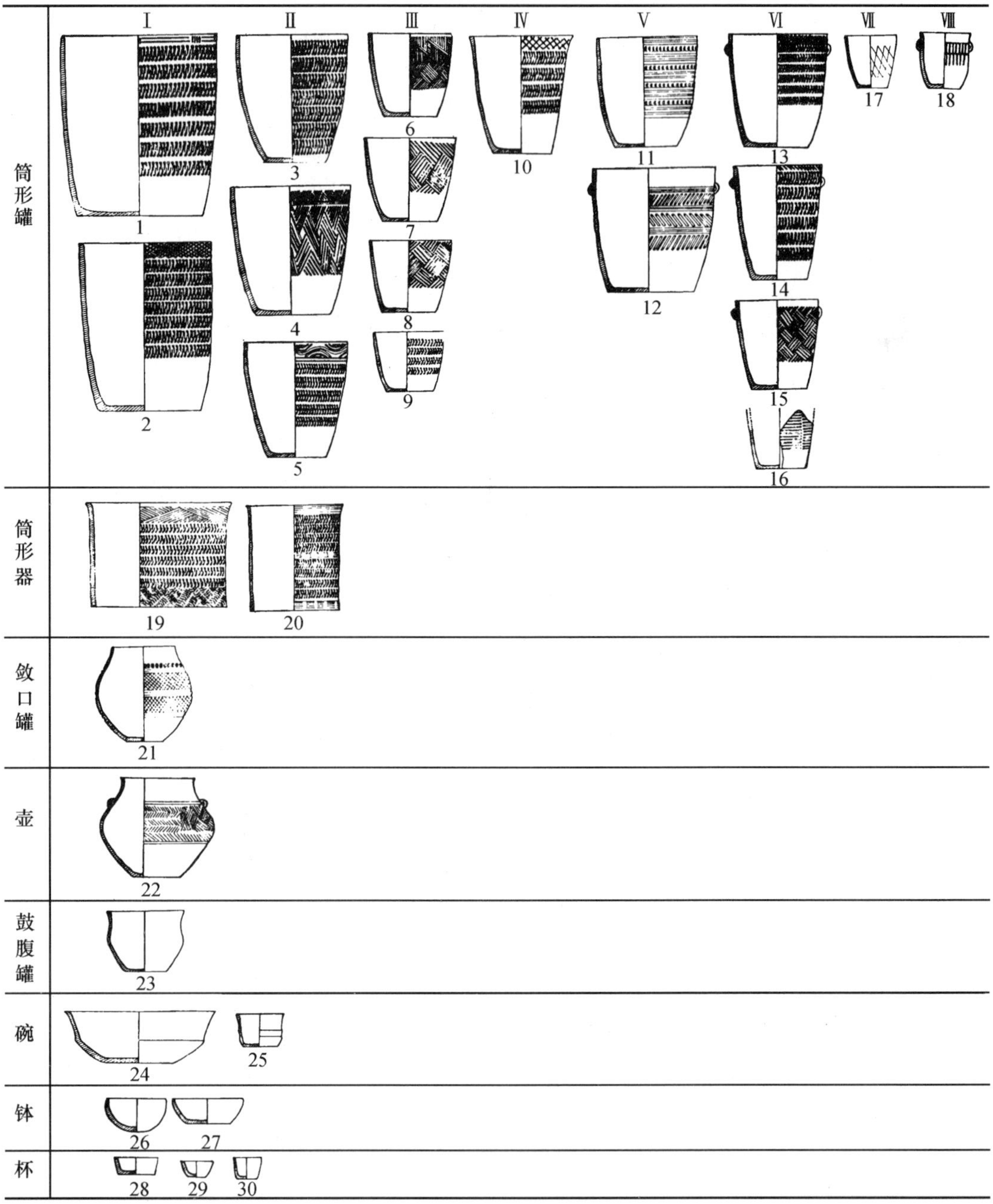

图九　北吴屯下层出土陶器

1～18. 筒形罐（T3③: 1、T3③: 2、T3③: 4、T2③: 77、T2③B: 1、T3③B: 6、T3③: 7、T3③B: 8、T3③: 9、T3③: 10、T2③: 82、F4: 82、T6③: 26、T9③: 15、T3③: 5、T6③: 14、T2③: 80、T2③: 83）　19、20. 筒形器（F8: 5、F8: 7）　21. 敛口罐（T3③: 11）　22. 壶（T2③B: 47）　23. 鼓腹罐（F4: 68）　24、25. 碗（T6③: 28、T3③: 12）　26、27. 钵（T2③: 81、T6③: 6）　28～30. 杯（T3③: 9、T3③: 14、F6: 12）

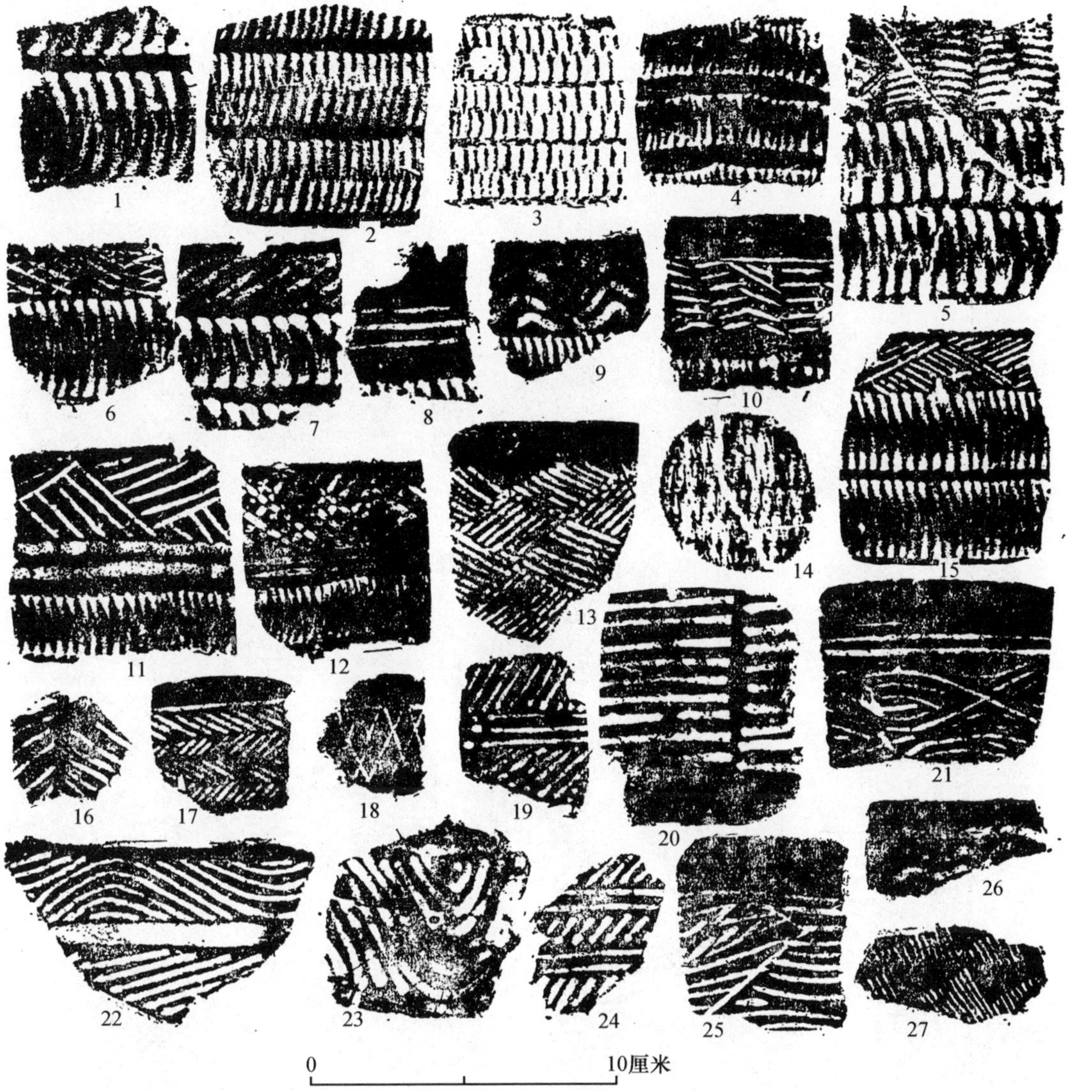

图一〇 北吴屯下层出土陶片纹饰拓本

1～4. 压印之字纹 5. 之字纹带、之字纹 6. 压印网纹、之字纹 7. 压印斜线纹、之字纹 8、10. 压印横线纹、之字纹 9. 压印波浪纹、之字纹 11. 压印席纹、横线、之字纹 12. 压印网纹、横线、之字纹 13. 压印变体席纹 14. 编织纹（器底） 15. 压印席纹、之字纹 16、17. 压印人字纹 18. 压印网纹 19. 压印斜线、横线、之字纹 20. 压印横线纹 21. 压印横线、波浪纹 22. 压印波浪、横线、席纹 23、26. 压印波浪纹 24. 压印横线、斜线纹 25. 刻划斜线纹 27. 压印斜线纹

形罐，压印纹饰丰富，还有刻画人面纹和太阳纹陶片，说明北吴屯下层比小珠山下层更“进步”了，尤其是北吴屯下层发现多座房址，为研究小珠山下层文化提供了更丰富的资料。北吴屯下层的年代为距今 6470 年 ± 185 年（树轮校正值）[17]，因此应相当于或略晚于小珠山下层文化。

调查材料显示，旅顺的郭家村、王家村东岗，甘井子区的文家屯，普兰店的塔寺屯，瓦房店的东岗、三堂。庄河黑岛镇殷屯半拉山、平山乡西沟等遗址都曾发现了小珠山下层压印纹陶片，但由于发掘资料或调查资料过简，难以详细了解其面貌。文家屯出土的压印之字纹陶片，为筒形罐底部，夹滑石红褐陶，胎壁较厚，平底，器身饰压印之字纹，与小珠山下层陶器有相同之处。半拉山发现的压印之字纹陶片就比较早。

3. 后洼遗址

后洼遗址位于丹东东沟（现东港市）后洼屯，地处黄海沿岸北部的滨海平原，附近多有新石器时代遗址分布。后洼下层遗迹、遗物非常丰富，仅房址就发现31座。笔

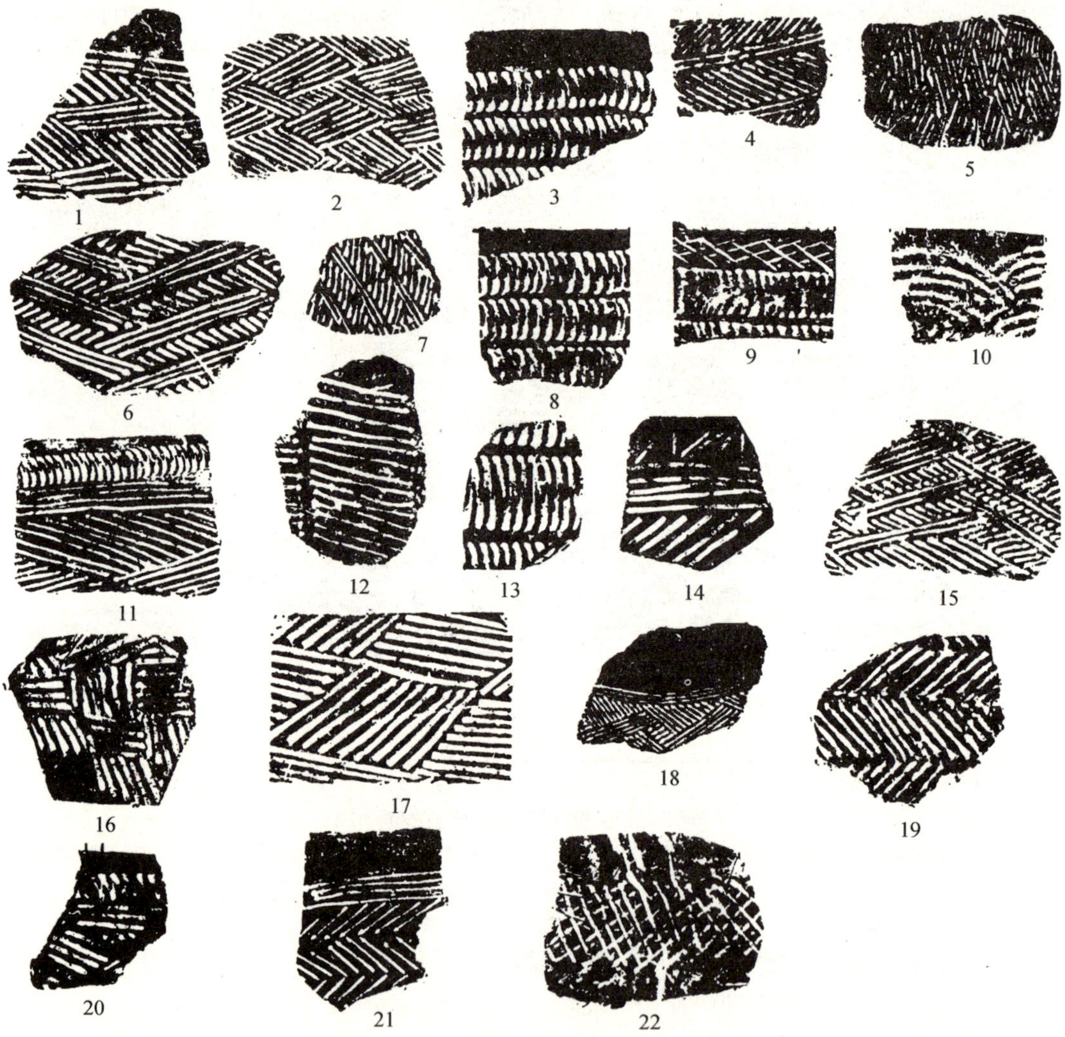

图一一　后洼下层出土陶器纹饰拓本

1、2、5～7、15～18. 压印席纹　3、8、13. 压印之字纹　4、19. 压印叶脉纹　9. 压印网格纹与之字纹　10. 压印编织纹　11、14. 压印之字纹与席纹　12. 压印横线纹　20. 横线与平行斜线纹　21. 压印横线与人字纹　22. 压印网格纹（1～3、7、11、12、15、21、22为1983～1984年发掘，见《文物》1989年12期，14页图五，余为1981年发掘，见《考古》1984年1期，30页图七）

者将1981、1983~1984年发掘资料集中在一起[18]，对陶器进行了重新排列。陶器以夹滑石粉的红褐陶和黑褐陶为主，其次是红陶和黑陶，含砂量较少。胎壁较厚，烧制火候较高。器物一般都有纹饰，以压印纹最多，占90%以上。压印纹中以席纹为多，之字纹次之。之字纹都是横排竖压，还有横线纹、网格纹、人字纹、斜线纹、叶脉纹、斜线三角纹、水波纹和各种压印组合纹（图一一）。刻划纹以网格纹最多。陶器以罐类为主，其他为碗、壶、钵、杯、盘、舟形器（图一二）等。罐类又分为筒形罐、鼓腹罐、束颈罐三种，其中筒形罐占91%。筒形罐一般多为直口或略敞口，平底，口沿内向下斜抹，口部与底部的比例逐渐变小，一般不通体施压纹饰，两端留有空白，口沿下大都有对称横穿瘤状耳。也出现了素面筒形罐。鼓腹罐一般为小口，鼓腹，平底，肩部有对称的瘤状耳，纹饰一般饰于器物的肩部和腹部。壶的形态与鼓腹罐有形似之处。碗是后洼下层出土较多的器物，一般都为素面，大小不一，最大口径18~20厘米。

从后洼下层出土的陶器看，陶器特点比较突出，器形更加丰富了，罐仍是最多的器物，但所占的比例在减少，与小珠山下层基本上都是筒形罐相比，显然有了明显进步。纹饰以压印席纹最多，其次是之字纹，与小珠山下层、北吴屯下层以之字纹为主相比，纹饰比重发生了变化，另外出现素面筒形罐。器物一般都有对称的瘤状耳。上下一样大的直筒形筒形罐没有发现，多为比较规整的筒形罐。其他罐类和壶类形制有所增加。特别发现较多的各种类型的滑石雕塑品，说明后洼下层更“先进”了。后洼下层^{14}C测年数据分别是距今6055年±96年、6165年±96年、6180年±96年、6205年±96年、6255年±170年（树轮校正值）[19]，那么其年代应为距今6000左右。后洼下层在年代上要晚于小珠山下层，文化面貌上比小珠山下层更“进步”了。

4. 大岗遗址

位于丹东东沟双山西村，与后洼遗址相距很近。1984年进行了发掘[20]，遗址共有两层，第2层为主要文化层。陶器均夹滑石粉，含砂量大，以夹砂红褐陶和黑褐陶为主，夹砂红陶和黑陶较少。纹饰以压印纹最多，刻划纹很少。压印纹以压印席纹最多，其次是压印之字纹，此外还有压印网格纹、人字纹、横线纹以及由这些纹饰组成的各种复合纹饰（图一三）。器形有罐、壶、碗、杯、勺、舟形器等（图一四），以罐最多。罐又可分为筒形罐、小口鼓腹罐，筒形罐分为直口和侈口两种，沿内向下斜抹，腹壁较直，口部和底部比值减少，口沿下一般有对称的瘤状耳。纹饰个别的饰至口沿，一般上下两端都留有空白，平底，出现了素面筒形罐。壶为小口，鼓腹，肩部有对称贯耳，肩部和腹部饰压印席纹。碗可以分为直腹和折腹两种。从文化面貌和器物特征看，大岗遗址与后洼下层最为接近，时代与之相当，距今为6000年左右。

1981年丹东地区文物普查，仅东沟县就发现新石器时代遗址30多处，其中含后洼下层的遗址还有谷屯王坨子、阎坨子、赵坨子、石灰窑地下岩洞[21]等，这些遗址多分布在沿海低矮台地和坨子上，除后洼和大岗遗址外，多为贝丘遗址，说明后洼下层在丹东地区有一定范围的分布。

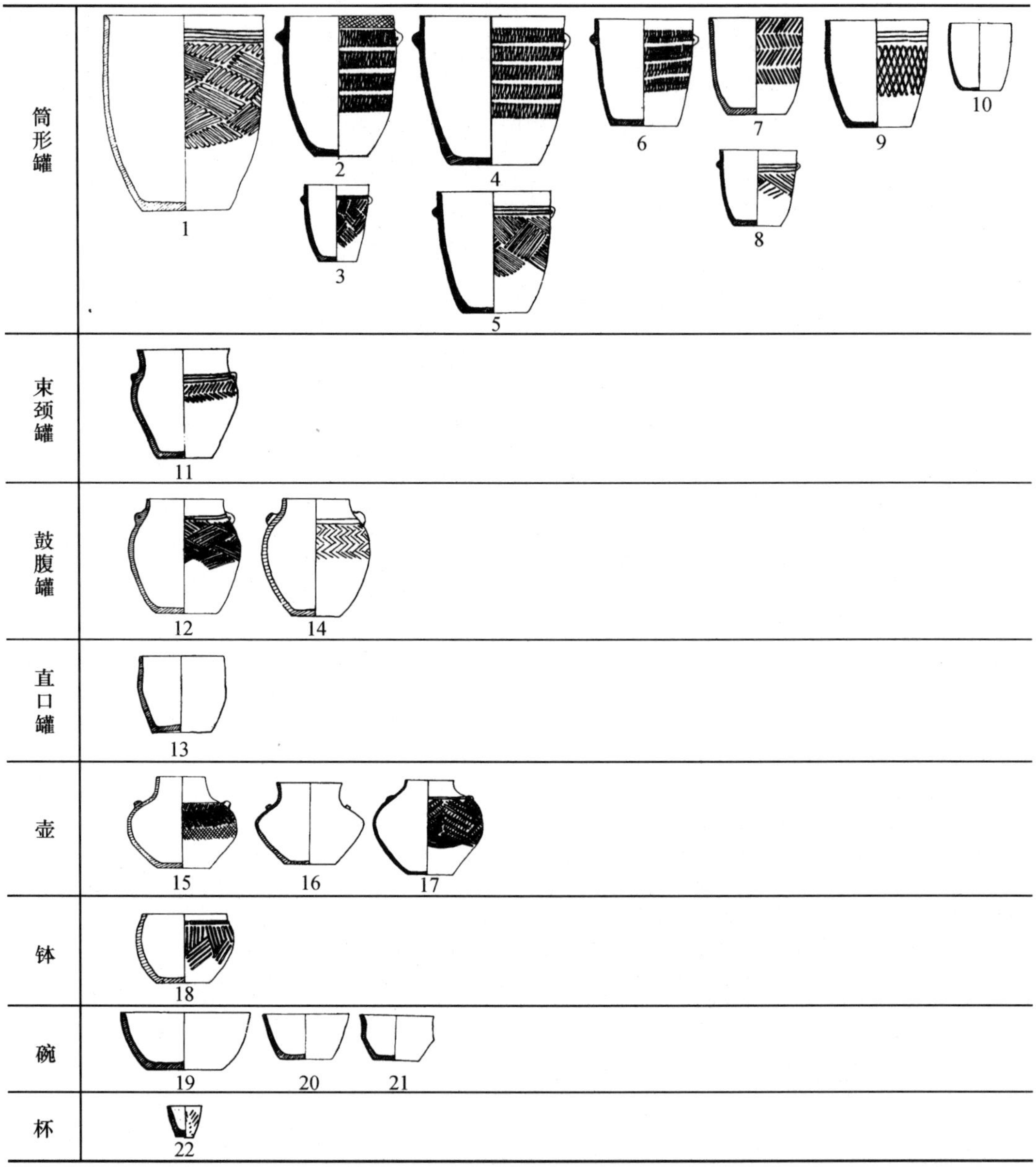

图一二　后洼下层出土陶器

1～10. 筒形罐（ⅡT18④∶46、T1∶2、T1∶4、T1∶1、T1∶3、ⅤT23④∶28、ⅢT16④∶25、ⅤT9④∶24、T1∶5、T1∶9）　11. 束颈罐（ⅢT9④∶21）　12、14. 鼓腹罐（ⅡT18④∶45、ⅢT4④∶10）　13. 直口罐（T1∶10）　15～17. 壶（ⅣT1④∶27、ⅤT22④∶46、T1∶12）　18. 钵（ⅡT6④∶10）　19～21. 碗（ⅤT22④∶52、T1∶7、ⅢT9④∶25）　22. 杯（ⅠT2④∶52）

图一三 大岗遗址出土陶器纹饰拓本

1～3. 压印席纹 4、12. 压印席纹和网格纹的组合纹 5. 压印人字纹 6. 压印之字纹和横线纹的组合纹 7. 压印横线纹 8. 压印网格纹 9、10、13. 压印之字纹 11. 压印席纹和人字纹的组合纹 14. 压印之字纹和席纹的组合纹

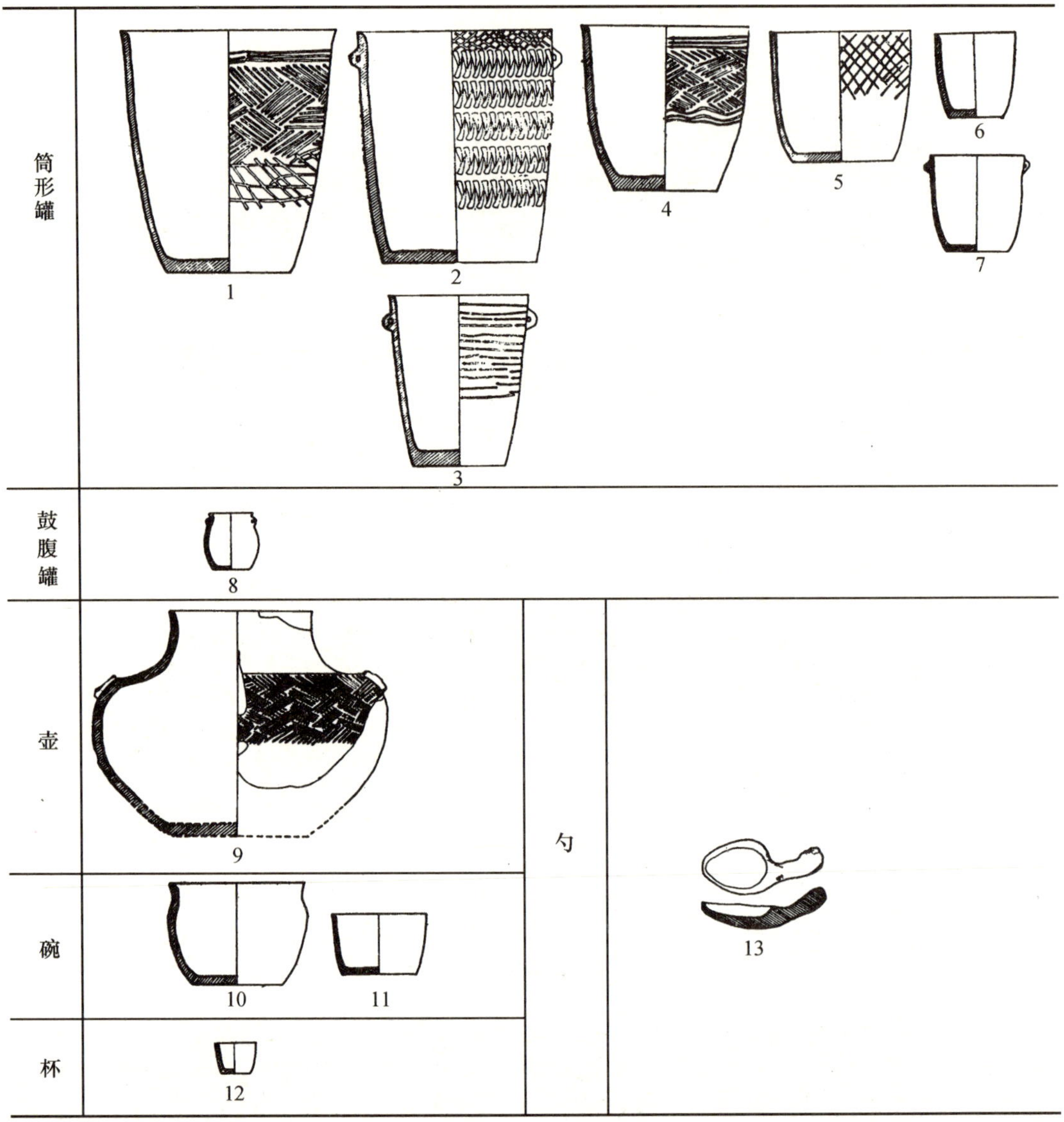

图一四　大岗遗址出土陶器

1～7. 筒形罐（T1∶3、T2∶1、T2∶2、T1∶1、T1∶2、T2∶4、T2∶3）　8. 鼓腹罐（T1∶4）　9. 壶（T2∶5）
10、11. 碗（T1∶6、T1∶5）　12. 杯（T1∶7）　13. 勺（T1∶9）

三、陶器特征对比研究

以上笔者就辽东半岛地区小珠山下层文化陶器做了简要的叙述，从中不难发现它们的异同。它们的共同特征是：同属于小珠山下层文化范围，陶器以夹滑石或滑石粉为主，单纯的夹砂陶较少；器形以筒形罐占绝大多数，口部或直或敞，平底；纹饰施压的方法相同，以压印之字纹、席纹或各种压印纹组成的复合纹饰为主。席纹和之字纹都具有典型的地方特征，席纹一般都为短斜线组成的菱形块或三角形，每条短线两端压印略深；之字纹一般是横排竖压，交错施压的很少，大都比较规则，排列紧密，两排之字纹之间多留有间距。这种之字纹两端压印较深，呈三角形或圆形凹坑，纹饰凸起明显，如同“毛笔头”，与辽西地区之字纹不同。

各遗址差异是：柳条沟东山遗址堆积比较单纯，陶器多夹有石棉，这在其他遗址未见，器形只有筒形罐一种，形式比较单一。纹饰只有压印纹，除了个别席纹和列点纹之外，绝大多数为之字纹，之字纹与口沿之间留有一定距离的空白。器壁一般比较薄，口沿略厚，向下渐薄。从单一的器形和纹饰分析，该遗址时代应该更早一些。与之最为接近的还有亮子沟遗址，陶器只有筒形罐一种，纹饰除压印列点纹外，均为之字纹。这两处遗址文化堆积比较薄，没有发现遗迹现象，出土陶器与小珠山下层相比，更显示出其单一、原始特点。沙包子遗址融合了多种因素，陶器只有筒形罐一种，纹饰、器形与亮子沟、小珠山下层某些器物相同，也属于比较早的文化类型，应与小珠山下层相当或稍早。李墙屯、南玉屯、清化宫等与柳条沟东山和沙包子遗址同属一个类型，时代都比较早。小珠山下层陶器主要是筒形罐，但筒形罐的形式有所增加，口部从敛、直、敞到准备出沿，从大平底到小平底，口与底的比值从小到大。纹饰以压印之字纹、席纹和斜线三角纹以及这三种纹饰组成的复合纹饰最多。有的陶器还出现了对称的瘤状耳（图四，5），尽管发现很少，但可以看出北吴屯和后洼下层出土大量瘤状耳筒形罐应是从这里发展过去的。刻划纹筒形罐（图四，10）已经有做好出沿的准备，成为小珠山中层筒形罐的母形。上马石下层出土的陶器与小珠山下层相比，有向晚发展的趋势，特别是敞口刻划纹筒形罐、小口鼓腹罐（图四，11、12）都是小珠山下层略晚的器形。

根据以上对比分析，辽东半岛黄海岛屿上发现的小珠山下层遗址存在早晚关系，从早到晚排列如下：柳条沟东山、亮子沟→沙包子→小珠山下层→上马石下层。同时也给我们这样的启示：各岛屿沿海岸遗址要早于岛内腹地遗址，也就是说小珠山下层遗址早晚关系是从沿海向岛内腹地推进的。

旅顺王家村东岗遗址出土筒形罐，通体施压印复合纹饰，一直到口部，胎壁较薄，应该是筒形罐中比较早的一种类型。该筒形罐残破后，底部稍加打磨，当器座或灶圈使用，与北吴屯下层的出土的筒形器功能近乎一致。

北吴屯下层出土陶器比较丰富，除了以筒形罐为大宗外，又增加了鼓腹罐、敛口罐、侈口罐等，另外出现新的器形如壶、筒形器、碗、钵、杯、盘等，比小珠山下层增加了不少新器形，而且形式也多样，出现了不少瘤状耳，与后洼下层、大岗遗址陶器相同。纹饰以之字纹为主，席纹也占一定的比例，纹饰施压比较规则，复合纹饰一般都饰至口部，单一纹饰在两端都留有空白，之字纹的宽度比较宽。另外还有一些用之字纹陶片制作的刻划纹人面、太阳纹艺术品，说明人们有了一定的审美观念。与小珠山下层相比，北吴屯下层一方面继承了小珠山下层主要特征，另一方面有所发展，不但陶器种类有所增加，而且纹饰也丰富多彩，筒形罐形式多样，大、中、小筒形罐俱全，在一定程度上反映了北吴屯下层比小珠山下层更为“进步”，时代应略晚于小珠山下层。

前面提到，后洼下层和大岗遗址陶器如出一辙，文化面貌惊人地相似，二者是时代相同、文化面貌一致的“姊妹”遗址，与北吴屯下层相比有许多共同之处，但也有差别。以后洼下层为例，陶器有罐、碗、壶、钵、杯、勺、舟形器等，以罐为大宗，碗的比例有大幅度增加。罐类又以筒形罐为主，还有鼓腹罐、束颈罐。壶的数量有一定增加。鼓腹罐、壶（图一二，12、14、15～17）与北吴屯下层的敛口罐、壶（图九，21、22）有许多相似的特征，只是比北吴屯下层更发展了一步，出现了瘤状耳或贯耳。纹饰所占的比重有一定变化，以席纹最多，其次是之字纹。陶器制作更加粗糙、随意，没有北吴屯下层陶器那么规整，说明后洼下层要晚一些。北吴屯下层出土的筒形器，在后洼下层、大岗遗址都没有见到，而后洼下层出土了较多的滑石雕塑品和陶塑品，在其他遗址也极少见到，但是北吴屯下层的刻划人面纹或太阳纹陶片为后洼下层雕塑品开辟了先河。^{14}C测年数据反映了北吴屯下层和后洼下层的早晚关系，北吴屯下层年代为距今6500～6000年，后洼下层在距今6000年左右，陶器变化规律也反映了二者在时间上的早晚差别。

目前，有学者将小珠山下层文化分为小珠山下层和后洼下层类型，也有人认为北吴屯下层与后洼下层更为接近，应归到后洼下层类型。虽然北吴屯下层和后洼下层在器物组合方面有很多相似之处，但陶器的演变规律还是很明显的，北吴屯下层具有一定的代表性。后洼下层陶器在北吴屯下层基础上有了一定程度的发展变化，在时间上要晚于北吴屯下层。

辽东半岛黄海沿岸小珠山下层遗址早晚关系排序如下：北吴屯下层→后洼下层、大岗遗址。

从目前所掌握的材料分析，辽东半岛黄海岛屿上的遗址都比较早，而黄海沿岸遗址要略晚一些，这与筒形罐的传播路线似乎背道而驰，究竟什么原因造成的？唯一的解释就是黄海沿岸应该有更早的遗址，庄河的半拉山、西沟等遗址从调查资料看时代就比较早，可惜未进行系统工作，情况不太明朗。

四、与新乐文化陶器对比

新乐文化出土的遗物比较丰富，陶器具有明显地方特征。陶器绝大多数是夹砂陶，以夹砂红褐陶、红陶、灰褐陶为主，有极少量的夹滑石黑陶、泥质红陶、泥质灰褐陶。器形有深腹罐、高足钵、斜口器等，以深腹罐为大宗。报告中被称为瓮的陶器[22]，实际上也是深腹罐的一种，总的看来都是筒形罐系列。深腹罐可分多种形式，一般均为直筒形，深腹，小平底，有大小之分。大深腹罐口径与高的比例几乎是1∶2，最高的达50厘米，器表满饰压印之字纹，一般上半部分饰竖压之字纹，下半部分饰横排之字纹，之字纹规整、细密，宽度较窄，口沿下饰短斜线等，这种器形在以小珠山下层为代表的遗址中没有发现。小深腹罐个体比较小，高度一般不超过20厘米，主要饰横排压印之字纹、弦纹以及由篦点纹组成的几何纹[23]，弦纹比较特别，施压紧密，通体饰满，同时也出现了素面筒形罐。高足钵一般呈半球状，下端有较高且小的圈足，多施红衣，器表饰针刺直线、弧线等复合纹饰[24]。斜口器是新乐文化特有的器物，直筒形，斜口部分成“U”字形，只有斜口一面饰压印之字纹，另一面为素面[25]。新乐文化高足钵和斜口器在小珠山下层没有发现，同样北吴屯下层的筒形器在新乐也没有发现。新乐文化与小珠山下层陶器可对比的就是筒形罐，二者都属于同一范畴，陶器都以筒形罐为最多，但二者差别也是明显的。新乐文化筒形罐一般为直筒，上腹较直，腹部很深，而小珠山下层除了上下一般粗的筒形罐外，多敞口，斜腹，口部与底部比值较大，一般比较粗矮，那种高大的深腹罐在小珠山下层没有发现。在纹饰方面几乎都以压印纹为主，新乐文化纹饰主要有之字纹、弦纹、篦点组成的各种几何纹，仅发现极个别的饰席纹带，纹饰一般通体饰满；而小珠山下层没有发现新乐文化那种弦纹和篦点组成的纹饰。小珠山下层的陶器纹饰比较丰富，除了之字纹外，还有席纹占很大比重，其他各种复合纹饰也是小珠山下层陶器的一大特征，另外除少量筒形罐通体满饰纹饰外，多数在上下两端留有空白，而新乐文化极少有席纹或其他纹饰组成的复合纹饰。小珠山下层筒形罐有的出现瘤状耳，在新乐文化没有发现。小珠山下层除筒形罐外，还有鼓腹罐、束颈罐、大口罐，其他器类还有壶、碗、杯、钵、舟形器、勺等，在新乐文化则不见。在陶质方面，新乐文化以夹砂陶为主，极少有夹滑石陶，而小珠山下层则以夹滑石陶为最多。新乐文化出土了一定数量的细石器[26]，在小珠山下层少见。新乐文化^{14}C测年，距今7245年±165年（树轮校正值）[27]，在时间上要早于小珠山下层。可见辽中区和辽东半岛新石器早期文化的地方差异还是比较突出的。

目前，学术界普遍认为，筒形罐的传播路线是从辽西、内蒙古一带到辽东，事实也得到了考古发掘资料的证实。在传播过程中，筒形罐的形制、纹饰都发生了或多或少的变化，融入了地方因素，形成了各具地方特点的文化单元，辽东半岛地区小珠山下层文化陶器的演变特征就充分体现了这种变化。

五、结　　语

以小珠山下层为代表的辽东半岛早期文化遗址在陶器特征方面存在较多的共性，也存在不少的差异，在时代上有早晚差别。通过上述分析，我们可以得出这样的结论：辽东半岛黄海岛屿上的新石器早期遗址分布较为广泛，时代都比较早，以诸岛屿沿海岸线附近的遗址时代最早，如柳条沟东山和亮子沟遗址，其次是沙包子遗址，然后向岛内腹地推进，如小珠山遗址、上马石遗址。陆地上黄海沿岸诸遗址存在着由南向北时代渐晚的发展趋势，如北吴屯遗址稍早，其次是后洼遗址和大岗遗址，而且黄海沿岸诸遗址之间存在的共性更多一些。从柳条沟东山到后洼下层，揭示了小珠山下层文化在不同时段的演变规律和特征。

注　　释

[1] 辽宁省博物馆、旅顺博物馆、长海县文化馆：《长海县广鹿岛大长山岛贝丘遗址》，《考古学报》1981年1期。

[2] 大连市文物考古研究所、长海县文物管理委员会办公室：《长海县海洋岛亮子沟遗址发掘简报》，《大连文物》2001年1、2期合刊。

[3] 见1994年王家村东岗发掘资料。

[4] 辽宁省文物考古研究所、大连市文物管理委员会、庄河市文物管理委员会办公室：《大连市北

吴屯新石器时代遗址》，《考古学报》1994年3期。
[5] a. 丹东市文化局文物普查队：《丹东市东沟县新石器时代遗址调查和试掘》，《考古》1984年1期；
b. 许玉林、傅仁义、王传普：《辽宁东沟县后洼遗址发掘概要》，《文物》1989年12期。
[6] 辽宁省博物馆：《辽宁东沟大岗新石器时代遗址》，《考古》1986年4期。
[7] 见《中国考古网》，2006年9月24日发布。
[8] 同注[1]。
[9] 同注[1]，68页。
[10] 同注[7]。
[11] 同注[1]，107页。
[12] 同注[11]。
[13] 同注[1]，94页。
[14] 同注[2]。
[15] 旅顺博物馆：《旅大市长海县新石器时代贝丘遗址调查》，《考古》1962年7期。
[16] 同注[15]。
[17] 同注[4]，375页。
[18] 同注[5]b。
[19] 同注[5]b，19页。
[20] 同注[6]。
[21] 同注[5]a。
[22] 沈阳新乐遗址博物馆、沈阳市文物管理办公室：《辽宁沈阳新乐遗址抢救性清理发掘简报》，《考古》1990年11期，977页，图九：1。
[23] 《辽海文物学刊》1990年1期，21页，图十一。
[24] 沈阳市文物管理办公室、沈阳故宫博物馆：《沈阳新乐遗址第二次发掘报告》，《考古学报》1985年2期，213页，图四：5。
[25] 同注[22]，图九：11、14。
[26] 同注[22]，图七。
[27] 同注[22]，221页。

Comparative Research on the Pottery of Lower-Xiaozhushan Culture in the Liaodong Peninsular

Zhang Cuimin　Wang Yu
(Institute of Cutural Relics and Archaeology of Dalian City, Dalian)

The paper compares the features of the textures, ornamentations and the ways of making them, patterns of the potteries belonging to the Lower-Xiaozhushan Culture uncovered mainly on the Liaodong Peninsular. Then the author re-arranges and analyzes the typical pottery-tube-shaped jars in the order from the early to the late, revealing the differences and similarities among the sites of the same period there. Contemporary, the authors make a comparison of the ceramics between the Lower-Xiaozhushan Culture and the Xinle Culture in Liaohe Base.

河南鹤壁刘庄先商文化墓地初析

李维明

（中国国家博物馆，北京）

2005年，考古工作者在河南鹤壁刘庄发现并清理了一处先商文化墓地[1]。这批墓葬材料与相关遗址材料结合，对于同类遗存文化性质的判断，揭示当时的社会现象具有重要的启示意义。笔者拟就目前公布有关材料，略述学习浅见，供专家教正。

一、墓地概况

刘庄先商文化墓地位于淇河北岸第二、三阶地上。在东西约110米，南北约55米，面积约6050平方米的范围内清理出338座先商文化墓葬（图一）。

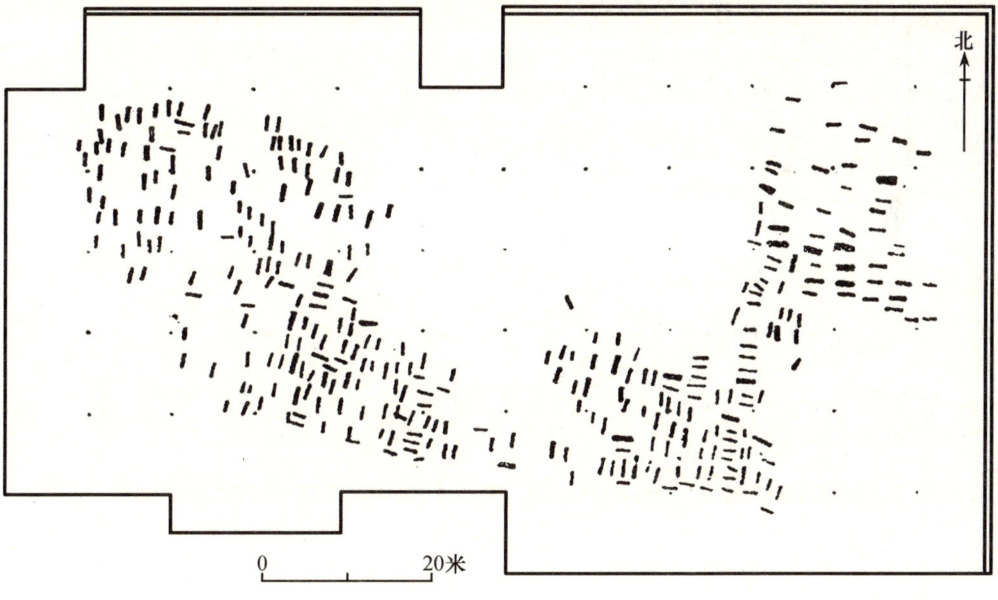

图一　河南鹤壁刘庄先商文化墓地平面分布示意

墓葬结构为较窄的长方形竖穴土坑，四角略弧，有的存有二层台。单人仰身（或俯身）直肢葬式。多无葬具，使用葬具者多为木棺，少量石棺。多数墓葬（约60%）随葬陶器（1~6件）、石器等随葬品，一般置于足部或下肢部位，也有放置头部。观察公布的11座墓葬材料，随葬陶器以鬲、豆、簋、罐出现频率居高（表一），器类组合表现出重炊、食器的特点（表二），表明鬲、豆、簋、罐应是当时人们生活普遍使用的炊、食器。

表一　目前公布刘庄先商文化 11 座墓葬随葬陶器器类出现墓次与频率排序

器类	豆	罐	鬲	簋	圈足盘	鼎	盆	尊形器	爵	鬶
出现墓次	8	6	5	3	2	1	1	1	1	1
出现频率（%）	72.7	50.9	45.4	27.2	18.2	9.1	9.1	9.1	9.1	9.1

表二　目前公布刘庄先商文化 11 座墓葬随葬陶器器类组合出现墓次与频率排序

器类组合	鬲	豆、簋罐	鬲、豆	豆、罐	豆、爵鬶	豆、簋、尊形器	罐	鬲、鼎、豆、圈足盘	鬲、豆、罐、盆、圈足盘
出现墓次	2	2	1	1	1	1	1	1	1
出现频率（%）	18.2	18.2	9.1	9.1	9.1	9.1	9.1	9.1	9.1

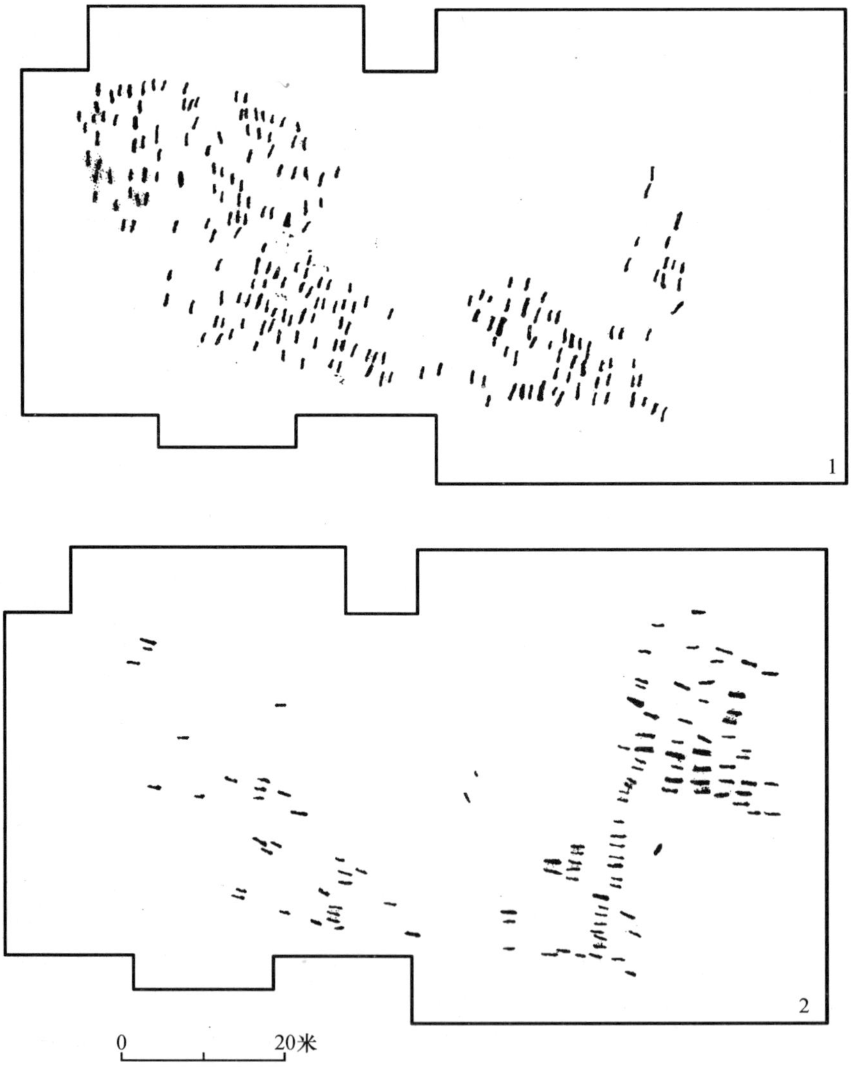

图二　河南鹤壁刘庄先商文化墓地分群分布示意图

1. A 群墓葬　2. B 群墓葬

墓葬按头向不同大致可以分为两群：

A群，近南北向墓穴，头向北。本群墓葬数量相对较多，约占墓葬总数的66%，集中分布于墓地西区（图二，1）。

B群，近东西向墓穴，头向东。本群墓葬数量相对较少，约占墓葬总数的34%，集中分布于墓地东区（图二，2）。

两群墓葬在墓地的南部多存交错分布的现象[2]。可以推断，这是一个共同使用以鬲、豆、罐为核心器物群，至少包括两个族群的聚落墓地。

二、时代判断

陶器是显示考古学文化年代跨度的重要标识物之一。刘庄先商文化墓地随葬陶器，多为夹砂灰陶，次为泥质灰陶，有一定数量的泥质褐胎灰皮或黑皮陶。以绳纹为主要纹饰，其他还有弦纹、旋纹、绳切纹、圆涡纹、镂孔等。器类有鬲、鼎、豆、簋、罐、盆、圈足盘、尊形器、爵、鬶，其中鬲、豆、簋、罐、圈足盘造型特征显示出型式变化。

鬲　多为夹砂灰陶。造型特征为侈口，束颈、鼓腹上饰绳纹，分裆，锥状足。依体高与体宽的比例不同分二型。

A型　体高大于宽。依体渐矮，绳纹渐粗，锥足渐矮分三式。Ⅰ式如M256∶1，Ⅱ式如M24∶1，Ⅲ式如M218∶2。

B型　体高小于宽。依口沿侈角渐小变化分两式：Ⅰ式如M10∶2，Ⅱ式如M117∶3。

豆　多为泥质灰陶。造型特征为细高柄，喇叭状圈足。依盘特征不同分二型。

A型　盘如敞口碗形。依柄有无镂孔分二亚型。

Aa型　柄有镂孔。依盘口沿由侈而卷，柄由粗而细变化分二式。Ⅰ式如M10∶1，Ⅱ式如M4∶3。

Ab型　柄无镂孔。依盘口沿由侈而卷，柄由粗而细变化分二式。Ⅰ式如M193∶1，Ⅱ式如M262∶3。

B型　盘较浅。依盘渐浅，柄渐细变化分三式。Ⅰ式如M97∶3，Ⅱ式如M218∶4，Ⅲ式如M102∶3。

簋　依造型特征不同分二型。

A型　敛口，折肩。如M193∶3。

B型　侈口。依有无纹饰分二亚型。

Ba型　侈口微卷，腹饰绳纹，高圈足上饰有镂孔。如M4∶2。

Bb型　侈口沿平折。素面体。如M97∶1。

罐　侈口，弧腹饰绳纹，平底或凹底。依造型特征不同分三型。

A型　单把罐。依胎渐厚，绳纹渐粗变化分二式。Ⅰ式如M11∶1，Ⅱ式如M193∶2。

B型　侈口圆腹罐。依口径与腹径比例不同分二亚型。

Ba型　口径小于腹径。如M117∶4。

Bb型　口径大于腹径。如M102∶3。

C型　花边口沿罐。如M4∶1。

圈足盘 依盘渐浅，纹饰变化分二型。

A型 盘较深，圈足饰“工”字形镂孔。如M218∶1。

B型 盘较浅，圈足饰弦纹。如M117∶1。

按共存陶器群型式特征将这一演进序列区划为具有相对早晚意义的4个组（表三）。

表三 目前公布刘庄先商文化11座墓葬随葬陶器主要器类型式演进排序

期、组、单位 \ 器类			鬲		豆			簋			罐				圈足盘		其他	备注
			A	B	A		B	A	B		A	B		C	A	B		
					a	b			a	b		a	b					
一	1	M256	Ⅰ															
		M11									Ⅰ						砾石	头向东，石棺
		M10		Ⅰ		Ⅰ												头向东
		M193			Ⅰ			√			Ⅱ							头向北，木棺
	2	M262			Ⅱ												爵、鬶	头向东
		M24	Ⅱ														石饼	头向北
		M4				Ⅱ			√					√				
二	3	M97					Ⅰ			√		√						头向东
		M218	Ⅲ				Ⅱ								√		鼎	头向东，木棺
	4	M117		Ⅱ			Ⅱ					√				√	盆	
		M102					Ⅲ						√				尊形器	头向北

第1组：以AⅠ式、BⅠ式鬲，AaⅠ式、AbⅠ式豆，A型簋，AⅠ式、AⅡ式罐为器物群特征。

第2组：以AⅡ式鬲，AaⅡ式、AbⅡ式豆，Ba型簋为器物群特征。可见C型罐、爵、鬶。

第3组：以AⅢ式鬲，BⅠ式、BⅡ式豆，Bb型簋，Ba型罐为器物群特征。可见A型圈足盘，浅腹盆形鼎。

第4组：以BⅡ式鬲，BⅡ式、BⅢ式豆，Ba型罐为器物群特征。可见B型圈足盘，绳纹大平底盆、尊形器。

以B型豆、Bb型簋、圈足盘等器类造型的出现为界判断，可将第1、2组合并为第一期。第3、4组合并为第二期。

参照AⅠ式鬲M256∶1可与二里头遗址二里头文化三期ⅣH57∶96特征类比[3]，BⅠ式豆M97∶3可与二里头遗址二里头文化三期ⅥT4③∶11特征类比[4]，Bb型簋M97∶1可与二里头遗址二里头文化四期VH57∶13特征类比[5]，判断上述型式演进以Ⅰ式相对较早，时代约与二里头文化三期相当。编年下限约在二里头文化四期。

据此判断，目前公布刘庄先商文化11座墓葬陶器编年第一期约与二里头文化三期相当，第二期约与二里头文化四期相当。

三、文化性质

观察刘庄先商文化墓地遗迹及目前公布11座墓葬随葬陶器特征，大致可以将其文化因素分为四群（图三）。

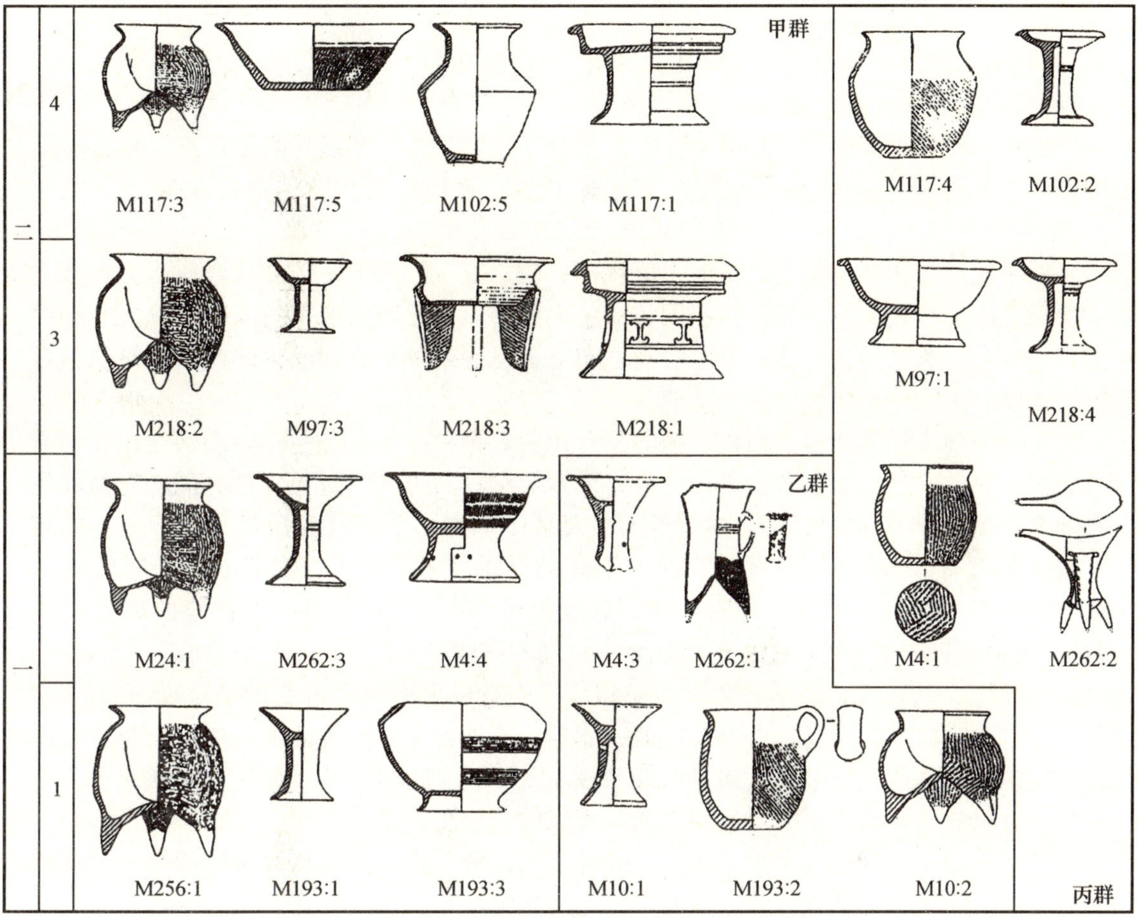

图三　河南鹤壁刘庄先商文化墓地随葬陶器分析示意

甲群：特征大致同于豫北地区以往公布的先商文化辉卫型[6]。如夹砂、泥质灰陶系，绳纹、绳切纹等纹饰。主要炊器鬲（A、B 型）数量多，胎较厚；平底绳纹盆、碗形豆（Bb 型）等都与先商文化辉卫型特征相符[7]。陶尊形器、镂孔圈足盘，由数百座长方形竖穴土坑墓葬构成的墓地等是对以往先商文化辉卫型材料的补充[8]。其中，像长方形竖穴土坑墓葬，头向北或偏东北[9]，鬲、镂孔圈足盘（A 型）[10]等特征可在当地龙山文化中寻源。

乙群：特征似受北方文化因素影响。如石棺葬具（M145），俯身葬式[11]以及陶器鬲足之沟槽[12]、圈足镂孔豆（Aa 型）[13]、单把绳纹罐（A 型）[14]、鬶[15]等器类造型。

丙群：特征似受二里头文化因素影响。如花边口沿罐（C 型）、簋（Bb 型）、高柄浅盘豆（B 型）、小圆腹罐（Ba 型）、石钺[16]、绿松石饰品。

丁群：特征似受东方文化因素影响。如头向东[17]。

上述四群文化因素，甲群因素自始至终居于主导地位，决定其文化性质属于先商文化辉卫型。乙群因素在第 1、2 组时表现较强，显示出北方文化因素的影响。丙群因素至少在第 2 ~ 4 组有较强的显示，表现出二里头文化因素的影响。丁群因素影响稍弱，显示东方文化因素的影响。

四、初步认识

刘庄先商文化墓地位于先商文化辉卫型分布地域北缘，接近先商文化漳河型分布地域南缘。其陶器特征大体接近先商文化辉卫型，时代跨度约与二里头文化三、四期相当。

刘庄先商文化墓地使用以鬲为主要炊器，鬲、豆、罐为主要陶器组合核心。各墓之间少见叠压、打破关系，按头向不同相对集中分布于东、西两区，各区墓葬成排或集中分布。这些现象显示墓地曾按一定的规划布局，是一处具有联姻或某种血缘联系包括古族、支族、家族等不同层次的族墓地。

刘庄先商文化墓地墓葬面积、随葬品有无和数量种类均存有一定的差别。比如，墓葬面积最小的不足1平方米，最大可在2平方米左右。约40%墓葬无随葬品，有随葬品者随葬陶器1～6件数量不等。少数墓葬使用木、石棺具。这些现象显示墓葬主人拥有财富存有差别。而无任何随葬品，随葬不同数量的陶器、砾石、绿松石、石钺等随葬品，显示墓主人身份可以区分为一般氏族成员（多数），具有手工业技能的成员（少数）和拥有特殊权力的贵族成员（极少数）等不同层级。

与同期二里头遗址二里头文化内涵相比，前者以上百万平方米的遗址面积，10余万平方米的宫城、宫殿群、青铜礼器群、漆器、玉器等显示王者地位；刘庄先商文化墓地文化内涵规格远低于二里头遗址二里头文化，相应遗址面积约50万平方米，表明这里是一处隶属于方国之下的具有相当人口规模的先商文化聚落。

刘庄先商文化墓地的发现与揭露，弥补了以往有关先商文化墓葬材料的缺乏。这批墓葬材料与相关遗址结合，对于全面了解先商文化面貌，确定文化性质，探讨先商文化与其他地域文化间的联系具有重要的学术意义。

注　释

［1］ a. 赵新平、韩朝会、靳松安、王青：《河南鹤壁刘庄遗址考古发掘取得重要收获》，《中国文物报》2006年1月27日1、2版；

b. 河南省文物考古研究所：《河南鹤壁市刘庄遗址下七垣文化墓地发掘简报》，《华夏考古》2007年3期。

［2］ 至于不同头向墓葬在墓地中存有交错分布的现象，其原因有待详细材料公布后研究判断。

［3］ 参见中国社会科学院考古研究所：《偃师二里头1959年～1978年考古发掘报告》，中国大百科全书出版社，1999年，211页，图133·5。

［4］ 同注［3］，226页，图142·1。

［5］ 同注［3］，232页，图214·9。

［6］ 邹衡：《试论夏文化》，《夏商周考古学论文集》，文物出版社，1980年，119页。

［7］ 如鬲胎稍厚，M24:1造型可与淇县宋窑遗址同类器T23④:93（见《考古学集刊·10》，107页，图二十六·6）类比，大平底绳纹盆M117:5造型可与淇县宋窑遗址同类器T10⑤:77（见《考古学集刊·10》，116页，图三十二·18）类比，盆形鼎M218:3造型可与淇县宋窑遗址同类器T10③:79（见《考古学集刊·10》，110页，图二十八·4）类比，豆盘M97:3造型可与

淇县宋窑遗址同类器 T23④: 111（见《考古学集刊 · 10》，118 页，图二十三 · 13）类比，豆盘 M262: 3 造型可与淇县宋窑遗址同类器 T301②: 165（见《考古学集刊 · 10》，118 页，图二十三 · 10）类比，圈足盘 M117: 1 造型可与淇县宋窑遗址同类器 T21⑥: 117（见《考古学集刊 · 10》，118 页，图二十三 · 21）类比。另外，还可参照辉县孟庄、新乡潞王坟、新乡李大召等遗址先商文化辉卫型同类材料比较。

[8] 以往公布先商文化墓葬材料较少。笔者所见成人墓葬出自新乡潞王坟、辉县孟庄、辉县孙村等地，数量 20 余座。

[9] 参见河南省文物考古研究所：《辉县孟庄》，中州古籍出版社，2003 年，106、108 页。

[10] 可比较汤阴白营出土同类器鬲 T31②: 3、F44 出土圈足盘，参见安阳地区文管会：《河南汤阴白营龙山文化遗址》，《考古》1980 年 3 期，196 页。

[11] 参见安志敏：《唐山石棺墓及其相关的遗物》，《考古学报》1954 年 7 期。

[12] 参见忻州游邀出土鬲足部沟槽，见吉林大学边疆考古研究中心等：《忻州游邀考古》，科学出版社，2004 年，85 页。

[13] 可与忻州游邀出土同类器 H508: 2 比较，见吉林大学边疆考古研究中心等：《忻州游邀考古》，科学出版社，2004 年，117 页，图一〇〇 · 5。还可与朱开沟 M2001: 3 比较，见内蒙古自治区文物考古研究所等：《朱开沟——青铜时代早期遗址发掘报告》，文物出版社，2000 年，264 页，图二〇九 · 1。

[14] 参见朱开沟 M1005: 3，见内蒙古自治区文物考古研究所等：《朱开沟——青铜时代早期遗址发掘报告》，文物出版社，2000 年，249 页，图二〇〇 · 2。

[15] 参见内蒙古赤峰大甸子 M905: 9，见中国社会科学院考古研究所《大甸子——夏家店下层文化遗址与墓地发掘报告》，科学出版社，1996 年，82 页，图四一 · 2。

[16] 可与二里头遗址玉石钺 81YLVM6: 1 比较，见《考古》1984 年 1 期，38 页。

[17] 参见山东大学历史系考古专业教研室：《泗水尹家城》，文物出版社，1990 年，58 ~ 67 页。

The Preliminary Analysis on Liuzhuang Pre-Shang Cemetery in Hebi, Hunan Province

Li Weiming
(the National Museum of China, Beijing)

Liuzhuang, Hebi in Henan Province, the pre-Shang culture cemetery, is in the nature of Huiwei type of the pre-Shang culture. At the same time, it is influenced by northern culture, oriental culture, and Erlitou culture. And the era is roughly equal to three and four periods of Erlitou culture. After a preliminary plan, the cemetery is related with the marriage or certain blood, including the ancient tribes, branch tribes, families and so on, at different levels. The burial-objects differences among the owner of the tomb show the emergence of differences in the division of classes, which can be divided into ordinary clan members (the majority), members with the handicraft skills (a few), the aristocratic members with special powers (few), etc..

莒文化研究

禚柏红

（山东省文物局，济南）

海岱地区一度被称为“齐鲁文化圈”、“齐鲁文化亚区”，但随着近年来考古资料的发掘证明，齐鲁文化并不能涵盖海岱地区所有的文化特征，即使在两周时期情况也是如此。潍淄流域、汶泗流域、沂沭流域和胶东半岛地区等因为自然环境的不同，其区域文化特色也各不相同。近年来，学者们由关注海岱地区历史文化的统一性，逐渐过渡到研究各个地区的区域文化特征，这也是商周考古发展的一个趋势。海岱地区的古国文化研究中，齐文化、鲁文化向来是热点，一直为诸家学者所关注。相比之下，齐、鲁以外的诸小国的考古研究相对薄弱，只是近年来随着各地考古工作的开展，这些小国的考古遗存才陆续被揭示出来。其中莒文化就是在这种背景下引起学者们的关注，并很快成为研究的热点之一；同时，随着研究的深入，莒文化作为一种区域文化被提出。由莒南大店、沂水刘家店子等一批大中型墓葬所代表的具有鲜明特征（如曲收腹陶罐、高耸肩柱状足鬲等典型特征的器物和墓室分为南北两部分等）的文化内涵，也有力地说明，把鲁东南地区称为莒文化区是可以成立的。

本文旨在前人研究的基础上，运用文化因素分析法，力图廓清莒文化的特征以及不同时期涵盖的各类文化遗存，不妥之处尚祈方家指正。

一、莒文化的时空要素

莒，商周时期分布于鲁东南地区的诸侯国。因地处偏远，远离政治和军事斗争的中心，因而在几乎整个西周时期默默无闻，以致史籍缺载。春秋早期始，莒国实力逐渐强盛，灭向伐杞，周旋于大国之间，在众多的东方诸侯小国中脱颖而出，在当时的政治舞台上非常活跃，由一个蕞尔小邦一跃而成为与齐、鲁相抗衡的千乘之国。春秋末年，莒国国势衰微，并于公元前431年为楚国所灭，同众多诸侯国一样，最终融入到统一帝国的历史洪流之中。

“时间”和“空间”是包括史前文化在内的任何一支考古学文化所必须具备的两个基本因素。对于历史时期的考古学文化而言，除了这两个基本因素之外，又往往增加了族属和国别方面的内涵。因此，对于历史时期考古学文化的研究，除了考古遗存本身的资料之外，还面临着一个如何利用当时或后世的文字和文献资料，对作为研究对象的考古学文化加以考证和界定的问题。而且，族属或国别的甄别和考证，是历史时期考古学文化研究首先要解决的问题，因为，对于历史考古学研究来讲，只有在明确了研究对象“身份”的情况下，考古遗存本身才能显示其意义。

与任何一支以国名或族名来命名的历史时期考古学文化一样，“莒文化”这一概念，除了考古遗存本身的因素之外，无疑也包含了族属、国家、时间和地域等方面的内容。本文所论及的莒文化，即是从商代晚期作为方国概念的莒之产生之时开始，至公元前431年为楚所灭，其间大约六七百年间形成的一支具有区域特色的考古学文化。

据文献记载，莒国初封是在西周早期，《春秋·隐公二年》载，“莒人入向”。但更多的证据表明，莒在商代晚期的甲骨文中就已经出现，西周分封只不过承认其诸侯地位而已。春秋之世，莒子国跻身于众诸国之列，或盟或伐，颇为活跃，正如后代学者所说，“春秋之际，小国名见者，郳莒为强”[1]，“隐桓庄之际，莒尝为强国”[2]，“莒虽小国，东夷之雄者也，其为患不减于荆吴”[3]。据文献记载，莒都计（一作计斤，又称介根），春秋时迁都于莒，即今莒县。目前学术界普遍认为莒在晚商（一说费县，一说莒县）、西周（一说计斤，一说纪璋）和春秋时期（莒故城或钱家屯遗址）的都城位置不一，莒曾迁都确是实，但从所迁的地理位置看，无论计斤或者纪璋，大抵不出鲁东南地区，且今天的考古资料也证明了春秋时期整个鲁东南地区可称之为莒文化区，因此以莒县为中心的鲁东南地区的晚商以至两周的考古学遗存能够反映莒文化的主体特征。

总之，作为一个国家，莒国有其产生、确立和发展的过程，莒文化便是在上述时空范围内由莒人所创造的考古学文化。莒文化最早出现于商代晚期，确立于西周时期，强盛于春秋时期。莒国虽然灭于楚，但莒文化并未随着莒国的灭亡而结束。在此后长达近一个世纪的时间里，仍然保持了浓厚的地域色彩。

鉴于目前的考古资料和研究状况，本文在前人研究的基础上，以甲骨、金文等资料为凭借，追根溯源，探讨商代晚期莒文化的面貌。从墓葬资料入手，在对周代莒文化分期的基础上，具体分析各个时期莒文化的内涵特征，尝试对每一期做文化因素分析，力图归纳出各个时段的土著特色和所共存的周文化、齐、鲁文化以及南方楚、吴越文化的因素。

二、莒文化的发现和研究

综观莒文化的研究历史，可以以20世纪50年代为界，分为前后两个阶段。现总结如下。

（一）20世纪50年代中期以前：金石学阶段

莒国青铜器早就见于历代金石学著录，如《攗古录金文》3. 1. 8记载了“酅侯敦”（当作莒），同书2. 3. 38著录“筥小子簋”。但长期以来学者并未将铭文中的“酅”和“筥”同文献中莒国之莒等同起来。如，孙诒让读之为《尚书·牧誓》中“微卢彭濮”之“卢”。直到王国维在《王子婴次卢跋》一文[4]，根据魏《三体石经》、《春秋》莒字古文作“篖”，篆隶作筥，认为“酅”即“莒”。徐仲舒、郭沫若从之[5]。杨树达从“酅侯敦”孝字从“古”而不从“士”，指出此乃齐鲁诸侯国铭文特征，赞同以上学者的考证[6]。此外，见于著录的传世有铭莒国青铜器还有《西周𫐔生簋》[7]和《中子化盘》[8]等。

文中莒器的认定，是这一时期莒文化考古和莒史研究中最大的收获，为下一阶段莒国墓葬发掘中族属和国别的判定打下了基础。

（二）20世纪50年代中期至今：考古学研究阶段

新中国建立之后，各地区的考古调查和发掘工作开始全面启动。鲁东南地区文物考古资料收获也日趋丰富。特别是70年代中期以后，墓葬资料逐步增加，莒文化的研究也走向深入，从而改变了以前仅限于文献和古文字考证的局面。

这一时期的考古调查和发掘工作有如下两个特点：

第一，考古工作带有一定的偶然性和随机性，大多缺乏目的明确的主动发掘，而且发掘规模较小。截至目前，该地区的考古工作主要集中在墓葬的发掘上。除了对莒国故城做了有限的地面调查和小规模的试掘以外，还没有关于聚落方面的材料报道。

第二，有关莒文化的考古发现，以东周时期的资料为主，而晚商和西周早中期的遗存十分少见。

以下分作商、西周和东周三个时段予以罗列如下：

1）有关商代莒文化的遗存只是零星发现。大致有以下几处。

1981年费县传有大批青铜器出土，其中20件带有“举莒”铭文[9]。

1982年沂水信家庄出土陶簋1件，铜觚、铜爵各1件，估计出自一窖穴[10]。

1995～1997年，山东大学与美国芝加哥自然历史博物馆合作，在日照东港区和青岛胶南县进行区域系统调查，发现商代遗址十余处，并发现商代土著文化遗存。

另据《莒县文物志》记载，该县发现商代遗址4处[11]。

2）有关西周莒文化的考古资料相对增加，但数量仍然有限。

1976年胶县西庵遗址的调查和发掘[12]。

1978年沂水县时密山发现西周晚期遗存[13]。

1999年沂南县西岳庄遗址获得了丰富的西周时期的文化遗存，西岳庄附近的季家庄、孙家黄疃遗址也有这一时期的遗物出土[14]。

3）春秋时期，莒的势力一度强盛，莒文化进入鼎盛阶段。表现在考古学上，所发现的这一时期的墓葬资料比之商代西周有了明显增加。进入战国，莒国灭亡，但莒文化没有立即消失，依然存在了一段时间。此一阶段的考古资料主要有如下几批。

20世纪50年代，沂水李家庄出土一批精美青铜器[15]。

1963年莒县天井汪出至少包括5座封土大墓的墓群[16]。

1966年临沂花园公社出土一批青铜器[17]。

1970年诸城臧家庄出土一批战国铜器，此前诸城葛布口曾出土过战国青铜器[18]。

1975年莒南县大店缜的花园村和老龙腰发掘了2座莒国殉人大墓[19]。

1976、1983年在日照崮河崖清理了2座墓葬[20]。

1978年沂水刘家店子村清理了2座春秋墓和1座车马坑[21]。

1979年莒县大朱家村清理了3座战国墓[22]。

1980、1981年沂水上常庄、马兰村分别清理1座战国墓[23]。

1982年沂水东河北清理了1座春秋墓[24]。

1982～1983年临沂凤凰岭大墓出土300余件随葬品[25]。

1983年沂水略疃村清理1座墓葬[26]。

1983年莒县杭头清理了周代墓3座[27]。

1984年临沂中洽沟发现3座春秋墓[28]。

1986年沂水石景村发现1座东周墓[29]。

1988年沂水李家坡调查征集了一座墓的青铜器[30]。

1988～1990年在临沂县境内发现5座东周墓[31]。

1989年郯城二中发现3座战国墓[32]。

1990年沂水县全美官庄发现东周墓1座[33]。

1990年沂水县埠子村发现战国墓1座[34]。

1993年莒县大沈刘庄清理了1座“凸”字形春秋墓[35]。

1994年安丘东古庙清理1座春秋墓[36]。

1995、1996年两次发掘莒故城刀币遗址[37]。

1996年莒县西大庄发现墓出土一批西周末春秋初年的青铜器[38]。

1998年在西岳庄发掘了2座大型春秋墓[39]。

2001年沂源姑子坪遗址发现几座春秋墓[40]。

2004年莒南出土一批西周青铜器[41]。

除了以上发表了的考古资料外，《莒县文物志》还报道了莒国故城调查的情况，以及钱家屯、于家沟等多处周代遗址墓葬资料；此外，还有日照等各地区的调查资料等，此处不一一赘述。

随着考古工作的展开和资料的发表，莒文化的研究开始走向全面化和系统化。承前期金文中“莒”字的释读成功，这一时期诸多出土地点明确的东周有铭青铜器为诸前辈学者的释说提供了科学的依据，如莒故城东南于家沟墓葬中出土的“簷大叔之孝子平”匏壶；莒南大店莒国殉人墓出土的“莒叔仲子平”钟；沂水刘家店子莒墓出土的“莒公”戈，以及诸城臧家庄墓中出土的“莒公孙潮子”编钟等，以及传世的莒之兵器和货币上的铭文等，黄盛璋先生对莒国出土的这些铜器铭文做了考证，认为莒作为独立的国家和作为齐国的一个邑后，写法不同[42]。孙敬明先生依据甲骨文、传世和出土的金文资料总结了“莒”字自商代至秦汉的演变特征[43]。上述科学发掘的莒国青铜器及其铭文的释读，使莒文化研究建立在更加坚实的基础之上。

与此同时，有关莒文化其他方面的研究也陆续成为学者们探讨的热点问题，主要集中在以下几个方面。

1）以文献资料和古文字资料相结合，对莒文化姓氏以及族源进行探讨。

莒国姓氏问题是一个多年来悬而未决的问题，但因为新出青铜器并没有涉及这方面的内容，因此对于这一问题的探讨进展不大。学者们仍然围绕文献中的有关记载，认为莒或为嬴姓，或为己姓，或为曹姓，或先嬴后己。诸如此类，目前尚无定论。

莒的族源同姓氏问题联系密切。高广仁[44]、张学海[45]都认为莒是当地起源，为少昊嬴姓之后，莒文化的发生、发展均在鲁东南地区。郑杰祥则认为商代莒国在今河南境内，莒族附属于商王朝，山东之莒为周灭商后新封之国[46]。孙敬明的观点与此类似，认为莒出于商代望族“举”，不过商代的莒应在今费县而非河南，周初迁至介根，西周末年才迁至莒县境内[47]。

莒的姓氏和族源问题比较复杂。陈磐先生曾说，“莒氏屡灭，遗址不一，而其姓或以为己，或以为嬴，或以为曹，盖尝改封易姓亦”[48]。我们认为，莒国国民的主体应是土著的夷人，但这并不排除其统治上层来自外族的可能。关于这一点，将在下文讨论。

2）从考古发掘的墓葬资料入手，对周代莒文化墓葬进行分期和断代研究，并总结其文化特征。

崔乐泉首次对海岱地区东周时期的陶器进行年代学研究，尝试建立东周时期海岱地区陶器、铜器年代序列，其中涉及莒文化部分墓葬的分期断代，认为临沂中洽沟为春秋早期的墓葬，莒南大店M2为春秋中期的莒文化墓葬等[49]；刘彬徽根据海岱地区已建立起来的东周青铜器的发展序列，对东周青铜器的分期和相关问题再做探讨，部分的涉及莒之青铜器的年代问题，提出莒文化中不同于其他地区的用鼎制度，为大小相等的鼎制[50]；王青在总结前人研究成果的基础上，对海岱地区的周代墓葬做了综合研究，认为周代鲁东南地区可称作莒文化区，总结出了莒文化的墓葬特征，墓室多为方形或近方形，且多分成南北两部分，分置葬具和木构器物库，器物库和葬具之间多筑一道隔梁为界。认为作为一支土著文化，莒文化的构成包括三个方面，夷人文化因素、周文化因素以及周夷结合形成的新的文化内容[51]；刘延常首次以专文从莒文化的角度出发，分遗迹和遗物两方面入手，把莒文化的墓葬分为大、中、小型墓并总结其特点，并对陶、铜器进行型式分析，在此基础之上，从西周中期开始到战国晚期结束把莒文化分为8个大的时期，并同齐鲁文化和中原文化作了对比，分析了莒文化因素的内容[52]。另外，朱凤瀚系统地研究了山东两周铜器的演变特征，其中分析了莒文化部分墓葬的年代和青铜器的特色，指出莒文化长期以来流行立耳鼎[53]；王恩田在论述齐国青铜器的分期和年代之时，讨论了诸城臧家庄的年代，认为诸城臧家庄是战国晚期的墓葬[54]。而黄盛璋从臧家庄出土的“莒公孙铜器”铭文入手，分析了铭文的特点，认为臧家庄的年代应定在战国早期，而且楚国灭莒之后，莒地入齐并未入楚[55]。

在现有考古资料的基础上，以上诸家学者的研究基本建立起了周代莒文化的年代框架。莒文化的研究是随着考古资料的积累和考古学本身的发展而逐步深入的。本身墓葬资料的发现和积累为莒文化的探索提供了珍贵的资料；在此基础上，莒文化作为一种区域文化的概念开始引起学术界的关注，并取得了相应的研究成果，其以墓葬资料为基础的莒文化的分期和特征基本清晰。

3）从墓葬资料入手，在微观方面分析莒文化的土著特色以及相关的文化因素。

对于莒文化土著特征的分析，主要是集中在周代墓葬方面。罗勋章先生对沂水刘家店子墓内出土的嵌金漆勺、錞于等比较有特色的器物做了分析，赞成徐中舒先生的观点，认为淳于的原生地即在山东半岛，为东夷土著特征，其传播路线是自东向西，由北向南[56]。刘云涛认为莒县西大庄墓葬内出土地山字形铜器和人面首大刀属于夷人风格[57]。黄展岳先生分析中国古代的人牲人殉问题时指出，诸侯国之中，东方的莒国和西方的秦国是人殉最为严重的两个国家[58]。王迅在《东夷文化与淮夷文化研究》一书中，就墓葬制度、殉人、铜鬲等方面粗略分析了莒文化中的东夷文化特色，认为莒和郕、薛等国所保留的东夷文化成分一样，与大量的周文化以及齐、鲁等文化内容共存[59]。高广仁先生从广义的莒文化入手，自旧石器时代至战国，从政治、经济、文化等方面，归纳总结了每一时期的文化特征，分析了莒文化经历的夷夏融合的过程[60]。

此外，在专题性的研究中，苏兆庆对莒刀币做了深入分析，认为莒国有自己的铸币作坊，年代大体在春秋中晚期之际[61]。

通过以上诸家学者的研究，我们可以看出，莒文化作为一种典型土著文化，所体现出来的夷人文化因素受到关注，这也是近年来海岱地区商周考古的一个大的特色。中原商周文化向东推进，和土著文化在各地区形成插花式的分布；在每一个地区之内，社会上层和下层的接受程度也是不一样的，这也是我们在研究莒文化之时，必然关注的问题[62]。此外，关于其他文化因素诸如楚文化、吴越文化等也逐渐引起大家的关注。

这一时期，诸家学者以考古资料基础，结合文献，对莒文化的姓氏族属、年代体系以及莒文化特征等内容做了比较全面系统的分析，并取得了满意的成果。20世纪90年代末《莒文化研究专辑（一）》问世，苏兆庆先生两本专著《莒县文物志》、《考古发现和与莒史新探》出版；2002年出版的《莒文化研究文集》又汇集了诸家学者的研究成果，莒文化研究走向系统化、深入化。

以上我们总结了近一个世纪以来的有关莒文化研究的发展状况。迄今为止，鲁东南地区晚商时期以来的考古资料，仍以墓葬资料为主，许多学者结合文献和出土资料，对莒文化的姓氏族属、年代体系以及莒文化墓葬特征等内容做了比较全面的分析。在此基础之上，莒文化的研究更需要进一步的深入和拓展。

三、商代莒文化小议

文献中莒之历史可以追溯到周初。《春秋·隐公二年》载，“莒人入向”。但在周初分封之前莒作为一个方国应该早已存在。目前学界关于商代莒的情况，所谈甚少，皆以面貌不清而带过，近来一些甲骨、金文的释读以及发掘资料，为我们研究商代尤其是晚商莒的历史提供了契机，本文在此做一浅析。

近年有传为费县出土的一组晚商青铜器（图一，1～8），大部分器物铸有铭文“举𠭰”二字[63]。“举”字，1930年郭沫若先生发表《殷彝中图形文字之一解》，首释其为族徽，谓“乃古代国族之名号，盖所谓‘图腾’之孑遗或转变”[64]，应是符合实际的结论。然而究竟属于商代哪一族系，学界依然争论不定[65]，但可以肯定地说是属于商代巨族的一支。而关于和此族徽相连形成的复合族徽，如山东长清兴复河出土铜器上之铭文[66]，北京房山琉璃河商周遗址52号墓出土的“复尊”铭文[67]，李伯谦先生认为这是举族与当地族系的复合族徽，并且合署族徽的国族常多见于甲骨文，据其可推知其族居地[68]。可知，在费县出土的这一批铜器之上的“举𠭰”铭文，当也属于复合族徽，即由于某种原因，当时有一支商代举族人移居到了鲁东南一带，而与其合署的另一族徽，或者是移居此地的举族人新启用的徽号，或者是与迁此的举族人实行部族联合的土著国族的标志。

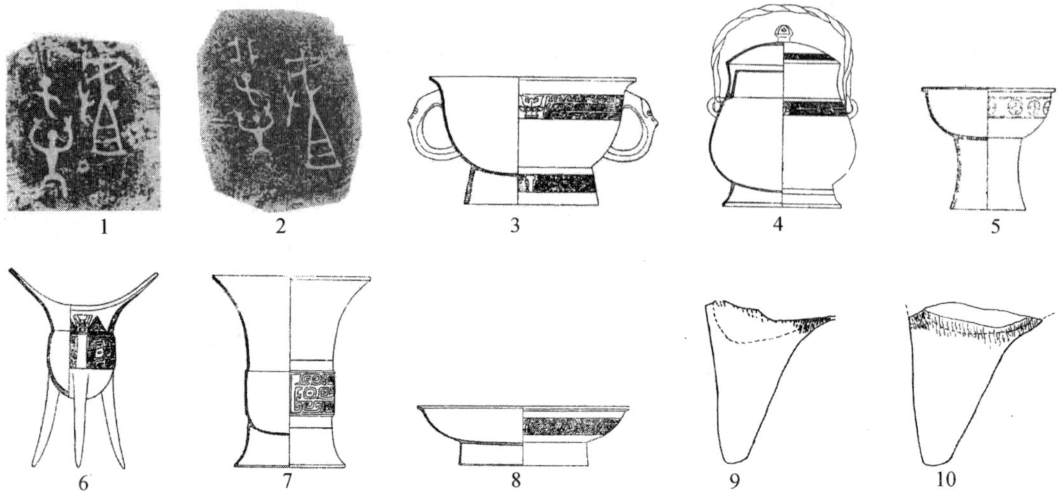

图一　莒文化商代晚期器物举例

商文化因素：1. 甗铭文（拓片）　2. 簋铭文（拓片）　3. 铜簋　4. 铜提梁卣（甲）　5. 铜豆　6. 铜角　7. 铜尊　8. 铜盘（1～8 为费县出土）

土著文化因素：9. 陶鬲足　10. 陶鬲足（皆为日照采集）

查阅殷墟卜辞，可知使用“莒”这一族徽的国族多见于甲骨文，如下：

戍弗乃䣄方，戍弗及䣄哉，戍在伐哉䣄方大□（《甲》807）

戍及䣄方，系方叀䣄方亡咸（《业》343、4）

叀微用舟乙泛于往䣄方，不雉众。戍比䣄方，戍……哉䣄方（《人》2146）

丁亥卜，□王其田，叀䣄，禽？（《掇》二·一六七）

……䣄，亡哉？（《后》上一八·一〇）

戊子卜，贞，王其田䣄，亡哉？（《存》一·一九六九）

辛卯卜，王叀䣄　逐鹿，亡哉？（《佚》九〇四）

……

关于此“䣄”是否就是指的“举䣄”中之“䣄”，莒是否在今天的莒县境内，学术界仍在讨论之中。在古文字学界，最早由蔡运章先生考释“䣄”为莒，认为即今山东莒县境内[69]，诸家学者徵而信之。随着近年来考古资料的发掘和一些新的甲骨文字的释读，可以为蔡运章先生的结论又添佐证。在殷墟五期卜辞中有一条重要的记录，现择其如下：

己未［卜在］上鸁［贞］，王弋□……，往［来］无［灾］？

［辛］酉卜……［在］□贞，［王］涉河，□于䣄。《林》2，15，16［五］即《卜辞通纂》602。

又现藏于台北故宫博物院的春秋晚期的齐器庚壶铭文中有：

庚率百乘，周入䣄从河……[70]

随着对莒之传世青铜器铭文的释读和墓葬资料中有此铭文的青铜器的出土，目前学术界已经科学地证明“簷”字即指周初分封之莒。通过对甲骨卜辞和庚壶铭文的两相对比，李学勤先生推定卜辞中的“河”与庚壶铭文中的“河”，实即沭，证明上膚近于莒[71]；这也即是说明了卜辞中的“膚”即庚壶铭文中之“簷”。上述这两条古文字资料对蔡运章先生考证“膚”作为地名即今山东之莒是非常有力的佐证，从而也有力地说明了晚商时期莒作为一个方国业已存在于鲁东南地区，且和商王朝经常处于争战状态。

由上可知，莒在有商一代尤其是晚商时期作为一个国家业已存在，然而晚商莒文化面貌究竟如何，在周代莒文化面貌逐步清晰的情况之下，成为近年考古学界开始关注和探讨的一个问题。但目前有关这一时期的考古资料依然比较少。1995～1998 年山东大学和芝加哥自然历史博物馆合作，在日照等地区进行区域系统调查，在新庄子（DG-XZZ-1）、西十里铺（DG-XSLP-2）等几处遗址采集的陶片观察（现藏于日照市博物馆），陶片均以素面、红褐夹细砂为典型特色，几乎都含少量云母片，可辨认器形的有鬲足（图一，9、10），红褐陶，实足尖较平，高弧裆。关于这部分调查采集的资料，尤其以陶片为主，在几乎没有完整器物的情况下，年代的断定似乎有些困难，但至少我们可以有一些初步认识，以夹云母或素面红褐陶、代表的这类遗存，其文化面貌与胶东半岛的长岛珍珠门一类遗存[72]以及潍坊会泉庄的遗存颇为相似。刘延常在潍坊会泉庄的简报中指出，会泉庄所出土的以红褐陶为代表的一类文化遗存和长岛珍珠门一类遗存一致，而且应该划分为珍珠门文化的一个地方类型[73]。而地理位置近于会泉庄类型和珍珠门文化的日照地区的这一类遗存，其文化面貌和这二者应当是一致的，属于商周时期的土著文化，同属夷人文化系统。故此可以推测，商代举族的一支，不知什么原因，迁徙至鲁东南地区，和当地的土著夷人结合，建立一个新的方国，即莒，由是莒统治上层呈现较多的中原文化特色，费县的一组青铜器即是代表；而土著下层人民依然固守着传统，文化上呈现土著特点。可能正是因为这种统治上层和作为方国主体族人的来源不一样，导致了后人推测莒之姓氏混乱的现象。而土著夷人，为少昊之后，故后人多以嬴姓为莒之姓氏，当不致谬误。

基本可以推测莒为当时鲁东南地区众多土著国族中的一个方国，与奄、薛、郯、徐、费等诸小国邻近。限于资料，商代莒之情况，我们只有讨论至此，详细的分析和研究，依然有待于考古资料的全面系统的发掘。承晚商之莒，有关周代莒国的情况，文献始有所记载，尤其是春秋以后，从考古资料上来说，西周早中期考古资料依然很少，也只能推测大概的情况，只有从西周晚期，进入春秋之后，考古资料方日渐丰富。

四、周代莒文化因素分析

年代和分期是进行考古学研究的基础性工作。以墓葬资料为中心的莒文化的年代和分期问题，近年来不断有学者涉及，崔乐泉在《山东地区东周考古学文化序列》一文，刘彬徽在《山东地区东周青铜器研究》一文中，对部分墓葬的年代进行了断定；王青的《海岱地区周代墓葬研究》和刘延常的《莒文化探析》中对周代莒文化墓葬的年代、分期都进行了较为详细的考证。我们对莒文化中一些具有代表性的墓葬，就其年代做了分析，基本可以看出莒文化墓葬年代相对发展的序列。

因受资料所限，个别环节的墓葬资料不够典型，有待于日后补充的必要，但从整个发展线索来看，脉络还是比较清楚的。西周早、中期以胶县西庵 M1、《胶州市志》收集的部分青铜器为代表；西周晚期以日照崮河崖为代表；春秋早期又可以细分为春秋早期早段，以临沂中恰沟部分陶器和沂南西岳庄大墓为代表，春秋早期晚段以临沂中恰沟 M1、沂水李家庄为代表；春秋中期以沂水东河北、沂水刘家店子、莒县天井汪、莒县杭头等为代表；春秋晚期以临沂凤凰岭、莒南大店、沂水略疃、大沈刘庄为代表；战国早、中期以郯城二中、沂水埠子村、沂水上常庄、马兰村等为代表。其中通过墓葬特征以及所出器物的类型学分析，春秋早期和春秋晚期又可以再各细分为早段和晚段。

为便于分析莒文化所涵盖的文化因素，我们在分期和年代的基础之上，将这一地区周代时期前后相因、特色鲜明的主要随葬器物，做统一形制分析。为了直观观察莒文化器物的发展演变特征，本文将陶、铜器的形制分析结果制成表一、表二，并附以选图（图二、图三）。

表一　莒文化周代墓葬主要陶器型式分析一览表

单位 \ 型式 \ 陶器	鬲		簋		豆	盂		罐						鼎			敦	壶	盖豆	匜	分期
	A	B	A	B		A	B	A	B			C	D	A	B	C					
									a	b	c										
日照揪齐园	Ⅰ				Ⅰ	Ⅰ			Ⅰ	Ⅰ		√									西周中期
临沂中洽沟	Ⅱ		Ⅰ Ⅱ			Ⅱ			Ⅱ	Ⅱ	Ⅰ	√									春秋早期
沂南西岳庄	Ⅱ				Ⅱ			Ⅰ													
莒县杭头 M2									Ⅲ	Ⅲ	Ⅱ	√									春秋中期
沂水东河北	Ⅲ								Ⅳ	Ⅳ	Ⅲ										
沂水刘家店											Ⅳ										
临沂凤凰岭		Ⅰ	Ⅲ		Ⅲ			Ⅱ													春秋晚期
莒南大店 M2		Ⅱ	Ⅳ		Ⅳ			Ⅲ		Ⅴ											
莒南大店 M1					Ⅴ			Ⅳ				√		Ⅰ			Ⅰ				
沂水略疃		Ⅱ																			
郯城二中	Ⅳ	Ⅲ	Ⅴ		Ⅵ			Ⅴ		Ⅵ					√						战国早期
沂水埠子村					Ⅵ						Ⅴ				√		Ⅱ		√	√	
莒县杭头 M6					Ⅶ		Ⅰ						Ⅰ							√	战国中期
沂水上常庄、马兰村				√	Ⅶ		Ⅱ								√	√		√			
莒县大朱村					Ⅶ								Ⅱ	Ⅱ					√		

表二　莒文化周代墓葬主要铜器型式分析一览表

单位 \ 铜器 型式	鬲	鼎		簠	盘	匜		铆	敦		罍	鉴	壶			矛			戈		剑		分期
		A	B			A	B		A	B			A	B	C	A	B	C	A	B	A	B	
日照崮河崖		Ⅰ	Ⅰ										Ⅰ	Ⅰ									西周晚期
莒县西大庄	Ⅰ	Ⅱ		√	Ⅰ	Ⅰ		Ⅰ					Ⅱ						Ⅰ				
临沂中洽沟	Ⅱ	Ⅲ			Ⅱ		Ⅰ																春秋早期
沂水李家庄	Ⅲ				Ⅲ		Ⅱ							Ⅱ									
沂水东河北	Ⅳ	Ⅳ																		√			
沂水刘家店	Ⅴ	Ⅳ	Ⅱ	√	Ⅳ			Ⅱ			√	Ⅰ	Ⅲ										春秋中期
莒县天井汪		Ⅴ									√	Ⅱ		Ⅲ									
临沂凤凰岭		Ⅵ	Ⅲ		Ⅴ			Ⅲ	Ⅰ			Ⅲ		Ⅳ		Ⅰ	Ⅰ		Ⅱ		Ⅰ		
莒南大店		Ⅶ			Ⅵ			Ⅳ	Ⅱ						Ⅰ								春秋晚期
沂水略疃										Ⅰ										√	Ⅱ		
大沈刘庄																Ⅱ			Ⅲ		Ⅲ	Ⅰ	
郯城二中		Ⅷ																					
沂水埠子村																		Ⅰ Ⅱ				Ⅱ	战国早期
沂水上常庄																			Ⅳ			Ⅲ	战国中期

下面本文分西周早中期，西周晚期和春秋早期，春秋早期晚段，春秋中期和春秋晚期早段，春秋晚期晚段和战国早中期六个大的时段来讨论莒文化内涵和特征。

1. 西周早中期

关于西周之莒，见于《左传·隐公二年》正义引《世族谱》谓，莒“少昊之后，周武王封兹舆于莒”。由上文知道，莒自商代晚期即是鲁东南地区的一个土著方国，但后人对于西周之莒究竟都于何处，历来争论不一。或认为始终都于莒县[74]，或认为都于纪璋，今江苏赣榆县东北境[75]，或认为都于介根，今胶州市境内[76]。自商代末期，夷商矛盾激化，至第二十七王“武乙衰蔽，东夷浸盛，遂分迁淮岱，渐居中土”，构成商王朝的肘腋之患。故商代末年商王亲征东夷，“纣克东夷，而殒其身”，而东夷诸族也受到打击；西周初年更是一个大动荡的时期，周公东征，“灭国者五十”，可以想见，莒国也经历了前所未有的震撼，正是基于商末周初这样一个动荡不堪的社会背景，莒方被迫外迁。但无论是纪璋还是介根，大抵不出鲁东南范围，前者是春秋时期莒之东南边邑，后者为东北疆界[77]。有一点我们可以确定，无论莒之上层南迁或北移，莒地之民众依然是承继莒文化特征的东夷庶众。

从《胶州市志》所收入的征集铜器分析（图四，9～11），铜簋和费县晚商时期的“举叡”铭铜簋形制纹饰相同，所不同的是铜簋的双环耳下饰有钩状小珥，为中原地区西周早期流行的样式；出土的尊史提梁卣和费县晚商时期的“举叡”铭提梁卣（甲），形制纹饰相同，不同之处在于此卣在晚商提梁卣的基础上，已做改造，盖纽由蘑菇状改用

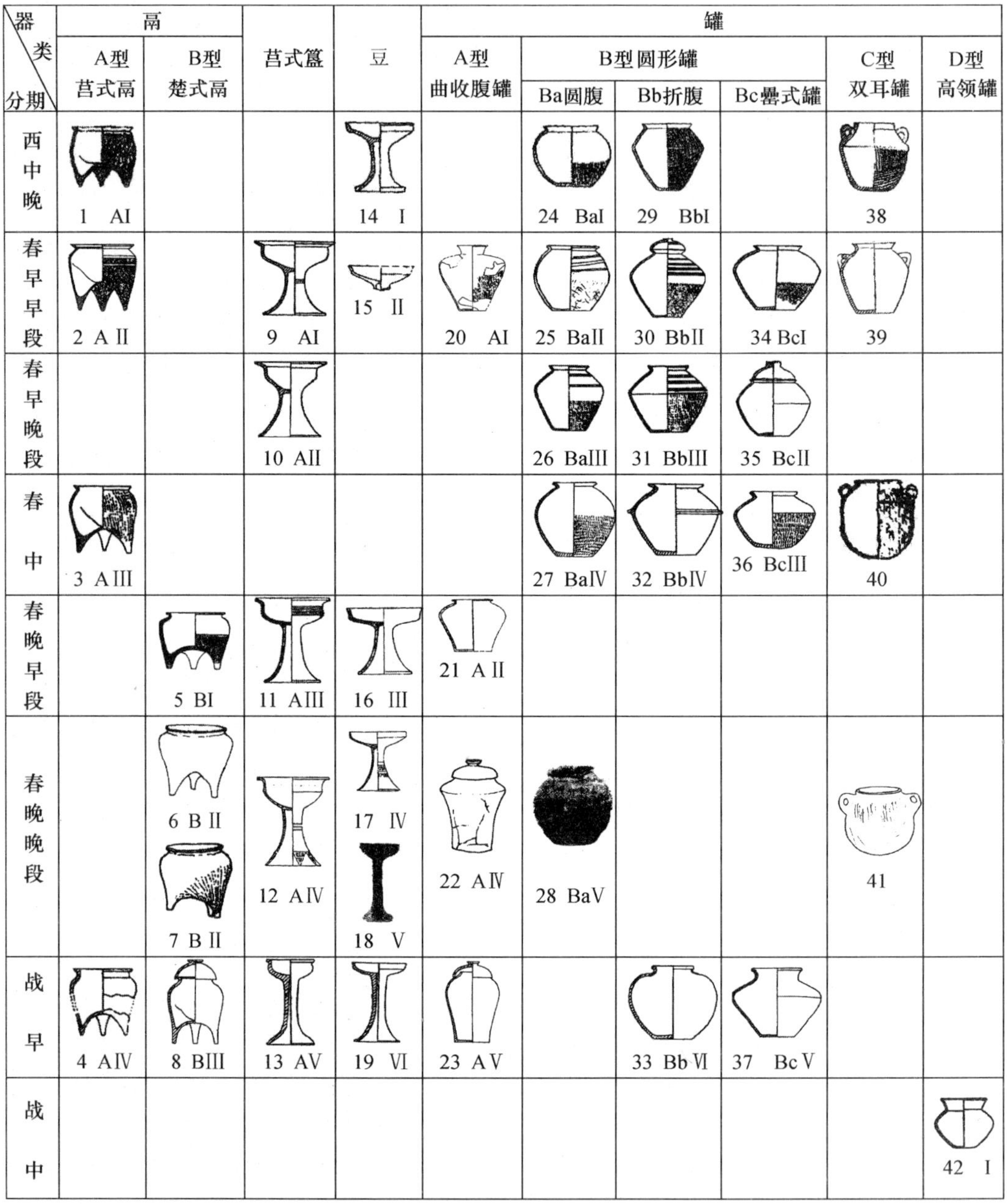

图二 莒文化陶器型式演化图

1. 日照揪齐园（缺号） 2. 临沂中洽沟采1 3. 莒县杭头 M2:5 4. 郯城二中 M3:3 5. 临沂凤凰岭墓前室：7 6. 莒南大店 M2 7. 沂水略疃 8. 郯城二中 9、10. 临沂中恰沟采 11. 临沂凤凰岭 12. 莒南大店 M2 13. 郯城二中 14. 日照尧王城 15. 沂南西岳庄 M2 16. 临沂凤凰岭 17. 莒南大店 M2 18. 莒南大店 M1 19. 郯城二中 M1 20. 沂南西岳庄 M2 21. 临沂凤凰岭 22. 莒南大店 M1 23. 郯城二中 M1 24. 日照揪齐园 25. 临沂中恰沟 26. 莒县杭头 M2 27. 沂水东河北 28. 莒南大店 M2 29. 日照揪齐园 30. 临沂中恰沟 31. 莒县杭头 M2 32. 沂水东河北 33. 郯城二中 34. 临沂中恰沟 35. 莒县杭头 M2 36. 沂水东河北 37. 沂水埠子村 38. 日照揪齐园 39. 临沂中恰沟 40. 莒县杭头 M2 41. 莒南大店 M1 42. 莒县杭头 M6

器类 / 分期	盂		鼎			敦	壶	盖豆	匜
	A型	B型	A型	B型	C型				
西中晚	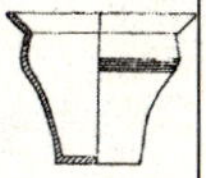 43 AⅠ								
春早早段	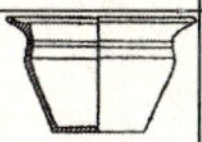 44 AⅡ								
春早晚段									
春中									
春晚早段									
春晚晚段			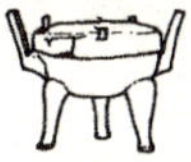 46 AⅠ			 51 AⅠ			
战早		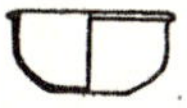 45 BⅠ		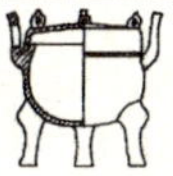 48 BⅠ		 52 AⅡ		 54	 56
战中			 47 AⅡ	 49 BⅡ	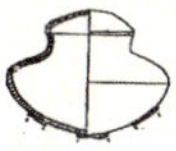 50 C		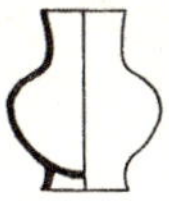 53	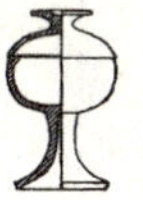 55	 57

图二　莒文化陶器型式演化图（续）

43. 日照揪齐园　44. 临沂中恰沟　45. 莒县杭头 M6　46. 莒南大店 M1　47. 莒县大朱村　48. 郯城二中 M1　49. 沂水上常庄　50. 沂水马兰村　51. 莒南大店 M1　52. 沂水埠子村　53. 沂水上常庄　54. 沂水埠子村　55. 莒县大朱村 M12　56. 沂水埠子村　57. 莒县杭头 M6

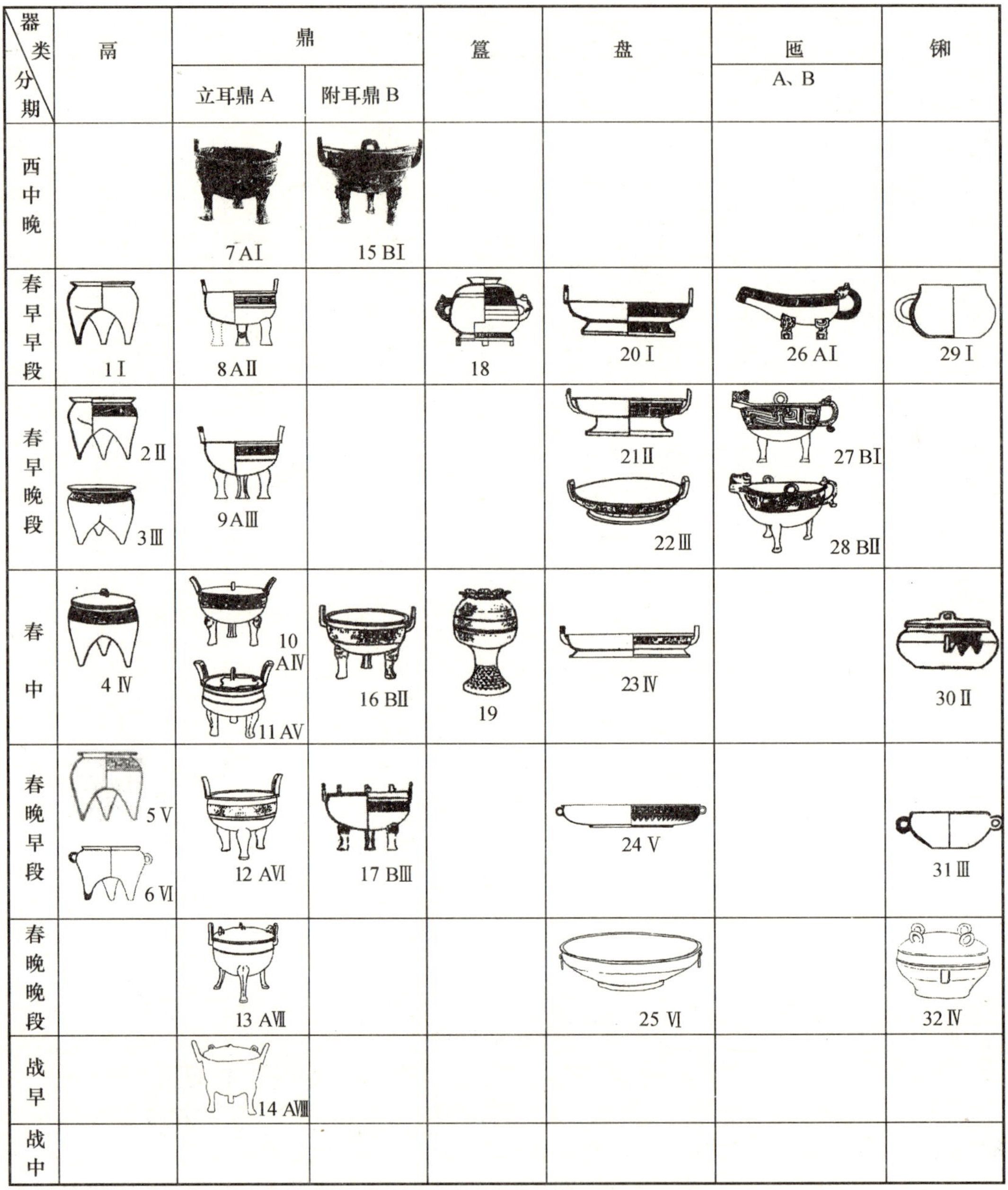

图三　莒文化铜器型式演化图

1. 莒县西大庄　2. 临沂中恰沟　3. 沂水李家庄　4. 沂水刘家店子　5. 日照赵家庄　6. 日照陶家村　7. 日照崮河崖　8. 莒县西大庄　9. 临沂中恰沟　10、11. 沂水刘家店子　12. 临沂凤凰岭　13. 莒南大店M1　14. 郯城二中　15. 日照崮河崖　16. 沂水刘家店子　17. 临沂凤凰岭　18. 莒县西大庄　19. 沂水刘家店子　20. 莒县西大庄　21. 临沂中恰沟　22. 沂水李家庄　23. 沂水刘家店子　24. 临沂凤凰岭　25. 莒南大店M1　26. 莒县西大庄　27. 临沂中恰沟　28. 沂水李家庄　29. 莒县西大庄　30. 沂水刘家店子　31. 临沂凤凰岭　32. 莒南大店M1

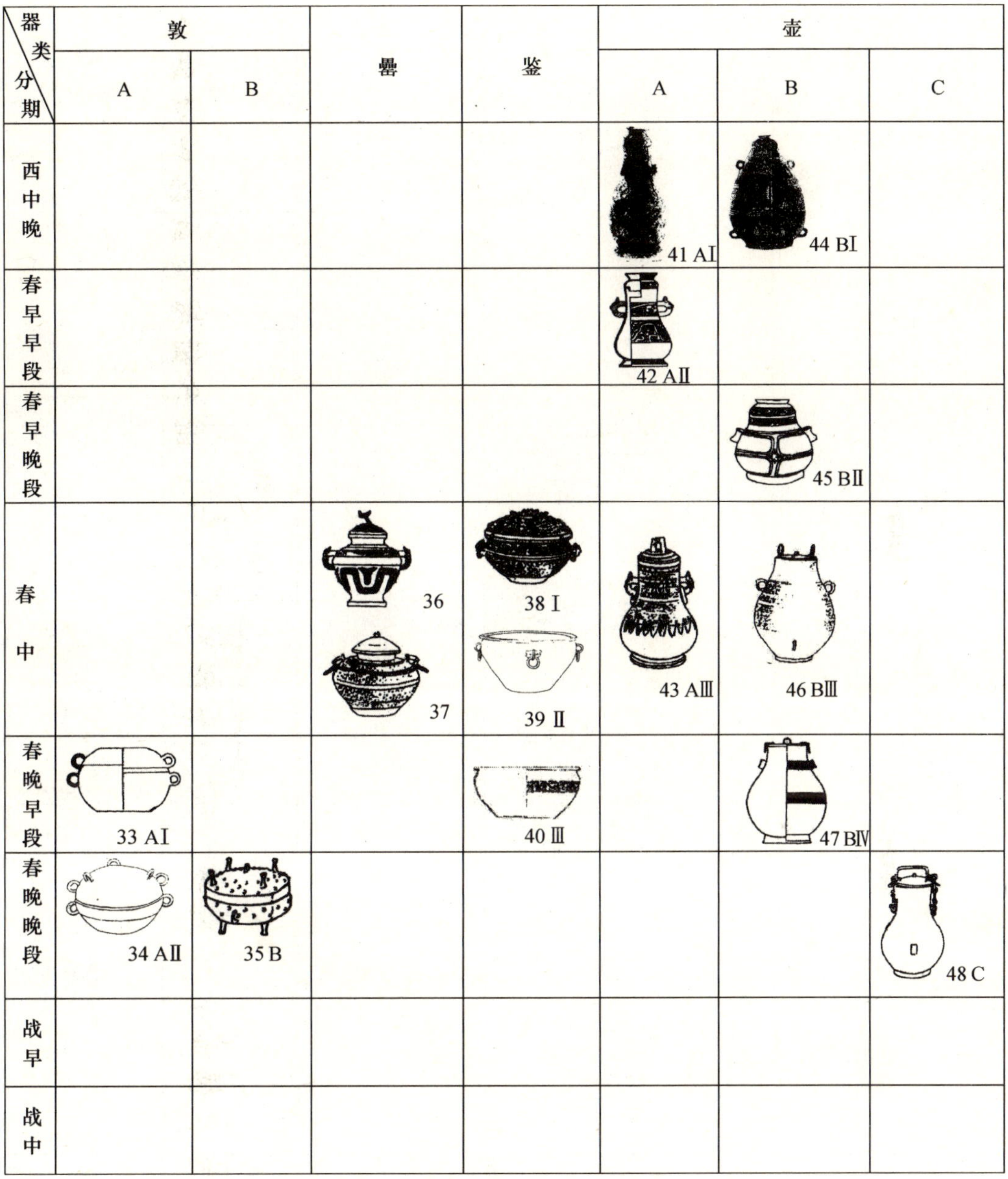

图三　莒文化铜器型式演化图（续）

33. 临沂凤凰岭　34. 莒南大店　35. 沂水略疃　36. 沂水刘家店子　37. 莒县天井汪　38. 沂水刘家店子　39. 莒县天井汪　40. 临沂凤凰岭　41. 日照崮河崖　42. 莒县天井汪　43. 沂水刘家店子　44. 日照崮河崖　45. 沂水李家庄　46. 莒县天井汪　47. 临沂凤凰岭　48. 莒南大店 M1

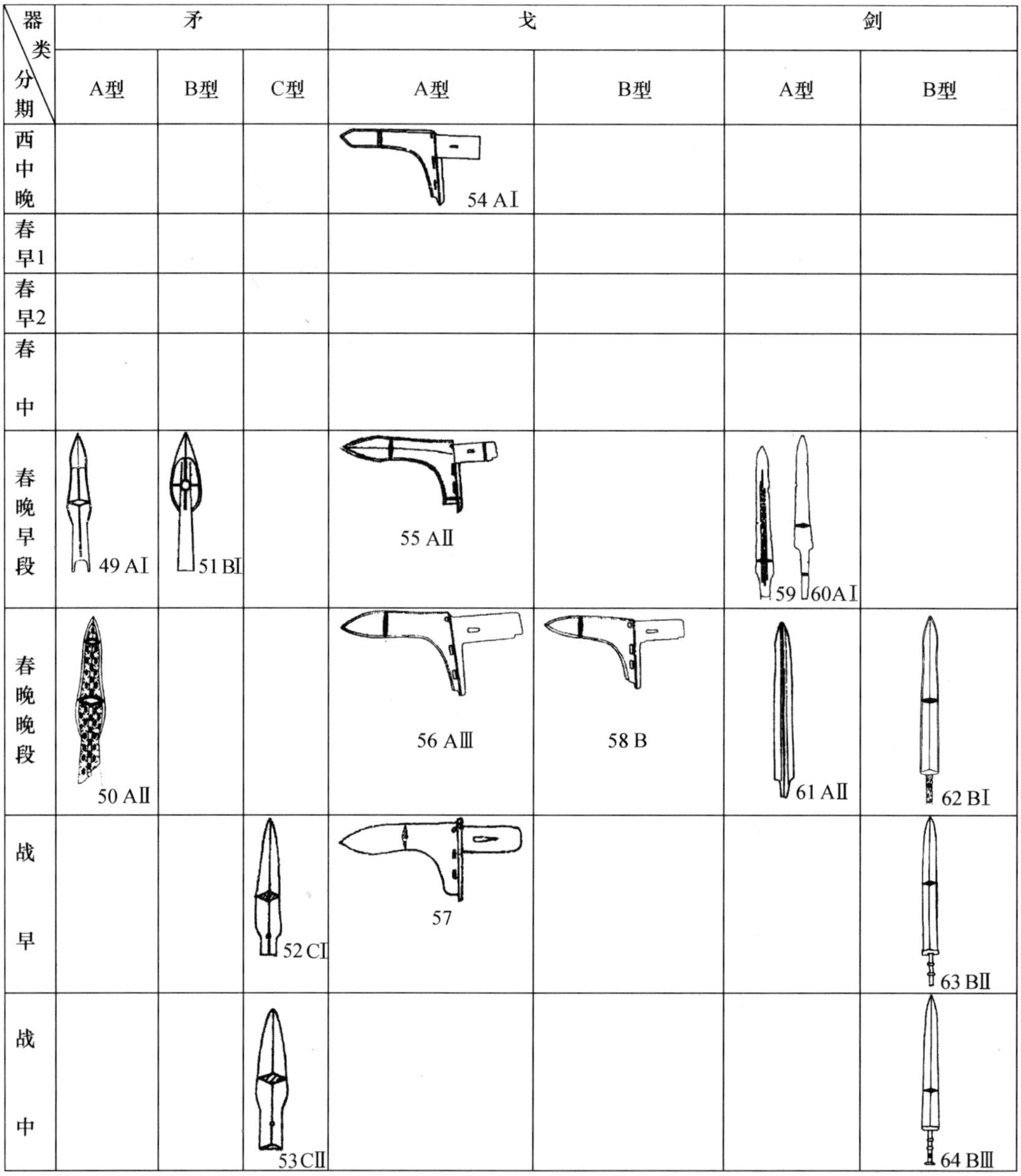

图三　莒文化铜器型式演化图（续）

49. 临沂凤凰岭　50. 莒县大沈刘庄　51. 临沂凤凰岭　52. 沂水埠子村墓　53. 沂水埠子村 M4　54. 莒县西大庄　55. 临沂凤凰岭　56. 莒县大沈刘庄　57. 沂水马兰村　58. 莒县大沈刘庄　59. 临沂凤凰岭　60. 临沂凤凰岭　61. 莒县大沈刘庄　62. 莒县大沈刘庄　63. 沂水埠子村　64. 沂水上常庄

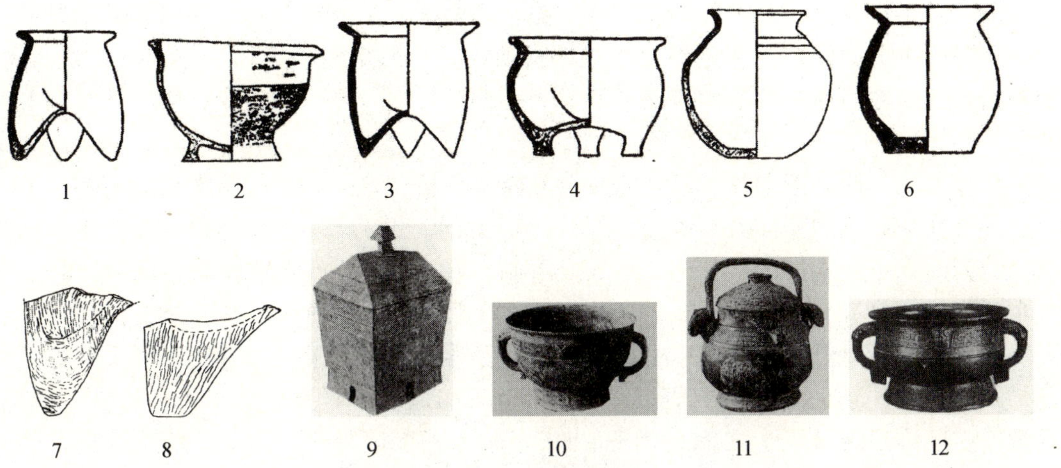

图四 西周早中期图

土著文化因素：1. 分裆鬲（M1∶9） 2. 簋（M1∶11） 7. 鬲足 8. 鬲足
周文化因素：3. 鬲（M1∶10） 4. 柱状鬲（M1∶1） 5. 罐（M1∶2） 6. 罐（M1∶8） 9. 铜方彝 10. 铜簋 11. 提梁卣 12. 莒侯小子簋（1～6为胶州西庵出土；7～8为日照采集；9～11为胶州市志收集；12为传世铜器，见《中国青铜器图录》）

圈足状，两侧并有一对穿孔，提梁两段的半环耳改作兽头形，和中原地区西周早期铜器对殷墟器物所作的改造一致。尊的形制依然是延续殷代晚期粗体觚的样式，和费县“举叡”铭尊近似。传世的“筥小子簋”2件（图四，12）[78]，造型和西周中原地区齐家西周墓BⅢ式铜簋（图六，6）近似[79]，浅腹，圈足较低，腹部下垂，底近平。可以推测，莒之统治上层接受周文化的程度较深也较快，这也是商周时期古国文化遗存所显示出来的特征之一，与此相对的是下层民众所保留的夷人文化的因素比较浓厚，周文化的程度与之相比相对较浅。1975年在胶县西南约40千米的西庵村发现2座墓葬[80]，年代约在西周早中期，陶器组合为鬲、簋、罐（图四，1～6），无豆而有甗，为后来的莒文化继承，与同时期其他文化区有明显差异[81]；素面陶鬲中，从形制看，既有颇具浓厚地方特色的乳状袋足鬲（M1∶9），又有周式袋足鬲（M1∶10），和周式仿铜柱足鬲（M1∶1）[82]；该墓又随葬商式簋，形制和葬俗上也保持夷人文化传统的特色，如有腰坑殉狗。胶县西庵墓葬保持了浓厚的夷人文化特色，但业已受到了周文化的冲击，其大型车马坑规模上更是和长安张家坡车马坑相当，显示了统治上层的周化倾向。

这一时期承商代晚期的莒文化而来，莒文化处于起步阶段，而周文化以比商文化更加强劲的势头深入到夷人文化领域，冲击到了当地的土著文化因素，但新的文化因素的形成还处于酝酿之中。

2. 西周晚期至春秋早期

主要考古资料有日照崮河崖M1、M2，日照湫齐园、尧王城，莒县西大庄、临沂中洽沟部分陶器和沂源姑子坪等。

从墓葬看，竖穴土坑墓，近长方形，有熟土二层台，中型墓如日照崮河崖M1有侧边墓道和椁室，随葬品放在右侧的棺椁之间；沂源姑子坪墓葬如M1、M2中有腰坑，坑内殉犬，并都设有专门放置随葬品的器物箱。因多被破坏严重，其他葬俗不甚清楚。在主要随葬品方面，陶器的基本组合因为资料所限，不甚清楚，大体以鬲、罐、簋为主。铜器组合日照崮河崖，莒县西大庄墓所见为礼器鼎、鬲、簋、壶、盘、匜、铷、甗和兵器戈等。

从墓葬的形制、随葬品的组合以及形制特点分析，这一时期的莒文化的面貌如下。

周文化的影响主要体现在铜器和部分葬俗上面，铜器鼎、鬲（簋）、壶、盘、匜的组合与同时期中原地区的器物组合一致。形制上看，AⅠ式重环纹铜鼎（图三，8），为浅半球形腹（即腹深不及半球），环底，蹄足较短粗，里侧内凹，此种鼎的形制源于西周晚期流行的蹄足鼎，不同点主要在于腹部小于半球，体形略显宽横。AⅠ式铜壶（图三，41）和中原地区传世交君壶（图六，7）颇相似，皆是窄长腹，体形修长，圈足，垂腹，壶颈饰双贯耳。Ⅰ式盘（图三，20）、AⅠ式匜（图三，26）、簋（图三，18）、AⅠ式戈（图三，54）等都和同时期中原地区的同类器物近同。主要的纹饰布局是，在上腹或中腹饰一道弦纹，纹饰或仅饰于弦纹之上，或以弦纹为界做上下两层分布，此种布局方式和中原地区西周晚期到春秋早期的布局方式一致，纹饰以重环纹、垂鳞纹、窃曲纹为主。另外在莒县西大庄墓葬中，出土有“山”字形器（图五，2）以及铜人面首大刀（图五，1），很多学者认为是夷人固有的风格，本文认为这仍然是中原周文化对鲁东南地区的影响和传播所致。20世纪50年代对上村岭虢国墓地的发掘中发现有16座墓的外椁椁壁内侧，或椁盖外侧，各钉有四组铜质椁饰（图六，2～4）[83]；新中国成立前的浚县新村遗址也屡有发现这类椁饰的残片；张家坡西周墓地在棺椁盖上往往覆盖缀有铜饰的布罩，例如M301，在棺盖中部有一件铜饰，长0.6、宽约0.5米，形状略似“山”字，铜饰很薄，稍触即碎，其下有布痕[84]。虽然上村岭和张家坡椁饰的形状略有不同，但都是在棺椁盖上坠有铜椁饰，可见，这应是中原地区周人墓葬的葬俗特点。西大庄墓葬破坏严重，但从所残留的“山”字形器的出土位置看，也是处于紧靠椁壁的位置，形状和上村岭虢国墓地的铜椁饰基本相同，所以功能也应是一致的。而用人面首在铜器上作装饰是否是莒国青铜器中一个鲜明的特点，也是值得商榷的问题。上村岭虢国墓地M1721:17[85]铜戈上亦发现饰有人面首的图像（图六，1），但二者之间究竟如何影响，需要再做探讨。西周晚期、春秋初年周文化的影响可见一斑。与之并列，新的地域特色的文化因素形成。AⅠ式陶簋（图二，9）腹较直，为以后莒文化代表性器物，最初和鲁文化中陶簋形制极为近似，但在发展过程中二者各自走上了不同的发展道路。在周

1 2 3 4 5

图五 西周晚期至春秋早期莒文化器物举例

1. 铜人面首大刀 2. “山”字形铜器 3. 裸人铜方鼎 4. 铜盘 5. 镎于

（1、2莒县西大庄出土；3传世铜器；4为沂源姑子坪出土；5为沂水刘家店子出土）

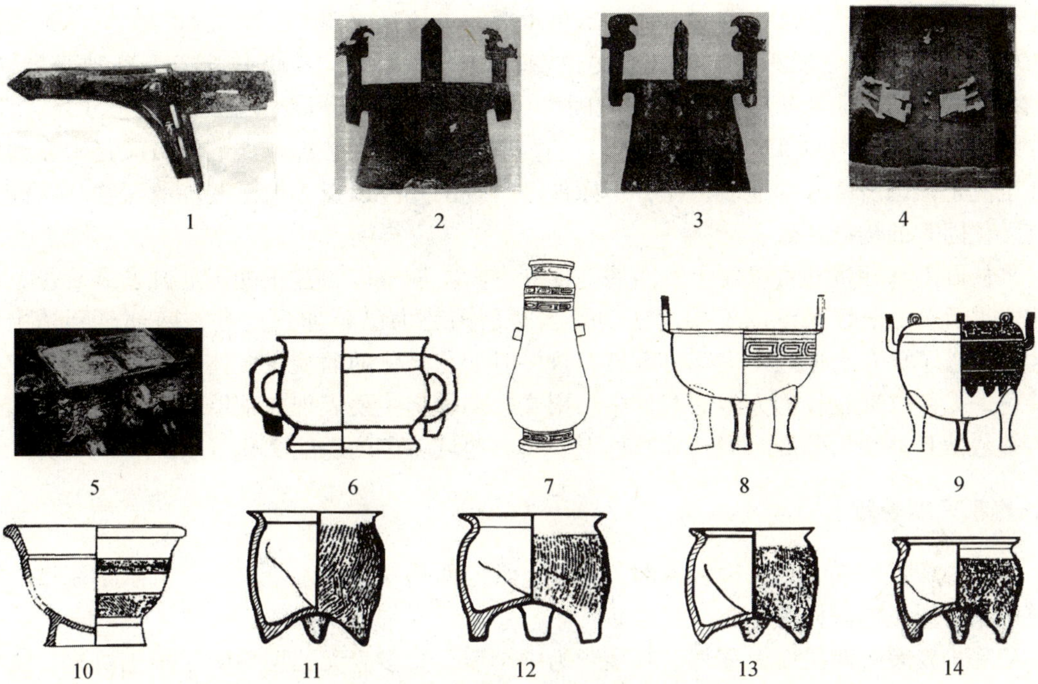

图六 两周周文化器物举例

1. 人面首铜戈（M1721: 17） 2、3. 铜椁饰（M1707:5、M1706:255） 4. 铜椁饰出土情况 5. 铜鼎型方盒（M63:123） 6. 铜簋（78 齐家 M19:16） 7. 交君壶 8、9. 铜鼎（M1、M2） 10. 陶簋（M364:2） 11～14. 陶鬲（M382:1、M234:2、M347:1、M89:2）（1～4 为上村领虢国墓地出土；5 为曲沃天马村出土；6 为扶风齐家出土；7 为传世铜器；8～9 为山西芮城出土；10～14 为长安张家坡出土）

式鬲的基础上，融合了当地岳石文化陶鬲的一些特点，形成了 A 型耸肩、柱状足的莒式鬲（图二，1）；Ⅰ式青铜鬲无疑是对陶鬲的模仿而来，从这一时期开始大量发现于鲁东南地区之后一直贯串于以后莒文化的发展过程之中；BⅠ式三角形错纹铜壶（图三，44），主题纹饰分为三区，这一形制的铜壶，不见于中原地区，已有学者指出这一类型的铜壶可能是东面山东半岛列国所特有的器形[86]。最近发掘的沂源姑子坪遗址，土著文化因素主要集中在一、二期，在 M1、M2 等墓葬为代表的遗存中显示出了浓厚的莒文化气息，表现在器物上为细颈耸肩高足陶鬲、铜鬲，铜器上的三角形变体夔龙纹；表现在墓葬葬俗中有腰坑，坑内殉犬，并都设有专门放置随葬品的器物箱[87]。在沂源姑子坪 M1 内出土铜盘（图五，4），其基本形制虽然与同时期常见的盘大致相同，但是其双耳之上各有一卧兽，双耳间纵向各附一条夔龙，圈足下又有 3 个裸体人足的造型是不多见的，形制奇特，这种足为裸人的风格在其他地区也有发现，曲阜鲁故城乙组墓 M48[88]（图七，5）、陕西扶风齐家铜器窖藏[89]、晋侯墓地 M63[90]（图六，5）以及山东滕州后荆沟周墓中都曾出土过[91]。在迄今莒国传世的铜器中有 3 件铜方鼎（图五，3），皆是盖为双裸男女，相对而立或呈跪姿，两耳蟠龙，鼎足也是由 4 个裸人承托，题材装饰具有“高媒仪式”的内容和色彩[92]，这 3 件颇具特色的铜鼎都出在莒国，应该不是一个偶然现象。《水经注》卷 26 引《尸子》曰，“莒君好鬼巫而国亡”，莒国的夷礼夷俗中本就保有较多的落后成分，但更重要的应该是表明了莒文化本身拥有一种浓厚的传统习俗；另一方面可以看出莒文化发达的青铜文化，莒国方鼎历来都独具特色，《春秋左传正义》卷 44 载，“晋侯有间（注，间，差也），赐（郑）子产二方鼎（注，方鼎，莒所贡）”，从中可见一斑。故我们推测这种以裸人装饰铜器的风格应是山东地区甚至就是莒国所特有的地域特征，中原地区发现的几件以裸人做足装饰的器物，可能是莒文化因素的传播所致。

从以上墓葬资料可以看出，西周晚期到春秋早期早段，莒正处于上升发展阶段，西北边界沂源姑子坪遗址的发掘即证明了当时莒国势力已延伸到此处，南部已到达中洽沟，覆盖了鲁东南地区的大部分区域。这一时期莒文化的面貌主要体现了中原周文化的特色，尤其体现在较为大型的墓葬中，周文化的影响主要表现在铜器方面。但夷人文化传统依然具有强大的影响力，并开始形成具有地域特色的新的文化因素。

3. 春秋早期晚段

主要考古资料有临沂中洽沟部分铜器、沂南西岳庄、沂水李家庄、沂水李家坡、日照董家滩和五莲留村等。

除未发表的西岳庄大墓外，其余皆为中小型墓。多为无二层台的单纯土坑墓，头向流行东向，葬具以一棺一椁常见，墓室多为方形或近方形，且多分成南北两部分，分置葬具与主要随葬品。腰坑殉狗习俗较为常见，椁外四周施膏泥的做法也较为流行；且西岳庄大墓有殉人。在棺椁之外设置器物库，成为鲁东南地区主要流行的墓葬特征，和鲁文化区形成显著的文化差异，和同为夷人文化特色的薛文化以及齐文化的夷人墓葬于二层台上设置“器物箱”的做法在目的和效果上较为一致。从随葬器物看，陶器组合主要为鬲、罐、簋、盂，铜器组合为鼎、鬲、盘、匜或鬲、壶、盘、匜，组合基本和第一时期相同。

这一阶段的考古资料较第一时期，稍微丰富，从墓葬形制、器物组合特点来看，莒文化的面貌较第一时期，发生了一些变化。

周文化的影响主要表现在铜器方面，在葬俗上的影响趋于消失。AⅢ式立耳鼎继续流行，Ⅱ、Ⅲ式盘，AⅡ式匜承接上一时期，继续流行。纹饰也与第一期差别不大，重环纹、窃曲纹、斜角云纹多作带状饰于鼎、盘、匜的口沿下；顾夔纹、蟠龙纹也多见于匜、罐的腹部。具有区域特色的器类大量存在，遍及整个鲁东南地区。铜器中李家庄出土的BⅡ式壶（图三，45），腹饰西周晚期中原地区流行的“十”字形绳络纹，应是夷人文化和中原周文化融合的结果。临沂中洽沟 BⅠ式、李家庄 BⅡ式铜匜（图三，27、28），兽口圆腹、高蹄足，不见于其他地区，形制十分奇特，可能是夷人文化的特色。陶器中，AⅡ、AⅢ式陶鬲、AⅡ式簋承继 AⅠ式陶鬲、Ⅰ式簋继续流行，器体较高、鼓肩、曲收腹的 AⅠ式陶罐（图二，20）作为具有地域特色的新器类首次出现。在这一类器物中，承接上一时段鲁文化的影响因素继续存在，大敞口、斜直沿的平底盂（图二，43）和鲁文化的同类器物在形制上趋近；陶簋圈足渐高，腹壁趋直，其折腹或直腹特色和齐文化的同类器物相差较大而近于鲁文化的高圈足簋，但与之不同的是，二者在以后的过程中走上了不同的发展道路，莒文化中的簋，圈足较高，但盘壁相对较浅，而鲁文化中深腹高圈足簋在整个东周时期一直占据主流因素，尤其在鲁故城周围一带；在鲁国之西鄙，情况有些不同，如费县峝子遗址[93]出土的高圈足簋浅腹而足甚细高（图七，3），与鲁故城所出的深腹、圈足稍矮者分属于不同类型，形制近似莒式陶簋。追其缘由，费县一带为莒、鲁交界地带，《左传·隐公元年》，“夏四月，费伯帅师城郎”。杜注，“费伯，鲁大夫”。春秋时期费县属鲁文化分布区域，但与莒邻近，这一时期发掘的沂南西岳庄遗址即和古费县地“防”接近，故文化上较多地表现出了莒文化特色；就费县遗址的出土器物观察，除却这种高圈足簋外，还有一种小口、溜肩的矮锥状足鬲（图七，2），也和莒文化中那种耸肩鬲较多相近，亦应是受其影响，这一切都说明了莒文化界到达于此。

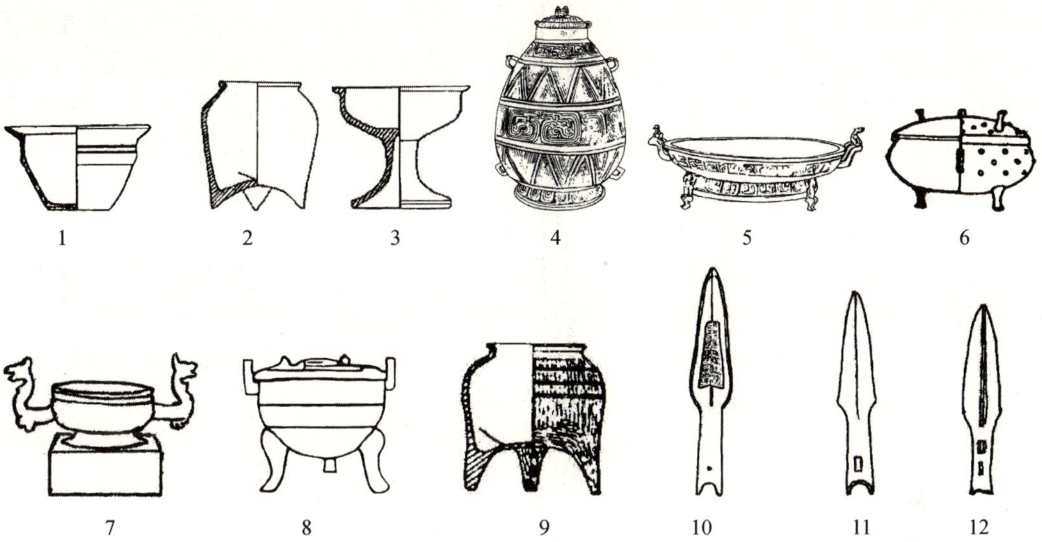

图七　齐鲁吴越器物举例

1. 陶盂　2. 陶鬲　3. 陶簋　4. 铜壶　5. 铜盘　6. 铜敦　7. 陈侯午簋　8. 铜鼎（襄阳山湾 M33）　9. 陶鬲（江陵雨台山 M59∶1）　10～12. 铜矛（吴县何山、永嘉、六合和仁）（1、4、5 曲阜鲁故城出土；2、3 为费县峝子，为鲁文化器物；6 为长清仙人台，7 为传世铜器，为齐文化器物；8～12 为南方楚吴越器类）

这一时期的墓葬资料基本上位于当时的莒国境内以及周围的附庸国，基本囊括了整个鲁东南的大部分地区，沂南西岳庄遗址的发掘说明其西界更是达到了鲁国边境，文献载春秋时期莒、鲁时有摩擦，但整个春秋时期的考古资料表明莒文化西界一直稳定在这一带。《左传·隐公二年》（前 722 年）载，“夏，莒人入向”。并于同年冬和鲁结盟；《隐公四年》（前 720 年）载，“莒人伐杞，取牟娄”。又据《春秋》载，鲁隐公八年（前 715 年），鲁桓公十二年（前 700 年），鲁、莒两次结盟。在春秋早期偏晚段，莒国国力逐渐强盛，除了入向伐杞，和鲁时有摩擦，但关系依然较为融合，鲁国肩负着“以藩屏周”的任务，以较为温和的方式和莒交往，不同于以后频繁的摩擦状态。又源于地缘上的邻近，二者文化上自然往来较多，以鲁对莒文化的影响较大。莒逐渐成为当时夷人领域的强雄，伺机发展自己的文化。应该说这一时期莒文化开始走上了全面发展的道路，不同于其他文化区的区域特色开始浸润到莒文化的各个方面。

4. 春秋中期至春秋晚期早段

主要考古资料有沂水东河北，莒县杭头 M1、M2，沂水刘家店子，日照赵家庄、陶家村，莒县天井汪，临沂凤凰岭大墓等。

这一时期的考古资料，表现在墓葬形制上，以大型墓和中型墓为主，中型墓基本和以前相同，大型墓如沂水刘家店子和临沂凤凰岭大墓，形制和沂南西岳庄大墓的形制基本一致，墓室分椁室或器物库两部分；有腰坑殉狗习俗，并于墓室周围或填土内殉葬大量殉人，以殉人有无葬具和随葬品以及随葬的位置可以判断出殉人生前地位的高低和与墓主人的亲疏关系。鲁东南地区很早就有了不同位置放置随葬品的设备，如龙山时代西朱封大墓等出现的“头箱”和“边箱”（图八，1），可能这是一种流行已久的夷人墓葬特点。及至春秋时期，在鲁东南地区这一特征又被加以发展，于墓室之外设置器物库，到春秋中期沂水刘家店子（图八，2）等墓葬，器物库更是经过了精心布置，库外壁和椁室一样涂抹一层青灰色膏泥。在丧葬制度方面与莱国、薛国、齐国的夷人墓葬殉人之风盛行的情况一致，但相比齐、薛、莱文化中的殉人现象，莒文化中的殉人是最严重的[94]。

从随葬器物看，陶器组合以鬲、罐、簋、豆为主，与前一时期相比，陶豆取代盂，开始占据主导；铜器组合为鼎、鬲、簋、壶、盘、匜、钿、罍和兵器戈、矛等，和上一时期基本近同，但种类有所增加。综合这一时期的墓葬特点、器物组合和类型特点，春秋中期及其偏晚阶段，莒文化的面貌可体现如下。

周文化的影响主要体现在铜器方面，但和同时期的中原地区同类器物的形制略有不同，地方化程度较深。中原地区在西周后期附耳鼎已经存在，到春秋第一期第Ⅱ阶段逐渐盛行，春秋中期之后渐成为鼎的定制。莒文化自第一时段日照崮河崖发现 B 型平盖附耳鼎（图三，15）以来，在莒文化的发展历程里少有附耳鼎的发现。到春秋中晚期之际，附耳鼎复又开始增多，这可能也和考古资料的偶然性有关系。但就目前资料分析，中原地区大量流行附耳鼎的时候，鲁东南莒文化区内附耳鼎只是作为少数存在，A 型立耳鼎依然占据主流因素。莒县天井汪所出 6 鼎中，5 件立耳蹄足鼎大小相次；沂水刘家店子 M1 所出的 16 鼎中，不同器形的立耳鼎 14 件，M2 亦有大小相同的立耳鼎 9 件，至春秋晚期偏早阶段的沂水刘家店子墓依然有立耳鼎出土。说明春秋中期及其偏晚阶段，莒文化区不同于中原地区，依然大量流行立耳鼎。此外，沂水刘家店子两件镬鼎（图三，11）下腹微鼓，略呈垂腹，底近平，有学者认为和吴越文化同类器物相近[95]，本文认为其形制和西周晚段懿孝之时铜鼎形制近似，且纹饰也为以兽面纹衬底的饕餮纹饰，复古之风可见，唯其立耳外侈较甚，且有矩形纽平盖，显示了春秋时期的特征。以上可知莒文化全盛时期的丰富性和多样性。Ⅳ式铜盘（图三，23）和Ⅱ式双耳钿（图三，30）、AⅢ式壶（图三，43）承接上一时段而来，和中原周文化同类器物相近。从主要纹饰来看，和中原地区的纹饰发展基本同步，以蟠螭纹、蟠虺纹为主体，取代了以前的窃曲纹、重环纹、蟠龙纹等，另有云雷纹、三角形纹、兽面纹为衬，在中原地区，这是春秋中晚期的代表性纹饰，临沂凤凰岭铜器上的直角方折的变形蟠螭纹打破了以往蟠螭纹精细的风格，开始推出一种粗犷的新格调。

图八 墓葬平面形制举例

1. 临朐西朱封87M1 2. 沂水刘家店子M1 3. 莒南大M2 4. 江苏邳州九女墩ⅡM

在莒文化的这一全盛时期，随着周文化地方化程度的加深，地域色彩的器物也越来越多，沂水刘家店子和莒县天井汪所出铜罍，皆为短直径，斜肩，双半环耳衔环立于肩腹交接处，形制与中原一期Ⅱ段的罍相同，都为这一时期新出现的器形，不同处在于多了伞状盖（图三，36、37），其中出土的一件盖顶作圈足状捉手，上立一鸟；另一件周身饰蟠虺纹。容器中称簋的盖豆高柄带镂孔，盖有莲花瓣状顶饰（图三，19）；BⅢ式铜壶（图三，46）作短粗颈，深圆腹，平盖之上饰以拱起的小蛇为纽，承接李家庄 BⅡ式铜壶而来，这一类器物不见于中原地区，显示出了浓厚的地域特色。铜鬲的形制较之以前口沿较短，渐出颈，足根粗平，有的并在耸肩处加环形双耳，显示出较晚的特征。春秋中期及其偏晚段，也是铜鬲发展的高峰期，到春秋末期之后，此种耸肩的陶鬲或者是铜鬲几乎不见。

作为莒文化极具地域特征的典型器物——耸肩高裆柱状足的鬲，形制最早见于西周晚期的湫齐园遗址的陶鬲。这一莒式陶器，应是在中原周式瘪裆袋足鬲的基础上，糅合了当地夷人素面鬲的文化因素，而产生的一种新的文化因素，非周非夷，故无论陶鬲还是铜鬲，本文暂统称为莒式鬲。然而，笔者观察，这一“莒式鬲”的形制又极同于江淮地区的“淮式鬲”[96]（图九），皆是折沿，肩径较大，实足为较高的锥柱状。林沄先生在为《海岱地区周代墓葬研究》一文写的序言里，就曾提及，鲁东南地区的这种鬲的特点“和胶东地区珍珠门文化和南黄庄文化的鬲都没有渊源关系，反而和王迅认为是淮夷文化的鬲相近”。就“莒式鬲”和“淮式鬲”的渊源，究竟是前者影响后者，抑或是二者平行发展，我们需要做一下探讨。

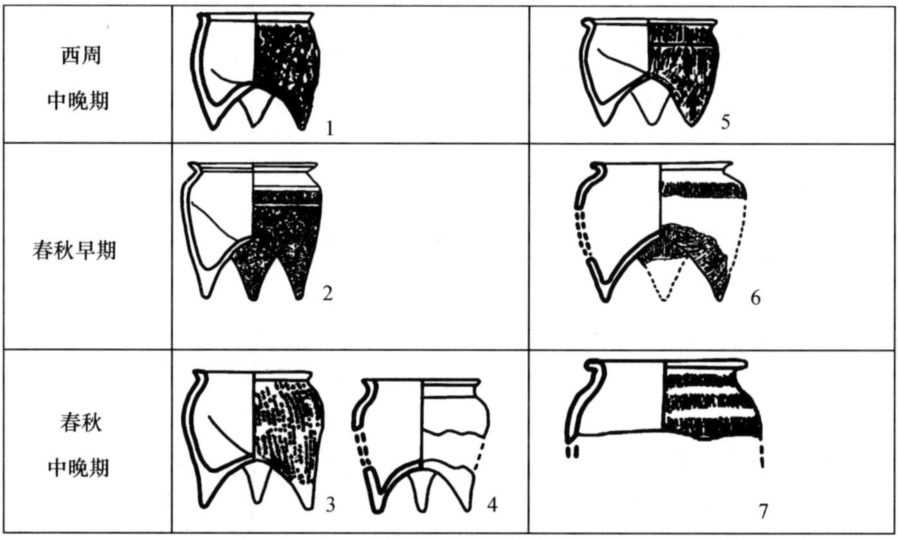

图九　莒式鬲、淮式鬲对比

1. 日照湫齐园　2. 临沂中洽沟　3. 莒县杭头　4. 郯城二中　5. 吴大墩（T3③: 10）
6. 绣鞋墩（T1②: 9）　7. 青莲寺（T2②: 7）

其一，典型的“淮式鬲”出在周代淮夷文化第三期，是在第二期周式鬲的基础上发展起来的，年代当在西周晚期；同样莒文化中典型的“莒式鬲”也是周式鬲融合了当地文化因素形成的新的器形。淮夷文化中，仿淮式陶鬲而形成铜折肩鬲，莒文化中典型铜鬲亦是在莒式陶鬲的基础上发展起来的。淮式鬲到了淮夷文化第四期即春秋早期便较为少见，随着楚文化的向北推进，淮夷文化逐渐融入楚文化的因素，耸肩、尖柱状实足的淮式鬲逐渐被小口、高裆的楚式鬲取代。莒文化中莒式鬲一直到春秋晚期依然存在，同时楚式鬲等楚文化因素也开始推进到鲁东南地区。

其二，从源于陶鬲的青铜鬲的发展来看，“莒式鬲”中陶、铜鬲的发展基本一致，二者的渊源非常清晰，而在“淮式鬲”中，陶器的特色较少的被淮夷文化中具有地方特色的折肩青铜鬲吸收，而在这一地区附近却发现与莒式青铜鬲相近的器物形制，由此看来，相近的地缘关系，二者可能同出一源，但“莒式鬲”影响“淮式鬲”的可能性较大。

莒式青铜鬲发展起来之后，除在鲁东南地区发现之外，通过翻检其他地区的文物考古资料，我们发现这一形制的青铜鬲，也有零星出土。鲁南文化区内，1988年枣庄市两河叉[97]发现铜鬲2件（图一〇，1），从形制和纹饰看，年代应在春秋早期；滕州后荆沟墓[98]也发现春秋早期的此类铜鬲（图一〇，2）；滕州薛故城M2[99]出土的尖足跟高裆的折肩鬲（图一〇，11），年代为春秋晚期，是具有地方特色的铜器，应是吸收了莒式铜鬲的特点发展而来；亦有传世的一件春秋早期邾伯鬲[100]为邾伯媵女之器，其型做口沿外侈，深袋足，腹足外壁斜直，高裆，和临沂中洽沟铜鬲极为近似。以上几处地点虽属鲁南之地，但偏于东部，和沂沭流域接近，且如邾、薛和莒一样，同为夷人国家。在莱文化所属的蓬莱辛旺集[101]墓葬出土一件铜鬲（图一〇，3），纹饰为西周晚春秋早期流行的重环纹，但形制上看已经进入春秋中期，可能莱莒文化相互交流而致。此外，南方的江淮流域亦有发现。南京浦口出土的一批春秋早期的吴国青铜器[102]中，高裆袋足的Ⅰ式鬲（图一〇，4）为莒式青铜鬲的典型风格；群舒青铜器中的折肩铜鬲[103]（图一〇，5）为江淮地区淮夷文化的典型器物之一，朱凤瀚认为年代在春秋中期偏晚或者春秋晚期偏早段，地方特色较为浓厚，但和莒之青铜鬲依然存在某些相似之处。居于汉水、淮水之间的曾国，所出的铜器中，青铜鬲也是比较有特色的一型。尤其是湖北京山苏家垅[104]所出9件Ⅰ、Ⅱ式铜鬲（图一〇，6、7），据上面铭文，应为黄国之媵器，时代为春秋中期偏早段；此外，在随县何店乡贯庄[105]、随县万店周家岗墓[106]也分别发现春秋早期偏晚段和春秋晚期偏早段的青铜鬲（图一〇，8～10），器形和同一时期的莒式铜鬲大同小异。曾国的这一大跨度的弧形裆铜鬲出现较晚，至早期偏晚才出现而且只盛行至于春秋中期偏晚这一阶段。这一不见于中原地区、具有地方特色的铜鬲，应和莒文化有直接的渊源，或者说莒式青铜鬲应是曾国青铜鬲的源头所在。

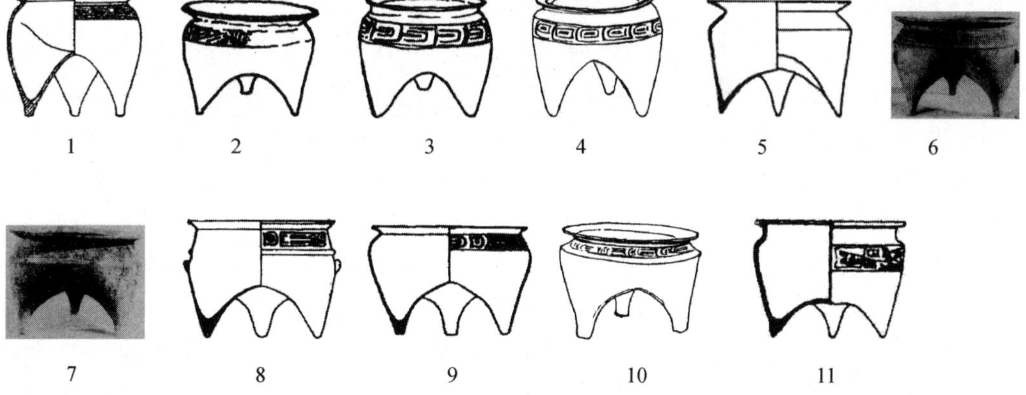

图一〇　铜鬲举例

1. 枣庄（LHC:02）　2. 滕州后荆沟　3. 莱阳辛旺集　4. 南京浦口　5. 舒城凤凰嘴　6、7. 湖北京山　8、9. 随县何店乡贯庄　10. 随县万店周家岗　11. 滕州薛故城（M2:14）

通过以上资料，我们可以发现，莒式青铜鬲是莒文化发展过程中所创造出来的一种具有自身特色的典型器物，是夷人文化特色的一种地域象征。这种鬲不见于中原周文化，不见于毗邻的齐文化和鲁文化，而在薛国、郳国、莱国的东夷族国家中都有发现；不见于南方楚文化、越文化，只是在吴文化的北界，地处淮水的南京地区有所发现。之所以说汉淮之间的曾国青铜鬲源于莒式铜鬲，并非无稽之语，曾国铜鬲中有2件黄国媵器，黄国在今潢川，属淮河之支流潢河流域，和莒同为嬴姓国家。沂水刘家店子曾出一件黄太子伯克盆，从所铸铭文看，两国亦崇尚同样习俗[107]，莒、黄交好当无异议；而曾、黄更有累世通婚之谊，传世的曾侯嫁女儿于黄国之媵器曾侯簠[108]，就是姬姓曾国贵族和嬴姓黄国通婚的明证。曾国大跨度的弧形裆铜鬲出现较晚，至春秋早期偏晚才出现，而且只盛行至春秋中期偏晚这一阶段。史载黄国于公元前648年亡于楚，而春秋中晚期之后，曾国的器物开始出现与楚文化的交融，这样，经由黄国传播的莒式青铜鬲在汉淮之间，随楚强大的军事压力的推进和文化的渗透，而趋于消亡，而随着楚国势力的继续北上，莒国国力日衰的情况下，莒文化中楚国文化因素日益明显，极具特色的鲁东南地区的青铜鬲也几乎不见。时至战国，仅在平民使用的陶鬲中，耸肩高裆的形制依稀可见。

其实，早在大汶口时代，安徽蒙城尉迟寺发掘的带有“意符”的大口尊就说明了“尉迟寺人”和以莒县陵阳河、大朱村为生存中心的部落集团有着血统上的亲缘关系。当初同族的徐、群、舒、英、六、蓼和黄等国因为种种原因南迁江淮汉水流域，但是对于族庭的向心力，依然使得他们之间交往密切，而且由于战争的关系，更加需要彼此之间的紧密联合。是故在江淮汉水流域发现较多的莒文化因素便不难理解。从地理环境分析，莒文化地处鲁东南地区，即沂、沭河流域，沂河、沭河均发源于泰沂山脉，流经淄博南部、日照、临沂等地，直至苏北与淮水相会而注入东海。沂、沭河流域的北部多是低山丘陵，及至中南部则是广袤的平原，东南部濒海，苏北鲁南交界处，为漫漫滩涂。古人的交通，山多阻隔，水则行舟，泰沂山脉的低山丘陵阻隔了莒文化的北上；而沂、沭河向南与淮水相会，利于莒文化的南下。上文分析的莒式陶鬲和青铜鬲的发展和传播途径，原因概源于此。

陶器中，典型莒文化因素继续发展。陶罐一直是墓葬中较为多见的器类，在整个春秋时期，鲁东南地区主要见两种类型的陶罐，一种为器体较矮的鼓腹罐，又可细分为Ba型圆腹罐、Bb型折腹罐、Bc型罍式罐，这一类型的陶罐在海岱地区其他文化区也较为多见，春秋中期的莒县杭头、沂水东河北等墓葬中随葬的各类陶罐，其形制承前期临沂中洽沟的同类陶罐发展而来，口较小，腹较深，上腹部多饰弦纹或者下腹饰绳纹；另一类是典型的A型莒式陶罐（图二，20～23），鼓肩曲收腹的AⅡ型罐承接上一时期继续发展，颈渐高，肩部最大颈逐渐上移；另外C型双耳罐（图二，38～41）在这一时期也较为常见，这类双耳平底小罐，在西周张家坡墓地少量发现，春秋时期，整个海岱地区发现也不多，只在鲁东南地区诸如中洽沟、莒县杭头和莒南大店等墓葬发现过。AⅢ式陶簋，承接上一时期，上部由盆形到盂形发展，腹由浅渐深，柄由粗矮到细高变化。

这一阶段尤其重要的是鲁东南地区独特的用鼎制度。春秋早中期莒文化区考古资料较少，关于用鼎制度不具备分析的基础，但就现有材料看，莒县西大庄出土的A型立耳鼎的形制基本相同，但依然是大小相次，和齐文化、薛文化区内典型的用鼎制度是一致的，基本上遵循周制，如春秋早期的齐故城M1使用3鼎2簋，大小相次的列鼎；春秋中期的薛故城M1、M2、M4全部用周制7鼎6簋，鼎也是形制相同、大小相次的列鼎。春秋晚期以后尚未见鼎簋相配之例，而改为鼎豆或鼎敦相配，这种礼制上的变化和中原地区依然一致。但在鲁东南莒文化区内，在春秋中晚期的莒国贵族墓内，列鼎的形态并非大小相次，而是大小相等，沂水刘家店子M1、M2的9鼎，沂南凤凰岭大墓内的完整的6鼎一律大小相同，晚至战国中期的诸城臧家庄5件铜鼎也是如此。由此可以看出春秋中晚期之后，莒文化区有着不同于其他文化区的用鼎制度，而是有所变化和创新。

从这一时期开始，莒文化区内开始融入了南方楚文化、吴越文化的因素。朱凤瀚先生认为临沂凤凰岭墓所出的铜器尚看不出典型的南方铜器风格，但从出土的陶器和兵器来看，临沂凤凰岭出土的BⅠ式鬲（图二，5），为折沿、束颈、鼓肩、平裆、浅空柱足，是这一地区新出现的一种鬲的形制，和春秋中晚期的楚式鬲近同。AⅠ式铜矛（图三，49），矛身侧刃内曲，呈亚腰状，骹上穿口，銎口呈圆形；BⅠ式铜矛（图三，51），矛身呈宽叶状，长骹，这两类铜矛，前者是吴越文化的典型兵器的式样，后者为楚国青铜矛的重要型式之一[109]。可见鲁东南地区在春秋中晚期之际开始受到南方文化的影响，及至春秋晚期影响更深。

与之相对应的是莒文化因素向南方的传播。全盛时期的莒文化影响力也向外扩展，尤其是鲁东南南部区域，最近九女墩墓葬的发掘，即是证明。九女墩二号墩（图八，4）[110]墓室分成南北两部分，分置葬具和主要随葬品，侧室放置殉人；九女墩三号墩[111]为春秋晚期徐国的王族墓葬，墓室结构和临沂凤凰岭大墓基本相同，墓室平面略呈方形，墓室分为前室、主室、侧室、兵器、车马坑、陪葬坑等，殉人排列整齐而有规律。报告人认为九女墩墓葬的这些特点有别于同时期的南方的吴、楚系墓葬和北方的中原系墓葬。其实，今天我们观察其墓葬特点，和莒文化大中型墓葬的特点呈现出鲜明的一致性；其随葬器物，尤其是陶器，呈现吴越文化的风格，应和这一时期的政治背景有关系，这时期该区域一直是徐、楚、吴、越的活动范围，恰证明了莒文化的南线应该达到苏北邳州、东海县一带，此处就是分界点。或者是族源上的因素，或者是地理环境使然，鲁东南地区和江淮地区一直有着千丝万缕的联系。刘家店子一号墓南器物库东部的11件立耳平盖鼎顶盖皆有木质鼎匜，安徽江淮地区的诸淮夷偃姓小国所出土的平盖铜鼎鼎盖上有环形纽，有的加铜鼎匜，与刘家店子的做法相似，应是受其影响。已有学者指出，山东半岛为錞于之原生地[112]，以往所出土的錞于大都在江淮流域，刘家店子出土的錞于（图五，5）愈加证明了錞于应是山东甚至就是莒国的一种器物，传播路线应是从黄河流域传播到长江流域。总之莒文化和汉水江淮诸小国文化上往来一向较为密切，器物上表现出较多的相近性，关于这一点我们在下文谈莒式鬲的发展情况时，会有详细论述，此处暂不赘述。

统观这一时期的莒文化面貌，无论在莒文化分布的地域上，墓葬形制、葬俗方面还是器物的种类和形制，都表明莒文化达到了全盛时期，充分体现了一个文化区形成之后，一种区域文化的发展和创新。江苏九女墩的墓葬特点说明莒文化全盛时期，文化上的影响已经南下远达到苏北、淮水一带，和南方诸文化也往来密切；从器物上看，青铜器也不再是单纯的周式风格，比较单纯的周文化的影响在下降，周文化地方化的程度越来越深；融合了夷人传统文化因素，形成的大量的新的文化因素全面发展。

5. 春秋晚期晚段

这一时期，发现墓葬的资料相对较少，有莒南大店 M1、M2，沂水石景村墓和莒县大沈刘庄等。除却莒南大店 M1、M2 为大型墓外，其他均是中型墓。

莒南大店墓的墓葬形制、葬俗特点和沂水刘家店子、临沂凤凰岭等大墓的情况基本一致，中型墓开始产生新的变化，莒县大沈刘庄墓葬椁室底部铺一层碎石块的风格，和鲁北地区如昌乐岳家河[113]、淄川南韩[114]等地的作风一致，应是受齐文化墓葬习俗的影响所致。葬俗上也开始有所变化，大型墓中依然随葬殉人，头向为东，但大部分墓葬中腰坑、殉狗的现象开始不见和少见。

随葬品组合来看，无论是大型墓还是中型墓开始出现以仿铜陶礼器为主要随葬器物而少见铜器；陶器组合为鼎、豆、罐或者鼎、豆、敦、罐，鼎、敦首次出现，并成为以后墓葬中重要的器类之一；铜器组合如莒南大店墓中见鼎、敦、壶的铜礼器组合，陶、铜器的组合演变都和中原地区陶铜器组合演变的发展情况基本一致。铜器中兵器的数量相对增多，戈之外，剑、矛的数量种类也多见。

单纯的区域色彩的器类如陶器中 A 型陶罐、铜器中的鼓肩、柱状实足铜鬲继续发展；但这两种因素开始少有创新和发展。方座簋首次发现，并成为后来同类齐器的渊源。关于方座簋，从西周初期起即已有之，之后如穆王时的盂簋（陕西长安县张家坡出土），到西周晚期的追簋，便用龙形作双耳；有关这一时期旧时著录的传世铜器“莒侯簋”，下为方座，饰有龙形双耳，已有学者指出莒侯簋其不论腹耳及方座，甚至全器环带纹饰，几乎就是战国初年齐器陈侯午簋的翻版[115]（图六，7）；观察鲁东南地区战国中期的沂水马兰村出土的 2 件陶方座簋（图二，43），从形制看也应是沿袭莒侯簋的特点而来，故我们可以推测方座簋自中原地区传入以来至少在春秋晚期成为莒国器物的特点，并传至齐器。

相反，齐文化以及南方楚、吴越文化的因素相对增多。除却开始有墓葬的习俗受到周文化的影响外，齐文化的影响更是渗入到器类中来，莒南大店 M1、M2 中高柄浅盘的齐式豆大量发现，沂水略疃墓所出的乳钉纹铜敦（图三，35）和阳谷景阳冈墓[116]、仙人台 M5[117]所出铜敦（图七，6）基本相同，这一类铜敦，全身饰满乳钉，不见于其他文化区，应是齐式器类的特点。与大量齐文化因素并存在的是南方楚、吴越文化因素的存在。铜鼎的形制已不再是立耳鼎，而是做附耳，隆盖三环纽，深腹，蹄足，与中原地区春秋中晚期鼎制有共同处，但腹壁较直，三足外撇，中间细而两端明显粗大，和楚文化第四期 CⅠ式鼎（图七，8）相近[118]；大店 M2 和沂水略疃墓内所出鼓肩柱足陶鬲承临沂凤凰岭 BⅠ式陶鬲而来，具有楚式鬲特点；大沈刘庄 AⅡ式铜矛（图三，50）承接临沂凤凰岭墓亚腰型铜矛，从形制分析，和吴越文化春秋晚期吴县何山乙型 EⅠ式青铜矛（图七，10）的风格类似[119]。

从以上诸文化因素分析，这一时期莒文化由全盛而趋于衰弱，但文化面貌相对复杂，应与当时的政治背景相关联。莒国在春秋中后期就不断发生内乱，据《春秋左传》记载，公元前609~前528年之间莒纪公、莒犁比公、莒郊公时，莒国曾陷入三次大的内乱，上层互相攻杀，内乱不休之时，楚国曾在成公九年（前582年）连“克其三都”，又襄公二十三年（前550年）、昭公十九年（前523年）、昭公二十二年（前550年），齐对莒屡屡征伐。又《墨子·非攻》载，“东方有莒之国者，其为国甚小，而间于大国之间，不敬事于大国，亦弗之从而爱利。是以东者越人夹削其地，西者齐人兼而有之”。随着北方齐文化的异军突起南下，南方楚文化势力的北进，其文化因素也较多地传入到鲁东南地区。但这一时期的莒文化虽然停止了发展的脚步，在外来文化的扩展中，依然顽强地保持着自己的文化特色，至迟进入战国时期，方开始被其他外来文化所包容。

6. 战国早、中期

主要有郯城二中M1、M2、M3，莒县大朱家村墓，莒县杭头M6，沂水上常庄M1、马兰村M2，沂水埠子村墓，诸城臧家庄和沂水崔家峪等。

这些墓葬大多为中小型墓，墓葬形制和葬俗基本同前，腰坑殉狗习俗彻底消失，在主要随葬品方面，陶器组合基本同前，以仿铜陶礼器为主。部分墓有偶数组合的形式，如沂水埠子村墓为陶鼎2、豆2、盖豆2、鬲2、罍4、敦2、匜2、钘2、杯2的组合。铜器很少见，郯城二中M1主要为礼器鼎和工具锛、凿的组合。

从以上墓葬分析，战国时期莒文化已经走向衰落，承接上一时段，来自楚文化却主要是受齐文化的强烈影响。地处本区中部的沂水埠子村以及沂水县上常庄、马兰村、尹家峪等均见有较单纯的齐文化陶器组合鼎、豆（盖豆）、壶、盘、匜、盂等，形制上也大都和齐文化相同。其中埠子村无二层台，墓室近方形，依然为莒文化特点；马兰村墓葬内陶方座簋仍然是延续春秋晚期铜方座簋的特点。而大朱家村M12、杭头M6有二层台，上常庄、马兰村等墓为石筑二层台，属齐文化特点，属于比较典型的齐墓；沂水下游的郯城二中墓，则在延续莒文化特点的同时，有较多楚文化的常见器物，如陶鼎、豆等，亦有典型的楚式鬲出土，但未见其他具有代表性的陶敦、壶、长颈罐等。传世的中子化盘，“中子化用保楚王，用正（征）筥（莒），用择其吉金、自作盘盘”，郭沫若先生考证即和《史记·楚世家》载“简王元年（前431年），北伐灭莒”之事相合。但从考古资料看，楚之势力只是进入鲁东南地区靠南的郯城一带；而从春秋中晚期的沂水略疃、大沈刘庄墓到战国时期的臧家庄、埠子村、上常庄和马兰村等墓葬分析，齐文化大幅度地向南推进，莒文化区的大部分区域蒙上了齐文化的色彩。然而，一种文化既经形成，便具有相当强的排他性，因而也就获得了相当强的生命延续力，即使其赖以产生和存在的社会环境发生变化，如受到外族侵略、征服或受到某外来文化的强烈影响等，一般都会顽强地保持自己的文化特色，力图遵循自己固有的传统而发展延续下来。我们分析战国中晚期莒文化的考古资料，便可看出此种现象，莒文化虽然蒙上了浓厚的齐文化、楚文化等外来文化因素的色彩，但从埠子村墓、郯城二中墓葬以及诸城臧家庄墓，我们依然看到莒文化特点的延续，如墓葬形制依然是方形，器物如方座簋等依然带有莒式色彩，臧家庄墓随葬列鼎依然坚持大小相等的区域特色，等等。

以上我们在分期的基础之上把莒文化分为六个大的时段加以分析，莒文化中各文化因素互有消长，作为一种土著文化，在发展过程中和中原周文化、鲁文化、齐文化、楚文化等文化因素融合、扬弃，并不断发展、创新。从中可以看出，莒文化的内涵即鲁东南地区之所以称之为莒文化的地域特色一直贯串其中，集中体现在葬俗和随葬器物上。葬俗方面，无论是中小型墓还是大型墓，墓室多为方形或近方形，且多分成南北两部分，分置葬具和主要随葬品。战国以前多见腰坑殉狗习俗，椁外四周施膏泥；随葬器物中，陶器组合春秋早期以前为鬲、簋、罐、罍，春秋中晚期为鬲、簋、豆、罐、罍，战国时期又出现少量鼎、豆（或盖豆）、壶、盘、匜、盂组合，有的加入甗、投壶或杯，部分墓为偶数组合型式。其中A型陶鬲、簋、罐、罍皆为典型的莒式器。铜器组合两周之际为礼器鼎、鬲、簋、壶、盘、匜、钘组合，春秋中晚期加入敦、罍和兵器剑、戈、镞等，战国时期为礼器鼎和工具锛、凿的组合。鼓肩、弧裆、高实足根的铜鬲为典型的莒式鬲。

上述莒文化以墓葬和器物为中心的文化特征在鲁东南地区具有广泛的代表性和典型性。从商代晚期莒国的存在，及至整个西周、春秋莒文化的形成和发展过程，我们可以看到莒文化是一支颇为典型的土著夷人文化遗存，西界在两周时期大致稳固在沂水西侧一带；东界至海；北界因为齐文化的推进不断呈现南移的趋势，从胶州西岸至沂水上源一线退至齐长城一带；南界大体在今天的苏鲁交界地带，江苏邳州市九女墩墓葬的发掘证明了已然延伸到了江苏邳州、东海一带。

五、结　　语

由上可知，莒为商末周初产生于鲁东南地区的众多方国中的一个小国，随着莒国的发展和强大，整个鲁东南地区，可以概括为莒文化区。莒文化的产生发展又是一个动态的过程，在文化发展史上具有以下几个特征。

第一，莒文化是一支典型的土著夷人文化遗存，学界对此已然达成共识。和海岱地区其他古国文化构成一样，其本身文化因素包括三方面的内容：来自外来文化尤其是中原周文化的影响；对当地夷人文化因素的继承和发展；以及这二者相结合产生的创新性的内容。

第二，随着时间的推移，考古遗存所显示的各文化因素，从量上分析，不断发生变化。晚商莒产生之后，到西周中晚期莒文化处于起步阶段，而周文化以比商文化更加强劲的势头深入到夷人文化，冲击到了当地的土著文化因素，但新的文化因素的形成还处于酝酿之中；西周晚期到春秋早期早段，莒文化的面貌主要体现了中原周文化的特色，尤其体现在较为大型的墓葬中，周文化的影响主要表现在铜器方面。但夷人文化传统依然具有强大的影响力，并开始形成具有地域特色的新的文化因素；春秋早期偏晚段莒逐渐成为当时夷人领域的强雄，伺机发展自己的文化，应该说这一时期莒文化开始走上了全面发展的道路，不同于其他文化区的区域特色开始浸润到莒文化的各个方面；春秋中晚期，统观这一时期的莒文化面貌，无论是墓葬形制、葬俗方面还是器物的种类和形制，都表明莒文化达到了全盛时期，充分体现了一个文化区形成之后，一种区域文化的发展和创新，青铜器也不再是单纯的周式风格，比较单纯的周文化的影响在下降，周文化地方化的程度越来越深；融合夷人传统文化因素，形成的大量的新的文化因素全面发展；春秋末年至战国早中期，受南北楚、齐文化的双面夹击，莒文化走向全面衰落，最终融入齐文化的洪流中去。

第三，莒文化地处鲁东南，东南濒海，南接吴越地区，特殊的地缘环境，使其和以安徽江淮地区为中心的淮夷文化有着千丝万缕的联系。莒式鬲和淮式鬲的相近以及在这一地区的传播，更为我们提供了探讨二者关系的新的可能性。

本文在前人研究的基础上讨论了莒文化的产生发展过程，在总结各期文化因素的构成情况下，论述了莒文化的内涵和特征。限于本人的学识和能力，关于莒文化的很多问题依然没有涉及，有待于我们的继续努力。

首先，商末周初的莒文化面貌依然是目前我们研究中的一个盲点，本文也只是略微提到，真正的解决还需要在今后考古工作的开展；

其次，莒文化的年代和特征问题现在虽然基本解决，但也只是依据零散的墓葬资料，缺乏系统的、延续较长一段时期的考古资料，比如居址、墓地等，妨碍了我们对莒文化全面细致的研究；

最后，有关夷人文化研究，一直是学界经久不衰的课题，关于莒文化土著居民和南方诸淮夷文化的关系问题，应该是下一步我们要切实解决的一个重要内容。

注 释

[1] 马啸：《左传事纬》卷6，齐鲁书社，1992年。

[2] 顾栋高：《春秋大事表》第二册，中华书局，1993年，2121页引陈傅良文。

[3] 同注［2］，2120页引赵孟何文。

[4] 王国维：《观堂集林》卷18《王子婴次卢跋》，中华书局，1994年。

[5] 郭沫若：《两周金文辞大系考释》（增订本），科学出版社，1957年。

[6] 杨树达：《齐大宰归父盘跋》、《筥侯少子簋跋》，见《积微居金文说》，中华书局，1997年。

[7] 铭文见于罗振玉：《三代吉金文存》（七．四八），中华书局，1987年。

[8] 罗振玉：《三代吉金文存》（七．四八），中华书局，1987年。

[9] 程长新等：《北京拣选一组二十八件商代带铭铜器》，《文物》1982年9期。

[10] 马玺伦、孔繁刚：《山东沂水发现商代青铜器》，《文物》1989年11期。

[11] 苏兆庆：《莒县文物志》，齐鲁书社，1993年。

[12] 山东省昌潍地区文物组：《胶县西庵遗址发掘简报》，《文物》1977年4期。

[13] 马玺伦：《山东沂水县时密山春秋遗址调查》，《考古》1991年8期。

[14] 西岳庄的资料尚未发表，只在刘延常《莒文化探析》一文中提到，见《东南文化》2002年7期。

[15] 山东省博物馆：《山东文物选集（普查）部分》，文物出版社，1959年。

[16] 齐文涛：《概述近年来山东出土的商周青铜器》，《文物》1972年5期。

[17] 同注［16］。

[18] 山东诸城县博物馆：《山东诸城臧家庄与葛布口村战国墓》，《文物》1987年12期。

[19] 山东省博物馆等：《莒南大店春秋时期莒国殉人墓》，《考古学报》1978年3期。

[20] 杨深富：《日照崮河崖出土一批青铜器》，《考古》1984年7期。

［21］ 山东省文物考古研究所等：《山东沂水刘家店子春秋墓发掘简报》，《文物》1984年9期。
［22］ 何德亮：《莒县大朱村发现战国墓》，《考古》1991年10期。
［23］ 沂水县文物管理站：《山东沂水县发现两座战国墓》，《文物》1986年6期。
［24］ 马玺伦：《山东沂水发现一座西周墓葬》，《考古》1886年8期。
［25］ 山东省兖石铁路文物考古工作队：《临沂凤凰岭东周墓》，齐鲁书社，1987年。
［26］ 沂水县文物管理站：《山东沂水发现莒王青铜剑》，《文物》1983年12期。
［27］ 山东省文物考古研究所等：《山东莒县杭头遗址》，《考古》1988年12期。
［28］ 临沂市博物馆：《山东临沂市中洽沟发现三座周墓》，《考古》1987年8期。
［29］ 沂水县博物馆：《山东沂水县发现一座东周墓》，《考古》1988年3期
［30］ 孔繁刚：《山东沂水县出土一批青铜器》，《考古与文物》1992年2期。
［31］ 沂水县博物馆：《山东沂水县埠子村战国墓》，《文物》1992年5期。
［32］ 刘一俊、冯沂：《山东郯城县二中战国墓的清理》，《考古》1996年3期
［33］ 马玺伦：《山东沂水县全美官庄东周墓》，《考古》1997年5期。
［34］ 沂水县博物馆：《山东沂水县埠子村战国墓》，《文物》1992年5期。
［35］ 张开学等：《山东莒县大刘沈庄春秋墓》，《考古》1999年1期。
［36］ 贾德民：《安丘出土一批青铜器》，《中国文物报》1994年9月18日。
［37］ 苏兆庆、刘云涛：《莒刀探源》，《莒文化研究专辑》（一），政协莒县文史资料委员会，1999年。
［38］ 莒县博物馆：《山东莒县西大庄西周墓》，《考古》1999年7期。
［39］ 资料现存于山东省文物考古研究所，部分器物图在刘延常《莒文化探悉》一文中有收入。
［40］ 任相宏：《沂源姑子坪遗址发掘简报》，《考古》2003年1期。
［41］ 高军、张文存：《山东莒南出土西周青铜器》，《中国文物报》2004年6月11日2版。
［42］ 黄盛璋：《山东出土莒之铜器及相关问题综考》，《华夏考古》1992年4期。
［43］ 孙敬明：《莒史缀考》，《莒文化研究专辑》（一），政协莒县文史资料委员会1999年编。
［44］ 高广仁：《莒文化的考古学研究》，《海岱区先秦考古论集》，科学出版社，2000年。
［45］ 张学海：《莒史新探》，《莒文化研究文集》（一），山东人民出版社，2000年。
［46］ 郑杰祥：《莒族探源》，《莒文化研究文集》（一），山东人民出版社，2000年。
［47］ 孙敬明：《莒史缀考》，《莒文化研究专辑》（一），政协莒县文史资料委员会，1999年。
［48］ 陈磐：《春秋大事表列国爵姓及存表撰异》，壹捌，莒［姓］考证，台北：历史语言研究所，1966年。
［49］ 崔乐泉：《山东地区东周考古学文化序列》，《华夏考古》1992年4期。
［50］ 刘彬徽：《山东地区东周青铜器研究》，《中国考古学年会第九次论文集》，文物出版社，1997年。
［51］ 王青：《海岱地区周代墓葬研究》，山东大学出版社，2002年。
［52］ 刘延常：《莒文化探析》，《华夏考古》2002年7期。
［53］ 朱凤瀚：《古代中国青铜器》，南开大学出版社，1995年。
［54］ 王恩田：《东周齐国铜器的分期和年代》，《中国考古学年会第九次论文集》，文物出版社，1997年。
［55］ 黄盛璋：《山东出土莒之铜器及其相关问题综考》，《华夏考古》1992年4期。
［56］ 罗勋章：《刘家店子春秋墓琐考》，《考古》1984年9期。
［57］ 刘云涛：《关于莒县西大庄地几个问题》，《中国先秦史研究动态》1989年2期。
［58］ 黄展岳：《中国古代的人牲人殉问题》，《考古》1987年2期。

[59] 王迅：《东夷与淮夷文化研究》，北京大学出版社，1994年。
[60] 高广仁：《莒文化的考古学研究》，《海岱区先秦考古论集》，科学出版社，2000年。
[61] 苏兆庆：《山东莒县出土刀币陶范》，《莒县故城出土的刀币陶范再议》，《莒刀探源》，以上见《考古发现与莒史新探》，山东莒县印刷厂，2000年。
[62] 严文明《东夷文化的探索》、高广仁《海岱区的商代文化遗存》、栾丰实《东夷考古》、王青《海岱地区周代墓葬研究》、王迅《东夷文化与淮夷文化研究》等都曾论述了这一文化现象，中原文化自西向东递减，土著文化自东向西递减，于各地形成一种插花式的分布。
[63] 程长新等：《北京拣选一组二十八件商代带铭青铜器》，《考古》1982年8期。
[64] 郭沫若：《殷周青铜器铭文研究》，科学出版社，1961年。
[65] 李伯谦：《举族族系考》，《中国青铜结构体系》，科学出版社，1998年。
[66] 山东省博物馆：《山东长清出土的青铜器》，《文物》1964年4期。
[67] 《1981～1984年琉璃河西周燕国墓地的发掘简报》，《考古》1984年5期。
[68] 同注［67］。
[69] 蔡运章：《释卢》，《古文字研究》第十辑，中华书局，1983年。
[70] 张政烺：《庚壶释文》，《出土文献研究》（四），文物出版社，1985年。
[71] a. 李学勤：《殷代地理商论》，科学出版社，1959年；
b. 李学勤：《夏商周年代学札记》，辽宁大学出版社，1999年。
[72] 严文明：《东夷文化探索》，《文物》1989年9期。
[73] 刘延常：《山东潍坊会泉庄遗址发掘报告》，《山东高速公路考古报告集（1997年）》，科学出版社，2000年。
[74] 王树明：《先莒文化及其族系源流》，《莒文化研究文集》，山东人民出版社，2002年。
[75] 张学海先生《莒史新探》一文中认为西周之莒迁于纪瞕。
[76] 孙敬明先生在《莒史缀考》一文中认为莒西周初年迁介根。
[77] 尹均科：《春秋莒国三都及疆域略考》，《莒文化研究文集》，山东人民出版社，2002年。
[78] 此簋的铭文分析见黄盛璋《山东出土莒之铜器及其相关问题综考》（《华夏考古》1992年4期）和杜勇的《古文字中“莒”字的鉴别问题》（《莒文化研究文集》，山东人民出版社，2002年）二文。图录参考见《中国青铜器全集》。
[79] 曹玮：《周原西周铜器的分期》，《考古学研究》（二），北京大学出版社，1994年。
[80] 同注［16］。
[81] 同注［67］。
[82] 王锡平：《试论山东地区的素面陶鬲》，《中国考古学会第九次年会论文集》，文物出版社，1993年。
[83] 中国科学院考古研究所编：《上村岭虢国墓地》，科学出版社，1959年，4、52页。
[84] 中国社会科学院考古研究所：《张家坡西周墓地》，中国大百科全书出版社，1999年，37页。
[85] 同注［83］。
[86] 朱凤瀚：《古代中国青铜器》，南开大学出版社，1995年，883页。
[87] 任相宏：《沂源姑子坪周代遗存相关问题探讨》，《考古》2003年1期。
[88] 山东文物考古研究所等：《曲阜鲁国故城》，齐鲁书社，1982年。
[89] 陕西省博物馆等：《扶风齐家青铜器群》，文物出版社，1963年。
[90] 山西省考古研究所、北京大学考古系：《天马—曲村遗址北赵晋侯墓地第四次发掘》，《文物》1994年8期。
[91] 滕县博物馆：《滕州后荆沟出土丕　簋等青铜器》，《文物》1981年9期。

[92] 齐皖：《山东省博物馆藏裸人铜方鼎》，《文物天地》1991 年 4 期。
[93] 王迅：《东夷文化与淮夷文化研究》，北京大学出版社，1994 年，106 页。
[94] 黄展岳：《中国古代的人牲人殉问题》，《考古》1987 年 2 期。
[95] 李先登：《试论莒文化在中国古代文明史上的重要地位》，《莒文化研究文集》（一），山东人民出版社，2002 年。
[96] 王迅在其博士论文《东夷文化与淮夷文化研究》中，认为“淮式鬲”是淮夷文化第三期之时形成的一种典型器物，在周式鬲的基础上发展而来，又影响了淮夷文化折肩青铜鬲的形制。
[97] 李光雨：《山东枣庄市两河叉出土周代铜鬲》，《考古》1996 年 5 期。
[98] 万树瀛：《滕州后荆沟出土青铜器群》，《文物》1981 年 9 期。
[99] 山东济宁市文管局：《薛国故城勘查和墓葬发掘报告》，《考古学报》1984 年 4 期。
[100] 郭沫若：《两周金文辞大系图录考释》，科学出版社，1957 年，录二二一件。
[101] 烟台市文物管理委员会：《山东蓬莱县西周墓发掘简报》，《文物资料丛刊 · 3》，文物出版社，1980 年。
[102] 南京市文物管理委员会：《南京浦口出土一批青铜器》，《文物》1980 年 8 期。
[103] 安徽省文化局文物工作队：《安徽舒城出土的铜器》，《考古》1964 年 10 期。
[104] 湖北省博物馆：《湖北京山发现曾国铜器》，《文物》1972 年 2 期。
[105] 随州市博物馆：《湖北随县新发现古代青铜器》，《考古》1982 年 2 期。
[106] 随州市博物馆：《湖北随县发现商周青铜器》，《考古》1984 年 6 期。
[107] 孙敬明：《莒地新见齐、鲁、诸、莱、黄、陈六国铜器考》，《莒文化研究文集》，山东人民出版社，2000 年。
[108] 罗振玉：《三代吉金文存》10、20、2，中华书局，1987 年。
[109] 李建民：《春秋青铜矛》，《远望集》（上），陕西人民美术出版社，1998 年。
[110] 南京博物院等：《江苏邳州市九女墩二号墩的发掘简报》，《考古》1999 年 11 期。
[111] 孔令远、陈永清：《江苏邳州市九女墩三号墩的发掘》，《考古》2002 年 5 期。
[112] a. 徐中舒：《淳于与铜鼓》，《社会科学研究》1980 年 5 期；
b. 罗勋章《刘家店子春秋墓琐考》，《考古》1984 年 4 期。
[113] 山东省潍坊市博物馆等：《山东昌乐岳家河周墓》，《考古学报》1990 年 1 期。
[114] 于嘉芳：《淄博市南韩村发现战国墓》，《考古》1988 年 5 期。
[115] 张光远：《战国初齐桓公诸器续考》，《故宫文物季刊》2000 年 2 期。
[116] 聊城地区博物馆：《山东阳谷景阳岗村春秋墓》，《考古》1988 年 1 期。
[117] 山东大学考古系：《长清仙人台五号墓发掘简报》，《文物》1998 年 9 期。
[118] 刘彬徽：《楚国青铜礼器的初步研究》，《中国考古学会第四次年会论文集》，文物出版社，1983 年。
[119] 李建民：《春秋青铜矛》，《远望集》（上），陕西人民美术出版社，1998 年。

Research of Ju Culture

Zhuo Baihong
(Cultural Relics Bureau of Shandong Province, Jinan)

Haidai region was once called “Qilu culture circle” or “Qilu culture subregion”, however, with recent years' new archaeological discovery, it have turned out that Qilu culture can't represent the culture characteristic of the whole Haidai region . Some regions present different culture with different environment, such as Wei and Zi river valleys, Wen and Si river valleys, Yi and Su river valleys, Jiaodong peninsula and so on. Some scholars have begun to pay more attention to the region as a unity as well as each region's culture, which has become a new trend in Shang and Zhou archaeology. Accordingly, Ju culture has been put forward as a kind of regional culture. We have enough evidence to call southeastern Shandong as Ju culture area, because some important burials were found in Dadian site of Junan county and Liujiadianzi site of Yishui county, from these burials, the classical culture relics such as *jar* and *li* were excavated, which possess a unique style different from other neighboring cultures. Based on past research achievements, historical documents and archaeological data, this article will focus on Ju culture's origin, development, each culture stages' local character and relationships with contemporary neighboring cultures such as Zhou, Qi, Lu, Chu, Wu, Yue culture.

莒乐考

孙敬明

（潍坊市博物馆，潍坊）

众所周知，随着考古学的发展和有关工作的不断深入，学界对莒文化丰富的内涵与特色之认识愈加明显。文献所记莒为东夷古国，由于受传统史学观念之拘囿，如果仅从文献而论，有关认识，其至难达到考古学所反映的莒文化之客观高度。并且，莒文化的提出，及其相关的内涵与外延，甚至其在中华文明多元一体构成格局中的地位，等等，这一切的一切，都是建立在新兴的考古学基础之上的。此前考古与历史学界对莒文化相关方面所进行的论证与探讨，已经取得一批丰硕成果。笔者从事古文字与考古学研究，尤其对山东先秦古国、古族与古文化留意有年，而对莒文化之研究可称用力尤勤。

先秦时期，华夏诸国尤重礼乐，至春秋而孔子所谓“悠悠万事，唯此为大，克己复礼”，礼乐之制关乎人伦国体，兹事至大，向为看重。而两周尤其西周时期，礼乐文明成为宗法制度得以彰显与实行的最重要之标志。文献中关于周代礼乐文明之记载，世传“三礼”，可谓齐备。而考古发现，中原诸国关于礼乐之资料最为丰富，有关研究成果亦是巍然可观。

但是，时至今日，如上所谓，尽管莒文化之研究已为学界所广泛关注，且成就喜人。可审视有关研究成果，其中鲜见关于莒文化礼乐之专题。虽然有关著述已对莒文化之礼器及与之相关的礼乐制度有所涉猎，可是有关考古所见莒文化之众多乐器，则鲜有文章涉及。先秦时期中原诸国追求礼乐文明，而礼之与乐则是相依并行、相辅相成的。正如《礼记·乐记》所谓：“礼以道其志，乐以和其声……礼节民心，乐和民声。”亦同《逸周书·度训》载：“礼非乐不履。”《史记·乐书》：“礼非乐不行，乐非礼不举。”由此亦可看出，乐既是从属于礼，来配合礼的施行；同时，礼的实践与推行，往往需要通过乐为津渡而达到终极目的。

尽管文献中似乎没有发现关于莒乐的记载，可是考古工作却又发现数量众多、种类新颖的莒文化之乐器。并且从史前肇始，一直连绵迁延发展到战国时期。据有关研究者统计，考古所见，山东出土先秦时期众多古国的编钟、编镈等达 350 余件[1]。我们统计，该时期莒文化的同类乐器已发现 80 余件，尽管这种统计仅属约略，有些情形迄未明了。诸如：沂水刘家店子 2 号春秋大墓亦出土编钟，但数量未明，未便确切计入；还有莒县、莒南、沂水等地乡邦文献所记，清代以来属地内有莒墓发现，间有青铜乐器出土，唯其语焉不详，未便据考。如此情形，不一而足。但是，仅以考古科学实证，仍然可以看出，春秋时期莒文化的编钟、编镈之数量远居当时山东诸国之首；不但数量众多，而且种类最为丰富，甚至有的乐器为莒国所独创。凡此诸种，不能不引起我们对其进行探讨之浓厚兴趣。

还需要说明的是乐器仅是文献所记“礼乐”之“乐”的一部分，其与广义的“乐”尚存在一定差别。尽管如此，但乐器毕竟是“礼乐”之“乐”最客观具体与重要的载体形式。所以从考古之角度，探研先秦时期莒文化之乐，这不仅对于探讨先秦典型东夷文化之礼乐文明，而且对研究他们对中华礼乐文明的突出贡献亦具有重要意义。

一、考古举证

本节拟先将考古所见有关莒文化之各种乐器，以及似是具有初级乐器功能的文物载体，按时代和出土组合，依次揭列如下。

（一）

莒县陵阳河、杭头、大朱家村一带，是史前莒文化发展的核心区域，其不仅发现数量众多的大型聚落群遗址与墓葬，并且还出土诸多与礼乐文明相关的文物。如大汶口文化大墓中出土的陶牛角号，从整座墓葬的情形来分析，该墓主生前应该是一位聚落核心的军事首领，其不仅拥有象征权力和地位的玉钺，而且还手中握着号令麾下的陶牛角号。这种号角，应是当时一种发号施令的法器，然其同时亦应具有吹奏乐器的性质与功能。但是，其又较一般的吹奏乐器具有更高的反映社会发展尺度的特征与意义。与之同时，在这遗址群东北不远处，即为五莲的丹土遗址，而此处亦发现相同的陶牛角号。20世纪80年代，笔者曾多次到该遗址进行调查，据该村居民述及，他们曾于此遗址动土时发现长约60厘米的陶牛角号。据所描述情形，那件陶牛角号的形制与陵阳河墓葬出土的极为相似。以往对丹土遗址的认识尚未全面，而如今看来其不仅仅是单一的龙山文化遗址，其中还有重要的大汶口文化遗存。因此，我们便可以据之而推断，此处出土的陶牛角号之时代，亦应与莒县的相同，即为大汶口文化时期。

（二）

又据前数年出版的《莒文化研究文集》载，莒县大汶口文化墓葬中出土的竹节状高柄杯，其柄上有数个镂孔，而有关音乐专家据此所做复原研究，并模拟制作出当时的竹笛。同时，莒县出土的大汶口文化陶尊上刻划有象形“凡”字，还是研究复原竹节状高柄杯的那位专家，结合文献和古文字资料，运用古代有关乐理、乐器之知识，经过反复试验，而模拟复制出一种短管状吹奏乐器。并且，这种探研与复原，得到有学界有关专家的认同；时逢2000年深秋，在莒县召开的全国莒文化学术研讨会上，一位考古学家现场吹奏那件复原的短管乐器，乐声一出，如闻天籁，当即博得满场掌声。

（三）

位于莒县东北不远处的胶南市西寺龙山文化遗址，出土的泥质黑陶蚌形响器，据有关研究者认为，应是一件乐器。据《琴岛瑰宝》称：“此响器为新石器时代蚌形响器，造型奇丽，外表像一个蚌壳，壁薄细腻，光可鉴人。整个响器呈椭圆形，两侧有两道对称的弧形缺口，口长7.5厘米，宽0.5厘米。缺口两侧各有一凹形槽，便于移动时两指捏住。蚌分上、下两半，上半部较小，下半部较大，且口沿外侈，腹部一侧还有4个小圆孔，以增加摇动时的发声和音色和谐。响器内有3个泥质小圆球。其中一个残破，仅剩下1/5左右，另外两个完好。此响器使用时需两指捏住摇动，通过3个小圆球撞击外壳和圆球滚动相互碰击而发出声音，清脆悦耳，柔和动听，堪称珍品。”

（四）

夏代莒文化乐器未见。商代仅见一例，沂水信家庄商代遗址出土石磬一件，残碎，赭石色，砂岩质，残长29、宽8～10、厚1.2、孔径1.4厘米[2]。

（五）

由夏历商而至西周时期，莒文化的乐器极少发现。可是一进入春秋时期，由考古所见众多乐器表明，似是莒文化的礼乐文明达到空前的繁荣。据载1963年莒县城东北的天井汪出土一批春秋时期的青铜器共21件，其中编钟6件，编镈3件；列鼎一组5件，有盖鼎、壶、盘、匏壶、鉴各1件，罍2件。编钟，最大者高29.8、最小者高21.1厘米，篆饰三角纹，舞、鼓饰云纹。编镈最大者高38.3、最小者高34.3厘米。最大者篆饰夔纹，舞、鼓饰夔龙纹。另外两件篆饰三角纹，鼓饰云纹，舞饰两头龙纹[3]。

（六）

1975年莒南大店春秋时期莒国两座大墓出土大批青铜与陶器等。一号墓殉葬10人，出土铜器107件，其中鼎2、敦3、壶、盘、舟、剑、矛各1件，镞7件，车马器及其他80余件。编钟（纽钟）9件，形式相同，大小相次，钲间篆带饰兽形纹，两鼓及舞饰蟠虺纹，均内填勾联雷纹，纽饰陶纹。最大者高24.2、最小者高14.9厘米。编镈1件，因墓葬属群众动土于春天发现，而考古清理工作则迟至同年六七月间进行，因此，估计原有编镈或有散失，此乃仅存其一也。高38.5厘米，钲间篆带饰两头兽纹，鼓及舞饰蟠螭纹，均内填勾连雷纹。二号墓殉葬10人，出土铜器17件，其中卣2、舟2、车辖1、镞2、环1件。编钟（纽钟）9件，长方形纽，螺状枚，钲间篆带与舞顶皆饰蟠虺纹，两鼓面饰蟠螭纹，内填重环纹和麻点纹。9件钟钲间和两铣面及钎部铸通篇铭文70字，曰：“唯正月初吉庚午，莒叔之仲子平自作铸其游钟。玄镠……乃为之音，央央雍雍，闻于夏东。仲平善……考，铸其游钟，以乐大酉。圣智龚良，其受以眉寿，万年无期，子子孙孙永之。”同时出土石编磬，残存12枚，可复原5件，石灰石质，形式相同，大小相次，最大的下边长58、最小的下边长32厘米[4]。

（七）

1977年冬及1978年2月，沂水刘家店子两座春秋大墓出土大批铜器等。一号墓殉人40个左右。出土青铜器153件，包括礼、乐、兵、杂器四类。其中礼器55件，计鼎16、鬲9、簋7、壶7、盘2、盆1、舟2，盂、盉、匜、甗、罐各1，罍4件。兵器29件，其中剑5、戈3件。乐器38件，计编钟20件，其中19件为甬钟。钟体扁椭，弧形口，柱形枚，依纹饰可分3组，各组形制相同，大小相次。甲组9件，钲间篆带饰夔纹；乙组7件，钲间篆带饰变异夔纹；丙组3件，枚细高，素面。另一件编钟枚作泡形。据《山东文物精品大展》介绍，这批编钟最高者42.5厘米。铃钟9件，形制相同，大小相次。扁椭体，弧形口，绳状纽。通体饰蟠螭纹。钲间和钎部铸有铭文23字，曰："陈大丧史中高作铃钟，用祈眉寿无疆，子子孙孙永宝用。"编镈6件，形制相同，大小相次，扁椭体，平口，扁纽，钲间篆带饰夔纹。錞于2件，形制相同，圜首，顶部有绹索状环纽，平口外撇作长椭圆形，圆肩，无盘，束腰，素面。M1：94通高49、纽高4.5、下口长26、宽19厘米。《山东文物精品大展》收录该墓出土錞于一件，高47、纽高4、直径28厘米。钲1件，甬中有方穿，钲体扁阔短椭，弧形口，通高28、甬长9、铣间19.3、鼓间12.7、舞修11.5、舞广8厘米。报告还称同时出土玉、石器300余件，其中有石磬，然未详件数及其形制数据。或据有关文章称为6件[5]。二号墓出土青铜鼎、壶、罍、提梁罐、盘、匜和编钟等。余者数目未见报道，不详[6]。

（八）

1970、1975年诸城臧家庄战国墓出土青铜器近40件。其中鼎5、豆5、壶4、熏炉1、罐1、觚1、勺1、插1，朱雀形器足3件，还有镞、残破镜片、鎏金盘残片、小残斧刃等，均残破无法复原。编钟9件，最大者通高38.7、最小者通高16.5厘米。钎部铭文共17字，曰："陈𬍙立事岁，十月己亥，莒公孙潮子造器也。"编镈7件，最大者通高51.4、最小者通高16.5厘米。空花扁纽，下口平齐，纽作二蟠龙，舞、钲、鼓均饰无首有爪之龙纹、三角雷纹和涡纹地，篆为浪花纹，枚饰蟠虺纹和涡纹。钎部铭文共16字，曰："陈𬍙立事岁，十月己亥，莒公孙潮子造器。"编磬13件，石灰石制作，素面，大小厚薄不一。最大长74、宽20、厚4厘米；最小长17、宽9、厚3厘米[7]。

上所揭列，自大汶口、龙山文化迤逦夏商周三代，而降至春秋战国时期，举凡莒文化的乐器，包括陶竹柄杯、牛角号、陶器刻划象形文字以及陶蚌形响器四类。而青铜乐器的数量则逐渐增多，青铜编钟62、编镈17、錞于2、钲1件，石编磬32件等。

另外诸城北境都吉台春秋中晚期墓中出土一批青铜器，有鼎、盘、匜、壶、车马器，还有一套编钟共9件，器存诸城市博物馆。据考诸城都吉台其原为商周诸国之都，降至西周至春秋初年而为鲁国所属之诸邑。春秋早期此地又曾属莒，我们从这批青铜器的特点和当时莒与鲁及诸邑之间的关系来看，可以推断，此地当时属莒，而此墓应为莒墓。但因器上无有铭文，仍遽难断定此确属莒器也。

再即《临沂凤凰岭东周墓》出土纽钟9、编镈9、铎1、枹1，共20件乐器。据发掘者推考该墓主可能为春秋晚期鄅国之君。现在从墓葬形制、位置以及殉人情景，和钟、镈之铸造工艺跟陶器造型诸种，与莒南大店莒国殉人墓相同类项做逐一比较，即可看出两者之间所存较大共性。典籍记载，鄅国之君于春秋晚期因被征伐曾沦为邾国俘虏，并且下场不明。而此墓之规模形制，显难与亡国之君相匹。并且，鄅国故城在沂河之西，而此墓却在沂河之东，其北则正与莒南、莒县、沂水南北相望。况且此墓又与莒南大店、沂水刘家店子莒王公大墓正处南北一条线上。因此，我们据之而推断此墓应是莒国王公或大夫之墓。这亦与春秋时期莒之势力强雄的实际情形相对应。然究竟如何，亦未遑遽断也。

又据山东省文化厅史志办编《文艺志资料·音乐》，收载沂水高桥镇出土春秋时期石埙。从其时代和出土地域来推考，亦可断之为莒文化之遗物。

二、意义释解

以上所揭有关莒文化之乐器诸种，结合文献和考古资料，我们藉此可以探索或阐述相关问题，并且，这些乐器的出土，对科学地阐释莒乃至东夷礼乐文明的意义与特色均至关重要。

（一）

关于乐的起源，据相关文献记载“伏羲氏削桐 为琴（《琴论》)，“舜作五玄琴，以歌《南风》，夔制乐，以赏诸侯”（《礼记·乐记》)。又《史记·五帝本纪》载：“舜曰：‘然，以夔为典乐，教稚子，直而温，宽而栗，刚而毋虐，简而毋傲；诗言意，歌长声，声依永，律和声，八音能协，毋相夺伦，神人以和。’夔曰：‘於！余击石拊石，百兽率舞。’”还有文献记载舜作《韶乐》，等等。结合文献和考古实证，以及舜所处时代的文化特点，大致可以推断，舜所生处的年代，大约相当于龙山文化时期。并据，《孟子·离娄·章句下》所记：“舜生于诸冯，迁于负夏，卒于鸣条，东夷之人也。”可以推断舜的出生地当在距今莒县不远的诸城境内。舜作为东夷文化的著名人物，史称五帝之一；同时又是莒文化早期突出的典型。尽管我们不能把所有关于乐的器具和乐章的发明创造，爰依文献所载而统归于虞舜一人；但是，结合考古所发现的相关资料，由此而可以探求，在虞舜所生处的龙山文化时代，中华文明礼乐的起源与发展，应是具有典型意义的。

关于胶南市西寺龙山文化遗址出土的黑陶蚌形响器，此前未解其为何种乐器，据《尚书·益稷》夔曰：“戛击鸣球，博拊琴瑟以咏。”夔为舜禹时期的乐官，其主管音乐之事，而“鸣球”之称，此为首见。由此我们可以推测，这种陶蚌形的响器，或即是古所谓的“鸣球”也。

在浙江的河姆渡文化遗址中，前曾发现用鸟兽之骨制作的骨笛；而在河南舞阳贾湖遗址亦出土多孔的骨笛，他们的时代与大汶口文化者相去未远。由莒县、五莲等地出土的陶牛角号、陶竹柄杯和刻划陶文“凡”字等，例可推断，此时期的莒乐早已创生并处于逐渐发展的阶段。至于龙山文化时代的陶蚌形器，其不但证明莒文化礼乐文明的内涵渐之丰富，而且还体现出莒乐极具海洋文化之特色。蚌形器既非笛琴管弦之乐器，亦非击石拊石之敲击乐器，也与同时代的陶埙大相径庭。目前，尚未闻有第二件。由此可以认为，这种乐器应为莒文化所独擅，并与之周近濒海有密切关系。

若就目前所见，莒文化早期的乐器，似乎主要有吹奏和摇击两种。但是，在与之时代和地域均较相近的广饶大汶口文化发现陶鼓，临朐西朱封龙山文化墓葬中出土鳄皮鼓，潍坊姚官庄龙山文化遗址发掘到陶埙。由此或做类推，莒文化在与之相当时代亦应出现陶鼓、鳄鼓和陶埙。当然这仅是一种类比推想，实际情形到底如何？尚有待考古实证。

夏商至西周时期，莒文化考古中关乎乐的资料鲜有发现，虽然，据考有大批莒国商代青铜器出土于费县，因属民间动土发现，先上交废品收购站，后则辗转于北京，由文物部门从中拣选发现。律之常理，凡此情形，期间散佚缺失相关器物和重要信息，定然不在少数。然而由此数十件带铭文“举䣄”的青铜礼器和少量的兵器[8]，并证之沂水信家庄出土商代石磬，仍可以推断当时莒文化礼乐文明所达之高度。

若将沂水信家庄的商代石磬，与莒南大店、沂水刘家店子、诸城臧家庄出土的春秋战国时期的石磬相比较，即可发现，商代石磬的磬折并不明显，勾、股的差距亦比后来的小；并且造型尚欠规整，石质亦不纯净。春秋战国时期的石磬石质精好、造型规整、形体加大，如莒南大店春秋莒墓石磬，大者下边长58、小者32厘米；诸城臧家庄战国墓石磬，大者下边长74、小者17厘米。沂水信家庄出土的石磬残长29厘米。并且数量增多，信家庄1、莒南大店12、沂水刘家店子6、诸城臧家庄13件。这从侧面反映莒文化中，石质乐器随时代而逐渐发展的情形；同时，还可表明整体莒文化中乐的内涵在不断发展与扩充。

（二）

莒文化的编钟、编镈，通常都铸造得形体规整而纹饰精美；编钟分为纽钟与甬钟诸种。当然，有的甬钟并不排除其为单个敲击之可能，但有时仍可按音律而编配组合。从春秋早期到战国早期约三四百年的时间，考古发现有关编钟、编镈，尤其编镈的形体是在逐渐增大，并且铸造工艺日趋精美，纹饰主要有夔龙、蟠螭、蟠虺诸种，而纹饰作双首龙则是其突出的特色。从这些青铜乐器所反映的铸造工艺，可以看出莒文化之礼乐文明的重要地位，及其青铜冶铸业整体发达的水平。

山东境内所发现的春秋战国时期的编钟、编镈，尤其编镈上铸有铭文的较为少见。而据不完全统计莒文化80余件编钟、编镈，其中34件铸有铭文，这包括陈大丧史所铸的9件；从这9件编钟在随葬品中的组合及保存状况，可以看出该墓主人生前对这套乐器是甚为喜爱和重视的。春秋时期由于战争掠夺、婚嫁媵送、礼敬馈赠诸种原因，遂使有些礼乐器因主人更易而被刮磨去原有的铭文，而这9件编钟的铭文仍得保存完好，自可表明其非掠夺，而应是礼敬交好之物证。莒国之于编钟、编镈上铸作铭文，这在山东诸国相同时期、同类乐器上所出现的概率为最高。由此即可体现出莒人对乐器的重视与珍爱，亦可反映莒文化礼乐文明之发达，较之其他诸国至于更高的境地。

尤可称道的是莒南大店大墓出土的编钟，其上所铸铭文，通篇70字有韵，据陈世辉先生《金文韵读续辑》考定：“唯正月初吉庚午，莒叔之仲子平，自作铸其游钟，玄镠……乃为之音。央央雍雍，闻于夏东（东部）。仲平善……考，铸其游钟，以乐其大酉，圣智龚良，其受以眉寿（幽部），万年无期，子子孙孙，永宝用之（之部）。”[9]由此可见，春秋时期莒文化之编钟，不但讲究铸造规整，音律和美，央央雍雍；而且亦追求文字篇章韵律之美。仲子平钟全铭15句70字，分押：东、幽、之部，凡共8韵。《诗》三百篇中未见莒文化之内容，而此编钟铭文，70字的篇章，正可作三百篇之外的另一篇来对待。

（三）

沂水刘家店子莒墓出土铜錞于2件，此乃山东先秦时期所仅见。并且相关研究者指出錞于为东夷所发明创造[10]，还依据它们的形制，以为这两件的时代为最早。我们结合20余年的考古发现，至此可以推断，錞于作为一种军乐器，其应该是由莒文化所发明创造的典型器物。《周礼·地官》载："以金錞和鼓。"《国语·吴语》："王乃秉枹，亲就鸣钟鼓、丁宁、錞于振铎。"《国语·晋语》："赵宣子曰：'是伐备钟鼓，声其罪也；战以錞于、丁宁儆其民也'。"韦注："丁宁者，谓钲也。"刘家店子出土钟、钲、錞于等，如按赵宣子所言，其中尚缺少鼓。鼓一般为木、革质，易于腐朽，或当初墓中即按钟、鼓、錞于、钲组合入圹，发掘时鼓已朽腐，故不得见。錞于由东夷之莒文化所创造，其于两周时期主要在莒文化圈内流行，至春秋晚和战国时期则主要流行于江淮流域之吴、越、楚、巴等地，而于其原创地周近齐鲁诸区则未见。江淮地区出土錞于的墓葬，其随葬品往往都较丰富，通常其中多有成批兵器共存。钲亦为军乐器，通常多于江淮流域墓葬中出土，而山东地区则少见。刘家店子莒墓中出土编钟4组，编镈1组，錞于两件应为一组，还有钲一件，这是迄今所见山东先秦诸国墓葬中出土乐器最多的一批。

饶有趣味的是，据《山东文物精品大展》收录一件2000年章丘洛庄汉墓出土的铜錞于，高44、口长径24.5、口宽径20.6厘米。一见该器，就使人马上联想起沂水刘家店子莒墓中出土的那两件錞于，不仅3件形制相同、宛若孪生，而且高度相差不过3厘米，口径相差仅1.5厘米。因此，就不得不令我们产生以下的联想：洛庄汉墓中出土的这件錞于，极有可能为春秋时期莒文化的产物，后经数代辗转保存，至汉代因该墓主生前对此器的特别珍爱，故被随葬墓中。还有一种可能则是汉代尚能得见春秋时期莒文化的錞于，因其形制精美、寓意特殊，遂使人们依其形制而仿造，并随其他物品一起葬入墓中。无论属于哪种情形，凡此种种，都能充分体现出莒文化之乐的文明高度和无穷而又博大之魅力。

根据沂水刘家店子莒墓的形制特点和随葬品的组合、种类、造型等，可以推断该墓的年代约为春秋中期偏早。并且，由文献和出土实物合证，此时期正是莒国势力最为强盛，并且，同时又是莒文化发展史上的又一高峰期。文献中仅记莒国之交战征伐、盟会外交和筑城拓疆之事，由此可以推考莒国之军事力量和疆域的消长变化。而唯于礼乐文明缺乏记载，今由考古资料，不但可以与文献合证莒国此时期强大的军事力量，而且更能体现出与之相应的礼乐文化更为发达。不仅如此，并且还能发现莒国尤为重视礼乐文化，这从有关发掘的墓葬资料可以看出，凡是莒国大墓，几乎每座之中均有礼乐器组合出土。而此现象在山东先秦诸国之中，亦属特例。

这也充分说明莒虽为东夷最古老的先秦古国，然其礼乐文明绝不像传统文献所记载的那样偏陋野蛮而落后。事实与之恰恰相反，莒文化之礼乐文明所达的高度和其丰富瑰丽的内涵，却是其他非东夷古国所能比及的。

（四）

据《古今乐录》载："凡金为乐器有六，皆钟之类也：曰钟，曰镈，曰錞，曰镯，曰铙，曰铎。”由此可见，钟、镈、錞于、钲是成套组合的金乐器。《山东地区两周编钟的初步研究》一文所谓的编钟，其乃为通名，其包括镈、纽钟、甬钟诸种。还据该文不完全统计，山东地区出土两周时期编钟357件，并指出：“在山东地区所见的357件周代编钟中，能确定地区和国家的333件，分布于7个地区，即淄博地区（编钟71件）、临沂地区（编钟106件）、昌潍地区（编钟32件）、济南地区（编钟45件）、烟台地区（编钟40件）、济宁地区（编钟25件）、惠民地区（编钟14件），几乎遍布整个山东半岛。但主要分布于姜齐（编钟125件）、少昊己姓莒（编钟63件）、东夷子姓莱（编钟40件）、邾（编钟29件）、郳（编钟27件）、东夷曹姓邹（编钟13件）、郯（编钟8件）、姬姓滕（编钟4件）、鄫（编钟3件）和鲁国等国。从编钟的分布国家可知，姜齐最多，达125件，其次是土著莒国和东夷莱国，姬姓滕国只有4件，而号称‘礼乐之邦’的鲁国只有1件鲁原钟，薛国则一件也没有。究其原因，应是太公治国之初，即实行‘因其俗，简其礼’，采取‘举贤而上功’，很多来自下层社会的贤士得以重用。按照当时的礼乐制度，卿、大夫和士均有权享用钟磬乐悬，从而在客观上促使这一时期齐国钟磬的数量急剧增加。鲁国则不然，周公始封实行‘变其俗，革其礼’采取‘尊尊而亲亲’，十分讲究血缘宗法关系，‘非吾族类，其心必异’，所以异姓家族很难得到重用，钟磬礼乐也只属于少数姬姓贵族所有。滕、薛等姬姓国钟磬数量较少，情况也应如此。另外，齐国‘因其俗，简其礼’的治国方针，使一些异姓和东夷国家也日益强大，其编钟文化随之发展兴盛。”[11]

以上所论很有意义，但是，关于列国编钟之数量的统计似还存在出入，这主要在齐与莒国。如诸城臧家庄战国墓16件编钟、编镈，从国别看可归入齐。然而，若从文化属性和传承研究，其应列入莒国；还有诸城都吉台的6件编钟，以及郯和所谓郳国的，其抑或可列入莒文化之范畴。如此算来，山东两周时期齐与莒文化所出土的编钟数量大致相等。如仅以春秋为例，山东诸国所出土的编钟、编镈之数量，则以莒国为第一。

如上所揭列，沂水刘家店子一号莒墓除出土32件乐器外，同时还出土礼器55件，其中鼎16、鬲9、簋7、壶7、罍4、盆2、瓿2、盂、盉、甗、罐、匜、盘、舟各1件等。有据传世著录的春秋时期的莒侯少子析簋铭文称，其一次作祭器八（簋）；莒太史申鼎铭文称，申一次铸10件鼎，以享宾客。这种礼器成套地铸造，成批地出土，凡此情形，较之齐、鲁有过至之而无不及。礼乐相辅，有礼器的出土情形，亦可旁证乐器的行用。

以鲁与齐、莒出土编钟的情形来推究，可见秉承西周礼乐文明的传统，与现实中礼乐文明所达的高度存有极大的差异。按西周宗法制度及周代“三礼”规范，鲁国即应该相应有众多的编钟等乐器发现；并且迄今考古发掘的鲁国两周墓葬已为数不少，然而，其所出土乐器的数量则为最少。齐国之与东夷则是“因其俗，简其礼”的，所谓的“因其俗”则当是沿用东夷之旧俗，而“简其礼”则当是“简化”或“简约”东夷之礼的。尽管奉行“简其礼”为之治国方针，可是现实中则行用大批的与礼器相组合配伍的乐器。由此看来，考古发掘所见的情形与文献所记大相径庭，东夷之礼乐文明的程度，较之传统所谓之“华夏”实有过之而无不及。如是，我们回头来再作反思，所谓“简其礼”之“礼”是何种情形？如按考古发现齐、莒诸国之礼乐文明高度远胜于鲁，这恰恰又正与文献记载相悖。因此，通常认为传统的西周宗法观念与礼乐文明，其与东夷奉行已久的独具特色的礼乐文明两种制度各不相同。所以，所谓的“华夏”正统礼制文明之观念，应与东夷的存有明显的差异；因此，各对自己的“礼乐文明”有着极不相同的认识与追求。鲁为华夏正统的典型，迄今所见仅有一件鲁原钟，难道这能证明鲁国的礼乐文明程度高吗？如古时的朝聘之礼，是当时诸侯与周王朝以及诸侯之间因宗法或情感的需要而必需的礼节。鲁国与周王朝的关系尤其密切，循于礼制，鲁国应按时朝觐周天子。可是，据杨伯峻先生统计，终春秋二百四十余年的时间，《春秋》所记鲁国的大夫到周朝礼见仅仅七次；而鲁侯的朝聘亦仅仅二次[12]。由此可以看出鲁国有时并非恪守周礼。再看乐器，诸如莒、齐等国所出土的乐器数量为最多，然而他们却是东夷的或沿用东夷礼俗的典型。由此我们可以推想，东夷与华夏之礼乐在一定的时期并非存有严格与明显的差异，孔夫子有言，天子失官，学在四夷，可见夷礼与华夏之礼差别不大。结合莒、齐诸国出土的编钟等多种乐器，而与鲁国存有巨大差异情形，甚至可以认为春秋时期齐与莒文化的礼乐文明程度要远远胜过鲁国。

西周初期齐鲁各奉行互不相同的治国方针，而后不久即见差距。沿此发展方向，待到春秋时期，齐之于鲁的差距绝非同日而语。所以考古发现乐器数量、种类上的差异，其所反映的仅仅只是一个方面。莒为东夷古国之典型，其在春秋时期国力强雄，礼乐文明高度发达，而与之相应的在其王公贵族墓葬中随葬数量、种类众多的乐器，这些应是莒文化作为东夷文化的代表文明发达的物证。

或以为春秋时期“礼崩乐坏”，凡此现象有可能仅对西周传统礼乐而言，若按莒文化发展的规迹，其于此时又正可与所谓的“礼崩乐坏”相反悖，而是达到历史发展进程中的礼备乐盛之极致。

（五）

西周传统礼乐制度，至春秋时“礼崩乐坏”，孔子为之发出“天子失官，学在四夷”的慨叹！历史上也曾传称孔子师郯子的美谈。今由莒文化的发现与研究，可以看出春秋时期东夷文化所达到文明高度。同时，此也反应莒文化与西周之文明礼乐制度有所不同，故而兴衰的历程各异其趣。并由孔子的感叹，可以看出，其既有对周之礼乐崩坏的不满与惋惜，同时又体现出其对“四夷”文化的认同。莒为东夷之典型，其在“四夷”之内。由孔子师郯子，到其云“学在四夷”，以及“道不行，吾将乘桴浮于海”可以看到其对东夷文化的认同与向往；而此观念的改变与认识的由来，则应该主要是建立在以莒为典型的东夷文化礼乐文明高度发达的基础之上的。

（六）

关于莒文化墓葬存在殉人的问题，据《曲阜鲁国故城》发掘报告称，共发掘两周时期甲、乙两组墓葬共 129 座，并指出甲组为地方土著墓，乙组为西周王朝所封者墓。两组墓葬仅发现甲组 M202 一座春秋早期单人殉葬墓。可是同一时期，莒与齐国还有莱国的墓葬均发现殉人现象，尤其莒国有的大墓殉葬四五十人。并且，齐国有关大墓殉人的数量也不在莒墓之下。或者认为，大量的殉人是一种奴隶制的陋俗，是礼乐文明低下的象征。可是，我们联系齐国的历史与考古发现，尤其是文献中关于其礼仪典盛、韶乐闻达，和考古所见有关大墓中出土大批歌舞娱乐之俑的情形，凡此诸种，亦难以使人得出齐文化此时是为野蛮落后的认识。还有鲁国故城的129座墓葬，及其所发现的有关墓葬，其随葬诸种青铜、玉、陶礼器与兵器的现象，较之齐、莒者并无些许差异。由此可见，鲁与齐、莒诸国之间的丧葬礼制亦无不同，而反映到现实间的礼乐文明之制抑或不至大相径庭。殉人之风，滥觞于史前，盛行于商周，而至春秋时期列国之间实有不同；并且，此种风气流传久远。我们认为凡此莒、齐与鲁文化之间的差异，其并非以文明与野蛮而分轩轾，而是各文化区域之间相沿已久历史风俗使然。

2008年2月21日上元节草讫
2008年4月29日修订
于潍上十笏园砚香楼下知松堂

注　释

[1] 王清雷：《山东地区两周编钟的初步研究》，《文物》2006年12期。
[2] 马玺伦：《山东沂水发现一件带鸟形象形文字铜戈》，《文物》1995年7期。
[3] 齐文涛：《概述近年来山东出土的商周青铜器》，《文物》1972年5期。
[4] 山东省博物馆等：《莒南大店春秋时期莒国殉人墓》，《考古学报》1978年3期。
[5] 同注[1]。
[6] 山东省文物考古研究所等：《山东沂水刘家店子春秋墓发掘简报》，《文物》1984年9期。
[7] a. 山东诸城县博物馆：《山东诸城臧家庄与葛布口战国墓》，《文物》1987年12期。
b. 参见曹定云：《春秋莒史研究三题》，《莒文化研究文集》，山东人民出版社，2002年。
[8] 程长新等：《北京拣选一组二十八件带铭青铜器》，《文物》1982年9期。
[9] 陈世辉：《金文韵读续辑》，《古文字研究》第九辑，中华书局，1981年。
[10] 徐中舒、唐嘉弘：《我国古代錞于概论》，《社会科学研究》1980年5期。
[11] 同注[1]。
[12] 杨伯峻：《论语译注·前言》，中华书局，1980年。

Academic Discussion on Musical Instruments of Ju State

Sun Jingming
(Weifang Museum, Weifang)

The musical instruments of Ju Culture have been found archaeologically for a long time. It's common to unearth bronze and stone instruments in the burials of the Spring and Autumn Period. Such a phenomenon was more serious than that of Qi and Lu. Therefore, it does contribute a lot to the research on the differences and similarities between Dongyi and Huaxia in the ceremony system during Eastern Zhou, and the understanding to the so-called Propriety Disintegration.

中国先秦的巫术特征考察*

赵容俊

（清华大学历史系，北京）

一、前　　言

（一）“鬼神世界”的存在

崇信鬼神为古代宗教仪式即巫教仪式的最主要内涵之一[1]，亦为许多人类社群共有的或普遍存在的巫术活动现象。中国古代社会即为其中之一，尽管其起源已无可考查，然就夏商周三代而言，依古人传述得知，其对鬼神之态度虽不尽相同，然而，其相信鬼神之存在且崇敬其权威，则并无二致[2]。

至于古人所崇信的鬼神，在浩如烟海的古籍文献中，有关祭祀对象的记录甚多，如《周礼·大宗伯》篇便有其记载，其云：

> 大宗伯之职，掌建邦之天神、人鬼、地示之礼，以佐王建保邦国，以吉礼事邦国之鬼神示。以禋祀祀昊天、上帝。以实柴祀日、月、星、辰。以槱燎祀司中、司命、飌师、雨师。以血祭祭社、稷、五祀、五岳。以貍沈祭山、林、川、泽。以副辜祭四方、百物。以肆献祼享先王，以馈食享先王，以祠春享先王，以禴夏享先王，以尝秋享先王，以烝冬享先王[3]。

据此不难得知，古代所崇信的鬼神，依《周礼》所记可大别为三类：①天神——昊天、上帝、日、月、星辰、司中、司命、风雨；②地祇——社、稷、五祀、五岳、山、川、林、泽、四方、百物；③人鬼——先王。

由此观之，中国古代祭祀的对象，除至上神（帝：天）外，举凡日月星辰、风雨雷云、山川河海、草木鸟兽……乃至各种物事及死人之亡魂，均为神灵之一[4]。如此大大小小的鬼神，于古人的观念中，遂形成一种有别于人世间的“鬼神世界”。

（二）先秦巫术的概况

巫术信仰（即巫教）为人类史上最早出现的文化形态之一，张紫晨在《中国巫术》一书中，即云：

> 它是人们在蒙昧阶段对物质世界与精神世界的一种认识形式和实用手段，

---

* 本文系在笔者2002年通过的题为《先秦巫俗之研究》的硕士论文的基础上改写而成。本文多得力于吾师许进雄教授、李丰楙教授、金荣华教授的教导，特此道谢。其后，经再整编，改题为《殷商甲骨卜辞所见之巫术》，（台北：文津出版社，2003年7月），遂问世矣。

并直接影响到人们衣食住行的各个方面[5]。

据此可知，巫教的起源，已有悠久的历史。

若论巫术在中国古代文明史上的贡献，张光直曾提及，其曰：

“巫”的宇宙观在人类文化史上是相当常见的，但过去巫术与巫师在文明发展史上所起的重大作用，颇被忽视，这是因为研究文明史者多集中注意力于西方文明，而西方文明的发展经过和动大有它独特的特点，在它那里巫是不重要的。巫师和巫术起大作用的文明，如中国和玛雅，过去在文明起源一般问题的研究上并不受学者的注意。自九十年代初开始，中国文明和玛雅文明在世界舞台上逐渐受到重视，巫师与巫术在文明演进史上的重要性，也逐渐受到研究文明演进一般问题的学者的严肃考虑。因为中国的材料在这个题目上的启示作用，在这里我们应当将中国古代文明史上巫与巫术所扮演的角色，详细地说明一下[6]。

由张光直的见解不难得知，巫教在中国上古时期，便起重要的作用。

不宁唯是，许多学者指出，巫者曾在古代中国职掌着政教大权及祭祀、占卜、医药、诗歌文艺等技艺知识[7]。即因巫者在上古社会，特别在最早有文献遗存的殷商时期，具有极高的地位与影响力，巫者活动乃成为古代人类文化的创造活动。

相对而言，从周、秦以后巫者的政治地位迅速降低[8]，即便如此，并不表示巫者社会活动的止息。换言之，巫者在上古时代具有极高的地位与影响力，然而随着时代发展，巫者地位慢慢降低，其活动以及对社会的影响力亦随之变化，但仍未失其绵绵的生命力。

巫者在上古时期曾一度拥有极高的政教地位，至周、秦以后则急遽没落。论其政教地位下降的关键，一为入周以后，巫职渐分化为宗教性质的巫及主持典礼的祝、宗等；除此之外，初期的史官亦为一种巫官[9]，掌管历史上所称的“卜”、“占”、“巫”等，又为掌握神权的原始的宗教官，巫职分化以后，史官演变成专司文字记载之职，自无需强调巫术。此种职能分化的结果，使巫者失去政治地位，与此相反，统治者的威权得以集中与强化。从此，巫教没入民间，以其事鬼神的专职为主，继续发挥极其广大的影响，故汉代尚有“街巷有巫、闾里有祝”的现象[10]。

由此观之，精心考察巫术演变的过程，仍有其重要性，对巫教信仰发展过程的深层了解，确有其必要[11]。本文以先秦巫者地位的变迁过程为主，详细讨论先秦巫者的地位演变情形，分别略述于下。

二、上古时期

（一）图腾崇拜

中国上古时期之宗教性质与状况，因文献不足，至今仍难以考察。但若观察考古学家挖掘出之遗物，特别是在北京周口店山顶洞遗址发现的已有陪葬品的墓葬，说明中国至迟在旧石器时代晚期似已有社会组织与埋葬习俗的雏形。周口店遗址的发现，暗示当时已有某种原始信仰存在，亦反映中国上古宗教信仰，必具悠久的历史[12]。

如前言之，据学者的多年研究，古代中国原始宗教信仰的产生极其古老，大致萌芽

图一　人面鱼纹彩陶盆（西安半坡）

于旧石器时代晚期[13]。依中国文化的发展而言，其后在公元前 6000 年左右，即为新石器时代，此时已有农业聚落的生活，至黄帝之时（约在公元前 2400 年间），始由族群形成国家的雏形。古人的宗教信仰也随之发展，益加深化。若视在中国地区考古挖掘的文物，如在陕西西安半坡出土的彩陶钵上绘有人面鱼身像（图一），在陕西临潼姜寨遗址出土的彩陶上绘有鱼蛙纹（图二），在河南陕县庙底沟出土的第一期陶器上绘有鸟纹（图三），在青海乐都马家窑出土的陶器上绘有人蛙纹（图四），以及藏于美国华盛顿弗利尔美术馆之良渚文化出土的 3 件玉璧上刻有鸟立于山上之形的图像（图五），等等，其年代为公元前 4000 ~ 前 3000 年，即为新石器时代。由这些纹样不难得知，于新石器时代的陶器上，古人已绘出原始宗教的意义。

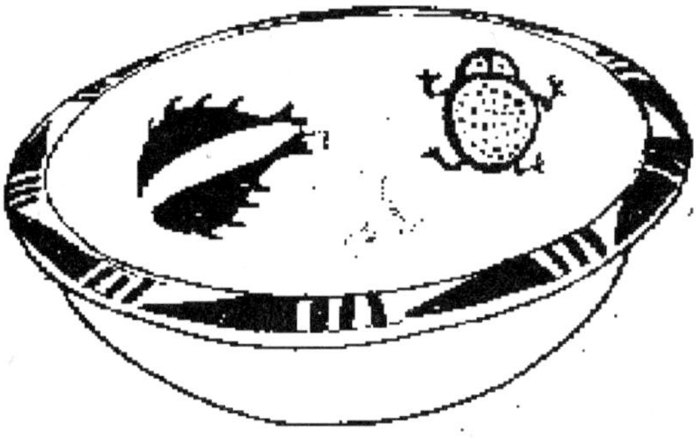

图二　鱼蛙纹彩陶盆（临潼姜寨）

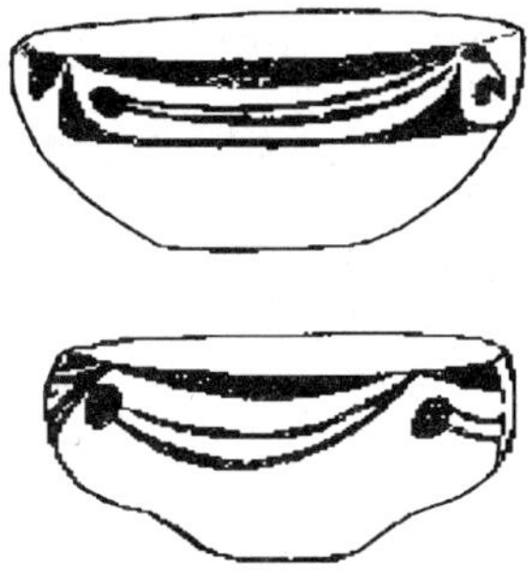

图三　变形鸟纹彩陶碗（庙底沟）

图四　人蛙纹彩陶瓮（马家窑）

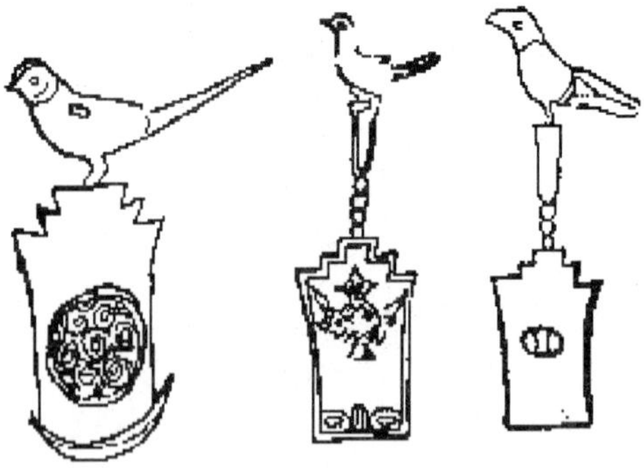

图五　鸟图像玉璧（大汶口与龙山）

尤其研究图腾的学者认为，此种新石器时代彩陶上的动物纹样及其象征性纹样，均为古代氏族部落的图腾标志[14]。由此观之，此种纹样，无论具有原始宗教的意义，或为古代的图腾标志，均为一种信仰的形态。此类象征信仰的例证甚多，不胜枚举，此处不行多述矣[15]。

上古时期人类在自然崇拜的实践中，于母系氏族社会的初期时，因运用较多的抽象与幻想能力，以至逐渐发现一种自然现象与本氏族有某种特殊的联系。图腾崇拜，原为原始氏族时期产生的一种宗教信仰。“图腾”（totem）一词系北美印第安语，其意为氏族的标志或图徽[16]。

图腾信仰，原本认为人与某种动物、植物或非生物之间，有一种特殊的血缘关系，每个氏族皆起源于某种图腾。故诸多氏族以图腾名称作为其氏族的姓或名字，并且此种图腾视为其氏族的保护神、徽号及象征。由此可知，古代的人类在追溯自己的来源时，视图腾为自己诞生的来源之一，从而产生图腾信仰，以及由巫者执行各种宗教祭祀活动。如此一来，图腾信仰在转移至父权社会之前，为母系氏族社会的基本信仰，并且为巫者所崇拜的神灵中的一类[17]。

马凌诺斯基曾提及有关图腾信仰的看法，其云：

> 图腾信仰引出巫术性活动，赖以造成富裕。……久而久之，而家族扩大为氏族，各有族长，便是图腾的最高巫师。图腾制度的最初方式，……是一种巫术合作组织[18]。

据此可以得知，图腾信仰乃由“图腾—巫术—仪式”结合而成者。因此，于图腾信仰中，凡被认为图腾的事物，即成为本族群崇拜的对象及禁忌的中心。若有所冲犯，认为伤风败俗，为族群成员所不容，则须由巫者祈禳厌胜。由此得知，图腾信仰为初期氏族族群成员的主要信仰之一。

（二）巫者出现

根据传说，于远古的某个时期，人的世界与鬼神世界相连相通，任何人皆能与鬼神交通无碍[19]。然而，自从重、黎“绝地天通”[20]之后，人与神的世界隔绝为二。神与人之间的关系实在密不可分，既然如此，便有专司神人交通的媒介者出现。

此种神人间的媒介者，即为春秋时楚国大夫观射父所说的“巫者”，《国语·楚语》载其言曰：

> 昭王问于观射父曰：“（《尚书》）《周书》所谓，重、黎寔使天地不通者，何也？若无然，民将能登天乎？”
>
> 对曰：“非此之谓也。古者民神不杂。民之精爽不携贰者，而又能齐肃衷正，其智能上下比义，其圣能光远宣朗，其明能光照之，其聪能听彻之，如是则明神降之，在男曰觋，在女曰巫。是使制神之处位次主，而为之牲器时服，而后使先圣之后之有先烈，而能知山川之号、高祖之主、宗庙之事、昭穆之世、齐敬之勤、礼节之宜、威信之则，容貌之崇、忠信之质、禋絜之服，而敬恭明神者，以为之祝。使名姓之后，能知四时之生、牺牲之物、玉帛之类、采服之仪、彝器之量、次主之度、屏摄之位、坛场之所、上下之神、氏姓之出，

而心率旧典者，为之宗。于是乎，有天地神民类物之官，是谓五官，各司其序，不相乱也。民是以能有忠信，神是以能有民德，民神异业，敬而不渎，故神降之嘉生，民以物享，祸灾不至，求用不匮。

及少皞之衰也，九黎乱德，民神杂糅，不可方物。夫人作享，家为巫史，无有要质。民匮于祀，而不知福。烝享无度，民神同位。民渎齐盟，无有严威。神狎民则，不蠲其为。嘉生不降，无物以享。祸灾荐臻，莫尽其气。颛顼受之，乃命南正重司天以属神，命火正黎司地以属民，使复旧常，无相侵渎，是谓绝地天通。"[21]

对于上古时期巫者的地位，徐旭生在《中国古史的传说时代》中云：

此种能为鬼神所降附的巫者，系经由帝颛顼之宗教改革后方才出现的专业巫师，从此之后，鬼神之意志和命令便须透过巫者的传译才能达于凡人。而由于假藉神威神命，此一巫者集团便自然而然地取得对整个社群的支配权[22]。

据此不难理解，上古时期的巫者，凭借神威神命，不仅掌握政教大权，且有极高的地位与影响力。不宁唯是，再加上，巫者举行的祓禳、祈福等巫术性活动，于图腾崇拜时期，亦为上古人所重视，故巫者为部落群众的巫术执行者。

由此观之，专业的巫者是否从帝颛顼的宗教改革后方才出现，至今仍不知之。无论如何，当交通鬼神之事，成为少数专业巫者独拥的技艺与权力，巫者在中国上古社会中，便开始扮演日益重要的角色。周策纵曾论述，巫者在中国上古社会中，扮演如此重要角色的原因[23]，是为古人在面临生育、疾病、死亡、天灾人祸，或其他与生命有关之事件时，经常透过各种不同的巫术仪节，祈福、祓禳、解决问题，以及克服危难。故巫者在中国上古社会中，曾占有重要的地位。

即便如此，富有巫术性质的图腾信仰，于时移世迁之后，势力渐衰，逐渐为天地、自然、多神的信仰所取代。

三、殷商时期

（一）甲骨占卜

甲骨占卜的习俗，起源甚早，依考古发掘报告，骨卜发生的年代，大致可远推至龙山（黑陶）文化时期，此时已出现以动物肩胛骨占卜的骨卜习俗。尤其大汶口文化遗址、墓葬之内，就有龟甲出土，为一种装饰品或宗教仪式的用具[24]。换言之，凡此使用龟甲的习俗，已在殷商之前即发生，由此不难推测，巫术的渊源甚为久远。其后沿至殷商时期，甲骨占卜的巫术遂极为盛行，藉兽胛骨与龟甲为媒介[25]，以求获得神明对于人类询问的解答。因此，不仅巫者成为传达人神讯息最重要的中介，甲骨占卜亦成为主要的占卜工具。

中国古籍文献中，有关于甲骨占卜的记载，如《尚书·洪范》便有云：

七、稽疑，择建立卜筮人，乃命卜筮。曰雨，曰霁，曰蒙，曰驿，曰克，曰贞，曰悔。凡七，卜五，占用二，衍忒。立时人作卜筮，三人占，则从二人之言。汝则有大疑，谋及乃心，谋及卿士，谋及庶人，谋及卜筮。汝则从、龟从、筮从、卿士从、庶民从，是之谓大同，身其康强，子孙其逢，吉。汝则从、龟从、筮从，卿士逆、庶民逆，吉。卿士从、龟从、筮从、汝则逆、庶民逆，吉。庶民从、龟从、筮从、汝则逆、卿士逆，吉。汝则从、龟从、筮逆、卿士逆、庶民逆，作内，吉；作外，凶。龟筮共违于人，用静，吉，用作，凶[26]。

据此可以得知，商周时期已并用筮法与甲骨占卜。

对于中国古代特别在殷商时代极为普遍的骨卜，商人究竟如何占卜、其程序如何，现在已难知其详。即使如此，众所周知，商人极其迷信，事无巨细皆求占卜。此种骨卜，乃包括牛肩胛骨卜与龟甲占卜。其大约之治卜过程，略述于下。

从殷墟所出甲骨实物分析，商人占卜之前，不论龟甲或兽骨，皆需经取材、锯削、刮磨等准备工作。如此甲骨整治之后，占卜的程序则大致可分为钻凿、灼兆、刻辞，以及涂饰与刻兆等项。

首先，钻凿的作用在于帮助卜兆的裂开容易，并使卜兆形成要求的卜字形状[27]。钻凿之后便进行燋灼，于占卜时，向凿处灼之，在另一面便发生裂纹即兆纹，巫者可以据卜兆判断吉凶。

占卜完毕，巫者将所占卜的事项及占卜结果刻在卜兆之旁。一般而言，一条完整的刻辞有如下几个内容：一曰序辞（或称前辞），包括卜问的时间，占人姓名等；二曰命辞，记录命卜之辞；三曰占辞，根据卜兆所作的吉凶判断；四曰验辞，记录占卜之后所应验的结果。其内容涉及文字文例、文法、卜辞、断代研究、宗法制度、天文、历法、宗教信仰、疾病与医药、政治、官制、农业、田游、征伐、工艺、交通等殷商史相关的研究题目[28]。

刻完卜辞之后，为求美观，有的骨卜在字的笔道中涂上朱砂或墨，以示庄重。不仅如此，又用刀再加刻划，使兆璺明显。

此外，在许多甲骨的兆侧刻划，亦经常发现。一到三个字的短语，即兆语或兆侧刻辞的刻划，如吉、小吉、上吉、弘吉、大吉、不牾蛛、用、兹用，等等[29]。又由于商人每事皆要反复贞卜，有时一事贞卜十次之多，故在每一兆璺之侧分别记上占卜的次数，称之为纪数字或序数字[30]。

（二）甲骨占卜的盛行

甲骨占卜的巫术，不仅盛行于殷王室中，亦为当时天下百姓普遍的信仰。从其流传时期的悠久与散布地域的广大，足见其具有神秘的迷人力量。殷人深信甲骨占卜可以解决生活上的诸多困扰，遂其成为维系殷人精神生活的主力。殷人具有“尚鬼好巫”的习俗，认为自身的利害、吉凶、祸福及其环境的一切变动，皆操纵于鬼神之手，因此殷人必须不断地馈飨、贿赂鬼神。殷人宗教信仰的对象，则包含上帝崇拜、自然崇拜及祖先崇拜三类，而大小日常行止，事事以占卜探测信仰对象的意旨，故商朝的巫术，以占卜为大宗。

在殷人的宗教观念中，上帝虽居高高在上，且拥有无比的权威，但人类却无法与上帝直接沟通。因此，世人若有烦忧、期盼，在向上帝祈求时，需藉祖先的神灵为媒介，以上达于上帝。于此观念之下，巫祝成为传达人神讯息极为重要的中介，甲骨占卜则成为其主要的工具，因此甲骨占卜遂盛行于殷商。根据张秉权对出土甲骨的统计，出土地点分布在鲁、冀、热、辽、吉、豫、晋、陕、甘、川、鄂、苏等十二省份，东至海滨，西至川甘，南达长江下游，北及图们江流域，足见其影响的广远[31]。

殷王室的卜骨，大多皆契刻卜辞，即刻上卜问的内容以及兆、验的结果。据甲骨学家统计，卜辞中以卜祭之数量最多，尤其最常问的事项为有关祖先的祭祀，殷人的祖先祭祀似乎无旬不祭[32]。卜辞中数量上占第二位的是有关气象的占卜，其中最多为关于风雨与阴晴变化等事项的卜问。第三位，为有关农业年成的丰歉与农事活动等问题的卜问。第四位，为卜问战争的问题，如征战的可否、成败或乞求保佑之类。其他占有一定数量的卜辞，则有卜问王室的日常生活，如田猎、游幸、宴会、疾病、生育等。除遇事行卜以外，无事仍施行卜日、卜夕、卜旬，即卜问今夕与今日、近旬的吉凶或有无灾祸[33]。

由以上卜问的内容得知，殷统治者深信自己的命运掌握于鬼神，故使得甲骨占卜的巫术成为商朝最凸显、最具代表性的一种现象。

（三）巫教的黄金时代

若检视目前的研究成果，随着甲骨文字的研究日益深入，甲骨学研究的范围亦扩大发展。甲骨学成为探讨甲骨文字所涉及的若干相关学科的重要工具，诸如文字、文例、文法、卜辞、断代研究、宗法制度、天文、历法、宗教信仰、疾病与医药、政治、官制、农业、田游、征伐、工艺、交通等，皆为殷商史相关的研究题目[34]。

即便如此，对于有关宗教信仰部分，特别在商代巫术的研究方面，张光直在《商代的巫与巫术》一篇文章中，即说：

> 五十多年以前陈梦家先生在《燕京学报》第20期（1936年）里所发表的一篇叫做《商代的神话与巫术》的文章，利用了卜辞与传世文献中的各种资料，讨论了在商代文化的研究上的一个关键题目，在当时是很富有影响力的一篇作品。关于这个题目的研究，在这五十年以来，还没有看到有人接着再作系统性的讨论过[35]。

由此引文可见，对于商代巫术的研究成果极为微弱。

众所周知，于中国上古时代特别在殷商时代，巫祝为传达人神讯息最重要的中介，甲骨占卜则成为其主要的工具，故甲骨占卜遂盛行于殷商。如此巫术于商代王室及社会中占有极其重要地位，已为研究殷商史的学者所公认，故得“巫教的黄金时代”之名。尽管如此，研究商代巫术的特色，如前所述的微乎其微，之前有必要作更系统性的研究。但近日有笔者的《先秦巫俗之研究》[36]与林志鹏的《殷代巫觋活动研究》[37]，二篇皆运用甲骨文等的材料，探讨殷商巫者的活动特征，则有不少创意之处，大补其缺。

上引之二文中已阐述，除甲骨占卜的巫术之外，就巫者地位而言，在殷商时代社会中，巫者表现的主要方面有二：一为政治事务的决定；二为知识与技艺的创造及传承[38]。

关于前者，许多学者皆指出，巫者在商代社会拥有极高的政治地位，例如李宗侗即谓古代“君及官吏皆出自巫”[39]。陈梦家亦谓：

由巫而史，而为王者的行政官吏；王者自己虽为政治领袖，同时仍为群巫之长。卜辞中常有王卜、王贞之辞，乃是王亲自卜问，或卜风雨或卜祭祀、征伐、田游。又有“王固（占）曰”的卜辞，固（占）即是稽，其所稽者为雨、启、霾、辉等天时之事，边鄙之事及祸疾之事，卜辞惟有王才固（占）。卜辞说：“今日王祝。”（《铁》75.4）是王亲祝。卜辞说：“壬子卜，何贞：王舞又雨。”（《铁》4.24.11）是王亲舞求雨。卜辞说：“丁未王贞：多畏梦，亡来鼓。”（《库》1213）是王亲占所梦。凡此王兼为巫之所事，是王亦巫也[40]。

即说古代（主要指商代）之王虽为政治领袖，然同时亦为巫者，且为群巫之长。其他如黎正甫、加藤常贤、白川静、张光直诸先生亦皆持此说[41]。

再看，关于各种技艺的创造及传承，张光直曾在《考古学专题六讲》中提及，其言：

神属于天，民属于地，二者之间的交通要靠巫觋的祭祀。而在祭祀上“物”与“器”都是重要的工具：“民以物享”于是“神降之嘉生”。商周的青铜彝器以及其他质料的彝器，如木、漆、玉、石、骨、牙等器，都可以做巫觋的法器，它们上面的动物纹样便是巫觋的助手、使者。……但巫觋的祭祀通天，其手段还是比较复杂的，我们对于祭祀及其动物在这些仪式上的具体作用，还不能彻底地了解。但是我们相信巫觋在祭祀作法时，具体地说，是使用占卜术而能知道神与祖先的意旨的；是使用歌舞和饮食而迎神的；是使用酒精或其他兴奋剂达到昏迷状况而与神界交往的。在这些具体的通神方式上，商周的艺术品很显然的都要发挥相当重大的作用[42]。

据此可知，商代的各种技艺，是由巫者通天的实用目的而创造及传承。由此看来，如天文历法、音乐舞蹈、诗歌绘画、医术、卜筮等诸方技艺与知识，应均由巫者创发传承且精进[43]。

（四）小结

由以上所述可知，在中国殷商时代，由于甲骨占卜巫术为殷人所重视，故巫者在社会中占有相当重要的地位，并具有相当大的影响力。换言之，殷商时代的宗教，可谓巫术的天下，几乎所有的信仰，皆需借助于巫术的理念、仪节而进行崇拜。因此，巫者在商代社会，不唯拥有极高的政治地位，并且担当知识与技艺的创造及传承的角色。

若视具体的巫术活动，甲骨占卜尤为巫术的大宗，除此之外，还有其他重要的巫术仪式，约略有祭祀、占气象、占梦、占星、占日月蚀、救日月蚀、占卜问病、医疗巫术、防疫除凶、求雨、止风雨、战时及蝗灾时的活动等[44]。

然而，随着时代的移易、社会的变迁与文化的发展，巫者在中国社会中所占有的地位与具有的影响力，亦有所变异。

四、两周时期

（一）人文思想的萌芽

至于两周时代的巫术，若与商朝全面笼罩于鬼神控制下的宗教情况相较，周人的信仰显得复杂且多变。此种情况可参考许倬云《西周史》的叙述，其云：

殷商祭祀的形式，董作宾以为有新旧两大系统。武丁时代代表旧派，祭祀对象极为庞杂，卜问的问题也无所不包。祖甲时代代表新派，祭祀对象限于先王，连世系遥远的先公也排除在整齐划一的祭祀礼仪之外，更不论先臣及种种自然神了。关于商代制度的二分现象，张光直在考古数据方面，也有证实。诚如伊藤道治所说，新派的作风缩小了殷商的包容性，以致不能容纳异族的神祇，造成被统治族群的离心离德。从另一个角度来看，新派当令时，问卜的问题大都为例行公事。卜事的稀少表示鬼神的影响力减少了，相对的当然较重视人事。祀典只剩了井然有序的五种，轮流的奉祀先王先妣。礼仪性的增加毋宁反映咒术性的减低。若干先公先臣的隐退，则划分了人鬼与神灵的界限，在可见重人事的态度取代了由于对鬼神的畏惧而起的崇拜，这是“新派”祭祀代表的一种人道精神。另一方面旧派祭祀有其包容性，也可转化为公正不偏的神祇观念，摆脱祖宗神的局限性。在祖甲以后，新派旧派更迭当权，两者也许泾渭判然。但在周人阵容中的知识分子，以及周人克商后的殷遗多士，当年两派竞争的情势已不复存在；两派观念中的新成分竟可无妨合流，为新时代提供新的神道观志[45]。

又在梁钊韬的《中国古代巫术——宗教的起源和发展》中记载，其云：

殷代的文化比周代粗浅，祭祀的形式比周代残忍，对鬼或精灵的信仰比周代浓厚。反过来说，周代已经把粗野的巫术形式，改进为礼数形式。从无限制的残忍牺牲，改变成鼎俎笾豆或畜牲的祭品，由任意的祭祀仪式，改变成具有社会功能的礼制。所以周代在文化上就进步多了[46]。

据此二文可见，周代文化较之前朝，在祭祀信仰方面已有极大变化。

若推究其因，则为知识文明演进的结果与历史的变量。有周一代，人文思想逐渐萌芽发展，以及理性主义兴起的结果，人心遂逐渐摆脱神道的蒙昧。换言之，周人的修德意识，由彻底皈于鬼神的心态，逐渐转移向自己本身行为的谨慎与努力，故使周人渐渐自立于对神的倚赖之外。其次，周朝社会的动荡极大，周革殷命即一大变，其后经厉、幽乱政之后，周王室权势衰微，春秋战国形成诸侯各自为政，且互相攻伐侵凌的局面，天下失去统一的中心，世局因而混乱不堪，于此变局之中，宗教信仰亦因而产生不少的变化。

此种人文理性的观念虽日益兴盛，并未完全否定对鬼神的注重与崇拜。换言之，周代虽崇尚礼制，强调人的作用，但若干周代的典章制度犹沿袭商制，故鬼神观念仍然浓厚，信仰以天或帝为主的多神。尽管如此，周代的天神已由商代自然属性的天神转为社会属性的天神，即为至高无上之神，从而产生王权神授与君王为天神之子的观念。不宁唯是，祖先崇拜亦有大幅的变化。因为周人对此具有严格的排他性[47]，故在宗教上亦反映出周代的宗族观念。除此之外，祭祀自然神与鬼神亦有等级，如《礼记·曲礼下》篇的记载，其云：

天子祭天地，祭四方，祭山川，祭五祀，岁遍。诸侯方祀，祭山川，祭五祀，岁遍。大夫祭五祀，岁遍。士祭其先[48]。

据此可以得知，周人的祭祀自然神与鬼神，已有礼制化。

由上可知，周代的祭祀仪式与商代相较，虽多有变化，但天神、自然神及祖先崇拜的经常的祭祀活动，尤为巫者从事的主要职责之一，故在周代社会中，巫术行仍占有重要的地位。

（二）周代的巫教传统

在人文理性的观念日益兴盛之下，巫术已受到莫大的冲击。即使如此，巫术为历史长久的生活传统，决不易完全归于消失，所以尽管衰落，仍有相当数量的巫术流传。两周的占卜虽上承殷商，但相较殷人尚巫信鬼而几乎天天卜、事事卜，两周人的人文已理性得多。《春秋左传·桓公十一年》斗廉谓莫敖云：

> 斗廉曰："……成军以出，又何济焉?"莫敖曰："卜之。"对曰："卜以决，不疑何卜?"[49]

由此观念显示，东周时人已不再如殷人般的迷信，未必事事皆取决于占卜。

周朝巫术的主要活动，仍为前兆的占卜，如依据《周礼·春官宗伯》中《大卜》的记载，即可知周人虽非事事占卜，但卜征伐、卜天垂象、卜可否参与、卜谋议是否可行、卜事情是否成功、卜人来否、卜是否下雨、卜疾病能否治愈、卜立君王、卜封建诸侯、卜国家大规模的迁徙、卜大规模军事行动、卜旅祭、卜丧事等，卜问的内容极其广泛[50]。至1981年为止，中国内地考古挖掘已发现西周甲骨一万多片，其中二百余片为有字甲骨，从有字的西周甲骨，亦可知周人仍然袭用占卜术语，亦有卜辞或与占卜有关的记事刻辞。由上列卜问的范围可见，卜筮的力量仍然深植于人心，卜筮依旧与两周时人的日常生活关系密切[51]。

就巫术性活动而言，有女巫求雨的"舞雩"[52]、男巫请神灵降附的"巫降"[53]、驱鬼逐疫的巫术仪典的"傩"[54]、取祥除灾的"招、梗、禬、禳"[55]、招魂之术的"复"[56]、禳风雨雪霜水旱疠疫于日月星辰山川的"禜"[57]、救日月之蚀的"鸣鼓"[58]、用牲血以涂宝镇及宝器的"衅"[59]等文献记载，皆有巫术性质内涵。但以上具体的巫术活动内容皆记载于《周礼》，因《周礼》为记载周人理想的官职制度的文献，实际举行各种巫仪的与否，仍有存疑[60]。除此之外，如祭祀以人牲、血祭、丧仪的殉人、避邪物[61]、殉葬物、葬式、民间的巫俗等，均含巫术特性[62]。

周代可能设有巫者的官职制度，如《周礼》记载中有司巫、男巫、女巫、方相氏、女祝、夏采、鼓人、师、大宗伯、小宗伯、肆师、鬯人、鸡人、天府、大祝、小祝、丧祝、甸祝、诅祝、小史、小子、羊人、巫马、庭氏等官职之名，从其所掌之责或部分职务，便得知巫者有几项职能。由上述的官衔名称而得知，周代担任巫术性活动，除巫者[63]之外，亦有祝[64]、史[65]、卜[66]、宗[67]、乐工[68]等，分担为之。

由此观之，周代的社会巫者的地位虽逐渐衰落，但不能否认仍有相当数量的巫术传统。

（三）巫者地位的衰退

至于周代巫术，巫者的地位在周代宗教发展的过程中，有逐渐没落的趋势，即说巫术在人文思潮的冲击下，无法维持在殷商时的盛况。对于两周的巫者地位，徐复观在《中国人性论史》即云：

> 春秋时代以礼为中心的人文精神的发展，并非将宗教完全取消，而系将宗教也加以人文化，使其成为人文化的宗教[69]。

徐复观所谓“人文化的宗教”，就巫术的领域而言，主要可由两点见之，其一为巫仪的礼制化，其二为巫仪中融摄诸如人道、理性、道德的人文理念。

有关巫者的地位逐渐没落的趋势，在两周古籍文献的记载中，亦可见之。如《礼记·檀弓下》则谓：

> 岁旱，穆公召县子而问曰：“天久不雨，吾欲暴尪而奚若？”曰：“天久不雨，而暴人之疾子，虐。毋乃不可与？”“然则吾欲暴巫而奚若？”曰：“天则不雨，而望之愚妇人，于以求之，毋乃已疏乎？”[70]

其注疏云：

> 县子云，天道远，人道近。天则不雨，而望于愚鄙之妇人，欲以暴之，以求其雨，已甚也。无乃甚疏远于求雨道理乎？[71]

此处云所欲焚的巫，即为蔑视之意的“愚妇人”。由此例可知，于周朝时期，特别在县子谓巫为愚妇人此种字眼中，其轻蔑之意，尤溢于言表，则巫者地位之大幅滑落，以及巫职或已成为人所贱视者，已为不争之事实。

如前言之，两周的巫术在人文理性思潮的冲击下，已有逐渐没落的趋势，巫者地位也有大幅滑落的情形。因此，此二事均在巫术活动范畴上，则带有删除不少繁华之枝叶的现象。

既然如此，巫术具有传统的不可动摇性，故巫术虽融入人文理念，并制为礼文，然而其固有仪节仍有所保留。换言之，多数承袭自殷商的巫术，仍保留传统的仪式与信仰，如占卜、祷雨、星占、占梦、救日之仪等；多数则增添新的仪节与复杂的内容，如筮占、相术、祓禳等。

两周时由巫术信仰的时代背景，将巫仪制为礼文者，主要为时人尊礼重祀之故，因此使巫术文化俨然正式纳入大传统，即政治体系及知识阶层开创的高次元文化之中。因为此种礼制的人文化或礼文化，就政治而言，虽有因礼以节俗、易俗的目的，亦具因礼以驯服百姓的用意。以此为因，官职所司掌的仪节、职责或部分职务，由巫者担当其任，甚至负责训导百姓之事。由此观之，周代的巫者有深远的影响力以及不可轻忽的势力，在周代社会中仍然占有重要的地位。

（四）巫教的新路摸索

春秋战国时期，为中国历史上学术思想空前活跃与发展的年代。此时，百家争鸣，自由地展开各种议论以深化思想，此种思潮对巫教有各种不同之对待，或有排斥远离，或有兼容并包。自两周至战国末期，随着列国尊礼重祀之态度的转变，则原纳于大传统的巫仪，必有所流失，甚至发生杀死巫者的现象[72]。即便如此，巫教不唯在秦汉时的阴阳五行学说、两汉的天人感应、谶纬理论中融入，其部分保留着而向其他方面深化发展，其余亦流入于民间，遂使巫教成为民俗信仰的一部分，或为道教所吸收。据此看出，春秋战国时代的巫教，正在探索往后发展的新路。

阴阳五行学说，战国末期五行家邹衍始唱，此稷下邹衍之徒论述终始五德之运，则主张五行为五德论，于是五行玄学渐次流行于各派思想中[73]。与此同时，燕齐出现神仙方士，自称能通神仙，炼不死丹药，而能飞升成仙，此类方士亦吸收前朝之巫仪而从事巫祝活动。又自秦汉时的阴阳五行思想兴起后，方士遂利用此一新兴学说，与神术、仙术、两汉的天人感应、谶纬理论相结合，使原本单纯的巫俗信仰，增添复杂繁琐的内涵。所以，汉朝的谶纬以及东汉时的道教，是在阴阳数术与传统巫俗的错综交织下所形成。

总之，阴阳五行思想的盛行及其与传统巫俗相结合，遂产生汉朝的谶纬及道教的种种方术。

五、结　　语

许多学科皆将巫教的内涵即巫者及巫术活动，视为宗教出现以前或宗教形成前期的形态[74]。即使如此，宗教有所发展以后，仍然未能完全取代巫术，与此相反，“很少有宗教不多少带点巫术的因素”[75]。众所周知，中国人的宗教信仰属于复合式的形态，尤其在宗教未发展的先秦时期，特为尤甚。

古代中国宗教发展史大致经历若干历史阶段[76]，先秦宗教信仰体系仍处于“部族至上神教”阶段，保留着原始巫教的部分特征。先秦时期的古人，沿袭原始巫教的自然崇拜、图腾崇拜与祖先崇拜，同时创造具有时代特征的至上神崇拜，但并未排除其他神灵的共存。由此可知，先秦的宗教信仰形态，仍沿袭原始的巫教仪式。此种原始的巫教仪式，常需透过巫者的巫术行为，方能与天神交通，即以占卜、祭祀、求告、崇拜方式求助于祖先神明。如此一来，中国古代的宗教，尤其先秦时期的宗教，追根溯源，其实与巫教有着极为密切的关系。不仅如此，此种原始的巫教，与古人的生活有着不可分的联系。由此原因，上古时代的巫者自然而然掌握政教大权，故具有极高的地位与影响力。

不宁唯是，于职事方面，上古时代的巫者职掌占卜、医药、歌舞及各种巫术技艺，故古代巫者的活动，便成为古代人类文化的创造活动。但自周代巫职分化以后，由巫者衍生之祝、宗、卜、史等，逐与巫者在职事上有所差异。此种职能分化的结果，以及周代的人文思想的萌芽，使巫者失去政治地位。从此，巫教没入民间，以其事鬼神的专职继续发挥极其广大的影响，并摸索往后发展之新路。

注　释

[1] 本文在定义上特将巫教信仰与佛、道、基督教等教团宗教不作区别，则称之为“巫教”。详见拙著《先秦巫俗之研究》，台湾大学中文所硕士论文，台北：台湾大学，2002 年，55～67 页。亦可见拙著《殷商甲骨卜辞所见之巫术》，台北：文津出版社，2003 年，72～88 页。

[2] 《十三经注疏·礼记》（中华书局，1980 年），卷五十四《表记》，载三代对鬼神之态度有言：“夏道尊命，事鬼敬神而远之。……殷人尊神，率民以事神，先鬼而后礼……周人尊礼、尚施，事鬼敬神而远之。”1641～1642 页。

[3] 《十三经注疏·周礼》《春官宗伯》卷十八《大宗伯》，中华书局，1980年，757～758页。

[4] 另见于《十三经注疏·礼记》，卷四六《祭法》，1587～1592页，其所载之祭祀对象，亦大致与此相同。卜辞中所见的鬼神，亦可以《周礼》所别之三大类统括之：天神——上帝、日、东母、西母、云、风、雨、雪；地祇——社、四方、四戈、四巫、山、川；人鬼——先王、先公、先妣、诸子、诸母、旧臣。详见陈梦家：《殷墟卜辞综述》，台北：大通书局，1971年，561～603页。此外，亦可参见拙著《先秦巫俗之研究》，台湾大学中文所硕士论文，126～137页。

[5] 张紫晨：《中国巫术》，上海三联书店，1996年，1页。

[6] 张光直：《中国古代王的兴起与城邦的形成》，《燕京学报》新3期，北京大学出版社，1997年，7页。

[7] 主张巫者在古代中国职掌有政教大权者，如陈梦家（《商代的神话与巫术》，《燕京学报》第20期，台北：东方文化出版社，1972年，535页）文云："由巫而史，而为王者的行政官吏；王者自己虽为政治领袖，同时仍为群巫之长。"李宗侗《中国古代社会史》亦云："君及官吏皆出自巫。"（台北：中华文化出版社，1954年，118～125页）白川静《中国古代文化》称古代的帝王为"巫祝王"（台北：文津出版社，1983年，116～126页）。张光直（《中国青铜时代》（第二集），《商代的巫与巫术》，台北：联经出版，1983年，42～47页）则指出："在商代既然巫是智者圣者，巫便应当是有通天地本事的统治者的通称。"此外，认为巫者为知识技艺的创造者与传承者，如陈梦家，前引文，533～539页；白川静，前引书，128～137、148～182页；周策纵：《古巫医与"六诗"考》，台北：联经出版，1986年，69～165、181～184、197～274页；宋兆麟：《巫与巫术》，四川人民出版社，1989年，7、293页，等等。

[8] 如梁钊韬：《中国古代巫术——宗教的起源和发展》，中山大学出版社，1989年，196～208页。即指出巫者地位的衰替关键在周代，由于职能分化的结果，使巫者丧失政治地位。许地山《道教史》也有类似的看法（台北：牧童出版社，1976年，189～191页）。另见高国藩：《中国巫术史》，三联书店，1999年，111～204页。此外，亦可参考拙著《先秦巫俗之研究》，台湾大学中文所硕士论文，221～259页。

[9] 宋兆麟《巫与巫术》一书中，其云："当时主持占卜的巫师是贞人，同时是通晓文字、掌管文书的史官，也就是当时的史官与巫是合一的。在卜辞中还有一种'小史'职，也是一种史官。"（329页）。

[10] 周策纵：《古巫医与六诗考——中国浪漫文学探源》，136页。

[11] 宋兆麟《巫与巫术》中指出："巫教也有一个漫长的发展过程，其中可分为若干历史阶段：原生巫教、次生巫教和再生巫教，它们分别流行于史前时期、奴隶社会和封建社会，并残存到近代，以至现代。"（2页）。

[12] 文物出版社编：《中国重大考古发现》，文物出版社，1989年，20～23页。

[13] 文物出版社编《中国重大考古发现》，20～23页。另见于宋兆麟《巫与巫术》，2页。

[14] 详见何星亮：《中国图腾文化》，中国社会科学出版社，1996年，33～41页。对于彩陶上的各种不同的动物纹样及其象征性纹样，何星亮认为，皆为古代氏族部落的图腾标志，其云："首先，……图腾标志代表氏族或家族等，是人员熟悉的标记；因而便在彩陶上绘上图腾标志。其次，西安半坡上的动物纹样除鱼纹之外，尚有鹿纹和鸟纹等……有些家族为了与其他家族相区别，便在彩陶上绘上自己的家族的图腾。第三，……姜寨彩陶上的鱼蛙纹和鱼鸟纹，表明彩陶的主人是崇奉两个图腾的。第四，……一个氏族内各个家族，为了相互区别，便以同一图腾动物的变体纹样作为标志，这样，从纹样上可以看出它属于哪一个氏族，同时也可与其他家族相区分。"此外，另见于刘锡诚：《中国原始艺术》，上海文艺出版社，1998年，154～168页。

[15] 关于史前时期的图腾崇拜，详见拙著《殷商甲骨卜辞所见之巫术》，178～180、288～294页。亦可参见拙文《殷商的鸟图腾崇拜》，《东方人文学志》第二卷第2期，台北：文津出版社，2003年，1～7页。

[16] 摩尔根（Lewis Henry Morgan）著，杨东莼、马雍、马巨合译：《古代社会》，商务印书馆，1995年，161～163页。其云："鄂吉布瓦人操同一种方言，他们有氏族组织，我们已经知道其中二十三个氏族的名称，但不能肯定这是否包括其全部氏族。在鄂吉布瓦方言中，有'图腾'一词——实际上往往读作'多丹'——意指一个氏族的标志或图徽；例如，狼的图形便是狼氏族的图腾。斯库耳克拉夫特先生便根据这个词而使用'图腾制度'这一术语来表示氏族组织，倘若我们在拉丁语和希腊语中都找不到一个术语来表达这种历史上已经出现过的制度的一切特征和性质，那么，'图腾制度'一词也是完全可以接受的。而且，使用这个术语亦自有其便利之处。"

[17] 对于图腾信仰为母系氏族社会的基本信仰的见解，宋兆麟坚持此种看法，其云："在当时鬼神观念的支配下，人类把上述动植物看作是与自己生命攸关的神灵。而且由于当时的人们正处于母系氏族社会，子女知其母不知其父，亦搞不清性交与生育的因果关系，人类在追溯自己的来源时，除了明确自己的母亲、祖母而外，并不知其父，因而上述的神灵作为自己的来源之一，从而产生了图腾信仰。"宋兆麟《巫与巫术》，85～94页。

[18] 马凌诺斯基（Prof. Bronislan Malinowski）著，朱岑楼译：《巫术、科学与宗教》，台北：协志工业丛书出版社，1978年，27～28页。

[19] 参见袁珂：《略论山海经的神话》，附录于其著《山海经校注》，台北：里仁出版社，1982年，530～531页。

[20] 《十三经注疏·尚书》，中华书局，1980年，《周书》卷十九《吕刑》，248页。其云："皇帝哀矜，庶戮之不辜，报虐以威，遏绝苗民，无世在下。乃命重、黎，绝地天通，罔有降格。群后之逮在下，明明棐常，鳏寡无盖。"

[21] 《国语》，卷十八《楚语下》，上海古籍出版社，1992年，559～564页。

[22] 参见徐旭生：《中国古史的传说时代》（增订本），文物出版社，1985年，74～85页。

[23] 见周策纵：《中国古代的巫医与祭祀、历史、乐舞及诗的关系》，《清华学报》第54期，清华大学，1978年，30页。其云："巫在古代之所以重要，固然由于与神权有关联，其实也正因与人生关系密切。那时与生命最关紧要的，莫过于生死疾病、经济生产、以至于战争。巫可以预告及转变与这些有关的天灾人祸。在人祸方面，战争是一大威胁，便牵涉到武力问题。天灾与生死方面，最重要的是对个体健康与生命延续有关者，这就牵涉到生育、医药卫生，以及经济生产的问题。巫在古代对这生死、天灾、人祸各方面都有最密切的关系，所以在古代中国文明发展史上，地位十分重要。"

[24] 许进雄：《中国古代社会》，台北：台湾商务印书馆，1995年，573～574页。另见于文物出版社编《中国重大考古发现》，52～57页。

[25] 古人认为龟暨骨皆有神灵，有预知未来的本事，能帮助人类解决困难。商代以前占卜所使用的用具，则有牛、羊、猪、鹿等大型哺乳动物的骨头。至于殷商时期，方能广泛使用龟甲，并有较相信龟卜的倾向。详见许进雄《中国古代社会》，573～574页。另见于刘玉建的《中国古代龟卜文化》，广西师范大学出版社，1992年，5～25页，据此书的记载，原始先民视龟、龙、麟、凤四灵为吉祥之动物，尤其以龟为四灵之首，并且象征财富、地位，因此以其为崇拜之物。

[26] 《十三经注疏·尚书》，《周书》卷十二《洪范》，191页。

[27] 此种钻凿，由于个人或时代的不同风尚及习惯，所挖出的洼洞自然呈现不同的形态与特征，

可以据以分辨其时代性。钻与凿，则为因挖刻工具的不同与挖出之形态不同而命名的。用凿子凿成的纵长的洼洞为凿，其旁边的用钻子钻成的半圆形洼洞为钻。有单独的钻或凿，亦有凿旁再施钻即钻凿并用的。许进雄：《甲骨上钻凿形态的研究》，台北：艺文印书馆，1979 年，4 页。

[28] 王宇信、杨升南主编：《甲骨学一百年》，社会科学文献出版社，1999 年，18 ~ 19 页。

[29] 此类兆侧刻辞的隶定，皆依据许进雄教授在课堂上所发的讲义本为主。

[30] 陈炜湛：《甲骨文简论》，上海古籍出版社，1987 年，39 ~ 46 页。

[31] 参见张秉权：《甲骨文与甲骨学》，台北：国立编译馆，1990 年，31 ~ 51 页。此外，李亨求：《渤海沿岸早期无字卜骨之研究——兼论古代东北亚诸民族之卜骨文化》，《故宫季刊》第十六卷第 1 期 ~ 第 3 期，台北：故宫博物院故宫季刊编辑委员会，1981 年。

[32] 见张秉权《甲骨文与甲骨学》，381 ~ 389 页。

[33] 参见张秉权《甲骨文与甲骨学》，165 ~ 196 页。

[34] 参王宇信、杨升南主编《甲骨学一百年》，18 ~ 19 页。

[35] 张光直：《中国青铜时代》（第二集），《商代的巫与巫术》，41 页。

[36] 拙著《先秦巫俗之研究》，台湾大学中文所硕士论文，台北：台湾大学，2002 年。

[37] 林志鹏：《殷代巫觋活动研究》，台湾大学中文所硕士论文，台北：台湾大学，2003 年。

[38] 详见拙著《先秦巫俗之研究》，台湾大学中文所硕士论文，台北：台湾大学，2002 年。

[39] 详见李宗侗：《中国古代社会史》，118 ~ 125 页。

[40] 详见陈梦家：《商代的神话与巫术》，《燕京学报》第 20 期，535 页。

[41] 详见黎正甫：《古文字上之天帝象义溯源》，《大陆杂志》第三十一卷第 2 期，台北：大陆杂志社，1966 年，57 ~ 59 页。加藤常贤：《中国古代の宗教と思想》，《中国古代文化の研究》，日本：二松学舍大学出版社，1980 年，47 ~ 81 页。白川静著，温天河、蔡哲茂合译：《甲骨文的世界——古殷王朝的缔构》，台北：蔡哲茂发行，巨流总经售，1977 年，22 ~ 23 页。K. C. Chang：《Art, Myth, and Ritual: The Path to Political Authority in Ancient China》，台北：稻乡出版社，1993 年，44 ~ 55 页。

[42] 张光直：《考古学专题六讲》，台北：稻乡出版社，1988 年，100 页。

[43] 参见徐旭生，《中国古史的传说时代》，84 ~ 85 页。陈梦家：《商代的神话与巫术》，《燕京学报》第 20 期，533 ~ 539 页。白川静著，加地伸行、范月娇合译：《中国古代文化》，128 ~ 137、148 ~ 161 页。周策纵：《古巫医与"六诗"考——中国浪漫文学探源》，69 ~ 165、181 ~ 184 页。宋兆麟，《巫与巫术》，3 页。

[44] 有关其详细内容，参见拙著：《先秦巫俗之研究》，台湾大学中文所硕士论文，126 ~ 203 页。亦可参考拙著《殷商甲骨卜辞所见之巫术》，162 ~ 284 页。

[45] 许倬云：《西周史》，台北：联经出版社，1984 年，104 ~ 105 页。

[46] 梁钊韬《中国古代巫术——宗教的起源和发展》，176 ~ 177 页。

[47] 参见《十三经注疏 · 礼记》，卷四十六《祭法》的记载，其云："非此族也，不在祀典。"1590 页。《礼记》，卷五《曲礼》的记载，其云："非其所祭而祭之，名曰淫祀，淫祀无福。"1268 页。此外，《十三经注疏 · 春秋左传》，中华书局，1980 年，卷十三《僖公十年》的记载，其云："神不歆非类，民不祀非族。"1801 页。

[48] 《十三经注疏 · 礼记》，卷五《曲礼下》，1268 页。

[49] 《十三经注疏 · 春秋左传》，卷七《桓公十一年》，1755 页。

[50] 《十三经注疏 · 周礼 · 春官宗伯》，卷二十四《大卜》，802 页。其云："大卜：……以邦事作龟之八命，一曰征，二曰象，三曰与，四曰谋，五曰果，六曰至，七曰雨，八曰瘳。以八命

者赞三兆三易三梦之占。以观国家之吉凶，以诏救政。凡国大贞，卜立君，卜大封，则诋高作龟。大祭祀，则诋高，命龟。……国大迁，大师，则贞龟。凡旅，陈龟。凡丧事，命龟。”

[51] 陈全方：《陕西岐山凤雏村西周甲骨文概论》，《古文字研究论文集》第10期，四川大学学报哲社，1982年。其云：“西周金文大部分是记载诸侯大臣的活动情况，对王室的活动只是有所涉及。而这批甲骨文涉及王室内容的不少，且直接记载了周初王室最高统治阶层的政治活动，为研究商周之际的历史提供了珍贵资料，这是迄今我国发现的金文中所没有的。”

[52] 《周礼·春官·司巫》便有其记载，其云：“司巫：掌群巫之政令。若国大旱，则帅巫而舞雩。……女巫掌岁时祓除衅浴，旱暵则舞雩。”《十三经注疏·周礼·春官宗伯》，卷二十六《司巫》，816～817页。据此可见，女巫所掌巫术为舞雩求雨。

[53] 同上。其云：“凡丧事，掌巫降之礼。男巫掌望祀、望衍、授号，旁招以茅。冬堂赠，无方无筭。春招弭，以除疾病。王吊，则与祝前。”《十三经注疏·周礼·春官宗伯》，卷二十六《司巫》，816页。据此可见，男巫则旁招以茅，指用茅旌呼招所祭神灵，盖即降神之术。

[54] 《周礼·夏官·方相氏》便有其记载，其云：“方相氏：掌蒙熊皮，黄金四目，玄玄朱裳，执戈扬盾，帅百隶而时难（傩），以索室驱（驱）疫。”《十三经注疏·周礼·夏官司马》，卷三十一《方相氏》，851页。据此可见，傩为驱鬼逐疫的巫术仪典。

[55] 《周礼·天官·女祝》便有其记载，其云：“女祝：掌王后之内祭祀，凡内祷祠之事。掌以时招梗禬禳之事，以除疾殃。”《十三经注疏·周礼·天官冢宰》，卷八《女祝》，690页。招梗禬禳为四种祭名，招祭为招取善祥，梗祭为豫灾之祭，禬、禳则为除灾之祀，皆属于巫术之行为。

[56] 《周礼·天官·夏采》便有其记载，其云：“夏采：掌大丧。以冕服复于大祖，以乘车建绥，复于四郊。”郑注于其下云：“复谓始死招魂复魄。”《十三经注疏·周礼·天官冢宰》，卷八《夏采》，694页。据此可见，复礼为招魂之术而属于巫术的范畴。

[57] 《周礼·春官·鬯人》便有其记载，其云：“鬯人：掌共秬鬯而饰之。……禜门用瓢赍，……凡王吊临，共介鬯。”《十三经注疏·周礼·春官宗伯》，卷一九《鬯人》，771页。禜祭于国门为禜门，则王者吊临诸侯诸臣丧，鬯人供以鬯酒，洒被王身，以辟凶秽，亦属于巫术的范畴。

[58] 《周礼·地官·鼓人》便有其记载，其云：“救日月，则诏王鼓。”《十三经注疏·周礼·地官司徒》，卷十二《鼓人》，721页。据此可见，鸣鼓以救日月之蚀，即承自殷人的巫术遗俗。

[59] 《周礼·春官·天府》便有其记载，其云：“天府：掌祖庙之守藏，与其禁令。……上春，衅宝镇及宝器。”《十三经注疏·周礼·春官宗伯》，卷二十《天府》，776页。衅礼为用牲血来涂宝镇及宝器，具有巫术性质的仪式。

[60] 《周礼·序》云：“周公居摄六年之后书成，归丰而实未尝行。盖周公之为《周礼》，亦犹唐之显庆。……惟其未经行，故仅述大略，俟其临事而损益之。……《周礼》作于周初，而周事之可考者，不过春秋以后其东迁以前三百余年。”《十三经注疏·周礼》，631页。此外，对于《周礼》成书的问题，据近人彭林的论述，其书应为汉初的著作。其云：“郭沫若先生认为《周礼》作于战国，‘盖赵人荀卿子之弟子所为。’但是战国时代的荀子之徒不言阴阳五行，因此，不如说此书是‘汉初荀子后学所为’为宜。……《周礼》作为一部希望被当政者采用的理想国制度，若不迎合当政者的所好，顺应当时潮流，是很难想象的。因此，我们认为，《周礼》成书的下限，当不得晚于文景之世，即道家思想尚未成为主流派之前。”彭林：《〈周礼〉主体思想与成书年代研究》，中国社会科学出版社，1991年，254～256页。

[61] 两周时代的避邪物有桃茢，如在《礼记·檀弓下》下便有其记载，其云：“君临臣丧，以巫祝桃茢执戈，恶之也，所以异于生也。”此处的桃茢执戈等的物品，皆认为避邪物。《十三经

注疏 · 礼记》，卷九《檀弓下》，1302 页。

[62] 陈炽彬：《左传中巫术之研究》，政治大学中文所博士论文，台北：政治大学，1988 年，41 ~ 53 页。

[63] 两周时，巫者地位之大幅滑落，则巫职或已成为人所贱视者。而巫之职务，亦已为祝、史、卜、宗所夺。参见陈炽彬：《左传中巫术之研究》，94 ~ 133 页。若参考巫与史两者周代社会内地位相比的问题，即在梁钊韬的《中国古代巫术——宗教的起源和发展》中记载，其云："至东周巫、史未分家的时候，巫者之流作了《易》，浸入民间很深。至东周巫、史分了家，史的地位渐高，向士大夫阶级一边走，巫就落在下层了。不过，巫、史分家最主要的原因，恐怕还是周代礼制的确定。" 199 页。

[64] 不见于殷官体制，而铜器有"大祝禽鼎"，据白川静为周器，而可知周代时，祝官的设置已极普遍，此时人深信祝具咒诅之能。陈炽彬《左传中巫术之研究》，94 ~ 133 页。

[65] 周代时的史官，虽不再总揽全国一切之教权、政权，然除掌宗教性之职务外，亦颇涉政治事务。陈炽彬《左传中巫术之研究》，94 ~ 133 页。

[66] 周朝的卜者，大体承袭殷商之制，但除掌卜龟之外，又掌占筮，则周代时人于进行重大事务之前，或藉卜、筮以定行止。陈炽彬《左传中巫术之研究》，94 ~ 133 页。

[67] 周初已设有太宗、宗人之职。《周礼》以宗为中心，架构一规模宏大的春官宗伯系统，史、祝、卜、乐工皆成为宗伯属员。陈炽彬《左传中巫术之研究》，94 ~ 133 页。

[68] 周朝的祭祀，无论祭天神、地示、四望、山川、先妣、先祖，皆伴以乐舞。而宴饮宾客，亦以歌舞为娱。故乐工在周朝，仍占有极重要的地位。陈炽彬主张，周时人认为军声、乐律能示吉凶，而卜断者则赖乐工、大师为之。陈炽彬《左传中巫术之研究》，94 ~ 133 页。

[69] 徐复观：《中国人性论史》，台北：商务印书馆，1969 年，51 ~ 56 页。

[70] 《十三经注疏 · 礼记》，卷十《檀弓下》，1317 页。

[71] 同注 [70]。

[72] 诛杀巫者的记载，如《史记 · 滑稽传》中关于西门豹的记载，魏国邺的地方，群众迷信河神（即河伯），为国泰民安，农业丰收，巫婆与三老经常河伯娶妇，将良家女子投入河中淹死。邺令西门豹上任后，为揭露巫婆的阴谋，便将三个巫婆与三老投入河中，事后又组织群众开渠治水，引漳水灌田。《二十五史 · 史记》，上海古籍出版社，1986 年，卷一二六《滑稽传》，350 页。

[73] 参见杨宽：《战国史》，上海人民出版社，1998 年，578 ~ 592 页。

[74] 张紫晨《中国巫术》（20 ~ 25 页），综述各学科对巫术的研究趋向时，指出包括文化人类学、宗教学及民族学等，皆偏向将巫术视为人类原始时期的一种文化现象，或人类宗教行为的最早形式或前期形态。此外，其他论述亦有类似的看法，如漆浩：《医、巫与气功》，人民体育出版社，1990 年，2 页。他认为："巫术是带有浓厚的前宗教色彩的原始人意识。" 另见于拙著：《先秦巫俗之研究》，台湾大学中文所硕士论文，55 ~ 67 页。

[75] 约翰斯通（Ronald L. Johnstone）著，尹今黎、张蕾合译：《社会中的宗教》，四川人民出版社，1991 年，29 页。

[76] 宋兆麟《巫与巫术》，指出："巫教也有一个漫长的发展过程，其中可分为若干历史阶段：原生巫教、次生巫教和再生巫教，它们分别流行于史前时期、奴隶社会和封建社会，并残存到近代，以至现代。" 2 页。

A Study of the Shamanistic Characteristics of Pre-Qin China

Cho Yongjun
(History Department of Tsing Hua University, Beijing)

This paper uses early Chinese archaeological antiquities, research reports on Oracle Bones inscriptions, as well as early written attestations to examine some specific characteristics of pre-Qin shamanism.

Ancient Chinese religion, which was a primitive form of shamanism, often maintained a tight relationship with the life of ancient people. Therefore, shamans of ancient China, who acted as mediators between man and the gods, naturally held supreme political and religious power. As a result, they were able to obtain superior social status and had tremendous influence in society. In addition to their high political and religious power, shamans in ancient China also carried on some shamanistic practices such as divination, medical treatment, song and dance, and so on. Therefore, their activities also became the creative activities of ancient culture.

Since the division of shaman's works from the Chou Dynasty, zhu, zong, bu, shi, which originally were deviations of shaman, began to differentiate their activities from those of the shamans. This division of work and development of humane thoughts in the Chou Dynasty eventually resulted in the shaman losing their political position. Since then, shamanism stepped down from their pedestal and became part of the normal stratum, but continued to exert influence on the people by using their special status as mediator between human and gods while also seeking out other ways to flourish.

北赵晋侯墓地社会性别研究现状

颜孔昭

（北京大学考古文博学院，北京）

20世纪60年代，西方国家兴起了第二浪潮女性运动，随着女性主义理论的成熟，社会性别（gender）成为社会科学中的一个重要分析范畴。女性主义历史学家注意到传统的历史研究常常忽略了女性的存在，他们会问“妇女在人类历史上参与了大大小小的事情，而历史研究中为何销声匿迹了呢?”并认为社会性别（gender）是“历史分析中的一个有效范畴”[1]。而人类学中，亲属制度与社会性别角色问题、社会性别分工与劳动力问题、社会性别的语言行为、女性和国家的关系、以女性为本位撰写民族志等都是重要的研究课题，并慢慢影响到考古学。

60~70年代考古学出现了“新考古学”学派，重新提出进化论，关心人与人关联的社会组织。这一阶段，还没有人提出过“性别考古学”（gender archaeology）的名称。考古学家意识到考古集中于男性本位研究是不够的，作为社会组成的女性部分有所缺失，但这时有关性别的研究亦只限于补充性质，所提出的问题亦流于表面，例如史前男性在打猎的时候，女性担任甚么角色，发挥甚么作用?当时的新考古学派代表人物路易斯·宾弗（Lewis Binford）提出“作为人类学的考古学”这样的目标[2]，人类学的研究范畴被引入到考古学当中，两者都受到第二浪潮妇运的影响，寻找女性从属的普遍性以及这种普遍性与性别分工、经济角色的关系。60年代初，路易斯·宾弗在北美东部墓地进行过家庭形态的研究[3]，也属于性别考古学的研究范畴。直至1984年，初次有人批评考古学中的男性中心偏见，美国考古学家Margaret Conkey和Janet Spector在文章中抨击人们用现成关于社会性别（gender）结构的陈腐假设去理解考古材料[4]，他们更是第一次将社会性别（gender）概念引入考古的人。同时期出现的考古学派还有社会考古学和认知考古学，再加上第三浪潮妇运提倡从文化、心理、象征等方法去进行研究，在这样的背景下，性别考古学从之前的分工、经济活动研究中转为对结构、认识论、意识形态等方面的关心。这时，社会性别（gender）的文化概念在西方考古学研究中亦被广泛接纳。

过去，由于条件所限，我国考古学的性别研究（gender studies）集中于新石器时代，尤其关于仰韶文化的讨论最为热烈。近期性别研究扩展到周代，墓主人身份、性别相对明确的北赵晋侯墓地的发现起了关键的作用，晋侯墓地第二次发掘报告中也明言“……同时代的墓主又是夫妻关系，男女性别明确，……男女用玉制度的差异及等级差别提供了依据”[5]。其实除了用玉制度以外，晋侯墓地还能提供其他方面的材料进行性别研究。近年，几位学者对晋侯墓地进行了相关研究，对探讨周代贵族妇女的地位、葬制、婚嫁等提出了宝贵看法[6]。拙文希望将他们的研究成果整理出来，以供参考。

一

北京大学考古系与山西省考古研究所从1992～2000年对山西省翼城县与曲沃县交界的天马—曲村遗址北赵晋侯墓地进行了六次发掘，共发现了九组十九座大型墓葬[7]。尽管其中八座墓被盗，然而多年来经过学者们深入研究、交流和讨论，认清了墓地的年代、性质以及墓主人的身份。

晋侯墓地的年代上限不早于西周早期，下限不晚于春秋早期。墓地性质是晋国的公墓区，九组年代相接的大型墓葬的墓主人为晋侯及其夫人。但九位晋侯该怎样与《史记·晋世家》中记载对应则有不同观点。发掘者对九组墓葬的排序为[8]：

第一组：M114，M113组（西周早期晚段）

第二组：M9，M13组（西周中期早段）

第三组：M6，M7组（西周中期早段）

第四组：M33，M32组（西周中期晚段）

第五组：M91，M92组（西周晚期早段）

第六组：M1，M2组（西周晚期早段）

第七组：M8，M31组（西周晚期晚段）

第八组：M64，M62，M63组（西周晚期晚段）

第九组：M93，M102组（春秋早期）

（前者为晋侯墓，后者为夫人墓。M62、M63为两位夫人）

这九组墓葬分成三排：北排由东至西M9组、M6组、M33组、M93组；中排东边为M114组、西边为M91组；南排东边是M1组、中间为M8组、西边为M64组。

由于晋侯墓地保存完整，出土的随葬品非常丰富，引起了学者们多方面的讨论。他们的讨论有以下几个方面：探讨晋国始封地、确认墓葬的年代以及墓主人的身份、墓葬制度研究、器用制度研究、青铜艺术史和铜器铭文等。由于已确认这九组墓葬是九组晋侯夫妇异穴合葬墓，这是同时期同等级墓地少见的，性别研究在上述讨论范畴中得以展开。

二

李伯谦先生在《从晋侯墓地看西周公墓墓地制度的几个问题》[9]一文中就注意到晋侯和夫人夫妇并穴合葬墓的墓位是经过刻意安排的，并且在不同时期有不同的变化。其后，曹玮先生在《关于晋侯墓随葬器用制度的思考》[10]文中专门进行了晋侯与夫人墓的整体器用比较。2002年夏天，上海博物馆举办了“晋侯墓地出土青铜器国际学术研讨会”，更多的学者就性别研究领域发表了文章，讨论的范围更加全面、内容更为深入。2004年，“第一本讨论性别问题的研究专集”[11]《性别研究与中国考古学》[12]一书出版，其中以晋侯墓地为研究对象的论文有两篇。

现时，晋侯墓地的性别研究有以下几个方面：

1）墓地规划、墓位安排。

2）墓葬形制的对比，包括墓葬面积、葬具。

3）器用制度的对比，包括用鼎制度、用玉制度等。

4）祭祀坑、殉葬现象与祭祀坑的安排。

5）殉车与车马坑的安排。

6）关于个别青铜器的讨论。

7）关于晋侯夫人母家的讨论。

三

1. 墓地规划、墓位安排

李伯谦[13]、曹玮[14]、刘绪、徐天进[15]和雍颖[16]几位先生文章中都提到晋侯和夫人的墓葬是经过事先规划的，同组墓葬的方向一致南北向，而又紧贴，是为夫妇并穴合葬墓，组与组之间的距离相若，显然是在遵循着一定的制度。大家又发现一个墓位的变化，最早的两组墓葬 M114 组与 M9 组是男性墓在西边，女性墓在东边；往后的七组墓葬则是女性墓在西边，男性墓在东边。而这个变化是从第三组即 M6、M7 组开始出现的，其时正值西周中期。刘、徐两位先生还分析了曲村墓地的资料，发现四组异穴并列合葬的夫妇墓中，属西周早期的三组男女墓位是男西女东，属西周晚期的一组为男东女西，情况与晋侯墓地一致。这现象当如李先生所讲“从晋侯墓地的情况来看，由西周中期的 M6、M7 组开始，男左女右的安排显然已逐步成为定制”[17]。然而，这种现象能反映出何种社会性别含义则有待研究。

此外，刘、徐两位先生通过分析，发现在曲村墓地六百多座墓葬中只能确认四组夫妇异穴合葬墓。这四组八座墓葬皆随葬铜礼器，这种现象“足以表明贵族夫妇与平民夫妇在葬制上有所不同”，是很值得注意的。

2. 墓葬形制的对比

墓葬形制的比较有墓葬面积、墓道数量、棺椁数量等内容。曹玮[18]、刘绪、徐天进[19]、雍颖[20]几位先生的文章都有论及，也总结出一些规律。

首先是墓葬面积，请参考表一：

表一

墓号	墓葬面积（平方米）	墓号	墓葬面积（平方米）	墓号	墓葬面积（平方米）
M114	23.7	M113	13.4		
M9	?	M13	?		
M6	?	M7	?		
M33	24.8	M32	?		
M91	34.4	M92	29.2		
M1	33.0	M2	21.2		
M8	37.2	M31	30.0		
M64	35.8	M62	36.1	M63	38.4
M93	34.6	M102	14.7		

其中M9、M6、M33三组不能比较。除了第八组M64组，是两座夫人墓大于晋侯墓以外，其余都是男性墓面积要比女性墓要大。曹先生认为晋侯墓的面积有严格规定，但夫人墓则不然。而刘、徐两位先生考虑到曲村墓地的情况，提出“……葬制上应有夫妇墓室等差的规定，即夫人墓的规模通常不能大于其夫君之墓……”[21]的看法。不过，等差的规定是多少则看不出规律，且第八组M64组的情形亦不符合这一看法。

第九组晋侯墓M93带双墓道，但夫人墓M102没有墓道；第八组的夫人墓M63带双墓道；其他晋侯及夫人墓均为单墓道，而墓道位于墓室南面。雍先生认为晋侯和夫人皆可使用墓道，“说明晋侯夫人的地位是相当高的”[22]。

至于棺椁数目，可参考表二：

表二

墓号	棺椁数目	墓号	棺椁数目	墓号	棺椁数目
M114	一椁一棺	M113	一椁一棺		
M9	一椁二棺	M13	一椁一棺		
M6	一椁一棺	M7	一椁一棺		
M33	?（仅存椁痕）	M32	?		
M91	一椁二棺	M92	一椁二棺		
M1	二椁一棺	M2	?（仅存椁痕）		
M8	一椁一棺	M31	一椁三棺		
M64	一椁二棺	M62	一椁二棺	M63	一椁二棺
M93	一椁二棺	M102	一椁二棺		

除了第二、七两组以外，晋侯和夫人所用的棺椁数目一致。第二组中晋侯用一椁二棺，而夫人用一椁一棺；第七组晋侯仅用一椁一棺，夫人却用一椁三棺。而棺椁的尺寸问题上，棺椁大小变化不大，但夫人棺椁大于晋侯的则有第六、八、九共三组。关于这一现象，有待深入研究。

3. 器用制度的对比

器用制度对比内容包括了鼎簋数目、铜礼器、乐器、兵器、工具、玉石器。根据李伯谦先生的分析[23]，晋侯和夫人用鼎簋数目如下。

西周早期：晋侯墓M114和夫人墓M113超过5鼎4簋之数，但非列鼎；夫人墓M13为5鼎4簋

西周晚期早段：晋侯墓M91——7鼎5簋；夫人墓M92——2鼎2盨（以盨代簋）

西周晚期晚段至春秋早期：晋侯墓M1、M8、M64、M93——5鼎4（或6）簋；夫人墓M2、M31、M62、M63、M102——3鼎2（或4）簋

大部分的看法认为列鼎制度是在西周中期才完善的，总体来说晋侯用5鼎4（或6）簋，夫人用3鼎2（或4）簋。对此，曹玮先生认为“按西周礼制的规定，侯与夫人在等级上相差一个等级”[24]。他还比较出除M13外，夫人墓不出甗；除M102外夫人墓不出方壶；夫人墓不随葬乐器，并认为这些现象反映出于礼制的规定。

至于兵器、工具方面，雍颖先生注意到夫人墓 M2 及 M102 中出有小件工具，认为是贵族妇女参加生产活动的证据，而这些活动可能是象征性和礼仪性的，并提出小件工具不能作为判断性别的标准[25]，是很有见地的。夫人墓都不见兵器，只有玉戈、石戈的发现。

晋侯墓地出土了大量玉石器，加上出土状况比较明确，所以引起了较多的关注。晋侯和夫人比较起来，夫人墓里随葬的玉石器数量和种类都要比晋侯多。雍先生论述详细，如玉钺只见于晋侯墓，玉蚕只见于夫人墓，玉琮根据墓主不同性别而有不同的出土位置及用法，夫人所持玉圭较短，等等。李伯谦先生则对夫人墓 M63 随葬用玉进行了论述，专门分析了一批应原来放在铜盒里的玉器，认为这批玉器是“墓主人所喜爱的一般意义的艺术品”[26]，玉器原来神圣而有神秘的意义不再存在。孙华先生亦对第七组 M8、M31 随葬玉器进行了分析，夫人佩玉种类要比晋侯的复杂[27]。看来雍颖先生认为夫人在用玉情况上享有特权，“说明在西周晚期，礼制对贵族妇女的限制已不很严格”[28]是合理的。黄翠梅先生则通过对晋侯墓地、曲村墓地及上马墓地墓葬的玉圭、戈和玦的数量统计，对比出晋国贵族男女用玉习惯上的性别差异，认为“即使《周礼》有关周朝用玉制度的记载可信，其中多数情况均未体现于晋国的殉埋制度之中”[29]。

4. 殉葬现象与祭祀坑的安排

有殉葬及祭祀坑现象的晋侯及夫人墓的情况如下表三：

表三

墓号	殉葬及祭祀坑	墓号	殉葬及祭祀坑	墓号	殉葬及祭祀坑
M114	殉狗 2，殉人 1	M113	无		
M9	无	M13	殉牛祭祀坑 1		
M64	近 20 个祭祀坑，多殉马	M62	殉马祭祀坑 2	M63	殉马祭祀坑 2，空坑 1
M93	大量祭祀坑，可辨坑口者 14 个，主要殉马和狗，少数殉牛、羊	M102	无		

其他墓葬未见殉葬及祭祀坑。

可见晋侯墓的祭祀坑要比夫人多，殉狗现象只出现于晋侯墓。曹玮先生认为“这种差别应该来自礼制的限制”[30]。刘绪与徐天进两位先生结合了曲村墓地的材料进行了分析，殉人中有男性亦有女性，墓主人亦然，殉狗情况以男性多见[31]。

5. 殉车与车马坑的安排

除了第五组 M91 组以外，每一组都带一座车马坑。殉车情况如下表四[32]：

表四

墓号	殉车（乘）	墓号	殉车（乘）	墓号	殉车（乘）
M114	4（三乘拆散）	M113	1（小车）		
M9	7（拆散）	M13	1（装饰精美小车）		
M6	1（拆散）	M7	1（精致小车）		
M33	至少5（拆散）	M32	1（小车）		
M91	1	M92	无		
M1	?	M2	无		
M8	?	M31	无		
M64	1	M62	无	M63	无
M93	无	M102	无		

可见晋侯墓地殉车习俗从第五组M91组，西周晚期衰落。西周中期以前殉车习俗较流行，其中晋侯与夫人殉以不同种类的葬车，晋侯葬车较大，所殉数量亦较多；夫人葬车则为“精致小车”，数量皆为一乘。对于这种小车，刘、徐两位先生认为“其高度明显不宜驾马，而只能驾以羊、鹿等”[33]。应为贵族女性专用的“娱乐车”。

6. 关于个别青铜器的讨论

陈芳妹先生对M113出土的铜三足瓮（M113：37）、铜双耳罐（M113：125）做了详细的论述。晋侯墓地与曲村墓地发掘者早就注意到陶三足瓮只出现在女性墓。陈先生参考了陶三足瓮在其他地区的出土情况及其他学者的意见，认为“陶三足瓮可能来自更北的内蒙古或较近的夏商时代的东下冯等”[34]，是北方女性通过婚嫁带来到晋国的器物。而铜三足器是陶三足器“被特别以微形化的铜质呈现”[35]的产物，进一步推论对那些来源地而言，晋国是“一种外来的武装殖民封建政权”。同样的，有鉴于陶双耳罐是齐家文化和辛店文化的特色，陈先生认为M113墓主可能从北方而来。

对于M63随葬的方座筒形器（M63：86）与鼎形方盒（M63：123）[36]，陈先生则认为其器制特殊，反映西周晚期到春秋早期，女性这一性别为青铜器造型带来创新的可能。汪涛先生亦就此发表看法，提出鼎形方盒是一种“女性专用品”[37]。

7. 关于晋侯夫人母家的讨论

出土器物能提供夫人母家方面线索的墓葬有四座，分别为M113、M13、M92、M63。如上所述，陈芳妹先生从M113出土铜三足瓮推测墓主来自北方。M13出有为“晋姜”所制四件簋[38]。至于M92出土有姞姓女子自作盨[39]，M63出有杨姞壶。

其中以M63墓主身份的争议较大，李伯谦先生认为“史载姞、姬二姓世为婚姻，姬姓之晋和姞姓之杨毗邻而居，世代通婚是很自然的事”[40]。

孙庆伟先生则从西周男女适婚年龄，晋穆侯与齐姜结婚的年龄，齐姜去世的年龄，周代诸侯续弦再婚的情况，文献记载晋国的历史，杨姞壶的制造年代，杨姞壶出现在M63的原因等方面去推理，论证M63墓主是文侯的生母——齐姜，即《史记·晋世家》记载的“齐女姜氏”[41]。

由此看来，晋侯夫人有来自姜姓国、姞姓国以及北方。诸位学者都能与当时历史背景联系起来，晋国与这些女子通婚对于本国的政治、军事是有利的。

通过几位先生对材料详细的分析，归纳出晋侯墓地晋侯与夫人埋葬习俗的差异。首先是墓位安排，最早的两组墓葬M114组与M9组是男性墓在西边，女性墓在东边；往后的七组墓葬则是女性墓在西边，男性墓在东边。夫妇异穴合葬墓只出现于高级贵族等级。第二，晋侯墓面积大于夫人墓，但棺椁数量与墓道则有夫人超越晋侯的个别情况。第三，器用制度方面，就鼎簋数目来看，夫人要比晋侯低一级，总体来说晋侯用5鼎4（或6）簋，夫人用3鼎2（或4）簋，夫人不随葬乐器、兵器但有工具，夫人随葬玉石器的种类与数量都比晋侯多。第四，晋侯墓的祭祀坑要比夫人多，殉狗现象只出现于晋侯墓。第五，晋侯葬车较大，所殉数量亦较多；夫人葬车则为一乘“精致小车”。第六，个别夫人墓中出有模仿陶器并加以微形化的铜器，且出有造型特别的铜器。并且有基于晋国政治、军事的考虑，晋侯迎娶夫人的来源起码有三这样的认识。

四

晋侯墓地是以埋葬晋侯、夫人为主的墓地，虽部分组别有数座陪葬墓，但材料限制不能进行上下等级的比较[42]。

此外，暂未见有关随葬陶器方面差异的对比。初步看来，夫人墓中随葬的陶器数量与种类要比晋侯墓的多，尤以西周中期即第五组以前明显。晋侯墓基本只随葬一件陶鬲，但夫人墓则随葬其他种类的陶器，如罐、簋、盉、豆、大口尊、三足瓮等。女性墓葬中随葬较多种类与数量的陶器是晋国特有的埋葬习俗，除了晋侯墓地，相同情形亦见于曲村墓地。曲村墓地的三座七种陶器墓与三座六种陶器墓的墓主皆为女性，五座五种陶器墓中只有一座男性墓，五十座四种陶器墓中男性墓或偏男性墓只有七座。笔者认为陶器象征社会结构中的“私人领域”（private domain），与象征“公共领域”（public domain）青铜礼器、乐器、兵器相对[43]。西周时期，女性被限制于前一范围中，而陶器使用较少受到束缚，使女性墓葬使用数量与种类较多的陶器随葬。

由于性别研究基本理念认为“社会性别（gender）是人类的一种发明，就像语言、亲属关系、宗教和技术。社会性别在文化模式中组织人类社会生活。在日常生活中，社会性别组织着社会生活、社会结构，如社会阶级、官僚机构的等级制度”[44]，因此，了解了上述性别差异的现象以后，需要解释这些现象的社会含义。雍颖先生对晋国高级贵族妇女的地位有如此的总结：西周中期以前较高，中期以后因礼制的束缚有所降低，到西周晚期至春秋之际，又因“礼崩乐坏”及诸侯势力强大，这批妇女的地位有所提升[45]。陈芳妹先生亦就个别铜器对当时的婚姻情况进行了探讨。在此笔者想要补充的是，在受到礼制约束的器用制度中，女性作为“他者”（the Other）[46]而存在，在使用非象征“公共领域”的器物时较少受到束缚，“使开放、多重性、多样性的差异成为可能”，因此女性墓葬中会出现有别常见的器物。

另外，大家暂时对九位晋侯夫人的研究都集中于与对应的晋侯作出比较，归纳出男女埋葬习俗上的差异，又或是把她们作为单独墓例来讨论。虽有关注到夫人母家的问题，但还没有与墓葬制度联系起来进行研究。相信母家背景对于夫人能享受何种待遇是有关系的，会否有一套使用于贵族夫人的等级制度呢？这是很值得大家去深入探讨的。

总而言之，晋侯墓地的性别研究为探讨周代妇女的地位、生活等提供了依据，补充了以男性为中心的历史，使我们能从另一角度去认识当时的社会。相信其他墓主明确或已进行人骨鉴定的周代墓地亦能进行性别研究，我们将能更完整地认识有关周代妇女的历史，更全面地了解周代社会。

致谢：本文写作过程中，得到导师李伯谦教授指导，吴伟鸿先生和孙庆伟学长提出宝贵意见，吴晓筠、陈淑卿、吴世恩等学长同学的帮助，在此致以真诚的谢意。

2003 年 1 月初稿

2009 年 2 月修订

注 释

[1] 琼·W·斯科特著，刘梦译：《性别：历史分析中一个有效范畴》，载于李银河主编：《妇女：最漫长的革命》，三联书店，1997 年，174 页。

[2] 杨建华：《外国考古学史》，吉林大学出版社，1999 年，152 页。

[3] 同注 [2]。

[4] Conkey, M. W. and Spector, J.. 1984. Archaeology and the study of gender. *Archaeological Method and Theory*, 7: 1 ~ 38. New York: Academic Press.

[5] 北京大学考古系、山西省考古所：《天马—曲村遗址北赵晋侯墓地第二次发掘》，《文物》1994 年 1 期，27 页。

[6] a. 李伯谦：《从晋侯墓地看西周公墓墓地制度的几个问题》，《考古》1997 年 11 期；

b. 李伯谦：《晋穆侯夫人随葬玉器反映的西周后期用玉观念的变化》，《刘敦愿先生纪念文集》，山东大学出版社，1998 年，291 ~ 297 页；

c. 曹玮：《关于晋侯墓随葬器用制度的思考》，《远望集》，陕西人民美术出版社，1998 年，294 ~ 301 页；

d. 刘绪、徐天进：《关于天马—曲村遗址晋国墓葬的几个问题》，《晋侯墓地出土青铜器国际学术研讨会论文集》，上海书画出版社，2002 年，41 ~ 52 页；

e. 陈芳妹：《晋侯墓地青铜器所见性别研究的新线索》，《晋侯墓地出土青铜器国际学术研讨会论文集》，上海书画出版社，2002 年，157 ~ 196 页；

f. 雍颖：《晋侯夫妇墓之比较及晋国高级贵族妇女社会地位试析》，《晋侯墓地出土青铜器国际学术研讨会论文集》，上海书画出版社，2002 年，197 ~ 208 页；

g. 雍颖：《晋侯墓地性别、地位、礼制和葬仪分析》，《性别考古与中国考古学》，科学出版社，2006 年，143 ~ 177 页；

h. 张奎：《对晋侯邦父与夫人墓使用随葬品制度的一点看法》，《晋侯墓地出土青铜器国际学术研讨会论文集》，上海书画出版社，2002 年，209 ~ 211 页；

i. 汪涛：《两周之际的青铜器艺术——以晋侯墓地出土的青铜器为例》，《晋侯墓地出土青铜器国际学术研讨会论文集》，上海书画出版社，2002 年，384 ~ 410 页；

j. 黄翠梅：《晋国墓葬用玉制度所显示的性别差异——以曲村和上马墓地为例》，《性别考古与中国考古学》，科学出版社，2006 年，123 ~ 142 页。

[7] a. 北京大学考古系、山西省研究所：《1992 年春天马—曲村遗址墓葬发掘报告》，《文物》1993 年 3 期，11 ~ 30 页；

b. 同注 [5]，4 ~ 28 页；

c.《天马—曲村遗址北赵晋侯墓地第三次发掘》，《文物》1994 年 8 期，22 ~ 33 页；

d.《天马—曲村遗址北赵晋侯墓地第四次发掘》，《文物》1994 年 8 期，4 ~ 21 页；

e.《天马—曲村遗址北赵晋侯墓地第五次发掘》，《文物》1995 年 7 期，4 ~ 39 页；

f. 北京大学考古文博院、山西省考古研究所：《天马—曲村遗址北赵晋侯墓地第六次发掘》，《文物》2001 年 8 期，4 ~ 21 页。

[8] 李伯谦：《晋侯墓地发掘与研究》，《晋侯墓地出土青铜器国际学术研讨会论文集》，上海书画出版社，2002 年，31 页。

[9] 同注 [6] a。

[10] 同注 [6] c。

[11] 许倬云：《性别研究与中国》序，科学出版社，2006 年，vii 页。

[12] Linduff, K. M. & Sun, Y.（eds.）2004. *Gender and Chinese Archaeology*, CA: AltaMira. 中译本：林嘉琳、孙岩主编：《性别研究与中国考古学》，科学出版社，2006 年。

[13] 同注 [8]，29 ~ 40 页。

[14] 同注 [6] c。

[15] 同注 [6] d。

[16] 同注 [6] f、g。

[17] 同注 [6] a，56 页。

[18] 同注 [6] c。

[19] 同注 [6] d。

[20] 同注 [6] f、g。

[21] 同注 [6] d，44 页。

[22] 同注 [6] f，199 页。

[23] 同注 [8]，35 页。

[24] 同注 [6] c，298 页。

[25] 同注 [6] f，201 页。

[26] 同注 [6] b，297 页。

[27] 孙华：《晋侯椬/断组墓的几个问题》，《文物》1997 年 8 期，27 ~ 35 页。

[28] 同注 [6] f，203 页。

[29] 同注 [6] j。

[30] 同注 [6] c，296 页。

[31] 同注 [6] d，48 ~ 50 页。

[32] 数据出参考六次发掘报告外，还参考刘、徐两先生文章即注 [6] d。

[33] 同注 [6] d，48 页。

[34] 同注 [6] e，163 页。

[35] 同注 [6] e，159 页。

[36] 文中称为“人形足攀龙盒”，第四次发掘报告中则命为“鼎形方盒”，此处用报告名称。

[37] 同注 [6] i，391 页。

[38] 朱凤瀚：《关于北赵晋侯墓年代与墓主人的探讨》，《文化的馈赠——汉学研究国际会议论文集·考古学卷》，北京大学出版社，2000 年，193 页。

[39] 李伯谦：《也谈杨姞壶铭文的释读》，《文物》1998 年 2 期，34 页。

[40] 同注［39］。

[41] 孙庆伟：《晋侯墓地 M63 墓主再探》，《古代文明研究通讯》总第二十五期，2005 年，33 ~ 43 页。

[42] 国家文物局主编：《晋侯墓地的新发现》，《2001 中国重要考古发现》，文物出版社，2002 年，43 ~ 50 页。

[43] “私人领域”（private domain）和“公共领域”（public domain）是人类学与社会学术语，人类社会分为上述两个领域，前者包括家庭，而后者包括政治、经济、军事等。与我国传统观念中的“男主外、女主内”的“内”、“外”概念相似。

[44] Lorber, Judith. 1994. *Paradoxes of Gender*. New Haven: Yale University Press.

[45] 同注［6］f。

[46] 法国存在主义作家西蒙娜·德·波伏娃（Simone de Beauvoir）“采用了存在主义本体论和伦理学语言，她指出男人将‘男人’（man）命名为自我，而把‘女人’命名为他者（other）”。摘自罗斯玛丽·帕特南·童著，艾晓明等译《女性主义思潮导论》，263 页。

Current Research of the Gender Study of the Burial Practice in the Cemetery of the Marquises of Jin at Beizhao, Qucun, Shanxi

Ngan Kongzhao
(Department of Archaeology and Museology, Peking University)

The discovery of the cemetery of the marquises of Jin at Beizhao, Shanxi is important to the gender study during the Western Zhou Period. There were nine tomb clusters which belonged to nine marquises of Jin and their wives discovered in this cemetery. Many experts had examined the data of this cemetery with gender aspect. The aim of this essay is to sort those researches into categories. Those researches included the gender difference in the context of planning, position and the structure of the tombs, the number of furnishings, as well as the distribution of various types of burials goods. Such gender difference of the burials could reflect women's ranks, their role and social status, gender division of labor, and gendered conceptions during the period of Western Zhou.

吴越两国的冲突、吴越文化的交融与吴人越人的归宿

叶文宪

（苏州科技学院人文学院历史系，苏州）

吴人与越人都是生活在江南地区的土著居民，吴越两国“接土邻境，壤交通属，习俗同，言语通”[1]，“吴与越同音共律，上合星宿，下共一理”[2]，“吴越二邦，同气共俗”[3]。所以许多学者认为吴人和越人是同族[4]。吴国的历史是从“太伯之奔荆蛮，自号勾吴”[5]开始的，但是从太伯到寿梦共19世，在文献中却只有世系，别的一无所有。越人自称始祖无余是夏少康之后，但是以后所传三十余代连世系也不得而知。周简王元年（前585年）“寿梦立而吴始益大，称王”[6]。周敬王（前519～前476年）时“有越侯夫谭子允常，拓土始大，称王”[7]。这两条记载说明一直要到寿梦和允常之时吴国和越国的国家形态才出现了质的飞跃，不仅具备了集权制国家的雏形，而且开始被华夏族所知晓。吴人和越人同居共处于江南地区，原来并没有利害的冲突，长期以来一直和平相处。然而到了春秋中期吴越两国却突然交恶，并结下了不共戴天的世代怨仇，吴越之间的斗争最终以你死我活的结局而告终。吴越两国的这场冲突既有中原晋楚争霸的背景，又有对生存空间的争夺。由于吴人和越人本来就“同气共俗”，经过长期的交流，吴文化和越文化逐渐融和合一。当吴国灭亡后吴人逃散到各地，很快地就融入了华夏族之中，而当越国灭亡后越人有的迁往南方或海岛，有的遁入深山成为山越，他们是后来才逐步融入到汉民族中来的。

一、吴人与越人的渊源与墓葬

吴人是南迁的太伯仲雍和江南的“荆蛮”[8]结合而成的，“荆蛮”是古代中原人对南方人的统称，并不专指楚人。越人虽然自称是夏少康之后，但是他们的渊源肯定也是江南的土著。既然吴人和越人都是江南的土著，那么我们就一定可以通过考古发掘发现他们留下的遗存。

商周时期江南地区的考古文化大体可以分为两个群体：分布在宁镇地区的湖熟文化和分布在太湖地区的马桥文化。

湖熟文化是宁镇地区的土著文化[9]，但是在发展过程中又明显地吸收融入了大量中原商周文化的因素，最典型的就是鬲和鬲式甗（图一）。鬲是商周文化的典型器，是旱作农业区的主要炊器。江南地区都用鼎作为炊器，只有赣鄱地区的吴城文化因为受南下的商人影响也以鬲和鬲式甗为炊器，可是湖熟文化却以鬲为主要炊器，而且湖熟文化中

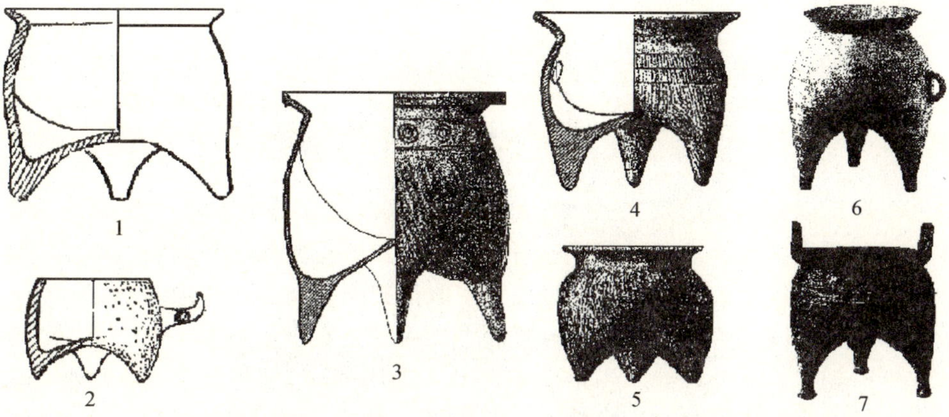

图一 湖熟文化陶鬲、商周陶鬲与土墩墓出土铜鬲比较
1. 湖熟文化陶鬲 2. 湖熟文化角把陶鬲 3. 商代陶鬲 4、5. 西周陶鬲 6. 破山口出土铜鬲 7. 烟墩山出土铜鬲

期的折沿宽唇分裆袋形圆锥足鬲与二里冈的同类器很相似，晚期的侈口高弧裆鬲又具有西周鬲的风格。这说明湖熟文化在二里冈期和西周初期受到商周文化的影响最大，这就使人很自然地联想到商代巫咸、巫贤为帝戊之臣和太伯、仲雍奔吴的历史。因此湖熟文化可以被看做是先吴文化[10]。

马桥文化的分布区不只限于太湖地区，还包括宁绍平原和金衢盆地一带，其年代大致与夏商时代相当。马桥文化的主体属于以几何形印纹陶为特征的江南土著文化，但是又受到中原夏商文化的影响[11]，这一点倒可以与越人自称是“夏少康之后”相印证。马桥文化分布区即后来越国的范围，它的年代与文化内涵也和越文化前后相接，所以马桥文化应该是越文化的前身——先越文化。

在宁镇地区的丘陵或平原上分布着高2～5、直径15～30米，外观呈馒头形的土墩墓。宁镇地区的土墩墓最早见于西周初期，盛行于西周中后期和春秋，战国以后逐渐被具有楚文化特点的竖穴土坑墓所取代。土墩墓分布的范围东至上海金山，西至皖南屯溪，北至江北的仪征、六合，南至苏浙交界的太湖沿线，而以宁镇地区分布最为密集，据遥感调查，仅镇江地区就发现了3134座土墩墓，太湖以东和南京以西则零星稀疏了，既不典型，时代也晚。

与土墩墓不同的是在苏南浙北一带许多丘陵低山的顶部顺着山脊分布着或多或少的石室土墩墓。石室土墩墓主要分布在太湖周围的苏州、无锡、常熟、江阴、武进、宜兴、长兴、吴兴、德清、安吉、余杭、临安、海宁等地，在浙东的萧山、绍兴、上虞以及富阳、桐庐等地也有发现，其中太湖周围地区最为密集，据航空遥感调查，仅太湖周围的吴县、无锡、武进、宜兴、长兴、吴兴境内就发现约2700座。

土墩墓和石室土墩墓是属于两种不同文化的墓葬，根据其分布的区域、存在的年代和包含的内涵来分析，土墩墓应是吴人的墓葬，而石室土墩墓应是越人的墓葬[12]。如果这一判断不错，那么太湖周边地区大量分布的石室土墩墓证明从西周到春秋中期这一带曾经是越人生活的地区，但是春秋中期以后由于吴人逐步向东迁徙占据了这片富饶的平原，并把都城也迁到了太湖北部地区，因此吴越之间的冲突才会发展到形同水火、势不两立的地步。

二、吴国与越国的冲突与迁徙

周平王东迁以后天子的实力大大削弱，于是齐桓公存邢救卫以“尊王攘夷”为旗号，成为春秋时代第一位代替天子号令诸侯的霸主。齐桓公死后齐国陷入内乱而国力大衰，于公元前642年被宋国打败。宋襄公企图取代齐国称霸，但是却在泓之战中被楚军打得大败。打败宋国以后楚国的势力骎骎北上，而北狄又步步南下，因此第二次尊王攘夷的重任就落到了晋文公身上。公元前632年，晋国联合秦、齐、宋国在城濮与楚国会战，一举击败了楚国。城濮之战后晋文公在践土召集齐、鲁、宋、卫等七国之君会盟，周襄王也参加了这次会盟，并在会上册命晋文公为“侯伯”，正式确立了晋国的霸主地位。这时离寿梦称王只有47年。

晋文公在称霸后不久就死了，继位的晋襄公在殽地全歼入侵的秦军，占领了函谷关，成功地遏止了秦国东进的势头，但是他却无力阻挡楚国的北侵。公元前606年，雄才大略的楚庄王北伐陆浑之戎，一直进军到伊水和洛水一带，在天子领地的边境上检阅军队、炫耀武力。楚庄王问鼎中原之时离寿梦称王只有21年。

公元前598年，晋国和楚国在邲地发生大战，晋军大败。再过九年（公元前589年）楚庄王虽然已经死了，但是楚国还是在鲁国的蜀邑召集十二国诸侯会盟，连齐、秦等大国都到会了。在晋、楚争霸之际，齐国一向是站在晋国一边的，但是随着晋国的衰落，齐顷公倒向了楚国，并且不断地向鲁国和卫国用兵。公元前589年晋军在鞌地与齐军交锋，齐国大败。在晋国和楚国争霸的过程中双方互有胜负，但是谁也没有力量彻底战胜对方，双方进入了僵持的局面。

当时在楚国执掌大权的是子反和子重。楚国贵族申公巫臣和子重有仇，而他和子反又是情敌。申公巫臣为了爱情带着心爱的夏姬离开楚国逃往晋国，子反和子重就杀了他的家族、瓜分了他的邑土。情仇家恨使申公巫臣愤怒至极，于是他就向晋景公建议联合吴国，发动吴国从南方夹击楚国，开辟第二条战线。晋景公接受了他的建议，就派他带领三十乘兵车出使吴国，帮助吴国训练士兵，教吴人学习车战的技术，回国时他把十五辆兵车以及驾车的御手和射手赠给吴国。申公巫臣还把自己的儿子狐庸留在吴国担任寿梦的“行人”，即掌管礼仪外交的官员。申公巫臣出使吴国是寿梦二年的事，在晋国的怂恿之下当年吴国就开始进攻楚国，伐巢（今安徽巢县）、伐徐（今安徽泗县西北）、进入州来（今安徽凤台县），江淮之间许多原来依附于楚国的蛮夷小国有许多都被吴国兼并了，害得子反和子重一年之中在战场上往返七次，疲于奔命。

吴国地处江南水乡，又多丘陵，本来并不适合车战，吴人“山行水处”，本来也不擅长车战，但是在镇江大港一带的春秋大墓中却每每出土青铜车马器，就是在这样的背景下出现的。在晋国与楚国争霸的拉锯战中，吴国和晋国结为共同对付楚国的盟友。这是春秋时代典型的“远交近攻”战略，从长远来看也是符合吴国利益的。从此以后吴国就被绑在了晋国的战车之上，而楚国则去拉拢越国，以便从背后牵制吴国。这就是吴国和越国这两个原来名不见经传的小国在春秋后期突然崛起的背景。

寿梦死后诸樊继位，这一年正好楚共王也死了，诸樊乘机发兵进攻楚国，但是被楚国大将养由基和子庚用诱敌深入之计在庸浦（今安徽无为县南）打了一个伏击，大败，连公子党也被楚人俘虏。第二年春天，吴国向晋国报告了战败的情况，并和晋、鲁、齐、宋、卫、郑、曹、莒、邾、滕、薛等国的大夫在向地（今安徽怀远）会见，诸樊在会上要求诸侯联合发兵伐楚，但是诸侯们认为趁丧伐楚是不道德的，拒绝了诸樊的请求。诸樊回国后迫于楚国的压力不得不把都城向东迁徙，但是“诸樊徙吴”[13]究竟把都城迁到了什么地方？虽然史书上没有明确记载，但是可以肯定并不是今天的苏州，因为如果诸樊就已经迁到了今天的苏州，那么阖闾何必再让伍子胥去建造新城呢？

在太湖西北无锡和常州的交界处有一座春秋时期的城址，1956 年江苏省公布第一批文保单位时定名为“阖闾城”。可是《越绝书·吴地传》说：“阖闾之时，大霸，筑吴城，城中有小城二，徙治胥山。”《吴越春秋·阖闾内传》说：“子胥乃使相土尝水，象天法地，造筑大城。”二者都没有言明阖闾使伍子胥所造之城是在无锡与常州的交界处。“阖闾城”这个名称最早见于唐代陆广微的《吴地记》，但是《吴地记》所说的“阖闾城”有两个：“子城在无锡富安乡，地名闾江；大城在阳湖界十六都八图。”因此自《吴地记》以后阖闾城就被分成了两个，例如《吴郡志》曰：“阖闾城，吴王阖闾自梅里徙都，即今郡城。”《梅里志》曰：“阖闾大城，在今苏州府；小城在县富安乡，地名闾江。”2007 年江苏省考古研究所对无锡阖闾城遗址进行了一年半的勘察复查，在原先划为文保单位的两个小城之外又发现了面积达 2.9 平方公里的大城（图二），勘察者认为这座大城才是真正的阖闾城[14]。在无锡阖闾城以北沿着太湖有一座龙山，龙山山脊上分布着一连串石室土墩墓，而且石室土墩墓被一条宽约 1、残高 0.7 米以“石包土”形式建造的石城所叠压。勘察者认为石室土墩墓的年代为春秋早中期，石城的年代与阖闾城同时为春秋中期以后，这些认识都是正确的。勘察者还认为龙山石城是吴国的“长城”，类似的石城在苏州上方山吴城遗址也发现过，在木渎古城周围小山顶上据说也有石块垒砌的“岗”，因此这一认识也是正确的。既然如此，那么龙山上被石城所压的石室土墩墓就必定不会是吴人自己的墓葬，而只能是越人的墓葬。勘察复查无锡阖闾城所获得的材料可以证明这是一座春秋时代的城址，但是却无法证明这座城是阖闾时建造的。笔者以为这座被称为“阖闾城”的春秋城址应该是“诸樊徙吴”时所建造的吴国都城遗址。

随着吴人从西向东迁徙进入太湖北部地区，原来居住在这里的越人被迫迁出了。

1998 年在江阴云亭镇发现了夏商时代的花山遗址，接着又在其东面发现了佘城遗址。佘城南北长约 600 米，东西宽约 300 米，面积约 20 万平方米（图三），城墙的建造方法主要是用干湿土堆筑，平面上没有发现明显的夯窝和拍打痕，与中原地区的城墙筑法有明显的区别，显示出建造技术的原始性。在北城墙中段的内侧发现了一处大型干栏式建筑遗址，出土的陶片有鼎、釜、甗、罐、盆、豆、澄滤器等器形，硬陶和原始瓷占 14%，主要纹饰有梯格纹、回纹、云雷纹、条形方格纹、复线曲折纹、绳纹、弦纹等，石器多为半月形石刀。佘城的年代为距今 3600～3000 年，“佘城遗址陶器，早期带有马桥文化器物特征，晚期又具有很强的湖熟文化特征”[15]。佘城废弃后在今江阴、张家港

图二 无锡阖闾大城和两小城俯视图（周围深色的为护城河）

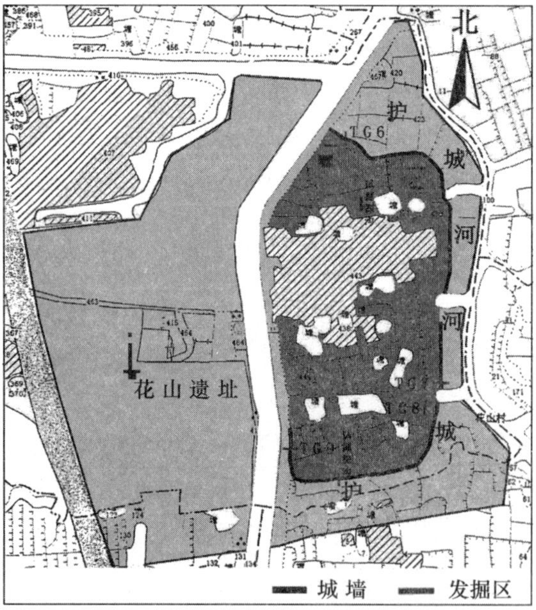

图三 佘城遗址与花山遗址平面图

一带后来成了吴王阖闾养鹿的地方[16]。如果马桥文化确实是先越文化，那么佘城就是迄今所知年代最早的先越城址，而它之所以被放弃，应该是吴人由西向东扩张的结果。

越人离开太湖北部地区后迁向何方了呢？根据无锡阖闾城的位置判断，他们应该迁往了太湖南部地区。因为无锡阖闾城正位于太湖西北边地势险要的十八湾，扼守着太湖西边的南北交通要道，这座城在军事上的重要性不言而喻。在太湖西南的安吉递铺镇有一座春秋时代的城址（图四），城内东西长600米，南北宽550米，城区面积约33万平方米。城墙为平地堆土筑成，保存较好，墙基宽24米，现存残高6米左右，不见槽基及明显的夯层和版筑迹象[17]。筑城方法和佘城倒有类似之处。在城址东北600米有一处春秋时期的高台遗址，该遗址为边长近400米的方形，相对高度4.5米，高台四周环绕着50～150米宽不等的壕沟。在城址北面约1公里处有一座人工堆筑的土坛，东西长约120米，南北宽约60米，残高2米左右，土坛的中心部位分布有大面积的红烧土堆积，推断为春秋时期的祭坛遗存。古城遗址附近有两个墓

图四 安吉递铺镇古城遗址航拍图

葬区，南面的龙山墓区有 800 余座土墩墓，北面的笔架山墓区有 300 余座土墩墓，周围山顶上分布着大量石室土墩墓。在龙山东南侧有四座呈南北向排列的大墓，其中位于北边的八亩墩东西长约 260 米，南北宽约 180 米，总面积近 5 万平方米，相对高度约 30 米，墓上有高达 10 米左右的封土。墩的四周挖掘有四边整齐、转角规整的隍壕（图五）。大墓下、隍壕内的坡地上还分布有几十座成对排成两圈的小墓，这些小墓有部分被盗，周围散落的残器有拍印席纹、方格纹及米筛纹间有叶脉纹的组合纹硬陶罐、坛、瓿及原始瓷钵式碗等，其时代属春秋中期。安吉龙山大墓的外形与兰亭印山越王陵相仿，只是规模比印山越王陵要小，因此其年代应该早于允常，判断其为春秋中期是不错的。安吉古城使用年代很长，春秋时期为越国都城，战国后期被楚人占据，汉晋时期是鄣郡郡治所在，为太湖西南之重镇。安吉八亩墩与兰亭印山越王陵的年代是紧密相连的，而在安吉越城与江阴余城之间尚有缺环，但是由此而揭示出来的越人迁徙方向却是很明确的。

图五 安吉龙山八亩墩（左）、九亩墩（右）大墓远眺

诸樊十二年（前549年）楚国水军侵犯吴国。第二年楚国又攻伐已经依附吴国的舒鸠，吴国派兵去救舒鸠，但是被战败，舒鸠被楚国所灭。诸樊为了报仇亲自率军进攻楚国的巢地，结果中箭身亡。余祭继位后（前547年）楚国联合秦国进攻吴国，楚秦联军一直打到雩娄（今安徽金寨县北）。公元前544年，余祭趁楚康王刚刚去世、楚国无力东顾的机会进攻越国，抓了一批俘虏。他让这批俘虏去看守舟船，但是在一次视察舟船的时候他被看守这些船只的越国俘虏刺死了。这样，吴越之间的仇恨就结得更深了。公元前514年公子光在经过了一场血腥的政变后成为新的吴王——阖闾。阖闾虽然是一个"狡而忍"、对同胞手足残酷无情的铁腕人物，但同时又是一个有远大志向的君王，他接受伍子胥"立城郭、设守备，实仓廪、治兵库"的建议，建造了"阖闾大城"[18]。这座"阖闾大城"就是2000年苏州博物馆在木渎发现的春秋古城[19]。《越绝书·记地传》云："大越故界，浙江就李（即檇李，今嘉兴），觐乡北有武原。武原，今海盐（即今平湖）。"《尔雅》曰："吴越之间有具区。"《吕氏春秋·有始》曰："吴之具区。"高诱注："具区在吴越之间。"具区是太湖的古称，正因为吴人把都城进一步从太湖西北迁到了太湖东北，从而完全控制了太湖北部地区，所以太湖就成了吴越两国的分界。

由于吴人步步紧逼，迫使越人不得不继续向东南迁徙退到钱塘江以南的会稽。在兰亭印山发现的允常墓表明，越人迁往绍兴的时间大约是在春秋后期，与"诸樊徙吴"和"阖闾筑城"是同步的。公元前496年越王允常去世，阖闾趁越国国丧之机发兵伐越，但是却在檇李（今浙江嘉兴）之战中受伤身亡。夫差即位后发奋图强，两年后（前494年）取得了夫椒之战的胜利。夫椒的地望或曰在太湖中今江苏的西山，或曰在太湖西南今浙江的长兴，因为在长兴境内曾经出土过大量春秋时代的青铜兵器[20]。其实西山和长兴隔湖相望距离并不远，应该都是这场战役的战场。在长兴的西南就是安吉，吴越两国在夫椒会战不是没有道理的，可见即使在越人迁都会稽以后位于安吉的越国旧都的地位仍然非常重要。勾践在夫椒战败以后不得不率五千败卒退守会稽山，以后就发生了一系列富有戏剧性的故事。

从表面上看，从余祭被越俘刺死到阖闾死于檇李之战，吴人与越人的怨仇越结越深了，然而从深层次看，吴越结仇实际上是从"诸樊徙吴"开始的。平坦肥沃的太湖北部平原原来是越人生活的地区，但是由于"诸樊徙吴"和"阖闾筑城"，吴人夺取了越人的生存空间，吴越之间的战争与仇杀正是这场争夺生存空间的斗争的反映。

三、吴文化与越文化的差别与融合

吴人与越人的文化差别本来就不大，经过长时期的交往，同处江南的吴人与越人在文化上越来越趋于融和合一。从考古的角度看这种融合主要表现在以下这些方面。

1. 墓葬形制

吴人的土墩墓和越人的石室土墩墓最大的差别有两点：一为葬地不同，土墩墓主要分布在山坡或平地上，而石室土墩墓都筑在丘陵的山脊或坡垄上；二为墓葬结构不同，土墩墓一般只挖一个浅墓坑，最多用石块铺砌一层石床，而石室土墩墓中都有用石块垒砌成的长条形石室。

然而在谏壁至大港一带长江南岸的大型土墩墓却都坐落在小山之巅，已发掘的有烟墩山，磨盘墩，青龙山，北山顶，乔木山母子墩，粮山，王家山，四脚墩，丹徒石家墩，大港横山馒儿墩，石桥华山大、小笆斗墩，金坛鳖墩，溧水宽广墩等[21]。在苏州西部山区也有一些春秋晚期的土墩墓分布，已发掘的有大真山和阳宝山[22]，这些土墩墓也都位于山顶，有凿山而成的石穴，墓上有高大的封土堆，并随葬有大量青铜器和玉器。

不仅有建在山顶上的土墩墓，而且有建在平地上的石室土墩墓，最典型的是江阴周庄的繖墩。繖墩高约10米，直径50~60米，墩的周围有一圈宽宽的护壕，就像护城河一样。在繖墩西头暴露出一个石砌的洞口，高1.7、宽1.3米，洞内较洞口宽大，中间高达2~3、宽达1~2米，洞内纵深32.1米。两壁都以黄石砌成，洞顶用大石条覆盖，石条宽者达0.7米。繖墩是在明代被打开的，洞口门楣石条上有明代正德五年吴郡都穆书刻的“珊瑚洞”三个字，现在里面空空如也，仅剩一个空洞，当时出土过些什么东西现在已经不得而知。《太平寰宇记》江阴条记载：“吴王阖闾第八子葬于此。”在繖墩东北0.5公里处还有一个类似的土墩，当地称之为“大松墩”，其中也有一条用黄石砌成的十几米长的石弄，上面用长达3米的石条覆盖，形制和繖墩相仿，但规模比繖墩要小一些。后来因为石弄倒塌露出了洞口，常州博物馆派员进行清理，出土了1件几何印纹硬陶罐，20件豆、盘、有盖罐和鱼篓形罐等原始瓷器，各种玉玦、玉璜、玉镯、玉管、玉珠等饰品总共有70件之多[23]。根据出土物的特征判断，大松墩当是一座春秋晚期的墓葬。苏州虎丘山西南也有一座大型土墩，面积约2万平方米，墩的周围也有一圈围壕，该墩名叫“金鸡墩”，俗称“吴女坟”，相传是阖闾女儿滕玉的坟墓。金鸡墩虽然未经发掘，但是据《吴越春秋》记载，当年阖闾“凿池积土，文石为椁，题凑为中，金鼎玉杯银樽珠襦之宝，皆以送女”。可见墩内也是有石室的。这几座坐落在平地上的土墩墓，据记载都是吴国王室贵族的墓葬，但是却都在墩内砌有石室，其形制与砌法同山脊上的石室土墩墓一样，就好像是两者的结合。这是不是吴人来到太湖地区后吸收融合当地越人石室土墩墓的做法创造出来的一种新的墓制？实在很耐人寻味。

绍兴兰亭印山大墓的周围有一圈方形围壕，安吉的八亩墩、九亩墩也有同样的围壕，说明这是越国王陵的规格。但是在江阴繖墩、虎丘金鸡墩和阖闾墓所葬的虎丘山周围也都有一圈方形的围壕（图六）。如果印山越王陵是允常墓，那么它的年代要早于虎

图六　江阴繖墩（左）、苏州金鸡墩（中）、虎丘阖闾墓（右）的周围都有一圈围壕

丘阖闾墓，而在早于虎丘阖闾墓的浒关大真山以及丹徒大港一带的土墩墓周围都没有围壕，说明这种墓制是吴人向越人学的。

绍兴兰亭印山大墓内部的两面坡窝棚式木椁是我们第一次见到的，后来在浙江东阳前山和安吉龙山[24]的春秋晚期贵族墓中都见到了类似的木椁结构，从而知道这是越人特有的葬制。然而非常奇怪的是在句容寨花头、周岗、东边山、浮山果园和金坛薛埠的一些土墩墓中也发现了这种两面坡窝棚式木椁的遗迹，年代约为春秋中期，最早的可达西周中晚期[25]。那么这种葬制似乎又是越人从吴人那里学来的，可是为什么后来在吴人的墓里未见普遍使用而在越人的贵族墓里却发扬光大了呢？这也实在令人费解。

2. 青铜器

由于吴人是南下的周人和江南土著居民融合而成的，因此吴人的青铜器大体可以分为中原器、仿中原器和独创器三部分，又由于吴国位于南北东西交通的交汇处，因此吴人同时也使用楚、越、徐、舒等国的铜器，所以从总体上看吴人使用的铜器显得很芜杂，很难说出什么是吴式器，比较有特色的只有鼓腹尊、附耳盘、扁腹簋和鉴（图七）。因为吴人的铜器缺乏明显的个性特色，所以吴国灭亡以后吴人的铜器样式很快就消失了。

图七　吴人的青铜器

1. 蟠虺纹鼓腹尊　2. 扁腹簋　3. 附耳盘　4. 吴王光鉴

越人最具特色的青铜器是鼎。越式鼎的特点是直腹或浅腹，三足外撇，铜鼎的样式和陶鼎一致，通常没有繁缛的花纹，铸造水平也比较低下，但是却具有独特的个性，与中原周式的圆腹蹄足鼎、楚式的升鼎、舒式的兽首鼎都不一样（图八）。越徙琅琊后越人更多地接受了中原文化，但是一直到越国灭亡后南迁的越人仍然大量使用越式鼎，西汉初的南越王墓中还出土了多件越式鼎。

吴越两国铸造青铜器的技术与中原各国相比总体来说水平较低，但是铸造的兵器却出奇的精良，尤其是剑。剑是中原先民发明的，最早的铜剑见于西周早期，是柳叶形的扁茎剑，长度仅 27 厘米，与其说是剑，还不如说更像是匕首。春秋战国是青铜剑最为流行的时代，各地各族都有各具特色的青铜剑，例如黄河流域的扁茎剑和柱脊剑、东北地区的曲刃冠首剑、北方草原地区的曲柄铃首剑、巴蜀地区的柳叶形剑、西南地区的一字格剑和三叉格剑等，而吴国的剑是设计最合理、造型最优美的空茎剑和有箍剑（图九），

1 2 3 4

图八 春秋时期各种式样的鼎

1. 中原周式鼎 2. 楚式升鼎 3. 舒式兽首鼎 4. 越式撇足鼎

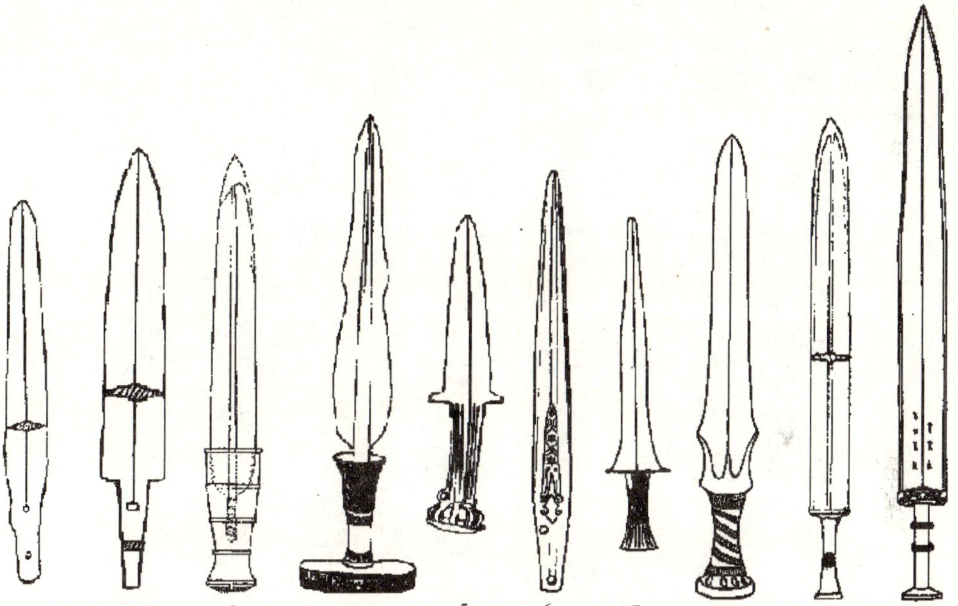

1 2 3 4 5 6 7 8 9 10

图九 先秦各式青铜剑比较

1. 西周柳叶形剑 2. 中原扁茎剑 3. 中原柱脊剑 4. 东北地区曲刃冠首剑 5. 北方草原地区曲柄铃首剑 6. 巴蜀柳叶形剑 7. 西南地区一字格剑 8. 滇人的三叉格剑 9. 吴人的空茎剑 10. 吴人的有箍剑

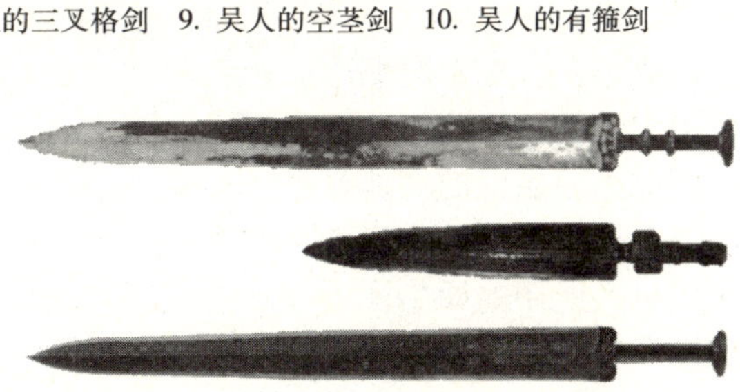

图一〇 吴剑与越剑

吴王夫差剑（上）、越式带耳剑（中）、越王勾践剑（下）

有的铜剑表面还布满暗纹，在地下埋藏两千多年仍然未被锈蚀。所以《考工记》说："吴粤（越）之剑，迁乎其地而弗能为良。"传世和考古发掘所得到的吴越铜剑数量极多，仅见于著录、有铭文的吴王剑和越王剑就有几十把。越人的剑原来是一种独具特色的带耳短剑，其格斗功能与制造技术明显不如吴人的空茎剑和有箍剑，但是越灭吴以后越国显然全面继承了吴国的铸剑技术，所以越王剑的样式与水平一下子就变得与吴王剑一般无二了（图一〇）。

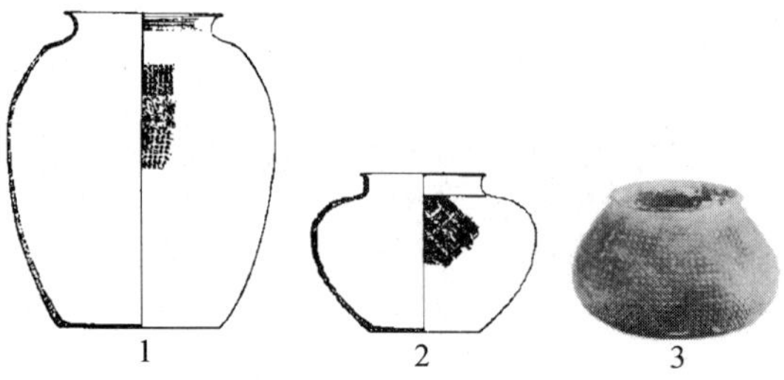

图一一　几何形印纹硬陶器
1. 深腹坛　2. 扁腹瓿　3. 鱼篓形罐

3. 印纹硬陶

拍印几何形纹饰的硬陶器是先秦时期流行于江南的一种陶器，根据它们自身的特点大致可以分为赣鄱、宁镇、太湖、湘东南、岭南、闽台、粤东闽南七个区域，它们是百越族留下的物质遗存[26]。在宁镇地区的土墩墓和太湖地区的石室土墩墓中都出土印纹硬陶，而且其中的深腹坛、扁腹瓿、鱼篓形罐等器形都大同小异（图一一），拍印的几何形纹样如方格纹、凸方格纹、回字纹、云雷纹、重回字对角交叉纹、田字纹、米筛纹、席纹、叶脉纹、米字纹、菱形填线纹和各种组合纹也几乎一样（图一二）。两者的差别大约只在于土墩墓出土的印纹硬陶数量比石室土墩墓要更多些。

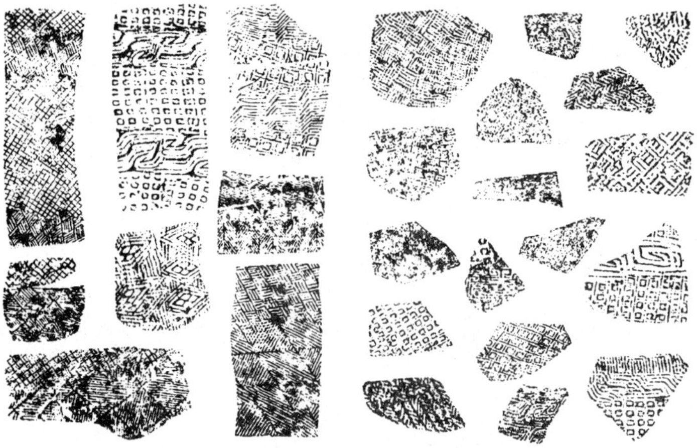

图一二　宁镇区印纹陶纹样（左）和太湖区印纹陶纹样（右）

4. 原始瓷

原始瓷在先秦时期也流行于江南，而且大体上与印纹硬陶相伴出土，但是在出土器物中的比例正好与印纹硬陶相反，石室土墩墓中出土的原始瓷数量比土墩墓要更多些，这应该与原始瓷的产地在越地有关。近年来在浙江湖州德清所做的一系列调查与发掘证明，先秦时期位于太湖之南的德清地区正是原始瓷的主要产地[27]。正因为这个原因，所以吴人所用的原始瓷器与越人所用的原始瓷器实际上没有什么两样。原始瓷的典型器有筒形器、卣、鼎、尊、碗、盂、豆等器形（图一三），这些器物在土墩墓和石室土墩墓中都有出土。在这些器物中最具有特色的是筒形器，它也被称为卣或提筒，周身饰有云雷纹或勾连纹，口沿处贴有两个附耳。在西汉前期的广州汉墓、南越王墓和广西贵县罗泊湾汉墓都出土过青铜的筒形器，只是纹饰有所变化，可知这种筒形器是越人的器物，但是原始瓷的筒形器不仅在德清窑址出土，而且在吴人的土墩墓中也有出土（图一四）。

图一三　浙江德清出土的原始瓷器

1. 鼎　2. 鱼篓形罐　3. 豆　4. 碗　5. 筒形器　6. 卣　7. 尊

图一四　原始瓷筒形器和汉代越式铜提筒

1～3. 江苏出土的原始瓷筒形器　4、5. 浙江出土的原始瓷筒形器　6. 广西贵县出土越式铜提筒

四、吴人与越人的去向与归宿

吴国灭亡后大部分吴人流亡散布到了各地，他们以国为姓，成为吴氏的祖先。夫差的太子鸿被越人流放到今江西婺源，成为江西吴姓中最古老的一支，秦汉以后鄱阳的吴氏就是吴鸿之后。江西的吴氏还有浮梁吴氏、余干吴氏、乐平吴氏、安仁吴氏、进贤吴氏等分支。夫差的另一个太子友逃到今安徽歙县，后裔发展成为歙州吴氏。歙州吴氏后又分衍出江西南昌吴氏、德兴建节吴氏等分支。长沙《吴氏支谱叙》说：勾践灭吴后吴姓子孙纷纷逃难，“散处吴、楚、闽、越间”。只是史籍记载阙如，不知其详罢了。

季札次子征生在吴国灭亡之际只身逃往齐国，后来客死他乡。其子启蕃迁到鲁国，启蕃的曾孙吴庸又迁到晋国，吴庸的曾孙吴申再迁往楚国，是为西汉长沙王吴芮之父。季札四子子玉在国亡后坚守家园，奉祀延陵季子宗庙，成为延陵吴氏的主干。

还有许多吴人则繁衍发展成为其他的许多姓氏。

周武王封仲雍曾孙仲奕于阎，后裔为阎氏，封仲雍曾孙周章之弟虞仲于北虞，其后裔为虞氏。虞仲支孙为周卿士，食邑于樊，后代以邑为氏，是为樊氏。

季札封于延陵，后裔以地为氏，有延陵氏、延氏、延州氏。

季札嫡长孙濮婪在越灭吴之际带着母亲妻子逃到太湖东山莫釐峰下定居下来，取名字的首字为姓，后裔为濮氏。洞庭濮氏传了 40 代直至南宋嘉泰年间才复姓归宗改为吴氏。

公元前 537 年吴楚交战，寿梦第五子厥由（季札之弟）被楚国俘虏，后定居楚国，为厥由氏。

阖闾刺杀王僚后，余昧之子烛庸逃往楚国，定居在今河南沈丘一带，是为烛庸氏，烛庸之弟盖余随兄逃往楚国，后裔为盖余氏。

吴王僚的公子庆忌被刺杀后，其家族流亡到宋国和楚国，是为庆忌氏。

阖闾之弟夫概在政变失败后也逃往楚国，被封于棠溪，后裔为棠溪氏。夫概奔楚后余子在吴国者改姓为夫余氏。

梅堰吴氏后来改为曹氏。

吴姓的分支还有寿氏、柯氏、阖氏、冶氏、梦氏、余氏、勾氏、番氏，等等。

由于吴人自从寿梦“始通中国”以后重新华夏化，由此在吴国灭亡以后吴人就迅速地融入了华夏之中，成为后来汉民族的一个组成部分。随着历史的发展各地的吴氏此衰彼兴。汉魏时代濮阳吴氏、渤海吴氏和陈留吴氏都成为当地望族，到了唐代湖州吴兴吴氏、潭州长沙吴氏、豫州汝南吴氏、荆州武昌吴氏也都人丁兴旺成了望族。世守家园的延陵吴氏在唐宋之际人才辈出开始崛起，宋明以后吴氏家族发达鼎盛于东南地区（图一五），并进一步播迁散布到了全国乃至全球各地，在全国 19 个人口超过总人口百分之一的大姓中吴姓是排列第 10 位的大姓。

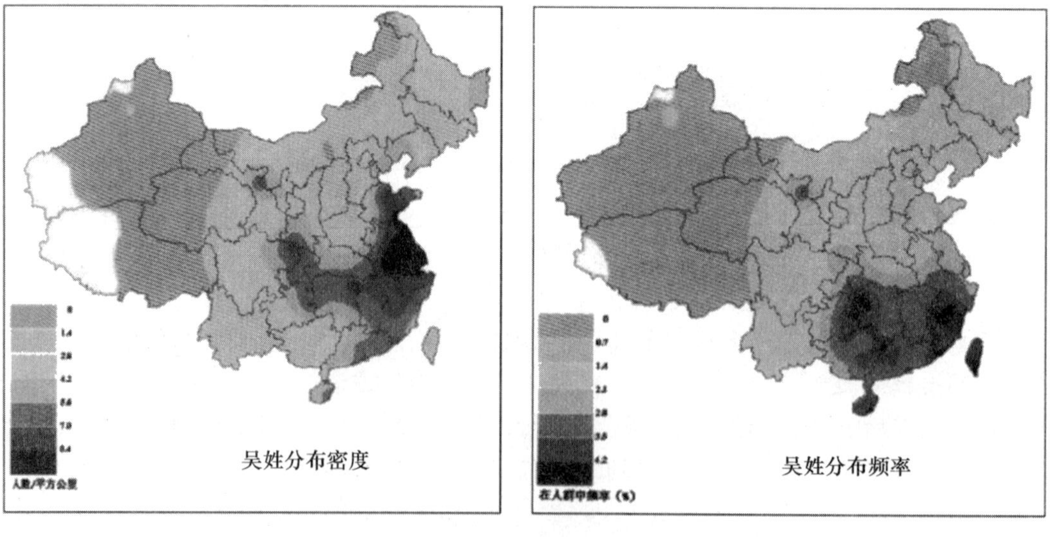

图一五　吴姓在中国的分布密度和分布频率

《史记·越世家》记载说勾践灭吴后就率领军队渡过淮河，与齐、晋等国诸侯会盟于徐州，并向周天子纳贡。周元王派使者赐勾践胙，命他为伯。《水经·潍水注》记载说："勾践并吴，欲霸中国，徙都琅琊。"《越绝书》也说："勾践大霸称王，徙琅琊都也。"《吴越春秋》说："越王既已诛忠臣，霸于关东，从琅琊起观台，周七里，以望东海。"从勾践灭吴（前473年）、徙都琅琊到王翳三十三年（前379年）越人南还于吴，越人侵鲁、伐齐、灭滕、绝郯、亡缯、削莒，横行淮泗一带将近百年。琅琊的地望正在今连云港锦屏山一带，在连云港的西北方就是被越人侵占灭绝的莒、郯、缯、滕等国，这一带已发现多处出土春秋战国时期印纹硬陶片的遗址与古城遗址，在连云港附近的云台山、花果山、锦屏山、伊庐山、大伊山上也发现了1000余座石室土墩墓，这些都应该是越人徙都琅琊后留下的遗迹[28]。

越人不仅在苏北鲁南一带留下了石室土墩墓，而且还在淮泗齐鲁地区留下了许多以无、于、古、句等越语发语词冠首的地名，如无棣、无盐、无娄、无忌、无极、五梧、郚、浯水、于谭、于陵、余丘、古邵、古岘、姑幕、句绎、句阳、朐山、朐县，等等。齐鲁是东夷故地，这里怎么会出现大量越语地名呢？这种现象只能也是越人北徙琅琊后留下的遗迹[29]。

由于勾践灭吴后采取了一项瓜分吴国的政策：把淮河流域的土地给了楚国，因此楚国就乘机向东扩张，一直把势力范围扩展到泗水流域。公元前447年灭蔡国，江淮之间尽归楚国所有；公元前379年越王翳被楚国打败而被迫迁回吴地，2004年在无锡鸿山发掘的战国时期越国贵族大墓应该就是在越王翳迁回吴地后留下的[30]。传至越王无疆时楚威王又兴兵大败越国，杀越王无疆，全部占有了吴国原来的土地以及浙江地区。楚考烈王三十五年（公元前248年）春申君黄歇被封于江东，太湖地区成了他的封地，吴国故都成为他的都邑。楚国对越国的征服造成了太湖地区居民的置换，也导致了当地文化的更迭。一个明显的现象是在太湖地区的战国遗存中作为越文化典型因素的几何形印纹硬陶和原始瓷的数量大大减少，取而代之的是楚文化的泥质黑衣陶高把豆、高颈乳足壶、平底盆、双耳罐等楚式器；另一个明显的现象是太湖地区战国墓葬中越人的石室土墩墓完全不见了，从武进孟河、苏州虎丘、青浦福泉山到绍兴漓渚、凤凰山等地发现的战国后期墓葬都是楚式的竖穴土坑墓。但是太湖地区所发现的战国楚文化遗存的数量远比春秋时代吴越文化遗存的数量要少，这说明在楚国灭掉越国、楚人进入太湖地区以后，楚人并没有向这里大规模移民和进行开发，而原居此地的越人则迁走了。

据《史记·东越列传》记载，闽越王无诸及越东海王摇的祖先都是越王勾践的后代。《越绝书》云："无余初封大越……勾践徙治山北，引属东海，内、外越别封削焉。"所谓"内越、外越"是越人向内地和沿海岛屿迁徙而形成的两个分支。在吴越两国发生战争之时，外越始终站在越国一边反对吴国，所以阖闾要在娄县（今昆山东北）造武城"以候外越"；甚至连后来的秦始皇也要"徙天下有罪谪吏民，置海南故大越处，以备东海外越"。陈桥驿先生认为外越的地望可能在舟山群岛。勾践灭吴后就曾经打算把夫差安置在"甬东"，甬东就是今天的舟山群岛。蒙文通先生进一步认为外越与澎湖台湾也有密切关系。《太平御览》引《临海水土志》云："夷洲在临海东，去郡二千里，土地无霜雪，草木不死，四面是山，众夷所居。山顶有越王射的正白，乃是石也。此夷各号为王，分划土地人民，各自别异，人皆髡头穿耳。"《太平寰宇记》台州临海县条曰："夷洲，四面是山，顶有越王钓石在焉。"《赤城志》引《临海记》云："夷洲……山顶有越王射的白石。"夷洲即今之台湾，夷洲山顶有越王射的、越王钓石等遗迹，正是此地曾受越王统治的证据。自汉代东瓯、闽越、南越灭亡以后越人不再称王，故此越王必定是早于西汉时期之越王。《临海水土志》说夷洲"人皆髡头"，当是指越人断发之俗；又言夷洲"呼民人为弥麟"，"弥麟"即"闽"的缓读，《说文解字》释曰："闽，东南越，蛇种。"《史记·赵世家》言："黑齿、雕题、鳀冠秫绔，大吴之国也。"而近大陆处只有台湾的高山族有染齿、文身的"黑齿、雕题"之俗。据《三国志·孙权传》记载，黄龙二年（230年）遣将军卫温、诸葛直率船队到夷洲去，这是文献中汉人到达夷洲最早的记录。他们去夷洲的目的就是为了掳掠越人，可见在他们之前越人早已漂海过去了。

在一部分越人迁走的同时另一部分越人就近遁入浙、赣、皖、闽等地的幽邃深山。经过战国秦汉之间的沧桑巨变，原来吴人和越人居住的太湖地区大抵已被汉人所置换，然而被迫迁入浙西皖南山区的越人和避居瓯越闽越故地的越人仍然牢固地保持着自己的语言、习俗和社会组织，他们"椎髻鸟语"，"好武习战"，居住在山谷万重的深山老林，白首林莽；他们没有再组织自己的国家，而只有叫做"宗"、"宗伍"或"宗部"的部落组织，也不服从汉人郡县长官的统辖；他们利用山区出产的铜铁矿产，自己铸造兵器与工具，他们也种稻织布，但是生产能力低下，交换也不发达，既无货币也无城市。他们在东汉时被汉人称为"山越"。胡三省注释《通鉴》时说："山越本亦越人，依阻山险，不纳王租，故曰山越。"东汉后期，山越经常受到地方官府的侵扰，而山越也经常趁隙出山抢劫汉人财物。汉人与越人、官府与山越之间发生了频繁的摩擦。三国时期东吴政权实行各种优容大族地主的政策，尤其是世袭领兵制和复客制使得宗族势力强大的江南大族成为最大的得益者，他们大肆扩大自己私家的军事力量和尽量占有荫附的劳动人口，山越就成了他们补充私兵和掠取民户的主要对象，难怪东吴的将领们莫不把进剿山越当做美差。对于东吴政权来说，把原来"不纳王租"的山越变成编户齐民，既可以增加岁入，又可以解决"心腹未平，难以图远"的后顾之忧，也是一举两得，所以孙权也一直把"镇抚山越"作为基本国策之一。因此，从东汉后期到三国时期汉人与山越之间的冲突越演越烈，这场冲突最终以汉胜越败而告终。其结果是东吴政权大大扩充了地盘，在其所占据的山越故地新增了新都、鄱阳等10个郡；屡次掳掠的山越人成了东吴军队的主力，黄盖给曹操的诈降信中就称孙权是"以江东六郡山越之众，以当中国百万之众"；山越中"羸者补户"者总数不下20万户，大大增加了东吴政权的赋税来源；经过几十年连续不断的进剿，大批山越人被迫迁出山区定居平原并接受了汉文化，诸葛恪称之为"山民去恶从化、徙出外县"，其实是指山越的汉化，所以汉代以后作为一个民族的越人就消失了，现在有据可考的只有一支越人的后裔留在当地并融入了汉族，那就是吴中大族顾氏[31]。

注 释

[1] 《吕氏春秋·知化》。

[2] 《吴越春秋·夫差内传》。

[3] 《越绝书·外传》。

[4] 谭其骧、陈桥驿、王文清、蒙文通、董楚平、徐杰舜、周国荣等皆主吴越同族说。

[5] 《史记·吴太伯世家》。

[6] 同注[5]。

[7] 《史记·越世家·正义》引《舆地志》。

[8] 《左传·昭公二十六年》:"兹不谷震荡播越,窜在荆蛮,未有攸底。"《史记·吴太伯世家》:"太王欲立季历以及昌,於是太伯、仲雍二人犇荆蛮,文身断发,示不可用。"

[9] a. 曾昭燏、尹焕章:《试论湖熟文化》,《考古学报》1959年4期;
b. 刘建国、张敏:《论湖熟文化分期》,《东南文化》1989年1期。

[10] a. 李伯谦:《吴文化及其渊源初探》,《考古与文物》1982年3期;
b. 肖梦龙:《初论吴文化》,《考古与文物》1985年4期。

[11] a. 宋健:《马桥文化探源》,《东南文化》1988年1期;
b. 曹峻:《试论马桥文化与中原夏商文化的关系》,《中原文物》2006年2期。

[12] a. 叶文宪:《吴人土墩墓和越人石室土墩墓》,《东方文明之韵》,岭南艺术出版社,2000年;
b. 叶文宪:《越人石室土墩墓和华南悬棺葬》,《浙江社会科学》2003年5期。

[13] 《史记·吴太伯世家》集解引《世本》曰:"诸樊徙吴"。

[14] 无锡市第三次全国文物普查办公室:《阖闾城遗址考古复查获重要成果》,《中国文物报》2008年10月31日。

[15] a. 江苏花山遗址联合考古队:《江阴花山夏商文化遗址》,《东南文化》2001年9期;
b. 江苏佘城遗址联合考古队:《江阴佘城遗址试掘简报》,《东南文化》2001年9期。

[16] 《苏州府志》卷三十五:"鹿苑,在县西北七十里,世传吴王豢鹿之所"。

[17] 程亦胜:《早期越国都邑初探——关于古城遗址及龙山墓群的思考》,《东南文化》2006年1期。

[18] 《吴越春秋·阖闾内传》:"子胥乃使相土尝水,象天法地,造筑大城。周回四十七里,陆门八,以象天八风,水门八,以法地八聪。筑小城,周十里,陵门三,不开东面者,欲以绝越明也。"

[19] a. 钱公麟:《春秋时代吴大城位置新考》,《东南文化》1989年4~5期;
b. 钱公麟:《论苏州城最早建于汉代》,《东南文化》1990年4期;
c. 张照根:《苏州春秋大型城址的调查与发掘》,《苏州铁道师范学院学报》2002年4期。

[20] 同注[17]。

[21] a. 江苏省文管会:《江苏丹徒县烟墩山出土的古代青铜器》,《文物参考资料》1955年5期;
b. 南京博物院丹徒县文管会:《江苏丹徒县烟墩山西周墓及附葬坑出土的小器物补充材料》,《文物参考资料》1956年1期;
c. 《江苏丹徒磨盘墩周墓》,《考古》1985年11期;
d. 丹徒考古队:《丹徒青龙山春秋大墓及附葬墓发掘报告》,《东方文明之韵》,岭南美术出版社,2000年;
e. 江苏省丹徒考古队:《江苏丹徒北山顶春秋墓发掘报告》,《东南文化》1988年3~4期;
f. 镇江博物馆丹徒县文管会:《江苏镇江谏壁王家山东周墓》,《文物》1987年12期;
g. 刘建国:《丹徒谏壁粮山石穴墓》,《考古与文物》1987年4期;
h. 镇江博物馆丹徒县文管会:《江苏丹徒大港母子墩西周铜器墓发掘简报》,《文物》1984年5期;
i. 镇江博物馆丹徒县文管会:《丹徒镇四脚墩西周土墩墓发掘报告》,《东南文化》1989年4~5期;
j. 殷涤非:《安徽省屯溪周墓第二次发掘》,《考古》1990年3期;
k. 镇江博物馆丹徒县文管会:《江苏丹徒石家墩周墓》,《考古》1984年8期;
l. 镇江博物馆丹徒县文管会:《镇江大港馒儿墩西周墓及春秋墓发掘简报》,《东方文明之韵》，岭南美术出版社，2000 年；
m. 南京博物院等：《江苏丹徒横山、华山土墩墓发掘报告》，《文物》2000 年 9 期；
n. 镇江博物馆金坛县文化馆：刘兴、吴大林：《江苏溧水宽广墩出土器物》，《文物》1985 年 12 期；
o. 《江苏金坛鳖墩西周墓》，《考古》1978 年 3 期。
[22] a. 苏州博物馆：《江苏苏州浒墅关真山大墓的发掘》，《文物》1996 年 2 期；
b. 苏州博物馆调查资料。
[23] 陈晶：《江苏省江阴县大松墩土墩墓》，《文物》1983 年 11 期。
[24] a. 浙江省文物考古研究所、东阳市博物馆：《浙江东阳前山越国贵族墓》，《文物》2008 年 7 期；
b. 浙江省文物考古研究所、浙江安吉县博物：《浙江安吉龙山越国贵族墓》，《南方文物》2008 年 3 期。
[25] a. 南京博物院：《江苏句容寨花头土墩墓 D2、D6 发掘简报》，《文物》2007 年 7 期；
b. 田名利、吕春华、唐星良：《土墩墓丧葬建筑》，《中国文化遗产》2005 年 6 期。
[26] 彭适凡：《中国南方古代印纹陶》，文物出版社，1987 年。
[27] a. 朱建明：《浙江德清原始青瓷窑址调查》，《考古》1989 年 9 期；
b. 浙江省文物考古研究所、故宫博物院、德清县博物馆：《德清火烧山——原始瓷窑址发掘报告》，文物出版社，2008 年。
[28] 马雪芹：《古越国兴衰变迁研究》，齐鲁书社，2008 年，219 ~ 221 页。
[29] 周振鹤、游汝杰：《方言与中国文化》，上海人民出版社，2006 年。
[30] 南京博物院、江苏省考古研究所、无锡市锡山区文物管理委员会：《鸿山越墓》，文物出版社，2007 年。
[31] 《世说新语·德行篇》注引《文士传》："其先越王勾践之支庶，封于顾邑，子孙遂氏焉，世为吴著姓。"

The Conflict and Mix between State of Wu and Yue as well as People Destination of the Two Countries

Ye Wenxian
(Department of history, University of Science and Technology of Suzhou)

The people of State of Wu and Yue are aborigines living in the areas south of the Yangtze River. They have no conflict of interest and live together in peace for a long time. However, since the mid Spring and Autumn period, the two countries suddenly became hostile to each other and forged sworn rancour for generations. The struggle between Wu and Yue end in life-and-death result. The conflict between State of Wu and Yue grow out of both the contend for hegemony of Jin and Chu and the their competition for living space. Because the people of Wu and Yue fall into the same group, Wu culture and Yue culture melt into each other gradually. After the demise of State of Wu, Wu fled in all directions, who fuse into Cathay quickly. While after the demise of State of Yue, some people move to the south or the islands, some live seclusively in remote mountains, who are later integrated into the Han nationality.

山东地区考古遗址出土木炭种属研究*

靳桂云　王传明　赵　敏　方　辉

（山东大学东方考古研究中心，济南）

一、引　　言

随着人类环境意识的觉醒，人与环境关系的研究，已经成为探索早期文化发展和文明进程的重要视角。自然环境为人类的生存和发展提供了活动空间和物质基础，但往往又产生许多限制，甚至带来严重灾难。人类文化的发展和文明的形成都不能脱离一定的地域空间，都需要从自然环境中获取各种资源来满足自身发展的需求，并通过持续的技术和社会发展扩大可利用资源的范围。这从而导致自然环境及其变化的区域差异决定了不同文化的经济基础的差异，进而影响着不同区域的文明化进程。因此，人类与环境关系的研究在中国文明起源与早期发展的探索中所发挥的作用越来越大。

我们现在所面临的环境，是人类影响的结果，人类通过耕种、收获庄稼、修建水渠、建梯田、开采矿产、清除并燃烧林地、放牧等活动影响环境。当然，气候变化对环境也产生影响，特别是气候变迁对植被和地貌有直接的影响。那么，我们现今所面临的环境，多大程度上是人类影响的？多大程度上是气候变迁的结果呢？环境变化的历史过程具体如何？目前我们对这个过程理解并不深入，甚至非常肤浅。另外，局域地貌演化以什么方式对区域文化产生影响？我们很缺乏这方面的文献。尤其是史前时代和历史时代早期，就是文明形成和发展的早期阶段，几乎没有任何文献记载。我们所见到的只是植物生态学家和植物地理学家提供的一些数据以及稀少而且不平衡的古环境记录（来自孢粉等古生态指标）。而且，这些记录存在严重的时空分辨率低的问题，用这些记录来复原文明形成时期和文明发展初期阶段的人类与植被的关系，几乎没有可能。

根据湖泊沉积孢粉等古生态证据的调查可以重建古全球、区域气候变化对植被的影响。但这些数据经常有明显的局限性，记录的时间和空间分辨率低，结果反映的是大区域尺度植被变化而非直接与人类活动和考古记录的时间标尺相联系。不仅如此，在一些地区，由于地貌等因素的影响，很少有或者很难找到上述沉积物，这个时候，就需要采用其他方法追溯古代植被演化历史，通过分析考古遗址中出土的木材来复原聚落周围的局域甚至区域植被变迁历史就是一个重要方面。

---

* 国家科技支撑计划项目“中国文明探源工程”子课题“3500BC ~ 1500BC 中国文明形成与早期发展阶段的技术和经济”、国家自然科学基金（40572103）、“高等学校学科创新引智计划二期培养项目”（111-2-10）共同资助。

所以，将关于过去人与植被相互关系的物质遗存，如燃料、建筑、工艺原料等木材遗存结合起来分析，是全面理解区域内环境演化历史的必然途径。植物考古证据应该被看成是遗址以外的花粉分析和其他古气候指标所组成证据的必要补充。

近年来的实践，越来越清楚地证明，通过提供古代人类影响生态景观、古代社会对气候变化的反映等方面的关键证据，考古学对研究全球环境变化做出了卓越的贡献[1]，特别是在复原古代植被环境变化方面。

在环境考古研究中，植物考古资料能够为我们提供聚落周围植被方面的信息。植物考古证据包括人类在居住地的活动遗留下来的植物残骸，主要有：提供植物性食物和饲料、栽培活动、农业系统方面信息的植物种子[2]和植物微体遗存如植硅体等，供炊煮食物、取暖、照明用的燃料的残余以及可能的建筑和各类工具的残余等。这些燃料或建材等木材遗存在考古遗址中保存的形式主要是木炭、脱水保存的木材、浸水保存的木材等，但多数情况下都是木炭的形式。根据这些植物遗存，我们可以获得居住地附近的森林或林地中生长哪些种属的乔木或灌木、人类如何利用或者管理林木资源等方面的信息[3]。

木炭是考古遗址中最普遍存在的一种植物遗存。所以，这些木炭经常被用在考古学和植物考古的多种研究目的中[4]，包括复原过去的森林植被[5]，放射性测年和树轮测年[6]，复原古代人类森林管理活动和森林破坏的过程[7]，或者研究贵重木材的贸易活动等[8]。然而，最基本的目的还是研究人类对林木资源的利用和复原过去的植被演化历史。

首先，考古遗址木炭分析为我们提供人类利用木材和人类对植被影响方面的信息。人类对木材利用方面的信息，包括两个方面，一方面是如建筑、薪柴采集等人类活动对木材的选择和利用的程度，木材资源与聚落规模和人口数量之间的关系，人类活动对植被的影响等[9]；另一方面是通过不同时代人类利用木材种类与方式的研究，探讨古代人类对木材性质的认识程度，提供古代木材科技方面的信息。其次，考古遗址出土木材标本，能提供关于植物群落的进化过程及其反映的气候变化和自然、人为火对植被结构和组合的影响等信息。考古遗址中出土的一些环境指示意义明确的树种都具有这方面的作用，当然，研究自然生态方面的变化，必须与考古遗址周围及区域范围内自然沉积物剖面中的木材分析结果相结合[10]。而且，木材分析在这个方面的意义，已经超出了考古学研究本身，对古植被和古气候研究有重要贡献。

在利用考古遗址出土木炭恢复古代植被环境方面，考古遗址中的木炭标本对于复原那些没有理想的孢粉沉积环境地区的植被演化历史具有非常重要的意义。山东地区由于整个区域总的地貌属于准平原，西北部分虽然是低平原，但这里是黄河冲积平原，不仅黄河频繁改道，而且这种广阔的冲积平原也不是孢粉和其他古植被指标沉积的理想环境。在过去的 3 年里，我们曾经在多个地区进行过地貌调查，目的就是寻找全新世以来的湖泊沉积，但至今我们也没有找到可以进行钻孔采样的地点（湖泊或者沼泽地）。所以，在重建山东地区史前植被历史的研究中，利用考古遗址中的古植物遗存，特别是木材样品，分析古代植被变迁以及人类与植被的关系，就成为必然选择。

鉴定考古遗址中出土的木材样品，从 19 世纪末就开始了。而且最早期的鉴定工作主要集中在从考古遗址的灶等遗迹中收集的木炭碎片上，研究人员主要是对人类使用木材作为薪柴的活动有兴趣，而古生态方面的兴趣很有限[11]。随着样品处理和鉴定方法的改进，工作中能够分析的样品数量逐渐增多，研究人员开始更多地关注木材样品的古生态意义。此后，研究工作不断进步，这不仅表现在对考古遗址中木材样品的系统研究，还表现在开始关注遗址以外、聚落周围自然沉积物中的木材样品的研究。目前，利用考古遗址中出土的木炭标本研究古植被演化历史，在欧洲和北美已经是一种重要的古环境和环境考古研究方法，并取得了一些重要的成果[12]。但是，在欧洲和北美以外的地区，这类科学研究还比较欠缺，中国的情况也不例外。这主要是因为，系统科学的植物考古研究在中国刚刚进行了 10 年多的时间，而考古遗址中木炭标本的提取和分析，都是采用植物考古的方法。

作为世界农业起源地之一的中国，早在距今 8000 多年前已经有了定居村落，虽然我们目前对这些定居者早期所从事的栽培活动还没有十分准确的认识，但毫无疑问，定居者对聚落周围植被的影响在定居那一刻就已经开始了。从这个意义上讲，在中国开展相关的研究，无疑具有世界意义，因为研究结果将帮助我们全面认识新石器时代人类与环境的关系，理解文明进程中人与环境之间的互动关系。这样的考古学和古环境科学的研究视角，将促进对中国古代环境与文化地理的深入理解，进而为解释植被变迁及其时空特征提供重要基础。

近年来，随着全面复原人类历史这一学术任务的提出，考古学研究的手段逐渐科学化和现代化，通过分析考古遗址中的木材样品来探讨人类活动及其与环境的关系，将成为实现这个学术目标的一个重要手段。随着植物考古方法在中国的推广，越来越多的考古遗址发掘过程中，采集了木材标本，并已经有一些研究成果。

王树芝等对内蒙古大山前[13]、湖北雕龙碑[14]等考古遗址木炭样品的分析揭示，史前时代居民普遍利用聚落周围树种作为燃料、房屋建筑材料。在内蒙古大山前遗址，薪柴中有比较多的松，可能反映当时聚落周围比较容易得到松类植物的枝杈干作为燃料；湖北雕龙碑用于房屋建筑的材料主要是阔叶树种。这些结果显示不同气候带植被组合的不同，反映了居民对当地容易获得植物资源的利用。崔海亭[15]等对内蒙古赤峰地区两处青铜时代遗址中的炭屑进行鉴定，发现出自敖汉旗大甸子和哈力海吐两遗址的 2 个木炭样品，皆为蒙古栎（*Quercus mongolica*）。参照该地区孢粉组合中出现的植物种（属）及其现代种（属）的生态气候指标和群落气候特征，复原了赤峰地区黄土丘陵区青铜时代的植被，当时气候较为暖湿，地带性植被为蒙古栎林和油松林。

对日照两城镇遗址出土的浸水保存木材标本的初步分析结果，揭示了两城镇聚落人类对木材资源的利用方式和聚落周围的植被特点[16]。由于两城镇遗址出土木材标本中麻栎数量最多而且有刚竹，所以我们推测龙山文化时期日照地区的植被具有明显的东北亚热带落叶常绿阔叶混交林成分，气候比现在温暖湿润；在这样的气候条件下，聚落周围可能发育了阔叶林为主的针阔叶混交林，居民在聚落附近就可以获得比较充分的森林资源。

随着植物考古方法的推广，近年来我们已经积累的山东地区考古遗址中的木材遗存，已经可以满足对该地区古代植被和人类利用森林资源活动进行初步研究的需求。除了前述的两城镇遗址出土的浸水木材样品外，通过发掘过程中采集肉眼可见的木炭标本和浮选等方法，我们在其他一些遗址中也采集了一些木炭标本。这些资料就是本文研究的基础。

二、山东地区现代植被概况

山东地区现代自然地理位置包括低山丘陵和平原两个大的地貌单元[17]（图一）。该地区地处中纬度地带，气候特点表现为环流的季节性变化明显，暖温带大陆性季风气候特点显著[18]。由于纬度跨度大，气温从南向北逐渐降低。受海洋季风影响，降水量可达 650 ~ 1000 毫米，比华北其他地区多 200 毫米以上。

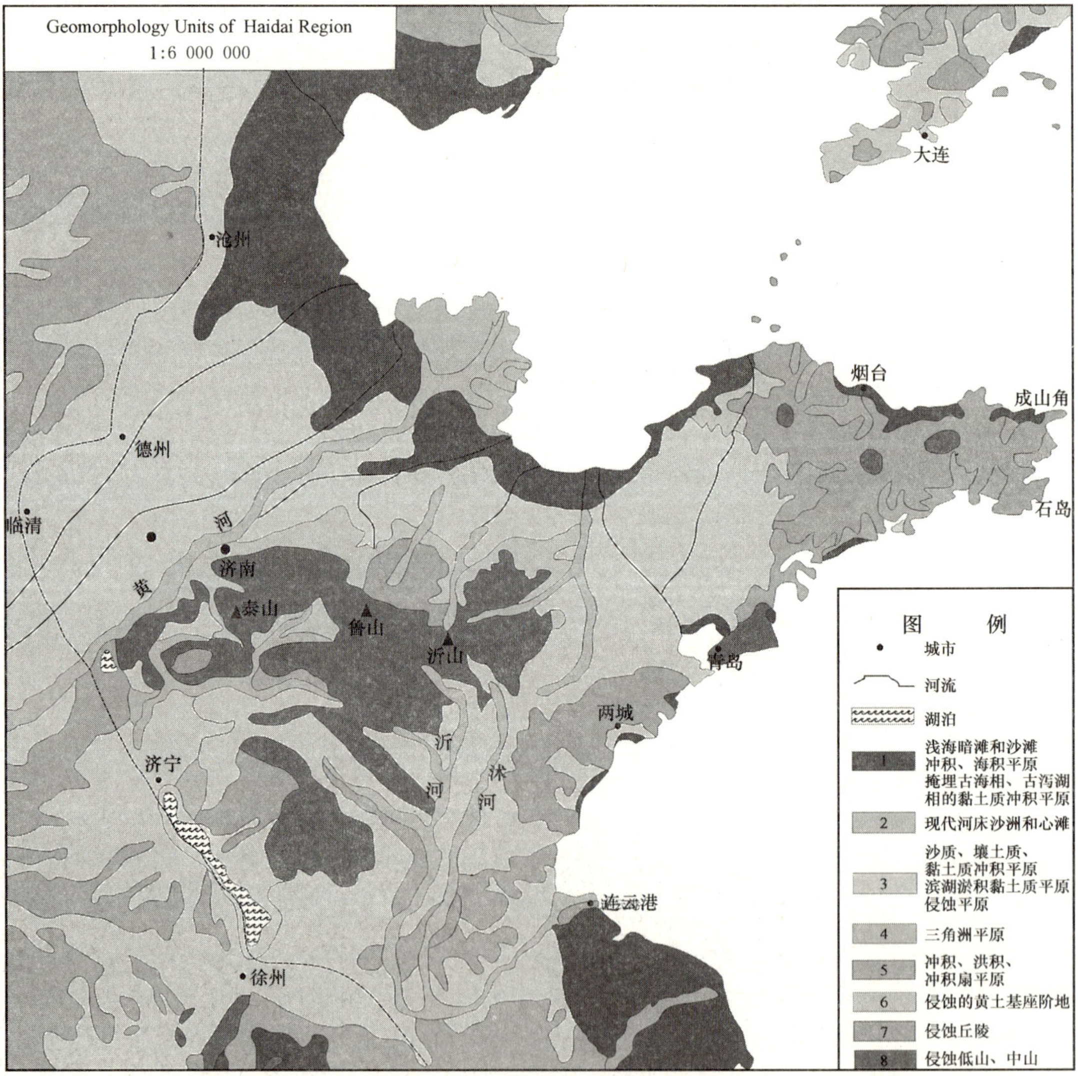

图一　海岱地区地貌单元示意图

该区为暖温带半湿润季风气候，冬季干冷，夏季湿热，年降水量高于750毫米，从北向南逐渐升高[19]。植被以人工植被为主，自然植被较少。自然植被包括针叶林、阔叶林、灌丛、草丛、草甸、沼泽[20]。针叶林包括日本落叶松（*Larix kaempferi* forest）、赤松（*Pinus densiflora* forest）和黑松（*Pinus thunbergii* forest）、侧柏（*Platycladus orientalis* forest）；阔叶林包括蒙古栎（*Quercus mongolica* forest）、辽东栎（*Quercus liaotungensis* forest）、槲栎（*Quercus aliena* forest）、麻栎（*Quercus acutissima* forest）、栓皮栎（*Quercus variabilis* forest）、刺槐（*Robinia pseudoacacia* forest）、旱柳（*Salix matsudana* forest）、杨（*Populus* spp.）、柳（*Salix* spp.）榆（*Ulmus* spp. forest）等；灌丛有榛子灌丛（*Corylus heterophylla* scrub）、二色胡枝子灌丛（*Lespedeza bicolor* scrub）、荆条和酸枣灌丛（*Vitex negundo* var. *heterophylla*、*Zizyphus jujube* var. *spinosus* scrub）、绣线菊灌丛（*Spiraea* spp. Scrub）、黄栌灌丛（*Cotinus coggygria* var. *cinerea* scrub）；草丛主要包括白羊草（*Bothriochloa ischaemum* grassland）、黄背草灌丛（*Thmeda triandra* var. *japonica* grassland）和荆条、酸枣、黄背草灌丛；草甸主要包括禾草和杂草以及盐生草甸（meadows: grass and forb halophytic measows）；沼泽以芦苇沼泽为主（marshes: Phragmites communis marsh）。栽培植被主要包括小麦、玉米、水稻、花生、谷子、高粱、大豆、棉花以及各类果树等。

三、木材采样与分析方法

1. 考古遗址中木材保存的形式

考古遗址中的木材样品，有三种主要的保存形式：一种是木炭，这是木材经过火烧但又没有完全燃烧才形成的；一种是浸水保存的木材，当植物体死亡或者被埋藏后，就遇到了浸水的环境，此后这些植物一直处于与氧气隔离的状态，所以才能够保存下来，这种情况保存的植物遗存样品通常能够保存新鲜的植物组织，甚至保存下来的种子还可以发芽；一种是脱水干燥保存，脱水保存的植物遗存与浸水保存的植物遗存条件正好相反，是植物死亡或者沉积下来后很快就全部脱水，所以，植物的各种组织结构还没有来得及腐烂就干燥了，从而保存下来。后两类木材的保存需要特殊的地理环境或偶然产生的保存条件。所以，一般考古遗址内出土的木材样品主要是木炭类。

与一般的自然沉积物相比，考古遗址在保存木炭样品方面具有明显的优势。因为在正常堆积的情况下，由于土壤微生物的活动，木材很难保存下来。然而，在考古遗址中却经常有炭化的木材遗存保存下来。因为考古遗址中经常存在人类的有意或者无意燃烧活动，如果这些燃烧活动使得木材不充分地燃烧，木材便以炭化的形式保存下来，而这样保存的木材遗存被埋在土里，就不易腐烂，其结构特征也能清楚地保存下来。在考古遗址中保存下来木炭不仅数量多，而且通常情况下体积也较大，在考古发掘中很容易被发现和采集。4毫米以上的木炭样品就可以进行树种鉴定，而考古遗址中采集到的木炭样品多数都能满足这个要求。借助显微镜鉴定大于或者等于4毫米的木炭样品，在研究早期的自然生态系统、估计历史上植被群落的变化和判断人类对植被影响的模式等研究中已经成为常规的方法。

2. 野外采集样品

本文中分析的木材标本主要是用两种方法采集的，一种是发掘过程中采集肉眼可见的大块木炭。在考古发掘或者调查的过程中，我们经常会遇到肉眼可见的木炭。采集木炭样品的方法是：确定出土位置；刷去木炭周围的土，然后再轻轻地捡起炭化材料，再把炭化材料表面的土轻轻刷去，用一张具有吸水性能、柔软的纸把木炭包裹起来，然后放到能通气的纸盒里，把纸盒放在尽可能干燥的地方，使其慢慢地干燥；严格按照考古发掘的情况记录样品的位置和出土时的情况。

另一种采样方法是通过对土样进行浮选获得木炭标本。采集土壤样品浮选木炭的工作，是与浮选植物种子等植物大遗存的工作一同进行的[21]。在对浮选到的轻物质进行初级分类时，就可以把木炭从其他植物遗存中区分出来。

3. 实验室处理与鉴定

木材鉴定是在中国林业科学研究院木材研究所木材纤维结构分析实验室完成的。鉴定方法就是将其结构与已知种属的木材的结构进行对比。对比资料分两类：一类是木材解剖学方面的书籍（包括图谱），一类是现代木材切片。

考古遗址中保存的各类木材样品，由于年代久远和埋藏条件对木材的影响，很多样品都失去了一定的物理特征。但木材样品的解剖学特征，一般保存较好，从不同角度观察表现出不同的特征，在木材的三个切面上的一些特征，是鉴定考古遗址中木材样品的主要依据。这三个切面是横切面、径切面和弦切面。横切面是垂直于木纹或树轴方向截取的切面；径切面是平行于木纹或树轴方向与木射线平行或与年轮垂直截取的切面；弦切面是平行于木纹或树轴方向与木射线垂直或与年轮相切截取的切面。在不同的切面上，木材的各种宏观特征都很清楚地表现出来，而这些特征是鉴定考古遗址中出土木材种类的重要依据。在横切面上放大 10 ~ 45 倍能观察到大多数有用的鉴定特征。径切面和弦切面主要用来研究射线的长度和宽度，而且需要更高的放大倍数（100 倍）。鉴定的一般顺序是先鉴定横切面，确定科等大的范围，然后再根据经切面和弦切面确定属，甚至种。

从木材的三切面上，可以对木材进行宏观和微观的观察与分析。在肉眼和放大镜下所观察到的木材特征，称为宏观构造或粗视构造。宏观构造包括心材和边材、生长轮或年轮、早材和晚材、木射线、管孔、树脂道、轴向薄壁组织等。需要用光学显微镜才能鉴定的木材结构，属于微观构造。针叶树的微观构造包括轴向管胞、索状管胞、轴向薄壁组织、木射线、树脂道；阔叶树的微观构造包括导管、管胞、木纤维、轴向薄壁组织、木射线、树胶道等。

四、木材标本鉴定结果

这次共分析了来自 8 个地点（其中 7 个是考古遗址，1 个是自然剖面）的 155 份木炭标本（表一），鉴定过程中发现，多数情况下一份标本中只有一个树种，但少数情况下，一份标本中包含了1个以上的树种。所以，从统计表上看，鉴定的标本份数与鉴定出树种的标本份数不符。这种情况还有一个意义，表明肯定有些标本是作为薪柴的遗留，因为作为薪柴，采用某种纯粹的树种的可能性明显小于作为建筑或者家具材料的可能性。

在所有样品中，共鉴定出9个种属，包括麻栎（*Quercus* sp.）、圆柏（*Sabina* sp.）、桤木（*Almus sibirica* F.）、槭木（*Acer mono* M.）、松（*Pinus* sp.）、刚竹（*Phyllostachys* sp.）、榆（*Ulmus* sp.）、构树（*Broussonetia papyrifera.*）、柳（Salix sp.）（图版一、图版二）。

表一　木材鉴定结果

项目	麻栎（*Quercus* sp.）	圆柏（*Sabinȧ* sp.）	桤木（*Almus sibirica* F.）	槭木（*Acer mono* M.）	松（*Pinus* sp.）	刚竹（*Phyllostachys* sp.）	榆（*Ulmus* sp.）	构树（*Broussonetia papyrifera*）	柳（*Salix* sp.）
月庄（N=8）	4	2					1	1	
西公桥（N=1）	1								
大沟（N=2）	2								
两城镇（N=92）	45	6	4	5	29	5			2
赵家庄（N=1）						1			
薛家庄（N=3）						3			
庙后（N=16）[22]	13				2				1
大辛庄（N=32）	23	3		5			1		
合计	88	11	4	10	31	9	2	1	3

松的显微结构特征是：生长轮甚明显，早材至晚材急变。早材导管横切面多边形及长方形；晚材管胞横切面为长方形、方形。具单列和纺锤形两类射线，单列高1~20细胞，多列为纺锤射线具径向树脂道，射线细胞内含少量树脂，射线管胞存在于上述两类射线中，上下边缘1~4列。射线薄壁细胞与早材管胞间交叉场纹孔式为窗格状，稀松木型。具轴向和横向树脂道。

圆柏的显微结构特征是：生长轮明显，早材至晚材渐变。早材管胞横切面为圆形、方形及多边形；晚材管胞横切面为长方、椭圆及多角形。轴向薄壁组织略多，星散状。木射线单列，极少2列，高1~13细胞。射线细胞水平壁厚，纹孔少。射线细胞与早材管胞间交叉场纹孔式为柏木型2~4个。树脂道阙如。

麻栎的显微结构特征是：生长轮明显，环孔材。导管在早材带横切面为圆形及卵圆形，通常宽1~4列细胞，壁薄，部分具侵填体；在晚材带横切面上为圆形及卵圆形，单管孔、径列、无螺纹加厚。单穿孔，管间纹孔式互列，圆形至卵圆形。轴向薄壁组织量多，主为星散—聚合及离管带状，宽1~3细胞，排列不规则。木纤维壁厚，具缘纹孔形小，数多。木射线非叠生，窄木射线通常单列，稀2列；宽木射线宽至许多细胞。

射线组织同形单列及多列，直立或长方形射线细胞偶见，射线—导管间纹孔式通常为刻痕状，少数肾形或类似管间纹孔式。无胞间道。

桤木的显微结构特征是：长轮略明显，散孔材。导管横切面通常为多角形，单管孔及径列复管孔 2 ~ 6 个，少数呈管孔团。侵填体偶见，复穿孔，梯状，穿孔板甚倾斜；管间纹孔式通常对列。轴向薄壁组织甚少，星散状。木纤维壁薄。木射线单列者数多，宽木射线（聚合射线）宽至许多细胞。射线组织同形单列及多列。射线—导管间纹孔式类似管间纹孔式。无胞间道。

槭木的显微结构特征是：生长轮略明显，散孔材。横切面单管孔及径列复管孔 2 ~ 3 个，侵填体未见，螺纹加厚明显。单穿孔，卵圆形，管间纹孔式互列。轴向薄壁组织量少，轮界状及环管状。木纤维壁薄。木射线单列及多列；多列射线宽 2 ~ 5 细胞。射线组织同形单列及多列，偶见异形Ⅲ型。导管与射线细胞间纹孔式类似管间纹孔式。无胞间道。

构树的显微结构特征是：生长轮明显，环孔材或半环孔材。导管在早材带横切面为卵形及圆形；在晚材带上通常为圆形、卵圆及多角形，通常外呈管孔团，内部短径列复管孔及单管孔，螺纹加厚常限于小导管壁上。单穿孔，管间纹孔式互列，密集。轴向薄壁组织环管状、环管束状、翼状及旁管带状。木纤维壁薄。木射线单列甚少，多列射线宽 2 ~ 6 细胞。射线组织异形Ⅱ型及Ⅲ型。射线—导管间纹孔式类似管间纹孔式。无胞间道。

柳的显微结构特征是：生长轮略明显，散孔材。导管横切面为卵形及椭圆形，多为单管孔，少数短径列复管孔 2 ~ 3 个。单穿孔，管间纹孔式互列。轴向细胞量少，轮界状。木纤维壁薄。单纹孔。木射线单列，高 1 ~ 25 细胞。射线组织异形单列。射线与导管间纹孔式为单纹孔，略同管间纹孔式。无胞间道。

刚竹的显微结构特征是：竹材为禾本科植物，无形成层，无年轮，横切面表皮层细胞长方形，皮层细胞圆形 5 ~ 6 层，外部维管束为半分化型，中、内部维管束为开放型，髓腔外围组织细胞短方柱状，横向排列有 6 ~ 10 层。

月庄遗址 8 个木炭样品鉴定结果是，4 个样品是麻栎，2 个样品是圆柏，1 个样品是榆树，1 个样品是构树。

滕州西公桥遗址大汶口文化时期灰坑中采集一个木炭标本，鉴定结果是麻栎枝和泥土混合物。

胶南大沟自然剖面采集的木炭标本中，2 块鉴定为麻栎，另有 2 块鉴定为灌木未知种属。其中 1 块木炭测年结果是 5000cal. yr B. P. 年。

两城镇遗址 92 份木炭标本中，45 个标本被鉴定为麻栎，29 个标本被鉴定为松，5 个标本被鉴定为刚竹，6 个标本被鉴定为圆柏，5 个标本被鉴定为槭木，4 个标本被鉴定为桤木，2 个标本被鉴定为柳。

胶州赵家庄遗址 H393 中木炭鉴定结果为刚竹。

诸城薛家庄遗址 3 块木炭鉴定结果均为刚竹。

庙后遗址 16 份，13 份被鉴定为麻栎，2 份被鉴定为松，1 份被鉴定为柳。

大辛庄遗址 32 份标本，23 份被鉴定为麻栎，5 份被鉴定为槭木，3 份被鉴定为圆柏，1 份被鉴定为榆。

济南东部孙村杨家窑址（汉代）一木炭鉴定结果为构树。

五、考古遗址中出土木材种属的生态指示和用途分析

要讨论考古遗址中出土木材在古代社会的生态指示意义和经济价值，我们需要对它们的现代生态意义和应用价值做一分析[23]。这里将讨论目前已经发现的山东地区所有的木材遗存信息的现代生态和经济价值，这些资料不仅包括本文分析的 155 份木炭鉴定结果，还包括以往公布的一些资料。

在两城镇遗址发掘过程中，除了采集木炭标本外，还在壕沟中采集了浸水保存的木材标本，这些木材标本以及少量木炭标本的分析结果已经发表。对这些材料鉴定结果发现有麻栎、杜梨、辽东楤木和刚竹，其中以麻栎为主[24]。

杜梨，也叫棠梨（*Pyrus betulaefolia* Bunge），属于蔷薇科苹果亚科梨属。落叶乔木或大灌木。山东省胶东、鲁中、鲁南山区丘陵及鲁北、鲁西的平原沙地都有分布。在平原地区多呈半野化的散生状态，山区多在海拔 1000 米以下的向阳山坡及山谷地。喜光，适应性强，耐寒，抗旱，亦较耐低湿及盐碱。木材坚硬，细致，纹理直，可用于家具、雕刻等细工用材，树皮含鞣质可提制栲胶。果实酸甜味美。

松（*Pinus* sp.）常绿乔木，很少灌木；分布于北半球，北至北极圈，南至热带，为世界上木材和松脂生产的主要树种。我国有 22 种，分布遍及全国，山东省有 2 种（赤松和油松），引种栽培 20 种。

赤松，也叫日本赤松（*Pinus densiflora* Sieb. Et Zuco），为常绿乔木，高达 30 米，主要分布在山东的崂山、崑嵛山、艾山、牙山等胶东沿海山地丘陵地区，泰山、蒙山亦有生长。其垂直分布达海拔 900 米处，而以海拔 500 米以下生长最好。喜光树种。深根性，抗风力强，生于温带沿海山区和平原，年降水量达 800 毫米以上的地区，能耐瘠薄土壤，能生于由花岗岩、片麻岩及砂岩风化的中性土或酸性土山地，不耐盐碱；在通风不良的重黏壤土生长不良。木材富树脂，纹理直，质坚硬，结构较细，耐腐力强。可供建筑、电杆、枕木、矿柱、家具、木纤维工业原料等用；树干可割树胶，提取松香和松节油；种子含油约 39%，可榨油供食用和工业用；针叶提取芳香油；为胶东沿海丘陵地区主要造林树种之一。

油松（*P. tabulaeformis* Carr.）常绿乔木，高可达 25 米。在山东省内主要分布于泰山、蒙山、沂山山区；泰山的对松山、后石坞有几百年生的老龄纯林。喜光。根深性。抗寒能力较强，能耐零下 25℃ 的低温；在土层深厚、排水良好的酸性、中性或钙质黄土上均能生长良好，但不耐盐碱；木材较坚硬，强度大，富松脂，耐腐朽，是优良的建筑、电杆、枕木、矿柱、家具及木纤维工业等用材。树干可提取树脂，提取松节油和树脂；树皮含鞣质可提制栲胶；松节、松针、花粉均供药用；种子含油 30%~40%，供食用或工业用。油松分布广适应性强，是鲁中南山地丘陵地区重要的荒山造林树种之一。

圆柏属（*Sabina* Mill.），常绿乔木或灌木。约 50 种，分布于北半球，北至北极圈，南至热带高山。山东产 1 种（圆柏），引种 2 种。

圆柏，也称桧［*Sabina chinensis*（Linn.）Ant.］。乔木，高达20米。喜光，喜温凉气候和湿润土壤，中性土、钙质土及微酸性土均能生长。寿命长。材质坚韧致密，耐腐蚀，为建筑、文具等用材。山东有多个变种。

柳属，乔木或灌木。山东有7种，包括旱柳、朝鲜柳、垂柳、筐柳、日本三蕊柳、腺柳、泰山柳。旱柳（*Salix matsudana* Koidz.）在山东各地都有分布，适应性强，无论干、湿地均能生长；旱柳和垂柳质轻软，可供建筑、器具、火柴杆、造纸、薪炭等用；枝条可编筐。树皮可制纤维和栲胶。

桤木属属于桦木科，落叶乔木或灌木。山东省有2种。日本桤木［*Alnus japonica*（Thunb.）Steud.］，乔木，高可达15米。鲁中南及胶东各地均有生长，垂直分布多在海拔600米以下。喜光。喜温暖气候，耐水湿；多生于河滩和溪沟两岸。在河岸沟边排水良好处，生长良好，常组成纯林。材质轻软，硬度适中，纹理通直，结构细，耐水湿，是水工建设、坑木、矿柱、民用建筑、家具、农具等用材。根具根瘤菌，可改良土壤；根系发达，是固土、护岸、涵养水源的优良树种；生长迅速、成林快，是速生用材树种。辽东桤木（*Alnus sibirica* Fisch. Ex Turcz.），乔木，高可达15米。泰山、蒙山、崑嵛山、崂山等山区均有生长；垂直分布可达海拔900米。喜光。常生于潮湿地带及溪流两岸。适生于潮湿、肥沃、土层深厚之地。积水地生长不良。根株萌芽力强，生长快，常组成纯林。木材供建筑、造船、乐器、器具、火柴杆等用。果实、树皮含鞣质，可提取栲胶。

麻栎属于壳斗科。落叶或常绿乔木，稀灌木。山东有13种，以麻栎（橡子树 *Quercus acutissima* Carr.）为主。麻栎为落叶乔木，高可达30米。鲁中南山地及胶东丘陵地区分布较多，垂直分布海拔100～1000米。喜光树种，常生于阳坡、半阳坡，形成小片纯林或松栎混交林。深根性。耐旱、耐贫瘠，抗风力强。在湿润深厚肥沃、排水良好的中性、微酸性沙壤土上生长较好。树龄长，可达500年以上。木材边材白色，心材淡褐色；材质坚硬，耐磨损，抗震动，耐水湿，花纹美观，是造船、车辆、枕木、地板及各种把柄、器具的良好用材；用于制作编织器材、运动器材的理想材料。壳斗及树皮含鞣质，可提取栲胶。种子含淀粉高，可酿酒或作饲料。也可饲蚕。栓皮栎（*Q. variabilis* Blume），落叶乔木，高可达30米。分布和生长习性用途与麻栎相似。槲树，也叫柞栎和大叶菠萝，落叶乔木，高可达22米。山东省各山区均有分布，多生于海拔500米以下，常与麻栎、栓皮栎混生。生态习性、用途与麻栎相似。此外还有柞槲栎、槲栎、白栎等。生态习性、用途均与麻栎等相似。

榆属，乔木，稀灌木。山东包括栽培种在内共9种，均具有经济价值。白榆，也叫榆树、家榆（*Ulmus pumila* Linn.），落叶乔木，高可达25米。山东省各地均有分布，常见于村旁、河堤两岸、田埂、路边、山麓和沙地等处，在山区垂直分布可达1000米，人工林多在平原地区。喜光树种。根深性，抗风、抗旱、抗盐碱能力强；对土壤质地要求不严，在土壤含盐量0.3%以下能正常生长。不耐涝，在积水地生长不良。木材坚韧耐腐，不易劈裂，极适于桥梁建筑、民用建筑、运动器材、车辆、农具等用材。果嫩时可食，又可榨油及作饲料。树皮纤维坚韧，可代麻制绳、造纸。内皮可作香料、糊料，亦可磨面供食用。大果榆，也叫黄榆、山榆（*U. macrocarpa* Hance），落叶乔木或灌木，高可达10米。山东省山地丘陵上广泛分布。喜光树种。深根性，耐寒、耐旱，在干瘠的山坡上、石隙缝间、黄土丘陵及沙地、轻度盐碱地都有生长，在湿润的混交林内生长快。根系发达。材质较白榆好，坚硬抗腐，花纹美观；可做车辆、农具。果大可食，种子可榨油。皮、果均可入药。是山东黄山滩地较好的用材及保土树种。黑榆，也叫山毛榆（*U. davidiana* Planch.），落叶乔木。山东省崂山、鲁山、泰山及枣庄市等地都有分布，多为野生，耐干瘠；木材坚实，供农具、车辆、建筑用材。茎皮为制绳、造纸、作人造棉原料；嫩果可食。旱榆，也叫灰榆、黄青榆（*U. glaucescens* Franch），落叶乔木。主要生长在济南千佛山和蒙山等石灰岩山地。耐干燥贫瘠。

从江淮流域引种的有琅玡榆、红果榆、美国榆、欧洲白榆等。

构属（*Broussonetia* L' Her. Ex Vent.），属于桑科（Moraceae）。构树（*Broussonetia papyrifera*）也叫楮桃，落叶乔木，高可达18米。山东省各地有野生和栽培，多生于沟谷、坡麓及四旁隙地；以临朐县、沂水县一带栽培最盛。喜光，耐寒，耐干旱瘠薄，也耐水湿。适应性强，酸性、中度碱性或轻沙地都能生长。木材质软、清脆、易裂，可作一般用材。茎皮纤维柔软而长，属优质造纸原料，还可带面用于纺织。根皮及果实入药。种子可榨油供制肥皂、油漆之用。

上面的分析显示，考古遗址中发现的树木种属，多数都不仅是用材，而且还有食用等价值，这可能是他们被人类广泛利用并能在遗址中得以保存的主要原因，进而也暗示了其作为聚落周围的植被的高代表性。所以，尽管考古遗址中保存的木炭标本有人类对植物利用过程中的选择因素，但这些植物种属仍能在一定程度上代表当地的植被组合。

六、山东地区全新世植被演化与人类文化

1. 山东地区全新世植被与气候

本文的木材鉴定结果显示，多数遗址中出土的木炭都是以麻栎为主，可能表明山东地区从新石器时代早期到商代，其森林植被都是以麻栎为主的落叶阔叶林，兼有一些针叶林和灌丛；刚竹的发现，说明在龙山文化时期，山东地区特别是鲁东南地区气候比现在温暖湿润。

从表一中我们看到，所有木材标本中，麻栎的数量最多。在两城镇遗址92个标本中，有45个属于麻栎。这种情况可能表明，山东地区史前时代植被中，以麻栎为建群种的落叶阔叶林占主要地位。这个结果与以往关于该地区全新世植被的研究结果基本一致。

以往关于山东地区全新世植被研究中，以鲁西北平原、庙岛群岛、胶东半岛北部的蓬莱北王绪等、胶州湾钻孔的研究为代表。

对山东莘县、禹城县、惠民县三个钻孔资料的孢粉分析表明，全新世以来，鲁西北平原地区的环境经历了三个大的发展阶段[25]。11000～8000^{14}C a B. P.，孢粉类型增多，木本植物中喜温的阔叶树较多，有栎、榛、柳、桦、榆、胡桃、栗、椴、鹅耳枥等，草本植物除蒿属、藜科、禾本科外，还有麻黄、菊科、旋花科、败酱科、茜草科、百合科、毛茛科和蕨类植物，属于典型的针阔混交林的森林草原景观，气候迅速变暖；

8000 ~ 5000^{14}C a B. P.，喜温的阔叶树花粉大量增加，栎高达 38.7%，椴 46.2%，桦 15.4%，榆、胡桃、榛、鹅耳枥等也有一定数量，此外，还出现了一些现生长在亚热带地区的树种，如枫香、枫杨等，草本植物花粉大量减少，蕨类孢子中出现了现生长在亚热带地区的水蕨孢子，香蒲、莎草科等水生湿生植物花粉较多，表明当时平原上存在很多湖沼，孢粉组合表明当时气候进一步变暖，降水量明显增加，是冰期后的气候最适宜期；阔叶林为主的森林草原植被，气候温暖湿润，1 月平均气温可能比现在高 2 ~ 4℃，年降水量比现在多 100 ~ 200 毫米，为冰后期最温暖湿润时期；5000 ~ 2500^{14}C a B. P.，植物花粉含量下降，虽然亚热带成分的存在反映当时气候仍然比较温暖，但耐旱的蒿属、藜科植物花粉的增加，表明气候变干，降水量减少；2500^{14}C a B. P. 以来，草原面积进一步扩大，表明气候变凉、干，可能与人类活动也对植被产生一定的影响。

庙岛群岛的黄土堆积提供了全新世古气候与环境演化的地质记录[26]。对该地区全新世黄土堆积古气候研究结果是，全新世早期（10000 ~ 8000^{14}C a B. P.），气候转暖开始；全新世中期（8000 ~ 2500^{14}C a B. P.），分两个阶段，8000 ~ 6000^{14}C a B. P.，黑垆土发育从微弱到成熟，5600 ~ 2500^{14}C a B. P.，黑垆土发育成熟，黄土中花粉含量高，从草原景观向针阔叶混交林及草原景观发展，大部分时间的年平均温度高于现代 2℃左右，是全新世最温暖的时期；全新世晚期，黑垆土发育接近尾声，花粉含量减少，少量的蒿属、松、鹅耳枥等，气候有干湿冷暖波动，但总的趋势是比从前冷干。对蓬莱北王绪、小海、月牙湾等钻孔资料分析，结果表明，气候表现为由温凉—凉湿—暖湿—温湿—温干—温湿—凉干的变化过程[27]。

两城镇、赵家庄、薛家庄三个龙山文化遗址中都出土了刚竹炭，如果聚落中出土的炭化刚竹代表当时聚落周围有刚竹林生长的话，就说明，龙山文化时期气候比现在温暖湿润，因为现在刚竹林分布的最北界限在安徽的滁州和江苏南京一带[28]。距离两城镇东北大约 60 千米的胶州湾全新世沉积物孢粉分析结果也显示，在 5000^{14}C a B. P. 前后，阔叶树花粉组合中栎属花粉含量较高[29]，代表了比现在更加温暖湿润的气候。

2. 人类对植物利用的选择

本文所分析的木材标本，清楚地揭示了古代人类对木材资源的选择利用趋向。

日照两城镇遗址壕沟建筑中的木材，绝大多数都是麻栎树。前面的分析已知，麻栎木材具有坚硬、耐湿、耐磨损、抗震动等基本特点[30]，现代社会中常用这种木材制作船只、车辆和枕木。两城镇遗址的发现，可能说明，龙山时代麻栎是聚落建筑特别是壕沟类建筑的首选材料，当时山东沿海的居民就已经对包括麻栎树在内的一些树种的性能有了比较深入的了解。除了浸水保存的木材以外，两城镇遗址出土的木炭中也以麻栎树为主，可能聚落房屋等建筑中也大量使用了麻栎树木材。

本文鉴定的一些松属植物中，部分属于裸子植物的应压木，这些木材不适合作为建筑材料，但却非常适合作为燃料，特别是油松的应压木，因其油脂含量高而成为燃料的首选。山东史前考古遗址中的发现可能反映当时居民已经对应压木的易燃性有一定认识，并可能具备了通过利用应压木为燃料而节约更多的木材作为建筑材料的初步想法，这不能不说是居民生活实践的结晶。

在我们鉴定出来的各种木材中，除了麻栎和一些应压木以外，还有一些树种，不仅出产建筑材料，还有多种用途，如松树的种子可以割树胶和榨油，桤木除了用于建筑外，还可以用来造船、制作乐器和各类工具等，麻栎树的果实橡子可以酿酒或做饲料，榆树的叶子可以食用、种子可以榨油等，由于缺乏直接证据，我们尚不能确定古代人类是否已经认识了这些树种的各种用途。如果能结合其他考古发现我们可能有希望了解古代人类对这些植物的开发利用方式。

3. 存在问题和未来研究思路

对考古遗址中木材样品的树种鉴定，能够为我们认识古代人类利用木材活动提供直接的证据，这方面的研究推动了考古学研究的深入。但是，树种鉴定结果运用到古植被重建，则需要考虑到考古遗址中木材遗存的形成、堆积和埋藏等都受到人类活动的影响，它所反映的自然植被变化乃至气候变化，在可靠性和独立性方面，与来自自然地层的证据相比有显著的局限性。这是因为木材从野外被采集到考古遗址以及后来在考古遗址中堆积下来，都是通过人类活动实现的，而人类在利用木材的过程中可能会根据需要而有所选择，所以，如果利用考古遗址中木材鉴定所得到的树种组合来重建聚落周围的植被，需要考虑如下问题：尽量获得这些木材标本代表当地区域植被的证据；避免直接使用定量分析的方法，应该以定性分析为主，记录特定物种的有无方面的数据[31]。

通过分析我们发现，尽管考古遗址中出土的木材标本多数都是人类对植物进行选择的结果，但这些植物仍然能够在一定程度上代表聚落的区域植被。尤其是在史前时代，人类对木材资源的利用，特别是那些作为薪柴的木材资源，应该主要来自聚落周围的自然植被中，进而可以从某种程度上代表聚落的区域植被类型。本文分析的木材标本中，有一部分被鉴定为油松的属于应压木（所谓的应压木，就是指裸子植物的枝条或倾斜和卷曲于树干下部的木材），这样的木材不适合做建筑材料，而油松的松脂含量高，易燃烧特点，可能使这些应压木成为人们薪柴的首选。由此我们推测，遗址中出土的多数木炭标本代表的是人类将其作为燃料的遗留，我们进而可以认为，这些树种就是聚落周围常见的树种，至少是常见的树种中的那些可以作为薪柴的种类。

所以，在研究过程中，只要我们对材料进行扬长避短的科学处理，就是对于那些集中出土的、不具备自然变化过程意义的木材样品，如遗址的灰坑或者窖穴中集中出土木炭，或者像两城镇遗址的壕沟那样集中出土浸水保存的木材，我们只从定性的角度分析其环境意义，而不进行定量统计，就可以获得比较科学的结论。当我们积累的资料足够多的时候，有些材料可能就具备进行定量分析的意义，假如我们发掘了一个从北辛文化一直延续到岳石文化时期的聚落遗址，在不同时期的地层或灰坑中都出土了一定数量的木炭样品，对这种样品进行定量分析，可能为我们认识聚落使用过程中周围植被的变化提供重要信息。

如果从木材标本的保存条件来分析，利用考古遗址中出土的木材标本来研究古代植被，还具有显著的优势。因为正是因为人类活动，才创造了更多的使木材炭化的机会，因为在一般情况下，如果树木正常死亡，整个树木都会分解掉，能够保存炭化木的机会非常少；浸水保存或者脱水保存的木材也是同样，在人类活动影响下木材被保存下来的机会更多。

当然，这种来自考古遗址的木材遗存，最终不能与来自自然地层样品同日而语，因为考古遗址中所有的遗存都有人类活动的影响。最后，我们就必须考虑在考古遗址周围寻找与其时代相当的自然沉积物剖面，虽然一般的剖面中木炭样品数量都很少，但对其进行孢粉、植硅体等古环境指标的分析结果，完全可以与考古遗址中木炭分析结果进行对比。这样，就可以获得关于聚落使用时期环境变迁的科学数据了。

需要说明的是，本文对山东地区古代植被演化的研究，由于目前我们掌握的资料还非常有限，所得结论可能显得证据不充分。在整个新石器时代早期阶段，只有月庄遗址 8 个木炭样品，这个数字距离我们认识当时整个研究区域的植被，还相差非常大，不论是从统计学上还是从定性分析上，我们都需要积累更多的样品，获得更多的数据。整个北辛文化和大汶口文化时期几乎没有资料，而这个时期农业发展经历了一个逐渐成熟的过程，人类与植被之间的关系研究对我们认识这个过程非常关键。龙山文化时期，我们的资料似乎比较多，但也只有两城镇一个遗址的资料比较丰富，如果我们说这些资料提供了两城镇聚落周围植被的一些线索还可以的话，我们要认识这个文明进程中的重要阶段整个研究区的人类与植被的关系，材料还是远远不足的。岳石文化时期我们的资料来自胶东半岛的东端的庙后，其区域代表性仍然很低。关于商代的情况，我们也必须承认材料的有限性。

根据目前的状况，我们认为，未来的工作需要考虑如下两个问题。一是建树种鉴定的区域参考标准。建立区域参考标准需要按照以下标准选择植物种类：它们在与史前居住地密切相关的植被中的出现和指示意义，特别是新石器时代聚落；已经出版的文献中缺乏详细描述的种类；具有经济和民族植物学意义的种属；可以进行显微分析的种属。另一个问题是，提高采样的目的性，像采集植物种子那样有目的、有计划地采集木炭标本，不仅浮选时全面收集，要在发掘过程中采集肉眼可见的木炭标本，只有这样我们才能积累系统的资料用于分析，才能得出更科学的结论。

通过分析考古遗址中木材遗存，探讨人类利用木材的活动、重建古环境的研究，在中国有着十分广阔的应用前景。首先，研究手段已经成熟，不论是实验室分析鉴定，还是结果的解释和综合研究，都已经有很多成功的实例，我们需要结合中国考古遗址堆积状况和中国考古学研究的具体实际，确定具体研究目标。其次，检索已经发表的^{14}C 测年报告，我们发现在中国，从北方到南方，从东部到西部，大量的考古遗址中出土木炭遗存，这就说明我们的研究工作有充足的样品做保证。最后，考古遗址中木材分析的结果，不仅可以为考古学研究提供关于人类活动方面的信息，而且重建古环境的结果，还是第四纪环境与人类关系研究中的重要内容。由于中国考古学编年体系的完善，目前在一些地区的很多考古遗址，其年代问题（这里指与第四纪古环境研究相适应的 100 ~ 1000 年级的时间分辨率）都可以通过类型学研究来解决，这是利用考古遗址中的生物遗存研究古代环境变迁的一个显著优势。因为目前对于全新世剖面的年代，不仅存在^{14}C 测年误差的问题（一般误差在 100 ~ 200 年），还有经费问题，测年费用的居高不下，从某种程度上可能会限制高分辨率古环境重建的开展，而考古遗址中的生物遗存因其与人类文化活动相关，也具有了相对可靠的年代标签，成为古环境研究中的重要信息。这在中国尤为突出，特别是在黄河流域，为数不少的遗址都是在近千年的时间内连续使用，文化层中保存的各类植物遗存是复原古代环境的重要资料。如果能够对各地新石器时代考古遗址中出土的木炭进行系统分析和综合研究，我们有希望重建新石器时代考古学文化发展的环境背景，具体分析旧石器时代向新石器时代过渡阶段、文明化进程中的关键时期，聚落发展所面临的植被环境以及区域气候状况，以及人类文化发展中对植被的影响，从而为我们深入认识考古学文化的发展提供重要证据。

附记：月庄、西公桥、赵家庄和大辛庄遗址的样品分别由西南民族大学旅游历史学院的王建华博士、山东省文物考古研究所何德亮研究员、北京大学考古文博学院燕生东博士和山东大学历史文化学院的方辉教授提供；标本鉴定由中国林业科学院的腰希申高级工程师完成。在此表示诚挚的谢意。

注　释

[1] a. MdIntosh R. J., J. A. Tainter, and S. K. McIntosh (eds.). *The Way the Wind Blows: Climate, History, and Human Action.* New York: Columbia University Press, 2000;

b. Redman, C. L.. *Human Impact on Ancient Environments.* Tucson: University of Arizona Press, 1999;

c. van der Leeuw, S. and C. L. Redman. Placing archaeology at the center of socio-natural studies. *American Antiquity*, 2002, 67 (4): 597 ~606.

[2] a. Fuller, D. Q. Fifty years of archaeobotanical studies in India: Laying a solid foundation. In: Settar, S., and R. Korisettar (eds.). *Indian Archaeology in Retrospect.* Volume Ⅲ, *Archaeology and Interactive Disciplines*. Delhi: Manohar. 2002;

b. Fuller, D. Q. Indus and non-Indus agricultural traditions: local developments and crop adoptions on the Indian peninsula. In: Weber, S. A. and W. R. Belcher (eds.). *Indus Ethnobiology: New Perspectives from the Field.* Lanham: Lexington Books. 2003.

[3] Asouti, E. and P. Austin. Recostructing woodland vegetation and its relation to human societies, based on the analysis and interpretation of archaeological wood charcoal macro-remains. *Environmental Archaeology* , 2005, 10: 1 ~18.

[4] Pearsall M. D. Palaeothnobotany: *A Handbook of Procedures.* Academic press, 1989.

[5] 同注［3］。

[6] Kuniholm, P. I., Kromer, B., Manning, S. W., Newton, M. W., Latini, C. E. and Bruce, M. J. Anatolian tree rings and the absolute chronology of the eastern Mediterranean, 2220 ~718BC. *Nature*, 1996, 381: 780 ~83.

[7] a. Kreuz, A. Charcoal from ten early Neolithic settlements in central Europe and its interpretation in terms of woodland management and wildwood resources. *Bulletin de la Societe Botanique de France*, 1992, 139: 383 ~94;

b. Miller, N. F. Palaeoethnobotanical evidence for deforestation in ancient Iran: A case study of urban Malyan, *Journal of Ethnobiology*, 1985, 5 (1): 1 ~19.

[8] Asouti, E. Wood charcoal from Santorini (Thera): New evidence for climate, vegetation and timber imports in the Aegean Bronze Age. *Antiquity*, 2003. 77: 471 ~84.

[9] Neumann, K., The contribution of anthracology to the study of the late Quaternary vegetation history of the Mediterranean region and Africa. *Bull. Soc. Bot. Fr.*: Act. Bot. 1992, 139: 2 ~ 4, 421 ~ 440.

[10] a. Berli, S., Cherubini, P., schoch, W., Rekonstrktion von betandesfluktuationen, bodenmaechtigkeeit und feuergeschichte ueber 7000 jahre BP mittels holzkohle-analysen. *Bot. Helv*, 1994, 104 (1): 17 ~ 30;

b. Carcaillet, C., Thinon, M., Pedoanthracological contribution to the evolution of the upper treeline in the Maurienne Valley (North Franch Alps): methodology and preliminary data. *Rev. Palaeobot. Palaeoecol*, 1996, 91: 1 ~ 4, 399 ~ 416.

[11] a. Heer, Q., Pflanzen der Pfahlbauten. Neu. Naturforsch. *Ges. Zürich Jahr.*, 1866: 1 ~ 54;

b. Hollendonner, F., Mikroskopische Untersuchungen der ungarländischen prähistorischen Hölzer und Holzkohlen. *M. Tud. Akad. Mat. Es term. Tud. Ertes*, 1926, 42: 178 ~ 204.

[12] a. Santa, S., Essai de reconstitution de paysages végétaux quaternaries d' Afrique du Nord. *Libyca*, 1961, 6 (7): 37 ~ 77;

b. Heinz, C. and Thiébault, S., Characterization and palaeoecological significance of archaeological charcoal assemblages during the Late and Post-Glacial phases in southern France. *Quat. Res*, 1998, 50: 56 ~ 68.

[13] 王树芝：《古木炭在考古学研究中的应用》，《江汉考古》2003 年 1 期，85 ~ 88 页。

[14] 王树芝、王增林、吴耀利等：《湖北枣阳市雕龙碑遗址房屋建筑出土木炭的研究》，《考古》2002 年 11 期，85 ~ 87 页。

[15] 崔海亭、李宜垠等：《利用炭屑显微结构复原青铜时代植被》，《科学通报》2002 年 47 卷 19 期，1504 ~ 1507 页。

[16] 靳桂云、于海广、栾丰实等，《山东日照两城镇龙山文化（4600 ~ 4000a B. P.）遗址出土木材的古气候意义》，《第四纪研究》2006 年 26 卷 4 期，571 ~ 579 页。

[17] 地貌单元的范围，根据赵济主编：《中国自然地理》（第三版），高等教育出版社，2005 年，184 ~ 185 页、图 15-1 中国自然区划图。具体来讲，海岱地区的范围就是，南起淮河流域的洪泽湖（目前最南的遗址是安徽蒙城县尉迟寺遗址和五河县壕城镇龙山文化遗址），北到大连南部的旅顺岛；西起河南周口（最西的遗址是河南周口大汶口文化遗址），东到黄海，大约在北纬 33.5° ~ 39°、东经 115° ~ 123°之间。

[18] 赵济主编：《中国自然地理》（第三版），高等教育出版社，2005 年，203 ~ 213 页。

[19] a. 金权：《安徽淮北平原第四系》，北京地质出版社，1990 年；

b. 徐馨、朱明伦、卢积堂等：《中原东部第四纪环境及其影响的研究》，贵州科技出版社，1994 年。

[20] 中国科学院中国植被图编辑委员会编：《中国植被图集》，科学出版社，2001 年，105 ~ 108、141 ~ 144、145 ~ 148 页。

[21] 赵志军：《植物考古学的田野工作方法——浮选法》，《考古》2004 年 3 期，80 ~ 87 页。

[22] 靳桂云、赵敏、王富强：《山东烟台庙后遗址植物考古研究》，见本书。

[23] 《山东树木志》编写组编：《山东树木志》，山东科学技术出版社，1984 年。

[24] 同注 [16]。

[25] 许清海、王子惠、吴忱等：《30ka B. P. 来鲁北平原的植被与环境》，载梁名胜、张吉林主编：《中国海陆第四纪对比研究》，科学出版社，1991 年，188 ~ 199 页。

[26] 曹家欣、刘耕年、石宁等：《山东庙岛群岛全新世黄土》，《第四纪研究》1993 年 1 期，26 ~ 33 页。

[27] 赵济等:《胶东半岛沿海全新世环境演变》, 海洋出版社, 1992 年。
[28] 同注 [20], 105 ~ 108 页。
[29] 王永吉、李善为:《青岛胶州湾地区 20000 年以来的古植被与古气候》, 《植物学报》1983 年 25 卷 4 期。
[30] 同注 [16]。
[31] Willcox, G.. A history of deforestation as indicated by charcoal analysis of four sites in Eastern Anatolia. *Anatol. Stud*, 1974, 24: 117 ~ 133.

Charcoal Analysis from Archaeological Sites in Shandong Province, Eastern China

Jin Guiyun, Wang Chuanming, Zhao Min, Fang Hui
(Center for East Asian Archaeology, Shandong University, Jinan)

Charcoal analysis of archaeological sites in China is only beginning in recent years and any result will be very basic and important for the interpretation of human activities and the vegetation change around the settlement.

Charcoal analysis from some archaeological sites in Shandong reveals that oak, juniper,

English names here (*Quercus* sp. *Sabina* sp. *Almus sibirica* F. *Acer mono* M. , *Pinus* sp. *Phyllostachys* sp. *Ulmus* sp. *Broussonetia papyrifera Salix* sp.) are the main components of the forest around the settlements during Neolithic Age and Bronze Age.

The findings of carbonized bamboo at Liangchengzhen and Xuejiazhuang sites indicated that the climate of these two settlements might be the same as that near present Nanjing because the bamboo of this specie naturally grows in the area near Nanjing. This conclusion just coincides with the phenomenon that rice production was the main agriculture development because that enough precipitation is basic for rice cultivation.

The use of timber of oak in the moat at Liangchengzhen site should be the indicator that people at this settlement had achieved the knowledge of the water durable property of oak.

辽东半岛南部农业考古调查报告
——植硅体证据*

靳桂云[1]　栾丰实[1]　张翠敏[2]　王　宇[2]

（1. 山东大学东方考古研究中心，济南；2. 大连市文物考古研究所，大连）

一、引　言

辽东半岛远古农业是认识东北亚地区农业传播与扩散路线及具体过程的重要内容。近年来开展的东北亚地区农业研究显示，不论是粟作还是稻作农业，都是从中国大陆向东北亚地区逐渐传播扩散的，而辽东半岛是必经地区之一[1]。那么，搞清楚这一地区古代农业的产生和发展状况，对于解决上述问题具有不可替代的作用。

非常遗憾的是，目前我们关于辽东半岛远古农业特别是农作物方面的认识，只限于一些零星的考古记录。大嘴子遗址出土的炭化植物遗存，虽然经过了多方鉴定，但除了确定有稻和黍以外，对于高粱的鉴定还有疑问[2]。郭家村遗址中曾经在席篓中发现了炭化的粟粒[3]。也有报道说文家屯遗址的陶片中发现水稻的植硅体[4]，但还需要更多的证据来证实[5]。2006、2008 年开始的新一轮小珠山遗址发掘，对土壤、贝丘堆积进行了系统浮选，其中发现了少量的粟和黍。显然，要认识辽东半岛地区远古农业情况，首先我们需要积累考古遗址的植物遗存资料。

2008 年上半年我们对部分新石器时代和青铜时代遗址进行植硅体采样和农作物类型调查。目的是了解重点遗址植硅体保存的大致情况，为今后进一步的工作奠定基础。

本文公布的是这一次调查采样的分析结果。结果显示，辽东半岛南部的旅顺地区，大汶口文化晚期聚落的农作物种已经有了稻，龙山文化时期稻在聚落农业中占有更重要的地位，至于这些稻是水稻还是旱稻、是贸易品还是当地种植，由于缺乏确凿的证据，目前还无法给予确切的回答。除了稻以外，粟和黍也是聚落中的主要农作物，但限于目前的数据太少，我们还无法确认稻与粟或黍哪个属于主要的农作物，更无法知道聚落居民对稻和粟黍的开发利用模式如何，比如是否不同的阶层或者族群食用的粮食不同？我们寄希望于今后开展目的明确的发掘工作。

---

* 国家自然科学基金（40572103）和国家科技支撑计划项目“中国文明探源工程”子课题“3500BC～1500BC 中国文明形成与早期发展阶段的技术和经济”项目资助。

二、调查区域和研究方法

1. 调查区域和遗址概况

调查区域位于辽东半岛南部的旅顺口区和甘井子区（图一）。地貌类型属于典型的山地丘陵，中间部位是低山，一般海拔不超过100米，周围是沿海平原。在中国综合自然区划图上，山东及周围地区包括辽东半岛南部地区，都属于东部季风区中的华北湿润、半湿润暖温带地区，其中辽东半岛和山东半岛属于湿润的暖温带落叶阔叶林区[6]。调查采样的遗址包括王家村、郭家村、双砣子、小黑石砣子、于家村、文家屯，此外，还调查了岗上、楼上、四平山等墓地，但没有采集任何土样。

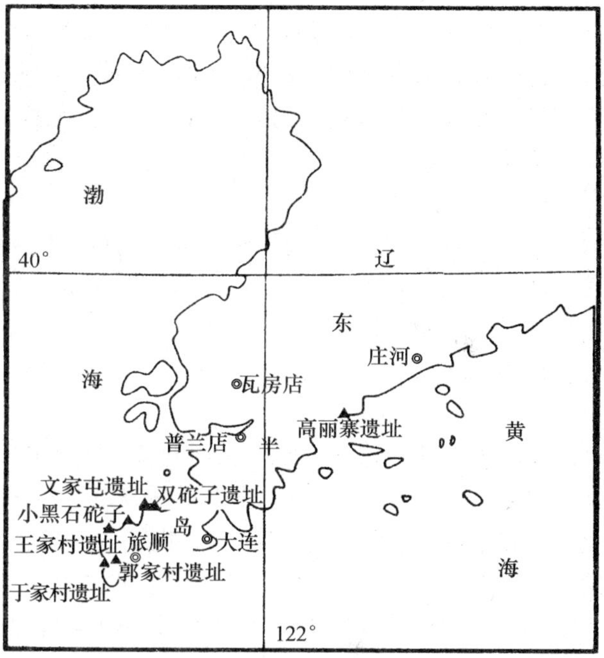

图一　调查区域示意图

（1）郭家村遗址

位于旅顺口区铁山镇郭家村的北岭顶部和南坡靠上部分，现在南坡已全部开垦为梯田，其上种植大樱桃等水果。从剖面看，文化层厚2～3米。地势东北高西南低，海拔约60米。山岭下靠村南有一条间歇小河，向西注入渤海湾。开辟果园的现代剖面对遗址破坏比较严重，调查的过程中虽然从剖面上能看到一些灰土、红烧土堆积，但由于剖面上已经长满了各种灌木，很难确认这些堆积的范围及与周围遗迹的关系。我们在山坡不同高度的剖面上共采集5个土样，根据土壤中出土的陶片，可以确定这些土样属于龙山文化时期。据此，我们假设这些土样的植硅体分析结果反映了该聚落龙山文化晚期的植物遗存情况。

（2）于家村遗址

位于旅顺口区铁山镇于家村海滨[7]。遗址几乎被破坏殆尽，我们只在残留的剖面上采集了4个土样。

（3）王家村遗址（也称“王家屯遗址或王家村东岗遗址”）

位于旅顺口区北海乡王家村东北耕地中，是典型的贝丘遗址，当地称之为“东岗”，海拔10米左右。遗址北距渤海100余米，东、南各有时令河在此流入渤海。遗址面积约20000平方米，文化层厚2～3米。我们的采样剖面在一个农家后院，剖面厚约2米，整个剖面的土壤中都包含比较丰富的碎陶片、贝壳、兽骨和红烧土粒等。根据土质土色和包含物，可以将其划分为5层，我们从下向上逐层（从1层到5层）采集了土样进行植硅体分析。

（4）小黑石砣子遗址

位于旅顺口区三涧堡镇小黑石村西北海边的一个三面临海的砣子上。遗址破坏严重，我们只在被破坏的残存部分采集到 4 个土样。

（5）文家屯遗址

位于甘井子区营城子镇四平山北麓下面低洼地中，西北距渤海约 400 米。遗址原来保存比较好，现在被滩涂养殖活动严重破坏，从前能够看到文化层的剖面多数被破坏，我们只在原来的剖面底部勉强找到一个位置采样 2 个，与土样同出的陶片显示为小珠山中层文化。

（6）双砣子遗址

位于甘井子区营城子镇双砣子山，遗址已经被严重破坏。我们在被破坏的断面上观察、清理剖面，找到了一处有灰土的堆积和一个可能是石灶。在灰土堆积中采集的土样，几乎全部是炭屑。灶内采集了 2 个土样，其中一个土样靠近灶的边缘，有大量炭屑，似乎是木材燃烧形成的；另外一个土样，位于灶的中央，全部是草木灰。

（7）高丽寨遗址

位于普兰店市城子坦镇东大滩村前王屯东南 100 米凸出的高地上，南邻黄海，海拔 18 米。1928 年日本东亚考古学会对该遗址进行发掘并于 1929 年发表了发掘报告《貔子窝》（东亚考古学会：《貔子窝——南满洲碧流河畔的史前时代遗址》，东方考古学丛刊第一册，昭和四年）。报告显示，该遗址保存了青铜时代、战国到汉代的遗存，从数量比较多的青铜时代遗物看，该遗址青铜时代遗存比较丰富。在第三次全国文物普查中，我们对该遗址进行了详细的调查，现存最厚堆积接近 2.5 米；在被破坏的断面上发现几座房址类遗迹，其中出土的陶片均属于双砣子三期（辽东半岛青铜时代），采集陶片标本的同时，我们在这些遗迹中采集了 2 个土样。

根据现有研究成果，我们得知，文家屯遗址属于辽东半岛小珠山二、三期文化；王家村遗址属于小珠山一、二、三期文化，郭家村遗址属于小珠山二期和龙山文化期；于家村可以分为双驼子一期、三期，小黑石砣子有双砣子二期文化（相当于岳石文化）和三期文化；双砣子遗址可以分为一、二、三期[8]；高丽寨遗址有双砣子三期、战国到汉代的遗存。

2. 野外调查采样方法

这次调查和采样的方法，基本是遵循了相关文献中介绍的方法[9]。关于采样遗址考古学文化性质的界定，主要是根据以前的综合研究成果[10]；对于采样位置所属考古学文化分期的确定，除了通过观察剖面的地层堆积外，还参考了采样位置出土陶片的类型学特征。

三、植硅体分析结果

这次调查共采集了 7 个考古遗址、25 个土壤样品。实验室分析结果是，在所有土样中都发现了植硅体。但不同样品，植硅体的丰富程度和植硅体类型存在显著差异（表一）。

表一　辽东半岛南部考古遗址植硅体统计表

序号	遗址名称	植硅体情况	植硅体组合特征
1	郭家村 1	植硅体较多，少量炭屑	方型、长方型、棒型、尖型、水稻扇型、芦苇扇型
2	郭家村 2	炭屑多，植硅体少	方型、长方型、棒型、尖型、扇型、哑铃型、芦苇扇型、粟黍稃壳；以农作物颖壳为主
3	郭家村 3	炭屑多，植硅体少	方型、长方型、棒型、尖型、扇型、哑铃型、芦苇扇型
4	郭家村 4	植硅体较多，少量炭屑	莎草科、方型、长方型、棒型、尖型、哑铃型、粟黍稃壳
5	郭家村 5	植硅体较少炭屑多	水稻双峰型、芦苇扇型、硅藻、棒型
6	于家村 1	植硅体少，炭屑少	芦苇扇型为主，哑铃型、棒型、尖型、长方型、方型
7	于家村 2	极少植硅体	方型、长方型、棒型
8	于家村 3	同上	同上
9	于家村 4	同上	同上
10	王家村 1	植硅体丰富	哑铃型、棒型、尖型、方型、长方型、扇型、粟稃壳、黍稃壳；以农作物为主，粟多黍少
11	王家村 2	植硅体较少；大量炭屑	哑铃型、棒型、尖型、方型、长方型、扇型、硅藻，粟黍稃壳为主，但稃壳比较破碎，粟多黍少
12	王家村 3	植硅体丰富	哑铃型、棒型、尖型、方型、长方型、扇型、粟稃壳、黍稃壳；以农作物为主，粟多黍少
13	王家村 4	植硅体少	哑铃型、棒型、尖型、方型、长方型、扇型、粟稃壳、黍稃壳；以农作物为主，粟多黍少
14	王家村 5	植硅体丰富，部分破碎；少量炭屑	棒型、方型、长方型、尖型、芦苇扇型、水稻扇型、水稻哑铃型、水稻双峰型、硅藻、粟稃壳、黍稃壳；水稻植硅体明显多于粟和黍植硅体
15	小黑石砣子 1	无	
16	小黑石砣子 2	木炭为主，极少植硅体	
17	小黑石砣子 3	同上	
18	小黑石砣子 4	同上	
19	文家屯 1	植硅体和炭屑都很少	芦苇扇型、长方型、棒型
20	文家屯 2	同上	同上
21	双砣子 2	极少植硅体	
22	双砣子灶 1	大量炭屑，极少植硅体	
23	双砣子灶 2	植硅体丰富且多数完整，极少炭屑	棒型、长方型、方型、尖型、哑铃型、扇型、黍亚科长方型、水稻扇型、粟黍稃壳、成组方型和长方型；以水稻扇型为主，以农作物为主
24	高丽寨遗址上层	植硅体丰富，多数保存完整，很少炭屑	以水稻扇型为主，水稻哑铃型比较少；少量粟和黍的稃壳植硅体；其他植硅体形态有棒型、长方型、方型、尖型、扇型、哑铃型等
25	高丽寨遗址下层	植硅体比较少，但保存完整；极少炭屑	以水稻扇型为主；有少量棒型、哑铃型、扇型、方型和长方型植硅体

1. 植硅体保存状况及组合

多数土样中植硅体保存比较好，很少有风化明显的植硅体。最常见的植硅体类型包括：可以确定为农作物的植硅体如水稻扇型、哑铃型和颖壳双峰型（图版三），粟的稃壳型和黍的稃壳型（图版四，1、2）；来源于多种禾本科植物的各类扇型、哑铃型、长方型、方型、平滑棒型、刺状棒型、尖型等（图版四，3～6）。除了植硅体，还有少量的硅藻等微体生物遗存。

2. 典型遗址土样的植硅体结果

王家村、郭家村、双砣子三个遗址的土壤中植硅体含量比较丰富，而于家村、文家屯和小黑石砣子三个遗址的土样中植硅体含量比较低，有的土样中植硅体极少。

（1）王家村遗址

2、4层植硅体含量比较低，而且有比较多的炭屑，但1、3、5层植硅体含量非常丰富。

1层：植硅体丰富，组合包括哑铃型、棒型、尖型、方型、长方型、扇型、粟黍稃壳，组合中以农作物颖壳植硅体为主。

2层：植硅体较少，有大量炭屑；植硅体组合包括哑铃型、棒型、尖型、方型、长方型、扇型、粟黍稃壳，还有硅藻；以农作物颖壳植硅体为主，而且颖壳多破碎。

3层：植硅体丰富。包括哑铃型、棒型、尖型、方型、长方型、扇型、粟黍稃壳，以农作物颖壳植硅体为主。

4层：植硅体比较少。包括哑铃型、棒型、尖型、方型、长方型、扇型、粟黍稃壳；以农作物颖壳为主。

5层：植硅体非常丰富，部分破碎，少量炭屑。植硅体类型包括棒型、方型、长方型、尖型、芦苇扇型、水稻扇型、水稻哑铃型、水稻双峰型、粟黍稃壳，还有硅藻；以农作物植硅体为主，其中水稻植硅体明显多于粟黍稃壳植硅体。

（2）郭家村遗址

样品1：植硅体较多，有少量炭屑；植硅体组合包括方型、长方型、棒型、尖型、水稻扇型、芦苇扇型。

样品2：植硅体较少，炭屑比较多；植硅体组合包括方型、长方型、棒型、尖型、扇型、哑铃型、芦苇扇型、粟黍稃壳，以农作物颖壳植硅体为主。

样品3：植硅体少，炭屑比较多；植硅体组合包括方型、长方型、尖型、扇型、哑铃型、芦苇扇型。

样品4：植硅体较多，炭屑少；莎草科多便帽型、方型、长方型、棒型、尖型、哑铃型、粟黍稃壳比较多。

样品5：植硅体较少，炭屑少；植硅体组合包括水稻双峰型、芦苇扇型、棒型，还有硅藻。

5个土样内，4个土样中有农作物植硅体，而且数量比较多；其中2个土样中有水稻，2个土样中有粟黍植硅体；样品3中没有农作物植硅体，而且这个样品中植硅体很少。经过植硅体分析的样品有一个明显的特点，即水稻和粟黍不同出。

（3）双砣子遗址

在灰土堆积中采集的土样，植硅体极少。灶内的2个土样，其中有大量炭屑的样品中极少有植硅体，而以草木灰为主的样品中，植硅体含量丰富，植硅体组合中，农作物植硅体为主，其中，水稻扇型最多，还有部分粟黍稃壳植硅体，除了可以确认的这些农作物植硅体以外还有棒型、长方型、方向、尖型、哑铃型、扇型、黍亚科长方型、成组方型和长方型等。

3. 不同类型遗迹植硅体的丰富差异

由于是调查，本文对所采集土样的考古学背景，只是根据现场观察进行的推测，更详细的资料有待今后对遗址更细致的调查和发掘来确认。不过，双砣子遗址的情况有所不同，因为这个遗址目前破坏非常严重，整个遗址的剖面几乎都暴露在外，我们在调查时能观察到很长的一段剖面，而且发现了不同类型的遗迹，如灶、灰坑或者灰堆等，也发现有房址的遗迹。

结合土样的考古学背景分析不同类型堆积中的植硅体，我们发现，不同类型土样的植硅体丰富程度和组合有显著的不同。

王家村遗址的土样，从土壤结构、包含物分析，可能是垃圾堆放的位置，因为土壤中灰土含量比较高，而且有比较多的碎贝壳、小陶片、炭屑和红烧土粒等。由于5个土样采自同一剖面的不同层位，而且5个土样的土壤结构比较一致，故可以认为这里是一处比较稳定的堆放日常生活垃圾的地方，从出土陶片的年代看，是从大汶口文化晚期到龙山文化时期连续形成的。植硅体分析结果不仅证明了我们对这里的土壤形成原因的推测，而且提供了垃圾堆放者食用谷物类型及其变化方面的信息。土样中一直有比较多的谷物颖壳植硅体，可能表明居民的谷物脱壳加工活动是在房屋附近完成的，而且在相当长的时间内都保持了这样的生产和生活方式。

在郭家村遗址，我们没有找到像王家村遗址那样的剖面，这里的土样是在梯田断崖的不同部位采集的，由于剖面上已经长出比较多的灌木等植物，其根系对采样非常不利，所以我们只在5个点上采集了土壤样品，这5个土样之间的关系并不十分明确，但从大致处于一个水平面的情况看，可能属于相同的时期。5个土样中只有1个土样没有发现农作物的植硅体，可能表明在该遗址的这个采样部位，人类从事了比较多的谷物加工和储藏等活动，应该是人类居住区的附近。

双砣子遗址3个样品来自2个部位，其中2个样品来自同一个灶。从剖面上看，灶的结构非常清楚，其主体结构是石头搭建，灶内的堆积可以分内外两部分；外面的部分以炭屑为主，里面则主要是细腻的草木灰，我们现场判断这些炭屑和草木灰是灶使用时期形成的，植硅体分析应该能获得燃料所用植物类型的信息。分析结果显示，以炭屑为主的土样中，植硅体极少，而细腻的草木灰土样中，植硅体非常丰富，且以粟和稻两种农作物的植硅体为主。上述现象可能说明，这个灶在使用的过程中，不同的时间或者加工的食物不同，所用的燃料也不同，一种是以木材为主的燃料，一种是谷物的秸秆（或者说是谷物脱穗脱壳加工的副产品）为主的燃料。

四、关于辽东半岛南部远古农业的初步认识

这次调查采样的遗址数量虽然不多，但植硅体分析的结果比较理想，多数遗址的土壤中都发现了比较丰富的植硅体。根据这些植硅体结果，我们可以对研究区远古农业及相关的植物利用等活动获得初步的认识。

1. 远古农业的产生与发展

现有资料显示，辽东半岛南部一带，至少在小珠山二期文化就已经出现了初期的农业活动，粮食作物可能主要是粟和黍类中国北方起源的种类。而到了大汶口文化晚期则可能出现了稻，它显然是从外面传入的。而这一地区稻类遗存出现的时间，恰好与海南山东半岛大汶口文化晚期向辽东半岛扩散相吻合。反映出辽东半岛对稻的利用是受到山东半岛居民影响的结果。龙山文化时期到青铜时代，聚落中一直有稻，但稻作农业发展的顶峰可能是在龙山文化时期，而这个时期正是山东半岛大量向辽东半岛南部移民的时期，也是中国大陆的稻作农业向朝鲜半岛传播的关键时期，这个现象或可以帮助我们认识辽东半岛在东北亚地区农业特别是稻作农业传播中的桥梁作用。

关于辽东半岛南部地区考古学文化发展序列，我们采用四期分法[11]。这次分析的文家屯遗址、王家村样品1～4属于小珠山二期文化，郭家村遗址和王家村样品5属于龙山时期，于家村、小黑石砣子和双砣子遗址主要属于岳石时期。我们没有采集到时代上相当于小珠山一期文化的土样。

（1）小珠山一期文化农业初现

现有的资料显示，该地区在小珠山一期文化时期，就已经有了初步的农业，种植的农作物是粟和黍，但由于聚落中农作物遗存数量非常少，而贝壳等比较丰富，可能说明这个时期农业还处于非常初级的阶段，农作物在居民的食物结构中还占有非常小的分量。上述推测主要是根据小珠山遗址第一次发掘报告[12]和2006、2008年的发掘资料[13]。小珠山遗址第一次发掘，发现了比较多的打制石器，而磨制石器数量很少。小珠山遗址2007～2008年的发掘，采用了系统的浮选方法收集考古遗址中的炭化植物遗存，但从土壤中浮选到的炭化植物遗存数量非常少，其中的谷物（粟和黍）遗存就更少了。结合地层和灰坑等遗迹中出土大量的食用过的贝壳，我们推测，小朱家村遗址居民的生计方式中，农业的地位是非常有限的，狩猎采集可能是主要的食物来源。当然，这种情况可能与小珠山遗址地处远离大陆的海岛有一定的关系。在隔海相望的胶东半岛，与小珠山一期文化时代相当的北辛文化，其生业经济模式可能也是以狩猎采集为主，农业成份非常少。如烟台白石村遗址，采集土样的植硅体分析显示，粟的植硅体数量非常少，而文化层中有数量比较多的贝壳和兽骨等，这一现象说明农业并不是当时生业经济的主体，而可能仅仅是对采集和渔猎经济的一个补充。至于小珠山一期文化的粟作文化是本土发生的还是由外地传入的，目前还没有可靠的资料来回答这个问题。尽管考古学研究显示，小珠山一期文化与鸭绿江流域可能属于同一个文化系统，但是与隔海相望的胶东半岛也已经有了文化交流[14]。还有一点需要说明的是，获得关于小珠山一

期文化时期生计方式的科学结论，不仅需要对该遗址进行更大规模的发掘和更细致的植物考古、动物考古研究，而且还需要对该地区其他同时期的考古遗址进行系统科学的发掘和研究。

（2）小珠山二期文化农业发展

小珠山二期文化时期，辽东半岛南部的农业生产比此前有了明显的发展。植硅体分析结果显示，考古遗址土壤中的植硅体比较丰富，表明聚落生活中对植物的利用比较强。王家村遗址采样剖面最下面的一个样品（1号样品）中，农作物植硅体占主要成分，其中粟的稃壳植硅体明显多于黍的稃壳植硅体。样品2、3、4的植硅体组合与1号相似，都是以农作物植硅体为主，而且粟显然多于黍。虽然仅据此来推测该遗址的农业发展，资料尚嫌不足，但如果我们结合分析该遗址出土的与农作物收割有关的石器以及相同时代的其他遗址的考古发现，同样会得出农业获得一定发展的结论。

王家村遗址曾经出土一些石器，其中石刀可能与作物收割有关。这里出土的石刀，弧背、弧刃近背部有对钻孔[15]。这种石刀的形状与山东半岛大汶口文化特别是龙山文化遗址中常见的双孔石刀可能有某种联系，应该与农作物的收割有关，专门的收割工具的出现表明农业已经得到一定程度的发展。

与王家村遗址同属于小珠山二期文化的文家屯遗址，曾经报道发现了水稻的植硅体[16]，但因为植硅体出自陶片、而且只发现了1个水稻植硅体，我们认为其可靠性还需要得到证实[17]。一般来讲，禾本科特别是水稻，植硅体产量非常高，只要有一小片叶子碎末，就可能有几十个扇型植硅体，目前我们已经分析的山东地区史前考古遗址，凡是出土有水稻扇型植硅体的土样，植硅体同时出土的数量都毫无例外地比较多。不过，这个遗址也出土了双孔石刀，而且数量多于王家村遗址（王家村发现2件，文家屯发现5件）[18]。

（3）龙山时期、岳石时期包括稻在内的农业经济进一步发展

王家村、郭家村、双砣子遗址土壤样品分析结果显示，辽东半岛南部在龙山时期和岳石时期农业进一步发展，特别是稻作，可能达到了相当水平。比如这一时期的多数土壤样品都有比较丰富的农作物植硅体，而其中水稻植硅体的含量远远高于粟和黍的植硅体数量。

王家村剖面最上面一个样品，出土了丰富的植硅体。其中，农作物植硅体为主，水稻的植硅体占农作物植硅体的主要部分，而且发现了来自水稻叶子、茎秆和稻壳上的各类植硅体，这种现象可能说明王家村聚落中的水稻是当地种植的。在样品中还发现了硅藻化石，可能暗示着这里有多水的环境，可以进行稻甚至水稻的栽培。

郭家村遗址5个样品，4个土样中发现了农作物的植硅体，有2个土样中发现了稻的扇型、双峰型植硅体，2个土样中发现了粟和黍的稃壳植硅体；土样中普遍包含芦苇植硅体，1个土样中有硅藻化石，可能都是当地环境比较湿润、适合水稻种植的证据。

郭家村遗址曾经过系统的发掘，揭示出文化堆积分上、下两层，文化面貌上下两层是传承关系，社会经济结构也都具有多种经济的特点。农业方面，农业工具种类比较多，而且在席篓内出土了炭化粟，可能表明当时农业已经得到一定的发展。而从遗址中出土数量比较多的猪骨、野生动物骨骼[19]、狩猎捕鱼工具的情况看，除了农业以外，

渔猎经济还占有一定的比重[20]。可见，郭家村遗址是一个多谱生计聚落。

双砣子遗址1个草木灰样品出土了丰富的农作物植硅体，其中稻的植硅体数量明显多于粟和黍的植硅体数量，水稻植硅体中主要是来自叶部或者茎秆部位的扇型植硅体。

小黑石砣子遗址虽然没有发现农作物的植硅体，但调查发现了比较多的双孔石刀，数量达到12件[21]。我们分析，没有发现农作物的植硅体，主要原因是遗址破坏太严重，调查的时候几乎无法找到具有文化堆积的剖面。可能事实上有农业活动。但从遗址的地貌部位看，因为其处于砣头，可以耕作的土地面积比较小，但海洋捕捞却有明显的优势。

2. 稻作农业及相关问题

辽东半岛南部史前遗址初步的植物考古调查结果，表明该地区在龙山时期就发展了稻作农业，这对于我们研究东北亚地区稻作农业的传播扩散具有重要价值。目前的研究结果显示，在东北亚农业传播和扩散的过程中[22]，胶东半岛和辽东半岛南部两个地区之间，只有很小的时间差，或者几乎没有。

确定某个聚落是否存在稻作农业，无疑主要根据稻遗存的出土情况。在利用植硅体来确定稻作农业的过程中，凡是无野生稻地区，考古遗址稻属植硅体就可以作为有稻遗存的证据[23]。而一旦证明聚落中不仅有稻的谷物遗存，而且还有植株的遗存，可能表明属于当地种植。本文的分析结果发现，在郭家村、王家村、双砣子等遗址中，不仅有来自水稻稃壳上的植硅体，也有大量的来自稻叶部的扇型植硅体和哑铃型植硅体。所以，我们可以确认，这些遗址中的稻是当地种植的。

此外，从该地区稻作农业发展的文化传统来看，也能说明这里的稻是在当地种植的。考古学文化研究清楚地显示，辽东半岛南部原始文化发展到龙山时期，受到了山东半岛龙山文化的强烈影响，甚至有人认为这一时期的辽东半岛南部，已经成为海岱龙山文化的一个子类型[24]。而山东半岛已经发现了龙山文化早期的水田遗迹[25]，辽东半岛南部龙山时期的稻作农业技术，最有可能是由山东半岛迁来的居民带来的。

目前的植物考古资料显示，山东半岛史前稻作农业的发展，始于大汶口文化晚期。到龙山文化时期，稻作农业呈现了快速发展的势头，成为山东半岛特别是东南沿海地区聚落农业的主体[26]。目前我们发现的大汶口文化晚期稻遗存，是日照徐家村遗址出土的1粒炭化稻米[27]。我们在莒县段家河等遗址的大汶口文化晚期土壤中也发现了比较丰富的水稻植硅体[28]。但在更北的地区尚未发现同时期的稻遗存，更没有在胶东半岛发现大汶口文化时期的稻遗存。目前胶东半岛发现的时代最早的稻遗存是龙山文化早期，如出土于栖霞杨家圈遗址的稻印痕等。辽东半岛南部的王家村遗址5号土壤样品，位于采样剖面文化层的最上部，从现场观察看，这里的文化层是连续堆积的，中间没有间隔，5号样品的年代属于龙山文化早期，进一步说，辽东半岛南部地区年代最早的稻遗存也是龙山文化早期。

目前关于辽东半岛南部史前文化与胶东半岛史前文化的关系，学术界有不同的认识。主要分歧在于，一种观点认为前者的龙山文化是海岱地区龙山文化的一个地方类型[29]，另一种观点认为前者的龙山文化具有明显的地方特色，只是受到山东半岛龙山文化的强烈影响[30]。尽管两种观点并存，但有一个不争的事实，即辽东半岛南部地区，在龙山文化早期阶段，就有来自山东半岛的移民，因为四平山、老铁山等积石墓中出土的龙山文化早期的陶器，证明这些墓葬的墓主人有可能是来自山东半岛的居民。

如果上述阐述接近事实的话，就说明，在山东半岛北部特别是胶东半岛和辽东半岛南部之间，稻作农业的发展几乎没有时间差，或者只有很小的时间差。换言之，稻作农业一旦出现在胶东半岛，就迅速传播到了辽东半岛南部地区。这说明，在史前的东北亚地区，稻作农业技术的传播速度是比较快的，这主要得益于两地之间频繁的文化交流。尽管在小珠山文化二期的晚段就是大汶口文化晚期，山东半岛的大汶口文化因素已经出现在辽东半岛南部，但只有到了龙山文化时期，稻作农业技术才从山东半岛传播到辽东半岛南部地区。其中的原因可能是，在大汶口文化晚期，只有山东半岛的南部地区才有稻作农业，靠近辽东半岛的北部地区尚没有稻作农业。至于这种迅速传播的背后动力和自然环境背景，我们将另文讨论。

注　释

[1] 宮本一夫：《神話から歴史へ（神話時代夏王朝）》，東京：講談社，2005年，197~200頁。

[2] 辽宁省博物馆、旅顺博物馆：《大连市郭家村新石器时代遗址》，《考古学报》1984年3期，287~330页。

[3] 大连市文物考古研究所：《大嘴子——青铜时代遗址1987年发掘报告》，大连出版社，2000年，277~284页。

[4] 遼東先史遺跡発掘報告書刊行会：《文家屯——1942年遼東先史遺跡発掘報告調べる書》，京都：京都大学，2002年，94~106頁。

[5] 靳桂云：《山东稻遗存考古的新成果》，《东方考古》第5集，科学出版社，2008年。

[6] 刘明光：《中国自然地理图集》（第二版），中国地图出版社编制出版，1998年，109~110页。

[7] 旅顺博物馆、辽宁省博物馆：《旅顺于家村遗址发掘简报》，《考古学集刊·1》，文物出版社，1981年，88~92页。

[8] 栾丰实：《辽东半岛南部地区的原始文化》，《海岱地区考古研究》，山东大学出版社，1997年，375~407页。

[9] 靳桂云：《植硅体与考古：采样、分析与研究实例》，《科技考古采样与研究方法》，待版。

[10] 同注［8］。

[11] 同注［8］。

[12] 辽宁省博物馆、旅顺博物馆、长海县文化馆：《长海县广鹿岛大长山岛贝丘遗址》，《考古学报》1981年1期，63~70页。

[13] 2006年，笔者之一参加了小珠山遗址第一次发掘；2008年本文的另外3位作者在参加“东北亚农业传播国际学术讨论会”期间参观了发掘现场，听了发掘领队的详细介绍。

[14] 同注［8］。

[15] 刘俊勇、王玘：《辽宁大连市郊区考古调查简报》，《考古》1994年4期，306~319页。

[16] 同注［4］。

[17] 同注［5］。

[18] 同注［15］。

[19] 傅仁义：《大连郭家村遗址的动物骨骼》，《考古学报》1984年3期，331~334页。

[20] 辽宁省博物馆、旅顺博物馆：《大连市郭家村新石器时代遗址》，《考古学报》1984年3期，

287～330页。

［21］ 同注［15］。

［22］ 同注［1］。

［23］ 靳桂云：《中国北方史前遗址稻作遗存的植硅体判别标准》，《文物保护与考古科学》2002年14卷1期，1～9页。

［24］ 同注［8］。

［25］ 靳桂云、燕生东、宇田津彻朗等：《胶州赵家庄遗址水田的植硅体证据》，《科学通报》52卷18期，2161～2167页。

［26］ 同注［5］。

［27］ 陈雪香：《山东日照两处新石器时代遗址浮选土样结果分析》，《南方文物》2007年1期，92～94页。

［28］ 靳桂云：《沭河流域史前遗址植物考古调查报告》，待刊。

［29］ a. 尹达：《中国新石器时代》，生活·读书·新知三联书店，1955年；
b. 同注［8］。

［30］ a. 佟伟华：《胶东半岛与辽东半岛原始文化的交流》，《考古学文化论集》（二），文物出版社，1999年，78～95页；
b. 许玉林：《辽东半岛新石器时代文化初论》，《考古学文化论集》（二），文物出版社，1999年，96～112页。

Report on the Investigation of Ancient Agriculture in Southern Liaodong Peninsula: Evidence of Phytolith

Jin Guiyun[1] Luan Fengshi[1] Zhang Cuimin[2] Wang Yu[2]

(1. Center for East Asian Archaeology, Shandong University, Jinan;
2. Institute of Cultural Relics and Archaeology of Dalian City, Dalian)

Phytolith analysis of soil samples from some archaeological sites in southern Liaodong Peninsula, combining with some earlier archaeobotanic records, revealed the development of preliminary agriculture and the cultural communications between this and the Jiaodong Peninsula.

During the stage 1 of Xiaozhushan Culture, human beings made use much of wild food resources by collecting and hunting because very little millet remains have been recovered from the Xiaozhushan site and this situation should change a little during the stage 2. It is obvious that the techniques of rice production spread here from the Jiaodong Peninsula at the late of Dawenkou Culture and the multi-crop (including millet and rice production) agriculture established here. Rice should become the mainly crop during Longshan Culture and this must be the result of the extensive cultural exchange between the Liaodong and Jiaodong peninsulas because the archaeological records such as pottery show the close relationship between these two areas by having almost the same shape. Based on the typology analysis of the pottery, we suggest that the time lag of the rice production between these two areas must be very short. The archaeobotanic records from Dazuizi site indicated that rice remained one of the crops during the Bronze Age.

山东茌平龙山文化遗址植物考古调查*

靳桂云[1] 赵 敏[1] 孙淮生[2] 孙建波[3]

（1. 山东大学东方考古研究中心，济南；2. 聊城地区文化局，聊城；
3. 茌平县文物管理所，茌平）

一、工作背景和材料来源

茌平所在的鲁西北地区，是海岱龙山文化城子崖类型教场铺小区分布区域[1]。城子崖类型农业经济的研究，是海岱龙山文化农业研究的重要内容。前人不仅根据考古遗址中出土的各类农具对农业进行了一些初步探讨[2]，而且还发表了关于教场铺遗址炭化植物遗存分析的一些初步结果[3]。为了比较全面地认识该地区龙山文化时期农作物结构及农业发展相关问题，并推进海岱地区龙山文化农业及社会综合研究，我们对茌平县几个龙山文化遗址（表一）进行了植物考古调查和研究。选择采样的遗址基本符合如下条件：①根据现有考古学资料，能确定遗址的文化属性乃至文化分期；②在遗址上能找到自然裸露的断面，采样就是在这些断面上进行。

表一　采样遗址登记表

遗址名称	经纬度	海拔（米）	采样单位	备注
韩王	N36°34′437″E116°13′737″	24	P1H1、P1H2	P1H1 陶片 2 袋，P1H2 木炭、红烧土各 1 盒
大尉	N36°25′425″E116°15′588″	24	P1H1、P2H1、P2H2	P2H1 陶片 1 袋
台子高	N36°35′044″E116°18′132″	29	P1H1、P2H1	P1H1 陶片 1 袋
尚庄	N36°34′787″E116°13′792″	23	P1H1	木炭 1 盒
教场铺	N36°24′321″E116°14′171″	22	P1H1、P2H1	P1H1 陶片 1 袋

采样方法如下：确定采样遗址后，对其周围地貌进行初步分析并用手持 GPS 获得遗址的经纬度和海拔等地理信息，然后选择适合采样的断面；先将剖面表层的土清理干净、露出新鲜的剖面，在有灰坑等遗迹或者有灰土堆积的部位进行采样，采样过程中注意避免扰动和后期破坏对采样位置的影响；首先采集浮选土样，然后采集植硅体土样；每个采样位置都记录了剖面、地层信息并进行草图、照相记录。

二、分析方法和结果

这次共调查了 5 个遗址，采集了 10 个浮选土样和 10 个植硅体土样。这些土样被运

* 国家自然科学基金（40572103）和国家科技支撑计划项目“中国文明探源工程”子课题“3500BC～1500BC 中国文明形成与早期发展阶段的技术和经济”项目共同资助。

回山东大学东方考古研究中心植物考古实验室，采用常规的植物考古方法[4]，从土壤中提取炭化植物遗存和植硅体，并对其进行种属鉴定和统计。

10个浮选土样中全部发现了炭化植物遗存（表二）；6个植硅体土样中发现了植硅体，4个植硅体土样中没有发现植硅体（表三）。

表二　炭化植物遗存登记表

样品编号	土样量（升）	种子重（克）	粟	黍	小麦	大豆	黍亚科	豆科	野大豆	藜科	蓼科	苋科	菊科	未知	不可鉴定
韩王 P1H1	12	0.072	9	29			48	2							24
韩王 P1H2	9	0.132	33	76		1	57	9						4	47
大蔚 P1H1	12	0.06	21	2	3		20	1				1		4	45
大蔚 P2H1	9	0.074	53			1	17	9						1	55
大蔚 P2H2	8	0.016	17				11	2		1		1			12
台子高 P1H1	12	0.094	15	5			30	28	10				1	3	30
台子高 P2H1	8	0.04	6	5			15	43		1	1			4	8
尚庄 P1H1	10	0.11	16				11	123	18			5		2	3
教场铺 P1H1	11	0.311	223	21			261	35						7	156
教场铺 P2H1	11	0.172	69	12			210		1	5		1		34	109

表三　植硅体组合登记表

样品编号	植硅体组合
韩王 P1H1	无
韩王 P1H2	植硅体多，以粟颖壳为主，黍颖壳少
大蔚 P1H1	少量芦苇植硅体；大量炭屑
大蔚 P2H1	少量芦苇扇型、哑铃型植硅体；大量炭屑
大蔚 P2H2	少量棒型、方型等植硅体；大量炭屑
台子高 P1H1	少量哑铃型、尖型、棒型、扇型植硅体；大量炭屑
台子高 P2H1	植硅体较少；水稻扇型、芦苇扇型、棒型、方型、尖型、长方型；大量炭屑
尚庄 P1H1	无
教场铺 P1H1	无
教场铺 P2H1	少量植硅体，并多数有吸附碳；水稻扇型、粟颖壳、芦苇扇型、哑铃型、扇型、棒型、方型和长方型；大量炭屑

由于是调查采样，存在很大的随机性，而且采样数量少，所以本文不对炭化植物遗存和植硅体分析结果进行量化统计。但是，从表二、表三中可以明显地看出：①所有土样中都出土了炭化植物遗存；②从总的数量看，炭化植物遗存中，非农作物的种子数量明显多于农作物的种子数量，其中黍亚科的种子占绝对多数，从鉴定特征看，这些黍亚科种子中有半数以上是未成熟的粟或者黍的种子，豆科植物的种子数量也比较多，其他如藜科、菊科、蓼科等植物的种子数量极少；③农作物的种子数量也比较多，其中粟的数量多于其他几种农作物种子数量的总和，其次是黍，小麦和大豆的数量都非常少；④对比农作物和非农作物种子出土情况可以发现，出土黍亚科植物种子数量多的样品中出土粟或者黍的种子数量也比较高，如教场铺 P2H1 出土粟69粒、黍12粒、黍亚科

210 粒，教场铺 P1H1 出土粟 223 粒、黍 21 粒、黍亚科 261 粒，韩王 P1H2 出土粟 33 粒、黍 76 粒、黍亚科 57 粒；⑤不可鉴定的炭化植物遗存数量比较多，其中绝大多数是破碎的粟或者黍的种子，因为只残存极少可确定的鉴定特征，并不能确认其植物种属；⑥10 个土样中，7 个土样中发现了植硅体，3 个土样中没有发现任何植硅体；7 个有植硅体的土样中，3 个土样中发现了农作物的植硅体，其中 2 个土样中发现了水稻的扇型植硅体、2 个土样中发现了粟（黍）颖壳植硅体，只有 1 个土样中同时出土了水稻扇型和粟黍颖壳植硅体；其余没有发现农作物植硅体的土样中，植硅体数量都比较少，有的主要是炭屑，或者植硅体上有比较多的吸附碳；⑦对比炭化植物遗存和植硅体的结果可见，炭化植物遗存中没有发现稻，但有两个土样中出土了水稻的植硅体，出土炭化粟和黍数量比较多的韩王 P1H2 中也出土了丰富的粟和黍的颖壳植硅体，但同样出土炭化植物遗存数量比较多的教场铺 P2H1 和 P1H1 中出土的植硅体数量却很少，P1H1 中几乎没有任何植硅体，只是有大量的炭屑，P2H1 中虽然出土一定数量的植硅体，但也有大量炭屑，而且多数植硅体都有吸附碳。

三、农作物结构与农业经济

根据本文报告的植物考古调查结果，结合前人关于该地区龙山文化农业的研究，可以对龙山文化城子崖类型教场铺小区农作物结构及与农业相关的问题进行初步探讨。

本文的调查结果显示，考古遗址中出土的农作物类型包括粟、黍、水稻、大豆和小麦；粟在所有的农作物中数量最多，出土最普遍，可能是最重要的农作物；位居第二的农作物可能是黍；水稻、大豆和小麦等在农作物中占的比例都显著低于粟和黍，可能只是粟和黍的一种补充，在农作物占非常轻微的地位。

教场铺遗址发掘过程中，曾经浮选土样 270 份，发现的农作物包括粟、黍、稻和小麦；粟的数量占绝对优势，粟和黍出土概率 92%，稻出土概率 3%，小麦出土概率 3%，大豆出土概率为 78%，黍亚科出土概率为 17%，早熟禾亚科出土概率为 5%[5]。对教场铺 10 个龙山文化人骨进行^{13}C分析，C4 类植物百分比为 96%，表明以粟和黍为主要粮食作物[6]。

可见，本文植物考古调查和教场铺遗址系统浮选的结果都表明，粟是主要的农作物，黍位居第二，水稻、大豆和小麦在农作物中的地位要显著低于粟和黍；龙山文化时期，茌平一带发展了以粟和黍为主的旱作农业，但显然也有小规模的稻作农业，不过，目前由于没有发现水田遗迹，稻作是旱作还是水田还无法确定，小麦种植是否有灌溉也不清楚。

表二显示，在所有的炭化植物遗存中，黍亚科植物的种子最多，其次就是粟和黍这两种农作物，由于被鉴定为黍亚科植物的种子中有相当多的属于未成熟的粟或者黍的种子，而且出土黍亚科植物种子数量多的样品与出土粟和黍的种子数量多的样品间有很好的相关性，这可能表明黍亚科植物多数都是作为旱作农业的农田杂草与粟和黍共同生长在农田、进而被同时带入聚落中的。上述情况说明，在我们调查的遗址中，植物遗存以农作物及反映农业活动的农田杂草的种子为主，教场铺遗址浮选的植物遗存也具有相同的特点。据此，我们推测，在龙山文化教场铺小区的聚落中，农业已经是最重要的生计

方式，狩猎、采集和捕捞可能只是农业生产的补充。在茌平尚庄和南陈庄等龙山文化遗址的发掘中，曾经发现数量比较多的双孔蚌刀等，这些可能主要是谷物收割工具，可见农业发展已经达到比较高的水平。

综观上述，已有的植物考古研究结果表明，龙山文化时期，茌平一带的聚落中发展了以粟和黍为主要农作物的旱作农业，农作物中的水稻、大豆和小麦数量很少，可能只是一种补充。这种以旱作农业为主的农业经济生产方式，与鲁东南地区稻、粟并重的混作农业有明显不同，可能主要是降水条件不同所致。

注 释

[1] 栾丰实：《龙山文化的分期和地方类型》，《海岱地区考古研究》，山东大学出版社，1997年，229～282页。

[2] 栾丰实：《海岱龙山文化：社会经济》，《东夷考古》，山东大学出版社，1996年，265～274页。

[3] a. 赵志军：《两城镇与教场铺龙山时代农业生产特点的对比分析》，《东方考古》第1集，科学出版社，2004年，210～224页；

b. 张雪莲：《碳十三和氮十五分析与古代人类食物结构研究及其新进展》，《考古》2006年7期。

[4] a. 刘长江、靳桂云、孔昭宸：《植物考古——种子和果实研究》，科学出版社，2008年；

b. 靳桂云：《植硅体与考古：采样、分析与研究实例》，《科技考古采样与研究方法》，待版。

[5] 同注［3］a。

[6] 同注［3］b。

Archaeobotanic Investigation of the Longshan Cultural Sites in Chiping County, Shandong Province

Jin Guiyun[1] Zhao Min[1] Sun Huaisheng[2] Sun Jianbo[3]

(1. Center for East Asian Archaeology, Shandong University, Jinan;

2. Cultural Relics Bureau of Liaocheng, Liaocheng;

3. Adminstrative Institute of Cultural Relics, Chiping County)

Archaeobotanic investigation on the Longshan Cultural sites in Chiping county made us possible to obtain much information about the settlement crops by macro and micro plant remains analysis. The analysis results, in addition to the former carbonized results from the Jiaochangpu site, revealed that (1) the crops of the five Longshan Cultural sites include mainly foxtail millet (*Setaria italica*) and common millet (*Panicum miliaceum*), rice, soybean and wheat are very minor, (2) this result is a much different from that of the Liangchengzhen sirte, in which the crops include mainly millet and rice. This difference might be the result of the variation of natural environment especially precipitation between these two regions.

山东烟台庙后遗址植物考古研究*

靳桂云[1]　王传明[1]　赵　敏[1]　王富强[2]　赵　娟[2]

（1. 山东大学东方考古研究中心，济南；2. 烟台市博物馆，烟台）

一、考古发掘与发现

庙后遗址位于莱山区初家街道办事处庙后村南，北依凤凰山，南临凤凰水库，东、西各有季节性小河流过，港城东大街（原为一条稍大的河流——咣当河）从遗址南侧穿过，为山前坡地遗址，南北长400、东西宽160米，面积64000平方米。1967年发现，1982年文物普查时再次确认，1987年公布为烟台市市级文物保护单位。2006年3～5月，为配合庙后村的新农村建设，烟台市博物馆对遗址周边地区及历年破坏较严重的区域进行抢救性考古勘探和发掘，发掘面积1000余平方米。

根据本次发掘资料，该遗址主要是龙山文化和岳石文化时期的堆积，发现的遗迹遗物较丰富。龙山文化时期的遗迹有房址和灰坑，岳石文化时期的遗迹有围壕、房址和灰坑；龙山文化的遗物有鼎、甗、罐、杯、盘、器盖等陶器和石斧及骨镞等遗物，岳石文化的遗物有甗、罐、尊形器、蘑菇纽器盖等陶器和石铲、石刀、骨锥等，并出土了大量的动物骨骼和海洋生物的遗骸。

发掘过程中在部分遗迹和地层中采集了植物考古样品。本文将报告植物考古分析结果及其反映的聚落农业等情况。

二、植物考古的材料与方法

采集的植物考古样品包括16份肉眼可见的木炭样品和52个土样，土样分浮选土样和植硅体分析土样两类。

木炭样品采用体式显微镜鉴定，鉴定工作由中国林业科学院木材研究所腰希申高级工程师负责完成。

浮选土样11个，4份来自包含物较为丰富的灰坑，其余的来自沟或地层，土样量2～9升不等，共计浮选64.5升。浮选使用了水波浮选仪，收取轻浮部分使用了规格为80目（孔径0.2毫米）的分样筛。浮选结果阴干后，被送到山东大学植物考古实验室，采用常规方法进行分类和植物种属鉴定[1]。

---

* 国家自然科学基金（40572103）和国家科技支撑计划项目“中国文明探源工程”子课题“3500BC～1500BC中国文明形成与早期发展阶段的技术和经济”资助。

植硅体分析土样43个，其中，20个土样来自灰坑，22个土样来自壕沟堆积，1个土样来自文化层。植硅体的分析鉴定在山东大学植物考古实验室完成。

植硅体分析采用常规方法[2]。

1）把风干样品10g放入500ml烧杯。

2）在加入100ml 6% 的 H_2O_2，然后放在电热版上加热，使有机质分解，如果有机质过多，加入浓（30%）H_2O_2继续分解。

3）用超声波处理，分散土块（150W、20KH、10min）。

4）加稀盐酸加热（30min～1h），脱铁、去钙。

5）用2.30重液浮选。

6）制片观察。

植硅体鉴定主要参考已经发表的各类植硅体分析结果[3]。

三、木炭鉴定结果

在16份木炭样品中，鉴定出13个标本属于麻栎属（*Quercus* sp.）、2个标本属于松属（*Pinus* sp.）、1个标本属于柳属（*Salix* sp.）（图版五）。

四、浮选结果

庙后遗址出土炭化物可分为炭屑和植物种子（果实）两大类。植物种子的鉴定和统计结果见表一。

表一　庙后遗址出土炭化种子统计表

样品编号	时代	土样量（L）	毛重（g）	炭屑重（>1mm）（g）	种子总重（g）	粟	黍	黍亚科	豆科	未知	不可鉴定
H20	龙山	8.5	0.563	0.275	0.002			2	1		
H31	龙山	7.5	1.18	0.453	0.007			19	1	1	7
H1②	岳石	3.5	3.5	0.517	0.01	6	3	10			11
H15	岳石	9	4.177	3.081	0.019	19		9			10
G1①～④	岳石	7	0.127	0.021	<0.001			1			
G1⑥、⑦、⑩	岳石	2	0.894	0.105	0.003	3					4
G1⑪～⑮	岳石	6	0.278	0.135	<0.001	2					
T114G①	岳石	3.5	1.936	1.113	0.015	11	1	14			9
T114G③	岳石	7.5	0.136	0.082	0.001	1					2
T114G⑤	岳石	3	0.251	0.126	0.017	22	4	40		3	11
T114G⑪	岳石	7	0.229	0.08	0.004	2	1	3		1	3
总计		64.5	13.271	5.988	0.078	66	9	98	2	5	57

表一显示，11份样品中都出土了数量不等的炭化种子，合计237粒，其中可鉴定的为175粒，不可鉴定的种子57粒。所有种子包括了4种植物，农作物有粟和黍，共75粒，其他有黍亚科和豆科。

11个土样中，8个土样中浮选到粟和（或者）黍，占72%；8个有谷物的样品中，4个样品中是粟和黍这两种作物共出的，除了农作物以外，还有一种植物以高频率与农作物共出，这种植物就是黍亚科，而且在一些样品中黍亚科种子的数量接近或者多于农作物遗存。

五、植硅体分析结果

植硅体分析结果见表二。

表二　庙后遗址植硅体分析结果

序号	样品编号	植硅体特点	基本组合
1	H1②	植硅体极少，且多吸附碳；少量炭屑，其余为暗褐色物质	以粟、黍稃壳植硅体为主，少量黍亚科其他植物的植硅体
2	H1②:3	植硅体极少，炭屑较多，占60%左右	哑铃型、短鞍型、棒型、尖型、方型、长方型、扇型、水稻哑铃型、黍稃壳和黍亚科其他植物稃壳植硅体，成组方型，黍稃壳植硅体比较多；硅藻破碎
3	H1③	植硅体丰富、少量破碎，少量炭屑；硅藻比较多	哑铃型、棒型、尖型、方型、长方型、棒型、扇型、黍、粟稃壳；以农作物植硅体为主
4	H2	炭屑80%，植硅体较少	芦苇扇型较多，扇型、棒型、长方型、方型、黍稃壳、粟稃壳；野生植物为主，黍稃壳多于粟稃壳
5	H2①	极少植硅体和炭屑	芦苇扇型、棒型、板状棒型、方型等；无农作物植硅体
6	H2②	植硅体比较丰富，炭屑占10%左右，植硅体基本无吸附碳，部分植硅体破碎	棒型、哑铃型、多铃型、扇型、尖型、芦苇扇型、芦竹亚科扇型、方型、中鞍型、黍稃壳植硅体
7	H2③	极少植硅体和炭屑	芦苇扇型、棒型、板状棒型、方型等；无农作物植硅体
8	H3	植硅体丰富但多破碎，且多有吸附碳；以农作物为主	芦苇扇型、哑铃型、棒型、尖型、方型、长方型、扇型、粟和黍稃壳植硅体，黍稃壳多于粟稃壳
9	H3③	10～100微米的炭屑占95%，极少植硅体	哑铃型、棒型、方型、各类扇型、黍、粟稃壳植硅体
10	H4	植硅体极少且破碎，炭屑占80%	棒型、方型、长方型、哑铃型、扇型、黍稃壳
11	H7	植硅体丰富，极少炭屑；部分植硅体破碎	哑铃型、多铃型、棒型、尖型、方型、长方型、扇型、芦苇扇型、粟稃壳、黍稃壳；以农作物植硅体为主，几乎都是农作物加工的副产品；黍稃壳多于粟稃壳

续表

序号	样品编号	植硅体特点	基本组合
12	H8	植硅体丰富，极少炭屑；部分植硅体破碎	哑铃型、多铃型、棒型、尖型、方型、长方型、扇型、粟稃壳、黍稃壳；以农作物植硅体为主，几乎都是农作物加工的副产品；黍稃壳多于粟稃壳
13	H10	多数植硅体强烈风化，部分不完整、破碎，可能来自古老地层；少量炭屑	哑铃型、多铃型、棒型、尖型、方型、长方型、各类扇型、水稻扇型、芦苇扇型棒型数量多而且种类丰富，扇型类型多；可能是人类利用芦苇等野生植物的遗留
14	H14	植硅体丰富，极少炭屑	全部是农作物的植硅体；棒型和哑铃型较多，黍稃壳最多，粟稃壳其次
15	H15	植硅体较多，但多破碎；少量炭屑	哑铃型、多铃型、棒型、尖型、扇型、粟稃壳、黍稃壳、芦苇扇型；以农作物植硅体为主，黍稃壳植硅体多于粟稃壳植硅体
16	H20	多数植硅体强烈风化，部分不完整、破碎，可能来自古老地层；少量炭屑	哑铃型、多铃型、棒型、尖型、方型、长方型、各类扇型、水稻扇型、芦苇扇型棒型数量多而且种类丰富，扇型类型多；可能是人类利用芦苇等野生植物的遗留
17	H21	植硅体丰富，极少炭屑；部分植硅体破碎	哑铃型、多铃型、棒型、尖型、方型、长方型、扇型、粟稃壳、黍稃壳；以农作物植硅体为主，几乎都是农作物加工的副产品；黍稃壳多于粟稃壳植硅体
18	H24	多数植硅体强烈风化，部分不完整、破碎，可能来自古老地层；少量炭屑	哑铃型、多铃型、棒型、尖型、方型、长方型、各类扇型、水稻扇型、芦苇扇型棒型数量多而且种类丰富，扇型类型多；可能是人类利用芦苇等野生植物的遗留
19	H27	多数植硅体风化破碎；少量炭屑	哑铃型、多铃型、棒型、尖型、方型、长方型、各类扇型、水稻扇型、芦苇扇型数量多；棒型数量多而且种类丰富，扇型类型多；可能是人类利用芦苇等野生植物的遗留；芦苇扇型明显多于 H20
20	H1146	植硅体丰富，炭屑非常少	哑铃型、棒型、尖型、方型、长方型、扇型、黍稃壳、芦苇扇型；以野生植物为主，芦苇扇型明显多，可能是低地开发后形成的自然沉积物
21	G1 上层	多数植硅体风化破碎；少量炭屑	哑铃型、多铃型、棒型、尖型、方型、长方型、各类扇型、水稻扇型、芦苇扇型数量多；棒型数量多而且种类丰富，扇型类型多；可能是人类利用芦苇等野生植物的遗留；芦苇扇型明显多于 H20。少量黍稃壳植硅体
22	G1 下层	极少植硅体	哑铃型和棒型等
23	G1 底	植硅体较多、部分破碎；炭屑较多	扇型、棒型、板状棒型、刺棒型、芦苇扇型、方型、长方型、尖型、哑铃型、黍稃壳；芦苇植硅体较少；可能是垃圾坑

续表

序号	样品编号	植硅体特点	基本组合
24	G1②	植硅体丰富少量破碎；少量炭屑；硅藻比较多	哑铃型、棒型、尖型、方型、长方型、棒型、扇型、黍稃壳、粟稃壳；以农作物植硅体为主
25	G1③	植硅体较多，少量炭屑	哑铃型、多铃型、长方型、棒型、芦苇扇型、其他扇型、方型、尖型，以芦苇扇型为主；未见农作物植硅体
26	G1⑤	植硅体较多，少量炭屑	哑铃型、多铃型、长方型、棒型、芦苇扇型、其他扇型、方型、尖型，以芦苇扇型为主；少量黍稃壳植硅体
27	G1⑥	植硅体丰富但多破碎	方型、长方型、棒型、扇型、芦苇扇型、哑铃型、尖型；黍稃壳多破碎，有未识别植硅体类型
28	G1⑦	植硅体较多，少量炭屑	哑铃型、多铃型、长方型、棒型、芦苇扇型、其他扇型、方型、尖型，以芦苇扇型为主；未见农作物植硅体
29	G1⑧	植硅体少且破碎	方型、长方型、棒型、扇型、芦苇扇型、哑铃型、尖型；黍稃壳多破碎，有未识别植硅体类型
30	G1⑨	植硅体少且破碎	方型、长方型、棒型、扇型、芦苇扇型、哑铃型、尖型；黍稃壳多破碎
31	G1⑩	植硅体少且破碎	方型、长方型、棒型、扇型、芦苇扇型、哑铃型、尖型；黍稃壳多破碎
32	G1⑪	植硅体少且破碎	方型、长方型、棒型、扇型、芦苇扇型、哑铃型、尖型；黍稃壳多破碎
33	G1⑫	植硅体少且破碎	方型、长方型、棒型、扇型、芦苇扇型、哑铃型、尖型；黍稃壳多破碎
34	G1⑬	植硅体少且破碎	方型、长方型、棒型、扇型、芦苇扇型、哑铃型、尖型；黍稃壳多破碎
35	G1⑭	植硅体极少	芦苇扇型、棒型、哑铃型、扇型、方型和长方型等
36	G1⑮	植硅体极少	芦苇扇型、棒型、哑铃型、扇型、方型和长方型等
37	G1⑯	植硅体极少	芦苇扇型、棒型、哑铃型、扇型、方型和长方型等
38	G2③	植硅体少且破碎，少量炭屑	棒型、长方型、哑铃型、尖型、芦苇扇型、黍稃壳，以黍稃壳植硅体为主
39	T114G③	植硅体极少；少量炭屑	棒型、方型、长方型、各类扇型、芦苇扇型、成组方型
40	T114G④	植硅体较多、部分破碎，部分植硅体有吸附碳；少量炭屑	哑铃型、多铃型、棒型、尖型、方型、长方型、扇型、粟稃壳、黍稃壳、芦苇扇型、莎草科帽型、狗尾草型；可以识别的农作物植硅体占30%，以黍稃壳为主，粟稃壳比较少；莎草科的帽型多于芦苇扇型；粟稃壳多大片，黍稃壳多为小片
41	T114G⑤	多炭屑，植硅体极少	棒型、尖型、方型、长方型、扇型、芦苇扇型、成组方型
42	T114G⑪	植硅体极少	棒型、尖型、方型、长方型、扇型、芦苇扇型、成组方型
43	T122②	植硅体少且破碎；炭屑多	哑铃型（竖排者多）、多铃型、棒型、粟稃壳、黍稃壳、莎草科多边帽型

表二显示，庙后遗址多数土样中都有植硅体，但植硅体类型、各种植硅体类型所占的比例以及不同类型土样中植硅体组合都有差异。

庙后遗址土壤中基本的植硅体组合包括：扇型（图版六）、芦苇扇型（图版七）、方型和长方型（图版八）、尖型（图版九，1～4）、平滑棒型（图版一〇）、刺状棒型（图版一一，1、2）、板状棒型（图版一一，3～7）、莎草科型（图版九，5～7）、粟稃壳（图版一三，1～4）、黍稃壳（图版一二）、水稻哑铃型（图版一三，5）、水稻扇型（图版一三，6）、鞍型、阔叶树型（图版一四，1）、组合植硅体（图版一四，2～5）未识别植硅体（图一四，6；图版一五）等。

不同遗迹类型的土样中，植硅体数量和组合有明显的区别，灰坑土样中植硅体含量明显高于灰沟土样。

20个来自灰坑的土样中，14个样品植硅体含量很高，占70%，而且全部出土农作物植硅体；其余的样品中植硅体含量较少。在14个植硅体含量丰富的灰坑土样中，8个土样以农作物植硅体为主，另外的6个土样中农作物植硅体数量明显少于野生植物的植硅体，这些野生植物中，可能芦苇占主要地位。植硅体含量低的灰坑土样中，部分样品包含较多的炭屑，另一些样品中植硅体和炭屑含量都很低。

22个来自灰沟的土样中，14个样品中植硅体含量非常低，占63%，这些样品中，植硅体比较破碎，炭屑数量也比较少，多数样品中没有农作物的植硅体，少数有农作物植硅体的样品中，农作物植硅体数量也非常少；8个植硅体相对丰富的土样中，6个样品中有农作物植硅体，但多数样品中农作物植硅体数量很少，只有1个土样中农作物植硅体非常丰富。

43个土样中，32个土样中有农作物植硅体，占74%。灰坑和沟的土样中都有农作物植硅体，但灰坑土样有农作物植硅体的比较多。农作物植硅体包括粟、黍和水稻。32个有农作物植硅体的土样中，全部都有粟和（或）黍的稃壳植硅体，6个土样中有水稻植硅体。不论是数量还是出土概率，黍稃壳植硅体都明显高于粟稃壳植硅体。炭化植物遗存与植硅体分析结果有一个比较明显的差异，就是11个浮选土样中都没有发现炭化水稻的遗存，但在32个出土农作物植硅体的土样中有6个土样中发现了稻的植硅体，占18.75%。炭化种子分析显示，粟的数量多于黍的数量，8个土样中浮选到66粒粟，4个土样中浮选到黍9粒；而植硅体分析结果显示，不论是出土概率还是数量，黍的稃壳植硅体都多于粟稃壳的植硅体。

植物遗存中，除了农作物以外，还有比较多的野生植物，其中芦苇比较多。43个土样中，25个土样中有芦苇植硅体，占58%。20个灰坑样品中，9个样品中有芦苇扇型植硅体，占45%，而22个沟的样品中，16个样品中有芦苇扇型植硅体，占72%。从统计数据看，来自沟的样品中，出土芦苇扇型植硅体的样品数量占的比例明显高于来自灰坑的样品。此外，还有莎草科植硅体和一些硅藻遗存。

六、讨论与结论

上述分析结果显示，庙后遗址灰坑和沟的堆积中保存了丰富的植物遗存。在所发现的植物遗存中，炭化植物遗存数量比较少，而植硅体遗存丰富，这种情况可能反映不同类型植物遗存保存条件的差异，但具体到庙后遗址，则主要是采样方法造成的，因为发掘过程中，主要采集了植硅体分析土样，本文报告的浮选结果，是我们在实验室分析过程中对那些土样量比较大的样品进行浮选的结果，发掘过程中并没有系统采集浮选土样，这可能是造成我们发现的炭化植物遗存数量明显少于植硅体数量的一个主要原因。

炭化植物遗存和植硅体分析结果，为认识庙后遗址人类与植物关系提供了基本的植物遗存资料，根据这些资料，我们可以初步探讨聚落的植物组合、聚落农作物类型及加工方式、不同类型遗迹中出土植物遗存组合的指示意义、不同植物考古方法互补性等问题。

1. 植物遗存组合的意义

遗址中保存的植硅体类型丰富数量大，可能主要是反映了聚落居民利用植物活动的程度比较深。从植硅体组合看，除了农作物以外，还有比较丰富的野生植物植硅体，包括芦苇扇型、莎草科、阔叶树等植物类型的植硅体，此外，大量的棒型、方型、长方型和尖型等植硅体，这些类型的植硅体除了来自水稻等农作物外，还来自于黍亚科等野生植物，所以，遗址中保存了大量的野生植物植硅体，主要反映了人类利用野生植物的情况。其中，芦苇扇型植硅体比较多，可能说明居民对芦苇的利用比较广泛，根据现代社会的生活经验，芦苇在日常生活中有很多种用途，包括作为燃料、编织材料、房屋或者畜圈的铺垫材料等，一些样品中芦苇扇型植硅体与大量的炭屑共出，可能表明芦苇被作为燃料使用的结果。事实上，作为燃料的野生植物，除了芦苇以外，可能还有其他的植物类型，其中有些属于禾本科植物，有些可能是禾本科以外的植物，由于禾本科植物的植硅体产量明显高于其他植物类型，所以，庙后聚落中被作为燃料的植物类型肯定远不止于芦苇类植物，只是由于非禾本科植物的植硅体产量相对低而且目前我们的鉴定能力有限，可能导致我们对一些实际上的燃料没有能够识别出来。

2. 不同遗迹类型植硅体组合的含义

灰坑和灰沟土样中植硅体含量和组合的差异，可能主要反映了这两种遗迹中堆积物来源不同。来自灰坑的土样中有丰富的农作物植硅体，可能表明灰坑填土中有比较多的与人类粮食加工和食物加工相关的成分。由于这些土样中的农作物植硅体中有大量的来自粟和黍的稃壳植硅体，我们推测可能是居民在灰坑周围对粟和黍进行脱穗和脱壳加工活动、然后将脱穗和脱壳的副产品直接堆积到灰坑中的结果。相对于灰坑中的土样，来自灰沟中的土样中，农作物植硅体明显减少，这可能说明聚落居民很少或者几乎不在沟周围进行谷物脱穗和脱壳加工活动，这种情况与此前在日照两城镇和五莲丹土的发现有显著不同，在后面的两个遗址的壕沟土样中，曾经发现了非常丰富的来自水稻叶子和颖壳的植硅体，说明聚落居民在壕沟周围进行过谷物脱穗和脱壳加工活动。

结合炭化植物遗存的分析结果，我们推测在粟和黍等谷物加工活动中，除了保存下来大量的稃壳植硅体外，还可能保存一些炭化的谷粒或米粒，在来自 H1 第 2 层的土样中，不仅发现了丰富的粟和黍的稃壳植硅体，还发现了 6 粒炭化粟和 3 粒炭化黍以及 11 粒黍亚科种子。不过，也有另外的情况，就是有的样品中基本没有发现农作物的植硅体，但却发现了数量相对多的炭化谷物，样品T114G⑤就是这样的一个样品。其中发现22粒炭化粟和4粒炭化黍以及40粒炭化黍亚科种子（在浮选到炭化植物遗存的11个土样中，这个样品中炭化种子数量最多，农作物的种子也是最多的），但却没有发现任何谷物植硅体。这种情况可能有两种解释。第一种解释是，土壤中实际上不仅有粟和黍的谷粒或米粒，而且有这些作物的植硅体，但由于植硅体采样量非常小，采样位置的土样中没有植硅体，这种解释反映了植硅体采样存在的局限性，特别是当我们采样的遗迹比较大而采样的范围有限时，可能会有这样的结果。第二种解释是，土壤中本来没有任何谷物的遗存，自然也不可能有谷物的植硅体，这些农作物炭化物是二次堆积的结果，就是说，这些谷物或其炭化物首先由于炊煮活动而被堆积在房屋附近，然后又被堆积到灰沟中。第二种解释可能更合理，因为本文分析的所有来自灰沟的样品，都取自同一条沟，这条沟是围绕聚落外围的环壕，这种环壕的不同部位，可能堆积了人类不同活动废弃物或者相关遗存。靠近居民进行谷物加工活动的部位，沟内堆积中可能有更丰富的谷物植硅体，如五莲丹土遗址壕沟样品所揭示的那样；在靠近居民房屋的部位，沟内堆积中可能有比较多的食物加工活动的遗留，炭化谷物可能就是食物加工活动中遗落在灶附近的米粒在某种条件下炭化并且被堆积到壕沟中的结果。这种情况并不是孤例，T114G中不同层土样中都发现了炭化的粟和黍，但却未发现粟和黍的稃壳植硅体。灰坑中不同层位植硅体组合反映了人类活动等，如不同层中出土植硅体组合差异可能表明是不同季节的堆积，或者至少是不同活动的堆积，如果能找到不同季节的证据，将可以对聚落的生活方式等进行深入研究。

芦苇一般生长于潮湿低洼处，它既可以作为各种编织材料，也可以作为燃料，在壕沟土样中发现比较多的芦苇植硅体，可能反映这些芦苇是生长于壕沟附近，其落叶或者死亡的茎秆堆积在壕沟中，也可能是人为将燃料垃圾倾倒在壕沟中的结果。在一些壕沟样品中，除了芦苇植硅体以外，还有莎草科植硅体和硅藻等，这两种生物都具有喜潮湿的生理习性，这些发现可能说明这些生物本身就是生长在壕沟中，死亡后就直接堆积在壕沟的土壤中。但还有一种情况，就是我们发现一些十分破碎的硅藻和各类植物的植硅体，破碎的情况说明这些生物遗骸可能是二次堆积的结果，反映了人类可能在对壕沟进行清淤或者改造的过程中导致了壕沟土壤的再次堆积。

3. 农作物组合与耕作方式

植物考古分析结果显示，庙后龙山文化和岳石文化聚落中，农业可能是主要的生计方式，至少是主要生计方式之一。因为74%的土样中都发现了农作物的植硅体；11个土样中，8个土样浮选到粟和/或黍，占72%；8个有谷物的样品中，4个样品中是粟和黍这两种作物共出的。与粟和黍这两种农作物共出的黍亚科植物，其中包含一些典型的农田杂草，这些黍亚科植物的发现，应该也是农业发展到一定水平的证明，或者可能这些黍亚科植物本来就是当时农作物的一部分，因为黍亚科植物中有些植物的种子是可食的，如狗尾草的种子等。

由于炭化植物遗存和植硅体分析结果显示的粟和黍的数量不一致，目前尚不能确定在旱作农业中哪种作物为主，但我们倾向于认为黍是主要的农作物，因为进行浮选的土样数量只有11个，而植硅体分析土样43个，在样品代表性方面前者明显逊色于后者。

在庙后聚落的农业中，除了为主的旱作农业外，还有稻的种植，虽然我们目前并不清楚其为水田耕作还是旱地耕作，但稻这个物种的生态习性是比较适合于生长在土壤湿度较大的地区。植物遗存中稻的遗存明显少于粟和黍这两种作物遗存，既说明庙后聚落周围多数适合旱作农业，也说明有少量的土地资源可以进行稻的耕种。考察庙后遗址的地貌特点，完全符合上述关于农作物生态习性的分析，该遗址坐落在低山坡上，较高的位置可能是旱作农业区域，而山坡下面的低地可能是稻的种植区。

与同时代的、相距不远的牟平照格庄遗址相比，庙后遗址出土的植物遗存所反映的农作物种类明显缺少小麦和大豆，这可能与庙后遗址采样数量少有关。

4. 植物大遗存分析与微体植物遗存分析的互补性

庙后遗址浮选土样中，没有发现炭化水稻，但植硅体分析结果中发现了水稻扇型或哑铃型植硅体。这个结果可以说明，利用某一种单一的技术提取考古遗址中的植物遗存都可能存在误差，或者说存在很大的偏差，如果我们仅仅对庙后遗址进行了土样浮选，就只能得出该聚落没有水稻的结论，而当我们对胶东半岛地区5个岳石文化遗址只进行浮选而且都没有发现炭化稻的时候，我们可能自然会得出胶东半岛岳石文化时期没有水稻种植的结论。而这个结论，与实际情况存在多么大的不同啊！当然，如果我们仅采用植硅体这个手段进行类似的研究，也会有同样的危险，不过，相对来讲，植硅体分析的危险系数要明显缩小。这主要是因为，从沉积原理上讲，同样是1棵水稻的植株，其产生的稻谷数量明显少于扇型或哑铃型或双峰型任何一种植硅体的数量；更何况稻谷或者米需要有遇到火这个条件才可能以炭化的形式在聚落中保存下来，最后被我们发现，而来自水稻叶部的扇型和哑铃型植硅体以及来自水稻颖壳的双峰型植硅体，则不需要，尽管一些灰坑中出土的植硅体与炭屑共出，但火烧并不是植硅体保存下来的必要条件。

注　释

[1] 刘长江、靳桂云、孔昭宸：《植物考古——种子和果实研究》，科学出版社，2008年。

[2] 王永吉、吕厚远：《植硅体研究及应用》，海洋出版社，1993年，43~47页。

[3] 靳桂云：《植硅体与考古：采样、分析与研究实例》，《科技考古采样与研究方法》，待版。

Study on the Plant Remains from the Miaohou Site, Yantai, Shandong

Jin Guiyun[1] Wang Chuanming[1] Zhao Min[1] Wang Fuqiang[2] Zhao Juan[2]

(1. Center for East Asian Archaeology, Shandong University, Jinan;

2. Museum of Yantai City, Yantai)

The crops of Miaohou site include millet (*Setaria italica* and *Panicum miliaceum*) and rice, millet is more important. This result is a little different from that of the Zhaogezzhuang site, in which the crops include millet, wheat, rice, soybean and barley. This difference might be the result of fewer samples collected and hilly landscape of the Miaohou site.

In spite of the crop remains, many species of weed seeds have been recovered from the Miaohou site. Some of the weeds should grow accompanied with crops and indicate that the agricultural under-development with many weeds. Among these weeds, the most one is that of Paniceae with the highest percentage and frequency.

山东烟台照格庄岳石文化遗址炭化植物遗存研究*

靳桂云[1]　赵　敏[1]　王传明[1]　王富强[2]　姜国钧[2]　赵　娟[2]
徐明江[2]　张　博[3]　张凌波[3]

（1. 山东大学东方考古研究中心，济南；2. 烟台市博物馆，烟台；3. 牟平区博物馆，烟台）

一、引　　言

随着植物考古研究的广泛开展，古代农业的研究越来越受到考古学家的关注，中国古代文明化进程中农业的研究已经成为文明探源工程的重要内容[1]。山东地区是中国古代文明起源与发展的关键地区[2]，目前对该地区龙山时代农业已经有了初步认识[3]，但是，对于文明发展关键阶段的岳石文化时期的农业状况，我们除了获得了一些农业工具以及家畜饲养方面的考古资料[4]以外，关于这个时期的农作物等情况我们几乎一无所知。对烟台市牟平区照格庄遗址进行的系统植物考古研究，不仅揭示了该聚落农作物组合的基本情况，而且还获得了聚落周围植被、聚落内农作物加工方式等信息。本文将报告照格庄遗址浮选的结果，并根据浮选结果对聚落农业进行初步分析。

二、研究区自然环境和遗址概况

烟台市位于山东半岛东端，优越的自然条件[5]使其成为人类居住的理想场所。这里属于鲁东气候区，是暖温带大陆性季风气候，因濒临海洋，夏季凉爽而潮湿，冬季寒冷而湿润。年降水量650～900毫米，年平均气温11～12℃。

这里是鲁东丘陵区的低山丘陵小区，该区由胶东群变质岩、交代式花岗岩与燕山期花岗岩构成的断块抬升山地，在地貌上分低山、丘陵和平原三种类型。低山面积小，丘陵面积大，分布于低山周围，起伏和缓；平原分剥蚀准平原和冲积平原两类，前者以平岗、浅谷形式起伏于海拔30～60米间，后者面积较小，由河流冲积和海湾堆积两类平原组成。在牟平区内有两条较大的河流，但在低山之间还有很多小的河流，冲积成的平原就是古代居民优先选择的定居场所。

该区的土壤属于鲁东丘陵棕壤土区，成土环境温暖湿润，成土母质有各类岩石风化堆积的残积、残坡积、冲洪积物等。区内土壤利用较好，目前已经成为主要的粮、林、油、果、蚕、茶的生产基地。其中，平原、盆地以及坡麓梯田的潮土、潮棕壤、普通棕

---

* 国家科技支撑计划项目“中国文明探源工程”子课题“3500BC～1500BC中国文明形成与早期发展阶段的技术和经济”和国家自然科学基金（40572103）资助。

壤为农田集中分布区，种植作物以小麦、玉米为主，岭坡梯田主要种植甘薯和花生等，石质土、粗骨土和酸性棕壤等多为林地，是水果产区。河畔洼地、滨海盐土有的发展水稻种植或海产养殖。

这里的植被区划属于鲁东山地丘陵植被区中的胶东丘陵含东北成分植被小区，这里是赤松林分布最茂密的地方，因接近辽东半岛，在植被组成上有较多的东北区系成分，如蒙古栎、糠椴、紫椴、蒙古椴、榛等。

照格庄遗址位于烟台市牟平区东南照格庄村西（图一），遗址呈长条形从南向北分布。东距照格庄村0.5公里，遗址西侧有一由南向北流的小河沟，向东2公里为沁水河，沁水河北流注入黄海，沁水河西侧有一东南—西北向的古河道。遗址东南约2.5公里有海拔194米的蛟山，向北6.5公里就是浩瀚的黄海。遗址坐落在低山之间的河流冲积平原上，周围地势平坦，中部稍微隆起，土质肥沃，水源充足。

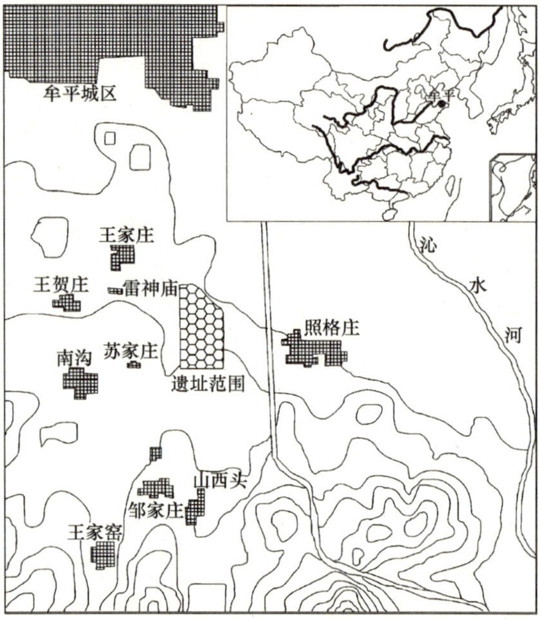

图一 照格庄遗址位置图

遗址东西宽300米，南北长500米，总面积15万平方米，于1972年春发现，1987年公布为烟台市市级重点文物保护单位，1992年公布为山东省省级重点文物保护单位。

1979年10月中国社会科学院考古所山东队等单位对遗址进行了试掘，揭露面积280平方米[6]。这次发掘，不仅发现了灰坑等遗迹和大量的陶器，还发现了比较多的石、陶和蚌质工具及少量铜器等，铜器为铜锥。其中可能用于农业的刀、铲数量最多，石刀和蚌刀中以双孔刀为主。发掘过程中还从灰坑等遗迹中采集了一些动物骨骼，包括家猪、牛、羊、家犬、黑鹿、麋鹿、麠、野猪、鳖、黑鲷、蓝点马鲛、玉螺、红螺、毛蚶、大连湾牡蛎、蛤仔、杂色蛤仔、等边浅蛤和文蛤等，可能表明农业经济之外还有家畜饲养、狩猎和捕捞作为补充。遗憾的是，当时没有采集任何植物遗存资料。

为配合牟平城区建设，2007年6~9月和2008年4~8月，烟台市博物馆又对该遗址的北部边缘进行了抢救性考古发掘，揭露面积约10000平方米。经发掘该遗址包括岳石文化时期、周代和汉代三个阶段地层堆积，其中岳石文化遗迹和遗物最为丰富。遗迹有围壕、房址、窑址和灰坑等，这次发掘区位于遗址的边缘，有些灰坑就直接挖在河流堆积的粉砂上面；遗物主要是陶器、石器、骨器等，陶器包括夹砂的陶罐、陶甗、陶鼎等和泥质的陶豆、尊形器、三足盆、三足罐和蘑菇纽器盖等，石器主要有半月形石刀、石铲、石斧等，骨器有骨针、骨锥、骨镞等。这些遗迹、遗物特征鲜明，是岳石文化早期的典型遗存。

2007、2008年两次发掘，都开展了系统的植物考古研究。本文将报告2007年炭化植物遗存分析与研究的初步结果。

三、采样与浮选

这次发掘伊始，就将动植物考古研究作为一项重要内容，目的是了解胶东地区岳石文化遗址生业经济模式，并为今后继续在更大的范围内采样和综合研究提供必要信息。

由于这是山东地区首次对岳石文化时期的遗址进行系统的动植物考古研究，而且发掘面积有限，所以，发掘过程中，采用全面采样法。全面采样法，就是对所有的遗迹单位都进行采样，目的是全面了解该遗址植物遗存堆积、保存状况等方面的信息。我们采集了93份浮选样品。这些样品主要来自灰坑，很少一部分来自沟、窑和地层。发掘结束后，由山东大学植物考古实验室和烟台市博物馆工作人员在牟平区博物馆进行了浮选。浮选时使用了水波浮选仪，收取轻浮部分使用了规格为80目（孔径0.2毫米）的分样筛。阴干后，轻浮和重浮部分都被送到山东大学植物考古实验室进行分类和植物种属鉴定。

我们首先称量了轻浮部分的总重量，然后再对大于1毫米的炭化物进行称重。称重完毕后，把植物种子与木炭、骨头等其他物质分开，然后对这些挑选出来的植物种子进行鉴定。对于体积较大的木炭，我们拟请专业人员进行树种鉴定。

炭化植物种子的鉴定，我们主要参考了《植物考古——种子和果实研究》[7]和《杂草种子图鉴》[8]等书籍和现代植物种子标本。关于豆科植物的鉴定需要做一说明。目前龙山时代遗址中普遍出土炭化大豆遗存，这些大豆的粒型尺寸介于现代栽培大豆和现代野生大豆之间，如果严格按照粒型大小来区分野生大豆和栽培大豆，这些大豆遗存很难被鉴定为栽培大豆。但是，由于这些大豆经常与水稻和粟等农作物共出，而且出土频率比较高，所以，有的学者主张将其视为栽培大豆，至少是被人类深度开发的物种。对照格庄遗址出土大豆属植物的鉴定，基本采用了传统的方法，比较大的鉴定为栽培大豆，比较小的鉴定为野生大豆。

四、浮 选 结 果

照格庄遗址出土炭化物可分为炭屑和植物种子（果实）两大类。植物种子的鉴定和统计结果见表一。

在93份样品中，13份样品没有发现任何植物种子，占浮选样品总数的14%；其他的80份样品中，出土植物种子和果实15461粒，其中可鉴定的为14524粒，种子密度为115/10升。所有种子包括了14种植物（图版一六），其中农作物种子共计7951粒，占全部植物种子总数的54.7%，一年生杂草6511粒，占全部种子总数的44.8%（图二）。

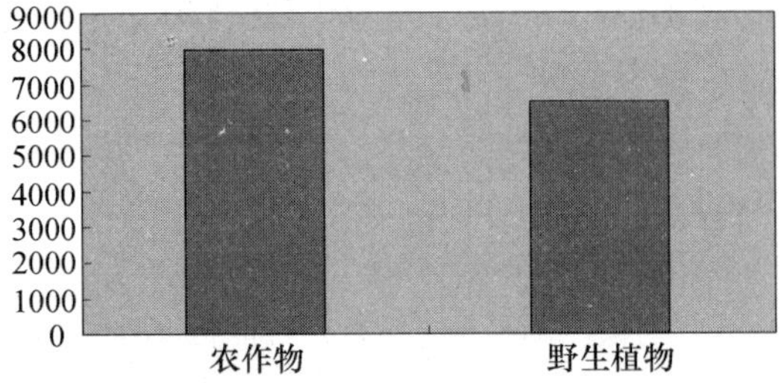

图二 照格庄遗址出土农作物和野生植物种子对比图

农作物包括粟（*Setaria italica*）、黍（*Panicum miliaceum*）、水稻、大豆（*Glycine max*）、小麦（*Triticum aestivum*）和大麦（表一）。粟共出土7505粒，占农作物的94.4%，占出土种子的51.7%，出土概率是83.8%；其中仅H63就出土6113粒粟，占出土粟总数的81.4%；黍子出土421粒，占农作物的5.3%，占出土种子的2.9%，出土概率是32.5%；小麦16粒，占农作物0.11%，出土概率是7.5%。水稻、大豆和大麦的数量分别为4粒、1粒和4粒。

表一 照格庄遗址出土谷物统计表

植物名称 / 数据统计	粟	黍	小麦	水稻	大豆	大麦
出土绝对数量	7505	421	16	4	4	1
数量百分比%（$n=14524$）	51.9	0.28	0.11			
占有样品数量（$n=80$）	67	26	6	4	4	1
出土概率%（$n=80$）	83．8	32．5	7．5	5	5	1．25

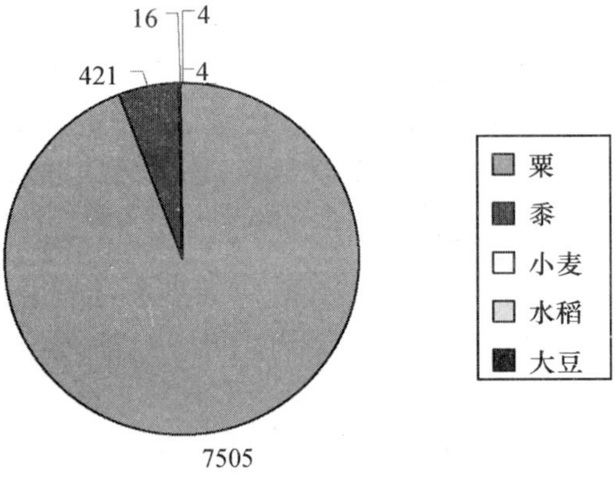

图三 照格庄遗址出土农作物种子绝对数量图

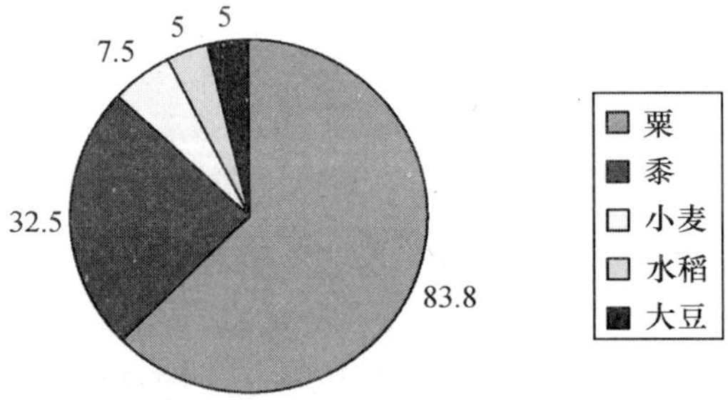

图四 照格庄农作物出土概率图

野生植物种子分别属于黍亚科（Panicoideae）、豆科（Leguminosae）、莎草科（Cyperaceae）、藜科（Chenopodiaceae）、苋科（Amaranthacae）、唇形科（Labiatae）、菊科（Asteraceae）等。那些较为完整而未能鉴定出种属的归为未知，多为小于1毫米而特征不明显的小种子。还有一部分因残或炭化过甚而无法鉴定的种属归为不可鉴定，在统计数据（包括种子总数和出土概率等）的时候也不包括这部分。

照格庄遗址中发现的炭化植物种子，多数保存完好，部分破碎。粟粒的形状小而鼓圆，直径多为1～1.5毫米，胚部因经过烧烤大多已爆裂，呈凹口状，胚区椭圆形，占种子长度的2/3左右。炭化黍粒形状比粟大，近圆球状，直径多为1.8～2毫米，爆裂的胚区短且宽，呈三角状。

为了系统分析这些大豆属植物种子，我们对所有的大豆属种子进行了测量。测量结果见表二。

表二　照格庄遗址出土炭化大豆属种子测量结果　　单位：毫米

序号	长	宽	厚	序号	长	宽	厚	序号	长	宽	厚	序号	长	宽	厚
1	3.80	2.21	1.82	6	3.09	1.82	1.71	11	2.67	1.86	1.68	16	2.56	1.84	1.38
2	2.67	2.10	1.22	7	2.41	1.85	1.29	12	2.84	1.93	1.27	17	2.53	1.71	1.42
3	3.84	2.83	2.17	8	3.65	2.02	1.52	13	2.70	1.95	1.40	18	2.46	1.80	1.51
4	2.91	2.60	1.57	9	2.70	1.94	1.33	14	2.41	1.70	1.27	19	2.36	1.93	1.08
5	2.83	2.24	1.43	10	2.56	1.44	1.06	15	2.51	1.82	1.67	20	3.12	1.56	2.19

从表二可以看出，这些被鉴定为野生大豆的种子，长度主要为2.5～3.1毫米，宽度主要为1.5～2.6毫米，厚度主要为1.2～2毫米。形态上明显小于现代栽培大豆，有些甚至小于现代野生大豆。

五、讨论与结论

系统的浮选结果，为我们认识照格庄遗址农业结构等相关问题提供了重要数据，这里将对农作物结构、不同类型遗迹中出土植物种子数量的不平衡性等问题进行讨论。

1. 农作物类型与生业经济

浮选结果显示，照格庄遗址农作物种类比较齐全，包括了粟、黍、小麦、水稻、大豆和大麦。虽然出土概率的统计存在一定误差[9]，还是可以看出粟是农作物中最为普遍、数量最为丰富的一种，其出土概率高达83.8%。相对粟而言，黍的出土数量较少，但相对其他农作物，其出土的数量和出土概率都比较多，共出土了421粒，出土概率为32.5%。据此我们推测粟可能是当时主要的粮食作物；粟、黍这种粮食作物组合与中国北方地区自商周以来的传统农业格局相吻合。

照格庄遗址除了粟和黍这两种农作物外，还发现了水稻、小麦、大麦和大豆，表明居民粮食种类比较齐全，但水稻等粮食作物在农作物中占的比例低。

这次在照格庄遗址中，发现了水稻4粒，出土概率为5%。其中三粒已残，只在H15里出土了一粒完整的水稻，长、宽分别为4.81、2.6毫米，长、宽比值为1.85。通过粒型，初步可判断其为粳稻。分布在中国的亚洲水稻有两个亚种，即粳稻和籼稻。二者的主要区别之一表现在稻粒的形态上，现代籼稻的稻粒长、宽比值一般大于2，而粳稻稻粒的长、宽比值一般为1.6～2.3。显然，照格庄遗址出土炭化稻米的粒型接近粳稻。需要说明的是，利用水稻的粒型特征判断其粳籼，只能是一种相对的结果，因为①判别的标准是人为制定的，虽然这种设定是根据了一般的规律，并进行了大量测定和对比；②利用稻粒长宽比值作为判断标准，一般是应用于带壳的稻谷，而考古遗址中出土的炭化稻多数都是稻米，照格庄遗址出土的也是裸露的稻米，从这个意义上讲，现有的粳籼判别标准并不十分适合于考古遗址中出土炭化稻米的判别；③考古遗址出土的炭化稻米或者稻谷，一般都是经过火烧后完成炭化过程的，而在火烧的过程中稻米或稻谷会发生变形，不仅如此，问题的复杂性还在于，这种变形不论是膨胀还是收缩，都受到温度的直接影响，不同的温度稻谷和稻米的形态发生不同的变化。鉴于上述复杂的情况，我们认为，根据形态测量结果来判断考古遗址中稻谷的粳籼性，只能是相对的。

这次浮选，发现了16粒小麦，出土概率为7.5%。其中H22出土了9粒，可供测量的有4粒，平均长3.34、宽2.335毫米。炭化小麦多为椭圆柱形，背部隆起，腹沟很深；其他单位出土的小麦均残，主要是根据腹沟和胚区，结合起现存的形态进行判定。此外，还出土了1粒大麦，残，与小麦最典型的区别是腹沟较浅，两头较尖，最宽处在中间。

一般认为，中国主要种植普通小麦，但先秦时期考古遗址中出土的小麦到底属于哪种小麦，目前尚不明确。前人曾经对甘肃民乐东灰山遗址出土的炭化小麦进行了形态学观察和分析[10]，将这些小麦分为大粒型、普通型和小粒型三个等级，其中大粒型（平均粒长5.07、宽3.75毫米）和普通型（平均粒长4.9、宽3.35毫米）属于普通小麦（*T. asetivum*），小粒型可能是密穗小麦（*T. compactum*）中的小粒型品种，其长、宽分别为4.05和2.95毫米。由此可见，照格庄遗址出土的这些炭化小麦遗存，从粒型上，不仅不属于普通小麦，而且甚至小于密穗小麦的小粒型。与水稻的亚种判别一样，小麦的亚种判别完全依靠粒型尺寸，可能也只能得到一个相对的结果。如果我们系统分析一下目前中国早期考古遗址中出土的炭化小麦遗存，可能有助于我们认识照格庄遗址出土炭化小麦在粒型上的特点。

河南登封王城岗遗址中出土的炭化小麦，也经过了系统的形态测量。有趣的是，测量结果与照格庄类似，炭化小麦总体上长宽值都小于民乐东灰山遗址中出土的“密穗小麦小粒型”[11]，而且王城岗遗址的测量数据是二里头到春秋时期全部数据的平均值，从表中我们也可以看出，即使是到春秋时期，小麦的粒长和粒宽也还是平均值小于3.5和2.7左右，明显小于民乐东灰山遗址中的“密穗小麦小粒型”。山东胶州赵家庄遗址出土的炭化小麦，粒型测量正在进行中，但初步观察，总体上与照格庄和王城岗遗址中出土的炭化小麦粒型相近。最近我们刚刚完成对山东即墨北阡遗址出土周代炭化小麦的形态测量，平均长3.22、宽2.24、厚1.93毫米。显然，山东、河南先秦遗址中出土的小麦，从粒型上普遍小于甘肃民乐东灰山遗址中出土的小麦（必须说明的一个问题是，学术界关于东灰山小麦的年代一直存在争议，但是，最新的结果显示，这些小麦的年代与遗址中出土的陶器等文化遗物的年代是一致的，都属于四坝文化），这个事实说明了什么？至少暗示了这样的一种可能，就是河南和山东地区小麦与甘肃等西北地区的小麦在来源上有差异，当然，要证实这种推测，还需要做大量的基础工作。

根据上述浮选结果，我们可以推测，在岳石文化时期，即相当于中原地区的二里头文化时期，山东半岛的东端——胶东半岛地区，农作物可能以粟黍为主，但同时包括小麦、水稻、大麦和大豆，其中，粟是最主要的粮食作物，黍的地位其次，这或许说明旱作农业成为当时胶东地区农业的主导，这里的气候环境可能更适合旱作农业的发展，小麦的数量明显多于水稻，也可能说明的是同一个问题。

胶东半岛从龙山文化时期到岳石文化时期，粟黍一直是比较重要的粮食作物，但龙山文化时期，水稻的地位仅次于粟和黍，也是一种比较重要的粮食作物，目前胶东半岛龙山文化遗址中还没有发现小麦。这些情况似乎表明，从龙山文化时期到岳石文化时期，粟和黍的主导地位一直没有大的变化，但水稻的地位逐渐被小麦所取代。这种情况可能反映了岳石文化时期的气候环境更适合旱作农业的发展。

胶东半岛龙山文化时期的农作物类型，主要包括粟、黍和水稻。栖霞杨家圈遗址中，曾经在H6和H9红烧土块中发现了粮食作物遗存，经中国科学院遗传研究所李璠鉴定发现有稻壳、粟、黍的皮壳和茎叶[12]；系统的水田调查，在杨家圈遗址附近发现了可能的水田遗迹[13]。如果说目前由于受到材料少的限制我们无法对胶东半岛龙山文化时期农作物格局进行具体研究的话，那么，山东半岛内陆地区龙山文化时期的农业研究则显示：当时在整个山东半岛，农作物也是以粟、黍和水稻为主，经过系统浮选的4个考古遗址中，3个遗址中出土了小麦，此外还有大豆；东南沿海地区水稻占比较重要的地位，或者水稻与粟占大致相同的比例，而西北内陆地区，粟则明显地多于水稻[14]。由于目前山东半岛内陆地区缺乏岳石文化时期的农业遗存资料，而胶东半岛地区缺乏龙山文化时期农业遗存资料（仅有的一处是杨家圈，而这个遗址中的植物遗存并不是系统浮选的结果，很难说明不同农作物的重要性），所以，我们暂时还不能复原从龙山文化到岳石文化时期农作物结构发生的具体变化。但是，总的趋势似乎是这样，从龙山文化到岳石文化，水稻在农作物中的分量逐渐减少，而小麦可能逐渐取代了水稻而成为比较重要的粮食作物。这种趋势，不仅在山东半岛地区，而且在整个黄河中游地区也有比较明显的反映。

目前，黄河中游地区龙山文化晚期和二里头文化时期的植物考古数据已经比较多，主要有山西夏县东下冯遗址、河南的新砦遗址、王城岗遗址、二里头遗址、皂角树遗址等。

夏县东下冯遗址出土了大量的粟粒，并发现了粟的窖藏[15]。新砦遗址出土的农作物有水稻、小麦、粟和豆类[16]。

王城岗遗址，龙山文化晚期，以粟和黍为主，还出土一定数量的稻谷和大豆；二里头文化时期，由于样品数量少而且多数来自壕沟，这些数据很难反映当时粮食作物的实际情况，但发现的1粒小麦，可能暗示着农作物组合的变化；二里冈文化时期，仍然是粟、黍为主，但小麦的重要地位明显地表现出来，不仅小麦的绝对数量超过了黍和水稻，而且更为重要的是，小麦的出土概率达到100%，和粟一样；到了春秋时期，小麦的重要性继续并更进一步得到反映，从炭化种子数量看，粟仍然是占主要地位，而小麦则位居其次，但出土概率两者是相等的，并且不论是出土数量还是出土概率，小麦都远远超过黍和水稻，水稻和大豆都仅发现1粒[17]。

关于王城岗遗址二里冈文化和春秋时期农作物的构成，还需要做一个说明，就是我们认为，虽然从出土数量上看小麦明显少于粟，但这并不意味着居民的粮食构成中粟多于小麦。因为和水稻一样，小麦属于大粒作物，即使在谷物或者食物加工过程中水稻、小麦、粟和黍拥有同样的被丢落的机会，但前两者被拾起的机会明显大于后两者，这种情况可能直接影响了我们浮选到的炭化植物遗存的数量。所以说，王城冈遗址二里冈文化和春秋时期粟和小麦的绝对数量，并不直接说明两者作为粮食作物的重要性的差异，而这两个时期粟和小麦的出土概率都相同，可能也说明这两种农作物共同构成了聚落中的主要粮食，即使不是小麦的重要性大于粟。还有一个问题需要我们注意的就是，如果我们像分析粟和水稻的千粒重那样分析粟和小麦的千粒重，必然会发现同样的问题，就是小麦的千粒重要比粟的千粒重大很多，因为我们的实验已经显示，水稻的千粒重明显大于粟[18]。综观上述，我们认为，在王城岗遗址二里冈文化和春秋时期，小麦和粟共同构成了聚落粮食的主题。

此外，二里头遗址和皂角树遗址出土的炭化植物遗存，都反映了与王城岗遗址类似的情况，就是小麦已经成为和粟一样重要的粮食作物了。二里头遗址出土了炭化粟和黍粒，而且在陶器上有刻画逼真的麦穗和稻穗图案[19]；皂角树遗址二里头文化时期农作物包括粟、黍、大豆、小麦、水稻和大麦等，其中粟的出现率最高，黍次之，小麦高于水稻[20]。

总的来看，二里头文化时期，中原地区农作物组成包括粟、黍、稻、麦和大豆等，文献中提到的“五谷”已普遍种植；而且这个时期，小麦可能在农作物中取得了比较重要的地位，这既是对原有的粟黍稻农作物结构的冲击，也反映当时旱作农业可能成为农业的主体，至少是朝着这个方向发展的，而这种以旱作农业为主体的农业格局的发展，在某种程度上可能反映了当时气候更适合旱作农业的发展。

根据上面的分析，我们认为，山东半岛乃至整个中国北方地区，从龙山时代到二里头时代即山东半岛从龙山文化到岳石文化这个时期，农作物组成中小麦逐渐取代水稻的地位可能反映了气候变化的影响。事实可能是这样的，整个中国北方至少是山东半岛地区，岳石文化时期气候发生了变化，降水明显减少，原来龙山文化时期能种植水稻的地区到岳石文化时期不再具备种植水稻的水源条件。虽然目前我们还无法判定山东半岛地区岳石文化时期气候状况的研究结果，但从全球气候系统的变化看，龙山文化晚期已经开始了中全新世中期的冷干气候过程，在这个过程中，不仅气温下降，而且重要的是降水减少。当然，要回答气候变化对山东半岛距今 4600 ~ 3600 年期间文化特别是农业的影响，我们还要做大量的基础工作。首先，我们需要从第四纪环境科学的角度，对山东地区这个时期的自然环境变化进行研究；其次，我们要对具体的聚落进行古代农业与环境关系的综合研究；再次，目前山东半岛内陆地区虽然有若干个聚落有龙山文化时期的农作物研究结果，但缺乏岳石文化时期的农作物研究结果，而胶东半岛地区，仅有一个岳石文化时期遗址（本文研究的照格庄遗址）的农作物研究结果（前面已经进行了说明，我们只得到了聚落北部边缘地区的植物遗存，是否能代表整个聚落的农作物情况，还不确定），龙山文化时期农作物遗存还缺乏系统的研究结果。

当然，除了有气候的因素外，文化传统、具体遗址的地貌部位可能也对农作物的格局有影响。照格庄遗址东有较大的河流——沁水河，该河西侧有一条古河道呈东南西北向，为沁水河的支流，水稻种植应有较充足的水源。当然，关于该遗址周围岳石文化时期是否有充足的水源可供种植水稻，我们需要进行古地貌和古环境方面的综合研究才能给出科学的结论。

2. 关于各类杂草种子

照格庄遗址除了农作物之外，还发现了很多杂草的种子，包括黍亚科、豆科、莎草科、藜科、苋科、唇形科、菊科等。

在各类杂草中，黍亚科数量最多、出土概率最高，其出土数量高达6392粒，出土概率为50%。其中绝大多数黍亚科的种子来自H63，有趣的是，在这个灰坑中，5000余粒黍亚科植物种子与6000多粒粟同时出土。由于黍亚科的种子数量非常多，我们认为不能将其简单地视为伴随粟等农作物收获过程而被带进聚落中的杂草。我们推测，这种现象可以解释为①居民同时收割了粟和黍亚科杂草。如果是这样，是否说明这两种植物都被居民作为食物资源？如果是，我们还能找到其他证据吗？如果我们能更准确地鉴定这些黍亚科植物种子，并且从中区分出一种或者两种在口感等方面接近作为主要粮食的粟的植物种子，或许能够证明这个假设，不过，这个工作有相当大的难度，否则，此前的多数植物考古报告中为什么将这些植物种子只鉴定到黍亚科而未进行更详细的划分呢？②如果这些被鉴定为黍亚科杂草的种子中有一部分是没有成熟的粟或者黍，也会出现这样的鉴定结果，而这种情况是有可能发生的。中国社会科学院考古研究所宋吉香的硕士毕业论文就讨论过这类问题，她的模拟研究显示，在粟的加工过程中，有大量的未成熟的粟遗留在加工谷物的副产品堆积中。

不论是上面的哪种可能性，都要求我们在现有基础上，对照格庄遗址出土的黍亚科杂草种子进行更细致的研究，这或许也是我们今后一段时间内在北方地区史前时代植物考古研究中需要认真解决的问题。在周原遗址王家嘴地点的植物考古报告中也发现了类似的现象，就是黍亚科植物种子占出土植物种子总数的43%（另外有56%为农作物种子，说明非农作物种子中黍亚科最多，豆科只占种子总数的1%，其余合计仅13粒）[21]。这些黍亚科植物种子的特点是：呈长扁圆形，背部略鼓，腹部扁平，胚部保存完整，尺寸很小，大多在0.5毫米左右。

在杂草种子中，豆科的数量占第二位，共出土80粒；豆科植物的种类很丰富，最多的是决明子，有41粒，其他还有黄芪、草木樨等。这些豆科植物的种子，比较集中地出自H95-⑧这个样品中，有58粒。我们推测这些豆科植物的种子是被居民采集来作为食物的，因为决明子等豆科植物的种子都是可食的。

除了黍亚科和豆科种子以外，还发现了5粒唇形科的种子，经鉴定，全部是紫苏，圆形，其中一粒表面具明显的大网纹。紫苏可能也是作为食物被采集的。

此外，莎草科、藜科、苋科和菊科等的种子可能主要是杂草，是在收割农作物或者其他活动时被带进聚落内的。

3. 关于大豆属植物种子的问题

分析结果显示，该遗址出土了数量比较多的大豆属植物种子，其中，4粒被鉴定为栽培大豆，出土概率为5%，而且只有H45出土的是完整的，长4.74、宽3.64毫米，豆粒为椭圆形，背弧形，豆脐脱落。此外，还出土了34粒野大豆，其中仅H95-⑧就出土了29粒。这些野大豆明显地小于上述驯化大豆，具体测量尺寸见表二，平均长、宽分别为3.03、2.17毫米。但这些被鉴定为野大豆的种子，有些具有非常明显的种脐，如H63出土的一粒，种脐明显而且保存很好，有些种脐不明显，与保存状况也有一定关系。

山东地区龙山文化遗址中普遍出土野大豆（一般鉴定为野大豆的主要理由是粒型小于现代大豆，但总的趋势是大于野生大豆），胶州赵家庄、日照两城镇、淄博桐林和茌平教场铺这四个经过系统浮选的遗址中都出土了野大豆，滕州庄里西遗址也出土了野大豆。这些遗址中出土的野大豆，多数都与粟水稻等粮食作物同出，我们推测，在龙山文化时期，山东地区居民已经将大豆属植物作为一种重要的食物资源，或许已经是栽培植物的一种了。如果这种推测不至于大谬误，那么，照格庄岳石文化遗址中出土的野大豆，可能也是当地居民的一种食物资源，而且可能也是栽培的植物，这里出土的野大豆也是与粟稻等农作物共出。

在黄河中游的中原地区，与龙山文化和岳石文化大致同时的聚落中，也普遍出土野大豆，其中有些虽然粒型比较小，但仍然被鉴定为栽培大豆，如河南登封王城岗遗址龙山文化晚期遗存中出土的炭化大豆，既有长4毫米以上、宽接近或者达到3毫米的大粒，也有长度不足3毫米、宽刚刚达到2毫米甚至小于2毫米的小粒型[22]。如果按照这个标准，山东地区龙山文化和岳石文化遗址中出土的多数被鉴定为野大豆的遗存，应该就是栽培大豆。陕西周原遗址王家嘴地点也出土了159粒大豆，其中122粒数属于龙山文化，其余属于先周时期，这些大豆形态特征乃至尺寸都比较一致，豆粒呈长椭圆形，背部圆鼓，腹部微凹，豆脐呈窄长形，位于腹部偏上部位，随机抽取20粒炭化大豆进行测量，豆粒的长和宽的平均值分别是4.56毫米和3.31毫米，明显高于现代野生大豆，应该是栽培品种[23]。

目前，植物考古专家界定大豆的野生与驯化种的标准主要是粒型的大小。已经发现的龙山文化和岳石文化时期的炭化大豆属种子，多数粒型都介于现代驯化大豆和现代野生大豆之间[24]，这也成为将其鉴定为野大豆的主要的甚至唯一的根据。这种鉴定方法的前提就是，植物在被人类栽培后，随着栽培时间的加长，植物种子的粒型会逐渐增大。例如，各类谷物，如中国起源的水稻、粟黍等和美洲起源的玉米等都是如此，各类谷物谷粒尺寸的增长可能在被栽培的最初几个世纪就开始了，在500~1000年之内[25]。但是，并不是所有的植物都具有同样的特点，豆类植物在被栽培的初期，并没有显示出种子增大，可能要迟到2000~4000年后才开始有种子大小的变化，也就是说，同样的条件，对禾本科大粒型种子的选择有显著影响，对豆科植物却不起作用，而一般认为，动物犁耕是对豆科种子增大产生选择压力的主要原因；不仅豆科植物，非洲的珍珠粟也与豆类植物有类似的特点，也是在开始栽培很长一段时间后才出现了种子增大的现象[26]。根据这个研究结果，我们可以大胆地推测，中国北方地区龙山文化聚落中出土的大豆属植物，多数都属于人类栽培的物种，特别是那些与粟和水稻等粮食作物共出的炭化遗存，可能也是具有驯化性状的真正的农作物，因为既然动物犁耕是对豆科种子增大产生选择压力的主要原因，在没有动物犁耕的龙山时代，大豆即使已经被栽培超过千年的时间，也不可能表现出明显的粒型增大，粒型增大可能要到青铜时代以后才有明显的表现，朝鲜半岛发现的青铜时代大豆遗存接近现代驯化大豆就是一个很好的说明[27]。

当然，我们并不否认，在龙山时代考古遗址中出土的一些粒型非常小的炭化大豆属的种子反映了采集野生大豆属植物的活动，但这丝毫不影响我们推测当时已经有大豆栽培，甚至已经出现了驯化大豆。即使按照需要4000年才出现驯化特征的标准，我们的推测也比较符合逻辑。目前中国境内发现年代最早的野大豆遗存来自8000多年前的河南舞阳贾湖遗址[28]，显然那个时候我们的先民就已经认识了野大豆，并可能采集作为食物了，或许已经开始了初期栽培，经过大约4000年的栽培，到龙山文化时期，已经显示出驯化的性状，主要就是豆粒的大小已经明显大于野生大豆了。

综观上述，我们认为，目前龙山文化遗址中出土的大豆属植物，虽然豆粒的大小介于现代栽培大豆和野生大豆之间，但这些“野大豆”已经是驯化大豆了，而且是居民食物中比较重要的部分，这一点从其普遍性上可以有明显的反映。

4. 各类遗迹出土种子数量的不平衡性

综合分析这次浮选结果，我们发现，多数种子都出自灰坑，其他遗迹中出土的种子数量非常少。这种现象反映的人类活动特点，目前并不十分清楚。最大的可能是，灰坑是人类倾倒垃圾的场所，这里所谓的垃圾，可能包括了日常生活中的垃圾，如炊事、饮食或者祭祀等活动形成的垃圾，还应该包括农作物加工等活动形成的垃圾，如谷物加工时的一些副产品等。上述各类垃圾中，都可能包含有数量比较多的粮食作物及与之相关的杂草的种子。所以说，在聚落中，相对于房址和窑等遗迹来讲，灰坑类遗迹（包括窖穴）中更多地保存了各类生物遗存。

综上所述，初步的植物考古研究显示，在照格庄的聚落农业中，粟是最主要的粮食作物，此外还有黍、小麦、水稻和大豆。黍的数量较少但出土概率较高，这种现象与中国北方其他史前时代遗址中的情况基本一致。大粒作物（小麦、水稻和大豆）在照格庄遗址中也占有一定的地位，表明了农作物组合的多样性，这个特点与山东其他地区史前遗址中的农作物组合基本一致。

照格庄遗址是胶东地区经过正式发掘而开展系统植物考古研究的第一个遗址，也是岳石文化时期开展植物考古研究的第一个遗址，系统植物考古研究的完成，将为认识岳石文化时期的农业提供重要证据，并在一定程度上填补了山东地区龙山和二里头时代农业考古资料的缺环。

注　释

[1] 国家科技支撑计划“中国文明探源工程”项目的一个子课题就是“3500BC～1500BC中国文明形成与早期发展阶段的技术和经济”，其中农业经济是研究的一个重点。

[2] 高广仁、邵望平：《中华文明发祥地之一——海岱历史文化区》，《史前研究》1984年1期，7～25页。

[3] 靳桂云、王春燕：《山东地区植物考古的新发现和新进展》，《山东大学学报》（哲学社会科学版）2006年5期，55～61页。

[4] 王富强：《关于岳石文化陶器“骤变”原因的探讨》，《华夏考古》2001年1期，41～49页。

[5] 关于烟台地区自然环境方面的文献，均来自山东省地方史志编纂委员会：《山东省志 · 自然地理志》，山东人民出版社，1996 年。

[6] 中国社会科学院考古研究所、烟台市文管会：《山东牟平照格庄遗址》，《考古学报》1986 年 4 期，447 ~ 477 页。

[7] 刘长江、靳桂云、孔昭宸：《植物考古——种子和果实研究》，科学出版社，2008 年。

[8] 关广清、张玉茹、孙国友等：《杂草种子图鉴》，科学出版社，2000 年。

[9] 赵志军：《考古出土植物遗存中存在的误差》，《文物科技研究》（第一辑），科学出版社，2004 年，78 ~ 84 页。

[10] 李璠、李敬仪、卢晔等：《甘肃民乐东灰山新石器遗址古农业遗存新发现》，《农业考古》1989 年 1 期，56 ~ 69 转 73 页。

[11] 赵志军：《浮选结果与分析》，《登封王城岗考古发现与研究（2002 ~ 2005）》（上），文物出版社，2007 年，522 ~ 523 页。

[12] 北京大学考古实习队、山东省文物考古研究所：《栖霞杨家圈遗址发掘报告》，《胶东考古》，文物出版社，2000 年，151 ~ 206 页。

[13] 栾丰实、靳桂云、王富强等：《山东栖霞杨家圈遗址稻作遗存的调查和初步研究》，《考古》2007 年 12 期，78 ~ 84 页。

[14] 靳桂云：《山东新石器时代稻遗存考古的新成果》，《东方考古》第 5 集，科学出版社，2008 年。

[15] 中国社会科学院考古研究所等：《夏县东下冯》，文物出版社，1988 年，100、106 ~ 107 页。

[16] a. 北京大学考古文博院、郑州市文物考古研究所：《河南新密市新砦遗址 1999 年试掘简报》，《华夏考古》2000 年 4 期，3 ~ 10 页；
b. 高江涛：《新砦遗址与中国古代文明起源问题》，《中原文物》2005 年 4 期，22 ~ 27 页。

[17] 同注 [11]。

[18] 同注 [14]。

[19] 中国社会科学院考古研究所：《中国考古学 · 夏商卷》，中国社会科学出版社，2003 年，107 页。

[20] 洛阳市文物工作队：《洛阳皂角树》，科学出版社，2002 年，106 ~ 113 页。

[21] 周原考古队：《周原遗址（王家嘴地点）尝试性浮选结果及初步分析》，《文物》2004 年 10 期，89 ~ 96 页。

[22] 北京大学考古文博学院、河南省文物考古研究所：《登封王城岗考古发现与研究（2002 ~ 2005）》（上），大象出版社，2007 年，526 ~ 527 页。

[23] 同注 [21]。

[24] 同注 [22]，528 页图五八七。

[25] Fuller, Q. D. . Contrasting patterns in crop domestication and domestication rates: recent archaeobotanical insights from the old world. *Annals of Botany*, 2007: 1 ~ 22.

[26] 同注 [25]。

[27] Crawford, G, Lee, G. -A. . Agricultural origins in the Korean Peninsula. *Antiquity*, 2003, 77: 87 ~ 95.

[28] 河南省文物考古研究所：《舞阳贾湖》（下卷），科学出版社，1999 年，899 页。

Study on the Carbonized Plant Remains from the Zhaogezhuang Site, Yantai, Shandong

Jin Guiyun[1] Zhao Min[1] Wang Chuanming[1] Wang Fuqiang[2] Jiang Guojun[2]
Zhao Juan[2] Xu Mingjiang[2] Zhang Bo[3] Zhang Lingbo[3]
(1. Center for East Asian Archaeology, Shandong University, Jinan; 2. Museum of Yantai City, Yantai; 3. Museum of Moping District of Yantai City, Yantai)

Agricultural development during Yueshi Culture in Shandong is still unclear because of the lack of archaeobotanic records. The results reported here are basic for the research of agriculture of Yueshi Culture in Jiaodong Peninsula.

The crops of Zhaogezhuang settlement include millet, wheat, rice, soybean and barley, millet is the most important among them. This result is similar to that from other sites of the Erlitou Period and showed the agricultural tradition of northern China.

In spite of the crop remains, many species of weed seeds have been recovered from the Zhaogezhuang site. Some of the weeds should grow accompanied with crops and indicate that the agricultural under-development with many weeds. Among these weeds, the most one is that of Paniceae with the highest percentage and frequency. Because most seeds of Paniceae were recovered together with that of millet, it is suggested that they should be used by the settlers as food like millet.

The remains of soybean were identified as domesticated ones 4.74mm long and 3.64mm wide, which might be the earliest domesticated soybean in China, even in the east Asia of the Bronze Age.

山东莒县、胶州植物考古调查*

靳桂云[1]　赵　敏[1]　王传明[1]　刘云涛[2]　何绪军[2]　王　健[2]

（1. 山东大学东方考古研究中心，济南；2. 莒县博物馆，日照）

一、工 作 缘 起

公元前3500～前1500年，是中国文明起源与早期发展的关键时期，关于这个时期农业发展水平及其区域差异的研究，是中华文明起源研究中的重要内容。海岱地区是中国古代文明起源与早期发展的关键地区之一，海岱地区3500BC～1500BC人类文化发展特别是农业方面的研究，也是中华文明探源研究中一个重要内容。

随着植物考古研究的开展，我们已经积累了一些来自考古遗址的植物遗存数据[1]，这些数据不仅为我们提供了关于古代农作物种类[2]和古代人类对农作物以外植物的利用方面的信息，而且通过这些数据，我们可以认识农业活动的环境背景，并在此基础上认识、古代农业的生产方式[3]以及由此反映的社会组织结构等问题[4]。但是，目前已经取得的数据，还远远不足以进行古代农业的综合研究，山东地区的植物考古研究，最迫切的任务还是积累基础数据。在这样的学术背景下，系统采集山东地区新石器时代遗址中的植物考古研究样品、获得关于古代农业方面的数据就成为研究中的重点。

考古遗址中保存的植物遗存包括炭化的植物种子和果实等植物大化石、植硅体等植物微体化石。大量的分析表明，考古遗址的地层、灰坑中保存大量的植硅体，因为人类活动会将大量的植物带入考古遗址，植物在聚落内分解后就在土壤中积累植硅体，其中不仅有农作物的植硅体，还有人类利用野生植物的植硅体，这些植硅体所代表的植物种属及其组合，成为我们认识古代人类栽培、采集植物活动的重要信息，是古代农业研究的关键。本文报告的莒县和胶州植物考古调查结果，包括炭化植物遗存和植硅体分析两个方面。

二、材料来源与分析方法

本文报告的莒县和胶州的植物考古材料，均来自考古调查。调查时采样的基本方法是：对采样剖面进行清理，去除剖面表面10厘米左右的堆积物，保证采集的样品不被后代人类活动污染；在刮清楚的剖面上，确定采样位置属于地层还是遗迹，弄清楚地层关系；如果采样位置是一个分层堆积的灰坑，就考虑是否分层采样，而且注意在坑的底

---

* 国家自然科学基金（40572103）和国家科技支撑计划项目“中国文明探源工程”子课题“3500BC～1500BC中国文明形成与早期发展阶段的技术和经济”项目共同资助。

部采样。上述所有采样过程和重要发现，都有记录文字、草图和照相记录。采集土样包括供炭化植物遗存研究的浮选土样和植硅体分析土样。所有的土样都在山东大学东方考古研究中心植物考古实验室，采用常规的植物考古方法[5]，进行植物遗存提取、分析、鉴定和统计。

10 个浮选土样采自莒县马庄、薄板台、寨和陵阳河 4 个遗址，22 个植硅体土样分别采自胶州西庵、莒县马庄、小朱家村、薄板台、魏家村、寨、坪上、柳家庄、梁家崖头、后果庄、大朱家村、陵阳河集西头、钱家屯和牛家庄 14 个遗址。上述遗址的年代均为大汶口文化晚期和龙山文文化早期，绝对年代是距今 5000～4400 年。

三、分析结果

10 个浮选土样中，6 个土样中出土了炭化植物遗存（表一）。总的情况是，土样中炭化植物遗存的含量比较低；炭化植物种子包括农作物和非农作物，两者的数量大致相等；农作物包括粟、稻和小麦，非农作物包括黍亚科、豆科、藜科、蓼科、菊科、大戟科、唇形科等，此外还有部分未知和不可鉴定的植物遗存。

表一 炭化植物遗存登记表

采样地点	土样量（升）	稻	小麦	粟	黍亚科	豆科	藜科	蓼科	菊科	大戟科	唇形科	未知	不可鉴定
寨 P1H1	10				1		5	1				1	
寨 P1H2	12				2					1		10	
寨 P1H3	11				3		5		2	1		8	3
寨 P1H4	10						6					1	
薄板台 P1H3	10	1		1	2								1
薄板台 P1H4②	15	1	1	3	43	1	2				1		3

25 个植硅体土样中，23 个出土了植硅体（表二）。

19 个土样中出土农作物植硅体，占出土植硅体样品数的 90%，包括水稻扇型、水稻哑铃型、水稻双峰型、粟颖壳和黍颖壳植硅体；18 个土样中只出土水稻植硅体，占出土农作物植硅体样品总数的 94%，占出土植硅体样品总数的 85%，只有 1 个土样中同时出土水稻和粟、黍植硅体。

根据样品中植硅体丰富程度，可以将这些土样分为四组：①样品中没有任何植硅体，这样的样品只有 1 个；②样品中有大量炭屑，植硅体数量比较少，植硅体多数都有吸附碳，如薄板台 P1H5 等；③样品中炭屑较少，植硅体相对比较丰富，植硅体也多有吸附碳，如寨 H1 等；④样品中炭屑极少或几乎无炭屑，植硅体非常丰富而且保存完整，几乎没有吸附碳，有 6 个这类样品，全部出土农作物植硅体，而且是以农作物植硅体为主，如魏家村 P1H1、薄板台 P1H4②等样品中，都有大量的水稻扇型、水稻哑铃型植硅体，多数农作物植硅体保存完整，没有吸附碳。

表二　植硅体分析结果登记表

序号	样品编号	植硅体特征	植硅体组合
1	西庵距地表100厘米	炭屑极少；植硅体丰富	棒型、尖型、方型、长方型、扇型、水稻扇型、水稻哑铃型、黍亚科竖排哑铃型、哑铃型、成组方型、成组长方型、芦苇扇型；以水稻扇型植硅体为主
2	西庵距地表80厘米	无炭屑，无吸附碳；植硅体丰富	各种哑铃型、棒型、长方型、方型、成组长方型、各类扇型、芦苇扇型较多；尖型、水稻扇型和水稻哑铃型较少
3	马庄东北距离地表60厘米	炭屑很少；植硅体丰富且多数保存完整，极少吸附碳	哑铃型、竖排哑铃型、多铃型、棒型、尖型、方型、长方型、带突起扇型、其他各类扇型、水稻扇型、水稻哑铃型、水稻双峰型、粟颖壳、黍颖壳、芦苇扇型、黍亚科长方型；禾本科植硅体类型全；以农作物植硅体为主；粟和黍的颖壳植硅体多为大块；水稻双峰型植硅体很少，但水稻扇型和哑铃型植硅体丰富
4	马庄路东距离地表130厘米	炭屑很少；植硅体丰富且多数保存完整，极少吸附碳	哑铃型、多铃型、棒型、尖型、方型、长方型、各类扇型、水稻扇型、水稻哑铃型、水稻双峰型、芦苇扇型、成组方型、成组长方型、狗尾草型等水稻扇型和哑铃型植硅体明显多于水稻双峰型植硅体
5	马庄P1H1	植硅体较丰富，少量炭屑	棒型多、尖型、方型、长方型、扇型多、水稻扇型、芦苇扇型
6	马庄P2H1	植硅体比较少	芦苇扇型、棒型、长方型、扇型
7	小朱家村P2H1	植硅体少，少量炭屑	棒型、尖型、方型、长方型、芦苇扇型等
8	薄板台P1H3	植硅体丰富，少量炭屑	平滑棒型、方型、长方型、尖型、哑铃型、各类扇型、芦苇扇型、水稻扇型；以平滑棒型和水稻扇型为主，水稻哑铃型也比较多，水稻双峰型很少
9	薄板台P1H4②	植硅体丰富，少量炭屑	平滑棒型、水稻扇型、芦苇扇型、方型、长方型、哑铃型、各类扇型；平滑棒型和水稻扇型植硅体最多，水稻哑铃型也比较多
10	薄板台P1H5	炭屑为主，植硅体较少	平滑棒型、长方型、方型、尖型、各类扇型、哑铃型等；棒型和水稻扇型为主
11	魏家村P1H1	少量炭屑，植硅体丰富	以水稻扇型、平滑棒型、方型和长方型为主
12	寨P1H1	少量炭屑，植硅体丰富	水稻扇型较多，少量芦苇扇型
13	寨P1H3	少量炭屑，植硅体丰富	水稻扇型较多，少量芦苇扇型、尖型
14	坪上P2H1	炭屑为主，植硅体极少	芦苇扇型为主，少量水稻扇型
15	柳家庄P1H1	无	
16	梁家崖头P1H1①	炭屑为主，植硅体少	芦苇扇型、水稻扇型、棒型、长方型等，与坪上P2H1相同
17	后果庄P1H1上	植硅体较少	水稻扇型

续表

序号	样品编号	植硅体特征	植硅体组合
18	后果庄 P2H1	极少植硅体	芦苇扇型、长方型、方型、哑铃型等
19	后果庄 P3H1	炭屑多	芦苇扇型为主
20	后果庄 P3H2	植硅体多但绝大多数有吸附碳	水稻扇型、棒型、芦苇扇型、长方型和方型
21	大朱家村 P1H1	植硅体较多，少量炭屑	以芦苇扇型为主
22	陵阳河集西头 P1H1	植硅体较多，炭屑较多，多吸附碳	水稻扇型、芦苇扇型、成组方型和长方型；与马庄 P1H1 相似
23	陵阳河集西头 P1H2	植硅体较多，炭屑较多，多吸附碳	同上，但水稻扇型较多
24	钱家屯 P1H2	炭屑多，植硅体多	植硅体多破碎；水稻扇型等
25	牛家庄 P1H2	炭屑较多；植硅体较多但多吸附碳	以芦苇扇型为主，少量水稻扇型和棒型

植硅体分析结果显示，这些土样中除了农作物的植硅体类型外，还有大量的其他类型植硅体，如芦苇扇型、哑铃型、棒型、长方型、方型、扇型、尖型、成组方型和成组长方型。

四、聚落农业及相关问题

这次植物考古调查获得的炭化植物遗存数量比较少，但多数土样中植硅体含量丰富，为我们初步分析聚落农作物以及人类对植物利用活动提供了基本的数据。

植物遗存资料显示，在莒县陵阳河、大朱家村等大汶口文化晚期遗址中，有丰富的水稻植硅体，这可能说明，在大汶口文化晚期，莒县一带的聚落中已经发展了稻作农业；马庄、薄板台等遗址中出土丰富的水稻植硅体，可能说明龙山文化早期，该地区稻作农业已经获得了进一步的发展，主要表现为考古遗址中普遍出土水稻植硅体，在 19 个出土农作物植硅体的土样中，18 个土样中只出土水稻植硅体，占出土农作物植硅体样品总数的 94%，占出土植硅体样品总数的 85%。此前的植物考古工作曾经在日照徐家村大汶口文化遗址中浮选到 1 粒炭化稻[6]。到目前为止，海岱地区发现的时代较早的水稻遗存，除了济南月庄遗址发现的后李文化时期的炭化稻以外[7]，就是莒县和日照一带发现的大汶口文化晚期阶段的炭化稻和水稻植硅体，在莒县的大汶口文化晚期遗址中只发现了水稻的植硅体，可能表明大汶口文化晚期，莒县一带的农业主要是稻作农业。再向北，时间进入龙山文化时期，胶州西庵遗址则发现了粟和黍的颖壳植硅体与水稻植硅体共存，胶州赵家庄[8]和两城镇[9]等龙山文化遗址，稻粟混作的农业格局非常明显，但水稻可能仍然是农作物中的主要成分。

如前所述，根据样品中植硅体丰富程度，可以将这些土样分为四组，其中的②、③组样品中都有比较多的炭屑，而且植硅体经常有吸附碳，这种现象可能表明这些土样与燃烧活动有关。因为这些样品中多数都出土了水稻叶部的扇型植硅体，所以，我们推测，聚落居民有将水稻的茎秆作为燃料使用的做法。当然，同时被作为燃料的还有芦苇等野生植物。

第④组样品的显著特点是：极少或者几乎没有炭屑，植硅体数量多，以水稻等农作物植硅体为主，植硅体保存状况好，基本没有吸附碳。例如，魏家村 P1H1、薄板台 P1H4②等样品中，都有大量的水稻扇型、水稻哑铃型植硅体，水稻双峰型植硅体比较少，多数植硅体保存完整，没有吸附碳。如果我们前面关于有吸附碳的植硅体表明是燃烧的结果符合实际的话，那么，这些基本没有吸附碳的植硅体可能正相反，表明这些植物没有经过燃烧；同时，这组样品中以水稻叶部的扇型和哑铃型植硅体为主，可能表明这些土壤来自谷物脱穗加工后的副产品堆积处，而且因为其中水稻双峰型植硅体很少，我们推测在这些聚落中水稻的脱穗脱壳加工不是在同一个地点完整的，可能像日照两城镇和五莲丹土遗址那样脱穗与脱壳分开进行[10]。

结合薄板台遗址 P1H3 和 P1H4②的炭化植物遗存和植硅体分析结果，我们发现，没有经过火烧的脱穗副产品中炭化稻谷或者稻米的遗留很少，这可能有多个原因。一个原因可能是古代居民进行脱穗加工时比较仔细，丢落的谷粒少；另一个更可能的原因是，脱穗加工时丢落的谷粒，由于没有经过燃烧的过程，最后都和稻的茎秆一起腐烂、分解了。如果这个推测不至于大误的话，这种现象充分说明，在植物考古研究中，大遗存分析与微体遗存分析结合的必要性，因为如果没有经过燃烧的过程，即使谷物加工过程中脱穗加工副产品中丢落了比较多的谷粒，这些谷粒最终也会由于腐烂、分解而消失得无影无踪，而植硅体分析则可以发现这些脱穗加工的副产品，因为不论植物如何腐烂、分解，其植硅体仍然保存在土壤中。

致谢：感谢北京大学考古文博学院燕生东博士提供胶州西庵和莒县马庄部分植硅体土样。

注　释

[1] a. 靳桂云、王春燕：《山东地区植物考古的新发现和新进展》，《山东大学学报》（哲学社会科学版）2006年5期，55～61页；

b. 陈雪香：《从济南大辛庄遗址浮选结果看商代农业经济状况》，《东方考古研究通讯·7》，9～10页。

[2] a. 靳桂云、赵敏、王传明：《植物大遗存与史前农业研究》，《植物考古——种子和果实研究》，科学出版社，2008年，162～200页；

b. 赵志军：《植物考古学及其新进展》，《考古》2005年7期，42~49页。

[3] 靳桂云、燕生东、宇田津彻朗等：《胶州赵家庄遗址水田的植硅体证据》，《科学通报》52卷18期，2161~2168页。

[4] 靳桂云、刘延常、栾丰实等：《山东丹土和两城镇龙山文化遗址水稻植硅体定量研究》，《东方考古》第2集，科学出版社，2005年，280~290页。

[5] a. 刘长江、靳桂云、孔昭宸：《植物考古——种子和果实研究》，科学出版社，2008年；
b. 靳桂云：《植硅体与考古：采样、分析与研究实例》，《科技考古采样与研究方法》，待版。

[6] 陈雪香：《山东日照两处新石器时代遗址浮选土样结果分析》，《南方文物》2007年1期，92~94页。

[7] Crawford，G.、陈雪香、王建华：《山东济南长清月庄遗址发现后李文化时期的炭化稻》，《东方考古》第3集，科学出版社，2006年，247~251页。

[8] 靳桂云：《胶州赵家庄遗址炭化植物遗存研究》、《胶州赵家庄遗址居住区土样植硅体分析》，待刊。

[9] 赵志军：《两城镇与教场铺龙山时代农业生产特点的对比分析》，《东方考古》第1集，科学出版社，2004年，210~215页。

[10] 同注[4]。

Archaeobotanic Investigation on the Archaeological Sites in Ju and Jiaozhou County, Shandong Province

Jin Guiyun[1] Zhao Min[1] Wang Chuanming[1] Liu Yuntao[2] He Xujun[2] Wang Jian[2]

(1. Center for East Asian Archaeology, Shandong University, Jinan; 2. Museum of Ju County, Rizhao)

Archaeobotanic investigation on the Late Dawenkou and Longshan Cultural sites in the Ju and Jiaozhou County revealed that (1) although no or very few carbonized plant remains floated from some soil smaples, it is still possible to extract plenty phytolith from these samples, which means that is it much necessary to combine the macro-and micro-plant remains analysis together for archaeobotanic research; (2) as a main or solely agriculture strategy, rice cultivation was much common in the Ju County area during the Late Dawenkou Culture and, later and further north, rice accompanied by millet cultivation developed as the important agriculture during the Longshan Culture in Jiaozhou and Rizhao areas.

诸城薛家庄遗址炭化植物遗存分析结果*

靳桂云[1]　王传明[1]　兰玉富[2]

（1. 山东大学东方考古研究中心，济南；2. 山东省文物局，济南）

一、考古发掘和炭化植物遗存分析结果

薛家庄遗址位于诸城市薛家庄村东南约300米，南北600米，东西400米，面积约24万平方米。从调查和初步勘探的情况看，遗址时代为大汶口文化、龙山文化、周代和汉代时期，其中史前文化遗存集中分布在遗址的北部，面积相对较小。为配合胶州至新沂铁路建设工程，2004年对该遗址被路基占压部分进行了抢救性发掘，发掘面积约700平方米。

发掘区位于遗址的北部，分南、北两区。由于该地曾大规模动土，遗址破坏较重，大多数遗迹开口在耕土层下，且仅剩下半部或底部。发掘区内以龙山文化遗存为主，主要遗迹有灰坑和墓葬两类。灰坑共发现50个，集中分布在南区。其中大部分为圆形直壁平底坑，个别袋状坑，壁、底非常规整，可能作为为窖穴使用过。长方形土坑竖穴墓1座，墓主骨架腐朽较重，无随葬品。出土遗物主要有陶器、石器，其中陶器有鼎、甗、罐、盆、单耳杯、圈足盘、器盖、网坠等，石器以铲、斧、锛、凿、刀、磨石为主。

从这些出土遗物看，时代大致在龙山文化早、中期。从南区相对集中分布的灰坑来看，发掘区域可能为当时的生活聚居区，这为我们研究鲁东南地区的龙山文化时期的聚落布局、社会组织形式等方面提供了较为重要的资料。而出土的遗物在分析探讨龙山文化早期居民的生产、生活方面也具有较高的价值。

另发现大汶口文化灰坑1个（H51）。

在考古发掘过程中，采集土样8个，土样量1～10升不等；这些土样在当地进行了浮选，使用的浮选设备是水波浮选仪，收取浮出炭化物的分样筛的规格是80目（筛网孔径0.2毫米），浮选结果在当地阴干后被送交山东大学东方考古研究中心植物考古实验室进行分类、植物种属鉴定和分析。浮选结果见表一。

8个土样中，每个土样中都出土了炭化植物种子（或果实），共有植物种类13个，其中包括粟、黍、水稻、大豆、黍亚科、豆科、菊科、马齿苋科、紫苏、苋科、茄科、蓼科、麻栎，未知的种子13粒，破碎不可鉴定的104粒，在计算各类植物遗存的数量百分比和出土概率时，不计算后两种种子结果。其中相当一部分种子还需要进一步确定其种属。

* 国家自然科学基金（40572103）和国家科技支撑计划项目“中国文明探源工程”子课题“3500BC～1500BC中国文明形成与早期发展阶段的技术和经济”项目共同资助。

表一 薛家庄遗址浮选结果登记表

植物遗存	粟	黍	水稻	大豆	黍亚科	豆科	藜科	马齿苋	紫苏	苋科	茄科	蓼科	栎果	合计
出土绝对数量（粒）	17	6	4	2	128	12	10	3	5	1	1	2	5	190
数量百分比（n=190）	9%				67%		5%							
占有样品数量	6	2	1	2	6	2	4	1	2	1	1	2	2	
出土概率（n=8）	75%				75%		50%							

从出土数量看，栽培植物种子29粒，粟最多，17粒，黍6粒，水稻4粒，大豆最少，2粒；非栽培植物种子161粒，黍亚科最多，128粒，豆科和藜科其次，分别为12、10粒，其他植物种子比较少，其中F207中出土了5粒炭化栎果（图一）。

图一 薛家庄遗址出土炭化栎果

一般来讲，某种植物种子出土单位少于2个的情况下，我们就不对其进行出土概率计算。由于薛家庄遗址这次浮选结果，13种植物中，只有粟、黍亚科和藜科三种植物种子出土单位超过2个，所以，我们放弃对这个结果进行出土概率计算。但是，有一个值得注意的现象是，前述三种出土单位超过2个的植物，其种子数量也是所发现的植物种比较多的，粟的数量百分比为9%，出土概率为75%，黍亚科的数量百分比为67%，出土概率为75%，藜科的数量百分比为5%，出土概率为50%。这种情况可能表明，数量百分比和出土概率的结果比较符合，进而表明这里的统计结果基本可以反映该聚落中沉积的植物类型的比例。

二、炭化植物组合及相关问题

下面将根据前面的分析来讨论薛家庄遗址植物遗存的意义，包括农作物组合、农田杂草反映的土地资源开发、野生植物采集情况等。

总的情况看，栽培植物数量明显少于非栽培植物。栽培植物种子29粒，非栽培植物种子161粒。

栽培植物组合包括粟、黍、稻、豆四种，其中以粟为主，可能表明薛家庄聚落旱作农业占主导地位。同出的农田杂草中主要是旱田杂草，也表明以旱作农业为主。山东地区龙山文化遗址中普遍出土炭化大豆属植物种子，因为其大小介于现代野生大豆和现代栽培大豆之间，所以，一般将其鉴定为野生大豆。但是，目前的情况是，几乎所有的聚落中都出土炭化大豆，而且有的聚落中数量比较多，可能表明龙山文化居民已经有意识利用这种植物，栽培的可能性非常大，而且炭化大豆经常与炭化粟等栽培植物共出，所以我们倾向于认为，龙山文化遗址中出土的大豆属于栽培大豆。我们期待着能从分子生物学的角度对这些材料进行研究。基于此，我们将薛家庄遗址出土的大豆归为栽培植物。但显然，薛家庄遗址出土大豆数量最少，表明大豆在栽培植物中居于比较次要的地位，这在赵家庄、桐林等遗址也是同样的情况。

薛家庄遗址出土非栽培植物中，以杂草类为主，这些杂草可以分为两组。

一组是数量比较多的黍亚科植物。黍亚科包含了粟属中的粟和黍属中的黍以及其他植物，恰巧目前鉴定中常见的一个问题是，不能很好地区分未成熟的粟和黍及其野生近缘植物种类，所以，鉴定结果中的黍亚科，其中可能包含了部分已经属于栽培的粟或者黍，但由于未成熟而被鉴定为非栽培植物。薛家庄这次可鉴定的 190 粒种子中，有黍亚科种子 128 粒，H22 中有 97 粒，其余的样品中黍亚科的种子也明显多于栽培植物，这些黍亚科的种子可能有一部分是未成熟的粟或者黍。当然，也有可能是这些黍亚科种子就是人类采集来作为食物的，或者就是农田杂草的种子。如果是这样的话，样品中包含数量比较多的黍亚科种子，说明采样位置可能是人类利用黍亚科植物的活动地点，或者靠近粮食加工后期的挑选程序地点。炭化植物遗存中包括数量比较多的黍亚科的种子的现象，在山东牟平照格庄岳石文化遗址中也存在[1]。

另一组，是黍亚科及其他杂草，它们中的大多数是田间伴生的杂草。这些杂草与作物一起在同样的季节里生长，同样的季节里被收获，最后一起被部分地储存在遗址中，并成为作物加工过程的废弃遗留。山东地区龙山文化时期考古遗址中出土的杂草种子可能都有类似的含义。

薛家庄遗址出土的杂草类植物组合主要包括黍亚科中的马唐等、豆科、菊科、马齿苋科、紫苏、苋科、茄科、蓼科。

马唐（*Digitaria* spp.）类的常见杂草包括 30 ~ 50 厘米高的升马唐（*D. adscendens*）和一些更高的马唐（*D. sanguinalis*），植株能超过 1 米。其他多数都属于低处生长的类型。马唐的种子比较小，但也较重。如果带穗的话，它们很有可能进入到最后的脱壳阶段。

豆科杂草多数都是中小型种子。这些植物多生长在地力不甚肥沃或近于衰竭的土壤中，并以损耗其他野草为代价。它们长生长在低处或缠绕在其他植物身上。

紫苏（*Perilla frutescens*）属于唇形科，为一年生草本。全国各地栽培，日本、朝鲜、缅甸至印度亦有分布，长江以南地区现仍有紫苏的野生种质资源。作为一种具有特异香气和活性物质的植物，其味辛性温，具有散寒解表、理气宽胸的功能，种子有镇咳、祛痰平喘、解郁止呕作用。全草可入药，叶、茎和种子具有重要的食用和药用价值，叶可做蔬菜和调味品，种子可榨油，油可食用、制烛和调漆。《本草纲目》记载了紫苏的种子、叶不仅可以作为食物，而且还具有药物作用，说明当时种植物已经被人类广泛应用。虽然我们目前尚不清楚古代人类从何时开始知道利用这种植物，但至少在龙山文化时期，这种植物可能已经成为人们的一种食物或者药物了，因为在龙山时代以及更早阶段的考古遗址中，多次发现了紫苏的种子，而且经常与水稻和粟等主要的粮食作物一起出土，可能表明其作为食物的可能性比较大。湖南澧县八十垱遗址出土了距今 8000 多年的紫苏[2]是目前年代最早的紫苏遗存，稍晚的河南渑池班村裴李岗文化（70ka B. P.）[3]也出土了紫苏的种子，甘肃秦安大地湾的仰韶文化早期（6.5 ~ 6.0

ka B. P.)[4]和河南洛阳皂角树二里头文化（3600a B. P. ±150a B. P.）[5]都有出土。

紫苏的种子小，而且从形态上易和白菜、油菜等芸薹属（*Brassica*）植物的种子混淆，这是野外采样和实验室鉴定需要注意的问题，利用扫描电子显微镜可以比较有效地进行鉴定。

蓼科的遗存可能属于蓼属（*Polygonum*）或酸模属（*Rumex*）。酸模一般是多年生直立生长的植物，而蓼属更多的是一年生的，也是直立生长的，是典型的伴人植物。这些植物的种子都比较大而且重，可能伴随农作物加工到达最后阶段。

非栽培植物中，除杂草类以外，还有野果类，如野葡萄、枣和栎果等，这些主要是可食植物。这些植物类型的出现，可能代表了采集野生植物作为食物的现象。纵观山东地区史前时代植物遗存出土情况，我们发现，从后李文化到龙山文化时期，都有一定数量的野生可食植物，但又一个明显的趋势是，从早到晚，采集植物的数量逐渐减少，种类也相应减少，到龙山文化时期，采集植物主要是野葡萄、枣和栎果等。如果说新石器时代早期的后李文化先民采集野生植物是为了饱腹的需要，那么，新石器时代晚期的龙山文化先民采集野生植物可能具有饱腹和丰富食物结构双重含义，特别是在那些高等级聚落中出土的野葡萄等果类植物遗存，可能更有可能代表了一种对饮食文化多样性的追求。关于这个问题，我们需要积累更多的数据进行综合分析。

注 释

[1] 赵敏、王富强、张博：《山东省岳石文化照格庄遗址浮选结果初步分析》，《中国文物报》，2008年3月28日。

[2] 《八十垱植物遗存》，《彭头山与八十垱》（上），科学出版社，2006年，518~582页。

[3] 孔昭宸、刘长江、张居中：《渑池班村新石器遗址植物遗存及其在人类环境学上的意义》，《人类学学报》1999年4期，291~295页。

[4] 刘长江、孔昭宸、郎树德：《大地湾遗址农业植物遗存与人类生存环境的探讨》，《中原文物》2004年4期，26~30页。

[5] 洛阳市文物工作队：《洛阳皂角树——1992~1993年洛阳皂角树儿里头文化聚落遗址发掘报告》，科学出版社，2002年，103~113页。

Carbonized Seeds from the Xuejiazhuang Site, Zhucheng, Shandong

Jin Guiyun[1] Wang Chuanming[1] Lan Yufu[2]

(1. Center for East Asian Archaeology, Shandong University, Jinan; 2. Cultural Relics Bureau of Shandong Province, Jinan)

Flotation was used to collect carbonized plant remains from the Xuejiazhuang site and the results revealed that (1) crops in this site include foxtail millet, common millet, rice and Soybean and (2) weeds include Paniceae, Fabaceae and so on.

鲁东南几处先秦遗址调查采样浮选结果分析*

陈雪香[1] 方 辉[1] Gary Feinman[2] Linda Nicholas[2] Anne Underhill[2]

（1. 山东大学东方考古研究中心，济南；2. 美国芝加哥费尔德博物馆，美国）

继2005年鲁东南地区调查期间采集浮选土样并发现了北辛和大汶口文化时期的粟类、稻谷等遗存之后[1]，为进一步了解该区考古遗址反映的先秦时期农业状况，2006年冬季及2007年冬季，中美日照地区联合考古队在日照及胶南进行区域系统考古调查期间，采集了一批先秦时期的浮选土样。根据出土陶片形制判断，样品年代主要为龙山文化时期和西周时期。现将浮选的植物遗存情况具体介绍如下。

一、采样与浮选

调查中采取的是随机取样法，即在遗址有剖面暴露的地方，清除表层土并清理剖面后采样。采集土样共计12份，分别来自日照东港区东海峪遗址，岚山区的前水车沟、刘家沟、纪家沟、辛留、后马庄遗址以及胶南的丁家柳沟7个遗址。每份样品土样量3.5～14升不等，共计95.5升。浮选工作使用了小水桶法，收入轻浮部分的筛子孔径为0.2毫米。得到轻浮部分之后，我们将比重大于水的所有剩余物质倒入孔径为2毫米的铁筛中，用流动水继续冲洗干净，得到重浮部分。样品阴干后，在山东大学东方考古研究中心植物考古实验室进行分选和鉴定。

二、浮 选 结 果

全部12份样品都包含了炭化物，其中10份样品内发现了炭化植物种子。这10份样品中有8份来自龙山文化遗址，69.5升土样中包含植物种子156粒，平均密度为2.2（粒/升）；2份来自西周遗址，11升土样中包含植物种子12粒，平均密度为1.1（粒/升）。全部样品出土炭化植物种子共计166粒（不计破碎难以鉴定者），平均密度1.8（粒/升）。表一列出了每份样品出土植物种子的情况。

龙山时期的8份样品中都包含了炭化植物种子。为了对比同一遗迹单位不同位置包含植物遗存的差异，我们从东海峪遗址同一文化层采集了3份样品，前水车沟和丁家柳沟各采集了2份。东海峪遗址的3份样品，所在文化层主要为贝壳堆积。3份样品土样量接近，但07-DHY-1仅见茄科种子，07-DHY-2则发现了稻谷、粟及未知三类，出土种

* “中国博士后科学基金资助项目”（China Postdoctoral Science Foundation funded project），项目编号20080431168；“高等学校学科创新引智计划资助”（Supported by the Programme of Introducing Talents of Discipline to Universities），项目编号111-2-09。

类最多的是07-DHY-3，稻谷、粟之外，还发现了数量较多的黍亚科以及紫苏种子。前水车沟遗址的2份样品土样量类似，出土植物种类及数量接近。丁家柳沟遗址的样品，07-JN-DJLG-3（1）土样量约为07-JN-DJLG-3（2）的一半，其包含的植物种类也仅见黍亚科1种，后者则增加了稻谷和粟类。显然，同一地点采集的土样量越多，发现植物种类与数量的概率也越高。二者基本成正比。

出土的龙山文化农作物包括稻谷（*Oryza sativa*）和粟（*Setaria italica*）两类。尽管粟的出土数量高于稻谷，但从出土概率看，二者基本接近。非农作物主要以黍亚科（Panicoideae）为主，无论数量还是出土概率都最为突出。另外还出土了紫苏（*Perilla* sp.）、藜科（Chenopodiaceae）、蓼科（Polygonaceae）、茄科（Solanaceae）和未知的种子。西周时期的4份样品中，仅纪家沟和辛留的两份样品出土了12粒种子。主要为粮食作物，包括小麦（*Triticum aestivum*）、粟和大豆（*Glycine* sp.），另外还有碎果壳。种子形态与其他龙山和西周遗址所见炭化形态接近，兹不赘述。

表一 出土炭化植物种子和果实登记表

时代	样品名称	土量（L）	稻谷	粟	小麦	大豆	果壳	黍亚科	紫苏	藜科	蓼科	茄科	未知	不可鉴定
龙山文化	07-DG-DHY-1	13										1		3
	07-DG-DHY-2	14	2	1									2	
	07-DG-DHY-3	12	1	5				35	45					
	06-LS-QSCG-1	3.5	3	4				4						
	06-LS-QSCG-1-CAE	4	1	3				10					1	
	07-JN-DJLG-3（1）	7.5						2		1	1		2	
	07-JN-DJLG-3（2）	12	2	14				15						
	06-LS-LJG	3.5	1											
西周	06-LS-JJG	6		1	3	1		2					1	3
	06-LS-XL-7-CAY	5			2		1						1	10
	07-LS-HMZ-1-CAC	8												
	07-LS-HMZ-1-CAD	7												

三、分析与讨论

1. 采样相关问题

采样方法。在采样过程中发现，沿暴露的剖面向里向下取土，如果过深可能会打破其他遗迹单位，导致一份样品来自两个不同的单位。因此，在调查过程中采集浮选土样时，我们尽可能地控制向里向下取土的深度，并随时注意所取土样的土质、土色及其包含物是否发生了变化。

土样量。调查过程中采集的样品土样量一方面受到所发现剖面情况的限制，另一方面还涉及运输不便等问题，因而土样量一般不大。不过，目前为止，多个调查采集的浮选结果都体现出这样一种趋势，即所取土样量越多，发现的植物种类和数量就越多[2]。因此建议未来调查取样时，在条件允许的情况下尽可能多取些，单个样品土样量 10 ~ 15 升为宜。

2. 样品来源分析

以土样量接近的前水车沟遗址的两份样品为例，二者出土植物种类及数量接近，说明是人类重复行为的结果。推测所采集的样品当为居民日常生活垃圾残余。就不同时期样品包含的炭化物总体情况而言，龙山时期样品所包含炭屑量极少，每升土包含炭屑均值约为 0.02 克，木炭极为少见；而西周样品每升土包含炭化物均值则达 0.2 克，为前者的十倍，木炭明显增多。另一方面，龙山时期少量的炭屑当中包含的种子密度明显高于西周时期[3]。这种现象或许表明，龙山文化时期的燃料更多地集中于草本植物，如农作物加工后的剩余物，而西周时期的燃料则更多使用了木本植物。

从单个样品的包含物来看，值得注意的是靠近海岸线的东海峪遗址，3 份来自贝类堆积中的龙山文化样品中还包含了稻谷和粟这样的农作物，说明遗址居民不仅有食用海鲜的便利，同时农作物也是其食谱中的重要组成部分。本次浮选结果同时包含了稻谷和粟，则体现了当地稻粟混作的农业格局。有意思的是，07-DG-DHY-3 还发现了数量较多的紫苏种子。紫苏与海鲜同食，可去海鲜腥味，还能解海鲜毒[4]。东海峪 07-DG-DHY-3 样品中发现的紫苏，或许说明当时遗址居民因喜爱海鲜的缘故，也对其配料紫苏给予了较多关注。

3. 鲁东南地区的农业

龙山文化时期的 4 个遗址中都发现了稻谷遗存，且除刘家沟遗址外，其他遗址同时出土了炭化粟。这种旱稻混作的格局，在经过发掘的遗址中已经得到明显体现[5]。此外，2005 年调查采集样品浮选结果表明，日照南屯岭遗址北辛文化层中曾发现了 6 粒黍，徐家村遗址大汶口文化层中发现 1 粒稻谷[6]。显然，本区种植农作物的历史至迟可追溯到北辛文化时期，且很早就具备同时种植粟类和稻谷的微观环境条件。

西周时期的农作物则均为旱地作物，包括小麦、粟和大豆。在粟类作物之外，大粒旱地作物种植得到推广。而原本在农作物结构中占据重要地位的稻谷则未见于我们采集的西周样品中。两份出土炭化植物种子的西周样品中，都发现了小麦。似乎暗示自西周时期小麦在本区农作物中的重要性有明显提升。

注　释

［1］ 陈雪香：《山东日照两处新石器时代遗址浮选土样结果分析》，《南方文物》2007 年 1 期。

［2］ a. Lee，G. -A.，G. W. Crawford，et al.，Plants and people from the early neolithic to Shang periods in North China. *Proceedings of the National Academy of Sciences*，2007，104（3）：1087 ~ 1092.

b. 陈雪香、郭俊峰：《山东章丘马安遗址 2008 年浮选植物遗存分析》，《东方考古》第 5 集，科学出版社，2008 年，368 ~ 371 页。

［3］ 笔者在多伦多大学 Gary Crawford 教授的提醒下注意到这一现象。

[4] 国家药典委员会:《中华人民共和国药典(一部)》,化学工业出版社,2000年,279页。
[5] 凯利·克劳福德、赵志军等:《山东日照市两城镇遗址龙山文化植物遗存的初步分析》,《考古》2004年9期。
[6] 同注[1]。

Carbonized Seeds from the Field Survey in Southeastern Shandong

Chen Xuexiang[1] Fang Hui[1] Gary Feinman[2] Linda Nicholas[2] Anne Underhill[2]
(1. Center for East Asian Archaeology, Shandong University, Jinan; 2. Field Museum, Chicago, USA)

Twelve flotation samples from seven sites, Donghaiyu, Qianshuichegou, Liujiagou, Jijiagou, Xinliu, Houmazhuang site of Rizhao and Dingjialiugou site of Jiaonan, were collected during the systematic regional archaeological survey of southeastern Shandong in 2006 ~ 2007. The samples belonged to Longshan period and Western Zhou period. Eight samples of the Longshan period contained carbonized rice (*Oryza sativa*), foxtail millet (*Setaria italica*) and weeds, among which perilla might have been used by people at the Donghaiyu site. More dry land crops were added to the Western Zhou people's menu. Four samples of Western Zhou period contained carbonized foxtail millet, bread wheat (*Triticum aestivum*) and soybean (*Glycine* sp.).

湖南不同时期炭化水稻的研究

顾海滨[1]　赵志军[2]

（1. 湖南省文物考古研究所，长沙；2. 中国社会科学院考古研究所，北京）

20 世纪 90 年代开始，在湖南考古遗址中，陆续发现了彭头山文化至明清时期的炭化水稻，累计 1 万余粒。我们选取其中部分样品与现代水稻进行了对比研究，研究包括两个方面：粒形和芒。其结果显示：在水稻的驯化过程中，粒形和芒的演化是渐变过程，粒形的演化速度快于芒；彭头山文化时期水稻已经进入了栽培的阶段，其外形特征与现代的栽培稻保持了很高程度的相似性。

一、遗 址 简 介

研究用的炭化水稻样品来自湖南 6 个考古遗址，分别为八十垱遗址、城头山遗址、丁家岗遗址、鸡叫城遗址、高庙遗址、官坪遗址（图一）。

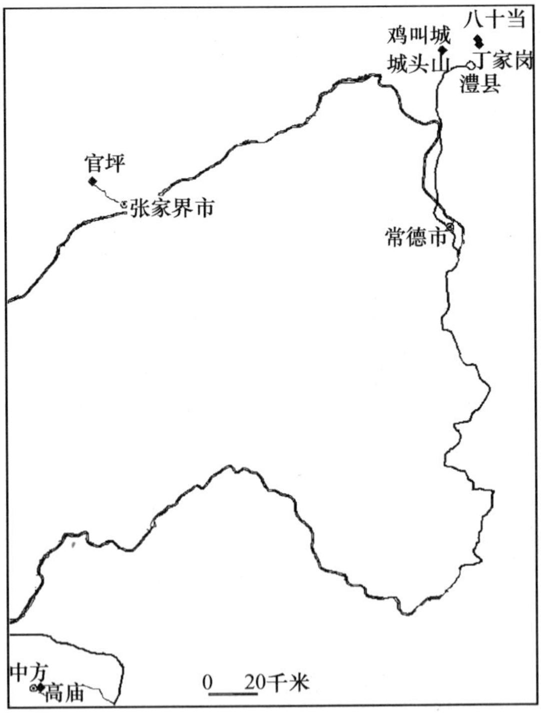

图一　遗址分布图

八十垱遗址位于湖南省常德地区澧县，是我国新石器早期彭头山文化的聚落遗址，在该遗址的壕沟中出土8000多粒炭化水稻[1]，其中炭化米占78.83%，炭化稻占21.17%。

丁家岗遗址位于湖南省常德地区澧县，是汤家岗文化时期的遗址，在遗址T5101、T3408两个探方中出土100多粒炭化米，米粒大小较为均一，绝大部分表面具有火烧的痕迹，从考古发掘资料来看，疑为祭祀用米。

城头山遗址位于湖南省常德地区澧县，是大溪文化时期的聚落遗址，在大溪文化的壕沟中出土1000多粒炭化水稻[2]，其中炭化米占98.85%，炭化稻占1.15%。

鸡叫城遗址位于湖南省常德地区澧县，是石家河—屈家岭文化时期的聚落遗址，在屈家岭时期的壕沟中发现炭化水稻79粒，其中炭化米占22.78%，炭化稻占77.22%。

高庙遗址位于湖南怀化地区，是高庙文化的一处贝丘遗址，在陶器表面发现较为完整的炭化米印痕3个，炭化稻印痕1个。

官坪遗址位于湖南张家界，为明清时期的遗址，在文化层中发现大量的炭化米。

二、炭化水稻的研究

从分类学上看，水稻属于禾本科（Poaceae）稻属（*Oryza* sp.）。稻属一般分为20个种，其中栽培稻有两种，即亚洲栽培稻（*O. sativa* L.）和非洲栽培稻（*O. glaberrima* Steud.），详见表一。非洲栽培稻的分布仅限于西非一个很小的地方，可能是由当地的长雄蕊野稻（*O. lonistaminata* A. Chev. et Roehr）演化而成[3]。世界上的稻米主要是亚洲稻，其产量约占世界稻产量的90%，它虽然起源于亚洲，却已分布于全世界，除亚洲的东部和南部以外，欧洲、非洲、美洲和大洋洲也都有少量的分布。因此我们研究稻作农业的起源，主要是研究亚洲栽培稻的起源。我国栽培的水稻是亚洲栽培稻，它有两个亚种：籼稻（*O. sativa* L. subsp. *Indica* kato）和粳稻（*O. sativa* L. subsp. *Japonica* kato），籼稻主要分布在我国南方，粳稻主要分布在我国北方。一般认为现代栽培稻由多年生普通野生稻或一年生尼瓦拉野生稻驯化而来。

此次用于研究的为普通野生稻（*O. rufipogon* Griff.）下文中均简称为野生稻。

（一）研究材料及方法

湖南6个考古遗址中发现的水稻均以炭化稻、米的形式出土，稻米表面保留了原来水稻的部分形态特征，比如：粒形、芒、刚毛、基盘、稃毛等，本文发表的仅是对遗址炭化水稻粒形、芒的研究结果。

研究采用将今论古的方法，在对现代水稻粒形、芒的形态研究基础上，将考古遗址出土的炭化水稻与之进行对比研究，最终对不同时期炭化水稻的性质做出判断。

表一　稻属各种的名称（该表引自罗利军等主编《稻种资源》）

<table>
<tr><td rowspan="22">水稻属</td><td rowspan="4">栽培稻</td><td rowspan="3">亚洲栽培稻</td><td rowspan="2">亚洲栽培稻（粳）
O. sativa L. subsp.
Japonica kato</td><td>热带型</td></tr>
<tr><td>温带型</td></tr>
<tr><td>亚洲栽培稻（籼）
O. sativa L. subsp.
Indica kato</td><td></td></tr>
<tr><td colspan="3">非洲栽培稻 *O. glaberrima* Steud.</td></tr>
<tr><td rowspan="18">野生稻</td><td colspan="3">普通野生稻 *O. rufipogon* Griff. 年（多年生）</td></tr>
<tr><td colspan="3">尼瓦拉野生稻 O. *nivara*（一年生）</td></tr>
<tr><td colspan="3">长雄蕊野生稻 *O. lonistaminata*</td></tr>
<tr><td colspan="3">短舌野生稻 *O. breviligulata* A. Chev. et Roehr.</td></tr>
<tr><td colspan="3">极短粒野生稻 *O. schlechteri* Pilger</td></tr>
<tr><td colspan="3">展颖野生稻 *O. glumaepatula*</td></tr>
<tr><td colspan="3">药用野生稻 *O. officinalis* Wall.</td></tr>
<tr><td colspan="3">紧穗野生稻 *O. eichingeri* A. Peter</td></tr>
<tr><td colspan="3">小粒野生稻 *O. minuta* J. S. Presl</td></tr>
<tr><td colspan="3">斑点野生稻 *O. punctata* Kotschy</td></tr>
<tr><td colspan="3">宽叶野生稻 *O. latifolia* Desy</td></tr>
<tr><td colspan="3">高秆野生稻 *O. alta* Swallen</td></tr>
<tr><td colspan="3">大护颖野生稻 *O. grandiglumis* Prod.</td></tr>
<tr><td colspan="3">澳洲野生稻 *O. australiensis* Domin</td></tr>
<tr><td colspan="3">疣粒野生稻 *O. meyeriana* Baill.</td></tr>
<tr><td colspan="3">瘤粒野生稻 *O. meyeriana* subsp. *tuberculata*</td></tr>
<tr><td colspan="3">颗粒野生稻 *O. meyeriana* subsp. *grarnulata*</td></tr>
<tr><td colspan="3">疣粒野生稻 *O. meyeriana* subsp. *meyeriana*</td></tr>
</table>

研究用的现代水稻地方品种（农家品种）样品由湖南省农业科学院水稻研究所提供，根据研究目的的不同，共观测现代栽培稻 29 份（分别来自湖南、广东），普通野生稻 8 份（分别来自湖南省茶陵县、江永县及江西省东乡县），总观测数量为 499 粒；炭化水稻的样品来自官坪、鸡叫城、城头山、丁家岗、高庙、八十垱 6 个遗址，观测数量 782 粒。除八十垱遗址炭化米的数据由江苏农科院汤陵华先生测量外，其余数据均由湖南省文物考古研究所实验室在 KEYENCE 数码显微镜下进行测得。根据观测部位的不同，接物目镜分别用 5、25、175 数码倍率，约等于光学目镜的 2、8、60 倍。粒形的形

态衡量参数为粒长、粒宽，度量单位为毫米（mm）；基盘的形态衡量参数为基盘长、基盘宽，度量单位为毫米（mm），测量精度至小数点后两位。水稻观测数量详见表二。

表二 水稻观测数量

		粒形（观测粒数）		稃尖	合计
		米	稻		
现代水稻		169	165	165	499
炭化水稻	官坪	20	0	0	20
	鸡叫城	61	18	16	95
	城头山	70	11	7	88
	丁家岗	185	0	0	185
	高庙	3	1	0	4
	八十垱	210	120	60	390
	小计	549	150	83	782
总计		718	315	248	1281

（二）观测结果

1. 粒形的分析

通过对5份野生稻及29份现代栽培稻米粒的粒形观测发现，栽培稻和野生稻的分布范围不完全相同，栽培稻既有与野生稻共同分布的区域，也有自己独立的分布区域。在图二中，沿着野生稻分布的边界画条直线，可以明显看出直线之上全部为栽培稻，直线之下为既有野生稻，也有少量的栽培稻，通过计算可以得到该直线的方程为 $y = 0.2745x + 0.3202$（其中x为粒长，y为粒宽）[4]。因此我们说粒形在一定程度上能将栽培稻和野生稻区别开来，即当水稻粒宽 $y > 0.2745x + 0.3202$ 值，其数据落在现代栽培稻的分布区，可以确定稻属的性质与现代的栽培稻相似；当水稻粒宽 $y \leq 0.2745x + 0.3202$ 值时，数据落在现代栽培稻和野生稻的混合区，既有可能是栽培稻，也有可能是野生稻，不能对其稻属性质做出判别。

根据上述现代水稻粒形的分布规律，下面对6个遗址的炭化水稻进行判别。

将6个遗址水稻粒形数据分别和现代水稻进行对比研究，并将其结果绘制成图三。从图三中可以发现，官坪遗址、鸡叫城遗址、城头山遗址、丁家岗遗址等的水稻炭化米数据几乎全部分布在直线 $y = 0.2745x + 0.3202$ 之上，高庙遗址水稻炭化米分布在该直线附近的两侧，八十垱遗址绝大部分数据分布在该直线之上，少量分布在该直线之下。

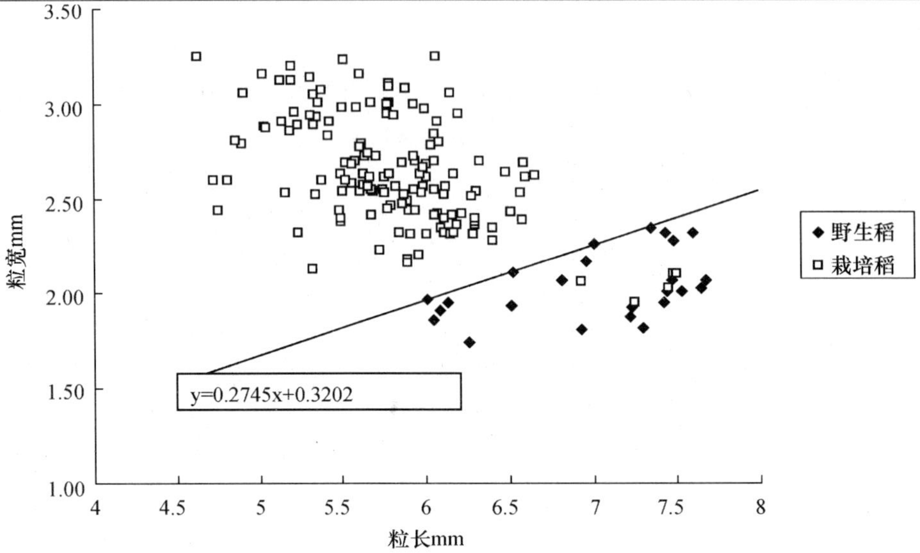

图二 现代野生稻和栽培稻粒形对比

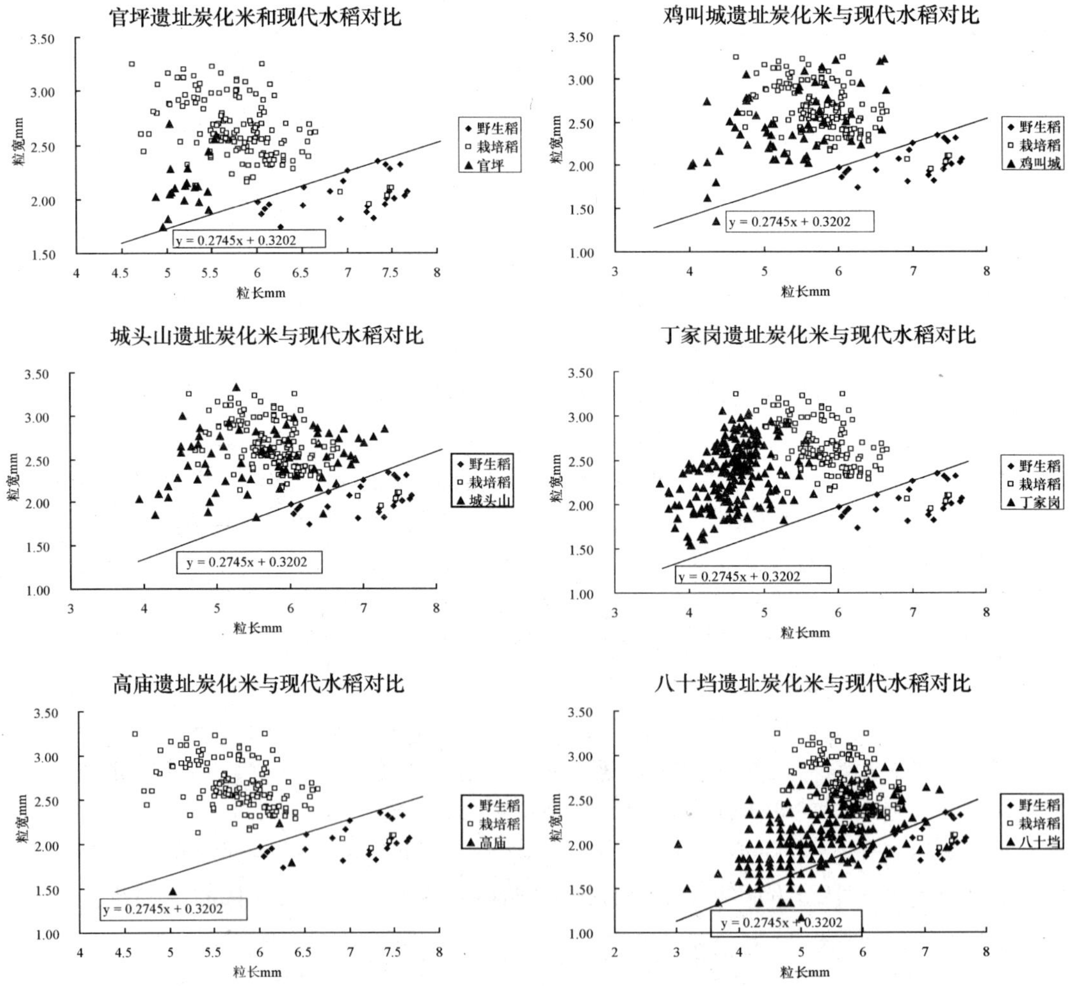

图三 考古遗址炭化米与现代水稻粒形对比

进一步对直线 $y=0.2745x+0.3202$ 两侧炭化水稻原始数据统计分析可以得知，八十垱遗址、丁家岗遗址、城头山遗址、鸡叫城遗址、官坪遗址分别有 84.76%、100%、97.14%、98.36%、100% 的炭化水稻分布在直线之上（图四），高庙遗址的 3 个水稻数据，有 1 个分布在直线之上，2 个分布在直线之下，但由于样品数量太少，达不到统计学中最小样品数的要求，因此未对其进行统计分析。

从这些数据可以看出，彭头山文化炭化稻粒形与现代栽培稻具有非常高的相似性，可达84.76%；之后至汤家岗文化这种相似性可达到100%，并且从汤家岗文化开始一直到屈家岭文化，炭化水稻的粒形持续保持着与现代栽培稻 97.14% 以上的相似性，说明在这几千年的时间段中，粒形的变化已经稳定在现在栽培稻的范围之内。因此，从粒形的角度来看水稻的驯化，我们认为从彭头山文化开始水稻已经进入了栽培阶段。

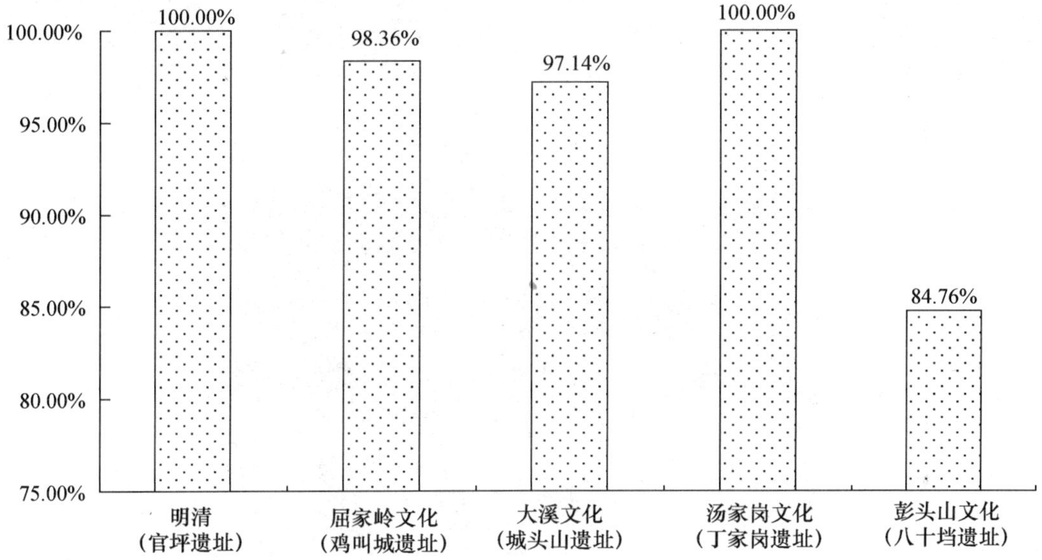

图四　考古遗址炭化米与现代水稻粒形的相似性

2. 芒的特征

芒是稃尖向外的延伸，因含有叶绿素还可以兼行光合作用，有助于稻谷之生长[5]。数码显微镜下对芒的观测发现，芒在一定程度上能将野生稻与栽培稻区分开来。根据芒的形态可以认为：①普通野生稻具长芒，栽培稻大部分无芒，少部分古老品种有芒，若考古遗址出土的炭化水稻无芒，可以认为其特征与现在栽培稻相似；②若炭化水稻有芒，可以根据芒上刚毛的密集程度对其野生稻和栽培稻的性质进行判别，普通野生稻芒上具有长而密集的刚毛，栽培稻表面光滑或刚毛稀疏[6]。

考古遗址炭化水稻稃尖具两种形态，一类无芒，另一类具芒。无芒类的炭化稻毫无疑问是野生稻经过人工驯化后，原有的芒逐渐退化了，其性质与现代栽培稻相似；而那些具芒的炭化稻，却依旧保留了野生稻部分原始的外形特征。

此次研究，共观测了八十垱遗址 60 个炭化稻壳，其中有芒类为 46 个；城头山遗址

7 个炭化稻壳，有芒类 3 个；鸡叫城遗址 16 个炭化稻壳，有芒类 7 个。丁家岗、高庙、官坪等 3 个遗址未发现炭化稻。炭化水稻由于长期埋藏在地下，芒在基部全部被折断，仅在高倍数码显微镜下能观测到极短的断芒残痕。根据镜下观测，考古遗址出土的炭化水稻，其断芒表面具有刚毛折断后残留的小突起，小突起的密度比较稀疏，因此根据芒上刚毛的性质，我们可以说，湖南出土的具芒类水稻具备了现代栽培稻芒上刚毛的特征（图五）。

但另一方面，我们仍然注意到考古遗址出土的炭化水稻有芒和无芒类的比例在不同文化层中的比例。从图六中可以得知，彭头山文化的炭化水稻以具芒类为主，无芒类所占的比例只有 23. 33%，说明彭头山文化炭化水稻芒的形态特征在很大程度上保留了野生稻的长芒的原始特征。因此从芒的总体特征来看彭头山文化时期的水稻，我们认为该时期水稻由于人的干预，23. 33% 的水稻已经完全接近现代栽培稻，76. 6% 水稻虽然还保留了野生稻长芒的特征，但其表面的刚毛已经退化，与现代的栽培稻的刚毛接近，因此，此时的水稻已经进入了栽培阶段。

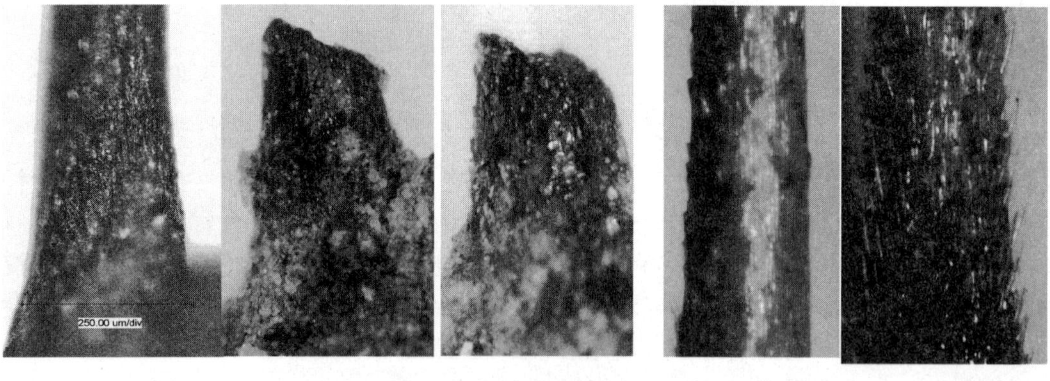

图五　芒及刚毛的对比

上图为八十垱遗址有芒类和无芒类水稻，左起 1、2 为无芒类，3、4 为有芒类；下图为遗址水稻和现代水稻芒及刚毛的对比，左起 1 为八十垱遗址水稻断芒；左 2 为城头山遗址水稻断芒，左 3 为鸡叫城遗址水稻断芒，左 4 为现代栽培稻的芒；左 5 为现代野生稻的芒

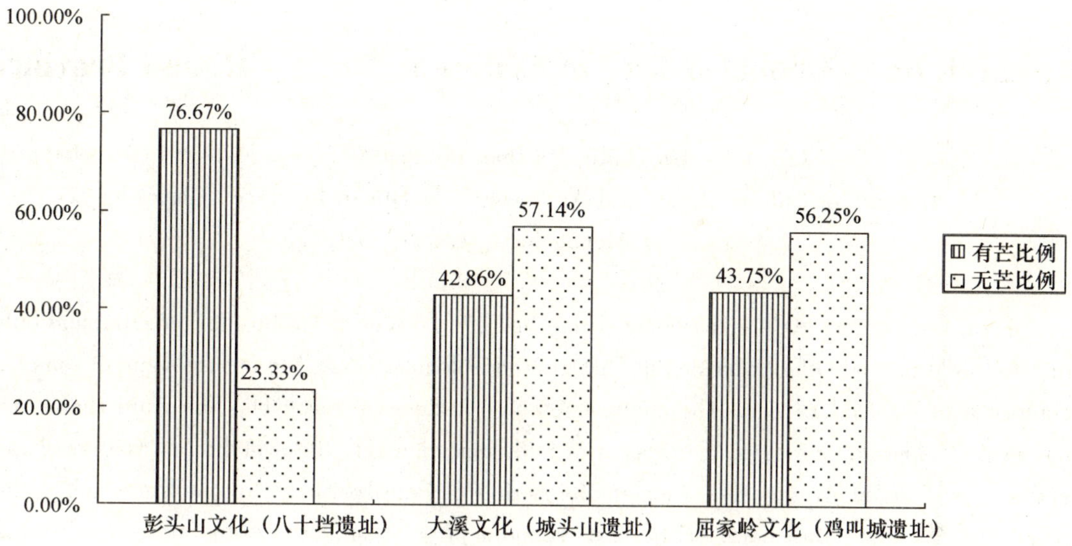

图六　考古遗址中炭化水稻有芒、无芒类型的比例

三、结　　论

综合上述对湖南6个考古遗址出土的炭化水稻粒形、芒的生物学性状分析，可以得出如下两个结论：

1）在水稻的驯化过程中，粒形、芒外形特征的演化是渐变过程，从粒形和芒与现代水稻相似百分比的数据来看，粒形演化的速度要比芒的演化速度快。

2）8000多年彭头山文化时期的水稻与现代栽培稻保持了极高的相似性，说明此时已经进入了栽培的阶段。

由于不同文化时期仅观测到一个遗址的炭化稻样品，上述的研究结论仅是对目前湖南全部出土炭化水稻的阶段性的认识。

致谢：感谢湖南省文物考古研究所领队多年来给予炭化水稻研究工作的大力支持。他们是：裴安平教授，八十垱遗址发掘领队；贺刚研究员，高庙遗址发掘领队；吴顺东研究员，丁家岗遗址发掘领队；何介钧研究员，城头山遗址发掘领队；郭伟民研究员，鸡叫城遗址发掘领队。

注　　释

[1] 湖南省文物考古研究所：《彭头山与八十垱》，科学出版社，2006年。

[2] 湖南省文物考古研究所：《澧县城头山》，文物出版社，2007年。

[3] 罗利军、应存山、汤圣祥：《稻种资源学》，湖北科学技术出版社，2002年，13～14页。

[4] 张文彤主编：《spss Ⅱ统计分析教程》，北京希望电子出版社，2002年。

[5] 李超运，《水稻观赏用途》，《花莲区农业专讯》，2002年。

[6] 广西农学院：《广西野生稻普查考察收集资料汇编》，1981年。

Research on Canbonized Rice of Different Times, Hunan Province

Gu Haibin[1] Zhao Zhijun[2]
(1. Institute of Culture Relics and Archaeology of Hunan Province, Changsha;
2. Institute of Archaeology, CASS, Beijing)

From last century 90' s, carbonized rice has been discovered from the PengTouShan culture to the Ming and Qing Dynasties in Hunan archaeological sites. We choose some of samples contrast with the modern rice. The contrast research includes two aspects: the grain shape and the awn. The result shows: in the process of rice domestication, the evolution of rice' s shape and awn is a gradually process. Rice in the period of PengTouShan Culture has reached the phase of cultivation; the characteristic of its shape is of great similarity to the modern cultivated rice.

山东济南仙人台遗址1995年出土动物遗存分析

宋艳波

（山东大学东方考古研究中心，济南）

仙人台遗址位于长清县城东南20公里处五峰山之阳的南大沙河北岸，北距济南市25公里，隶属五峰镇北黄崖村。

1995年3～5月中旬，山东大学考古系对该遗址进行了发掘。这次发掘共开5米×5米探方23个，2米×5米探沟10条，包括扩方在内揭露面积共计610平方米。除周代邿国墓地外，还发现和清理了岳石文化、西周、东周和汉代等不同时期的房址、灰坑、窑址、墓葬等90多座，出土陶器、石器、骨器、蚌器、铁器和铜器等遗物300多件（图一）[1]。

遗址时代包括六个阶段：岳石时期、西周早期、春秋早期、春秋晚期、战国时期和汉代，本文即按照这样六个阶段对动物遗存进行分期整理。

灰坑、地层、房址中出土的动物骨骼有1013件*，重19205克。在遗址分布的各个时代均有发现，其中以战国时期数量最多，有527件，占总数的52.02%；春秋晚期217件，占21.42%；西周早期187件，占18.46%；汉代78件；岳石时期4件。骨骼绝大多数出自于灰坑中，其中又以战国时期H5数量最多，有518件。

墓葬中随葬的狗骨骼有128件**，重2117克，以M6数量最多（附表一）。器物中出土的哺乳动物骨骼有86件***，重627克，大部分都被青铜器侵染为绿色，包括了3个猪的个体和两个啮齿目个体；另外还出有3条鲢鱼****（附表二）。

壹　种属的鉴定

可鉴定标本数为811件（包括了墓葬中狗的骨骼及器物中的哺乳动物骨骼），种类主要有牛、羊、斑鹿、小鹿、猪、马、狗和部分啮齿类等哺乳动物；还有少量的鸟、蚌、螺、鲢鱼等其他动物。最小个体数为101个，其中哺乳动物76个，占75.25%；软体动物21个，占20.79%；鱼类有3个，占2.97%；鸟类1个，占0.99%。下面分类描述。

---

* 这批标本按照95xrtH/F/G（）：1——（）的格式给以代号。

** 这批标本按照95xrtM（）：1——（）的格式给以代号。

*** 器物编号为95cxM/H（）：1——（），标本代号在器物编号之后给出。

**** 因为鱼的骨骼比较细碎，所以本文中只做最小个体数的统计。

一、脊椎动物门

（一）哺乳动物纲（Mammalia）

1. 偶蹄目（Artiodactyla）

（1）牛科（Bovidae）

① 牛（*Bos domestica*）

可鉴定的标本为残破的肢骨，上下颌骨，牙齿和脊椎等，共43件，代表了最少8个个体。牛的骨骼数量虽然不多，但是在汉代以外的所有阶段都有发现。

95xrtH39∶43　牛右下颌带 $M_1 \sim M_3$。P_4脱落，残留齿槽，M_3刚露出齿槽，还没有完全萌出。推断年龄略小于2岁。

② 羊（Caprinae）

可鉴定的标本为残破的下颌骨、牙齿和肢骨等，共40件，代表了最少7个个体。因为骨骼比较残破，又没有发现羊角，所以无法做出种属的准确判断。数量虽然不多，但是在岳石以外遗址的每一个阶段都有发现。

从死亡年龄来看，包括了幼年、青年和老年个体。

95xrtH5∶126　羊右下颌带 DM_3。DM_2脱落，残留齿槽，M_1在齿槽内未完全萌出。推断年龄小于0.5岁。

95xrtH5∶125　羊左下颌带 $M_2 \sim M_3$。M_2微磨，M_3未完全萌出。推断年龄1.5岁。

95xrtH5∶128　羊右下颌带 $P_3 \sim M_3$。P_2脱落，残留齿槽。M_1磨蚀非常严重。P_3、P_4、M_2、M_3磨蚀比较严重，为一老年个体。

（2）鹿科（Cervidae）

我们通过鹿角和肢骨大小判断有斑鹿和另外一种体型较小的鹿存在。

① 斑鹿（*Cervus nippon*）

可鉴定的标本为残破的角，头骨，上下颌骨，牙齿，脊椎和肢骨等，共103件，代表了最少9个个体。

另外，在遗址的编号标本中也发现有两件斑鹿角的残段。其中一件比较完整，保留有角环部分为成年后脱落的，残缺一枝眉枝（H28∶1），角尖处有几道比较明显的砍痕。另外一件（H39∶6），应为人为砍断的主枝，表面人工痕迹不明显。

我们通过牙齿的萌出和磨蚀，骨骺的愈合程度来判断死亡年龄，大部分为成年个体。

95xrt②∶2　斑鹿左下颌 $P_2 \sim M_3$残块。P_2、M_3残缺，其他保存完整。牙齿磨蚀比较严重。推断年龄大于3岁。

95xrtH5∶15　斑鹿右上颌带 $P^2 \sim M^2$。残留部分 P^2齿槽及齿根，M^2部分残留。推断年龄大于1.5岁。

② 小型鹿科

可鉴定的标本为少量残破的肢骨和极少数残留的角尖，无法进一步判断种属，共9

件，至少代表了3个个体。

（3）猪科（Suidae）

家猪（*Sus domestica*）

发现数量最多，从西周早期直至汉代都有发现。可鉴定的标本为残破的头骨，上下颌骨，脊椎骨和肢骨，共247件，代表了最少29个个体，其中西周早期的H31内含一个基本完整、保存状况比较差的成年猪的骨骼（>2岁）。我们主要是根据牙齿的萌出和磨蚀，结合骨骺的愈合程度来判断年龄的（图二）。

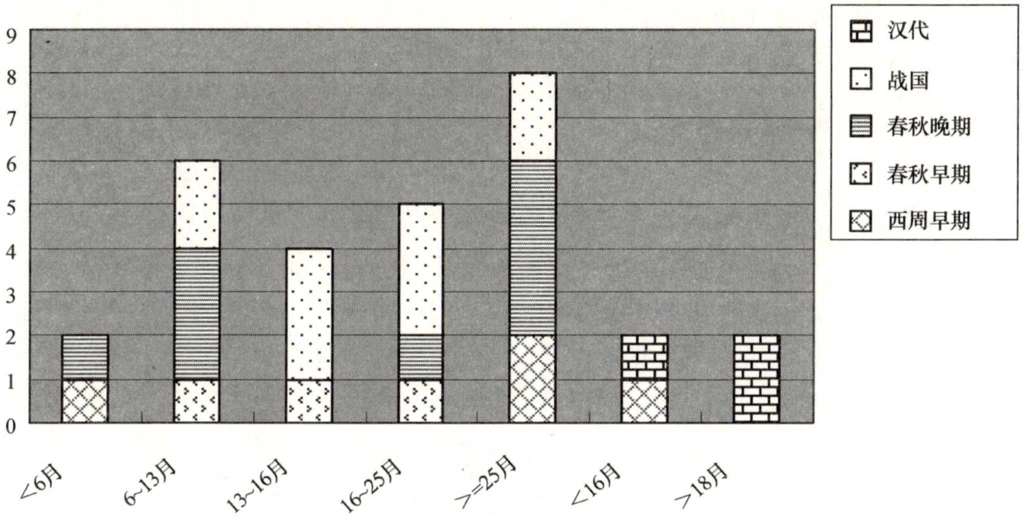

图二　1995年仙人台出土猪的死亡年龄分布示意图

从上图中我们可以看出，纵观遗址的各个时代，半岁左右的乳猪个体数量不多，而其他各年龄段从数量上来说分布还是比较均匀的。

95xrtH4:12　猪右上颌带 $DM^1\sim M^1$。$DM^1\sim DM^3$保存完整，基本未磨。M^1刚露出齿槽，还没有完全萌出。推断年龄小于0.5岁。

95xrtH4:8　猪左下颌带 $DM_3\sim M_1$。保留C、DM_1、DM_2齿槽。M_2还没有完全萌出，牙齿脱落，保留齿槽。推断年龄1岁左右。

95xrtH5:40　猪左下颌带 $M_1\sim M_3$。M_3刚刚露出齿槽。推断年龄小于2岁。

95xrtH5:33　猪左下颌带 $C\sim M_3$。保留部分门齿齿槽，C残断，$P_1\sim P_3$脱落，P_4残断，M_3未完全萌出。推断年龄在2岁左右。

95xrtH5:34　猪右下颌带 $M_1\sim M_3$。残留部分P_4齿槽。M_3刚萌出，基本未磨。推断年龄2.5岁。M_3长42.78、宽17.34毫米，推断为雄性个体。

95xrtH39:3　猪左下颌带 $M_1\sim M_3$。M_1磨蚀非常严重，M_2牙齿残缺，M_3磨蚀比较严重。推断年龄大于3岁。

在墓葬器物中还出土有部分猪的骨骼，代表了3个个体（附表二），从肢骨骨骺的愈合情况来看，3个个体的年龄分别为<1岁，<2岁，<3岁。

2. 奇蹄目（Perissodactyla）

马科（Equoidae）

马（*Equus domestica*）

可鉴定的标本为一件胫骨残块和一件寰椎，分别出自春秋晚期和战国两个不同时期的灰坑中，至少代表了2个个体。

3. 啮齿目（Rodentia）

出自一个陶罐里（95cxH43∶2），代表了大小2个个体。其中一个包括有比较完整的头骨和上颌骨（彩版二，3），一侧的下颌骨，以及部分肢骨（彩版二，2）等。另外一个只保留了部分肢骨（彩版二，1）。

此外在汉代的灰坑中也出土有股骨一件，代表了1个个体。

4. 食肉目（Carnivora）

（1）犬科（Canidae）

狗（*Canis familiaris*）

可鉴定的标本为头骨，上下颌骨，脊椎和肢骨等，共154件，代表了最少10个个体，全部成年。墓葬中出土有128件（附表一），代表了4个个体。从各个部分骨骼的测量数据来看，可以分成大小两种（图三、图四）。

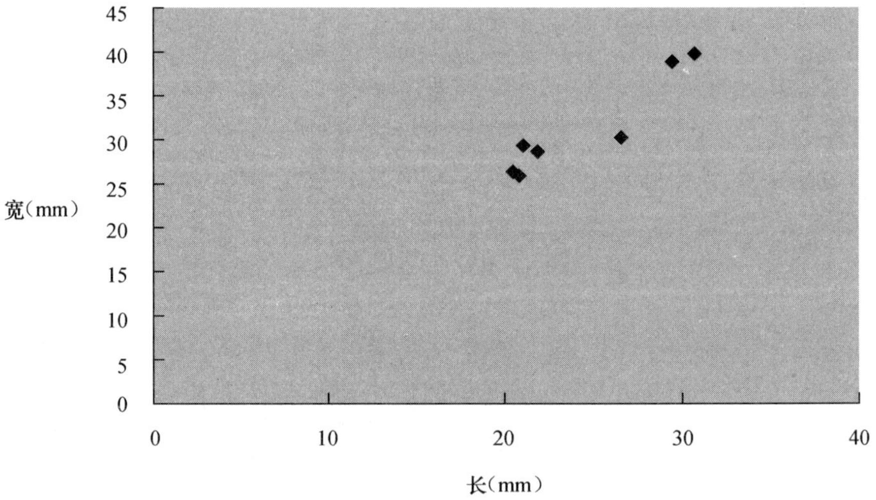

图三 1995年仙人台出土狗肱骨远端测量数据统计图

（2）鼬科（Mustelidae）

狗獾（*Gulo* sp.）

出土有2件下颌骨，保存基本完整。代表2个个体，分别出自于西周早期和春秋晚期的灰坑中。

95xrtH10∶2 狗獾左下颌带C～M_1。基本完整，残留部分门齿齿槽，P_2残缺，C、P_3、P_4、M_1保存完整，M_2缺失（彩版二，6）。

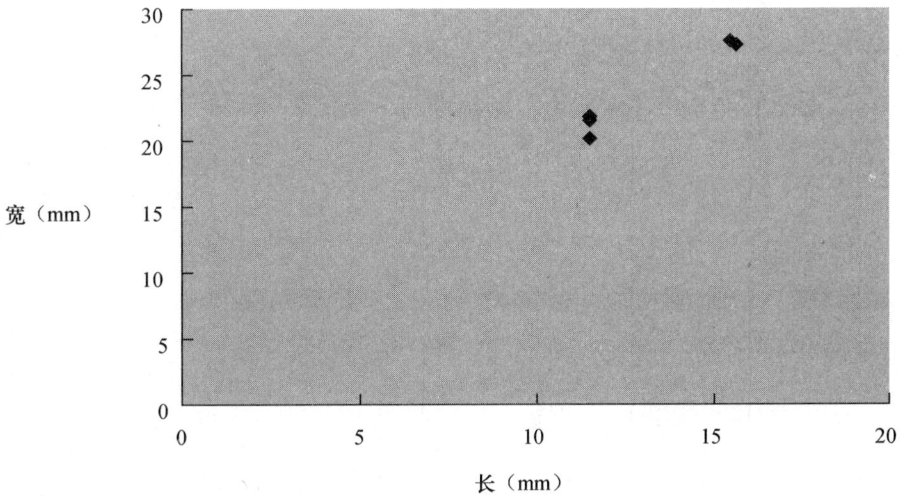

图四　1995年仙人台出土狗桡骨远端测量数据统计图

（二）鱼纲（PISCES）

鲤科（Cyprinidae）

白鲢属（*Hypophthalmichthys*）

白鲢（*H. molitrix*）

出土时保存基本轮廓，有3个个体（彩版二，4），出土于95cxM5:03青铜鼎内。

（三）鸟纲（AVES）

材料很少，且均为残破的肢骨段，很难判断种属和部位，其中一段（95xrtH5:9）为左侧肱骨远端残块（彩版二，5）。出自于战国时期的H5中，代表了1个个体。

二、软体动物门

本次发掘出土了数量较多的软体动物贝壳遗存，其中一部分保存比较完整，我们通过这些保存完整的贝壳判断出至少存在了十一个种类；部分贝壳被砸断、锯断，应该是用来制作某些蚌制品，遗址中的大部分蚌制品都是作为小件收集的。下面分类描述。

（一）腹足纲（Gastropoda）

中腹足目（Mesogastropoda）

田螺科（Viviparoidae）

1. 环棱螺属（*Bellamya*）

① 角环棱螺（*Bellamya angularis*）

可鉴定标本数为1，代表1个个体。出土于西周早期的灰坑。

2. 圆田螺属（*Cipangopaludina*）

② 中国圆田螺（*Cipangopaludina chinensis*）

可鉴定标本数为1，代表1个个体，出自战国时期的灰坑中。

③ 田螺（*Cipangopaludina* sp.）

1件标本，代表1个个体，出自汉代的灰坑中。

（二）瓣鳃纲（Lamellibranchia）

古异齿目（Palaeoheterodonta）

珠蚌科（Unionidae）

1. 丽蚌属（*Lamprotula*）

① 背瘤丽蚌（*Lamprotula leai*）

可鉴定标本数为1，代表1个个体。出土于战国时期的灰坑。

② 多瘤丽蚌（*Lamprotula polysticta*）

可鉴定标本数为1，代表1个个体。出土于战国时期的灰坑。

③ 细纹丽蚌（*Lamprotula fibrosa*）

可鉴定标本数为3，代表3个个体，分别出自西周早期的灰坑和春秋早期的墓葬中。

④ 拟丽蚌（*Lamprotula spuria*）

可鉴定标本数为2，代表2个个体，出自战国时期的灰坑中。

⑤ 丽蚌（*Lamprotula* sp.）

可鉴定标本数为1，代表1个个体，出自战国时期的灰坑中。

2. 楔蚌属（*Cuneopsis*）

⑥ 巨首楔蚌（*Cuneopsis capitata*）

可鉴定标本数为2，代表1个个体，出自战国时期的灰坑中。

3. 裂脊蚌属（*Schistodesnmus*）

⑦ 射线裂脊蚌（*Schistodesmus lampreyanus*）

可鉴定标本数为3，代表3个个体，分别出自西周早期、春秋晚期和春秋早期的灰坑和墓葬中。

⑧ 高裂脊蚌（*Schistodesmus altus*）

可鉴定标本数为2，代表2个个体。出土于战国时期的灰坑中。

4. 珠蚌属（*Unio Retzius*）

⑨ 圆顶珠蚌（*Unio douglasae*）

可鉴定标本数为6，代表4个个体，出自于战国时期的灰坑中。其中2件有穿孔。

其他保存比较破碎的贝类有89件。

贰　骨骼表面的痕迹观察及骨角蚌器的制作

一、人工痕迹

有人工痕迹的遗物共85件，占总数的8.39%。主要的动物种类是斑鹿、狗、马、牛、羊、猪、蚌等。痕迹主要是砍痕、切割痕、磨痕和敲击痕。

从骨骼上人工痕迹分布位置来看，主要集中在哺乳动物的下颌骨、寰椎和肢骨的一些关节部位。还有部分骨片上也有类似的痕迹，应该是进一步利用骨骼的时候留下来的。

贝壳类多是在边缘有敲击痕迹和磨痕。

鹿角上的人工痕迹主要为砍痕，应为砍断鹿角和截取角料所致。

95xrtH5:68　猪寰椎，有切割痕，应该是分离头骨时留下的。

95xrtH4:2　猪左侧肱骨远端，前端滑车上方有切割痕，应该是剔肉时留下的。

95xrtH39:27　牛左侧下颌体残块，髁突部分有多处较深的砍痕，应该是砍断下颌骨骨体时留下的。

二、咬　　痕

有咬痕的动物骨骼有71件，占总数的7.01%。主要的动物种类是鹿、牛、羊、猪、狗等。

痕迹主要是食肉类咬痕和啮齿类咬痕两种类型。应该是人类食用废弃之后被狗和啮齿类进一步利用的结果。

三、烧　　骨

烧骨数量很少，仅14件。主要的动物种类是猪、牛、鹿、羊等。大部分骨骼没有经火烧过，在食用和制作完工具之后直接废弃。

四、骨角蚌器的材料和制作

仙人台出土有数量较多的骨角制品，主要种类有箭头、笄、匕、锥等；还有一些蚌制品，如蚌镰、蚌刀等。

1）从制作工艺来看，角器大多数是就地取材，利用斑鹿的角作材料，砍砸磨制而成。用作原料的鹿角，一些是自然脱落的，一些是人为砍下的，有的还带有部分头骨。主要制成品有箭头、笄等，磨制的比较光滑。遗址中发现有两件类似陀螺的物品，平齐的一端有比较对称的穿孔，其中一件穿孔已被破坏。从原料上看，也是用鹿角加工磨制而成的，用途不清楚，可能是用作建筑测量的垂球。

2）制作骨器材料大概分为三类。

一类是大型动物的肢骨，如马、牛等，一般是破成骨片之后利用比较厚重的骨壁精细磨制成箭头、骨笄等产品，一般从制成品上很难判断出具体的骨骼部位。

一类是中型动物的肢骨，如羊、鹿等，破成骨片之后将其骨壁部分磨制成各种骨锥等产品，部分产品还保留着骨骼的原始关节部位。

一类是大型食草动物的肋骨，通常从中间剖开或者直接磨制成骨匕等器物。

3）蚌器则多取材于比较大的淡水蚌壳，如丽蚌等，有的是基本完整的半个蚌体，有的则分割成若干小段，然后再经过打磨加工制成一侧带刃的蚌刀和蚌镰等产品。

叁 讨论与分析

一、经济生活和生存环境

从动物的种属情况来看，从岳石时代开始直至汉代，野生动物的种类没有太大的变化，主要都是两种鹿类和极少数的鼬科动物，至少可以说明遗址附近存在着一定面积的树林。遗址中发现的大部分哺乳动物，像牛、马、猪、羊、狗等均为家畜，从最小个体数来看，在遗址的各个阶段都是先民们的主要肉食来源（图五、图六）。

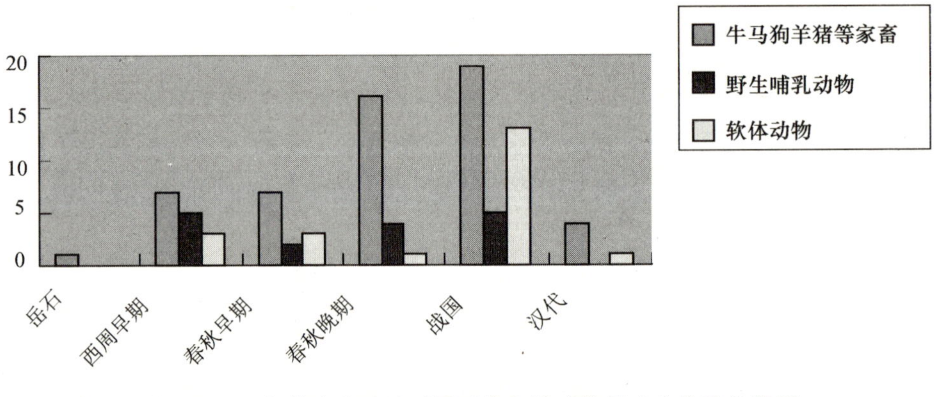

图五 1995 年仙人台遗址不同时代各类动物最小个体数统计图

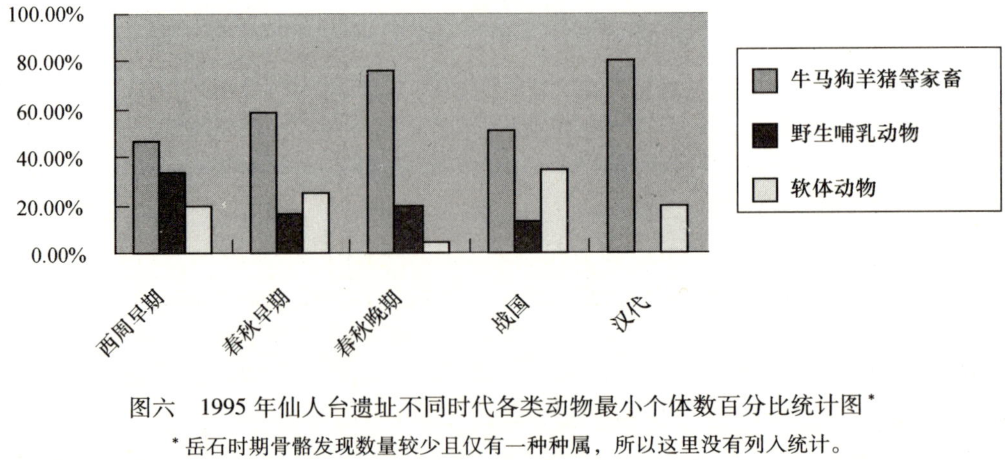

图六 1995 年仙人台遗址不同时代各类动物最小个体数百分比统计图*

* 岳石时期骨骼发现数量较少且仅有一种种属，所以这里没有列入统计。

遗址的时间跨度比较长，从岳石时期直至汉代基本都有人类生存，先民们主要靠饲养家畜获得肉食，偶尔也会利用遗址附近的自然环境，狩猎一些中小型野生哺乳动物作为肉食的补充。

遗址中也发现了为数不少的软体动物，特别是在战国时期，最小个体数达到了总数的 35.14%，种类也比较丰富。遗址中发现的软体动物主要有射线裂脊蚌、高裂脊蚌、背瘤丽蚌、多瘤丽蚌、细纹丽蚌、巨首楔蚌、拟丽蚌、丽蚌、圆顶珠蚌、中华圆田螺和角环棱螺等种属（图七），这些种属在山东兖州王因遗址都能找到[2]，说明当时这一地区的水域环境比较适合这些蚌类生存。

从现生的情况来看，细纹丽蚌、多瘤丽蚌、巨首楔蚌分布于淮河中下游和长江中下游水域，这些蚌类在仙人台遗址西周早期到战国时期均有发现，说明当时这一地区的气候大致与现在淮河中下游地区气候相似，比现在要温暖湿润一些。到汉代的时候，上述这些软体动物都没有发现了。可能说明遗址的气候发生了比较重大的变化。

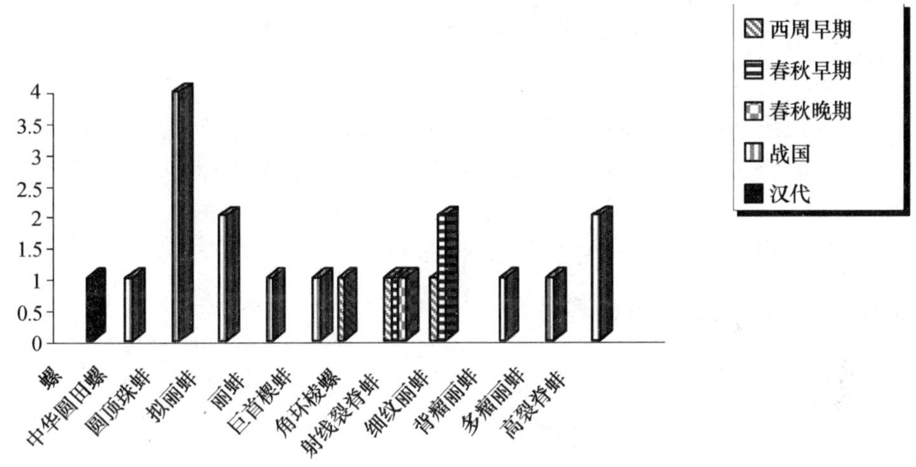

图七　1995 年仙人台遗址不同时代软体动物最小个体数分布图

二、动物骨骼反映的人类行为和意识

1. 遗址中狗的发现

遗址里的墓葬时代是从西周晚期到春秋晚期，跨越的时间比较长。在 M4、M5、M6 三座墓葬中都发现有陪葬的比较完整的狗的骨架，其中 M6 为两具。从新石器时代早期狗的驯化开始，狗与人类的关系始终是比较密切的，墓葬中随葬狗的现象在商周时期比较普遍。

另外在墓葬之外的其他遗迹中也发现了一定数量的狗的骨骼，部分骨骼上还有人为的砍痕存在，说明当时人类不仅用狗来随葬，可能还用做肉食的对象。

2. 墓葬器物中的遗存

在随葬的器物中我们发现有比较完整的猪的骨架和鱼的骨架。

M6∶1 鼎内骨骼经过鉴定，包括了基本完整的猪的左侧前肢，左侧髋骨残块及少量肋骨、胸椎、胸骨等，关节部位没有完全愈合；

M2 鼎内骨骼经过鉴定，包括了基本完整的猪的后肢，部分肋骨、胸椎、腰椎、骶椎、胸骨等，关节部位没有完全愈合；

M3∶1 鼎内骨骼经过鉴定，包括了基本完整的猪的前后肢主要长骨骨骼，部分肋骨等，关节部位没有完全愈合；

M5∶03 鼎内骨骼经过鉴定，应为3条完整的鲢鱼。

在这些骨骼上没有人为的痕迹发现，推测当时应该是连皮带肉一块放入器物之内并作为随葬品的。这与中国传统以来视死如生的丧葬行为是相吻合的，有意识地选取死者在世时经常食用的食物随葬墓中，或者可能代表了某种祭祀习俗。

山东滕州前掌大墓地有随葬哺乳动物前肢的现象[3]，这一墓地的时代从商代晚期直到东周，从时间跨度上来看与仙人台遗址基本同时。从随葬习俗来看也有一定的共同之处，比如说都是把动物身体的某一部分比较完整地放入墓中；都是在有意识地选择之后才放入墓中的。当然二者也有不同之处，仙人台的随葬动物虽然也是经过选择的，但是并没有像前掌大那样只随葬动物的前肢，照目前发现的情况来看，应该是选取了动物身体以肢骨为主的四分之一到一半的部分进行陪葬。

3. 西周早期房址及周围遗迹的讨论

西周早期房址有10座，其中6座有骨角蚌制品发现。围绕房址附近的灰坑性质基本上可以分为奠基坑、窖穴和垃圾坑几大部分。我们可以从出土动物遗存的情况来分析某些灰坑的性质。

（1）H43

西周早期的灰坑，位于遗址西南部，坑口圆形，直壁，平底稍有倾斜。坑壁及坑底稍经加工，比较规整。灰坑内有保存完好的骨锥和骨簪，在坑底还发现有完整陶瓮1件。

95cxH43∶2　陶瓮，口径18.4、底径15.4、高39.2、胎厚0.9厘米。罐中发现了两具不太完整的啮齿类骨架。

从上述的测量可见该器物的容量是比较大的，而且出土的时候是瓮口朝上位于灰坑底部的，可以排除掉扰乱的可能性。在这样的情况下发现有啮齿类的骨架，一种推测可能这个陶器是用来储藏粮食的，内里储藏的粮食经过了几千年的风化腐烂已经荡然无存了，而开始的时候由于密封不好有鼠类混迹其中也是说得通的。另一种推测则是可能当时人类以啮齿类为食，这一陶罐是作为储藏之用的。至于啮齿类的骨骼不甚完整，可能是因为骨骼过于细小，收集时有所遗漏所致。

从该灰坑的位置来看，在F9附近，应该为F9附属的储藏物品的窖穴。

（2）H31

这是一个西周早期的灰坑，坑口椭圆形，直壁。动物骨骼经过鉴定为基本完整的成年猪的骨架，保存状况极差。从灰坑的形状、猪骨的保存情况及灰坑所处的位置来看，这一灰坑应该为 F1 的奠基坑。

（3）H10

这是一个西周早期的灰坑，打破 F7 和 F10。出土骨骼遗存 15 件，包括 1 件人的跟骨。动物种类有猪、狗、狗獾、蚌等。另外还出土了 15 件骨角蚌制品，少数保存完整。推测其性质应该是一个垃圾坑。

（4）西周早期房址、灰坑中出土动物遗存肉量分析*

西周早期发现的遗迹现象主要为房址、窑址和灰坑，基本上可以代表当时人类的生活情况。出土的动物遗存共 146 件，可鉴定标本数为 67 件**，代表的动物种类有斑鹿、小型鹿、羊、狗、猪、狗獾、角环棱螺、射线裂脊蚌和细纹丽蚌。最小个体数分布情况如图八所示。

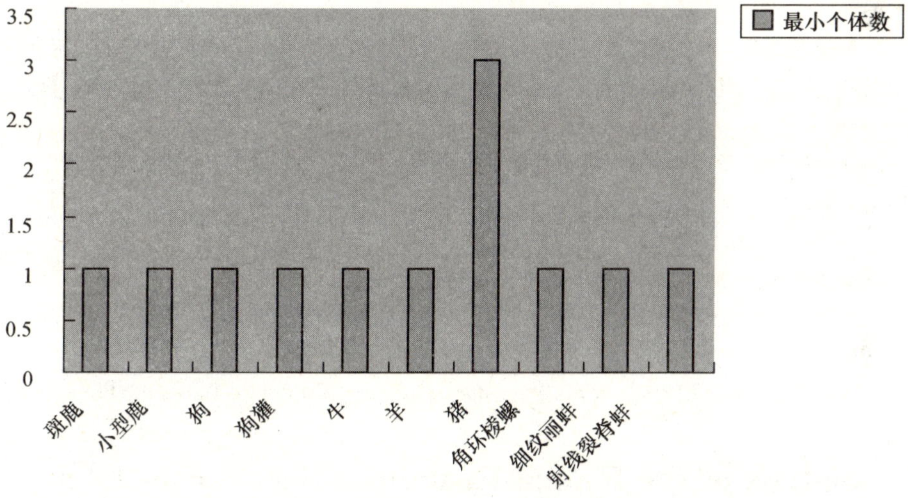

图八 1995 年仙人台西周早期遗迹中不同种属动物最小个体数分布图

在发现的这些哺乳动物中[4]，牛属于大型哺乳动物，成年个体重量在 500 千克左右；斑鹿和猪属于中型哺乳动物，成年个体重量在 100 ~ 200 千克；小型鹿、狗、狗獾和羊属于小型哺乳动物，成年个体重量在 5 ~ 30 千克。根据 White，T. E. 的计算方法[5]（animal total weight × 50 percent × archaeological animal MNI = meat weight），这些动物个体所能提供的肉量不超过 700 千克。而从遗址发现的情况来看，这些西周早期的房址并不都是同时期存在的，例如 F10 打破了 F7，说明是在 F7 废弃之后建造的，这就说明上述这些动物遗存是经历了一段较长的时间后留下来的。结合我们统计的结果来看，这些肉食所能供养的人口数量不会太大。

---

* 这里将 H31 和 H43 这两个明显的特殊遗迹排除在外。

** 人的骨骼没有统计。

肆　小　　结

仙人台遗址出土动物种类比较丰富，主要有牛、羊、马、斑鹿、猪、狗、狗獾、小型鹿类、鸟、白鲢、射线裂脊蚌、高裂脊蚌、背瘤丽蚌、多瘤丽蚌、细纹丽蚌、巨首楔蚌、拟丽蚌、丽蚌、圆顶珠蚌、中华圆田螺和角环棱螺等。

遗址从岳石到战国汉代，从动物种类的变化情况来看，遗址的气候可能有过一个比较大的转变过程；先民们主要依靠家养动物来提供肉食，偶尔也会狩猎一些中小型哺乳动物，捕捞一些贝类作为补充；先民们充分利用骨角蚌等动物遗存制作各种生产生活用品；墓葬中通常会随葬狗，也会随葬家猪身体的某些特定部分，有的还会随葬其他动物。遗址虽然延续的时间比较长，但是从动物遗存显示的情况来看，每一阶段的人口量都不会很大。

注　释

[1] 山东大学考古系：《山东长清县仙人台遗址发掘简报》，《考古》1998年9期，1～10页。

[2] 中国社会科学院考古研究所：《山东王因——新石器时代遗址发掘报告》，科学出版社，2000年。

[3] 中国社会科学院考古研究所：《滕州前掌大墓地》，文物出版社，2005年，762页。

[4] 体重数据参考以下文献：
a. 高耀亭等：《中国动物志·兽纲》，科学出版社，1987年；
b. 夏武平等：《中国动物图谱（兽类）》，科学出版社，1988年；
c. 寿振黄：《中国经济动物志（兽类）》，科学出版社，1962年；
d. 盛和林：《中国鹿类动物》，华东师范大学出版社，1992年。

[5] Elizabeth J. Reitz and Elizabeth S. Wing. *Zooarchaeology*. Cambridge University Press, 1999: 223.

Analysis of the Faunal Remains Excavated in 1995, from Xianrentai Site, Jinan City, Shandong Province

Song Yanbo
(Centre for East Asian Archaeology, Shandong University)

Xianrentai site is situated at the Beihuangya village, Wufeng town, Changqing county. The number of the faunal remains is 1227, and the NISP is 811, which represents at least 101 individuals. There are 22 species of identified animals: *Bos domestica*, Caprinae, *Cervus nippon*, *Sus domestica*, *Gulo* sp., *Equus domestica*, *Canis familiaris*, Rodentia, little deer, *Bellamya*, *Cipangopaludina chinensis*, *Cipangopaludina* sp., *Lamprotula leai*, *Lamprotula polysticta*, *Lamprotula fibrosa*, *Lamprotula spuria*, *Lamprotula*, sp., *Cuneopsis capitata*, *Schistodesmus lampreyanus*, *Schistodesmus altus*, *Unio douglasae*, bird, and *Hypophthalmichthys molitrix*. The results of faunal remains analysis suggest that 1. The environment of the site changed a lot from the Yueshi Period to the Warring State Period ; 2. The ancestors got the mainly meat resource from the domestic animals, and sometimes did some hunting and fishing to get wild animals and freshwater shells as supplementary meat. 3. The ancestors used the animal remains such as bones, antlers, and shells to make some implements. 4. Dogs were common found in the buries . Special parts of pigs and fishes were found inside the appliances. 5. There always had a little population through all the periods.

附表一 1995年仙人台墓葬出土狗骨登记表

单位	编号	种属	骨骼名称	数量
M4	1	狗	胫骨	2
	2	狗	肱骨	2
	3	狗	下颌带 C、P_2 ~ M_1	1
	3	狗	下颌带 C、P_2 ~ M_2	1
	4	狗	尺骨	2
	5	狗	桡骨	2
	6	狗	股骨	2
	7	狗	上颌带 I^3 ~ C、P^3 ~ M^2	1
	7	狗	上颌骨带 P^3 ~ P^4、M^2	1
	8	狗	肋骨残段	*
	9	狗	头骨残块	*
	10	狗	掌骨/跖骨残块	*
	11	狗	脊椎残块	15
	12	狗	跟骨	2
	12	狗	距骨	2
	13	狗	趾骨	*
	14	狗	腕骨、跗骨残块	*
	15	狗	髋骨残块	*
M5	1	狗	基本完整头骨和上颌	1
	2	狗	下颌带 I_2 ~ M_3	1
	2	狗	下颌带 C ~ P_1、P_2 ~ M_2	1
	3	狗	肱骨	2
	4	狗	胫骨	1
	5	狗	尺骨	1
	6	狗	桡骨	2

续表

单位	编号	种属	骨骼名称	数量
M5	7	狗	肩胛骨残块	1
	8	狗	股骨	1
	9	狗	头骨残块	*
	10	狗	寰椎	1
M6	1	狗	肱骨	2
	2	狗	股骨	2
	3	狗	尺骨	2
	4	狗	桡骨	2
	5	狗	胫骨	2
	6	狗	髋骨	2
	7	狗	肩胛骨残块	1
M6（北）	1	狗	上颌带Ⅰ3、P2～M2	1
	2	狗	上颌带C～M2	1
	3	狗	下颌带C～M2	1
	4	狗	下颌带C～M1	8
	5	狗	掌骨/跖骨	15
	6	狗	趾骨	6
	7	狗	腕骨、跗骨	7
	8	狗	尾骨	9
	9	狗	腰椎	7
	10	狗	胸椎	5
	11	狗	颈椎	4
	12	狗	骶椎	1
	13	狗	髋骨残片	4
	14	狗	胸骨	*
	15	狗	肋骨残段	*
	16	狗	头骨残块	*

*一些比较细碎的骨骼没有进行数量上的统计。

附表二　1995年仙人台灰坑、墓葬出土器物中的动物骨骼统计表

出土单位	编号	种属	骨骼名称	数量	左	右
M6:1	1	猪	肩胛骨	1	1	
	2	猪	肱骨	1	1	
	3	猪	尺骨	1	1	
	4	猪	桡骨	1	1	
	5	猪	髋骨残块	1	1	
	6	猪	肋骨	5		
	7	猪	胸椎	2		
	8	猪	胸骨	1		
M2鼎内	1	乳猪	股骨	1	1	
	2	乳猪	胫骨	1	1	
	3	乳猪	髋骨	1		
	4	乳猪	距骨	1		
	5	乳猪	跟骨	1	1	
	6	乳猪	股骨	1		1
	7	乳猪	胫骨	1		1
	8	乳猪	髋骨	1		1
	9	乳猪	距骨	1		1
	10	乳猪	跟骨	1		1
	11	乳猪	肋骨	10		
	12	乳猪	软肋	4		
	13	乳猪	腰椎残块	4		
	14	乳猪	胸椎残块	8		
	15	乳猪	骶椎残块	3		
	16	乳猪	胸骨	4		
M3:1鼎内	1	乳猪	肩胛骨	1	1	
	2	乳猪	肱骨	1	1	
	3	乳猪	桡骨	1	1	
	4	乳猪	尺骨	1	1	
	5	乳猪	髋骨	1	1	
	6	乳猪	股骨	1	1	
	7	乳猪	胫骨	1	1	
	8	乳猪	肋骨等	5		

续表

出土单位	编号	种属	骨骼名称	数量	左	右
H43:2 陶罐	1	啮齿类	头骨、上颌和右侧下颌	2		1
	2	啮齿类	完整髋骨、股骨、胫骨及左侧肱骨	7	4	3
	3	啮齿类	右侧肩胛骨、右侧肱骨、左侧股骨	3	1	2
	4	啮齿类	脊椎、肋骨等	6		
M5:03 鼎内		鲢鱼	脊椎	63		
			咽齿骨	1		
			其他部位碎骨	*		

济南市十亩园遗址发掘报告

济南市考古研究所

1998 年 7 月，济南市考古研究所在进行城区文物调查中，于济南市“中鲁建筑公司”承建的历下区十亩园旧城改造工地，发现古代遗址和墓葬。经上级文物主管部门批准，由济南市考古研究所组队，对此进行了抢救性清理发掘。现将发掘情况报告如下。

一、地理位置和发掘经过

济南市十亩园遗址（墓群），位于济南市历下区十亩园区域，济南古城墙（解放阁）以东约 150 米。具体位置北距解放路 80 米，东邻十亩园东街，西靠历下区办公楼，南接居民楼（图一；彩版三，1）。为配合施工建设，发掘范围东西近 80、南北 10 米，布东西向探方两排，共 36 个探方，发掘面积 800 余平方米（图二）。

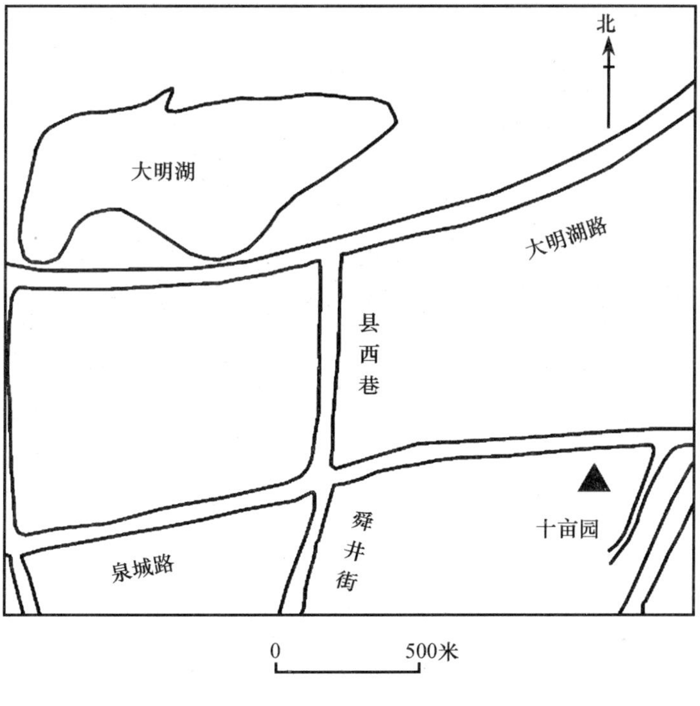

图一　济南市十亩园遗址位置示意图

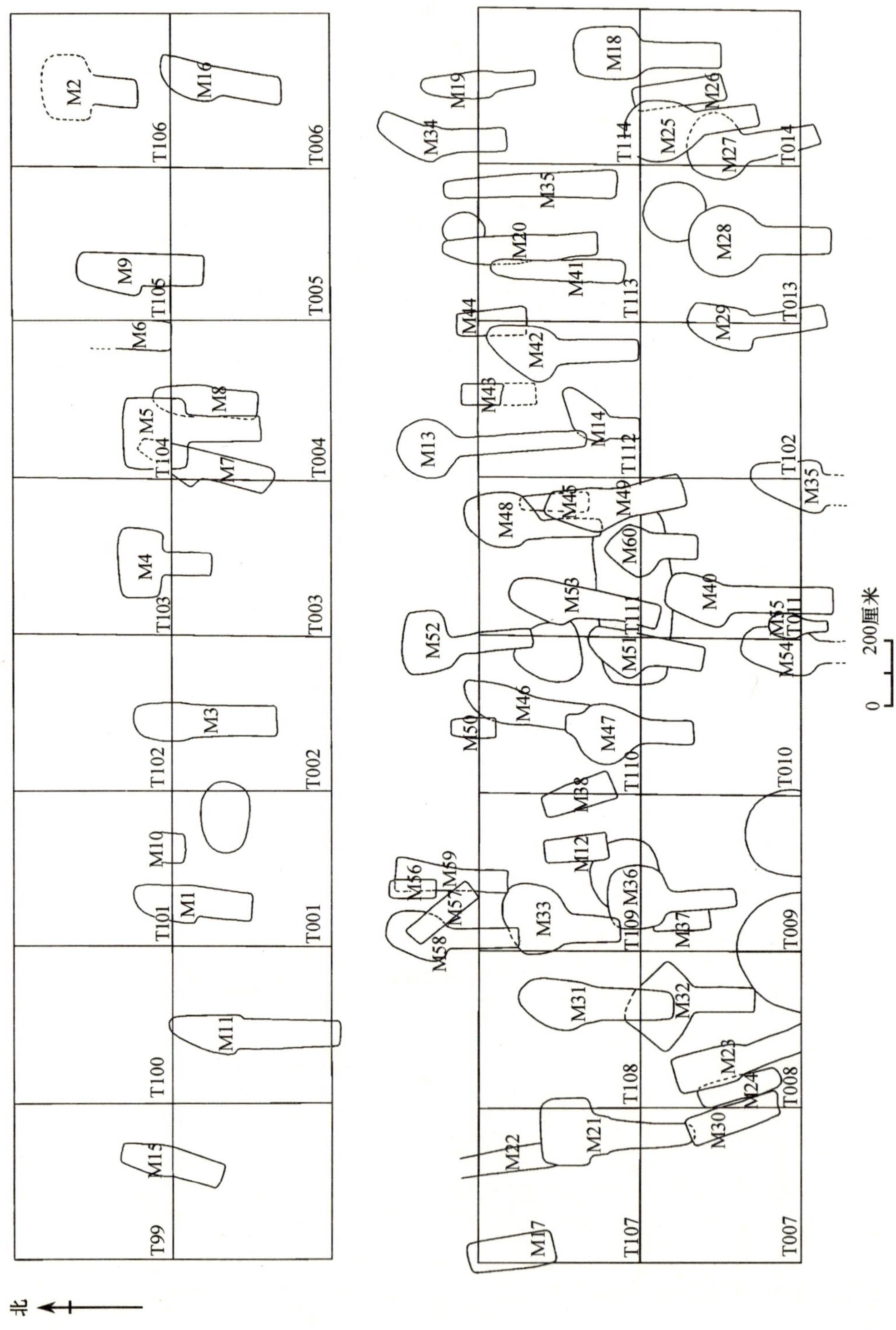

图二 济南市十亩园遗址墓群分布图

二、地层堆积

遗址文化层堆积可分为5层（图三）。

第1层：厚0.75～1米，是现代房屋基址或垫土，内含石块、炉渣及建筑垃圾等，为近现代时期。

第2层：距地表深0.75～1米，厚0.25～0.45米，黄褐色土，质地略硬，较纯净，包含少量砂粒，其他遗物较少。此层分布较为普遍，宋代墓葬大多开口于该层下。

第3层：距地表深1～1.35米，厚0.2～0.55米，灰褐色土，结构较松。此层包含大量的瓦片和一定数量的陶、瓷片，此层分布较为普遍，时代为唐代中、晚期。部分墓葬打破该层。

第4层：距地表深1.35～1.8米，厚0.15～0.3米，黄褐色土，质地略硬，此层之下有一活动硬面，包含物较少，只见于发掘区的西部，时代当略早于唐代中期。

第5层：距地表深1.8～2.15米，厚0.85～1.2米，为灰褐色土，结构疏松，质地较软。其间夹杂有黑、灰色草木灰层，出土遗物较丰，其中陶瓷片发现甚多，器形有陶罐、盆、瓮和瓷碗、罐、豆等，偶见三彩片。该层堆积较厚，分布遍及整个遗址，时代为隋代和唐代早期。

第5层之下即为生土，呈红褐色，质地较硬。

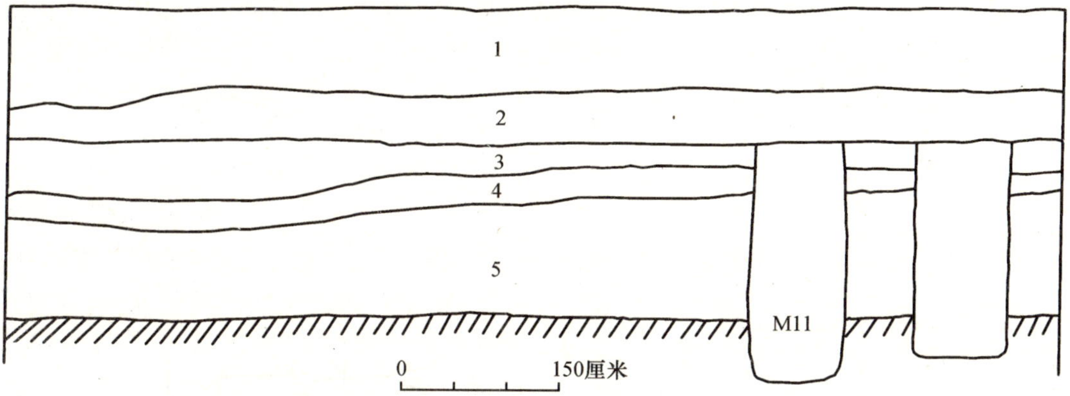

图三　济南市十亩园遗址T001～T006南壁剖面图

三、宋代墓群

（一）墓葬形制

十亩园遗址已发掘的60座墓葬中，除2座为清代墓葬、1座为牛骨外，其余墓葬的时代均为北宋时期。依据建筑形制，可把北宋时期的墓葬，分为洞室墓和土坑砖盖墓两种。

1. 洞室墓

共发掘49座。其深浅、形制和封门的结构也存在着一定的差异，其共同点是，均由墓道、封门砖（石）和洞室三部分构成。墓道均为长方形，宽度多在70～110厘米。绝大部分墓葬大致有两级台阶，第一级较浅，长度多在140厘米左右，第二级较深，其底部与墓室的底部基本一致，长度多在150厘米以上；也有一部分墓葬为斜坡墓道。墓道内的填土，除了少数较浅的墓葬为灰褐土外，绝大多数为棕色土、黄土和少量灰土相杂的花土。墓顶绝大多数已坍塌，据墓室四壁的走向推断，墓顶似为弧形；墓室底部的平面形状有圆形、椭圆形、圆角方形、圆角长方形等。

依据墓门形制，洞室墓又可分为三种类型。

（1）第一类

用灰砖砌成带边框的门楼。由墓道、墓门和墓室组成。此类墓有16座，结构也较为复杂，基本形制是带边框的门楼，边框之间的墓门用砖封堵。建墓用砖大致相同，均为泥质灰色条形砖，砖之规格为：长30、宽14、厚4.5厘米。墓门两端边框的建造方式基本相同，即用扁砖和立砖砌成，高度多在80～100厘米，门洞的顶部均采用发券的形式，多数有屋檐并向外出厦，整个门楼的外表及邻近边框的墓道两壁，均用白灰粉刷。其中有一部分建造的相当精制，墓门的外表饰有彩绘纹样，其颜色有红、黑、蓝三种，即有单彩，也有复彩。纹样大多比较简单，少数相当华丽。以植物花纹为主，也有卷云纹、圆圈纹、三角纹和平行线纹等。此类墓葬一般随葬一件陶、瓷器和几枚铜钱。陶、瓷器放置于头部位置，铜钱置于身体下面；一般为仰身直肢葬，头向多向西南。

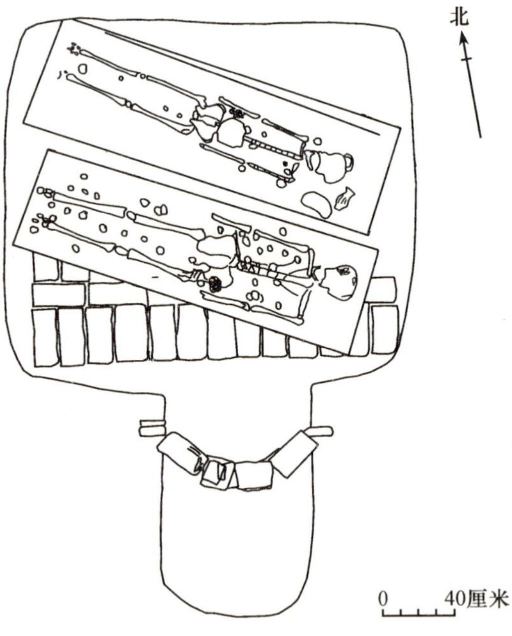

图四　M5平面图

M5，位于墓群西部，方向190°，由墓道、墓门和墓室构成。墓道残长1.2、宽0.8米，墓门残高1、宽1米，建有两门柱，各残高0.95、宽0.15米。门柱之上绘有花纹，墓门辟有券顶，由于后期扰乱，门楼部分已不复存在。墓室平面为圆角方形，长1.9、宽2.2米，用灰砖铺地，排列次序为一横一竖，有木棺两具，均为仰身直肢葬，当为夫妻合葬墓，出土文物甚为丰富，计有瓷枕1件、瓷罐1件、铜镜1面、铜钱约260枚等（图四；彩版四，2；彩版五，1）。

M14，位于墓群东部，方向180°，由墓道、墓门和墓室构成。墓道残长1.6、宽0.7、深1.9米；门楼通高2.3、宽1.78米，两侧有门柱，高2.3、宽3.2米，上部券顶，券顶之上建有门楼，门柱和券顶之上均绘有花卉图案。墓室为土洞，顶部已塌陷，墓室平面大致为长方形，长2.45、宽1.3米，清理出木质棺材一具，葬式为（单人）仰身直肢葬，出土有陶罐1件、钱币14枚、漆盒（已锈蚀）等（图五）。

M15，位于墓群西端，方向203°。墓道已被扰乱；封门砖高1.18、宽0.68米。墓室为土洞状，顶部已塌陷，墓室平面大致为长方形，长1.9、宽0.9米，清理出木质棺材一具，葬式为（单人）仰身直肢葬，墓主为女性，年龄18～20岁。仅出土陶罐1件（图六）。

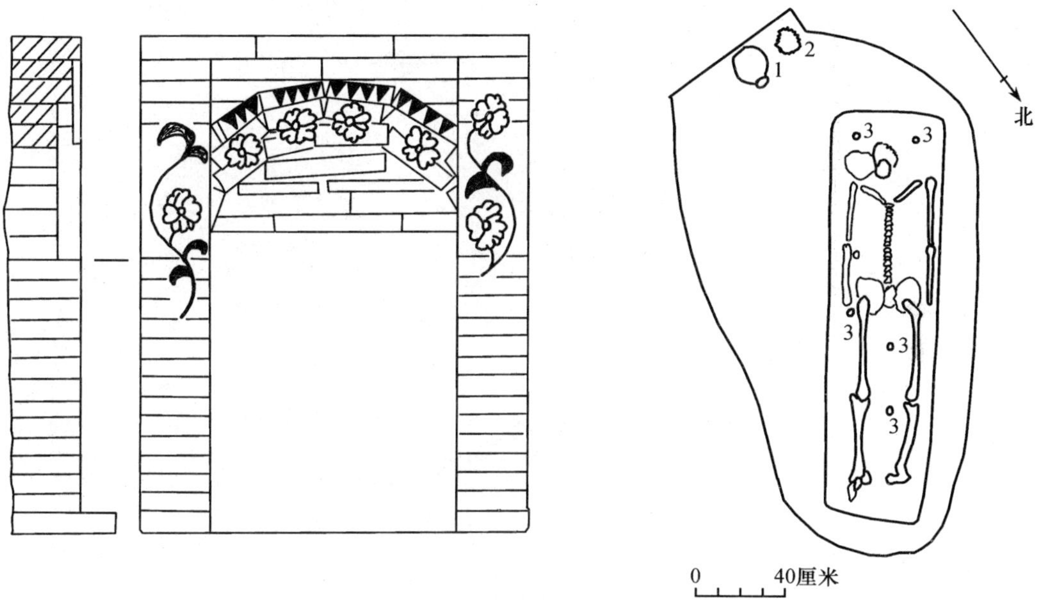

图五　M14平面图、墓门图
1. 陶罐　2. 漆盒　3. 铜钱

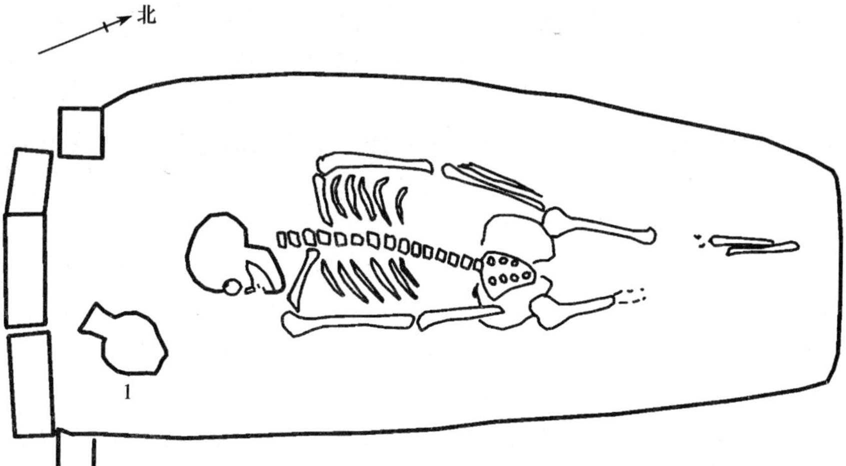

图六　M15平面图
1. 陶罐

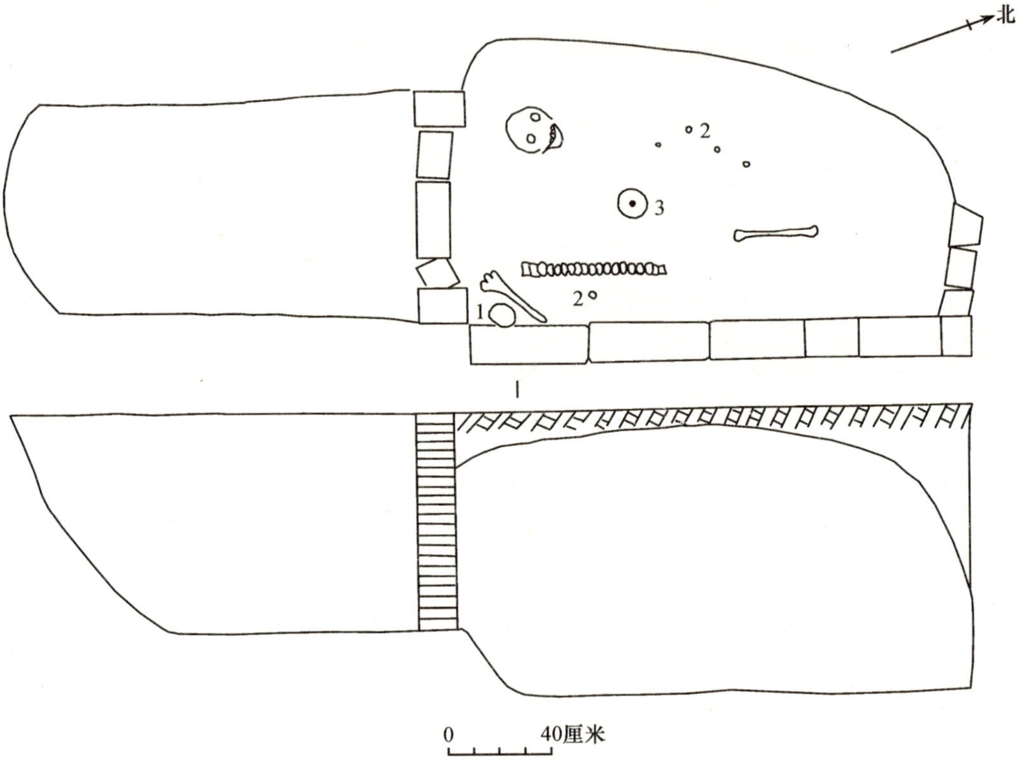

图七　M16 平、剖面图

1. 碗　2. 铜钱（祥符元宝）　3. 铜镜

M16，位于墓群中部，方向 195°。墓道残长 1.8、宽 0.9、深 1.8 米；门楼通高 1.5、宽 1.8 米，两侧有门柱，高 1.5、宽 0.3 米，上部券顶，其上绘墨绘花卉图案。墓室为土洞，顶部已塌陷，墓室平面呈袋状，长 2.1、宽 1.3、残高 1.06 米，清理出木质棺材一具，由于被扰乱，葬式不明，出土有瓷碗 1 件、铜镜 1 面、铜钱（祥符元宝等）15 枚（图七）。

M18，位于墓群东端，方向 185°，由墓道、墓门和墓室构成。墓道残长 1.8、宽 0.7、深 1.5 米；门楼通高 1.33、宽 1 米，两侧有门柱，高 1.02、宽 0.14 米，上部券顶，券顶之上建有门楼，门柱和券顶之上均绘有绚丽的花蔓纹。墓室为土洞，顶部已塌陷，墓室平面大致为方形，长 2.3、宽 2 米，墓底铺砖，其排列方式为两横两竖，建墓用砖大致相同，均为泥制灰色条形砖，并经模制，砖之规格为长 30、宽 14、厚 4.5 厘米，清理出木质棺材一具，葬式为（单人）仰身直肢葬，出土有白瓷瓜棱罐 1 件、金耳环 1 副、铜簪 1 枚、铜钱 32 枚等（图八；彩版三，2；彩版四，1）。

M28，位于墓群东部，方向 186°。墓道长 2.5、宽 0.86、深 3.6 米；门楼通高 1.3 、宽 1.1 米，两侧有门柱，高 0.9 、宽 0.18 米，上部建有仿木构门楼。墓室为土洞，顶部已塌陷，墓室平面大致呈圆形，直径 2.1 ~ 2.2、残高 1.7 米，清理出木质棺材一具，葬式为（单人）仰身直肢葬，出土有陶罐 1 件、小瓷碗 1 件、铜钱 2 枚等（图九）。

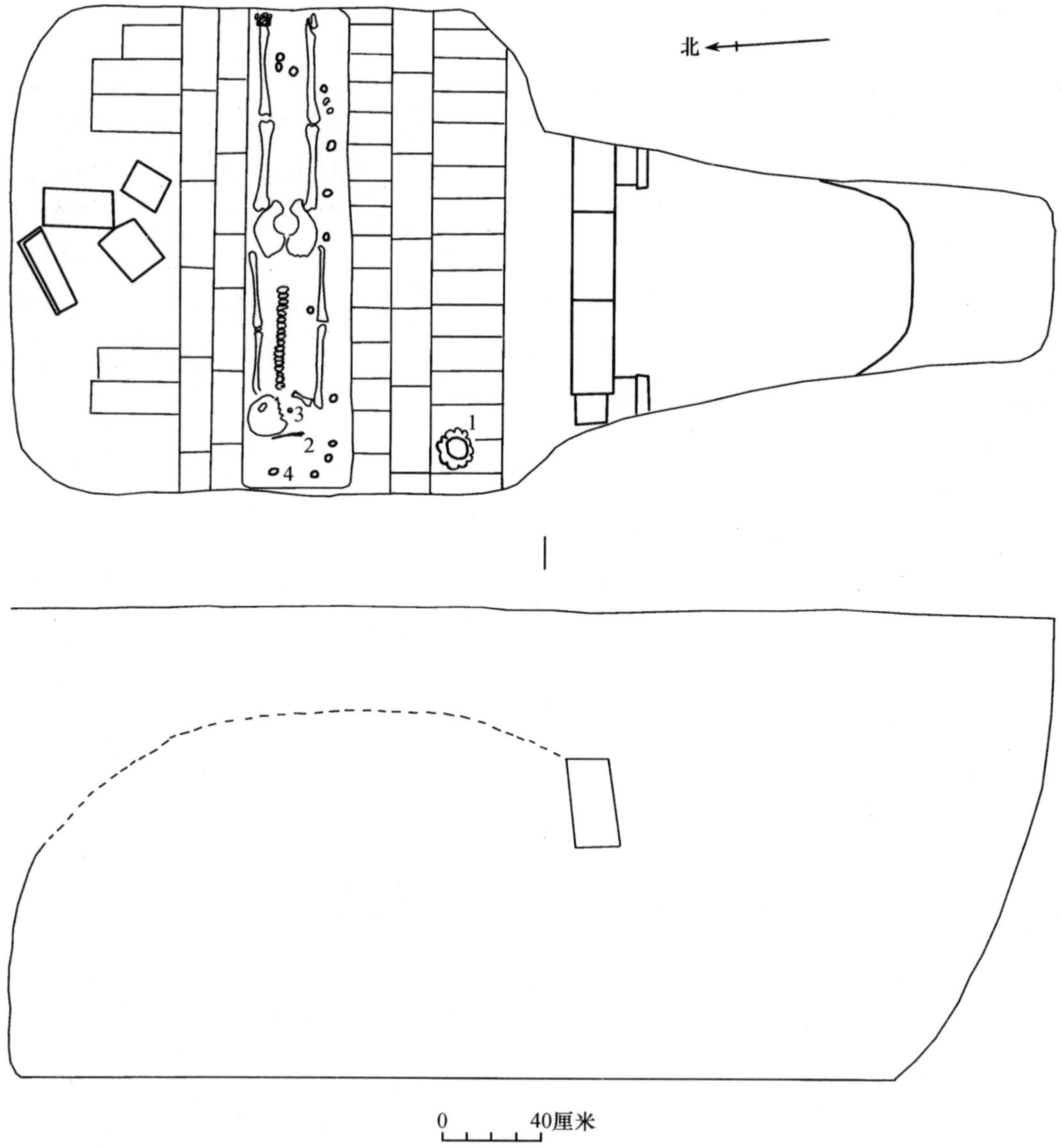

图八 M18平、剖面图
1. 白瓷罐 2. 铜簪 3. 金耳环 4. 铜钱

M29，位于墓群东部，方向185°。墓道残长1.8、宽0.96、深1.4米；门楼通高1.4、宽0.96米，两侧有门柱，高1、宽0.16米，上部券顶，券顶之上建有仿木构门楼。墓室为土洞，顶部已塌陷，墓室平面为“刀”字形，长2.3、宽1.4米，清理出木质棺材两具，为夫妻合葬墓，葬式为仰身直肢葬。出土有陶罐2件、铜簪1枚、铜钱9枚（图一〇）。

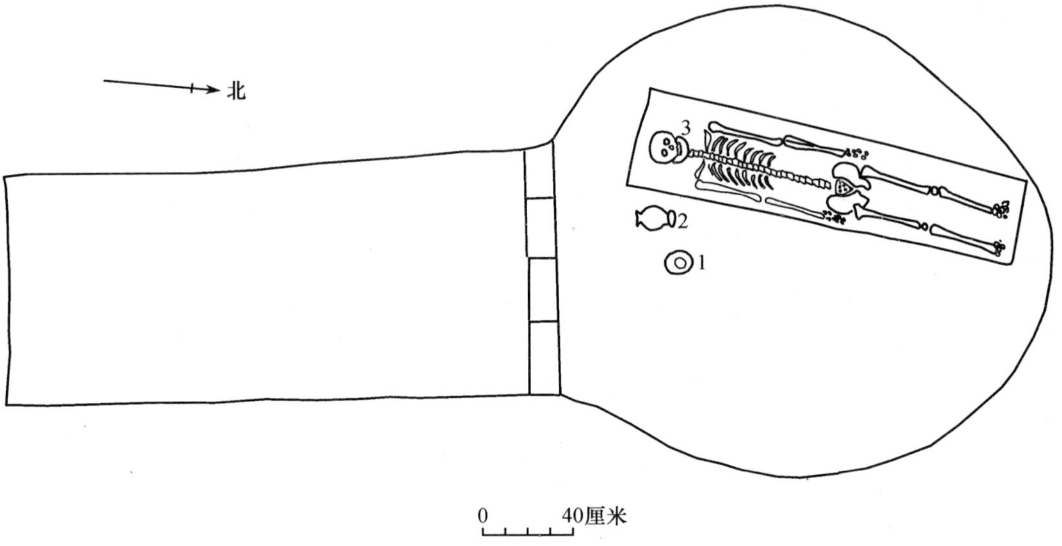

图九　M28 平面图

1. 瓷碗　2. 陶罐　3. 口含（2 枚）

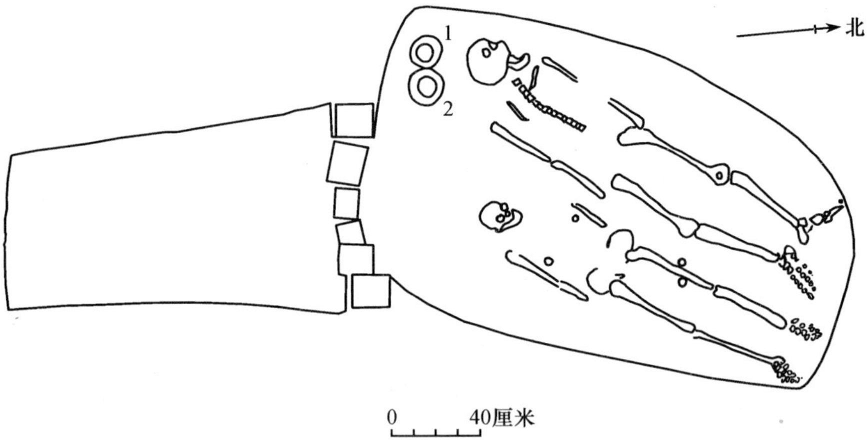

图一〇　M29 平面图

1、2. 陶罐

M31，位于墓群中部，方向 190°，由墓道、墓门和墓室构成。墓道残长 2.4、宽 1.1 ~ 1.3、深 1.3 米；墓门通高 1.6 、宽 1.04 米，两侧有门柱，高 1.1、宽 0.16 米，上部券顶，券顶之上建有仿木构门楼。墓室为土洞，顶部已塌陷，墓室平面呈椭圆形，长径 2.4、短径 1.4、残高 1.3 米。墓室被严重扰乱，木质葬具，仅存头骨和下肢骨，单人葬。出土有陶罐 1 件、瓷碗 1 件、铜簪 1 枚、铜钱 34 枚（图一一）。

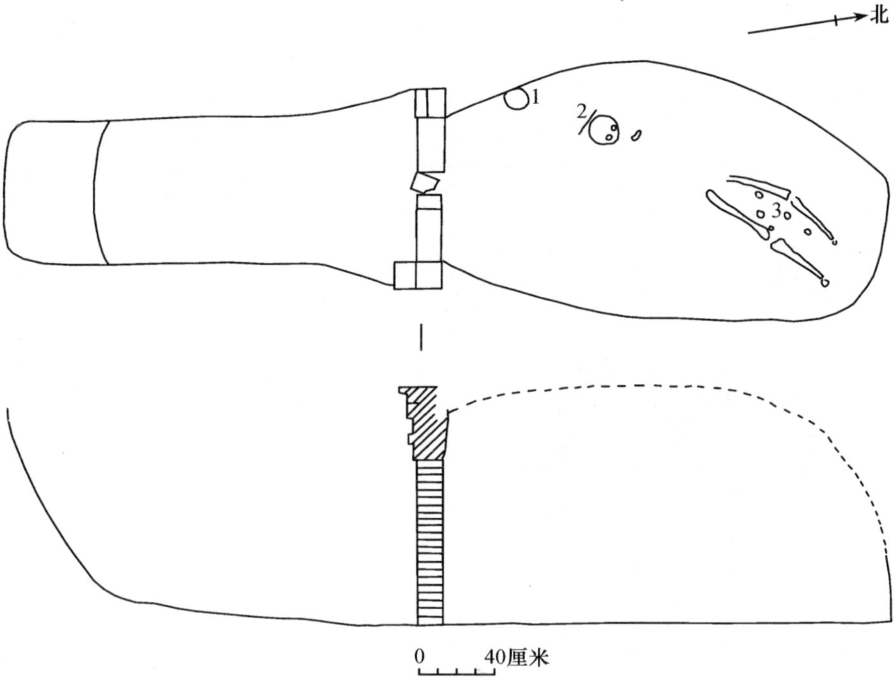

图一一 M31平、剖面图
1. 陶罐 2. 铜簪 3. 铜钱

M33，位于墓群东部，方向195°。墓道残长2.3、宽0.5~0.92、深1.6米；门楼通高1.6、宽0.9米，两侧有门柱，高1.2、宽0.16米，上部券顶，券顶之上建有仿木构门楼。墓室为土洞，顶部已塌陷，墓室平面大致呈圆形，直径2.06~2.2米，墓室残高约1.75米。清理出木质棺材一具，葬式为（单人）仰身直肢葬，出土有陶罐1件、瓷碗1件、铜钱17枚（图一二）。

M34，位于墓群东北端，方向172°。墓道残长2.3、宽0.8米；门楼通高1.56、宽1.04米，两侧有门柱，高1.06、宽0.14米，上部券顶，券顶之上建有仿木构门楼。墓室为土洞，顶部已塌陷，墓室平面大致为椭圆形，长径2.3、短径1.2、墓室残高1.2米。清理出木质棺材一具，葬式为（单人）仰身直肢葬，出土有陶罐1件、铜钱2枚（图一三）。

M36，位于墓群中部，方向185°，由墓道、墓门（封门石、砖）和墓室组成。墓道残长1.4、宽0.96、深1.8米，墓门宽0.9、高1.5米。先用两块石板封门，里面再用砖横向封门。墓室平面呈方形，东西长2.26、南北宽1.4米，墓顶已塌陷，其高度已不得而知，推测当为弧形。墓室底部有横向铺地砖。随葬品计有白瓷瓜棱罐1件、铜腰佩饰（残）1件、铜钱3枚、“故郭评事墓记”石刻一通（图一四）。

M39，位于墓群东部，方向182°。墓道残长1、宽1.2、深1.36米；两侧有门柱，高1.4、宽0.14米；门楼已毁。墓室为土洞，顶部已塌陷，墓室平面呈靴形，长2.4、宽1.8米。清理出木质棺材一具，葬式为（单人）仰身直肢葬，出土有银耳环1件、牛角梳（残）1把、石质小动物1件、铜钱16枚（图一五）。

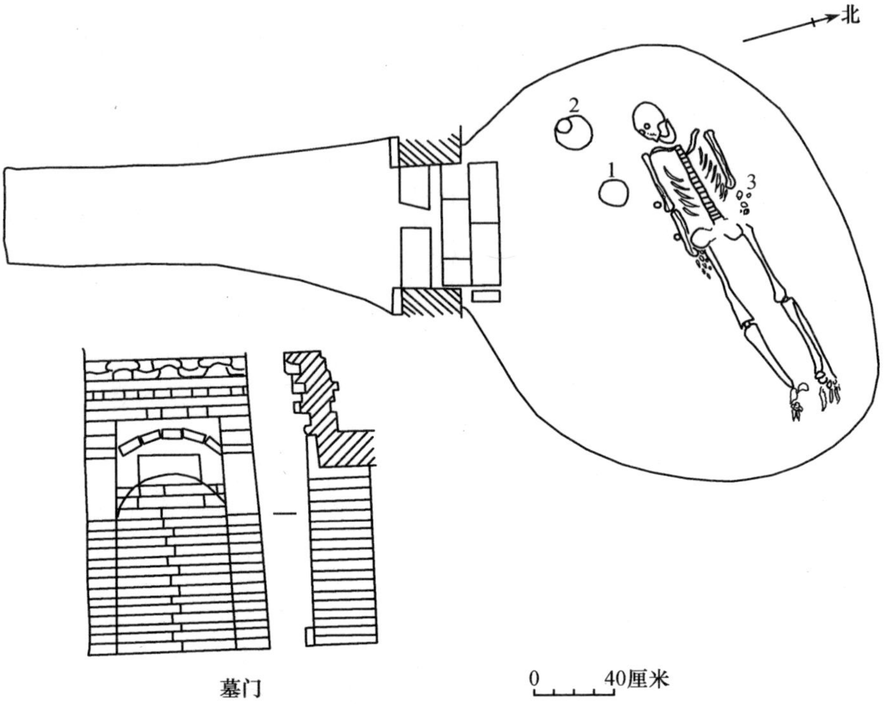

图一二　M33平面图

1. 瓷碗　2. 陶罐　3. 铜钱

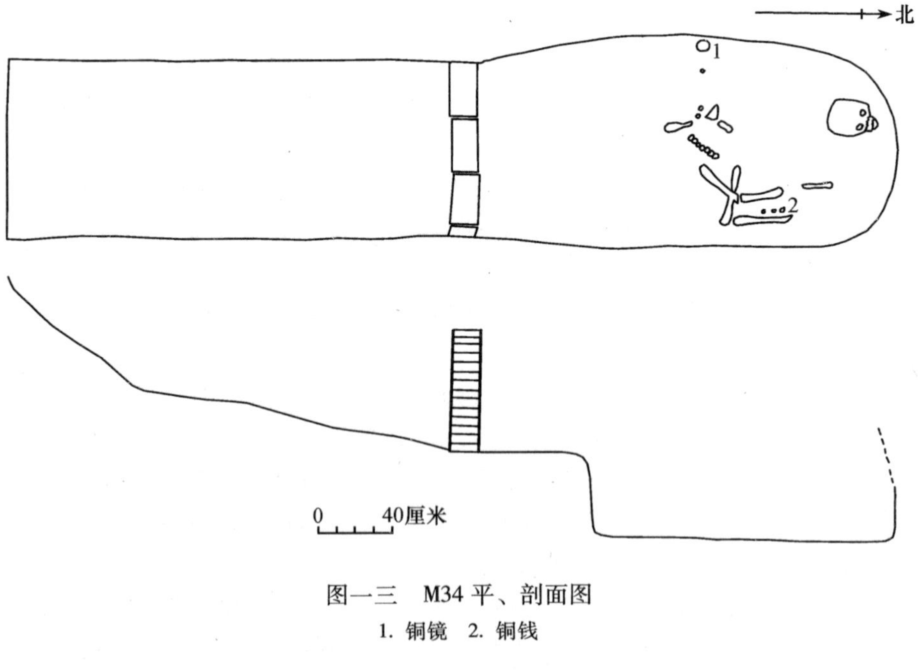

图一三　M34平、剖面图

1. 铜镜　2. 铜钱

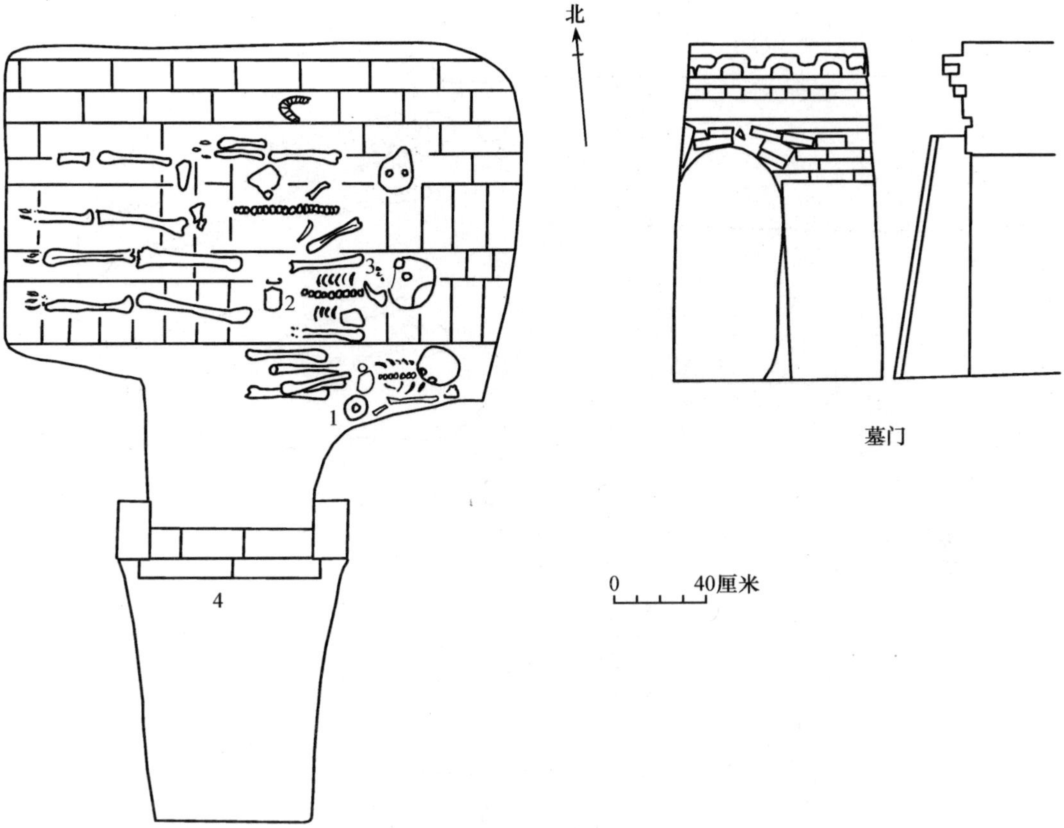

图一四　M36 平面图
1. 瓷罐　2. 腰佩饰　3. 铜钱　4. 石刻

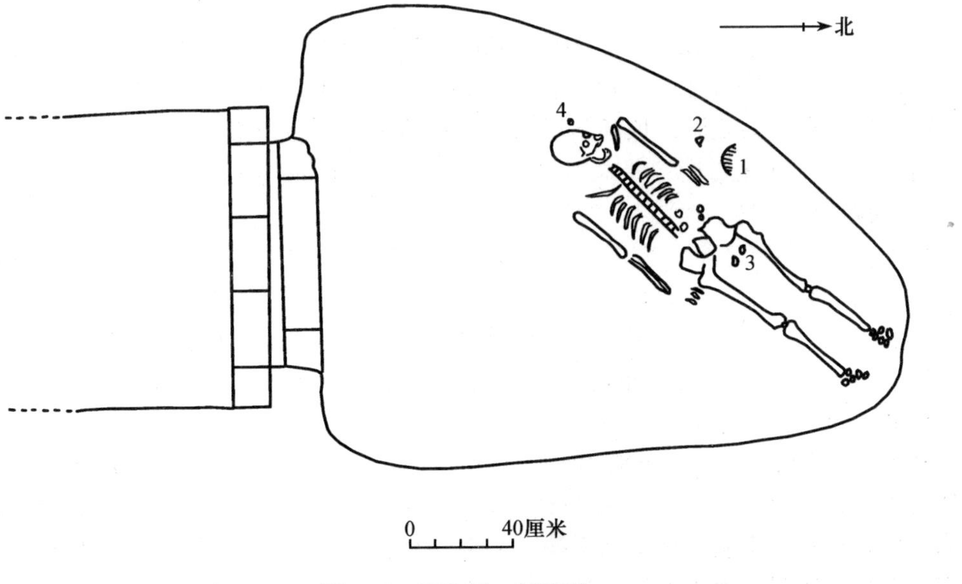

图一五　M39 平、剖面图
1. 牛角梳　2. 石质小动物　3. 铜钱　4. 银耳环

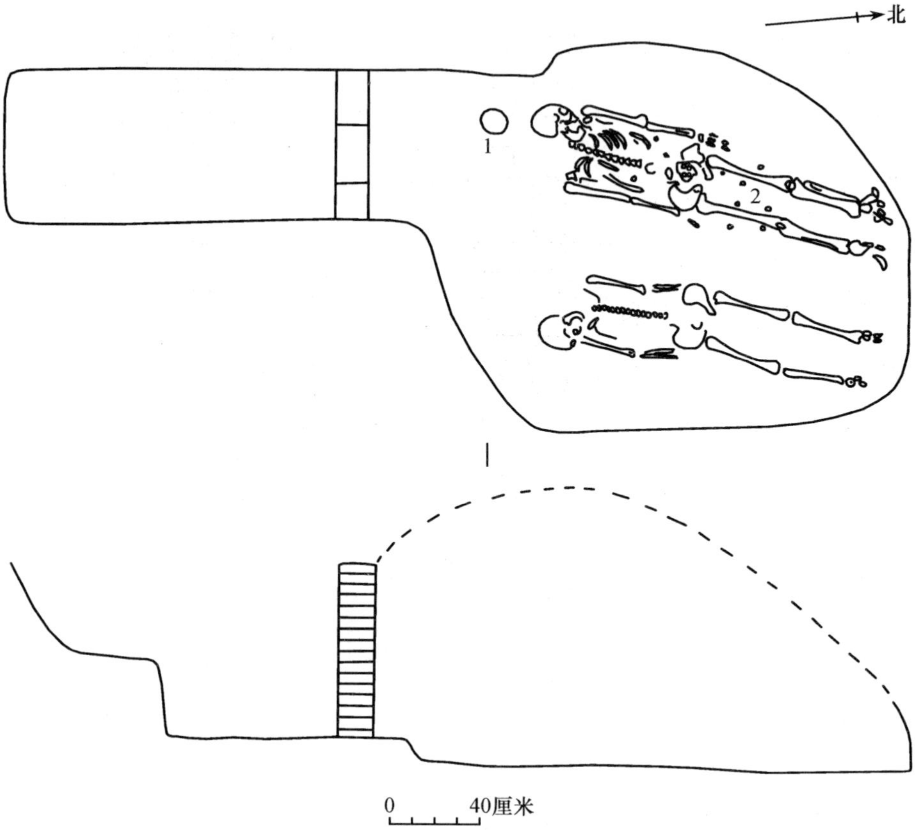

图一六 M42平、剖面图
1. 陶罐 2. 铜钱

M42，位于墓群东部，方向180°。墓道呈阶梯状，残长1.2、宽0.96、深1.84米；门楼通高1.4、宽0.96米，两侧有门柱，高1、宽0.14米，上部券顶，券顶之上建有仿木构门楼。墓室为土洞，顶部已塌陷，墓室平面呈靴形，长2.1、宽1.6、残高约1.5米。清理出木质棺材二具，葬式为（双人）仰身直肢葬，当为夫妻合葬墓。出土有陶罐1件、铜钱等（图一六）。

M46，位于墓群东部，方向185°。墓道残长2.25、宽1、深1.4米；门楼通高1.4、宽1米；两侧有门柱，高0.9、宽0.14米，上部券顶，券顶之上建有仿木构门楼。墓室为土洞，顶部已塌陷，墓室平面大致呈椭圆形，长径2.2、短径1.32、墓室残高1.4米。清理出木质棺材一具，葬式为（单人）仰身直肢葬。出土有陶罐1件、青瓷碗1件、铜钱2枚（图一七）。

M51，位于墓群东部，方向185°。墓道呈阶梯状，残长1.74、宽0.86、深1.3米；门楼通高1.24、宽1米，两侧有门柱，高1、宽0.14米，上部券顶，券顶之上建有仿木构门楼。墓室为土洞，顶部已塌陷，墓室平面大致呈“刀”字形，长1.84、宽1.4、残高1.3米。清理出木质棺材一具，葬式为（单人）仰身直肢葬，男性。出土有陶罐1件、铜簪1枚（图一八）。

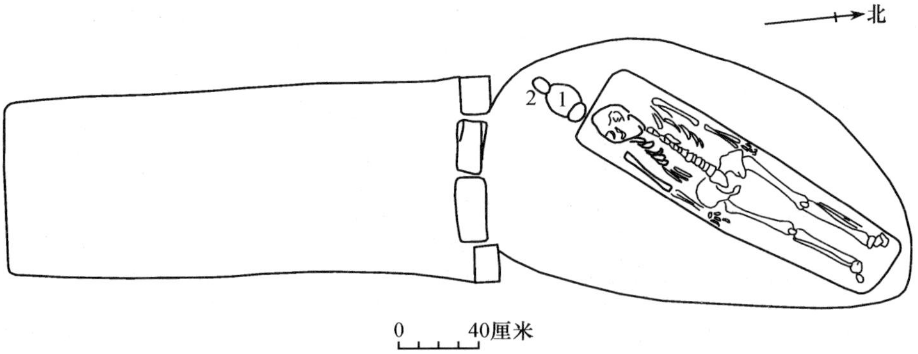

图一七　M46 平面图

1. 陶罐　2. 瓷片

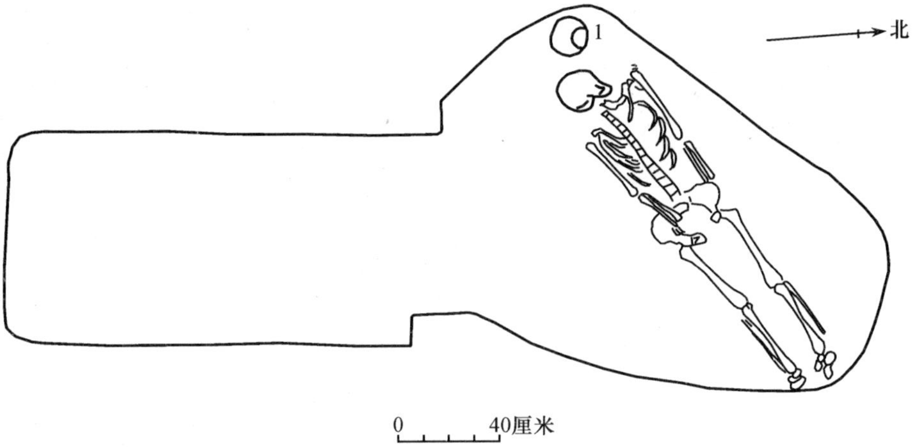

图一八　M51 平面图

1. 陶罐

M54，位于墓群东部，方向192°。墓道呈阶梯状，残长1.6、宽1、深2.1米；门楼通高1.2、宽1.04米，两侧有门柱，高1、宽0.14米，上部券顶，券顶之上建有仿木构门楼。墓室为土洞，顶部已塌陷，墓室平面大致呈靴形，长2.3、宽1.62、残高1.24米。清理出木质棺材二具，葬式为（双人）仰身直肢葬。为夫妻合葬墓。出土有陶罐2件、铜簪3枚、骨簪（残）1枚（图一九）。

（2）第二类

由墓道、封门砖和墓室组成。只用砖封门，即在墓道与墓室的连接处，简略地垒砌一排砖，当做墓门，形状外弧。此类墓计31座。

M1，位于墓群西部，方向185°，由墓道、封门砖和墓室组成。墓道长1.6、宽0.9米，墓门为砖砌，两侧为门柱，用砖封门，封门砖残高1.3、宽1.16米。墓室平面呈袋状，南北长1.86、东西宽1.1～1.2米。木质葬具，已朽，头向南。单人仰身直肢葬，骨骼保存较好。墓中随葬陶罐1件、铜钱8枚。保存较差（图二〇）。

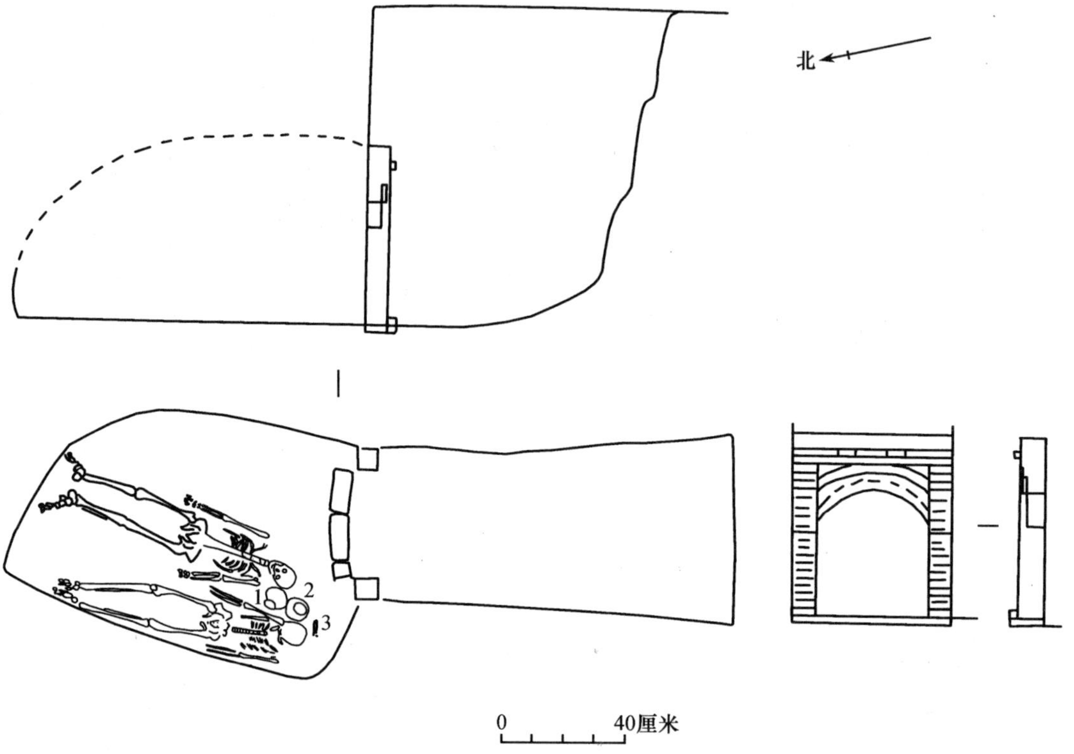

图一九　M54平、剖面图
1、2. 陶罐　3. 簪

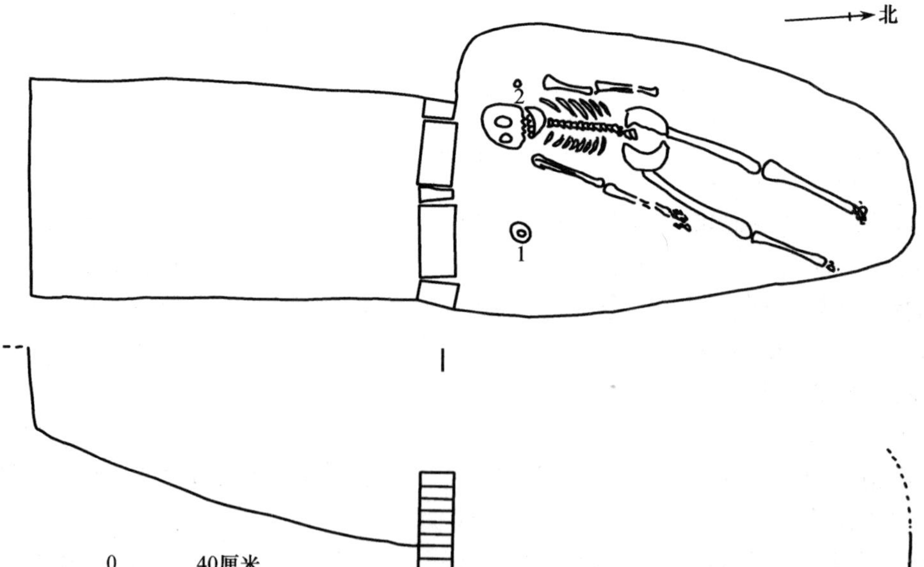

图二〇　M1平、剖面图
1. 陶罐　2. 铜钱

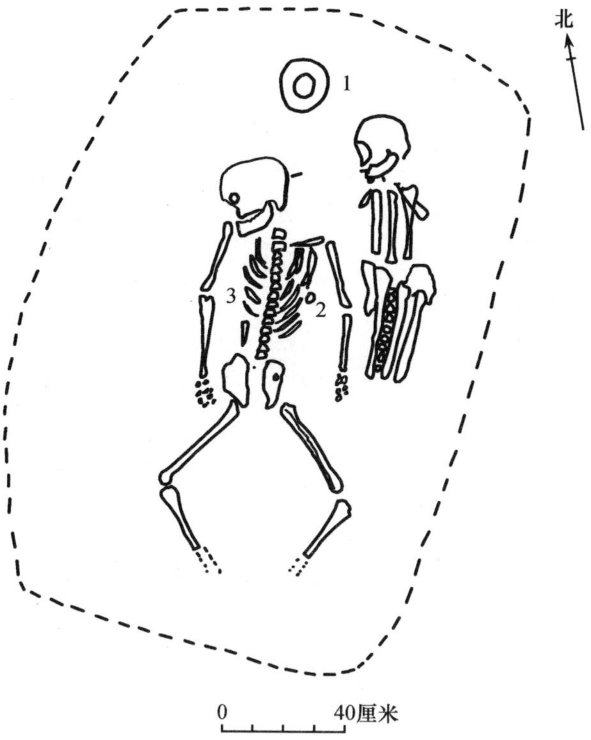

图二一　M2 平面图

1. 陶罐　2. 铜钱　3. 残铁器

M2，位于墓群中部，方向200°，由墓道、封门砖和墓室组成。墓道长约1.2、宽0.8米。封门砖破坏严重。墓室平面呈长方形，南北长2.2、东西宽1.5米，墓顶早已塌陷，高度约为1.3米。木质葬具，墓主为两成年人，均为仰身曲肢葬，骨骼已被扰乱，当为夫妻合葬墓。墓中随葬有陶罐1件、残铁器1件、铜钱2枚(图二一)。

M3，位于墓群的西部，方向181°，由墓道、封门柱和墓室构成。墓道长2.4、宽1.16、深1.5米。墓门宽0.96米，用横砖封门，封门砖高0.7米。墓室平面呈椭圆形，南北长2.4、宽1.16、高约1.5米，没有铺地砖。木质葬具，骨骼已被严重扰乱，葬式不明。随葬有铜镜1面、铜钱9枚（图二二）。

M4，位于墓群的西部，方向180°，由墓道、封门柱和墓室构成。该墓破坏严重，仅存墓室。墓室平面大致呈长方形，残长1.7米，宽度和高度不知。没有铺地砖。木质葬具，单人仰身直肢葬。虽被严重扰乱，但该墓出土有瓷罐1件、小瓷碗1件、石盖1件、银耳环1枚、铁镜1面、铜钱53枚等（图二三）。

M6，位于墓群的西部，方向182°，由墓道、封门柱和墓室构成。墓道长1.6、宽0.94、深1.1米。用横砖封门，封门砖高0.62米。墓室已被严重破坏（图二四）。

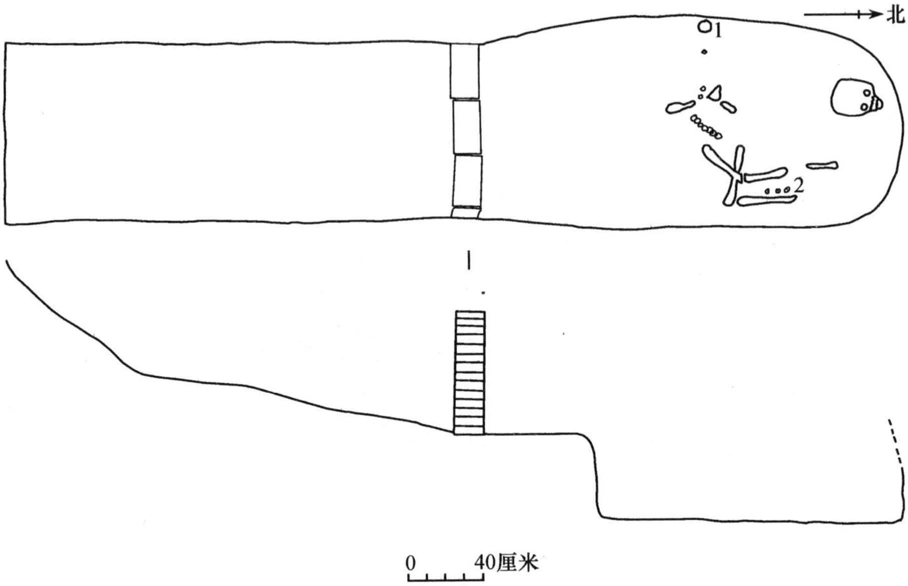

图二二　M3平、剖面图

1. 铜镜　2. 铜钱

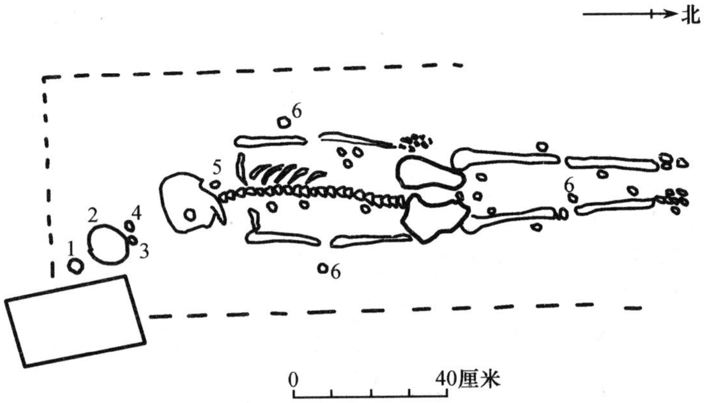

图二三　M4平面图

1. 瓷罐　2. 铁镜　3. 小瓷碗　4. 石盖　5. 银耳环　6. 钱币

M7，位于墓群的西部，方向185°，由墓道、封门砖和墓室构成。墓道为阶梯状，分四级台阶，长2.1、宽1.1、深1.9米。墓门宽0.9米，建有两门柱，用横砖封门，封门砖高0.8米。墓室平面大致呈“刀”字形，长2.3、宽0.5～1.5、高约1.9米，没有铺地砖。该墓破坏严重（图二五）。

M8，位于墓群的西部，方向185°，由墓道、封门砖和墓室构成。被M5打破。墓道长1.28、宽0.85、残深约0.3米。墓门宽0.86米，建有两门柱，用横砖封门，封门砖高0.3米。墓室平面呈椭圆形，长2.4、宽1.1、高约0.9米，没有铺地砖。木质葬具，单人仰身直肢葬。随葬有陶罐1件、铜钱1枚（图二六）。

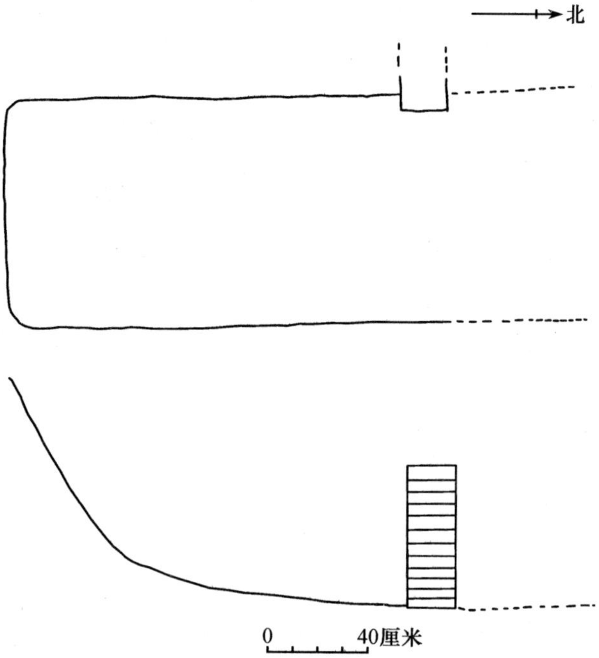

图二四　M6平、剖面图

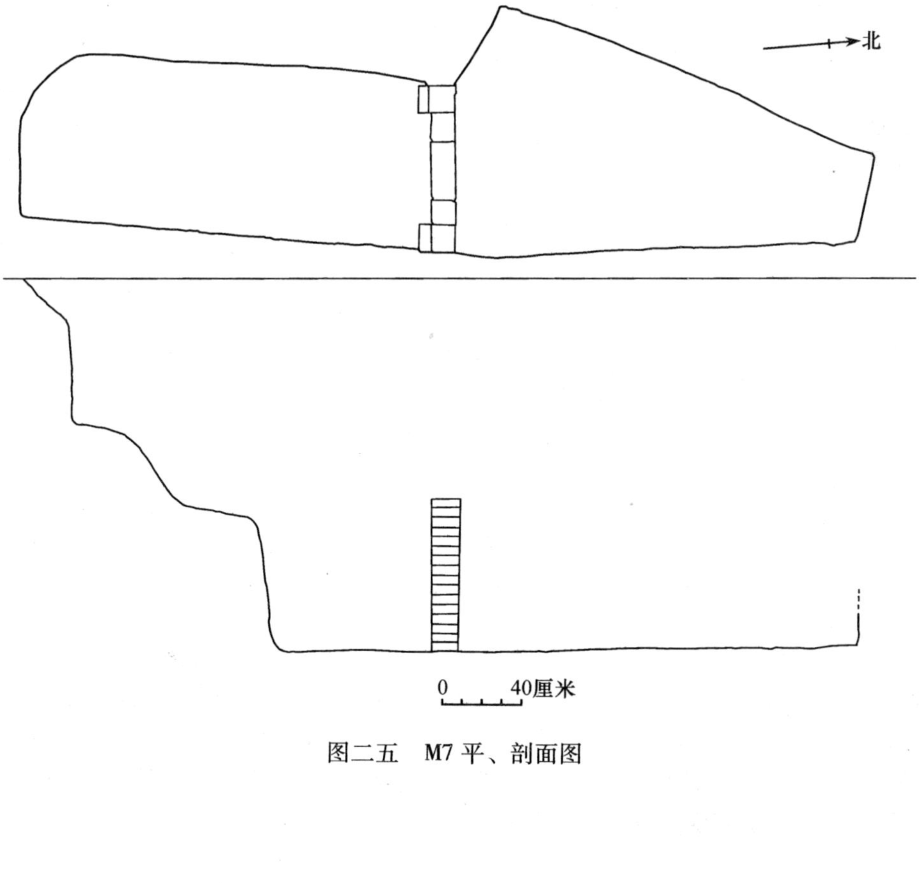

图二五　M7平、剖面图

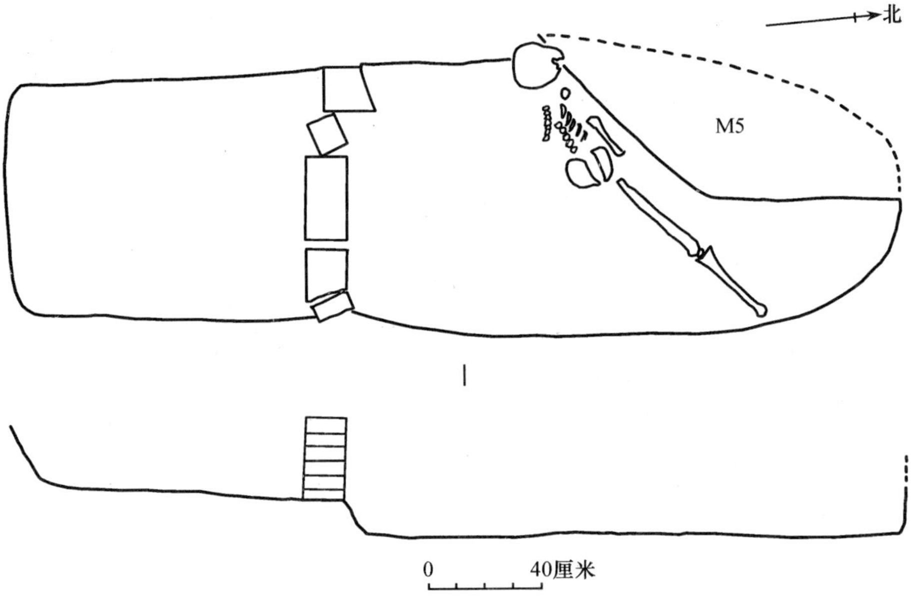

图二六　M8平、剖面图

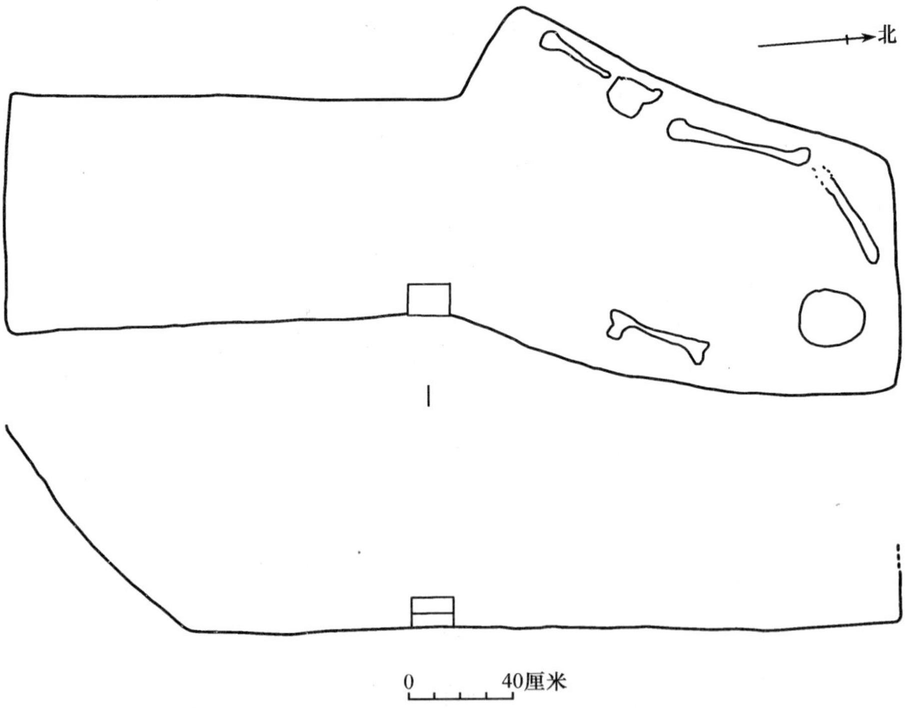

图二七　M9平、剖面图

M9，位于墓群的西部，方向175°，由墓道、封门砖和墓室构成。墓道长1.8、宽1.1、深0.8米。墓门宽0.8米，建有两门柱，用横砖封门，封门砖残高0.1米。墓室平面大致呈“刀”字形，长1.7、宽1.5、高约0.8米，没有铺地砖。骨架被扰乱。没有发现随葬品（图二七）。

M10，位于墓群西部。该墓破坏严重，仅存少部分墓道。

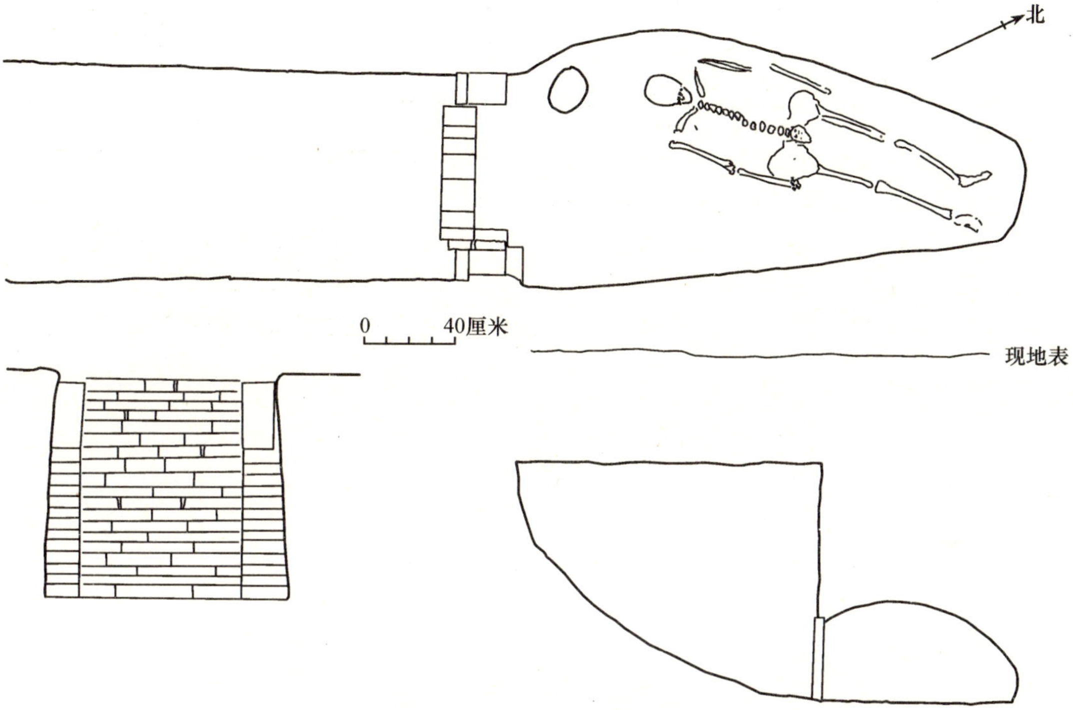

图二八 M11 平、剖面图

M11，位于墓群的西部，方向 205°，由墓道、封门柱和墓室构成。墓道长 3、宽 0.94、深 1 米。墓门宽 0.94 米，建有两门柱，用横砖封门，封门砖高 1 米。墓室平面大致成靴子形，长 2.46、宽 1.16、高约 1 米，没有铺地砖。木质葬具，单人仰身直肢葬。随葬有陶罐 1 件、白瓷香熏 1 件、瓷碗 1 件、陶砚 1 件、钱币 5 枚（图二八）。

M13，位于墓群的东部，方向 180°，由墓道、封门砖和墓室构成。墓道长 2.5、宽 0.4、深 2.2 米。墓门宽 0.4 米，用横砖封门。墓室平面大致呈圆形，直径 1.2、高 0.76 米，没有铺地砖。墓室已被扰乱，没有发现随葬品（图二九）。

M19，位于墓群的东北部，方向 178°，由墓道、封门砖和墓室构成。墓道长 0.92、宽 0.6、深 1.8 米。墓门宽 0.6 米，建有两门柱，用横砖封门，封门砖高 0.7 米。墓室平面呈袋状。长 2.35、宽 0.83 米，没有铺地砖。木质葬具，单人仰身直肢葬，女性，年龄 30～40 岁。随葬有瓷罐 1 件、铜簪 1 枚、铜钱 6 枚（图三〇）。

M20，位于墓群的东部，方向 165°，由墓道、封门砖和墓室构成。墓道长 2.5、宽 0.84、深 1.3 米。墓门宽 0.84 米，用横砖封门。墓室平面呈椭圆形，长 2、宽 1.1 米，没有铺地砖。木质葬具，单人仰身直肢葬。随葬有陶罐 1 件、铜钱 2 枚（图三一）。

M21，位于墓群中部，方向 190°，由墓道、封门砖和墓室组成。墓道长 2.4、宽 0.9～1.26、深 1.5 米，墓门为砖砌，两侧为门柱，用砖封门，封门砖残高 1.3、宽 1.16 米。墓室平面呈“刀”字形，东西长 2.42 、南北宽 2.2 米，墓顶早已塌陷，据墓壁走向推断，墓室顶部当为弧形，高度约为 1.5 米。有三具木质葬具，两成年人，一儿童。均为仰身直肢葬，骨骼保存完好，推断可能是一家三口，因意外事故死亡，同时下葬。墓中随葬瓷罐 2 件、金耳环 2 副、银簪 2 副（残）、铜钱 70 枚（图三二；彩版五，2）。

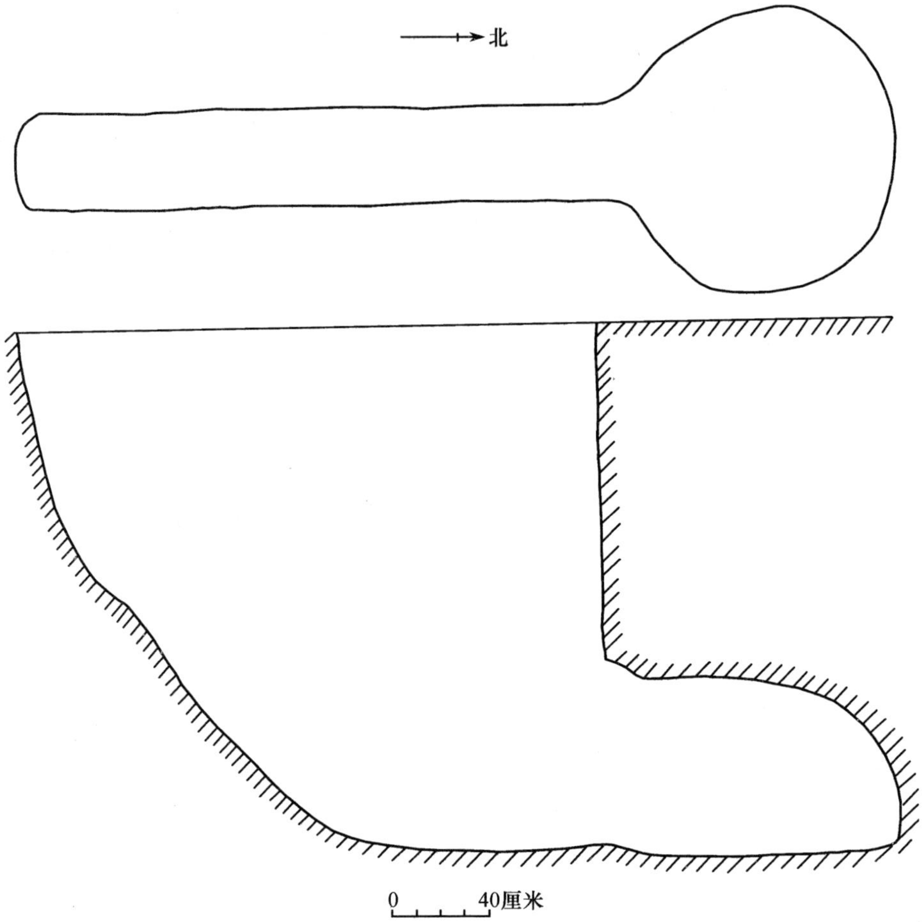

图二九　M13 平、剖面图

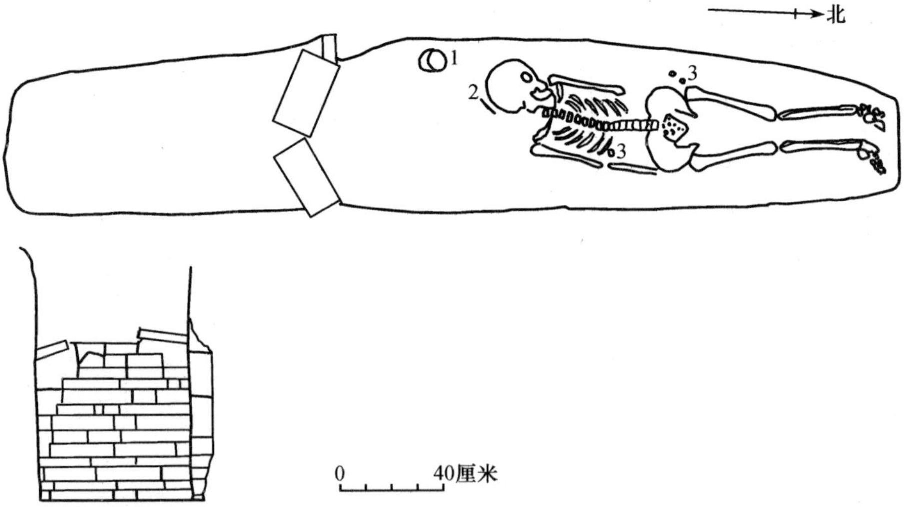

图三〇　M19 平面图

1. 瓷罐　2. 铜簪　3. 铜钱

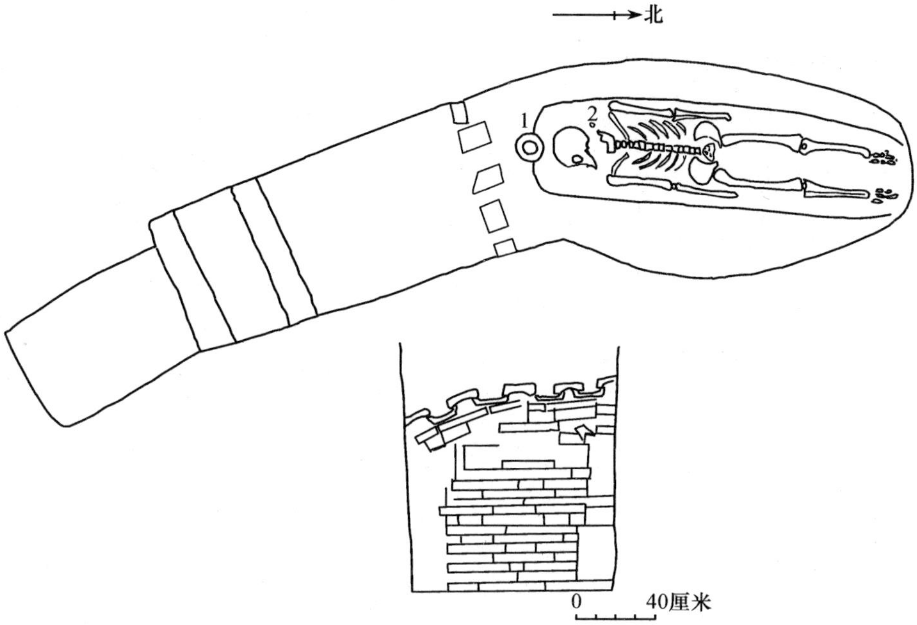

图三一 M20平面图
1. 陶罐 2. 铜钱

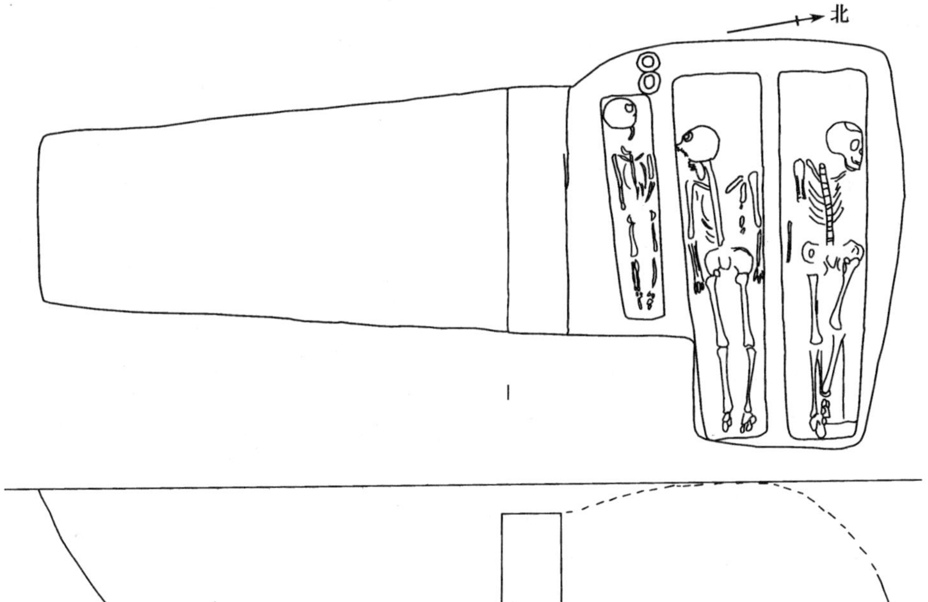

图三二 M21平、剖面图

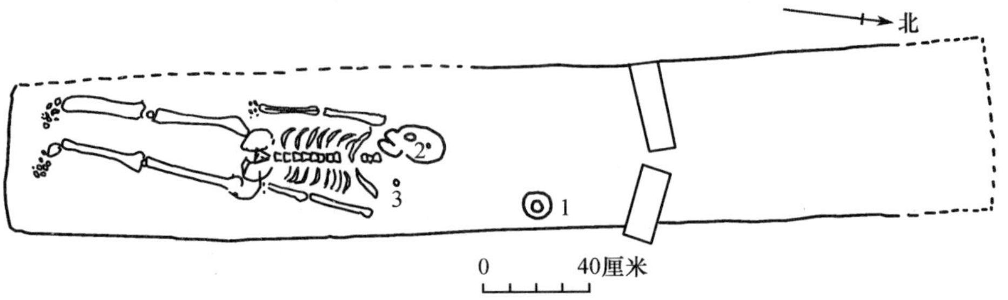

图三三　M24 平面图

1. 瓷罐　2. 铜环　3. 铜钱

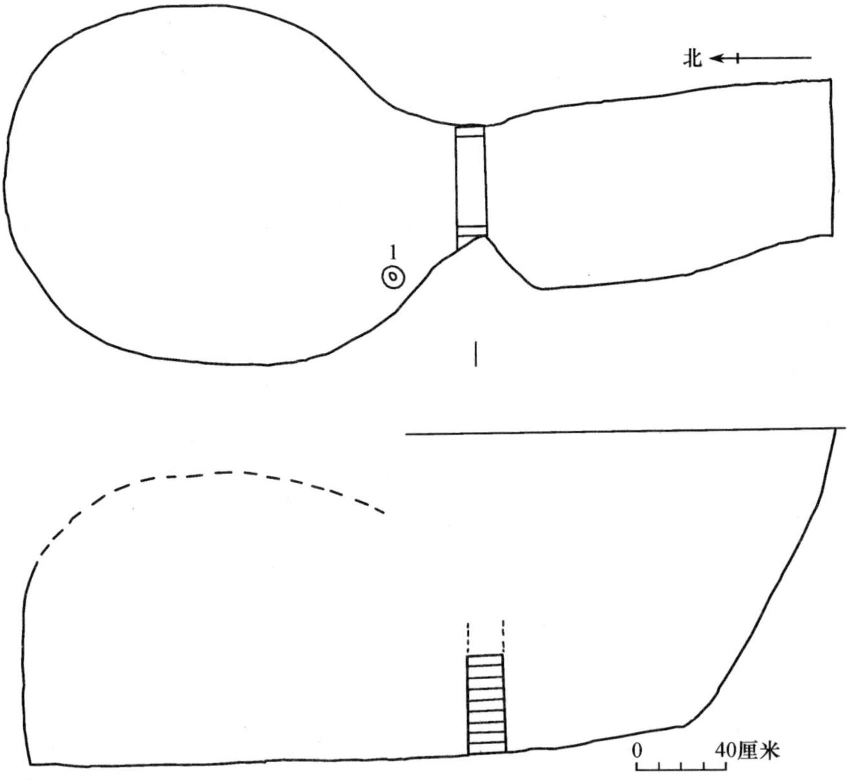

图三四　M25 平、剖面图

1. 白瓷瓜棱罐

M22，位于墓群的中部，此墓破坏严重，仅存墓道部分。

M24，位于墓群的中部，方向 173°，由墓道、封门砖和墓室构成。墓道残长 0.9、宽 0.65 米。墓门宽 0.6 米，用横砖封门。墓室平面大致呈长方形，长 2.45、宽 0.65 米，没有铺地砖。木质葬具，单人仰身直肢葬。随葬有白瓷罐 1 件、铜环 1 件、铜钱 2 枚（图三三）。

M25，位于墓群的东南部，方向 180°，由墓道、封门砖和墓室构成。墓道长 1.6、宽 0.85、深 1.5 米。墓门宽 0.9 米，建有两门柱，用横砖封门，封门砖高 1 米。墓室平面呈圆形，直径 1.6 ~ 1.68、高 1.3 米，没有铺地砖。墓室被扰乱，葬式不清。随葬有白瓷瓜棱罐 1 件、铜钱 13 枚（图三四）。

M27，位于墓群的东南部，方向180°，由墓道、封门柱和墓室构成。墓道长1.4、宽0.94米。墓门宽0.94米，建有两门柱，用横砖封门。墓室平面大体呈圆形，直径2.1~2.24米，没有铺地砖。木质葬具，单人仰身直肢葬。随葬有陶罐1件、铜钱2枚（图三五）。

M30，位于墓群的中部，方向165°，由墓道、封门柱和墓室构成，为长方形土坑墓。墓道长0.94、宽0.86米。墓门宽0.9米，建有两门柱，用横砖封门，封门砖残高0.6米。墓室平面呈长方形，长1.9、宽0.86米，没有铺地砖。木质葬具，单人仰身直肢葬。随葬器皿均为明器，计有陶罐2件、瓷罐3件、瓷狗1件、石兽1件、陶罗汉1件、铁钹1副、铜钱2枚。该墓墓主为一儿童，年龄6~8岁（图三六）。

M32，位于墓群的中部，方向173°，由墓道、封门柱和墓室构成。墓道长1.6、宽0.9、深1.5米。墓门宽0.96米，建有两门柱，用横砖封门。墓室平面大致呈方形，长2.25、宽1.75米，没有铺地砖。墓室已被扰乱，木质葬具，人骨架仅存足骨。推测墓主人已被迁葬。随葬品颇为丰富，计有铜镜1面、石兽（残）1件、铜钱34枚（图三七）。

M37，位于墓群的中部，方向182°，由墓道、封门柱和墓室构成。墓道呈斜坡状，长1.9、宽0.76、深约1米。墓门宽0.86米，建有两门柱，用横砖封门，封门砖残高0.4米。墓室平面呈椭圆形，长1.9、宽0.76米，没有铺地砖。该墓墓室被M36打破，人骨架已被扰乱，仅存头骨。随葬有陶罐1件（图三八）。

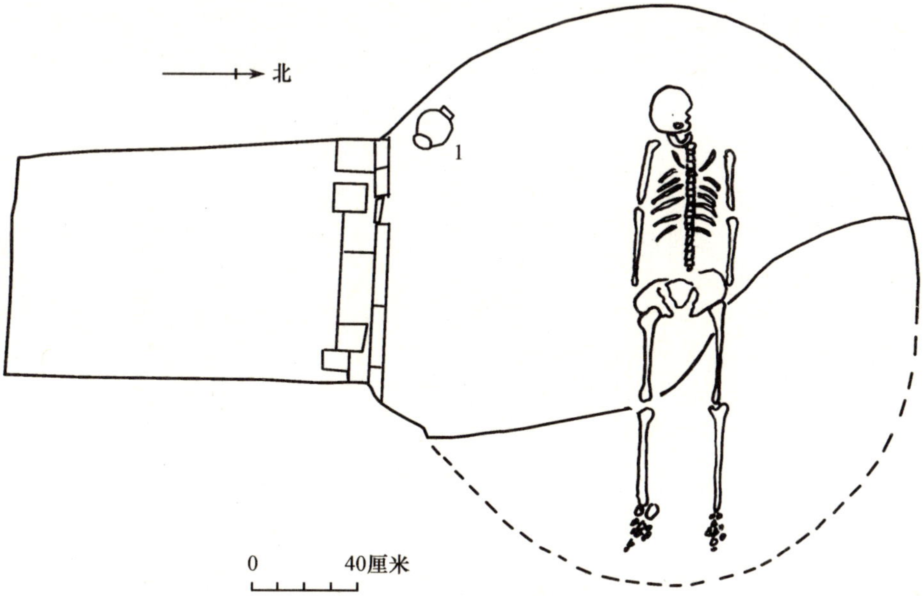

图三五　M27平面图

1. 陶罐

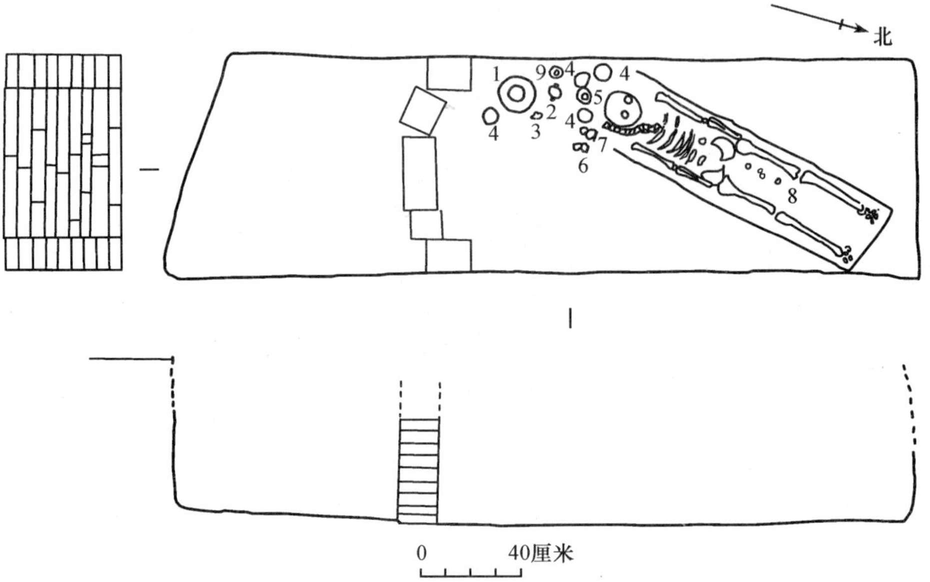

图三六　M30平、剖面图

1. 陶罐　2. 双系瓷罐　3. 瓷狗　4. 铁钹
5. 红陶罐　6. 石兽　7. 陶罗汉　8. 铜钱　9. 白瓷罐（有盖）

M40，位于墓群的东部，方向180°，由墓道、封门柱和墓室构成。墓道残长1.7、宽1米。墓门宽1米，建有两门柱，用横砖封门。墓室平面基本呈方形，长1.72、宽1.16米，没有铺地砖。墓室中央有两人骨骼堆积，推测墓主人为迁葬而来。无随葬品出土（图三九）。

M41，位于墓群的东部，方向190°，由墓道、封门柱和墓室构成。墓道长1.5、宽0.75米。墓门宽0.75米，建有两门柱，用横砖封门。墓室平面大致呈椭圆形，长1.36、宽0.7米，没有铺地砖。木质葬具，单人仰身直肢葬。随葬品有铜簪（锈蚀）1枚（图四〇）。

M43，位于墓群的东部，方向178°，该墓被严重破坏，仅能看出墓室为长方形。木质葬具，仅存盆骨和下肢骨。单人葬（图四一）。

M47，位于墓群的中部，方向180°，由墓道、封门砖和墓室构成。墓道长1.8、宽0.7~1米。墓门宽1.1米，用横砖封门。墓室平面大致呈圆形，直径2.1~2.4米，没有铺地砖。木质葬具，侧身葬。当为夫妻合葬墓。随葬有瓷罐1件、铜樽1件、铜簪1枚、铜钱28枚等（图四二）。

M48，位于墓群的东部，方向185°，由墓道、封门砖和墓室构成。墓道长1.65、宽0.7米。墓门宽0.7米，用横砖封门，封门砖高0.8米（图四三）。墓室平面大致呈椭圆形，长2.2、宽1.75、高约1.3米，没有铺地砖。木质葬具，骨骼保存较好，仰身直肢，双人葬。随葬有瓷碗1件、铜钱21枚。

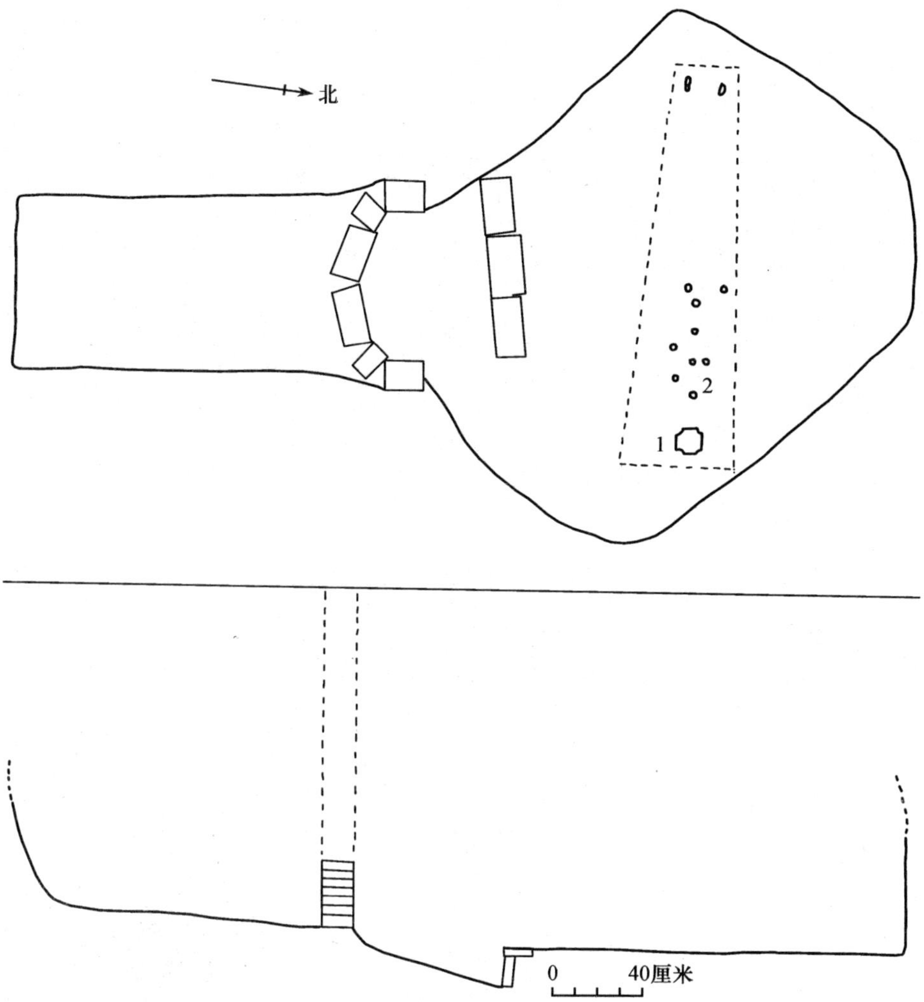

图三七 M32平、剖面图
1. 铜镜 2. 铜钱

M49，位于墓群的东部，方向170°，由墓道、封门柱和墓室构成。墓道长1.3、宽1.05米。墓门宽1米，建有两门柱，用横砖封门，封门砖高0.5米。墓室平面大致呈“刀”字形，长2.3、宽1.4米，没有铺地砖。木质葬具，双人，葬式为仰身直肢葬。当为夫妻合葬墓。随葬有陶罐2件、铜钱9枚（图四四）。

M53，位于墓群的东部，方向193°，由墓道、封门柱和墓室构成。墓道呈阶梯状，长2.24、宽1.1、深1.46米。墓门宽1.1米，建有两门柱，用横砖封门，封门砖残高0.5米。墓室平面大致呈“刀”字形，长2.4、宽1.66米、高约1.28米，没有铺地砖。木质葬具，单人仰身直肢葬。随葬有陶罐1件、铜钱12枚（图四五）。

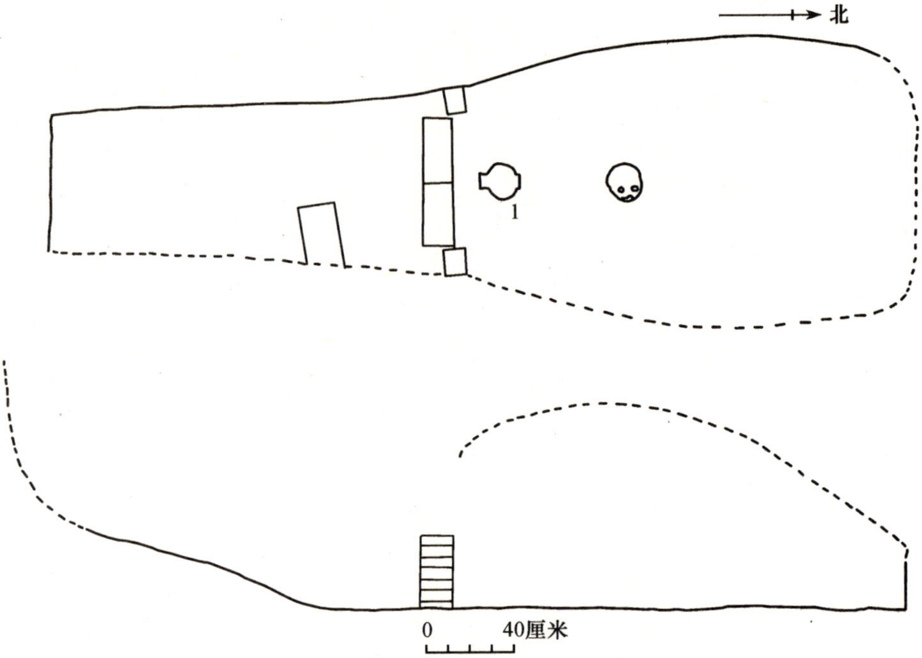

图三八 M37平、剖面图

1. 陶罐

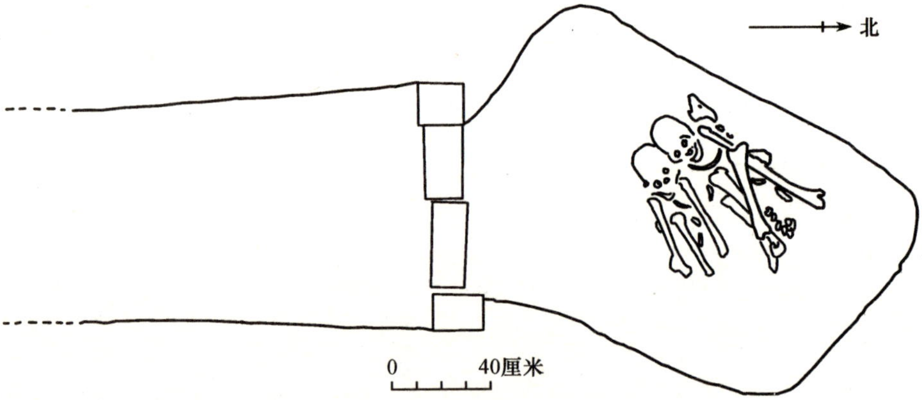

图三九 M40平面图

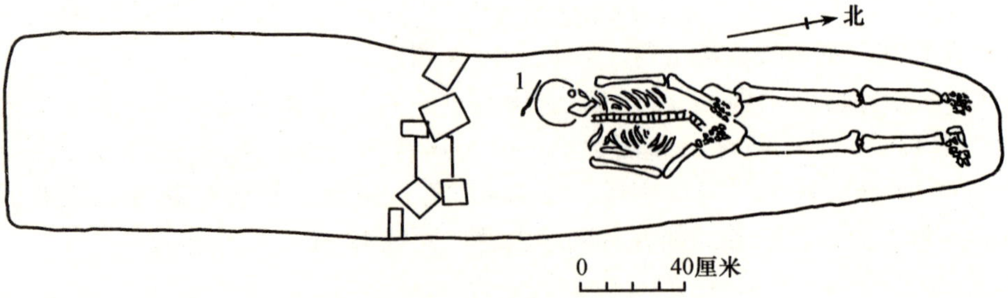

图四〇 M41平面图

1. 铜簪

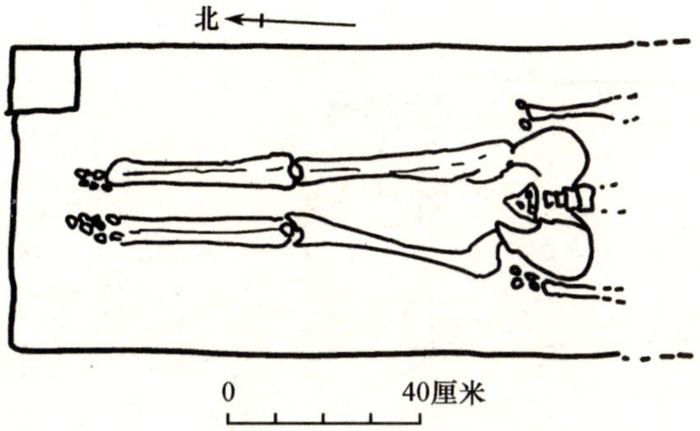

图四一　M43 平面图（残）

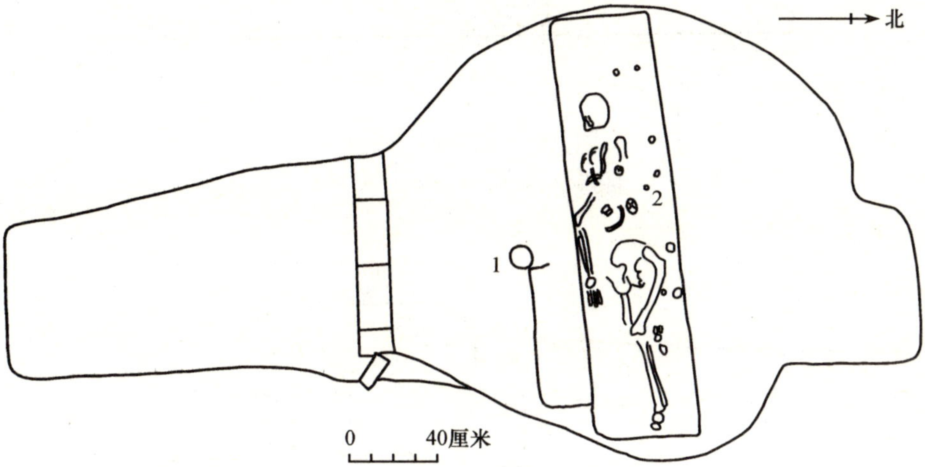

图四二　M47 平面图

1. 瓷罐　2. 铜钱

图四三　M48 墓门

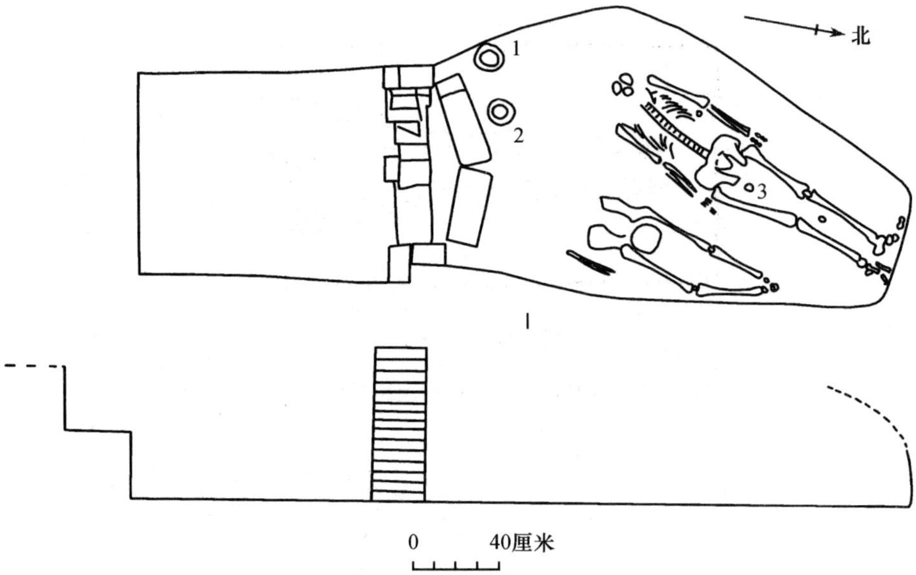

图四四　M49平、剖面图

1. 陶罐　2. 陶罐（残）　3. 铜钱

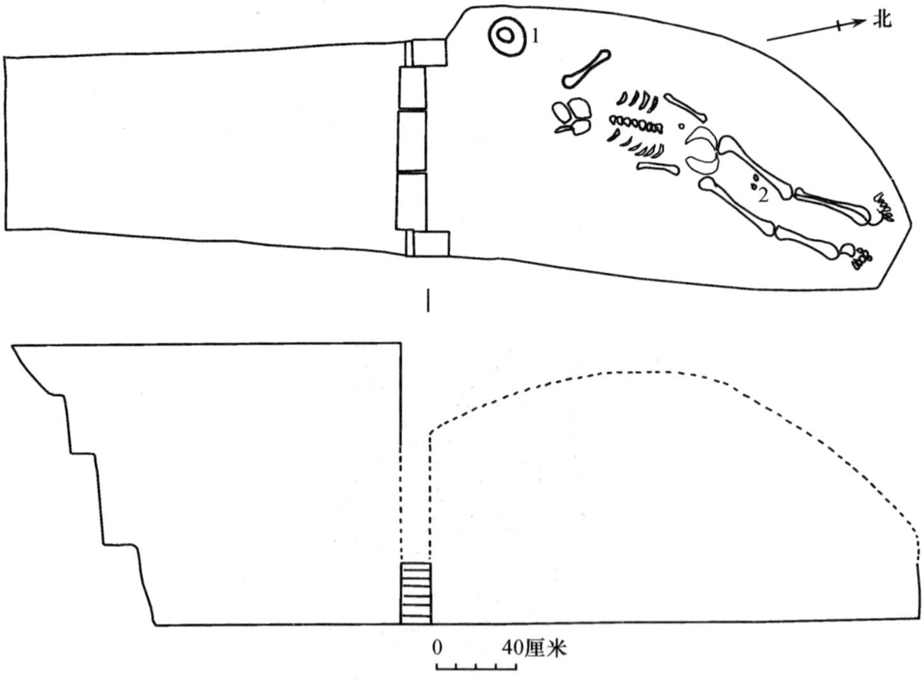

图四五　M53平、剖面图

1. 陶罐　2. 铜钱

M58，位于墓群的中部，方向182°，由墓道、封门柱和墓室构成。墓道长1.9、宽0.9米。墓门宽0.9米，建有两门柱，用砖弧形封门。墓室平面大致呈圆形，直径1.6~1.9米，没有铺地砖。墓室已被扰乱。木质葬具，人骨骼保存较差，仰身直肢，双人葬。随葬有瓷罐1件、铜钱3枚（图四六）。

M59，位于墓群的中部，方向185°，由墓道、封门柱和墓室构成。墓道长1.35、宽0.8米。墓门宽0.8米，用砖弧形封门。墓室平面呈长方形，长2.3、宽1.02米，没有铺地砖。木质葬具，单人仰身直肢葬。随葬有瓷罐1件、铜带钩1件（图四七）。

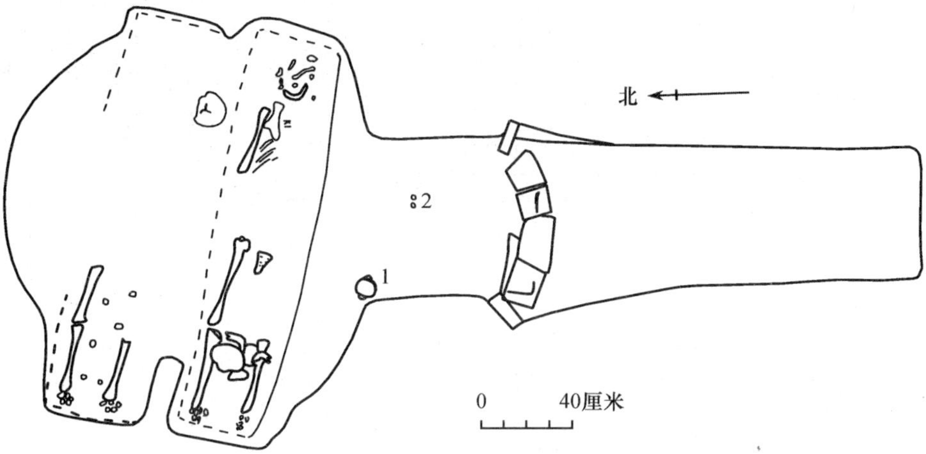

图四六 M58平面图
1. 瓷罐 2. 铜钱

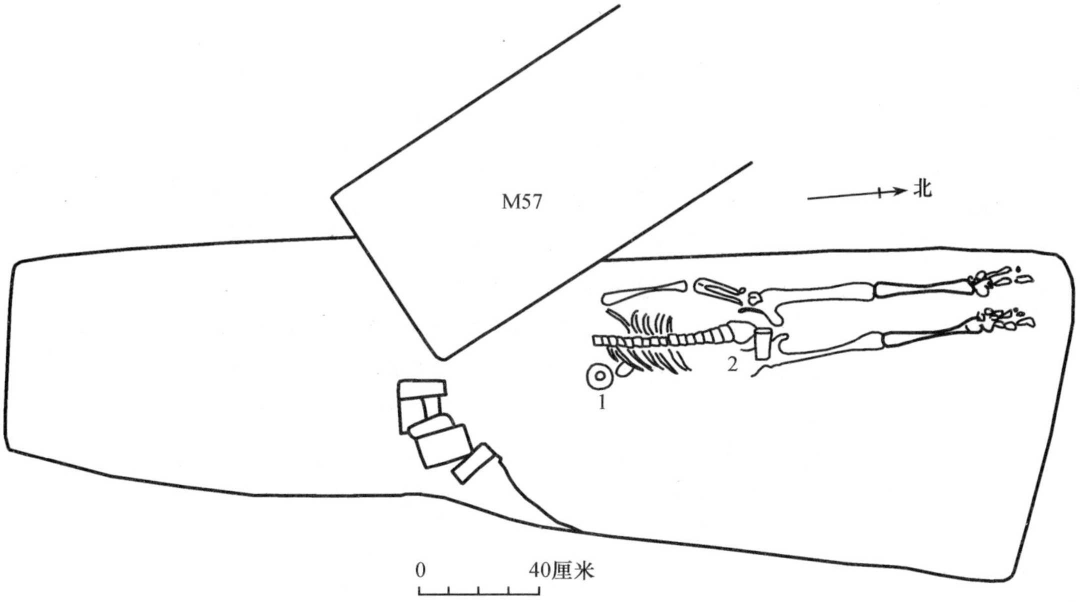

图四七 M59平面图
1. 瓷罐 2. 铜带钩

M60，位于墓群的东部，方向 174°，由墓道、封门砖和墓室构成。墓道残长 1.1、宽 0.9 米。墓门宽 0.7 米，用横砖封门，封门砖残高 0.8 米。墓室平面大致呈方形，长 1.7、宽 1.1 米，没有铺地砖。墓室西部堆积有两个个体的人骨架，推测为迁入葬。随葬有陶罐 1 件（图四八）。

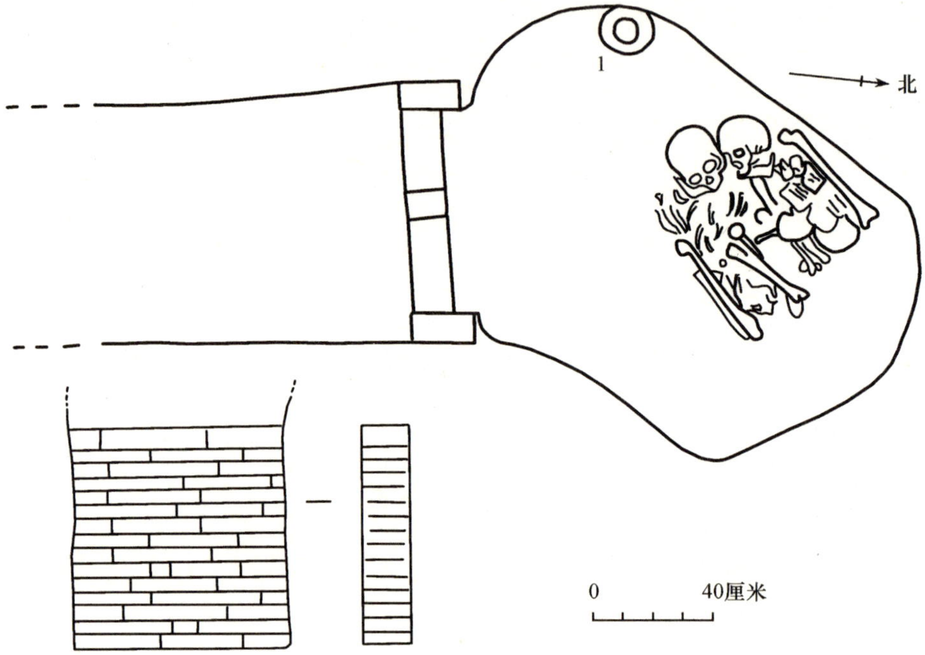

图四八　M60 平面图

1. 陶罐

（3）第三类

由墓道、封门石和墓室组成，其最为显著的特点为没有门柱和门楼，墓道与墓室之间，只用大块砾石垒砌封门，墓室为土洞。此类墓只发现 2 座。

M35，位于墓群东部，西距 M52 约 14 米。方向 178°，由墓道、封门石和墓室组成。墓道呈斜坡状，长 3.1、宽 0.8、深 4.1 米，墓道与墓室之间，仅用直径约 20 厘米的砾石封堵，墓室保存较好，大致呈圆形，直径 1.7 ~ 2 米，墓顶为弧形，高 1.2 米。不过墓内人骨架和随葬品皆无，当为已迁葬所致（图四九）。

M52，位于墓群东部。方向 175°，由墓道、封门石和墓室组成。墓道残长 2.4、宽 0.6、残深 1.3 米，墓道与墓室之间，仅用直径 15 ~ 20 厘米的砾石封堵，墓室大致为圆角方形，东西长 2、南北宽 1.48 米，其高度由于顶部已塌陷，不得而知。墓顶也当为弧形。木质葬具，夫妻双人合葬墓，年龄在 60 ~ 70 岁，均为仰身直肢葬，骨骼保存较好。没有铺地砖。随葬品计有瓷枕 1 件、铜钱 2 枚（已碎）（图五〇；彩版五，3、4）。

2. 土坑砖盖墓

其建造方式为：先挖一长方形竖穴，在近底部再挖一浅坑置棺或尸体，然后在两侧边缘用砖叠涩起顶，砖的层数不一，多者达七八层，少者仅有三四层，顶部中间用一排横砖覆盖。从层位关系上推断，此类墓的年代早于洞室墓。计有 8 座 。

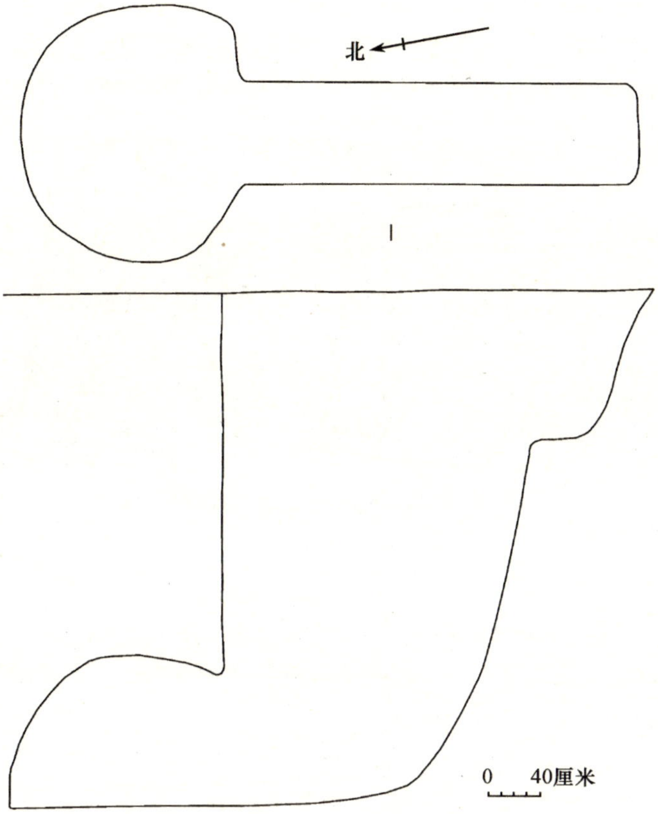

图四九 M35平面图

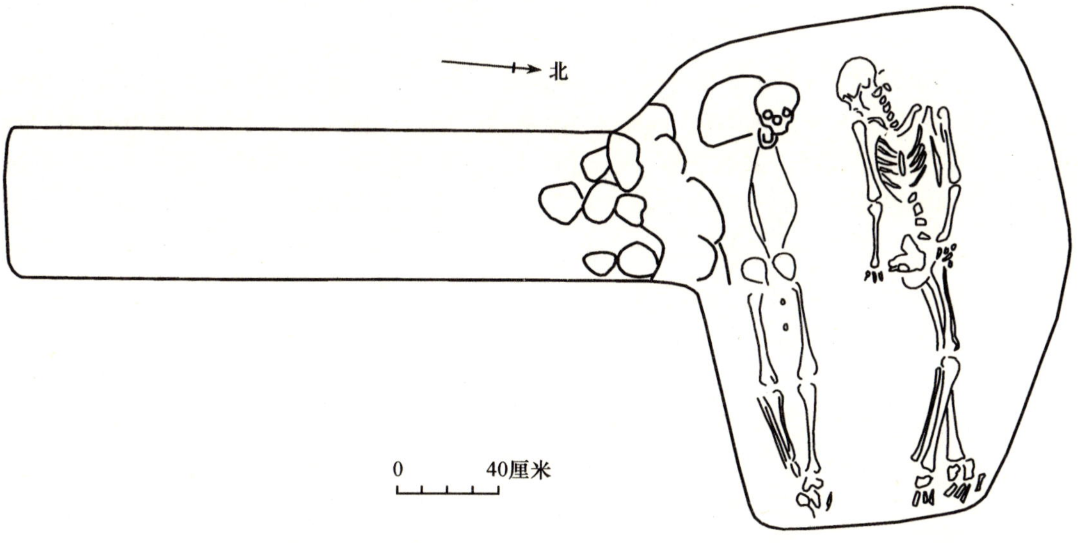

图五〇 M52平面图

M12，位于墓群中部，方向178°。墓室长2.2、宽0.42～0.6米，土坑四壁用单砖垒砌，墓室顶部用砖在两侧边缘叠涩起顶，顶部中间用横砖覆盖，砖之规格长32、宽16、厚5厘米，有木质棺具痕迹，单人葬，葬式为仰身直肢葬，骨骼保存较好。随葬有陶罐1件、铜钱2枚（图五一；彩版四，3、4）。

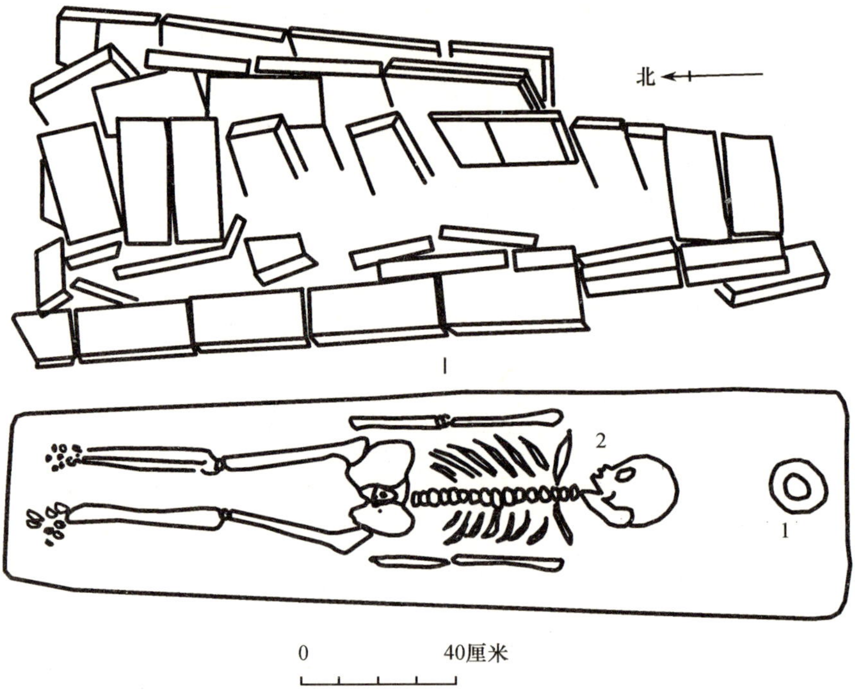

图五一 M12平面图
1. 陶罐 2. 铜钱

M17，位于墓群中部，方向170°。由墓道、封门砖和墓室组成，墓道较短，长仅0.4、宽1.14米，用砖斜向封门。墓室已被扰乱，仅存个别骨骼。四壁用单砖垒砌，墓顶已无。出土有银耳环（残）1副、铜钱2枚（图五二）。

M26，位于墓群东部，方向176°。墓室长2.56、宽0.92米，四壁用单砖垒砌，逐渐内收，叠涩起顶，顶部用横砖覆盖，遗存有木质棺具痕迹，单人葬，葬式为仰身直肢葬。由于被M25打破，墓室已被扰乱，无随葬品出土（图五三）。

M38，位于墓群中部，方向182°。墓室长2.3、宽0.88米，四壁用单砖垒砌，逐渐内收，叠涩起顶，顶部用横砖覆盖，砖之规格长31、宽15.5、厚6厘米，有木质棺具痕迹，单人葬，葬式为仰身直肢葬，骨骼保存较好。随葬有陶罐1件、瓷瓜棱碗1件、铜钱4枚（图五四）。

M44，位于墓室东部，方向178°。墓室长2.2、宽0.8米，四壁也用单砖垒砌，顶部用横砖覆盖，葬式为仰身直肢葬，女性，随葬品计有陶罐1件、瓷碗1件、铜钱6枚（图五五）。

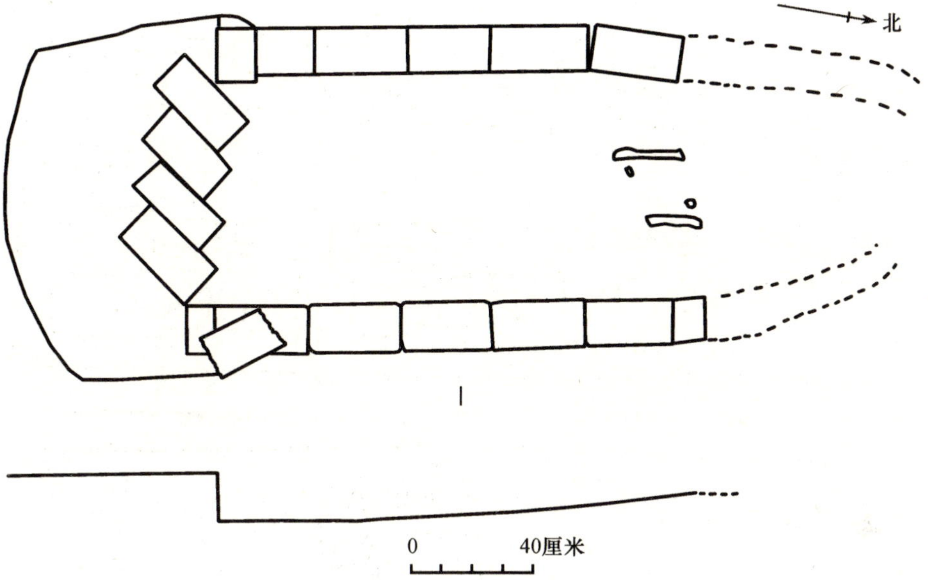

图五二 M17平面图

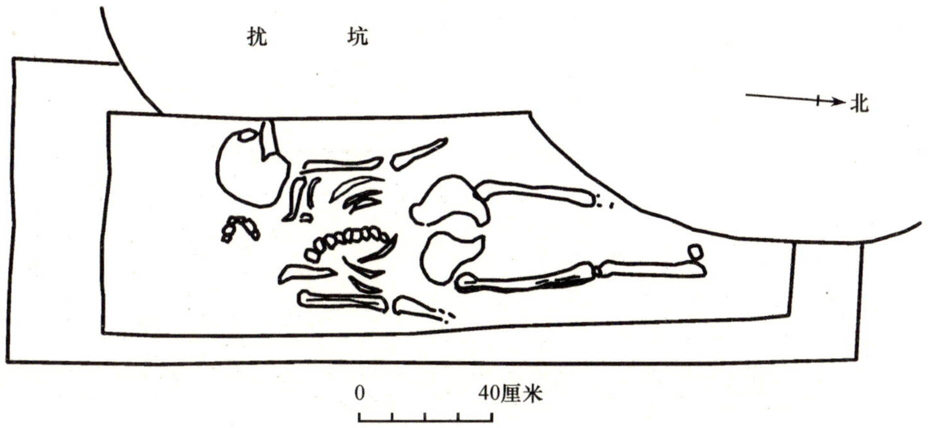

图五三 M26平面图

M45，位于墓群东部，方向175°。墓室长2.1、宽0.64米，四壁用单砖垒砌，逐渐内收，叠涩起顶，顶部用横砖覆盖，有木质棺具痕迹，单人葬，葬式为仰身直肢葬，墓室被扰乱。出土有铜钱2枚（图五六）。

M50位于墓群东部，方向184°。墓室长2.12、宽0.82米，四壁用单砖垒砌，逐渐内收，叠涩起顶，顶部用横砖覆盖，砖之规格长31、宽15.5、厚6厘米，有木质棺具痕迹，仅存头骨和盆骨，似为迁葬墓。随葬有陶罐1件、瓷碗1件、铜钱2枚（图五七）。

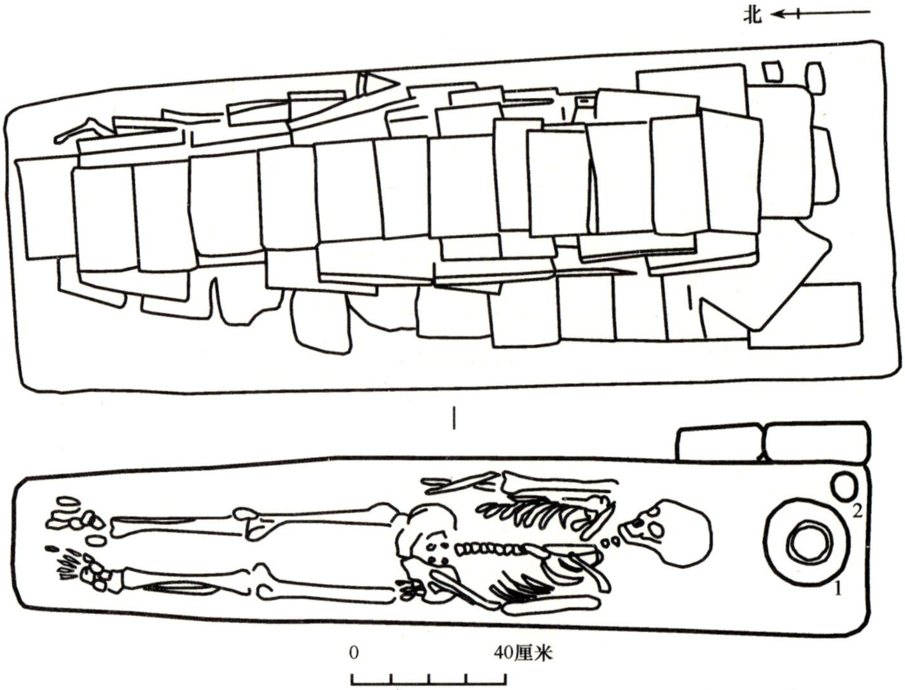

图五四　M38平面图及墓顶图
1. 陶罐　2. 瓷碗

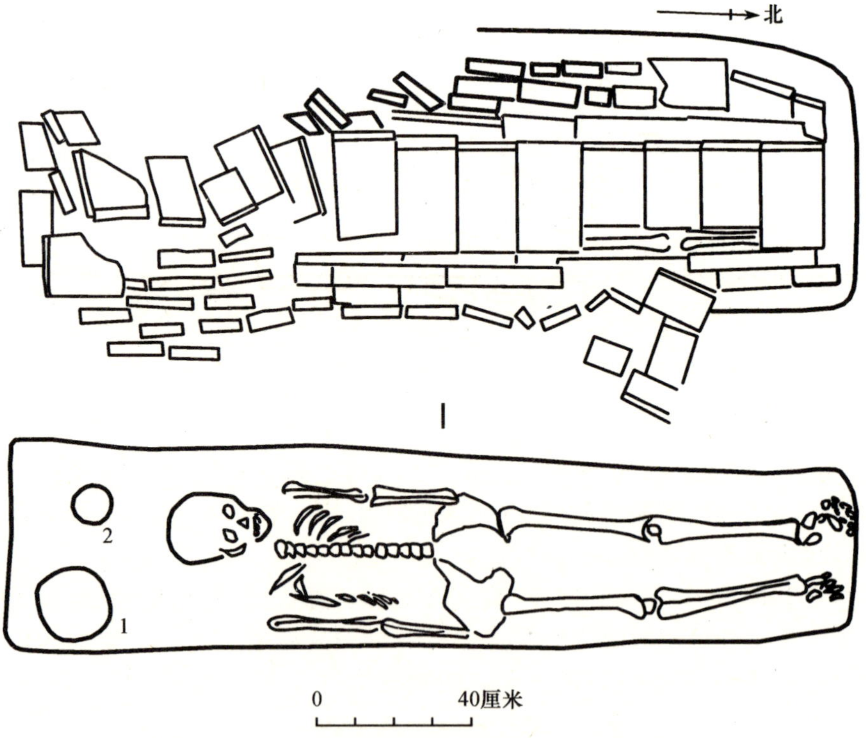

图五五　M44平面图
1. 陶罐　2. 瓷碗

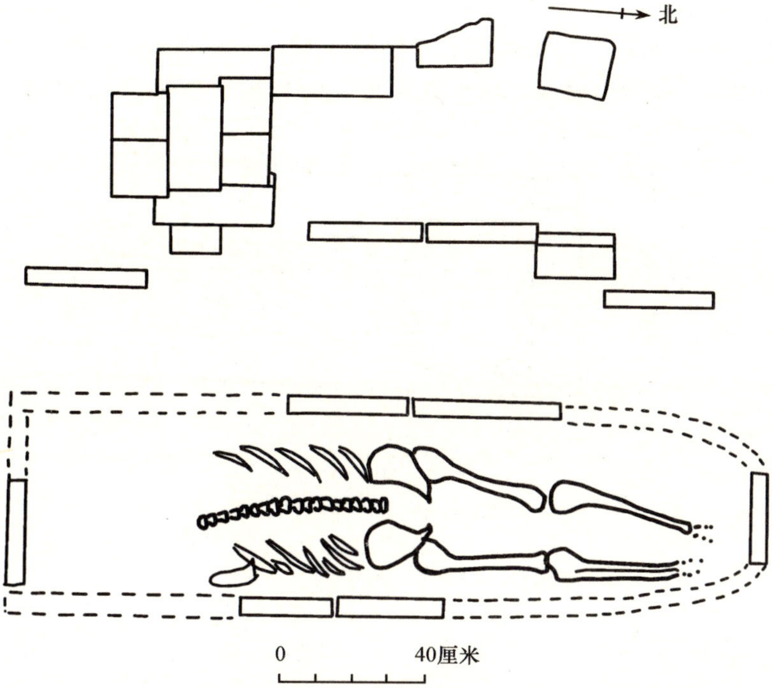

图五六　M45平面图

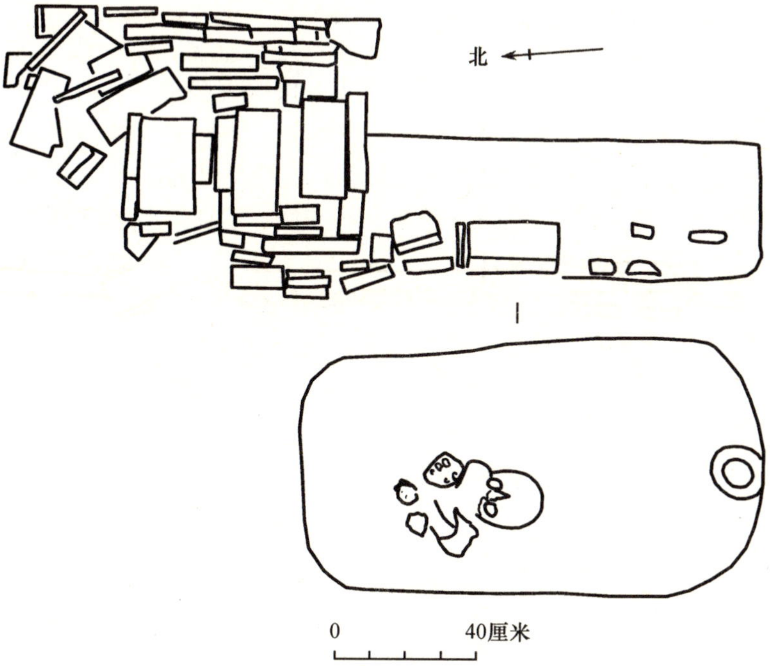

图五七　M50平面图

M56，位于墓群中部，方向187°。该墓由墓道、封门砖和墓室构成。墓室长1.42、宽0.7米，四壁用单砖垒砌，逐渐内收，叠涩起顶，顶部用横砖覆盖。有木质棺具痕迹，单人葬，葬式为仰身直肢葬，由于该墓被严重扰乱，仅存少部分骨骼（图五八）。

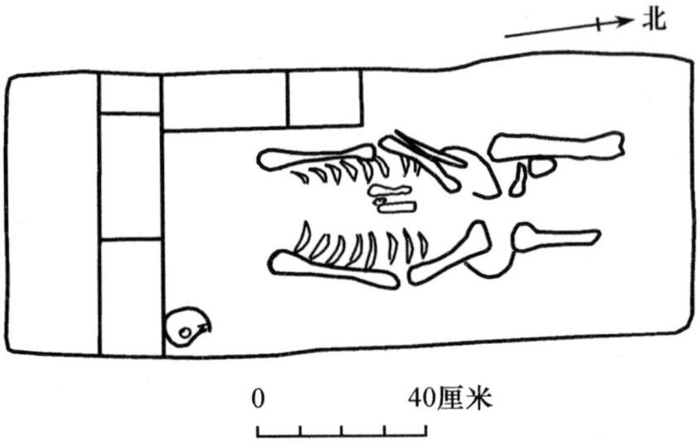

图五八 M56平面图

3. 清代墓（M23、M57）**和瓮棺葬**（M55，为牛骨）（略）

（二）随葬器物

在已清理的57座宋代墓葬中，49座出有随葬品，计有陶器、铜器、铁器、瓷器、金银器、骨器和石刻等。

1. 陶器

32件。分别出自24座墓中，有陶罐、陶人、陶砚等器类，绝大多数为泥质灰陶，个别是泥质红陶，大多置于骨架头部。

罐 30件。出自22座墓中，根据它们的形制，择其具有代表性者介绍之。

标本M15∶1，侈口，圆唇，高颈，鼓腹，小平底，素面。口径10.7、底径6.5、高19厘米。（图五九，1；彩版七，6）。

标本M54∶1，圆唇，高颈，鼓腹，平底，腹部饰弦纹。口径10.5、底径7.4、高20厘米。（图五九，2）。

标本M30出土，此形3件，形制相同。圆唇，颈部矮粗，腹径较宽，小平底，腹饰弦纹，但不甚清晰。标本M30∶1，口径9.7、底径7.1、高19.5厘米（图五九，3）。

标本M60∶1。卷沿，侈口，颈部较高。最大腹径偏下，腹部有戳印纹。口径12.2、底径7.6、高22厘米（图五九，4）。

标本M2∶1，圆唇，折沿，短颈，腹部较大，素面，平底。口径11、底径9.6、高23.2厘米（图五九，5）。

标本M20∶1，圆唇，平沿，颈部较高，腹下部内收较甚，素面，小平底。口径8.3、底径6.7、高18.8厘米（图五九，6）。

标本M53∶1，器形较矮，圆唇，矮颈，鼓腹，腹部饰花卉图案。口径9.8、底径8.1、高16.4厘米（图五九，7）。

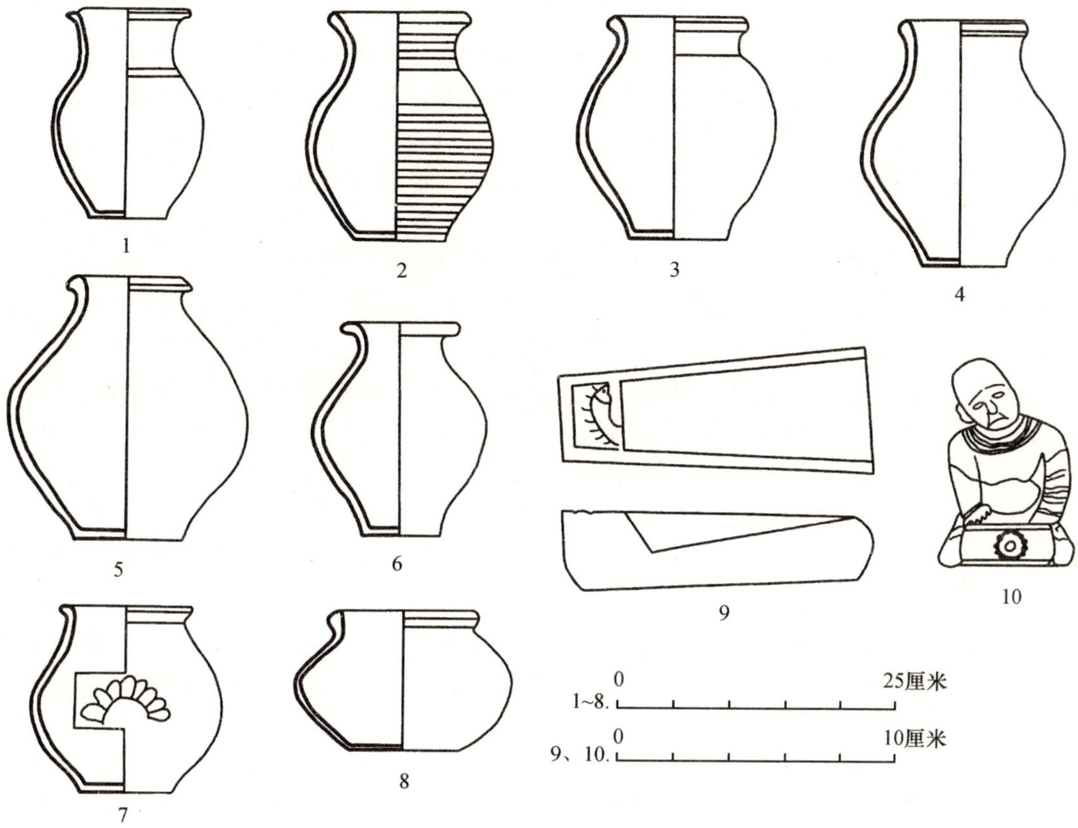

图五九 济南市十亩园遗址出土陶器

1～8. 罐（M15:1、M54:1、M30:1、M60:1、M2:1、M20:1、M53:1、M30:2） 9. 砚（M11出土）
10. 陶人（M30:4）

标本M30:2，为明器，泥质红陶，器形宽大于高，尖唇，直口，折沿，素面，鼓腹较甚，平底。口径4.3、底径3.7、高4.9厘米（图五九，8）。

陶砚　1件。M11出土，为泥质灰陶，长10.5、宽3～4、4、厚2.1～2.8厘米，平面呈梯形，中部凹，头部饰有鱼纹图案（图五九，9；彩版六，2）。

陶人　1件。M30:4，为泥质灰陶，高7.4、宽4.8、厚4厘米，当为罗汉击鼓形象，其头顶饰黑色，全身作红色，面部丰满，笑容可掬，颈部饰三周项圈，双手作击鼓状。鼓面饰绿色，鼓侧面中间嵌有花卉图案（图五九，10；彩版八，4）。

2. 瓷器

此墓群共出土28件，计有瓷枕、香熏、碗、罐及动物诸类。

碗　10件，依据釉色、纹饰和器形分三型。

A型　2件。腹部饰瓜棱纹，周身饰白釉。标本M16:1，尖唇，腹斜收，腹部饰6道瓜棱纹，碗内底部中央微凹，圈足，器身内外均饰白釉。口径12、底径5.4、高5.6厘米（图六○，1）。标本M38:1，尖唇，口呈花瓣形，腹部饰6道瓜棱纹，圈足，其内饰白釉，外面上部饰釉，下部素烧。口径8.7、足径4.4、高3.1厘米（图六〇，2）。

B型　3件。周身饰青釉，开裂纹。标本M11∶2，尖唇，斜腹，青釉。器内下部饰有一周凹纹，器外周身饰36道棱纹（竖向），圈足。口径12.2、足径4.2、高5.8厘米（图六〇，3；彩版六，6）。标本M28∶2，圆唇，斜腹，腹部有4道凸棱纹，矮圈足，通体饰青釉，开裂纹。口径11.5、足径3.7、高5.4厘米（图六〇，4）。

C型　4件。器内均饰白釉，器外部上饰白釉，下部素烧。标本M33∶2，圆唇，斜腹，矮圈足，器内底微凹，器内饰白釉，外身上半部饰白釉，下部素烧。口径13.2、足径5.3、高3.65厘米（图六〇，5）。标本M44∶2，圆唇，口沿处有5道手指痕迹，器内饰白釉，其身外上部饰白釉，下部素烧，腹部作3道纹饰。口径12、足径5.3、高5.1厘米（图六〇，6）。

D型　1件。尖唇，深腹，器身内外大部饰酱釉，足部素烧。标本48∶1，口径11.8、腹径12.3、足径6、高8.6厘米（图六〇，7；彩版八，2）。

罐　14件。出自12座墓中，可分为四型。

A型　4件。依纹饰可分为二式。

Ⅰ式：1件。圆唇，直颈，鼓腹，假圈足，器身内外大部施白釉，足部素烧，有开裂纹（或称冰裂纹）。标本M59∶1，口径8、腹径11、足径5.7、高7.4厘米（图六〇，8）。

Ⅱ式：3件。形制相仿，圆唇，口微侈，鼓腹，圈足，器内、器外上半部施白釉，足部素烧。标本M24∶1，口径7.6、腹径10.8、足径5.7、高7.2厘米（图六〇，9；彩版七，2）。

B型　2件。均有双系，分为二式。

Ⅰ式：1件。尖唇，直口，有双系，深腹，腹微鼓，圈足，器身上施酱釉，下部及足部素烧。标本M58∶1，口径9.9、腹径12.2、足径6.5、高14厘米（图六〇，10；彩版七，5）。

Ⅱ式：1件。口微敛，圆唇，双系已残，束颈，圆腹，腹下部折平，圈足，器身内外上半身施白釉，足部素烧。标本M21∶1，口径9.4、腹径11.6、足径5.6、高9.6厘米（图六〇，11）。

C型　4件，器身均饰瓜棱纹，可分为四式。

Ⅰ式：1件，口呈荷叶状（六瓣形），短颈，腹部饰13道（竖向）瓜棱纹，圈足。器内底中部微凹，有一周凸棱纹。除足部外，均施白釉。标本M5∶2，口径10.2、腹径11.2、足径6.4、高13厘米（图六〇，12；彩版六，3）。

Ⅱ式：1件。卷沿，侈口，鼓腹，灰胎，圈足。器内口径以上施白釉，器内口径以上饰白釉，器身上半部施白釉，下部素烧。周身饰10道瓜棱纹。标本M18∶1，口径9.8、腹径13.2、底径6.4、高10.3厘米（图六〇，13；彩版七，1）。

Ⅲ式：1件，卷沿，侈口，鼓腹，腹部饰7道（竖向）瓜棱纹，圈足。器内底部中间微凹，并有一周凸棱纹。除外足部以外，器身内外均施白釉。标本M25∶1，口径10、腹径11.5、底径6.2、高12厘米（图六〇，14；彩版七，4）。

Ⅳ式：1件。圆唇，直口，直领，颈部有一周凹弦纹，鼓腹，腹部有10道（竖向）瓜棱纹，圈足。器内颈部施白釉，腹下素烧，底部饰数道弦纹，器外大部施白釉，足部素烧。标本M36∶1，口径8、腹径11.3、足径6.3、高7.5厘米（图六〇，15；彩版七，3）。

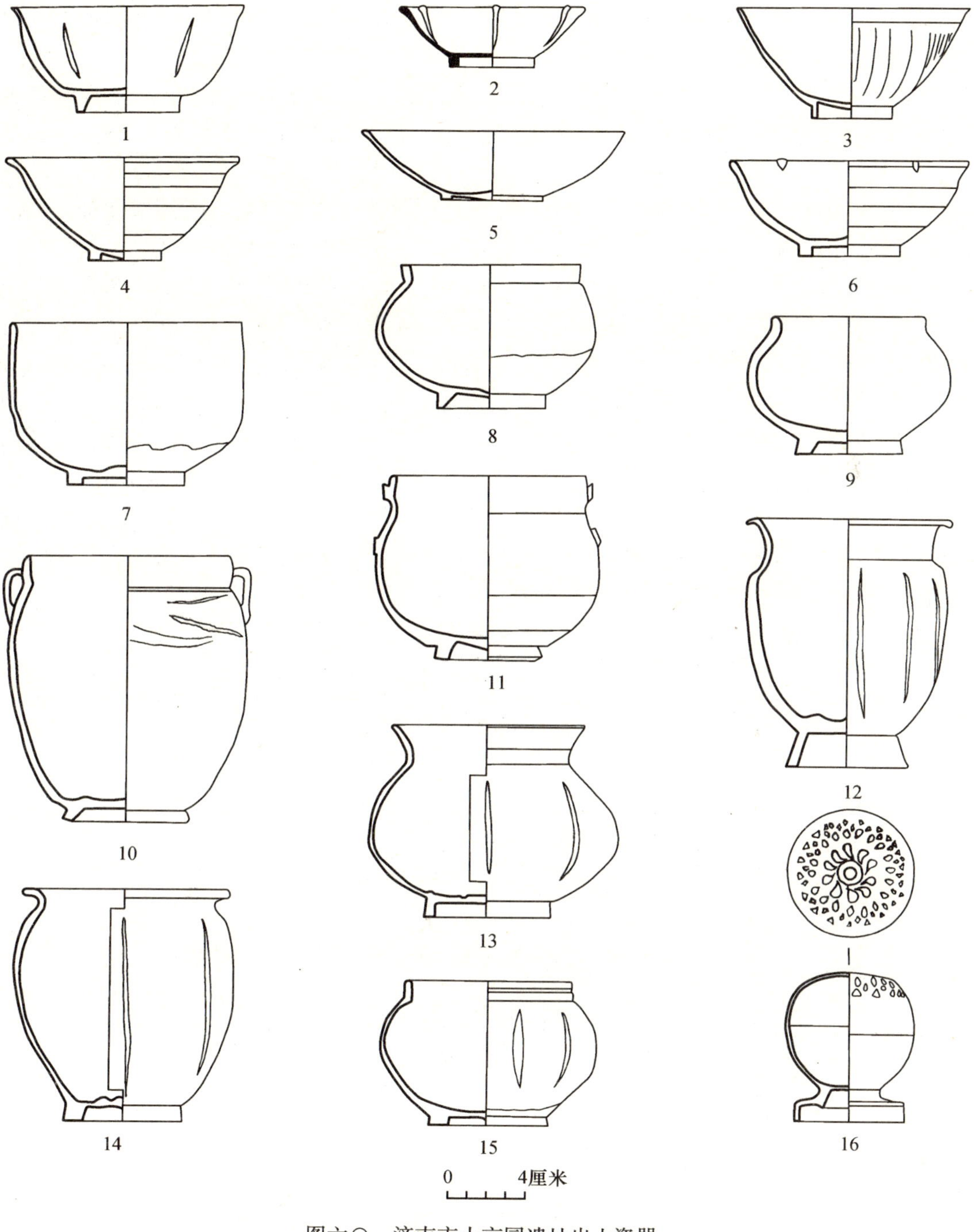

图六〇　济南市十亩园遗址出土瓷器

1、2. A 型碗（M16:1、M38:1）　3、4. B 型碗（M11:2、M28:2）　5、6. C 型碗（M33:2、M44:2）　7. D 型碗（M48:1）　8. A 型Ⅰ式罐（M59:1）　9. A 型Ⅱ式罐（M24:1）　10. B 型Ⅰ式罐（M58:1）　11. B 型Ⅱ式罐（M21:1）　12. C 型Ⅰ式罐（M5:2）　13. C 型Ⅱ式罐（M18:1）　14. C 型Ⅲ式罐（M25:1）　15. C 型Ⅳ式罐（M36:1）　16. 熏炉（M11:3）

D 型　4 件，均为明器。可分为三式。

Ⅰ式：1 件。圆唇，直口，短颈，鼓腹，平底，通体施白釉。标本 M4∶1，口径 2.4、腹径 5.7、底径 2.6、高 4.2 厘米。

Ⅱ式：1 件，圆唇，短颈，鼓腹，圈足，腹上部饰有缠枝花卉图案，服下部饰有斜线纹。盖为圆形，中间有纽，外围有三圈珠点纹。标本 M30∶3，口径 2.9、宽 5.4、足径 2.8、高 6 厘米，盖径 3.7 厘米。

Ⅲ式：1 件，尖唇，直领，有双系，腹微鼓，内径颈部施白釉，下部施素釉，器身外部均施白釉。标本 M30∶4，口径 3.9、腹径 4.8、足径 2.35、高 5.1 厘米。

熏炉（香熏）　1 件。标本 M11∶3，形似盖豆，直口，尖唇，炉盘较深，高圈足。子母口盖，盖为半圆形，顶部中央雕刻有 10 个旋涡状小孔，再外刻有 3 圈菱形纹。盖及盘外壁均呈球形内收。内外壁均施精美的白釉。炉通高 7.8、盖高 3.2、直径 7.2 厘米；炉口径 7.2、腹径 7.2、足径 5.9 厘米。此器做工细腻，雕饰华丽（图六〇，16；彩版六，4）。

枕　2 件。标本 M5∶1，枕面略呈半圆形，两侧稍高，中部底，前卧后仰，右侧面有一圆形小孔，枕面光亮，通体施绿釉。正面雕刻有缠枝花卉图案，造型美观。长 26、宽 17、高 9.8、壁厚 0.7 厘米（彩版六，1）。标本 M52∶1，形状呈半圆形，枕面中间雕刻有象征雍容华贵的牡丹图案，实为近年来济南地区宋墓发掘中出土的文物精品，枕面长 32.4、宽 23.5、高 12.3 厘米（图六一；彩版八，1）。

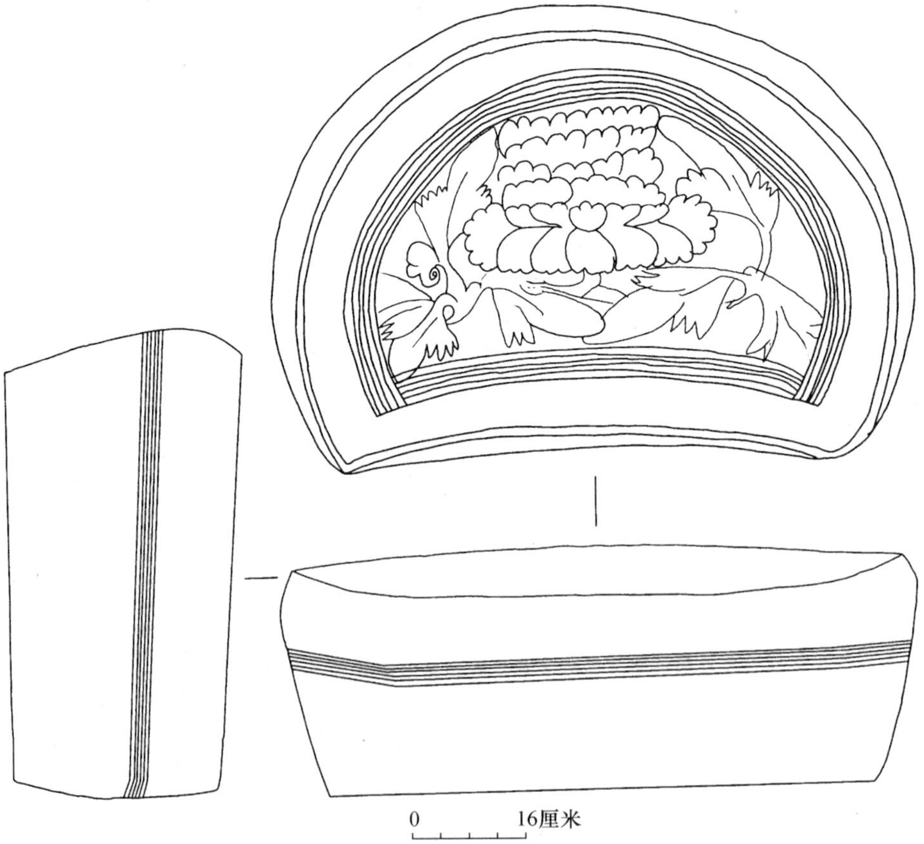

图六一　济南市十亩园遗址出土瓷枕（M52∶1）

狗 1件，为明器。标本M30:6，白瓷。高5、长4.7厘米。其双耳竖立，信步向前，身上骑有一少年，惜头部已残。

3. 铜器

计15件。有镜、腰佩饰、剑柄、环、簪等器类。另有铜钱约680枚，多数已锈蚀。

镜 4件。分二型。

A型 “亚”字形镜，2件。标本M5:3，中间为圆纽，第一内区内为缠枝花卉；第二内区内也为缠枝花卉，两区之间由一凸起的圆弧隔开。外缘凸起，素面，直径14.8厘米（图六二，1；彩版六，5）。标本M32:1，纽座呈椭圆形，外围有3圈乳钉纹，中心有两飞禽图案。宽素缘，外缘凸起，直径12.2厘米（图六二，2；彩版八，5）。

B型 素面镜，2件。标本M3:1，镜面为圆形，圆形纽，缘面凸起。纽、缘之间似有花纹，直径9厘米（图六二，4）。标本M16:2，圆形，椭圆形纽，素面，宽素缘，外缘凸起，直径12厘米（图六二，3）。

腰佩饰 2件，均为M59出土。标本M59:2，钩环呈椭圆形，锈蚀较重。长6.2、宽2.5厘米，带钩通长13.6厘米（彩版八，6）。

剑柄 1件。M47:2，外径2.5、内径1.5厘米，孔内一木屑，通长7.8厘米。

铜钱 680余枚。多已锈蚀，出自40座墓中，除M3、M5出土少量唐“开元通宝”外，余者均为北宋太宗至徽宗年间的“至道元宝”、“祥符元宝”、“景德元宝”、“天禧通宝”、“皇宋通宝”、“元祐通宝”、“大观通宝”、“崇宁通宝”、“宣和通宝”、“景祐元宝”、“政和通宝”、“淳化通宝”、“熙宁元宝”、“天圣元宝”等（图六三）。

4. 杂器

石刻 1方，M36出土，为封门石，高120、宽40厘米，上书“故郭评事墓记：熙宁六年二月十九日男清女三娘新妇阿防立”（图六四）。

石狮 2件。M30出土，通高8.5、宽2.4厘米。其蹲坐于石座上，昂首向上。雕刻技法为透雕和圆雕相结合，做工巧妙。由于此墓主为一少年，故此器当为儿童玩具（图六五，1）。M54出土，通高8.2、宽3.6厘米。昂首，蹲坐于长方形石板上。雕刻技法为透雕和圆雕相结合（图六五，3；彩版八，3）。

石豹 M32出土，残长9、宽4厘米。呈卧姿，周身饰斑点纹，气势威猛，栩栩如生（图六五，2）。

牛角梳 1件。M39出土，残长16厘米。呈半圆形，做工精致，当为墓主人生前所用（图六五，4）。

金耳环 1副。M18出土，直径1.2厘米。

银簪 2枚。M18出土，锈蚀较重。

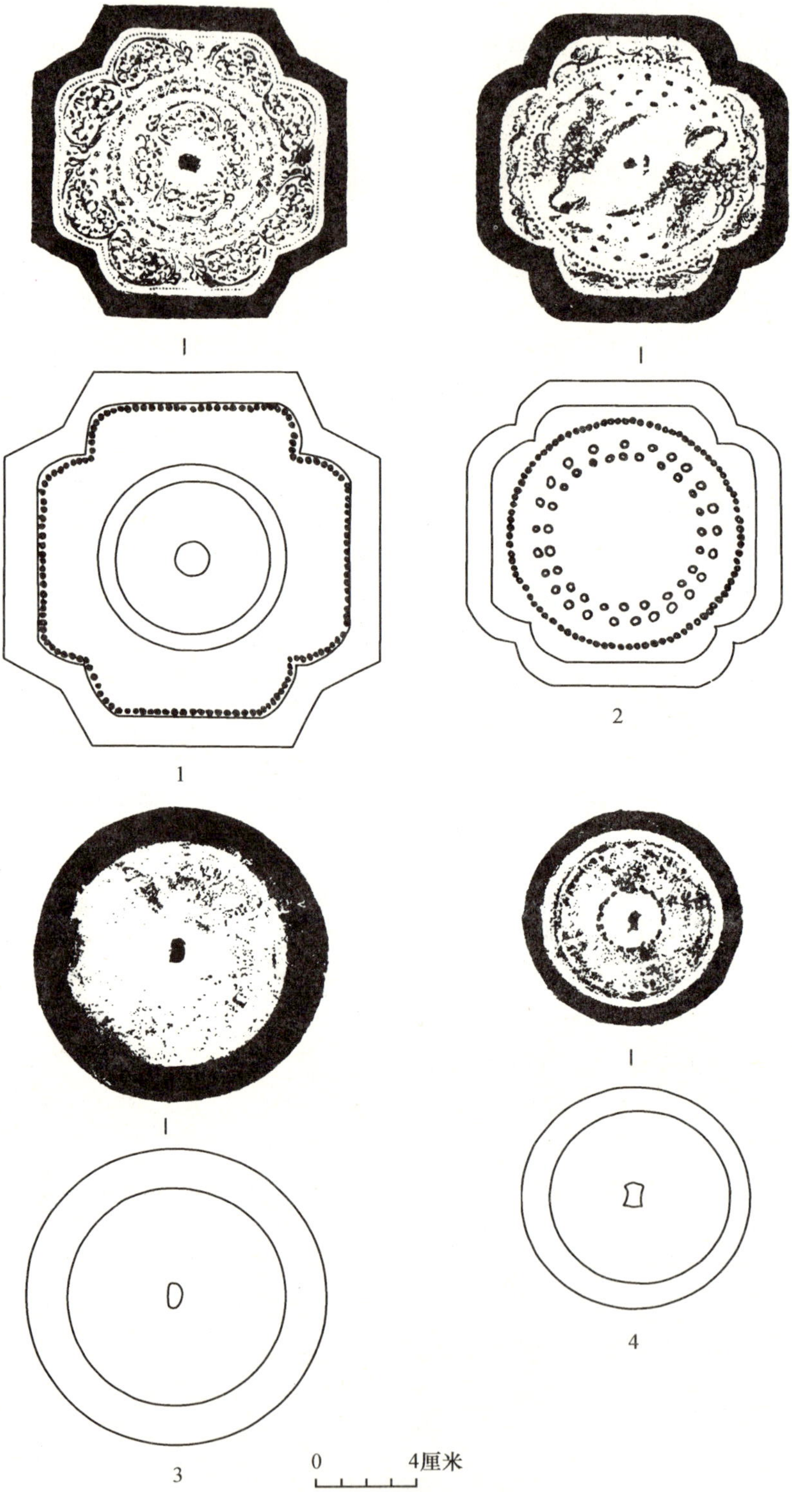

图六二　济南市十亩园遗址出土铜镜

1、2. A 型（M5∶3、M32∶1）　3、4. B 型（M16∶2、M3∶1）

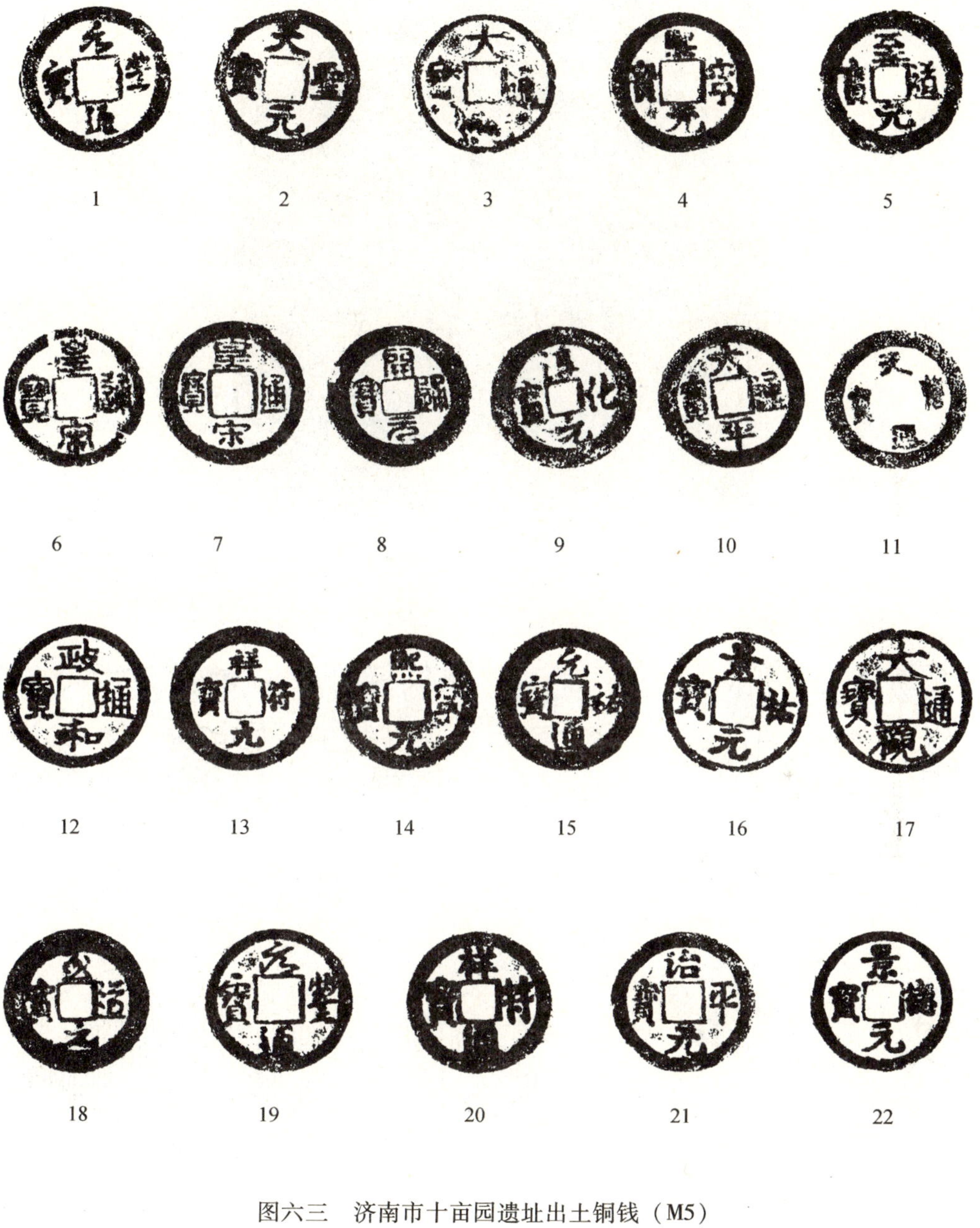

图六三　济南市十亩园遗址出土铜钱（M5）

、19. 元丰通宝　2. 天圣元宝　3、17. 大观通宝　4、14. 熙宁元宝　5、18. 至道元宝　6、7. 皇宋通宝
. 开元通宝　9. 淳化元宝　10. 太平通宝　11. 天禧通宝　12. 政和通宝　13. 祥符元宝　15. 元祐通宝
16. 景祐元宝　20. 祥符通宝　21. 治平元宝　22. 景德元宝

图六四　M36 “故郭评事墓记” 拓片

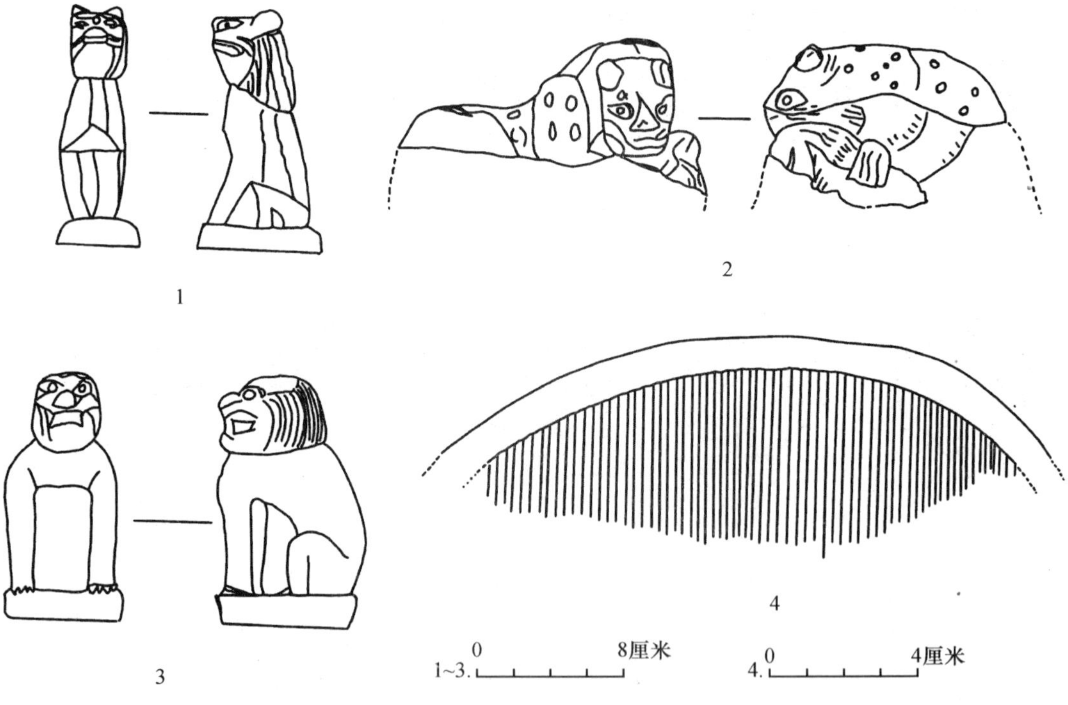

图六五　济南市十亩园遗址出土杂器

1. 石狮（M30）　2. 石豹（M32）　3. 石狮（M54）　4. 牛角梳（M39）

四、结　　语

济南市十亩园遗址（墓群）位于济南明清古城的东门外不足1华里处，该墓群的宋代堆积层以下为隋唐文化层，含有一些隋唐时期的陶瓷片，证明在隋唐时期该地曾有先民居住。济南按察司街遗址M1为唐墓，其出土瓷碗、罐，其形制与之相似[1]。这些现象的发现，对于济南地区的城市考古，尤其是对研究济南城市变迁及人口居住情况，均具有重要意义。

此次发掘的济南市十亩园墓群，排列稠密，大部之间存有打破关系，由墓葬形制并结合出土文物推断，该墓群的时间跨度从北宋早期至北宋晚期。在800平方米的范围内，发现宋墓57座，出土大量珍贵文物，如此规模的宋墓考古发掘，迄今在山东省尚属首次，就全国范围内来讲也较为罕见，是近年来济南地区田野考古工作的一大收获。

从发掘的墓葬形制和随葬品来分析，该墓群的延续时代较长，从北宋早期至晚期。从墓葬之间的叠压和打破关系分析，有早晚关系的变化，一般来说，土坑砖盖墓要早些，洞室墓较晚。

从36号墓出土的石刻“故郭评事墓记”题记，是出土的唯一一件可作证墓主的遗物。由此分析推断，该墓墓主为郭姓之人。其他墓均没有出土墓志或能证明墓主身份的资料，所以我们推测这批墓群的主人多数为当时社会的中下阶层，可能是郭氏家族的家族墓地。

此墓群墓主，虽为中下级阶层，墓室建设较为简陋，但不乏文物精品出土，如瓷枕、香熏、瓜棱罐等，从而丰富了瓷器史的研究资料。

济南地区迄今已发现宋墓200余座，墓葬形制分为仿木构砖雕壁画墓、砖室墓、石室墓、土洞墓等。该墓群的发掘，对于研究宋代埋葬制度、风俗民情和济南的地方史，其重要性不言而喻。

在该墓群的发掘中，承蒙山东大学考古系栾丰实教授、崔大庸教授的悉心指导，在此深表谢意；在调查和发掘中，时兼任考古所所长的刘伯勤同志，提出了指导性建议并于星期日公休时间参加发掘，令人难以忘怀；在与建设单位的谈判中，时任副所长的李铭同志携房道国同志多次前往反复交涉，付出了极大的心血，保障了发掘的顺利进行；在考古发掘中，刘伯勤、孙亮、刘善沂、王金贵、王惠明、崔大庸、房道国等同志，不畏酷暑，严格操作，作出了较大的贡献。谨记。

领　队：栾丰实（特邀）
执　笔：房道国、崔大庸、刘善沂、李　铭
绘　图：房道国、刘善沂、王兴华
摄　影：刘善沂、艾　楠

注　释

[1] a. 房道国、仝艳峰、李春华：《济南市发掘按察司街遗址喜获丰收》，《中国文物报》2004年11月5日；
b. 济南市考古研究所：《济南按察街遗址发掘简报》，《海岱考古》待刊。

Excavation of Shimuyuan Burials of Jinan

Jinan Municipal Institute of Archaeology

The Shimuyuan site and burials, which lies in Lixia district, Jinan, was found with the city construction, in July, 1998. It was excavated by the Jinan archaeology research institute. The Shimuyuan burials were dense and almost broke each other. There were two kinds of tombs in the main, that was earth cave-made tomb and brick top-made tomb. From the tomb type and unearthed relics, we can conclude that the burials were north Song dynasty. There were 57 burials and many potteries, porcelains and bronzes which were found in 800 square meter area. It is the first time to find so many burials and very important to research the north Song burial system, folk-custom and the Jinan city history.

附表一　济南市十亩园遗址墓葬登记表

墓号	方向（度）	墓葬形制	墓道长、宽、深（米）	墓室长、宽、深（米）	葬具	骨架与葬式	头向	随葬品	时代	保存状况
1	185	洞室墓。由墓道、封门砖和墓室构成。墓室呈袋状	1.6×0.9	1.86×1.1—1.2	木质，结构不明	仰身直肢，骨骼保存较好	南	陶罐1、铜钱8	宋	较差
2	200	洞室墓。由墓道和墓室构成	1.2×0.8	2.2×1.5—1.3	木质葬具	仰身屈肢，骨胳已被扰乱。双人葬	西南	陶罐1、铜钱2、残铁器1	宋	破坏严重
3	181	洞室墓。由墓道、封门砖和墓室构成。墓室呈椭圆形	2.4×1.96—1.5	2.4×1.16—1.5	木质葬具	骨胳被严重扰乱，葬式不明，单人葬		铜镜1、铜钱9	宋	破坏严重
4	180	洞室墓。由墓道、封门砖和墓室构成。墓室呈长方形		残	木质葬具	仰身直肢，单人葬	西南	瓷罐1、小瓷碗1、石盖1、银耳环1、铁镜1、铜钱53	宋	扰乱
5	190	洞室墓。由墓道、门楼、封门砖和墓室构成。墓室呈方形	1.2×0.8	1.9×2.2	木质葬具	仰身直肢，双人葬	东	瓷枕（残）1、瓷罐1、铜镜1、铜钱约260	宋	较好
6	182	洞室墓。由墓道、封门砖和墓室构成	1.6×0.94—1.1		不明				宋	破坏严重
7	185	洞室墓。由墓道、封门砖和墓室构成。墓室呈“刀”字形	2.1×1.1—1.9	2.3×1.5—1.9	木质葬具	不明			宋	扰乱
8	185	洞室墓。由墓道、封门砖和墓室。墓室呈椭圆形	1.28×0.85—0.3	2.4×1.1—0.9	木质葬具	仰身直肢，单人葬	西南	陶罐1、铜钱1	宋	扰乱
9	185	洞室墓。由墓道、封门砖和墓室构成。墓室呈“刀”字形	1.8×1.1—0.8	1.7×1.5—0.8	木质葬具	骨架被扰乱，单人葬			宋	破坏严重
10	183	仅存墓道少部分							宋	破坏严重
11	205	洞室墓。由墓道、封门砖和墓室。墓室呈“刀”字形	3×0.94—1	2.46×1.16—1	木质葬具	仰身直肢	西南	陶罐1、白瓷香熏1、瓷碗1、陶砚1、钱币5	宋	扰乱

续表

墓号	方向（度）	墓葬形制	墓道长、宽、深（米）	墓室长、宽、深（米）	葬具	骨架与葬式	头向	随葬品	时代	保存状况
12	178	土坑砖盖墓。土坑四壁用砖垒砌，顶部用砖在两侧边缘叠涩起顶，顶部中间用一排横砖覆盖		2.2×0.6—0.35	木质葬具	仰身直肢	南	陶罐1、铜钱2	宋	
13	180	洞室墓。由墓道、封门砖和墓室，墓室呈圆形	2.5×0.4—2.2	1.2×1.2—0.76					宋	扰乱
14	180	洞室墓。由墓道、封门砖和墓室构成，墓门建有门楼，券顶，其上绘有花卉图案	1.6×0.7—1.9	2.45×1.3	木质葬具	仰身直肢，单人葬	西南	陶罐1、铜钱14、漆盒（已锈蚀）	宋	
15	203	洞室墓。由墓道、门楼、封门砖和墓室构成。墓室成长方形		1.9×0.9	木质葬具	仰身直肢，单人葬	西南	陶罐1	宋	扰乱
16	195	洞室墓。由墓道、门楼和墓室。墓门两侧立柱墨绘图案。墓室呈袋状	1.8×0.9—1.8	2.1×1.3—1.06	木质葬具			瓷碗1、铜镜1、铜钱15	宋	扰乱
17	170	土坑砖盖墓。两侧用砖垒砌，有封门砖	0.4×1.14	1.6（残长）×0.76				铜钱2、耳环2（残）	宋	破坏严重
18	185	洞室墓。由墓道、门楼和墓室构成。立柱和券门上绘有较美丽的花卉纹饰。墓室呈方形圆角，有铺地砖	1.8×0.7—1.5	2.3×2—2.4	木质葬具	仰身直肢，单人葬	西	白瓷瓜棱罐1、金耳环（?）2、铜簪1、铜钱32	宋	较好

续表

墓号	方向（度）	墓葬形制	墓道长、宽、深(米)	墓室长、宽、深(米)	葬具	骨架与葬式	头向	随葬品	时代	保存状况
19	178	洞室墓。由墓道、封门砖和墓室。墓室平面呈袋状	0.92×0.6—1.8	2.35×0.83	木质葬具	仰身直肢,单人葬	南	瓷罐1、铜簪1、铜钱6	宋	
20	165	洞室墓。由墓道、封门砖和墓室构成。墓室平面呈椭圆形	2.5×0.84—1.3	2×1.1	木质葬具	仰身直肢,单人葬	南	陶罐1、铜钱2	宋	
21	190	洞室墓。由墓道、封门砖和墓室构成。墓室大致呈方形	2.4×0.9—1.5	2.42×2.2—1.5	木质葬具	仰身直肢,三人葬	西	瓷罐2、金耳环4、银簪4、铜钱70	宋	
22	185	残存部分墓道	2.5×0.7							
23	187	长方形土坑墓。由墓道和墓室构成	1.65×0.64	2.1×0.78	木质葬具			黑瓷碗1、黑瓷灯1	清	扰乱
24	173	洞室墓。由墓道、封门砖和墓室构成。墓室大致呈方形	残长0.9×0.65	2.45×0.65	木质葬具	仰身直肢,单人葬	北	白瓷罐1、铜环1、铜钱2	宋	
25	180	洞室墓。由墓道、封门砖和墓室构成。墓室呈圆形	1.6×0.85—1.5	1.68×1.6—1.3				白瓷瓜棱罐1、铜钱13	宋	扰乱
26	176	土坑砖盖墓		2.56×0.92	木质葬具,已朽	骨胳保存一般,仰身直肢,单人葬	南		宋	破坏严重
27	180	洞室墓。由墓道、封门砖和墓室构成。墓室平面呈圆形	1.4×0.94	2.1×2.24	木质葬具	骨胳保存较好,仰身直肢,单人葬	西	陶罐1、铜钱2	宋	
28	186	洞室墓。由墓道、封门砖、门楼和墓室构成。墓室平面大致呈圆形	2.5×0.86—3.6	2.2×2.1—1.7	木质葬具	骨胳保存较好,仰身直肢,单人葬	西南	陶罐1、小瓷碗1、铜钱2	宋	扰乱

续表

墓号	方向（度）	墓葬形制	墓道长、宽、深（米）	墓室长、宽、深（米）	葬具	骨架与葬式	头向	随葬品	时代	保存状况
29	185	洞室墓。由墓道、门楼（封门砖）和墓室构成。墓室平面呈“刀”字形	1.8×0.96—1.4	2.3×1.4	木质葬具	骨胳保存较好，仰身直肢，双人葬	西南	陶罐2、铜簪1、铜钱9	宋	
30	165	长方形土坑墓。由墓道、封门砖和墓室构成。墓室呈长方形	0.94×0.86	1.9×0.86	木质葬具	骨胳保存较好，仰身直肢，单人葬	西南	陶罐2、瓷罐3、瓷狗1、石兽1、陶罗汉1、铁钹2、铜钱2	宋	随葬器皿均为明器，为一儿童墓，年龄6～8岁
31	190	洞室墓。由墓道、封门砖（门楼）和墓室构成。墓室呈椭圆形	2.4×1.1—1.3	2.4×1.4—1.3	木质葬具	仅存头骨和下肢骨。单人葬	西南	陶罐1、瓷碗1、铜簪1、铜钱34	宋	
32	173	洞室墓。由墓道、封门砖和墓室构成。墓室平面大致呈斜方形	1.6×0.9—1.5	2.25×1.75	木质葬具，已朽	仅存足骨	东	铜镜1、铜钱34、石兽（残）1	宋	扰乱
33	195	洞室墓。由墓道、门楼（封门砖）、墓室构成。墓室平面大致呈圆形	2.3×0.8—1.6	2.06×2.2—1.75	木质葬具	骨胳保存较好	西南	陶罐1、瓷碗1、铜钱17	宋	
34	172	洞室墓。由墓道、门楼（封门砖）和墓室组成。墓室平面呈椭圆形	2.3×0.8	2.3×1.2—1.2（残）	木质葬具	骨胳保存较好，仰身直肢，单人葬	西南	陶罐1、铜钱2	宋	
35	178	土洞墓。由墓道、封门石和墓室组成。墓道为斜坡状；墓室平面呈圆形	3.1×0.8—4.1	1.7×2—1.2					不明	人骨架、随葬品皆无

续表

墓号	方向（度）	墓葬形制	墓道长、宽、深(米)	墓室长、宽、深(米)	葬具	骨架与葬式	头向	随葬品	时代	保存状况
36	185	洞室墓。由墓道、封门砖（石）、门楼和墓室构成	1.4×0.96—1.8	2.26×1.4	木质葬具	骨胳保存较差，似被扰乱。两具骨骼呈仰身直肢，一具骨架似被迁来。三人葬	东	瓷罐1、铜腰佩饰1、铜钱3、“郭平事墓记”石刻1（熙宁六年立）	宋	
37	182	洞室墓。由墓道、封门砖和墓室组成。墓室呈椭圆形	1.9×0.76	1.9×0.76	木质葬具	仅存头骨		陶罐1	宋	
38	182	长方形土坑竖穴砖盖墓	2.3×0.88			骨胳保存较好，仰身直肢，单人葬	南	陶罐1、铜钱4、瓷瓜棱碗1	宋	
39	182	洞室墓。由墓道、封门砖（门楼已毁）和墓室组成。墓室平面呈靴形	残长1×1.2—1.36	2.4×1.8	木质葬具	骨胳保存较好，仰身直肢，单人葬	西南	银耳环1、铜钱16、牛角梳（残）1、小动物1（石质）	宋	
40		洞室墓。由墓道、封门砖和墓室构成。墓室平面成方形	残长1.7×1	1.72×1.16		迁葬而来，双人葬	西南		宋	扰乱
41	190	长方形土洞墓，由墓道、封门砖和墓室构成	1.5×0.75	1.36×0.7	木质葬具	骨骼保存较好，单人葬	南	铜簪1	宋	
42	180	洞室墓。由墓道、门楼（封门砖）和墓室组成。墓道呈阶梯状，墓室平面呈靴形	残1.2×0.96—1.84	2.1×1.6—1.5	木质葬具	骨骼保存一般，仰身直肢，双人葬	西南	陶罐1、铜钱若干	宋	
43	178	长方形墓室。已遭破坏，仅残存后半部分		残长1.3×0.66	木质葬具	仅存盆骨和下肢骨。单人葬	南		宋	扰乱

续表

墓号	方向（度）	墓葬形制	墓道长、宽、深(米)	墓室长、宽、深(米)	葬具	骨架与葬式	头向	随葬品	时代	保存状况
44	178	长方形土坑砖盖墓		2.2×0.8		骨骼保存较好,仰身直肢,单人葬	南	陶罐1、瓷碗1、铜钱6	宋	
45	175	长方形土坑砖盖墓。下部挖一长方形窄坑,高20～50厘米,仅能容尸,尔后,从两侧叠涩起顶,顶部中间用一排横砖覆盖		2.1×0.64		头骨已无,仅存肋骨、下肢骨。单人葬	南	铜钱2	宋	扰乱
46	185	洞室墓。由墓道、门楼(封门砖)和墓室构成。墓室平面大致呈椭圆形	2.25×1—1.4	2.2×1.32—1.4	木质葬具	骨骼保存较好,仰身直肢。单人葬	西南	陶罐1、青瓷碗1、铜钱2	宋	
47	180	洞室墓。由墓道、封门砖(门楼情况不明)和墓室组成。墓室平面大致呈圆形	1.8×1	2.4×2.1	木质葬具	骨骼保存一般,侧身葬。双人及夫妻合葬墓	西南	瓷罐1、铜钱28、铜樽1、铜簪1、铁(锈蚀不清)	宋	
48	185	洞室墓。由墓道、封门砖和墓室构成,墓室平面呈椭圆形	1.65×0.7	2.2×1.75—1.3	木质葬具	骨骼保存较好,仰身直肢,双人葬	南	瓷碗1、铜钱21	宋	
49	170	洞室墓。由墓道、封门砖(门两侧有立柱)和墓室构成。墓室平面呈“刀”字形	1.3×1.05	2.3×1.4	木质葬具	仅存四肢骨,双人葬	西南	陶罐2、铜钱9	宋	
50	184	长方形土坑砖盖墓		2.12×0.82		仅存头骨和盆骨,似为迁葬墓		陶罐1、瓷碗1、铜钱2	宋	

续表

墓号	方向(度)	墓葬形制	墓道长、宽、深(米)	墓室长、宽、深(米)	葬具	骨架与葬式	头向	随葬品	时代	保存状况
51	185	洞室墓。由墓道、门楼(封门砖)和墓室构成。墓室平面大致成“刀”字形	1.74×0.86—1.3	1.84×1.4—1.3	木质葬具	骨骼保存较好,仰身直肢,单人葬	西南	陶罐1、铜簪1	宋	
52	175	洞室墓。由墓道、封门石(圆砾石)和墓室组成。墓室平面呈长方形	2.6×0.6	2×1.48	木质葬具	骨骼保存较好,仰身直肢,双人葬	西	瓷枕1、铜钱2(已碎)	宋	
53	193	洞室墓。由墓道、封门砖和墓室构成。墓室平面呈“刀”字形	2.24×1.1—1.46	2.4×1.66—1.28	木质葬具	骨骼保存一般单人葬	西南	陶罐1、铜钱12	宋	
54	192	洞室墓。由墓道、封门砖(门楼)和墓室构成	1.6×1—2.1	2.3×1.62—1.24	木质葬具	骨骼保存较好,仰身直肢,双人葬	南	陶罐2、铜钱3、骨簪(残)1	宋	
55	195	瓮罐葬。在一椭圆形土坑内,放置陶瓮		2.12×1.1	陶瓮	牛骨堆放于陶瓮内			不明	出土一宗牛骨
56	187	长方形土坑砖盖墓		1.42×0.7		头骨已无,仰身直肢,单人葬	南		宋	
57	143	长方形土坑墓		2.5×0.6		残存零星肢骨		铜钱2(?)	清	
58	182	洞室墓。由墓道、封门砖和墓室构成。墓室平面大致呈圆形	1.9×0.9	1.6×1.9	木质葬具	骨骼保存较差,仰甚直肢,双人葬	东	瓷罐1、铜钱3	宋	
59	185	长方形土洞墓。由墓道、封门砖和墓室构成	1.35×0.8	2.3×1.02	木质葬具	头骨已无,仰身直肢,单人葬	南	瓷罐1、铜带钩	宋	
60	174	洞室墓。由墓道、封门砖和墓室组成。墓室平面呈斜方形	1.1×0.9	1.7×1.1		为迁人葬,双人葬	西南	陶罐1	宋	

1. 骨骼和牙齿上的切割和刻划痕迹

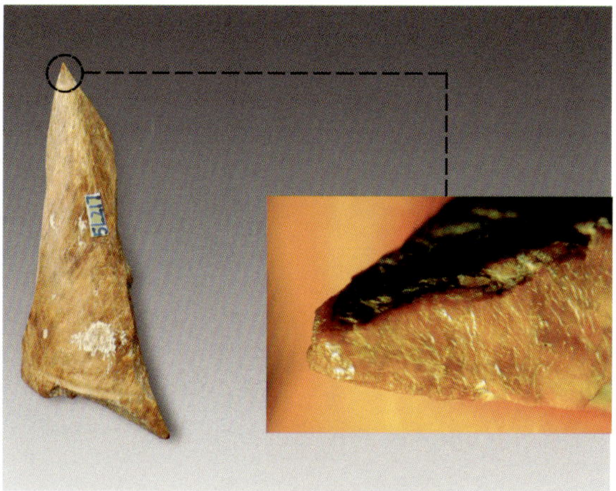

2. 骨器尖端的使用

3. 骨骼表面的擦磨痕

4. 烧骨

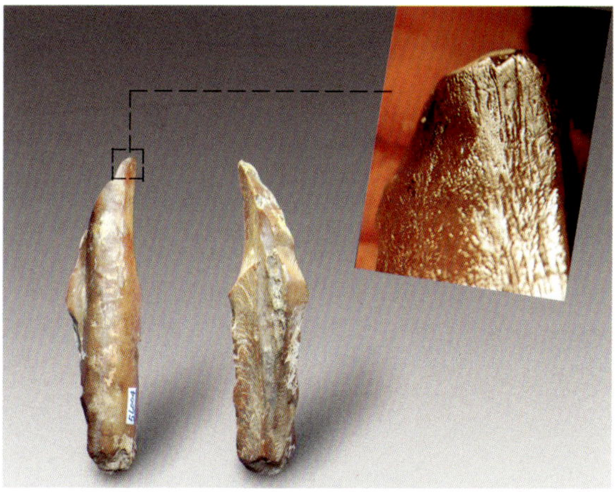

5. 骨器尖端的使用

6. 骨器柄部的捆绑

许昌灵井遗址骨器观察

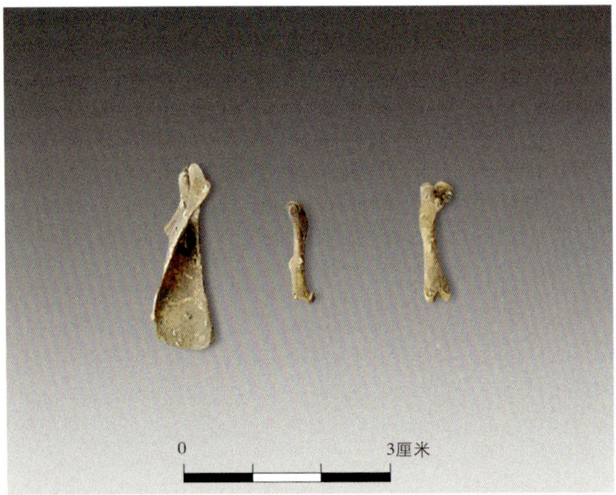

1. 95cxH43：2陶罐内小啮齿类肢骨

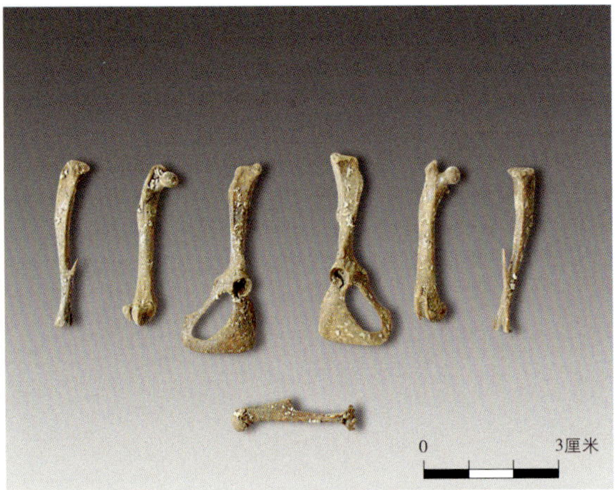

2. 95cxH43：2陶罐内大啮齿类肢骨

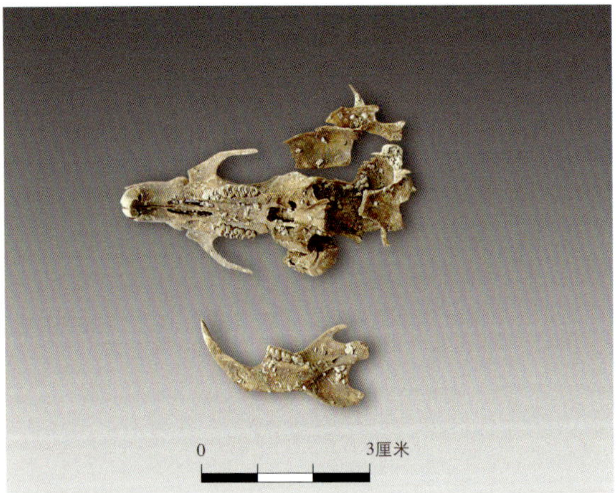

3. 95cxH43：2陶罐内啮齿类头骨及下颌骨

4. 95cxM5：03鼎内鲢鱼咽齿

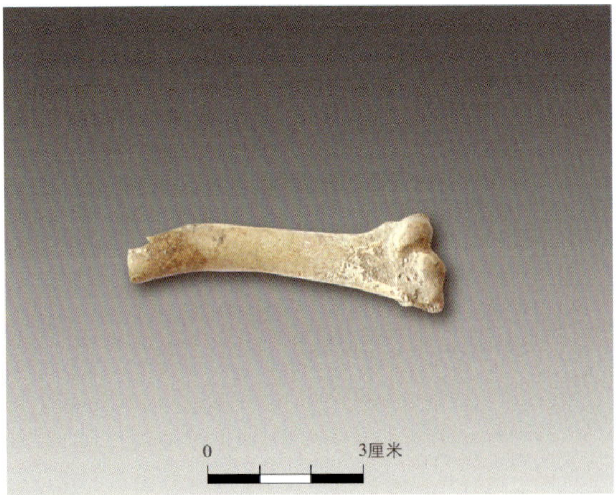

5. 95xrtH5：9鸟左侧肱骨远端

6. 95xrtH10：2狗獾左侧下颌$C \sim M_1$

仙人台遗址动物遗存

1. 十亩园遗址全景

2. M18门楼（洞室墓第一类）

彩版四

1. M18（洞室墓第一类）

2. M5全景（洞室墓第一类）

3. M12墓室（土坑砖盖墓）

4. M12墓顶（土坑砖盖墓）

济南市十亩园遗址宋墓

1. M5局部（洞室墓第一类）

2. M21（洞室墓第二类）

3. M52全景(洞室墓第三类)

4. M52墓室(洞室墓第三类)

济南市十亩园遗址宋墓

彩版六

1. 瓷枕（M5：1）

2. 陶砚（M11：1）

3. C型Ⅰ式瓷罐（M5：2）

4. 熏炉（M11：3）

5. A型铜镜（M5：3）

6. B型瓷碗（M11：2）

济南市十亩园遗址宋墓出土遗物

1. C型Ⅱ式瓷罐（M18：1）

2. A型Ⅱ式瓷罐（M24：1）

3. C型Ⅳ式瓷罐（M36：1）

4. C型Ⅲ式罐(M25：1)

5. B型Ⅰ式瓷罐（M58：1）

6. 陶罐（M15：1）

济南市十亩园遗址宋墓出土遗物

1. 瓷枕(M52：1)

2. D型瓷碗（M48：1）

3. 石狮（M54：1）

4. 陶击鼓俑（M30：4）

5. A型铜镜（M32：1）

6. 铜腰带钩（M59：2）

济南市十亩园遗址宋墓出土遗物

图版一

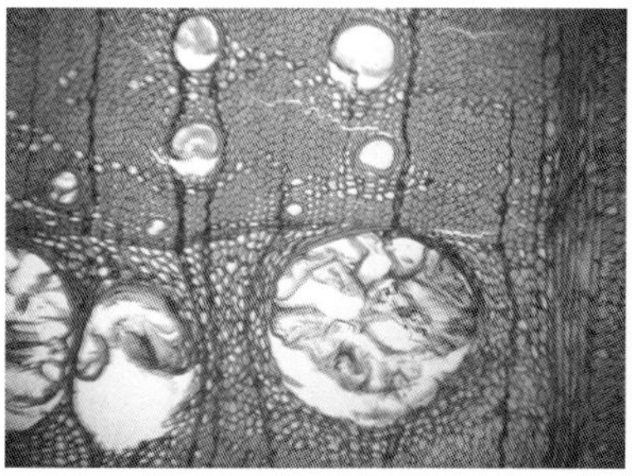
1. 麻栎横切

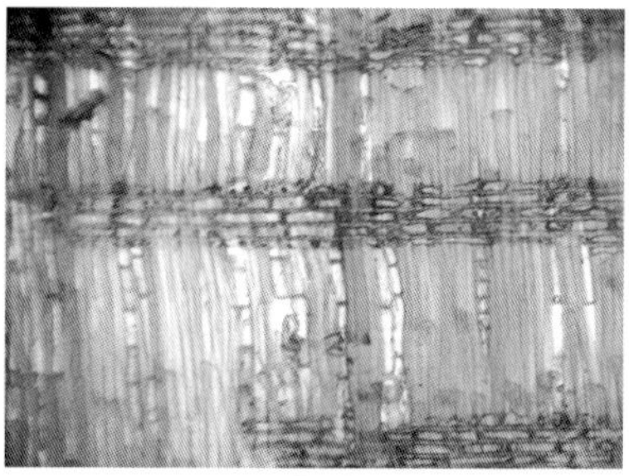
2. 麻栎径切

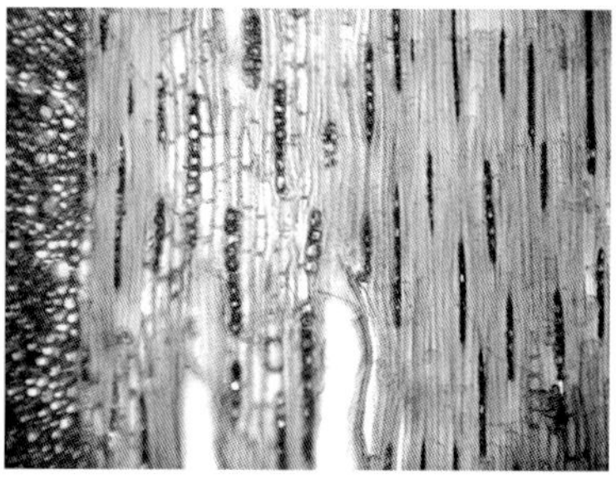
3. 麻栎弦切

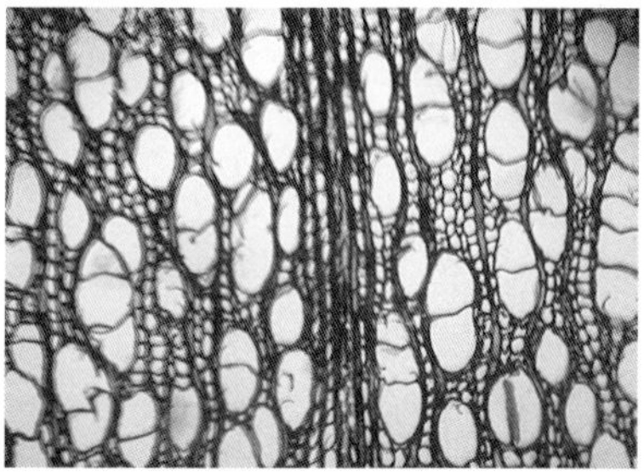
4. 桤木横切

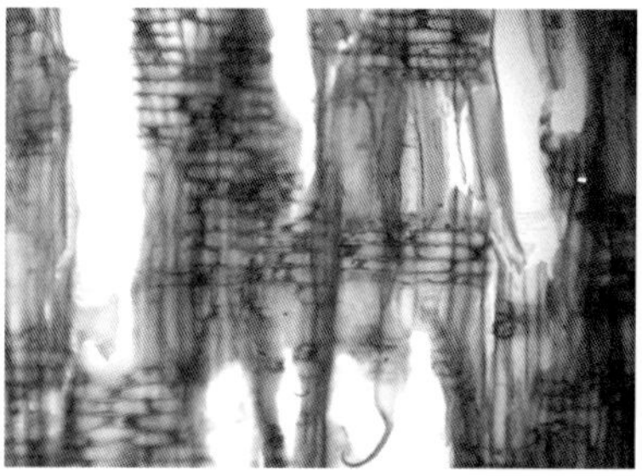
5. 桤木径切

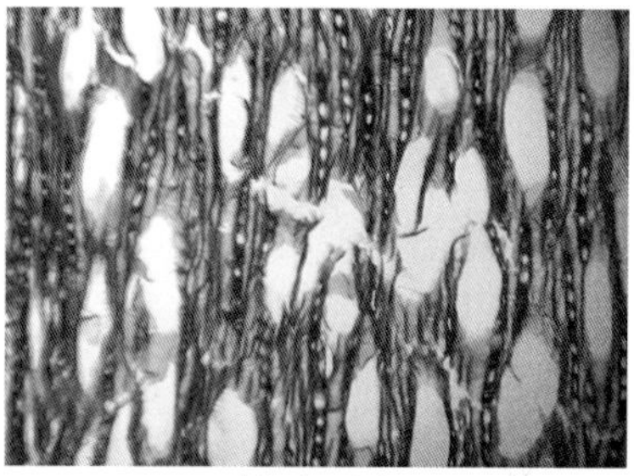
6. 桤木弦切

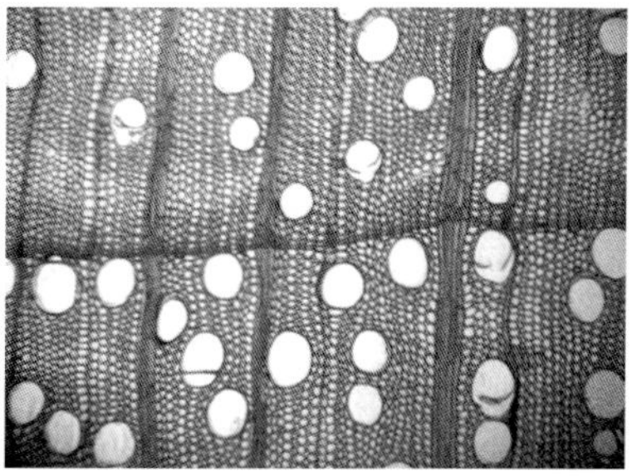
7. 槭木横切

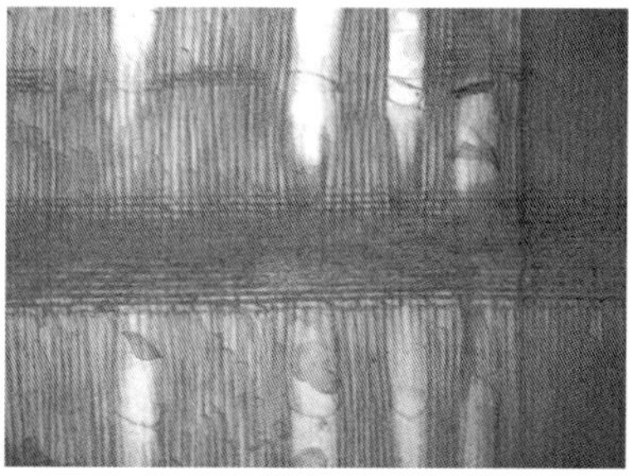
8. 槭木径切

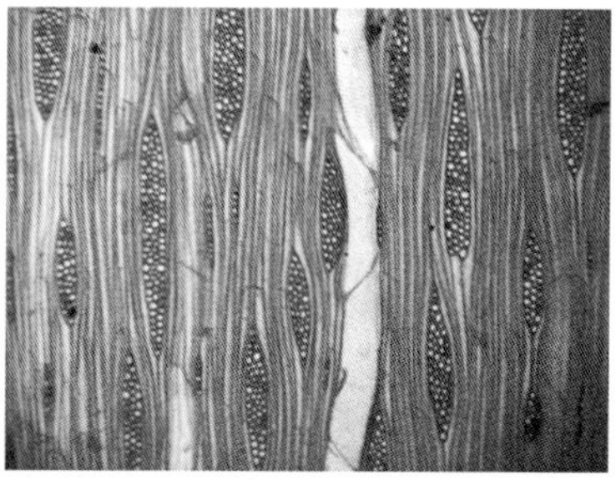
9. 槭木弦切

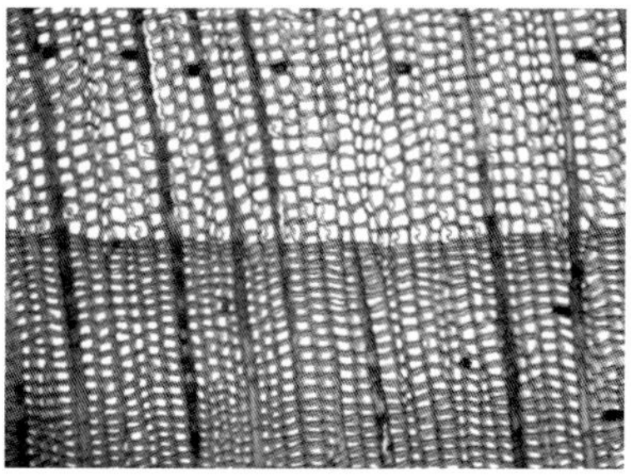
10. 圆柏横切

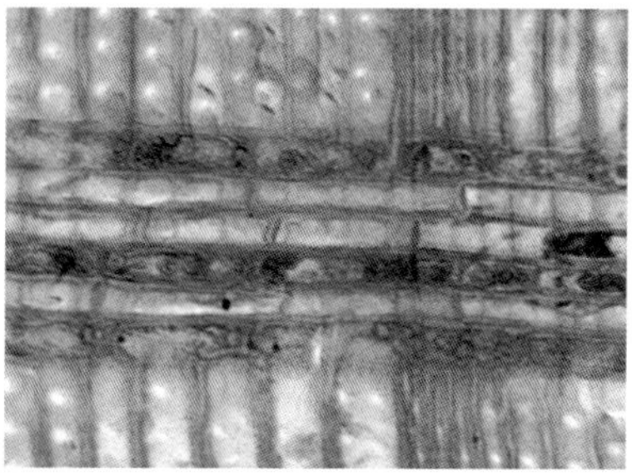
11. 圆柏径切

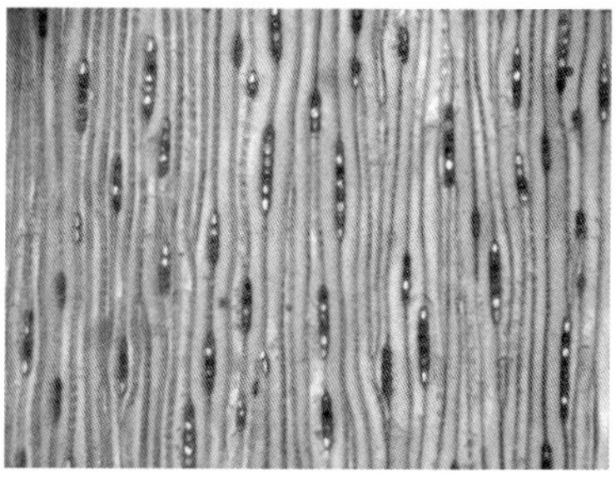
12. 圆柏弦切

麻栎、桤木、槭木、圆柏显微结构

图版二

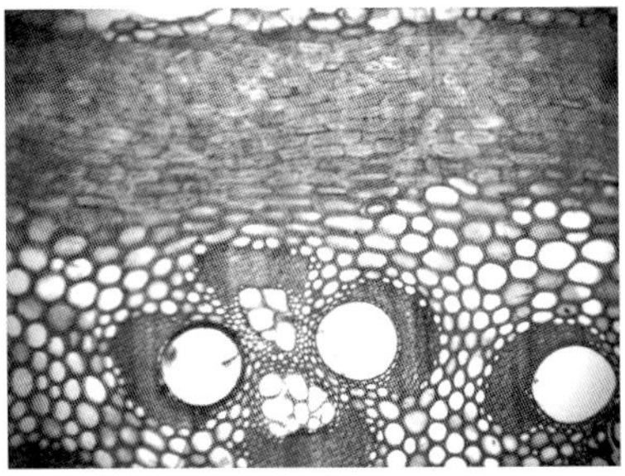

1. 刚竹内部

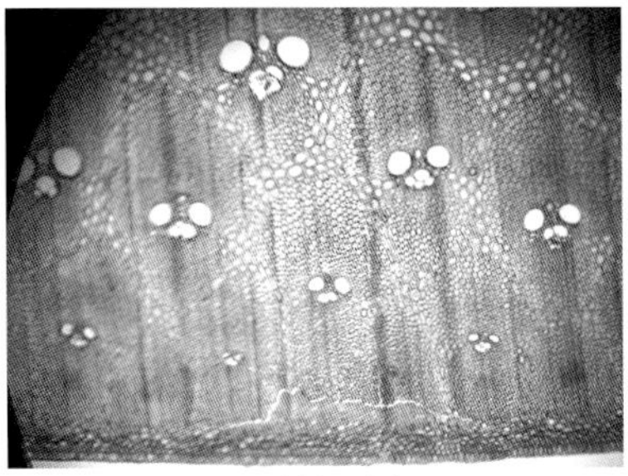

2. 刚竹外部

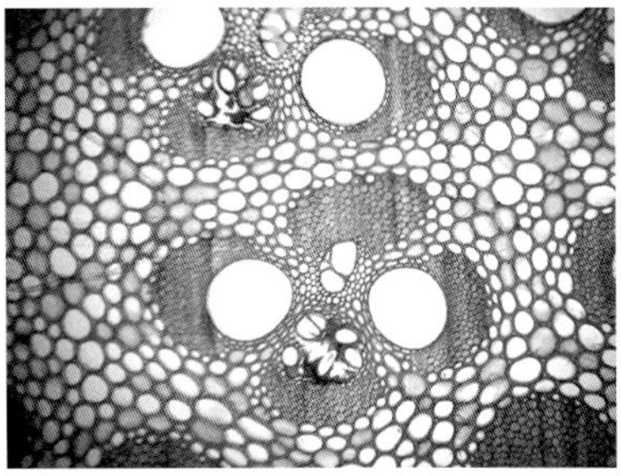

3. 刚竹中部

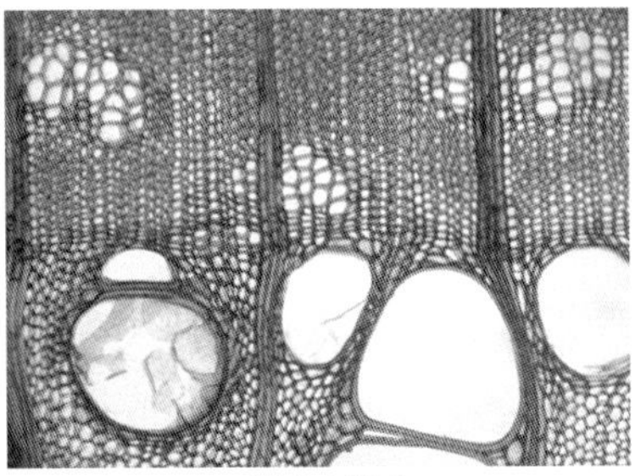

4. 构树横切

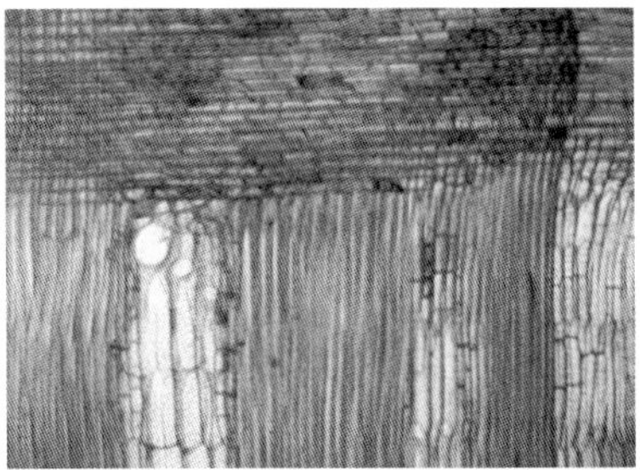

5. 构树径切

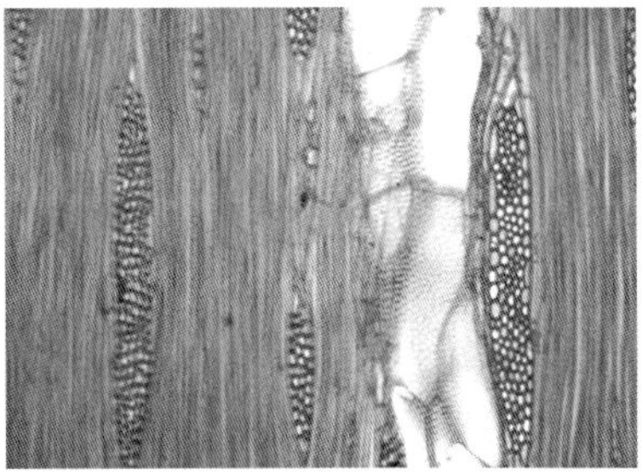

6. 构树弦切

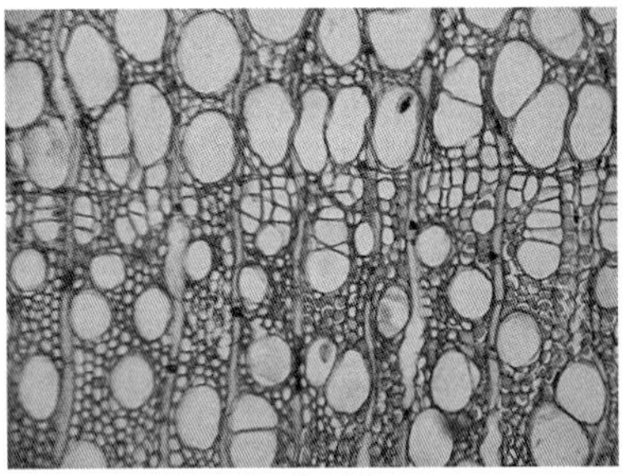

7. 柳树横切

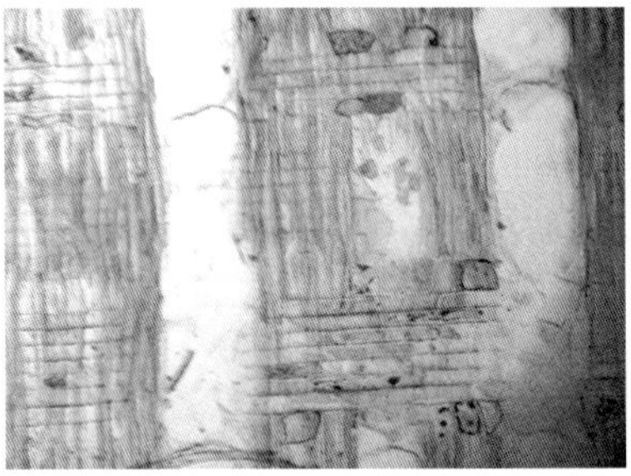

8. 柳树径切

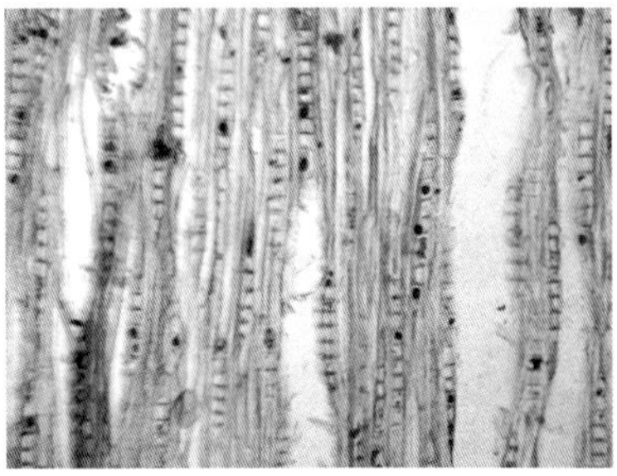

9. 柳树弦切

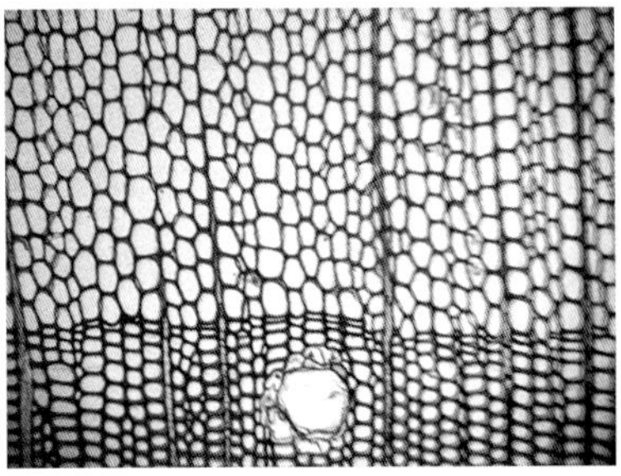

10. 松木横切

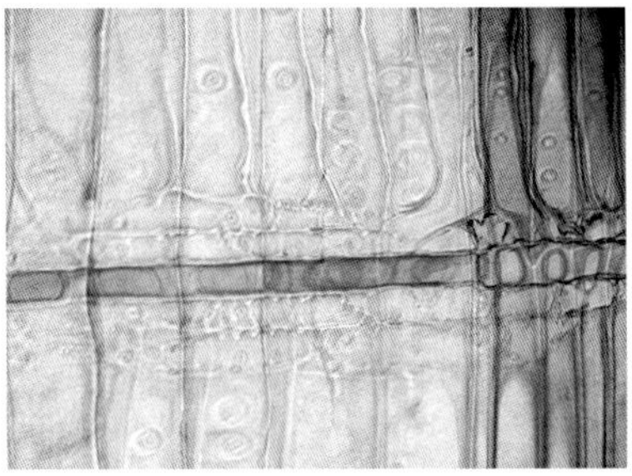

11. 松木径切

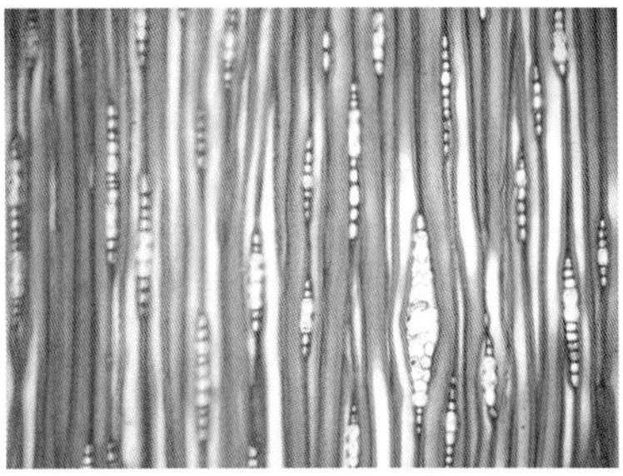

12. 松木弦切

刚竹、构树、柳树、松木显微结构

图版三

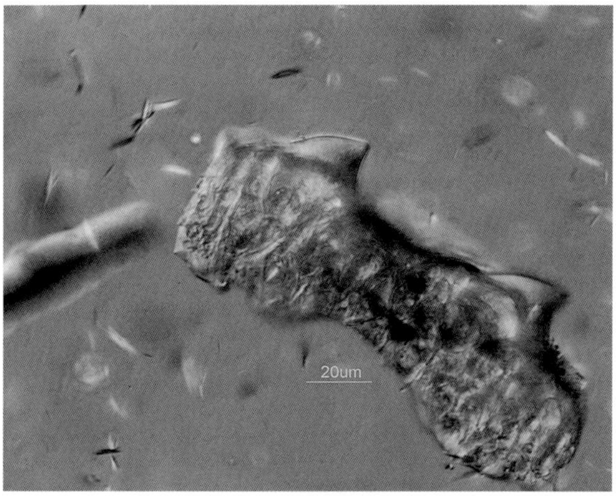

1. 稻壳双峰型

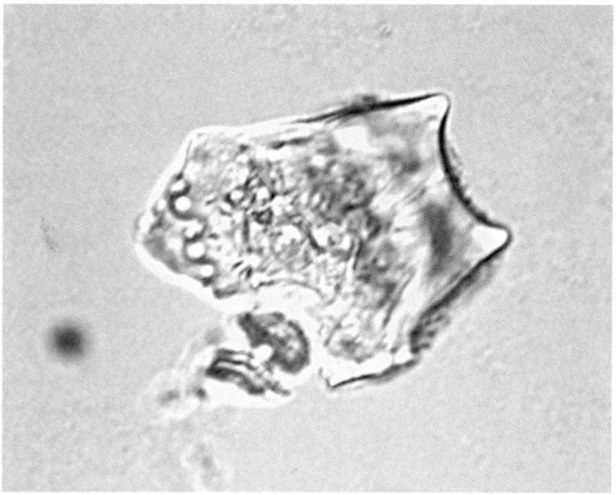

2. 水稻双峰型

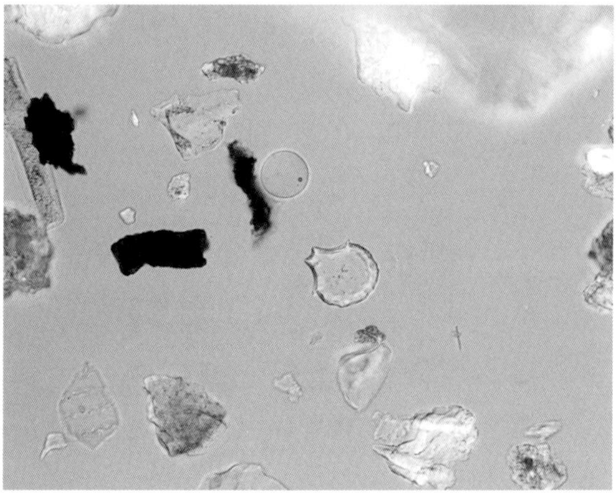

3. 水稻扇型

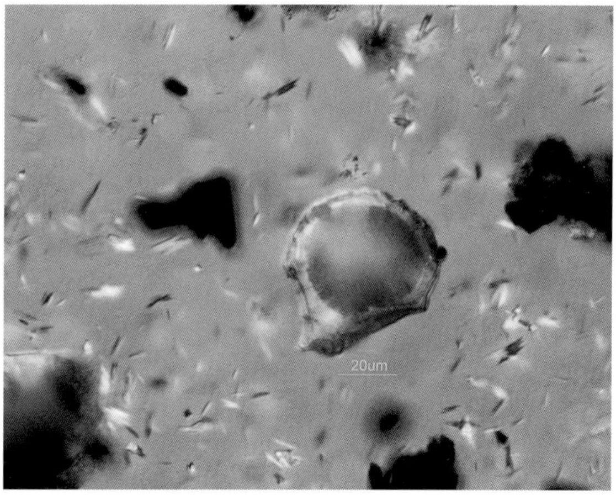

4. 水稻扇型

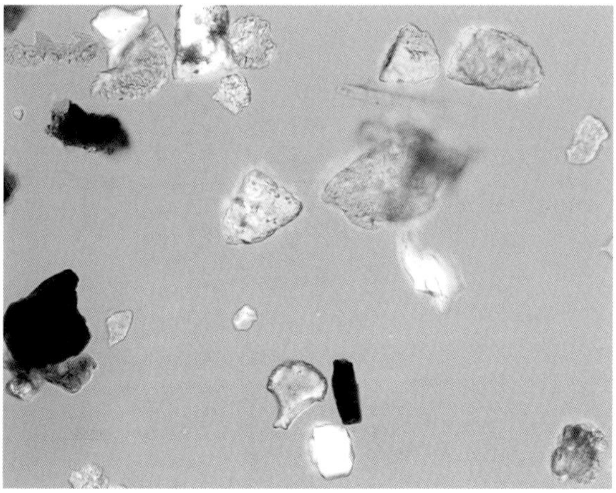

5. 水稻扇型

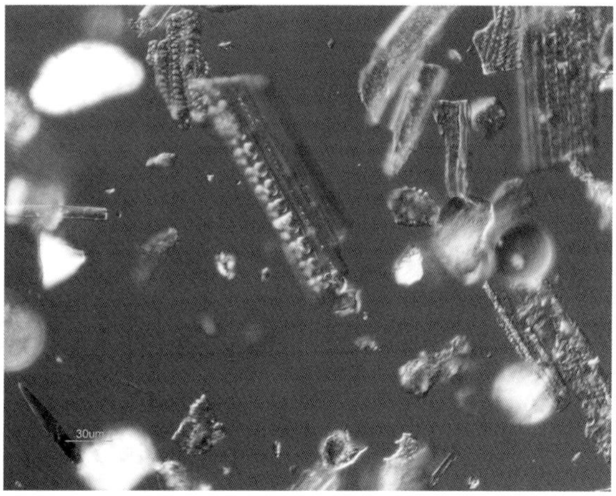

6. 水稻哑铃型

辽东半岛南部遗址植物遗存植硅体

图版四

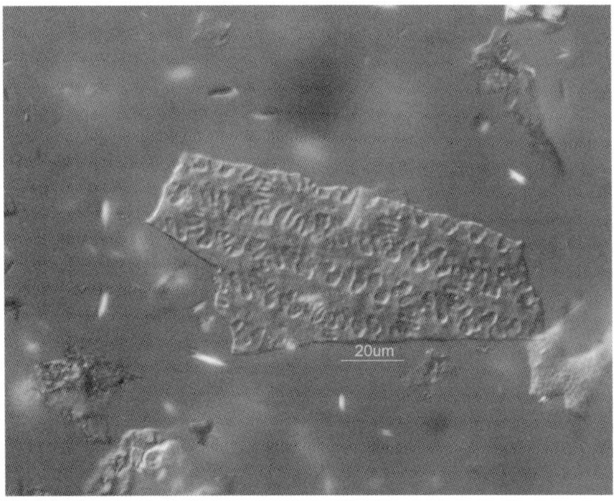

1. 黍子稃壳

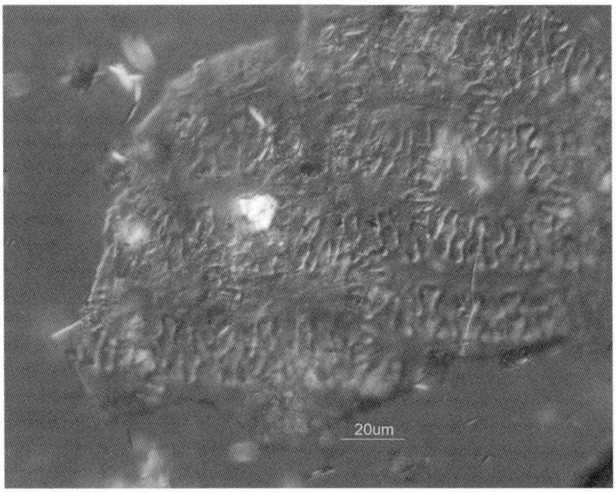

2. 粟稃壳

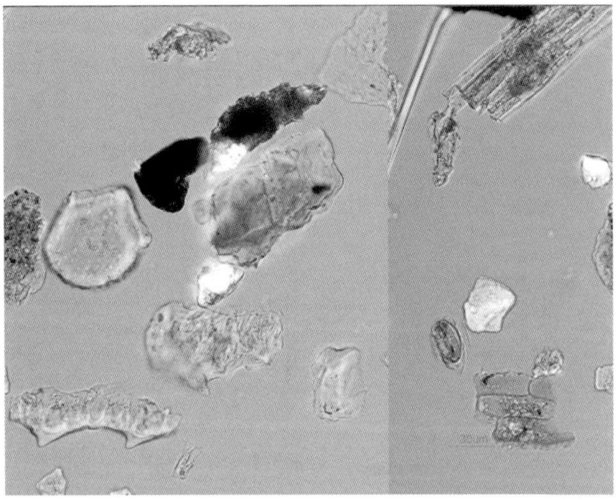

3. 芦苇扇型

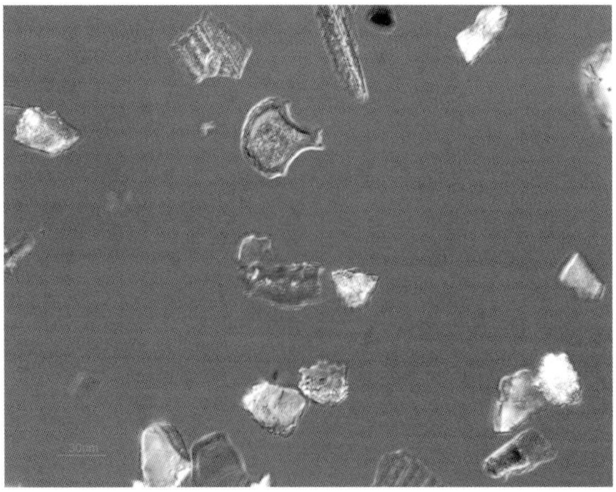

4. 扇型

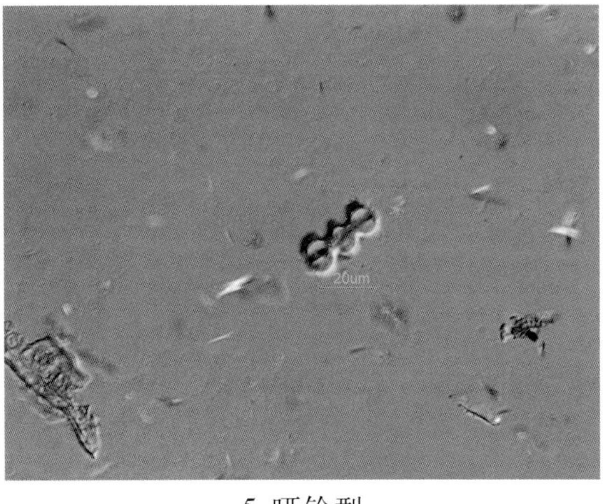

5. 哑铃型

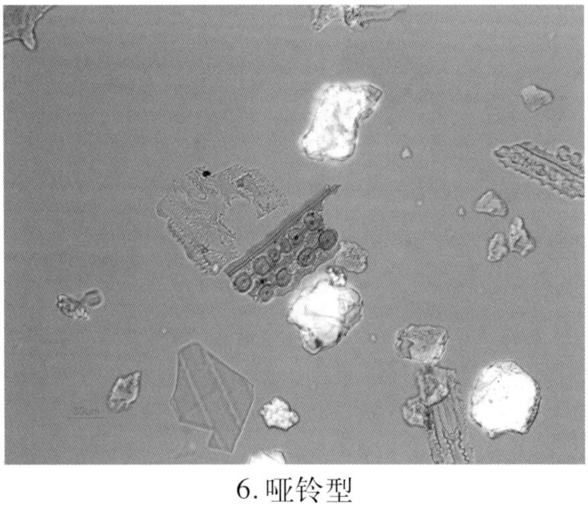

6. 哑铃型

辽东半岛南部遗址植物遗存植硅体

图版五

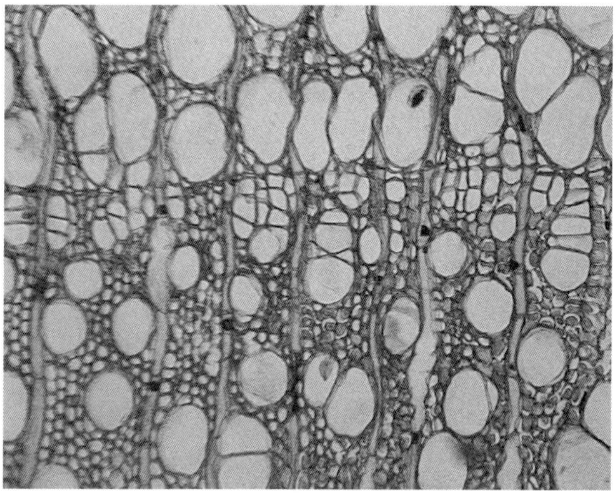

1. 柳树横切

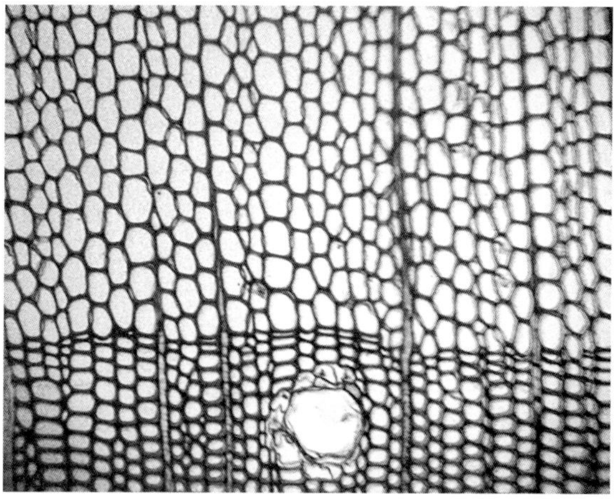

2. 松木横切

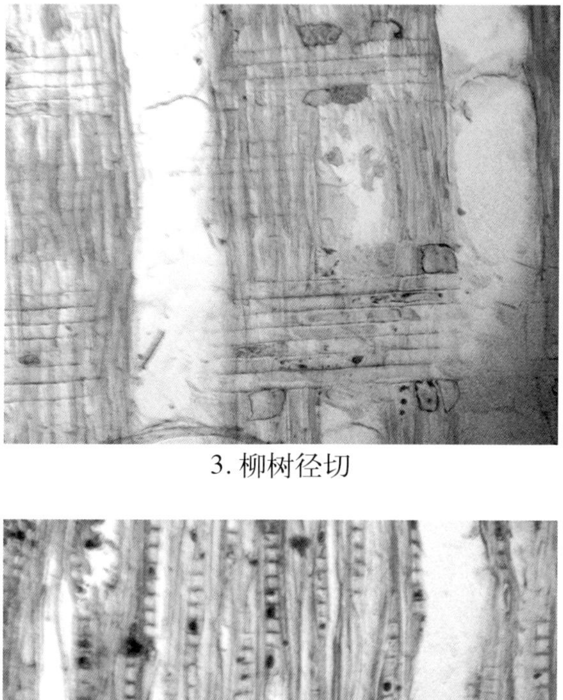

3. 柳树径切

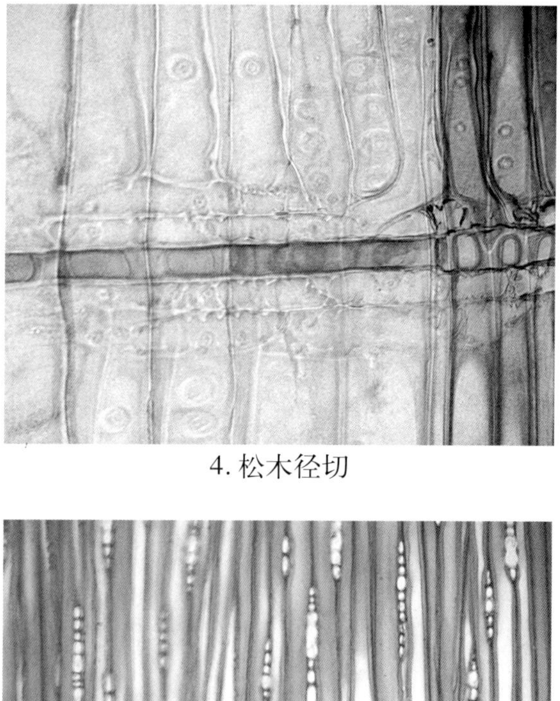

4. 松木径切

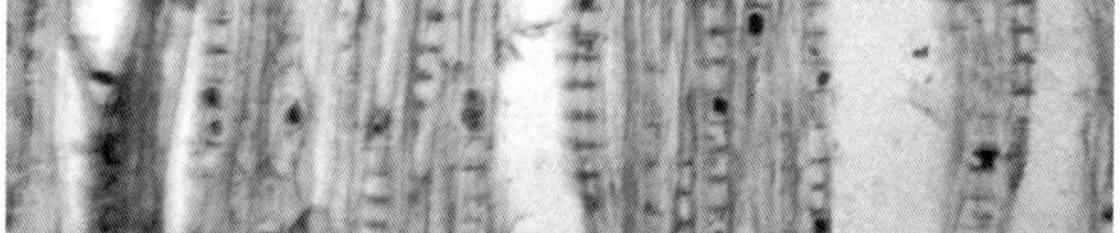

5. 柳树弦切

6. 松木弦切

烟台庙后遗址木炭纤维结构照片

图版六

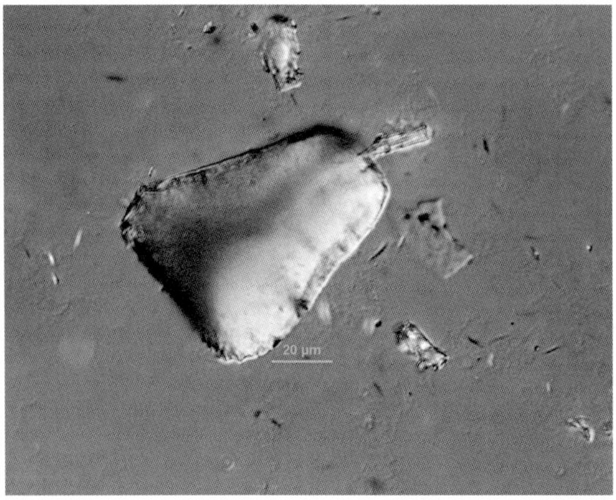

1

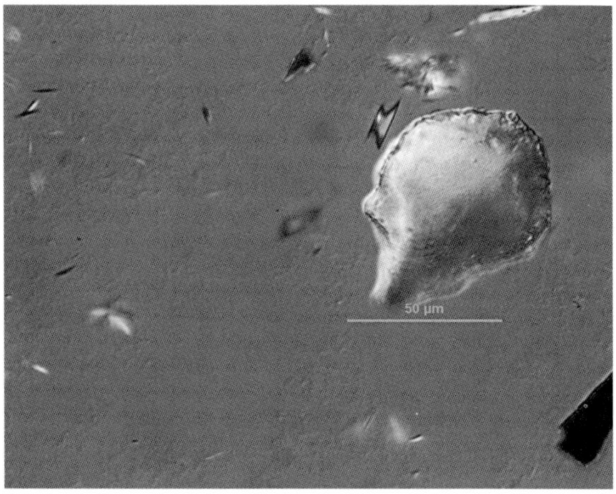

2

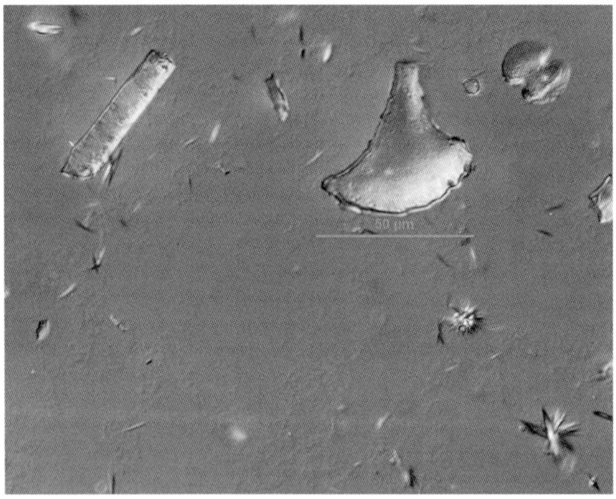

3

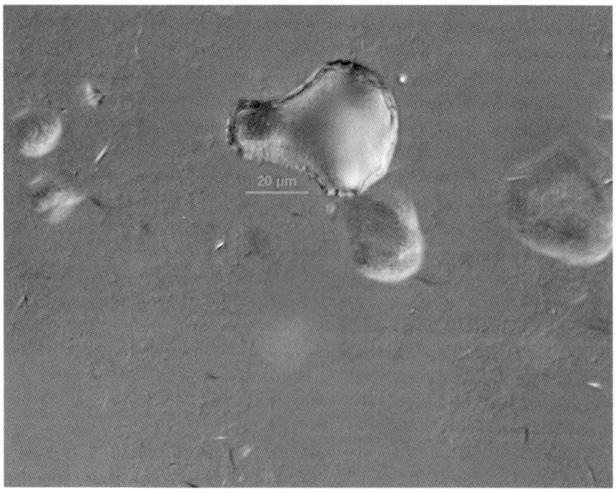

4

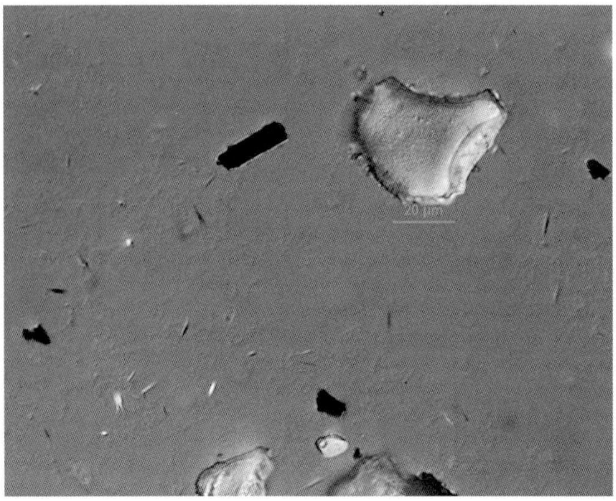

5

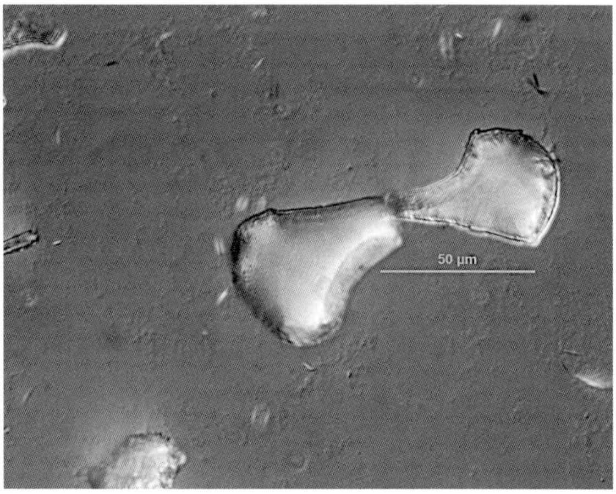

6

烟台庙后遗址植物遗存扇型植硅体

图版七

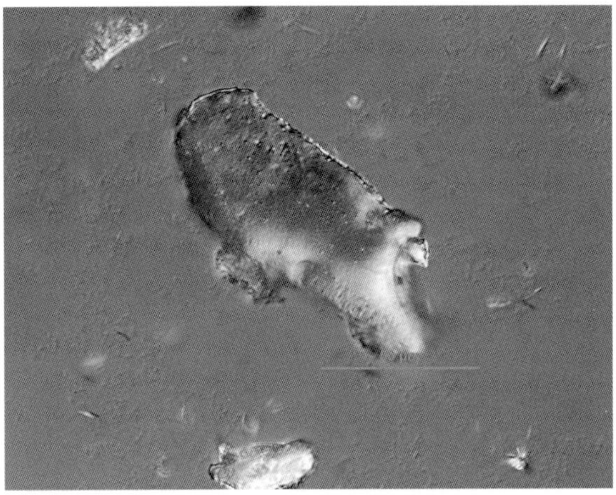

1

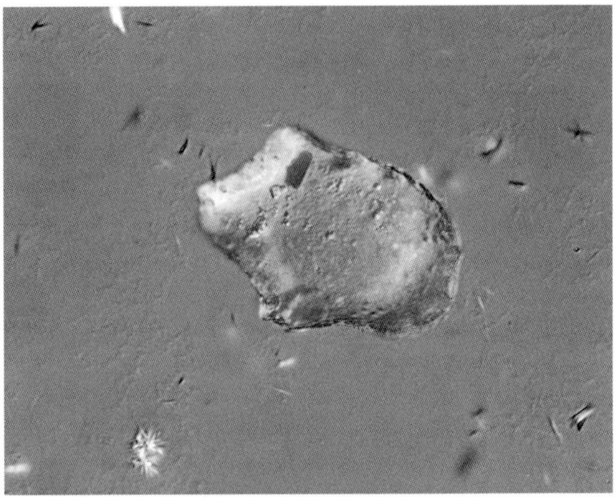

2

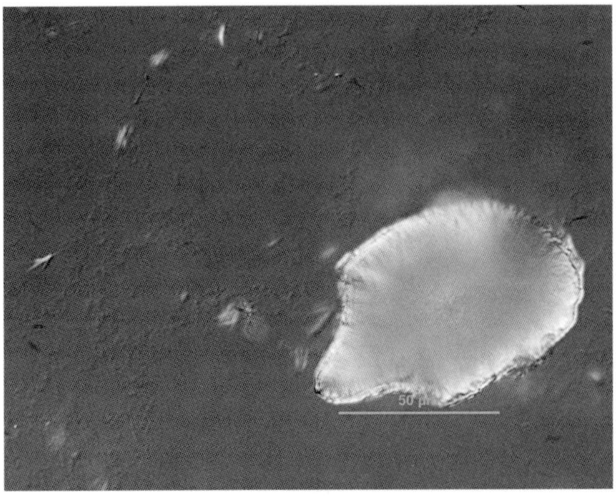

3

4

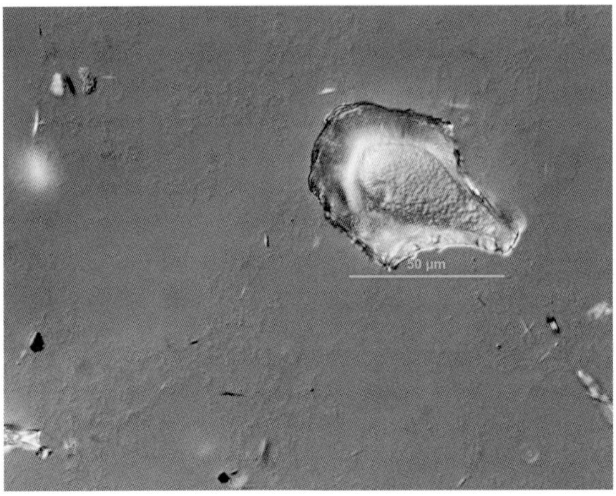

5

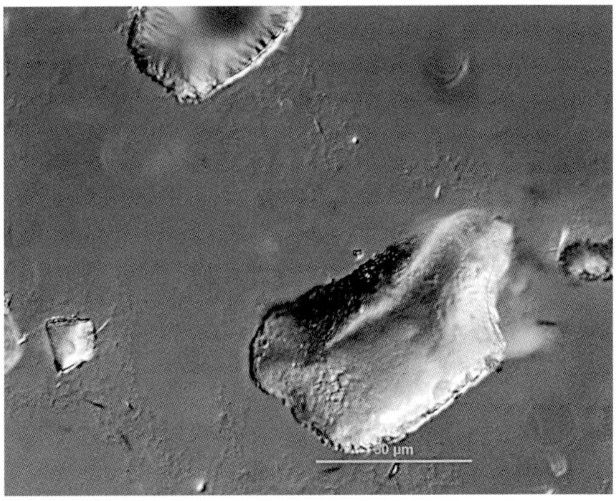

6

烟台庙后遗址植物遗存芦苇扇型植硅体

图版八

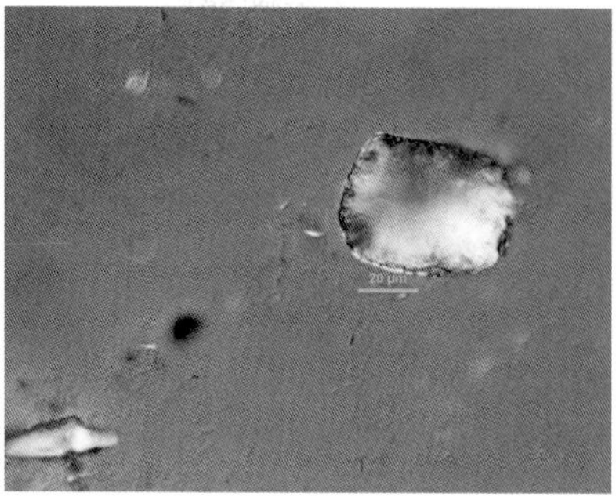

1

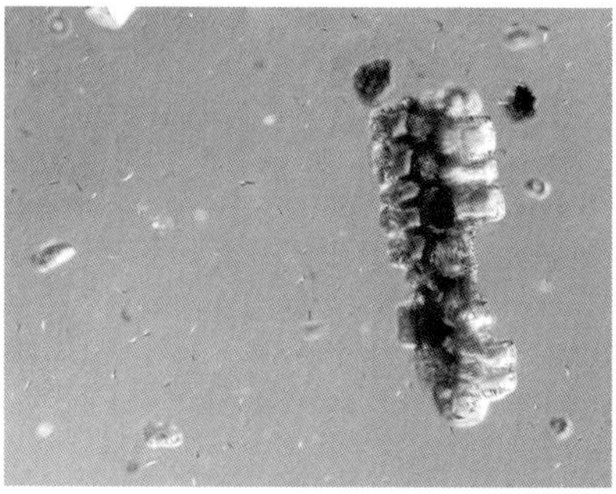

2

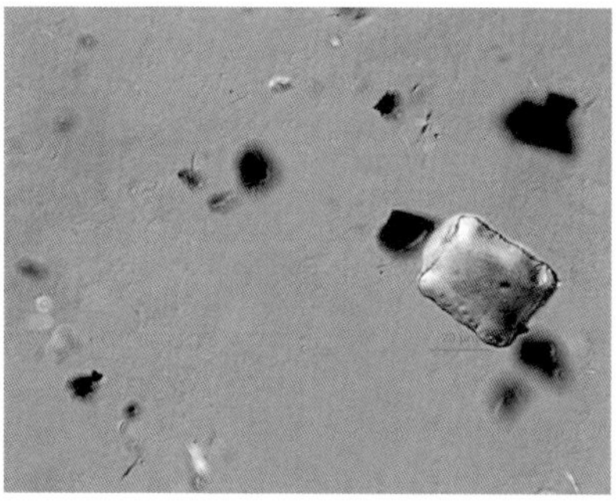

3

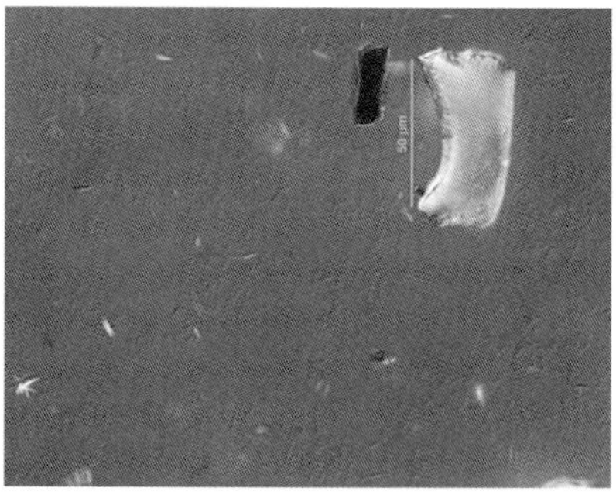

4

5

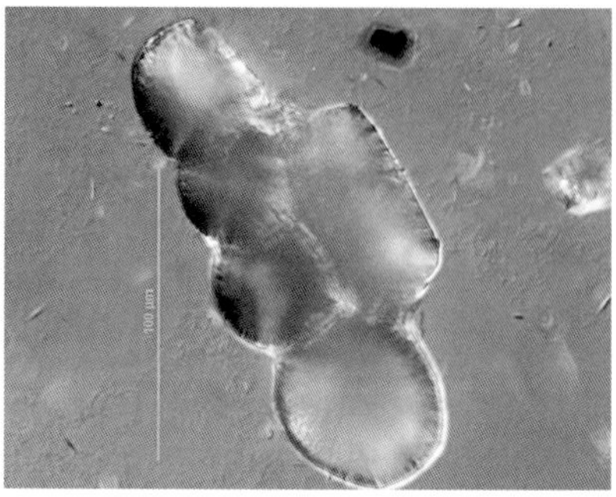

6

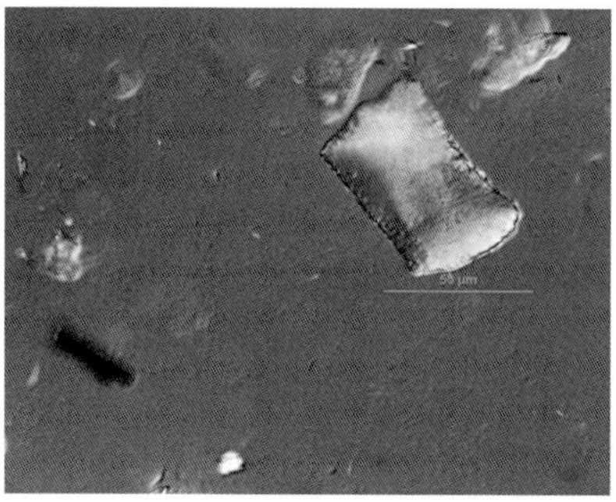

7

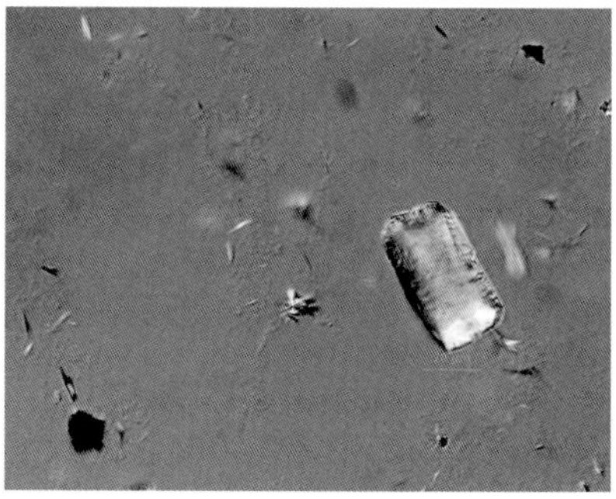

8

烟台庙后遗址植物遗存长方型和方型植硅体

图版九

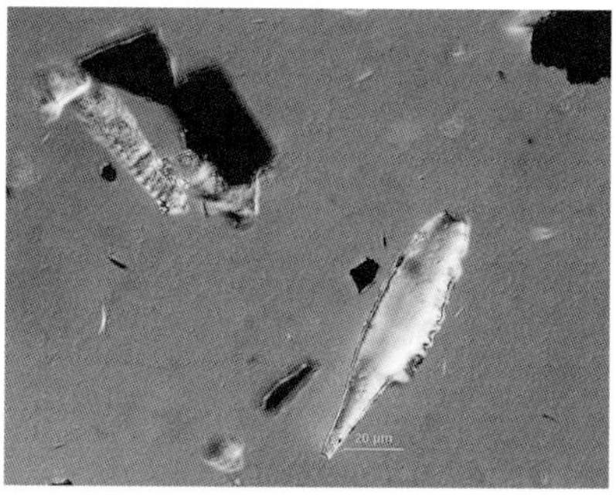

1. 尖型

2. 尖型

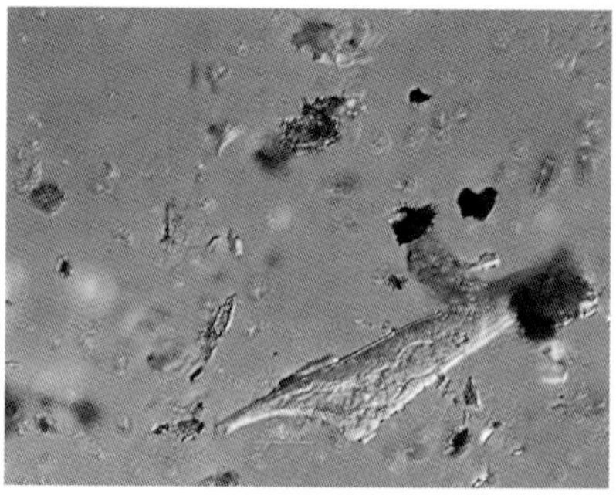

3. 尖型

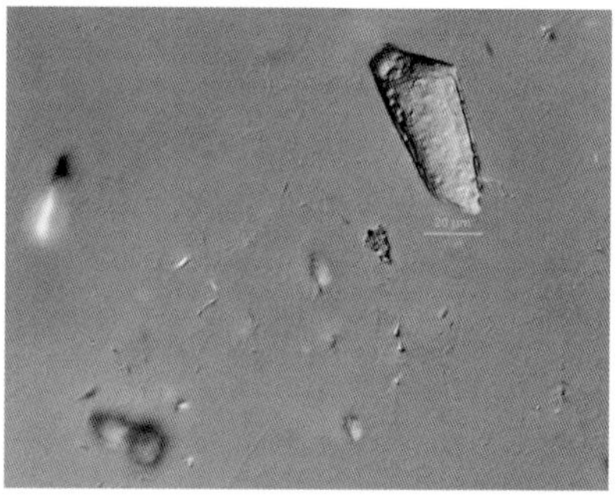

4. 尖型

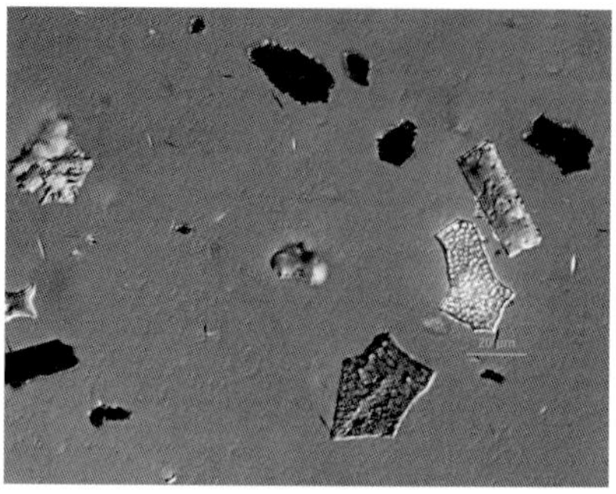

5. 底部莎草科型

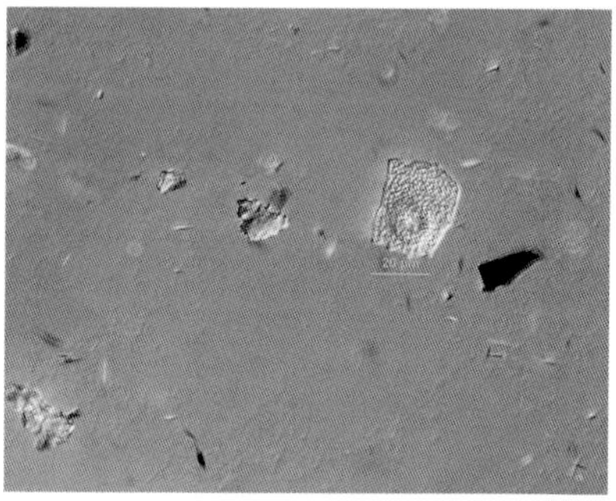

6. 莎草科型

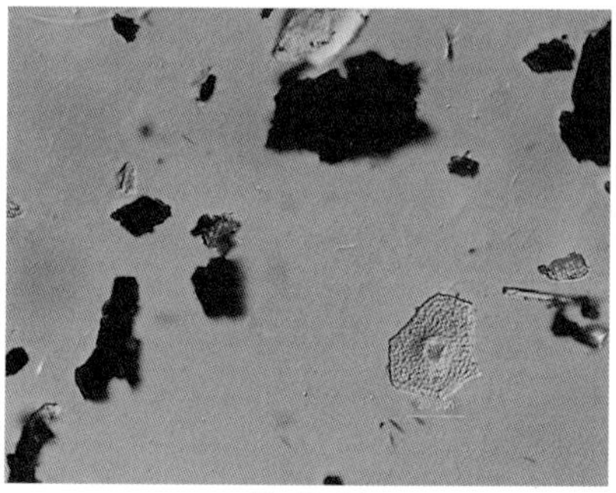

7. 莎草科型

烟台庙后遗址植物遗存植硅体

图版一〇

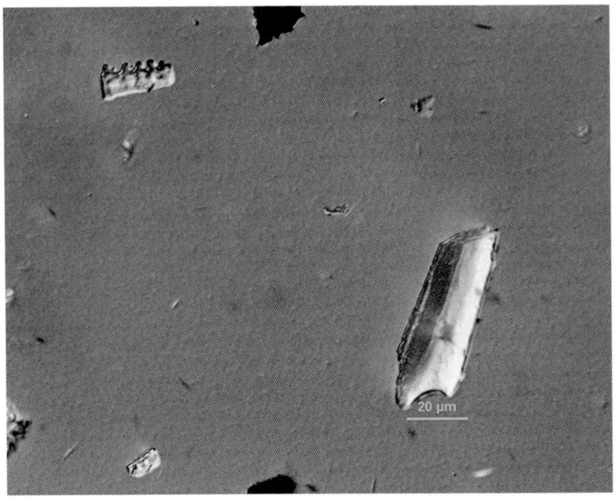

1

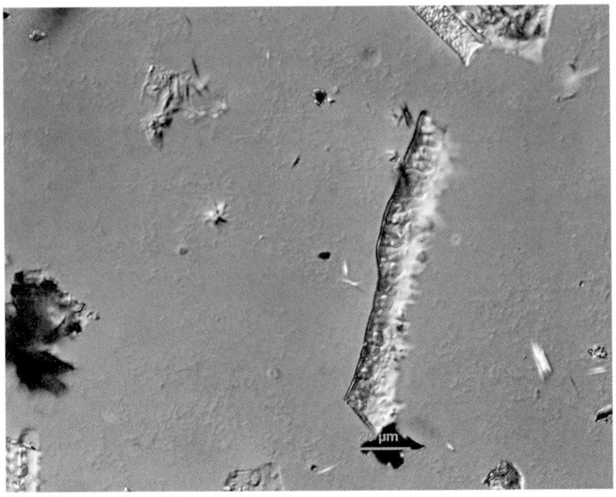

2

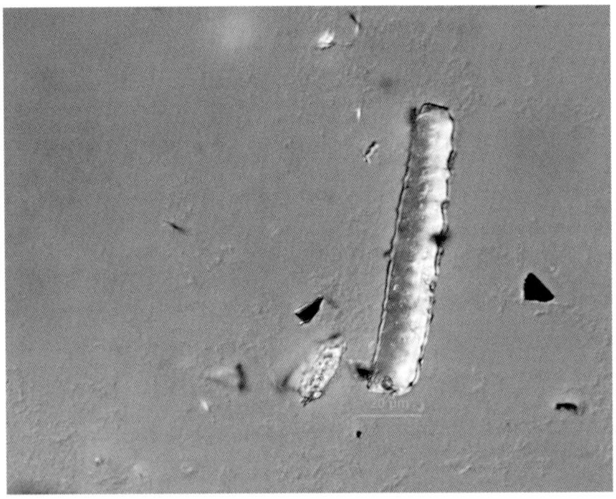

3

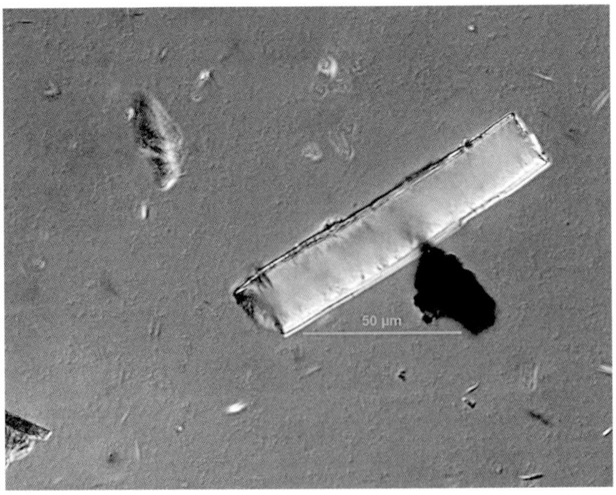

4

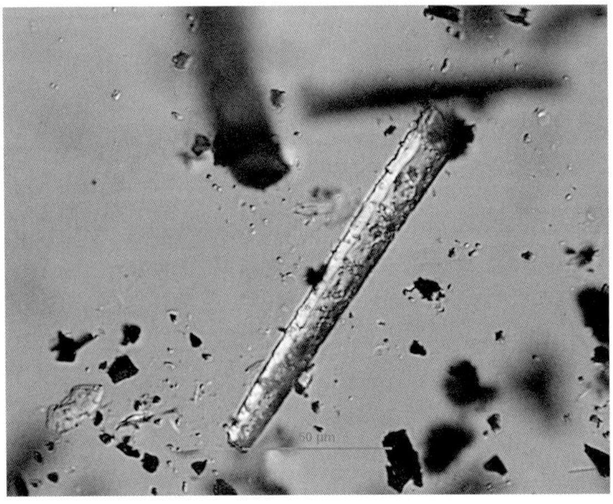

5

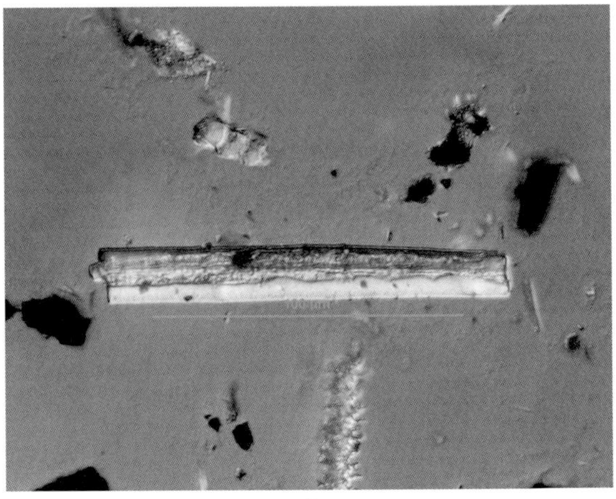

6

烟台庙后遗址植物遗存棒型植硅体

图版一一

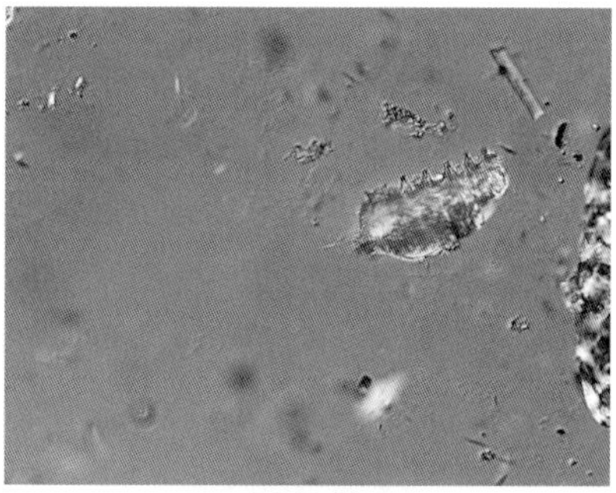

1. 刺状棒型

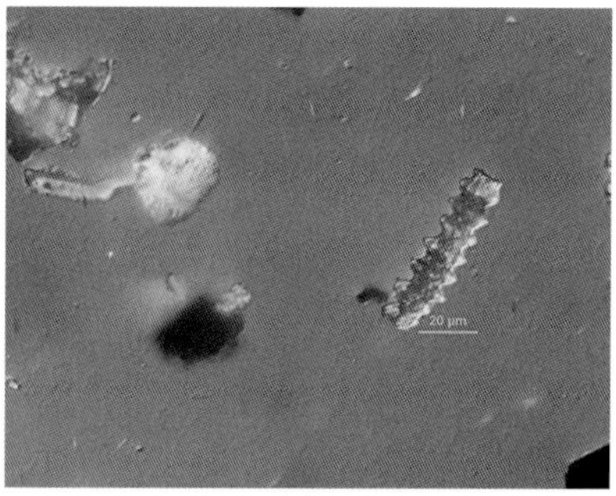

2. 刺状棒型

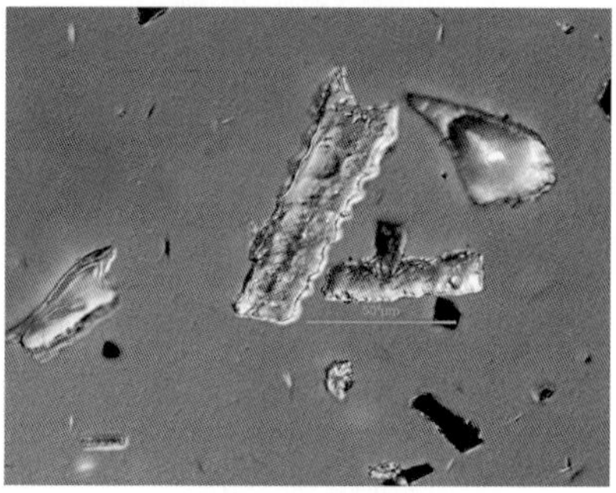

3. 板状棒型

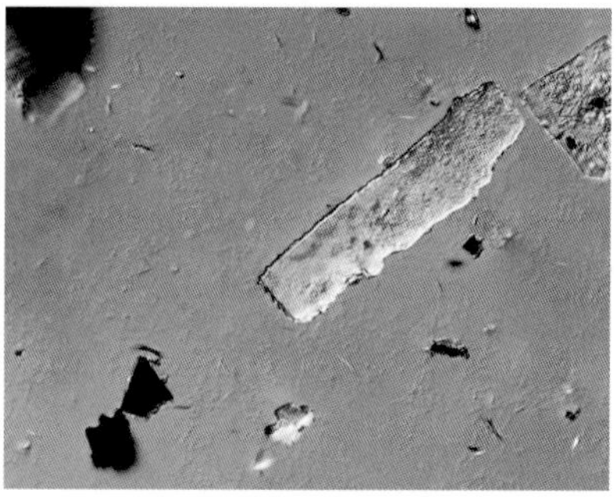

4. 板状棒型

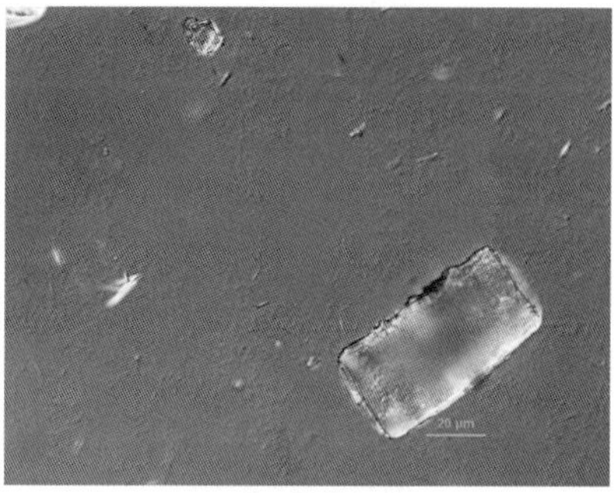

5. 板状棒型

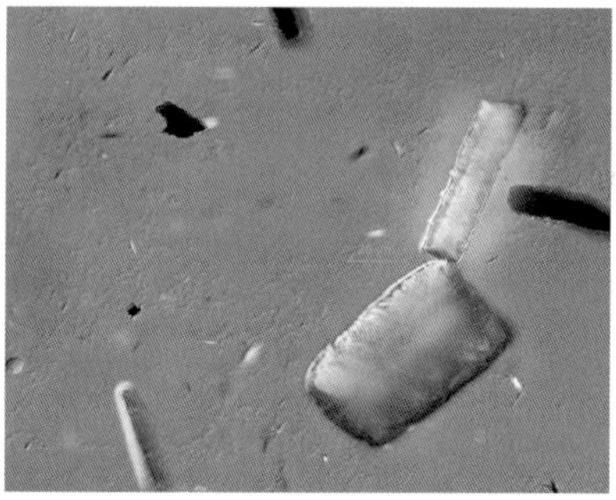

6. 板状棒型

7. 板状棒型

烟台庙后遗址植物遗存植硅体

图版一二

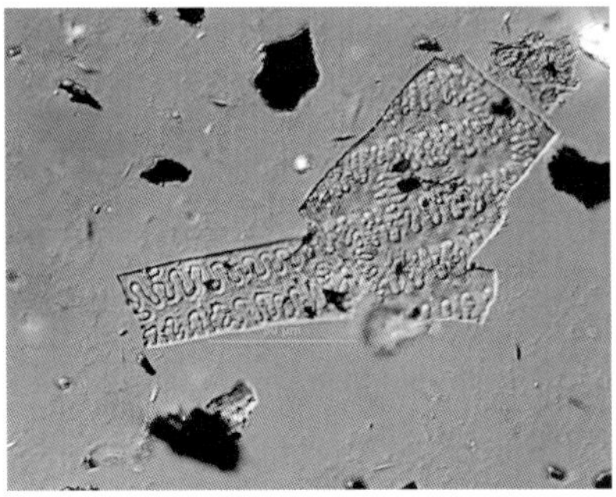

1

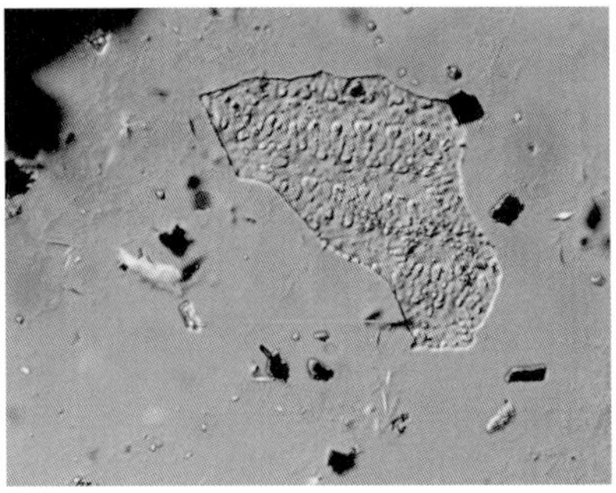

2

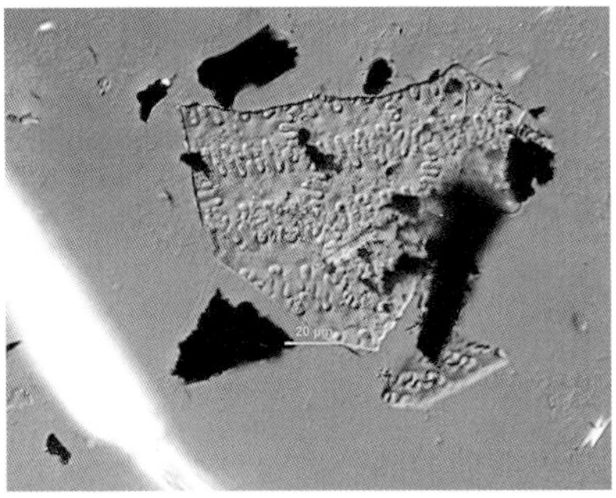

3

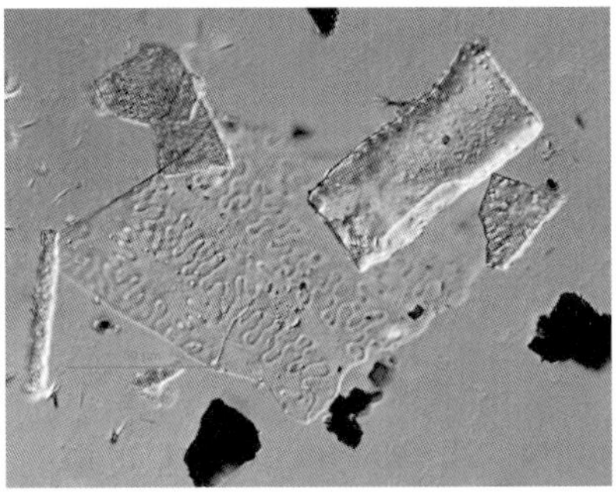

4

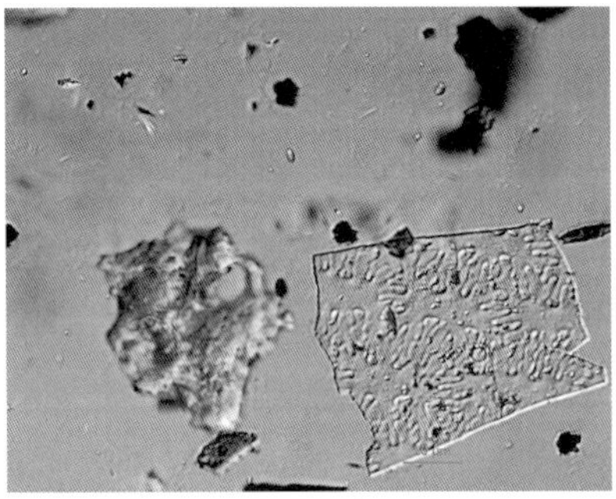

5

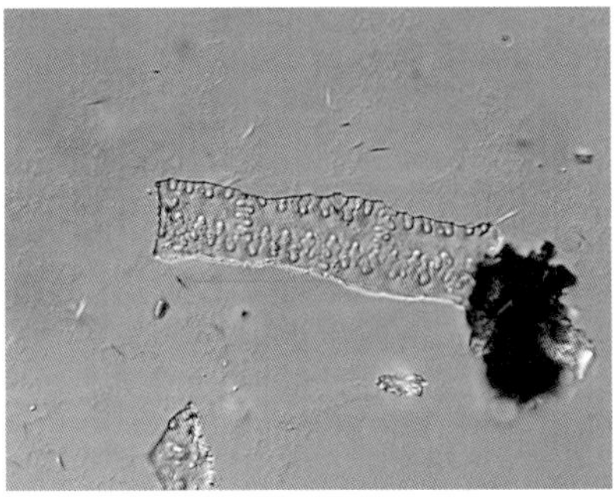

6

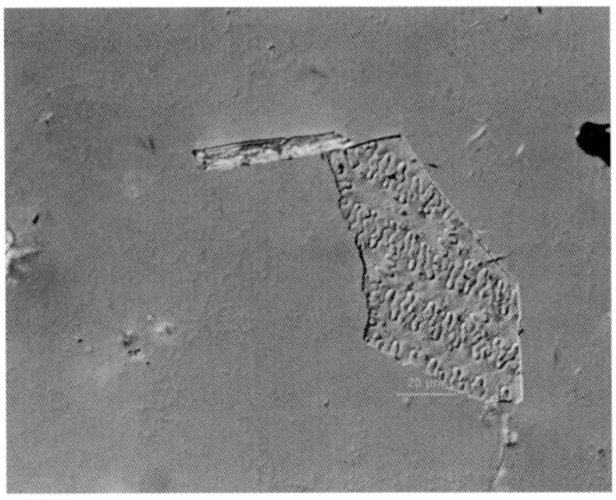

7

烟台庙后遗址植物遗存黍稃壳植硅体

图版一三

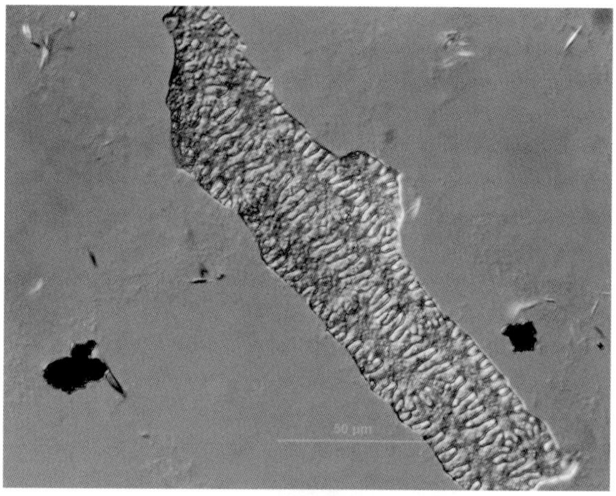

1. 稻稃壳

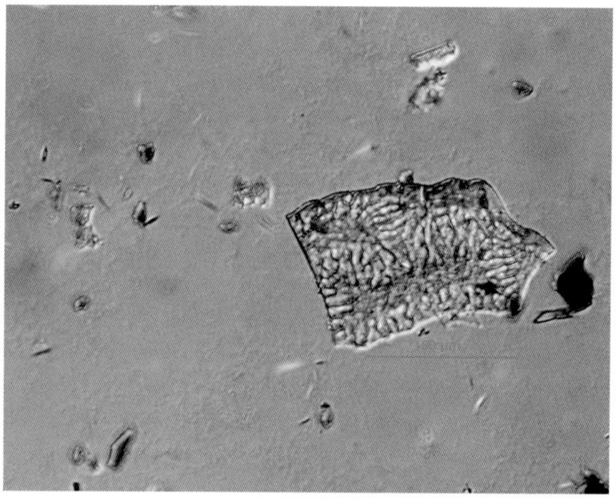

2. 粟稃壳

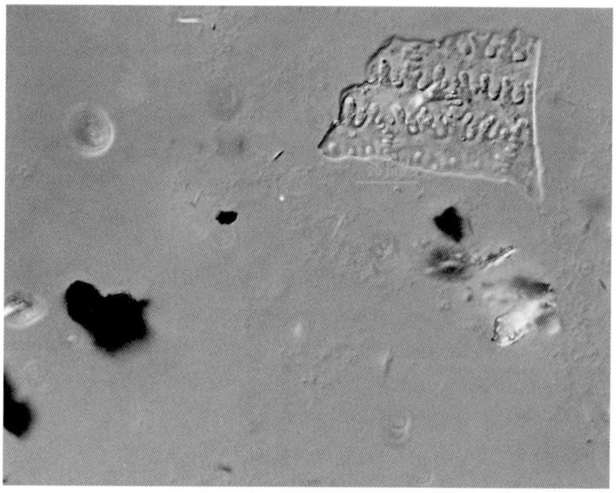

3. 稻稃壳

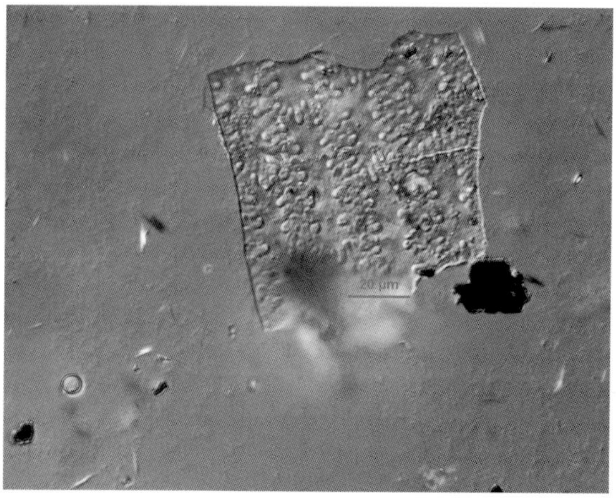

4. 粟稃壳

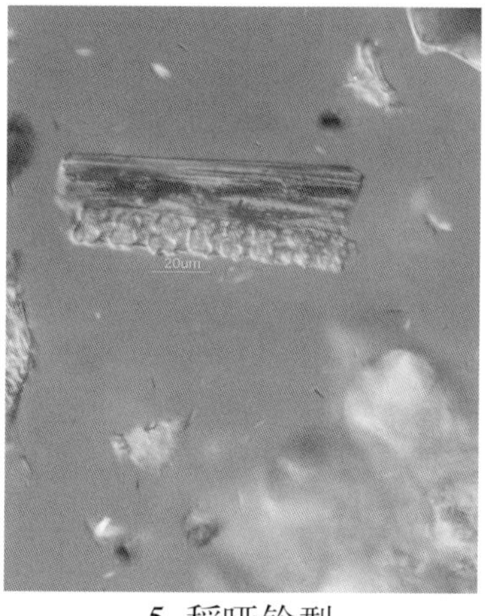

5. 稻哑铃型

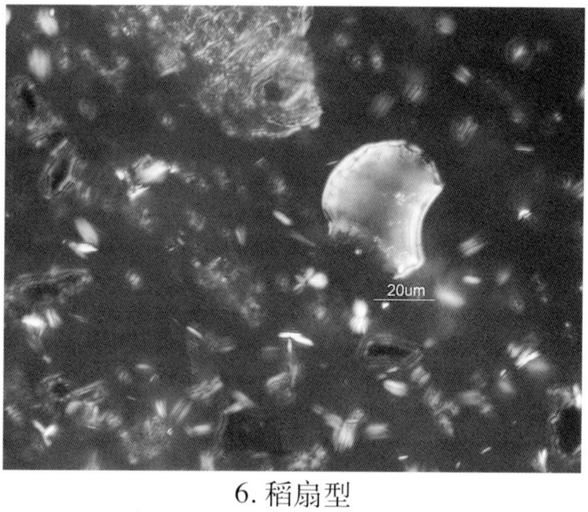

6. 稻扇型

烟台庙后遗址植物遗存植硅体

图版一四

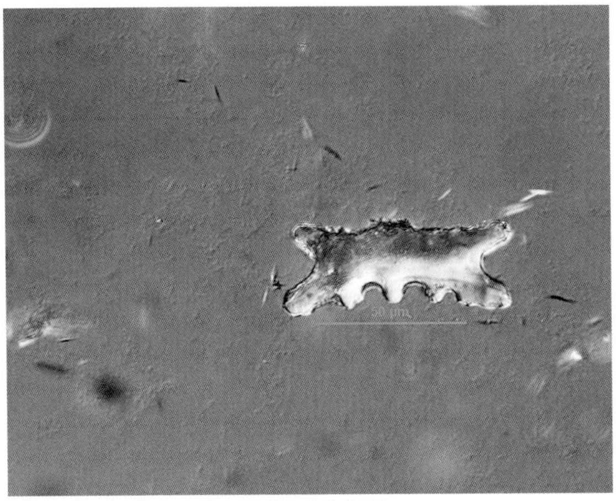

1. 阔叶树型

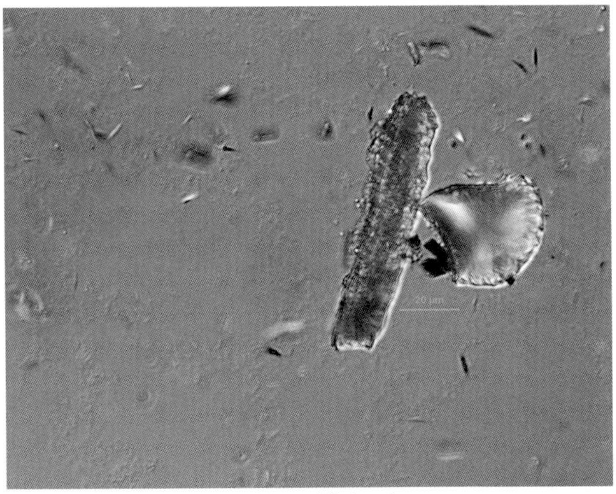

2. 植硅体组合

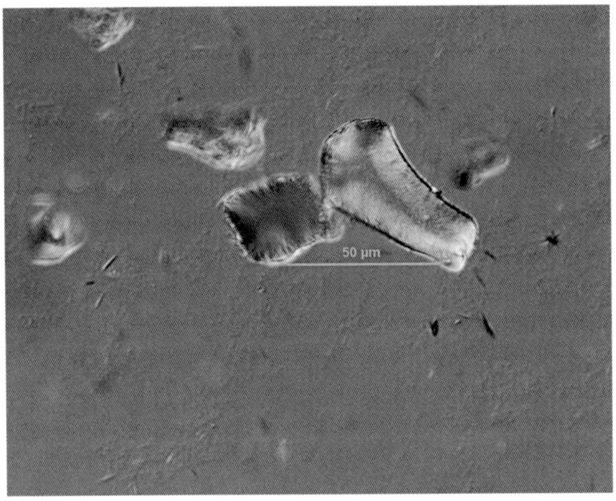

3. 植硅体组合

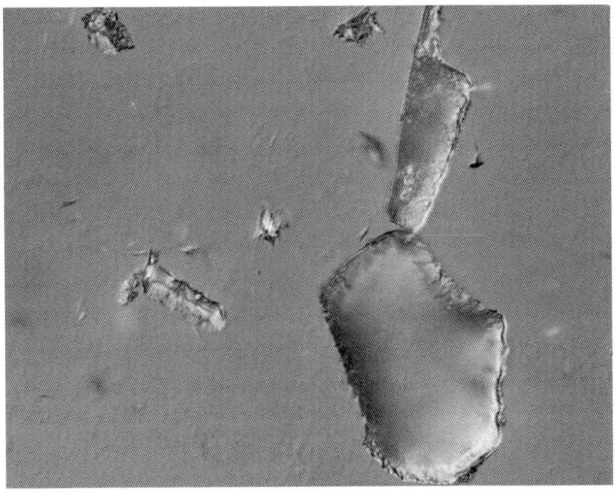

4. 植硅体组合

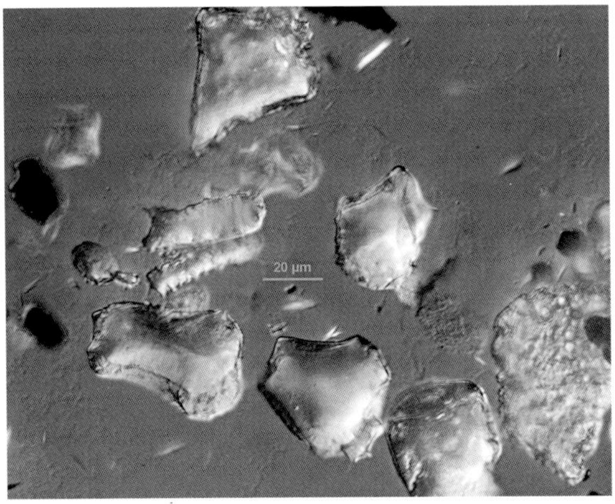

5. 植硅体组合

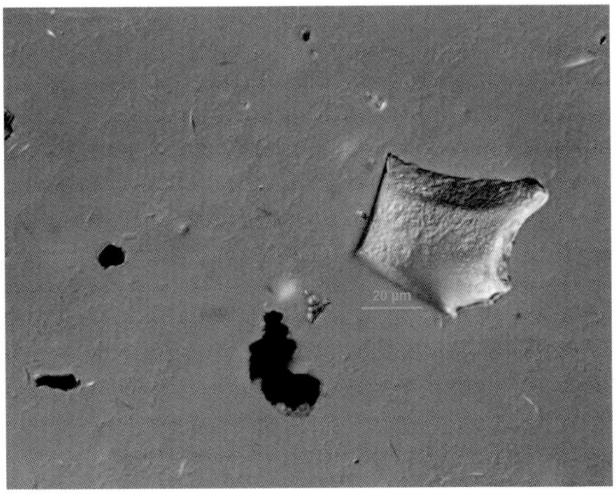

6. G1底部不规则

烟台庙后遗址植物遗存植硅体

图版一五

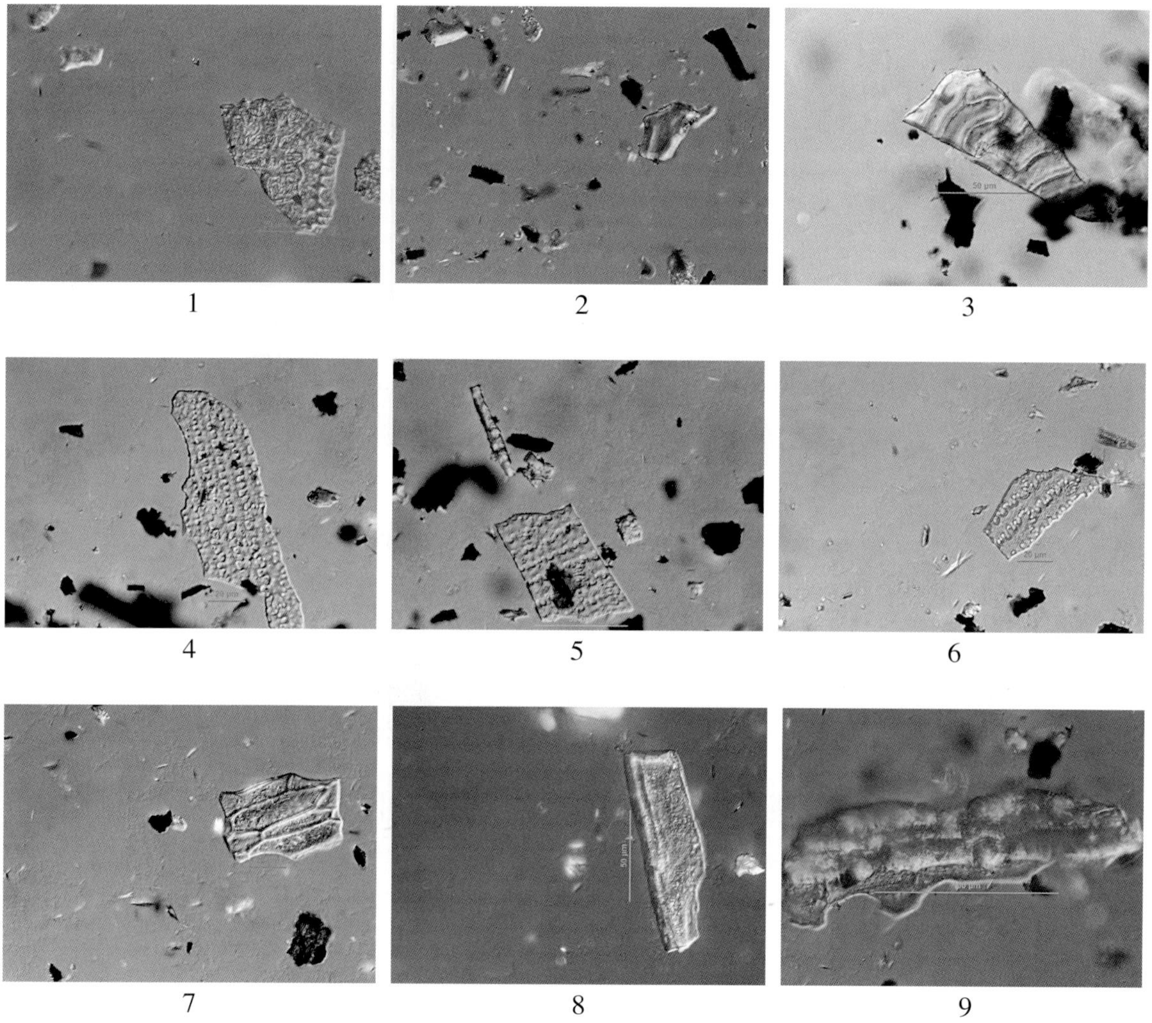

烟台庙后遗址植物遗存未识别植硅体

图版一六

1. 稻

2. 谷子

3. 决明子

4. 黍

5. 黍亚科

6. 野大豆

照格庄遗址出土炭化种子